Comprendre les investissements au Sénégal

Entre subsistance, profit, paraître et consentement social

Pascal Oudiane

Comprendre les investissements au Sénégal

Entre subsistance, profit, paraître et consentement social

L'Harmattan

5-7, rue de l'École-Polytechnique ; 75005 Paris

http://www.librairieharmattan.com
diffusion.harmattan@wanadoo.fr
harmattan1@wanadoo.fr

ISBN : 978-2-296-99877-3
EAN : 9782296998773

Je dédie ce travail :

À la mémoire de :

Albert OUDIANE,

Ernest NADIALINE,

Christine MALOU

Et à ma mère

Marguerite NADIALINE.

REMERCIEMENTS

Je remercie tous ceux qui ont soutenu ce projet notamment :

Ma famille ;

Mes maîtres de sociologie, les professeurs Boubacar LY (UCAD), Abdoulaye NIANG (UGB), Amady Aly DIENG (UCAD), Moustapha TAMBA (UCAD), Lamine NDIAYE (UCAD) ;

Jean Daniel BALOUCOUNE pour son soutien précieux ;

Les chercheurs et membres du laboratoire de l'URIC de l'Université Gaston Berger de Saint-Louis.

PRÉFACE

La lecture de l'ouvrage de Pascal Oudiane, intitulé « *Comprendre les investissements au Sénégal. Entre subsistance, profit, paraître et consentement social* », permet de saisir les logiques profondes qui sous-tendent l'acte d'investir dans la société sénégalaise. L'investissement ne doit pas être uniquement appréhendé sous l'optique économique. En effet, chez les économistes, la seule motivation de l'investisseur demeure la quête de profit. C'est cette vision que l'auteur qualifie de réductrice, tout au moins, en ce qui concerne l'investisseur sénégalais. Il s'en défend d'ailleurs en fustigeant « l'économisme ambiant », qui passe sous silence nombre de facteurs explicatifs de l'investissement.

Dans cet ouvrage, l'auteur explicite le mécanisme de construction sociale de l'investissement. Il montre que l'investissement est pris en tenailles entre le capitalisme et les institutions socioculturelles non capitalistes – famille, communauté et religion. S'appuyant à la fois sur les approches théoriques de l'individualisme méthodologique et de l'institutionnalisme méthodologique, l'auteur démontre que la rationalité de l'agent économique, en particulier de l'*homo-senegalensis*, ne peut s'affranchir de l'influence institutionnelle. Ce sont donc les institutions socioculturelles qui modèlent le comportement d'investissement des ménages, des entreprises et de l'administration publique. Elles constituent aussi un obstacle à la reproduction « scientifico-formaliste » du profit en créant un « para-capitalisme dans lequel nagent non sans résistances les différents acteurs de la vie sociale.

Dans les pays africains, l'investissement répond à deux logiques *a priori* antinomiques mais compatibles que sont le profit et le consentement social. Les enquêtes de terrain menées au Sénégal par l'auteur révèlent que le fondement subjectif de l'investissement chez l'*homo-senegalensis* est l'utilitarisme et le « sutura ». Le sutura détermine, selon lui, l'agir et le sens de l'investissement et constitue l'essence du paraître local. Le *sutura* demeure donc la finalité sociale poursuivie par l'investisseur sénégalais.

L'ouvrage met aussi en exergue les forces sociales, le niveau des capacités productives – matérielles et immatérielles – qui « *témoignent de l'écart entre le vécu de ville et des villages par l'émergence des stratégies productives et marchandes ruralisées ou urbanisées pouvant être perçues comme modernes ou traditionnelles, informelles, non formelles ou formelles* ».

Cet ouvrage peut constituer en soi un stimulus pour la réflexion et l'action en faveur d'une meilleure prise en compte de toutes les institutions socioculturelles, y compris les organisations économiques et les institutions publiques. L'auteur apporte déjà sa précieuse contribution à l'institutionnalisation d'un capitalisme du Sud performant et durable.

Après la lecture de ce présent ouvrage, on comprendra aisément que la faiblesse de l'investissement ne doit pas être recherchée dans les seules explications fournies par la science économique, mais plutôt dans celles que propose la sociologie économique. Ainsi l'auteur promeut – et montre en même temps l'utilité de – la transdisciplinarité dans les sciences sociales.

Cet ouvrage, écrit dans un style très agréable et intelligible est naturellement adressé aux chercheurs mais aussi et surtout au grand public. Ce dernier n'aura aucun mal à comprendre les différents concepts utilisés par l'auteur car ils sont définis de manière concise et avec une simplicité notoire.

À tous, je vous souhaite une très bonne lecture !

Pr Seydi Ababacar DIENG
Maître de Conférences Agrégé
En sciences économiques
Université Cheikh Anta Diop de Dakar

LISTE DES SIGLES ET ACRONYMES

ACP : Les pays d'**A**frique, **C**araïbes et **P**acifique
APD : Aide publique au développement
BM : Banque mondiale
CEALC : Commission économique pour l'Amérique latine et Caraïbes
CNUCED : Conférence des Nations unies pour le commerce et le développement
EU : Union européenne
PLD : Plan local de développement
ANSD : Agence nationale de la statistique et de la démographie
DSRP : Document stratégique de réduction de la pauvreté
MEF : Ministère de l'Économie et des Finances
UCSPE : Unité de coordination et de suivi de la politique économique
CNRS : Centre national de la recherche scientifique
IDE : Investissement direct étranger
NEPAD : Nouveau partenariat pour le développement de l'Afrique
OMC : Organisation mondiale du commerce
ONUDI : Organisation des Nations unies pour le développement industriel
PNUD : Programme des Nations unies pour le développement
UN : Nations unies
TIC : Techniques d'information et de communication
CR : Communauté rurale
CA : Commune d'arrondissement
GIE : Groupement d'intervention économique
GOANA : Grande offensive agricole pour la nourriture et l'abondance
GPF : Groupement professionnel féminin
CMS : Crédit Mutuel du Sénégal
MEC : Mutuelle d'épargne et de crédit
SPI : Société de prévoyance indigène
AOF : Afrique-Occidentale française
CLEL : Comité local des échanges commerciaux
SOBOA : Société des brasseries de l'ouest-africain
FIDES : Fonds d'investissements et de développement social
MAS : Mission d'aménagement du fleuve Sénégal

CGOT : Compagnie générale des oléagineux tropicaux
IRHO : Institut de recherche pour l'huile et les oléagineux
SMPR : Société mutuelle de production rurale
ISMEA : Institut de sciences mathématiques et économiques appliquées
Arr : Arrondissement
CUR : Centre universitaire régional
Plan REVA : Retour vers l'agriculture
BRVM : Bourse régionale des valeurs mobilières
BCEAO : Banque centrale des États de l'Afrique de l'Ouest
PVD : Pays en voie de développement
PMA : Pays moins avancé
CDI : Contrat à durée indéterminée
CDD : Contrat à durée déterminée
SGBS : Société Générale de banques du Sénégal
CBAO : Compagnie bancaire de l'Afrique occidentale
SNC : Société en nom collectif
SCS : Société en commandite simple
SARL : Société à responsabilité limitée
SURL : Société unipersonnelle à responsabilité limitée
SA : Société anonyme
SP : Société en participation
SF : Société de fait
GIE : Groupement d'intérêt économique
PIB : Produit intérieur brut
OIT : Organisation internationale du travail
PTIP : Programme triennal d'investissement public
BCI : Budget consolidé d'investissement
DCEF : Direction de la coopération économique et financière
DDI : Direction de la dette et de l'investissement
BSD : Banque sénégalaise d'investissement
BNDS : Banque nationale d'investissement
PME : Petite et moyenne entreprise
MPME : Micro, petite et moyenne entreprise
PMI : Petite et moyenne industrie
BRICS : Brésil, Russie, Inde, Chine et Afrique du Sud
SNDES : Stratégie nationale de développement économique et social
PSE : Plan Sénégal Émergent

***Homo economicus* :** Individu en situation économique, supposé être autonome voire socialement indéterminé.

***Homo sociologicus* :** Individu socialement déterminé par le fait social.

Socialité : Conscience du donné social chez les individus (Grawitz M. : 2004)

La traditionalité : Socialité antécapitaliste. Le capitalisme étant considéré comme synonyme de modernité.

***Hétérogénéité* de l'investissement :** Se dit de l'investissement lorsque certaines entreprises investissent et d'autres non, quel que soit le secteur d'activité et la prégnance de la conjoncture.

***Irréversibilité* de l'investissement :** Se dit de l'investissement dès lors que la décision d'engagement à l'investissement est irréversible.

Le *xoy* (lire *khoye*) : Mot wolof qui désigne une cérémonie traditionnelle où les érudits prêtres et prêtresses traditionnels appelés saltigué en pays sérères, rivalisent en prédiction sur les événements à venir sur l'ensemble du pays ou sur une région particulière du pays.

La houe : Petite pioche à lame de fer et à manche courte.

Cosaan : Mot sénégalais qui veut dire « tradition » dans les langues sérère, wolof et peul.

Tound : Mot wolof pour désigner un fief.

Toubab *:* mot wolof qui fait référence à un Individu de race blanche le plus souvent français, étant donné que c'est le peuple qui a le plus été en contact avec les populations traditionnelles du Sénégal.

Ndiatigui : Mot de la langue bambara signifiant « le logeur » utilisé pour désigner les intermédiaires qui étaient « courtiers, agents de change, interprètes, hébergeurs/logeurs, conseillers juridiques et agents de propagande ».

Tefanké *:* Négociant et démarcheur en langue mandingue. Ils servaient d'intermédiaires entre éleveurs et chevillards. Ils pouvaient être chargés souvent pour le compte des chevillards, d'acquérir des animaux dans les zones pastorales (Ferlo et Louga) avant de les acheminer vers les abattoirs de la ville.

Le *Sol* est une pratique mystique d'inculcation de la technicité professionnelle traditionnelle sans apprentissage. Il s'agit d'un transfert mystique de compétences.

Sutura : Mot wolof qui, même si étymologiquement veut dire discrétion, ne le traduit pas exclusivement. En effet, il doit être compris comme un état conditionnel à l'acceptation sociale. Autrement dit, il s'agit d'un équivalent du consentement social.

Moyal : Épreuve traditionnelle socialement instituée chez les wolofs qui consiste au pillage, sous la complicité du roi, de commerces de gens libres et pourvus en biens.

Saltigué : Prêtre traditionnel qui, à partir de rites, prédit des événements à venir, lesquels sont relatifs à la survie du groupe. Il peut s'agir du déroulement de la saison des pluies ou de malheurs en perspective qu'il faut conjurer.

Tontine : C'est une épargne collective. Elle est initiée et utilisée par les ménages qui se regroupent en association.

Le type *Goorgoolu* : modèle social largement dominant au Sénégal reflétant le citoyen au revenu économique faible.

Hadiya : Don pieux d'un disciple à son maitre spirituel.

Zakât : Mot arabe qui veut dire purification et constitue le troisième pilier de l'islam. Richesse calculée et prélevée sur l'avoir du fidèle musulman supérieur à 85 grammes d'or à chaque année lunaire (Hégire) au profit des pauvres et nécessiteux… Elle est constituée de 2,5 % du chiffre annuel épargné + métaux précieux.

La Dime : Contribution volontaire, taxe ou prélèvement d'un dixième du salaire en soutien d'une organisation religieuse chrétienne. Elle a été remplacée par le « Denier de culte » dont le montant est laissé à la discrétion des fidèles.

Mon oncle et ami, un jour, m'interpelle en ces termes : « Que feriez-vous si mort vous déccuvrez qu'il n'y a ni Dieu ni paradis ? »

Je lui réponds, spontanément, qu'il s'agirait d'un mauvais investissement comme il s'en passe chaque jour quand un entrepreneur fait un mauvais traitement des informations reçues supposées déclencher son engagement.

Pascal OUDIANE

INTRODUCTION

Il n'est point besoin de préciser que l'investissement est un fait économique. La surprise certainement viendrait à dire que c'est un fait sociologique. La sociologie qui est académiquement cataloguée comme une « science humaine » traite les hommes à partir du « fait social », traverse et couvre l'ensemble de leurs relations qui se constitue en sphère sociale et qu'elle appréhende comme une totalité.

Voilà une science qui ne peut paraître étrangère dans le social. De ses résultats nous prélevons l'assertion selon laquelle « l'homme est un être social, non économique »[1]. Ceci pour dire que son caractère social est antérieur à ses acquis économiques. L'être est d'abord social avant d'être économique. C'est une conviction durkheimienne reprise par Karl Polanyi (1886-1964), qui nous paraît essentielle dans la justification de la pertinence de ce livre. Pour le premier, dans ses travaux sur la division du travail plus précisément dans sa critique de l'utilitarisme[2], « la vie individuelle est née de la vie économique ». Autrement dit, c'est l'économie qui crée l'individu et non l'inverse. Pour le second, l'économie est « encastrée » dans le social. Cela veut dire que ce sont les relations sociales qui produisent la vie économique. La sociologie est capable de se saisir de tout acte quelconque, qui porte les sentiments de son exécutant, comme objet d'étude dès lors qu'il incarne les caractéristiques du « fait social » et traduit un sens social donné. De ce point de vue, qu'importe sa nature, l'acte est toujours rapporté au social.

Vouloir comprendre une action relève d'un exercice de fouille orienté. Il ne s'agit pas de s'intéresser à ce que l'on voit, mais à ce que l'on ne voit pas. L'investissement participe de ces formes d'action qui, pour les comprendre, exige la convocation des parties qu'il cache. Il s'agit des actions dites significatives. Par exemple, la gifle que donnerait une mère à son enfant ou celle d'un individu à son ami est de la même catégorie qu'un acte d'investissement posé par un entrepreneur confirmé ou débutant. Ce que le visuel peut saisir, c'est l'éclat de la gifle ou précisément un agent entreprenant qui achète des machines, du matériel bureautique, qui loue des bureaux ou un magasin, en somme qui se comporte d'une manière originale tout en soutenant qu'il est sur une affaire. L'œil peut relever ces actes. Mais vouloir les comprendre nécessite le recours à la question du pourquoi. Pourquoi la maman gifle-t-elle son enfant ? Pourquoi l'individu fait-il tous ses achats et se comporte-t-il d'une telle façon ? Les

---

1 Carlo Trigilia, *Sociologie économique : État, marché et société dans le capitalisme moderne*, Ed. Armand Colé, 2002, p. 92.

2 *Ibid*, p. 73.

motivations, pour les nommer, ne sont pas visibles à l'œil nu puisqu'elles sont enfouies dans le cœur et l'esprit de l'actant. Elles sont des motifs, « en raison de... » ou des contraintes, « à cause de... », qu'il faut aller chercher. Par conséquent, il est une nécessité de fréquenter la subjectivité et l'objectivité de ces individus dits *agents* ou *acteurs* pour comprendre leurs actes. Parce qu'en fin de compte, ce que l'œil voit, c'est l'accomplissement de l'objectivité de la personne qui se manifeste en action.

Selon Frédéric Lebaron, enseignant en sociologie à l'université de Picardie-Jules-Verne et directeur du centre universitaire de recherche administrative et politique de Picardie, « la sociologie ne sépare pas, les processus objectifs de leur dimension subjective, les situations « matérielles » de leurs dimensions « idéelles », elle considère, au moins depuis Émile Durkheim, que les idées et les croyances sont constitutives de la réalité sociale, y compris économique »[3].

Nous invitons alors notre lectorat au cœur d'une sociologie économique, discipline sociale dans laquelle la théorie de l'action et celle des institutions peuvent être appliquées à l'investissement qui est un fait de l'homme, quelle que soit la représentation qu'on peut lui donner. La sociologie que nous allons dérouler est une sociologie de la croyance économique. Elle recoupe l'économique, l'histoire, le cognitif et même le politique, car nous y intégrons, précisément dans cette étude, la qualité d'investissement de l'administration publique.

Notre obstination à appréhender le phénomène de l'investissement qui est un des fondamentaux de l'activité économique se résume à un projet de compréhension de sa construction sociale. Nous ne sommes pas dépaysé en choisissant de travailler sur ce « phénomène » économique, car certains penseurs, à l'exemple de Gilles Granger professeur au collège de France, soutiennent que « l'essence » même de l'humanité, c'est « l'entreprise ». Nos recherches ici mettent à nu l'acte en quoi il consiste à partir de l'instrument de la rationalité. Nous perturbons sans doute la sérénité des économistes classiques en apposant à ce fait un déterminisme propre à la sociologie. Mais rationalité et déterminisme fonderont l'argumentaire compréhensif et explicatif de la construction de l'investissement, que nous révèlerons ici, chez les agents économiques réputés rationnels.

Il est connu qu'il est le fait d'agents privés et publics. Nous nous intéressons aux ressources et techniques qui le portent afin de lui assurer une effectivité et une croissance sur le marché[4]. S'intéresser à ce fait social implique de considérer ses préalables de même que ses corollaires, c'est-à-dire les comportements et rapports de qualité sociale s'inscrivant avant, pendant et après son avènement. Les *Nations unies* ont retenu en 2001, pour leur programme

[3] Frédéric Lebaron, « Nature et définition de la sociologie économique », *Encyclopaedia Universalis*, 2009.

[4] Lieu d'échange de biens et services.

d'action défini à Bruxelles, le principe des *capacités productives*. Considérant le statut économique et social du Sénégal qui est un pays moins avancé (PMA), élargir l'investissement aux capacités productives était convenable. L'ONUDI en 2003, en accord avec le NEPAD, voulant renforcer la base productive des économies africaines, a lancé une initiative de renforcement sur le principe des capacités productives, lesquelles, selon toujours ce rapport, incluent les capacités technologiques[5]. La Banque mondiale[6] n'est pas en reste puisque dans son rapport sur la croissance économique publié dans les années 1990, elle avait prévu de mettre l'accent sur les incitations nécessaires pour les renforcer. La CEALC[7] a compris l'intérêt du développement productif et l'a inséré aussi dans ses rapports, plus précisément dans ses propositions politiques.

L'investissement est objet de sociologie

L'investissement économique et social sous sa forme performative, c'est-à-dire en sa qualité d'action rationnelle et sous son énoncé constatif, c'est-à-dire en sa qualité de phénomène voire d'événement, est plus qu'intéressant pour la sociologie. Par souci d'une appréhension de fond, nous pouvons dire que notre objet est l'action utilitariste. Par sophistication nous parlons d'investissement. La question qui se pose d'emblée est comment l'aborder ? D'abord, nous pensons décrire sa forme que nous percevons comme un acte. De là, la question qui survient est comment un sociologue aborderait-il une action ? Cette préoccupation se voit être résolue dès lors que nous savons que « l'objet central » de la sociologie wébérienne est « l'action sociale »[8]. Max Weber (1864-1920) définit l'action comme un « comportement humain quand et pour autant que l'agent ou les agents lui communiquent un sens subjectif »[9]. En outre, parmi toutes les actions humaines, il prélève *l'action sociale*. Il entend par celle-ci : « l'activité qui, d'après son sens visé par l'agent ou les agents, se rapporte au comportement d'autrui, par rapport auquel s'oriente son déroulement »[10].

Ainsi, les questions « d'action » et « d'action sociale » étant résolues, il nous reste de cerner la qualité de l'action sociale, plus précisément, ce qui lui donne le caractère économique. *A priori*, il faut s'accorder sur le fait que « L'homme est un être social et non économique »[11]. Il y a selon Karl Polanyi (1886-1964), un encastrement de l'économie dans le social. Dans la *division du travail* publié en

---

5 ONUDI, *(2003)* « African Productive Capacity Initiative » et (2005) « Capability Building for Catching up.. » dans CNUCED, *Développer les capacités productives*, p. 64, Encadré 4.

6 Banque mondiale. *Rapport*, 2005a, p. 10.

7 CEALC, *Le développement productif dans les économies ouvertes.* 2004 et *Changing Production Pattern with social Equity*, 1990, dans CNUCED, *ibid.*

8 Natalie Rigaux, *Introduction à la sociologie par sept grands auteurs*, De boeck, 2008, p. 134.

9 Max Weber, *Économie et société* (Wirtschaft und Gesellschaft, 1922), Tome I, trad. J. Freund, J. Chavy *et al.*, Paris, 1971, p. 28.

10 *Ibid.*

11 Carlo Trigilia, *op. cit.*, p. 92.

1893, Durkheim (1858-1917) affirme que « la vie économique n'est pas née de la vie individuelle, au contraire, la seconde est née de la première ». Rappelons avant d'aller plus loin que l'unité d'analyse de Durkheim est le social, c'est-à-dire qu'il privilégie le tout sur les parties voire les individus. Une pensée orientée contre la méthode de Weber pour qui l'unité d'analyse est l'individu.

Également, nous disons que l'orientation économique prise par l'action humaine est simplement un fait culturel, puisque cette dernière est sociale à l'origine. Par conséquent, il est possible de qualifier l'action d'économique ou l'investissement d'économique puisqu'il y a une orientation économique de fait. Voilà que nous pouvons donc considérer l'investissement économique comme une action sociale et l'appréhender comme telle. Mais en se fiant à la définition de l'action sociale que donne Weber, l'important, comme le fait remarquer Natalie Rigaux en se référant aussi à Goffman[12], « n'est pas la coprésence d'autrui, mais de se rapporter à l'action d'autrui pour orienter la sienne ». À notre sens, il y a lieu donc de considérer la variable rationalité dans le cas où l'individu oriente son action en fonction de l'autre. D'ailleurs, il importe de mentionner que c'est en s'intéressant à l'action que Weber en est venu à recourir à la rationalité et à produire une typologie des actions et des rationalités.

En définitive, nous étudions dans ce livre l'investissement économique en tant qu'action sociale, laquelle est portée par une certaine rationalité. Une approche possible dans la mesure où l'acteur oriente son action en fonction d'autrui. Notre appréhension du « phénomène » ciblé repose sur la considération de trois niveaux que sont l'*acte* (l'investissement), l*e comportement* (*l'entrepreneuriat)* qui « loin d'être une chose qui existe en soi, est un ensemble significatif pour une conscience qui le considère »[13] et enfin l*e sujet* acteur ou agent (l'entrepreneur). Ce paquet est axé sur un cas de modèle précis notamment *l'homo economicus senegalensis*.

Pour la sociologie, il importe de cibler l'acte et d'observer les comportements qui en découlent et qui lui donnent la nature de fait social. En accord avec les règles de la méthode sociologique[14] l'acte dit social ne se tient pas une seule fois, mais est suffisamment reproduit et s'ancre finalement dans la socialité des individus. Hormis l'impératif de remarquer les caractéristiques du fait social sur notre objet, nous avons remarqué en faisant une synthèse du traitement de la dynamique wébérienne faite par Madeleine Grawitz, que M. Weber réunit autant l'action, le comportement et l'acteur social pour leur associer en fin de compte une signification subjective[15]. Rappelons que M. Weber était professeur de droit commercial devenu de par son intérêt pour l'économie politique, l'histoire et la philosophie, enseignant en économie.

---

12 Interactionniste dont le nom est rattaché à l'école de Chicago.

13 Madeleine Grawitz, *Lexique des sciences sociales*, 8e édition, 2004, p. 78.

14 Émile Durkheim, *Règles de la méthode en sociologique*, PUF, coll. « Quadrige », 1937, 1999, p. 10.

15 Madeleine Grawitz, *op. cit.*, p. 5.

Le contexte scientifique et épistémologique de l'investissement

Encore une fois, nous ne récusons pas la qualité économique de l'investissement. Du moment que l'action économique peut être significative et éventuellement à l'origine de phénomènes sociaux, nous – sociologues – pouvons lui manifester un intérêt. Notre tâche consiste alors à placer cette activité dite « économique » dans un cadre sociologique où il est possible de mobiliser des faits empiriques et historiques. Toutefois, cela relève d'un exercice difficile dans la mesure où l'économie et la sociologie sont ancrées et cela, de manière historique dans deux mouvements antithétiques.

Longtemps caricaturée comme « science des restes » ou comme « gardienne académique des lieux communs » comme le rapporte le sociologue suédois Richard Swedberg[16], la sociologie a souffert de son émergence sur le terrain économique. Les tentatives d'humiliation et d'intimidation, issues de la confrontation entre économistes et sociologues sur le monopole des domaines de prédilection pour ne pas dire des sujets à étudier, ont fait connaître des parcours différents à la nouvelle discipline sociologique dans les pays qui en ont montré les premiers signes d'appropriation. Il s'agit notamment de l'Allemagne avec l'école historique, de la France avec la particularité de l'influence institutionnelle durkheimienne pour la socio-économique européenne et les États-Unis autour de l'école de Chicago.

Les théories économiques, sous l'héritage de la philosophie des lumières, conçoivent « l'individu comme *ultima ratio*, la société comme un contrat d'association qui repose sur la raison et le calcul afin de servir au mieux les intérêts individuels »[17] et plaident essentiellement pour l'autonomie de l'action individuelle. Selon Michel Foucault[18], l'essence de la sociologie est à chercher « du côté de la tradition de la réaction romantique contre la philosophie des lumières qui suivit la Révolution française et les guerres napoléoniennes ». Ce qui peut être valable, si nous remarquons d'une part qu'Auguste Comte, père fondateur de la sociologie a insisté sur l'importance de l'ordre social des traditions et de l'autorité, qu'il oppose à la raison et au contrat que les philosophes des lumières eux-mêmes avaient placés au 1er rang et que, d'autre part, l'idée des lumières selon laquelle l'obéissance est librement consentie a essuyé une opposition de Max Weber[19]. Celui-ci attire l'attention sur les diverses formes d'autorité caractéristiques des organisations bureaucratiques.

---

16 Richard Swedberg, *Une histoire de la sociologie économique*, Desclee de Brouwer, 1994.

17 Philippe Steiner, *La « Science nouvelle » de l'économie politique*, Paris, PUF, 1998.

18 Michel Foucault, *Le souci de soi*, Paris, Gallimard, coll. « TEL », 1984.

19 Frédérich Vanderberghe, *Une histoire critique de la sociologie allemande, Aliénation et réification*, Tome I, Paris, Série Bibliothèque du M.A.U.S.S., La Découverte, coll. « Recherches », 1997. « la tension entre le style de vie de son père, un hédoniste libéral qui fut député d'abord à la chambre prussienne, puis au Reichstag et sa mère, une femme cultivée et vouée au calvinisme, a fortement marqué le jeune M. Weber… », p. 155.

L'avènement du libéralisme a favorisé, d'après un modèle mécaniste, le remplacement de *l'homo œconomicus* par l'homme rationnel qui, par un calcul constant, cherche à obtenir la plus grande satisfaction[20]. L'évocation de ce concept nous fait penser automatiquement à Max Weber, qui a le mieux pris le rebond de la doctrine libérale en ce qu'elle est le prolongement de l'autonomie de l'action individuelle et fait état de siège au sein du capitalisme. Même s'il produit une sociologie à la fois socio-historique, systématique et critique – pour préciser sa marque déposée – son approche reste très importante en relation avec les théories économiques. Ayant débouché sur la sociologie de par ses œuvres, il est l'un des plus grands sociologues contemporains au-delà de ses idées philosophiques[21]. Ainsi, en sociologie, on ne peut s'intéresser à l'action économique sans se référer à l'approche wébérienne. Ce qui peut nous permettre de contourner les insuffisances des économistes qui, considérant la valeur comme une simple donnée, l'introduisent sans explication scientifique dans leurs analyses. Alors le sociologue aura l'avantage de pouvoir proposer avant tout une explication de la valeur à travers les instruments vulgarisés par sa discipline[22]. Basculant progressivement vers une sous discipline nouvelle qui est le produit de la ramification de la sociologie, c'est-à-dire la sociologie économique, le sociologue spécialisé peut être convoqué sur autant de thématiques sur lesquelles l'instrument des économistes, limité, se désengage devant un impératif d'explication. Cette nécessité d'explication, va propulser un sociologue français Émile Durkheim (1858-1917) dans le champ de l'économie et y favoriser son succès. Pour lui, les économistes ayant été les premiers à constater que la société, comme la nature, est régie par des lois et qu'il faut y appliquer une méthode scientifique, ont préparé le terrain pour l'avènement de la sociologie en montrant que « la vie collective ne peut être ingénument expliquée par la volonté politique ou par le bon vouloir de quelques divinités »[23]. Son seul regret, qui d'ailleurs l'oppose aux économistes, c'est une question d'ordre méthodologique qui concerne l'individualisme utilitariste. Ce qui va l'amener à s'opposer plus tard à son homologue sociologue allemand Max Weber. Une opposition qui va établir les deux pôles essentiels de la méthodologie en sociologie. Il rejette l'individualisme comme base d'explication parce qu'étant une caractéristique de la société moderne. Pour lui, « dans les sociétés primitives et plus antiques, le comportement individuel est fortement conditionné par des règles sociales qui ne laissent pas de place à la sphère privée ». Le fait de remarquer ces facteurs institutionnels, c'est-à-dire les normes et forces sociales qui influencent le développement économique et qui se retrouvent influencées à leur tour par les changements qu'elles revêtent au fur à mesure que la société se

[20] Madeleine Grawitz, *op. cit.*, p. 207.

[21] Karl Jaspers, *Max Weber : Politiker, Forscher, philosoph.* (Munich, 1932) (Bremen, 1946) 1958, cité par Frédéric Vandenberghe, *op. cit.*, p. 157.

[22] Raymond Boudon et François Bourricaud, *Dictionnaire critique de la sociologie*, 7e édition, PUF, coll. « Quadrige », 2004, p. 663-670.

[23] Carlo Trigilia, *op. cit.*, p. 73.

transforme, fait d'Émile Durkheim un sociologue de renommée internationale, le tenant de l'approche institutionnaliste.

D'autres intellectuels ont développé des réflexions dans la dynamique nouvelle, c'est-à-dire la sociologie économique, en réaction à l'ordre libéral. Nous pouvons nommer, entre autres, Karl Polanyi, socialiste et institutionnaliste et Joseph Schumpeter (1883-1950), économiste et conservateur libéral. Le comportement individuel, remarque K. Polanyi, est déterminé par un « ensemble d'obligations partagées » et moins par des motivations utilitaristes. Ce n'est qu'avec l'affirmation du capitalisme au 16e siècle que l'intérêt pour le profit est devenu considérable. En effet, la recherche du gain[24] n'est pas innée, même si elle a toujours existé[25] dans les sociétés traditionnelles, où elle est moins forte que l'aspiration au consentement social, au statut social[26]. L'individualisme méthodologique ne peut être appliqué dans les économies primitives puisqu'il les rendrait incompréhensibles, selon Polanyi. Cette domination de la structure sur la pratique individuelle est encore de rigueur même dans les sociétés modernes où l'économie se développe à travers l'accumulation capitaliste. Nous en voulons pour preuve la conception de Schumpeter selon laquelle « le capitalisme est une civilisation, il est lié à une structure institutionnelle spécifique et à un schéma de valeurs ». La place de la culture ne doit pas être niée par l'économie qui a déjà phagocyté le politique[27].

L'économie étant une expression culturelle, le capitalisme, qui le soutient de nos jours, l'est également. La sociologie ne peut, par conséquent, trouver mieux pour apporter son expertise.

Ce bref aperçu de l'environnement qui a motivé et qui prévaut au sein de la sociologie économique est pour préparer à la compréhension de cette étude. Acceptons qu'il existe une relation complémentaire entre le fait économique et l'appréhension sociologique, alors qu'une tendance de rupture au préalable, a été longtemps recommandée.

La thématique du double conditionnement institutionnel de l'investissement

La thématique que nous proposons ici ne se cantonne pas exclusivement autour de l'acte d'investissement. Elle est au confluent de l'action, du comportement et de l'acteur social. Selon François Bourricaud et Raymond Boudon « les faits sociaux doivent être interprétés comme des rapports entre une

---

24 Marx Weber, dans Frédérich Vandenberghe, *Une histoire critique de la sociologie allemande, Aliénation et réification*, Tome I, *op. cit.*, p. 182.

25 Karl Polanyi, dans Carlo Trigilia, *op. cit.*, p. 92.

26 *Ibid.*

27 Jean Pierre Dupuy, *Avenir de l'économie : sortir de l'économystification,* Paris, Flammarion, 2012, 290 p.

pluralité d'acteurs et d'agents. C'est à cette condition que ces faits ont un sens et peuvent être compris »[28].

En effet, notre compréhension de la construction sociale de l'investissement implique un intérêt pour le double conditionnement du capitalisme et des institutions non capitalistes issues de la traditionalité. Le fait entrepreneurial est autant pratiqué et reproduit en traditionalité, en modernité ou dans un cadre social où les deux socialités précitées sont articulées. Les rapports entre les configurations sociales urbaines et rurales, qui témoignent de la singularité structurelle, empirique et historique de l'esprit d'entreprise, deviennent incontournables dans cette thématique de recherche. Les procès de rationalisation prennent de l'importance pour toute étude sur l'agent économique porteur de projet social et capable de se fixer une priorité sociale. L'acte ici est pourvu de sens et est lié à une détermination sociale, lesquels faits affectent sa construction sociale.

Il est question alors pour le scientifique d'appréhender la dimension culturelle – en tant que cause et effet – sur l'investissement en partant de la subjectivité de l'agent par laquelle il oriente son objectivité et fonde en définitive sa rationalité. C'est la raison pour laquelle il est convoqué le rôle des valeurs et des institutions capitalistes et non capitalistes sur la pratique de l'investissement. L'aspect culturel qu'implique l'investissement renvoie au sens du vécu qu'il suggère aux agents économiques. Seront d'un intérêt pour nous des motivations, des raisons, des intentions et des stratégies d'appropriation et d'exploitation voire d'orientation des capitaux qui peuvent être « d'ordre financier, culturel (technologique, juridique, organisationnel, notamment l'information, par exemple issue de la veille technologique), commercial, social (ensemble des ressources mobilisées à travers un réseau de relations) et symbolique »[29] observés dans un rapport de force, pour ne pas dire un « champ économique » pour parodier Pierre Bourdieu, lequel impose, entre autres, *engagement, compétition et rapports optimisés, sacrifice, cession* et *coût.*

Quel intérêt scientifique ?

C'est aux hommes de science, qu'il revient de s'intéresser aux motivations et à la composition des actions individuelles, à leur environnement socioculturel et à leur interaction pour décliner une ligne de conduite participative de la dynamique générale de l'investissement. Il est bon aussi de chercher, derrière le rideau économique, des comportements régis par une certaine autonomie dans laquelle s'identifie l'agent économique sans oublier le rôle que jouent les institutions socioculturelles non capitalistes dans la détermination de l'acteur.

---

28 Raymond Boudon et François Bourricaud, *op. cit., avant-propos de la première édition, p. xxiii.*

29 Pierre Bourdieu, *Les structures sociales de l'économie*, Paris, Seuil, coll. « Liber », 2000, p. 236.

Le modèle culturel économique exige dans sa connaissance parfaite, alliant action et motivation, la mise en commun des paradigmes individualiste et institutionnaliste. Les institutions ont longtemps intrigué les économistes qui les ont abordées du point de vue de la rationalité collective. Par ailleurs, la question de l'émergence des institutions n'y est toujours pas refermée. Cette situation constitue plus d'une opportunité pour la sociologie de rendre service à la science économique, préoccupée de plus en plus par l'efficacité et l'harmonie des rapports sociaux.

Du point de vue de la théorie voire de l'épistémologie, notre travail présente un intérêt à deux niveaux. *D'abord au premier niveau*, nous montrons qu'il y a plus d'une possibilité pour la sociologie de produire des études sur lesquelles pourrait s'appuyer la science économique. Les économistes néoclassiques contemporains fréquentent de plus en plus le terrain de la sociologie pour surmonter les blocages rencontrés par l'analyse économique. La science sociologique doit récupérer sa place concernant les domaines et thématiques d'étude, jouer un rôle de leadership dans la sphère des sciences humaines et sociales et ne doit plus être la « science des restes » comme l'a d'emblée considérée la science économique. *Au second niveau*, nous plaidons pour une complémentarité voire une unification des deux pôles de la science sociologique en une seule méthode pour penser le phénomène économique, lequel veut se détacher du social en autonomisant l'*homo œconomicus*.

Dans l'empirie, en prenant l'investissement dans son contexte social comme pilier de l'activité économique, nous créons l'utilité de savoir *le rapport à l'investissement*. La compréhension de ce rapport permet à la sociologie de mettre en valeur des modèles structurels auxquels doivent être appliqués une rationalité d'investissement adéquate. Il y a un intérêt normatif dans ce travail et un avantage de repréciser la nature sociale de l'économie qui est simple technicité. Il faut qu'il y ait des sociologies de la croyance économique orientées sur le terrain africain. Les grandes études sociologiques se sont concentrées sur l'ancienne Europe et les États-Unis, terrains de la culture industrielle. Mais on ne dira jamais assez que l'Afrique est la laissée pour compte dans la production des grandes idées. On pense pour elle et elle applique. Nos paradigmes scientifiques sont hérités de l'expérience occidentale – et souvent – sur son propre terrain. Nous pouvons citer les travaux de Weber et de Durkheim pour la sociologie. Certainement des études en sciences humaines et sociales ont été faites dans les économies populaires appelées *informelles* et constituent aujourd'hui l'ossature de la sociologie économique en Afrique voire des pays du Sud en général. Pour étudier le double conditionnement culturel, il a importé pour nous de visiter le capitalisme et le traditionalisme à travers leurs traits culturels.

Par ailleurs, le souci de vouloir découvrir et centrer la problématique de l'investissement nous a poussé à une observation exploratoire au cours de laquelle nous avons pu nous convaincre de l'existence de véritables difficultés pour l'entreprise, de la possibilité de se saisir d'un canevas de construction et de pérennisation sociale mais aussi de découvrir des perspectives d'explication à nos questionnements. Par exemple, en voici une : Dans quelle circonstance le comportement relatif à l'investissement est-il perçu comme normal ou pathologique ? Nous sommes convaincu que toute sociologie de l'investissement doit tenir compte de l'environnement social de la production et du commerce et se doit de produire un outil pédagogique et de participer au changement social allant dans le sens du bien-être des populations.

L'intérêt de notre démarche

Notre population cible est constituée par les entrepreneurs, car ils portent des investissements, peu importe leur taille et l'objectif visé. Les unités de référence et d'analyse sont le ménage, l'entreprise et l'administration publique. L'unité déclarante pour les ménages visités est le chef de ménage pourvu d'un revenu et d'une autorité morale. L'unité déclarante pour l'entreprise est le chef d'entreprise qui peut être aussi le propriétaire de l'entreprise bureaucrate ou le « cadre » disposant du pouvoir de décision. L'unité déclarante dans l'administration publique reste l'agent technique de l'État et l'élu local. Ne pouvant pas couvrir de nos modestes moyens l'ensemble des unités de notre terrain d'investigation – le Sénégal – nous avons utilisé l'échantillonnage probabiliste par quota pour choisir nos zones d'enquête. L'échantillonnage avec probabilité proportionnelle à la taille (PPT) appliqué sur la population rurale[30] disponible selon nos observations – conformément aussi aux recommandations de cheikh Anta Diop dans ses travaux[31] – a permis de retenir la communauté rurale de Ndiaganiao. Cela s'est fait en partant au préalable de la liste de 370 communautés rurales du Sénégal totalisant 14 000 villages[32] pour ne retenir enfin que les CR qui ont au moins 35 villages, c'est-à-dire la moyenne ($X=\sum xi.ni/ N$; les plus grandes faisant 100 villages et la plus petite, un village. La méthode empirique voire raisonnée a été utilisée pour le choix de l'espace d'enquête urbain[33]. Il s'est agi précisément de l'*échantillonnage au jugé objectif et par commodité d'accessibilité*. En effet, il serait abusif de ne pas prendre en compte la meilleure zone économiquement active en qualité d'investissement dans le pays. La ville de Dakar, actuelle capitale du Sénégal et ancienne capitale de l'Afrique-Occidentale française, compte un bon nombre d'infrastructures dont les autres

[30] On peut souligner que l'on a effectué un sondage probabiliste, si l'on peut comparer le choix effectué « au prélèvement, les yeux bandés, de boules, dans une urne comprenant des boules parfaitement mélangées et assurant à chaque boule la même probabilité d'être tirée au hasard » cité par A. Piatier (1961), p. 119, dans Madeleine Grawitz, *Méthodes des sciences sociales*, *op., cit.*

[31] Cheikh Anta Diop, « Sociologie africaine et méthodes de recherche », *Présence Africaine*, n° 48, 4e trimestre 1963, p. 180-186.

[32] ANSD, Enquête Village, 2009.

[33] Nous avons choisi les grandes villes parce que non seulement selon le CNUCED en 2002, 50 % de la population du Sénégal étaient urbaines (ce qui doit croître aujourd'hui), mais aussi le cœur économique du pays reste Dakar.

régions ne disposent pas. Elle enregistre une avance incommensurable en termes d'IDE[34], de PME/PMI, de concentration humaine (54 % des citadins du Sénégal vivent dans l'agglomération de Dakar[35]) et de richesses. À défaut de nous soumettre à la contrainte de précision[36] dans notre exercice d'échantillonnage et cela par manque d'informations pour déterminer la variation empirique (S^2), nous avons pris en compte la contrainte budgétaire *(n=C/c. n= taille, C désigne le budget total et c le coût unitaire total par individu à enquêter*). Notre échantillon final a compris 1350 individus interrogés. Il s'est agi d'une part, de 225 unités interrogées dans l'espace rural et réparties dans 219 ménages, 3 GPF, 1 GIE, 1 élu local et 1 agent technique municipal visités ; et d'autre part, de 257 unités interrogées dans l'espace urbain et réparties dans 214 ménages, 23 entreprises dont 5 du secteur public, 19 communes d'arrondissement de la ville et le ministère de l'économie et des finances visités.

L'étude s'est effectuée entre 2006 et 2010 comprenant toutes les étapes, de la préparation intellectuelle à la phase terminale de publication des résultats sous forme de document imprimé en passant par les enquêtes de terrain. L'enquête urbaine des ménages s'est faite les jours de congé plus précisément les matinées du dimanche. Cela conforte les chances de trouver les titulaires des ménages dans leur concession. Les entreprises et l'administration publique ont été visitées par contre les jours de semaine, c'est-à-dire les jours ouvrables afin de rencontrer les unités déclarantes dans leurs lieux de production. Par ailleurs, nous avons exploité les jours de semaine et les jours ouvrables pour effectuer les enquêtes rurales. Un séjour de 31 jours a été fait en zone rurale, réparti entre la période sèche et celle hivernale afin de mieux appréhender et distinguer les spécialisations et les reconversions productives et commerciales locales. Les difficultés rencontrées ont porté sur le budget, le manque de collaboration de certains individus et enfin sur l'indisponibilité d'une documentation particulière qui pouvait nous être d'un grand apport.

Face à la nécessité de définir le concept d'investissement, nous proposons en entrée des notes théoriques préparatoires. Elles aussi satisfont aux exigences de méthode que nous imposent nos pairs. Elles peuvent paraître complexes et longues pour certains esprits. Néanmoins, nous en conseillons la lecture, mais à défaut de les lire et de les retenir, leur consultation peut être recommandée en vue d'un éclairage une fois en situation d'étude. Cet ensemble théorique représente un cadre général, qui s'attarde sur nos objectifs, l'état des travaux déjà réalisés sur la question, la position de la problématique, nos hypothèses et nos paradigmes.

---

[34] Il est rare de voir des entreprises étrangères, potentielles créatrices de richesses pour les populations locales s'installer dans une ville de l'intérieur du pays excepté Seniran, Acelor Mital, entre autres.

[35] ESAM II ANSD.

[36] La contrainte de précision détermine la taille n par la formule $n=(k^2NS^2)/k^2S^2+E^2N$, avec N=taille de la population et S^2=la variance empirique.

Outre les informations théoriques, nous nous sommes soumis aux impératifs « descriptif, justificatif et explicatif »[37]. En seconde partie, nous proposons en lecture les aspects empiriques de l'investissement rural et urbain. Nous décrivons des pratiques et des organisations de l'investissement aussi bien en ruralité qu'en urbanité. Nous excluons toute prétention de nous prononcer comme un économiste pour ceux qui nous verraient nous aventurer sur un terrain étranger ou qui nous prêteraient l'intention de violer leur territoire. Il nous a été reproché, un jour, d'être économiste. Eh bien soit, même si nous ne nous en réclamons pas. L'économie est une activité sociale qui est au centre des sociétés, car elle fédère les intérêts autour des ressources que les gens se disputent. Elle est capable de renverser des sociétés et de provoquer des changements sociaux. Elle mobilise donc la sociologie des dynamiques sociales. Nous ne faisons que transcrire la vérité des faits du social.

Tous ces faits prélevés se doivent d'être justifiés avant d'être expliqués. Ainsi en troisième partie nous nous appesantissons sur les aspects institutionnels et cognitifs historiquement construits dans le rapport social à l'investissement économique. Dans la démarche explicative, nous manifestons un intérêt particulier pour la dimension cognitive des actes engagés dans une production ou un commerce. La réflexion sur le sens de l'investissement que nous entamons est aussi une démarche qui reste en accord avec la sociologie compréhensive proposée dans les théories de la science[38]. Pour preuve, nous accordons un intérêt particulier aux antécédents productifs et marchands sans faire abstraction des contextes sociaux, dans lesquels ils ont été produits. L'histoire légitime l'habitus économique présent et par extension les institutions présentes, mais aussi aide à découvrir la subjectivité des faits empiriques.

En somme, notre projet de compréhension de la morphologie sociale de l'investissement au Sénégal comporte trois parties : d'abord *l'investissement en théorie pour une sociologie qui s'intéresse au fait économique*, ensuite *les aspects empiriques ruraux et urbains de l'investissement* et enfin *les valeurs institutionnelles et cognitives de la construction sociale et historique de l'investissement.* Six chapitres sont proposés. Le premier par la théorie est problématique et conceptuel. Le second nous fait connaître les réalités économico-rurales qui prévalent à Ndiaganiao. Le troisième fait état du comportement lié à l'investissement en urbanité par le biais de la ville de Dakar. Le quatrième nous édifie sur le vécu de l'entreprise déterminée par deux formes culturelles que sont le capitalisme et les valeurs traditionnelles. Le cinquième montre comment la rationalité capitaliste a pénétré le Sénégal. Et enfin le sixième chapitre nous donne quelques vues historiques qui participent de la construction cognitive de l'entreprise au Sénégal.

---

[37] Pierre Birnbaum et Jean Léca (sous la direction de) *Recueil d'études sur l'individualisme*, Paris, Presses de la fondation nationale des sciences politiques, 1986, 379 p. *Cf.* « Introduction ».

[38] Max Weber, *Essais sur la théorie de la science*, Paris, Plon, 1965.

PREMIÈRE PARTIE

L'INVESTISSEMENT DANS UNE BULLE « THÉORIQUE » À PROBLÈMES ET SA BOÎTE À OUTILS

« Les sociétés humaines ont toutes, ce qu'on appelle dans les théâtres, un troisième dessous […] il y a sous la construction sociale, cette merveille compliquée d'une masure, des excavations de toutes sortes… »[39]

[39] Victor Hugo, *Les Misérables, Livre 7*, Platon-Minette, Chap. 1, Les mines et les mineurs, 1862 (Ed. Libre et universelle, Claude Gohin, 2011), Tome III, 1862, et *Marianne*, n° 837, p. 3.

CHAPITRE 1

L'INVESTISSEMENT, UNE RATIONALITÉ DÉTERMINÉE ?

I. L'ÉTAT GÉNÉRAL DES TRAVAUX ÉCONOMIQUES ET SOCIOLOGIQUES SUR LA QUESTION DE L'INVESTISSEMENT

L'investissement dans la littérature économique : un fait rationnel, mais structurellement déterminé

Pour s'imprégner de la problématique de l'analyse traditionnelle économique de l'investissement, il importe de savoir que la croyance[40], la demande (Keynes[41], Combale[42] et Leen Koyck[43]) en fonction de la croissance[44] ou de la récession[45], la performance des marchés financiers[46], le coût du capital[47], le

---

40 John Maynard Keynes s'est aussi attardé sur l'enjeu de la demande anticipée pour insister sur les facteurs psychologiques notamment la croyance qui détermine ou non la décision ou la non-décision d'investir.

41 John Meynard Keynes. *Théorie générale de l'emploi, de l'intérêt et de la monnaie* (trad. J. de Largentaye, Paris, bibliothèque scientifique Payot, 1933), 1969. Il y écrit que « *Plus l'investissement est important plus la demande est forte et moins il y a de chômage. Moins la demande est forte plus l'investissement risque d'être nul* ».

42 Pascal Combemale, *Introduction à Keynes*, coll. « Repères », n° 258, La Découverte, 1999. Cité par Richard Duhautois, « Investissement », *Encyclopédia universalis*, 2009. *Selon Combale les « anticipations de profit des entrepreneurs sont maximisées » au su de l'existence de la demande.*

43 Leen Koyck, *Distributed Lags and Investment Analysis*, Amsterdam, Horth Holland, 1954. Cité par Richard Duhautois, *ibid. L. Koyck vulgarise le principe de l'accélérateur « flexible » pour montrer que « l'investissement des entreprises s'ajuste avec retard aux fluctuations de la demande »*.

44 L'investissement crée la diffusion du progrès technique, de la croissance et de la productivité. Ils sont deux faits interactifs (Greene and villanueva, 1991 ; Wai and Wong, 1982) cités par Richard Duhautois, *ibid.*

45 Selon Duhautois, certaines études montrent qu'en phase de croissance, l'investissement des entreprises serait essentiellement déterminé par la demande, alors qu'en phase de récession, d'autres variables – tel que le coût – entreraient en jeu. Par exemple, le coût relatif du capital et du travail peut avoir des effets sur l'investissement, selon Duhautois. Il écrit que la hausse des salaires a des effets sur l'investissement au niveau micro-économique et macro-économique.

46 Dans la démarche keynésienne, « le coût du capital se résume au taux d'intérêt ». Greene et Villanueva ont aussi montré que les taux d'intérêt élevés avaient un impact négatif sur la croissance de l'investissement. James Tobin reprend l'idée de Keynes selon laquelle « l'investissement est déterminé par la performance des marchés financiers. Pour Keynes, « un investissement n'est rentable que si la somme d'argent qu'on dépense aujourd'hui est au moins égale aux recettes futures ». « Plus le taux d'intérêt est élevé, moins la rentabilité de l'investissement est grande » (Voir Latif Dramani et Omar Lèye : 2008).

profit et enfin le coût du travail, c'est-à-dire le salaire, déterminent tous dans leur ensemble, l'investissement.

Les économistes développent un modèle *d'hétérogénéité* des comportements micro-économiques dans le cas où « certains [agents] investissent, d'autres non, quel que soit le secteur d'activité et quelle que soit la conjoncture »[48] , un modèle de *l'irréversibilité* de l'investissement en prenant en compte l'incertitude, cette fois dans le cadre de l'analyse des contraintes financières (les conditions de financement internes et externes à l'entreprise) et aussi un modèle de *l'indivisibilité* de l'investissement pour justifier les longues périodes d'attente restées sans investissement en temps de conjoncture. Ces trois modèles sont confrontés à des situations de risque de perte voire de non rentabilité, qui découlent de l'existence « d'imperfections sur les marchés financiers » et des problèmes *d'asymétrie d'informations.* En revanche, « l'analyse de la décision d'investir reste à améliorer en remettant au centre de la réflexion sur les anticipations la perception subjective qu'ont les entreprises sur les différents déterminants de l'investissement », selon Richard Duhautois.

Les travaux de Latif Dramani et d'Omar Laye sur « les déterminants de l'investissement privé au Sénégal »[49] plaident pour un État interventionniste en s'appuyant sur le *modèle contraint* concernant les politiques économiques imposées par les institutions internationales. Le *modèle de l'accélérateur* qui leur paraît important – et qui est homonymique du slogan politique public du second gouvernement du Sénégal sous le régime de Macky Sall (*accélérateur* des réformes) – conçoit que :

> *le niveau de l'investissement privé (...) positivement lié à la variation du PIB réel anticipé et négativement influencé par de la capacité de production (...), le niveau de l'investissement privé (...) positivement influencé par le trend du niveau de l'investissement public en infrastructure*[50].

La mise en place du capital peut être coûteuse et longue, mais elle impacte l'investissement privé[51] qui est aussi influencé par le cumul des infrastructures

---

[47] D. W. Jorgenson, "Capital Theory and investment behaviour", *In American economic review*, 53, 1963, p. 247, cité par Richard, Duhautois, *ibid.* : « *Si l'entrepreneur considère le coût du capital qui intègre le prix des biens d'équipement dont l'entreprise a besoin et le taux de dépréciation du capital qui mesure l'usure des équipements,* il considère aussi bien le coût d'usage du capital qui manifestement ne dépend pas que du taux d'intérêt que le coût du travail ».

[48] Duhautois, 2001 ; Duhautois et Jamet, 2001 ; Crépon et Rosenwald, 2001 cités par Richard, Duhautois, *ibid.*

[49] Latif Dramani et Omar Lèye. *Les déterminants de l'investissement privé au Sénégal : Une approche VAR structurelle*, Direction des statistiques économiques et de la comptabilité nationale, Division de la comptabilité nationale, des synthèses et études analytiques, Bureau des synthèses et études analytiques, août 2008.

[50] Blejer et Khan (1984) cités par Latif Dramani et Omar Lèye, *ibid.*, p. 15.

[51] Hechler (1993) cité par Latif Dramani et Omar Lèye, *ibid.*

publiques[52]. Pour les pays en développement, l'investissement privé et l'investissement public ont besoin d'être complémentaires et substituables pour se développer[53]. Sans investissement, il n'est pas possible de créer de la croissance[54]. Également, L. Dramani et O. Lèye systématisent leurs résultats pour dire qu'une « augmentation de l'investissement public rendrait aussi le capital privé plus productif en influençant le taux d'augmentation de la productivité. Ils rajoutent qu'une augmentation de l'investissement public pourrait être financée soit par des impôts élevés soit par une augmentation de la dette publique ». La théorie de *l'accélérateur* arrime l'investissement à la volonté d'investir et à la disponibilité financière. Ce n'est pas par hasard qu'un défaut de rentabilité de production ou de demande explique l'état morose des investissements privés.

Lèye et Dramani se sont aussi attardés sur le climat des affaires et rapportent les insuffisances révélées par le *Doing Business*. Ils ne retrouvent aucune corrélation entre « les contraintes de l'environnement des affaires » et « les performances des entreprises »[55] dans la recherche de rentabilité. Une étude montre que pour favoriser « *l'obtention de prêts* », il faut une amélioration des droits et de l'accès à l'information des créanciers[56]. Par ailleurs, une faible corrélation a été établie entre *l'investissement* et les indicateurs « *Octroi de licences* » et « *Exécution des contrats* », tandis qu'aucune relation significative n'a été établie entre « *Transfert de propriété* » *et* « *la construction* », entre « *Création d'entreprise* » *et* « *l'importance de l'économie parallèle* » ou entre « *Embauche des travailleurs* » *et* « *l'emploi* ». Enfin, une autre analyse montre qu'il n'existe aucune relation entre *les réformes mesurées par l'évolution des indicateurs Doing Business* et *les taux globaux d'investissement et d'emploi* (Eiffert, 2007) du fait, entre autres, des limites liées au type des entreprises notamment *informelles*, aux contraintes pesant sur elles et les micro-entreprises qui sont différentes de celles *formelles* captées par les indicateurs du *Doing business*.

Nous retenons de ces résultats de recherche sur le climat des affaires, qu'il y a un impératif d'organiser les relations d'affaire, d'établir de normes de conduite des investissements dans les secteurs privé et public afin de favoriser la croissance économique. Il est clair que les politiques de réforme sur le climat des affaires doivent s'accorder avec la réalité structurelle locale et moins, de manière exclusive, avec le modèle des entreprises *formelles*. Il est important pour nous d'étudier la structure des entreprises *informelles* et leurs mécanismes

---

52 Aschauer (1989b) et Erenburg (1993) cités par Latif Dramani et Omar Lèye, *ibid.*

53 (Khna et Reinhart, 1990 ; Aschauer et Lachler, 1998 ; Gupte *et al.*, 2002 ; Mansouri, 2001, 2003a), cités par Latif Dramani et Omar Lèye, *ibid.*

54 Greene et Villanueva (1991) cités par Latif Dramani et Omar Lèye, *ibid*, p. 16.

55 Commander et Svejnar (2007) cités par Omar Lèye et Latif Dramani, *ibid.*, p. 20.

56 Djankov, Mc Liesch, Ramalho et Shleifer (2007) cités par Omar Lèye et Latif Dramani, *ibid.*, p. 19.

qui sont motivés par des facteurs socioculturels locaux. À notre avis, si l'économie en est incapable, elle doit recourir à la sociologie. Bien que l'économie obéisse à une forme culturelle précise, son problème reste sa résistance scientifique aux dynamiques culturelles qui lui sont extérieures. Ce qui en révèle, malheureusement, ses limites.

L'investissement dans la littérature de la sociologie économique : le primat d'une approche par le travail et par le marché

Les sociologues de l'économique ont analysé les thématiques suivantes :

> *la consommation, la productivité, les innovations technologiques, les marchés (marchés du travail, marchés financiers, marchés des biens industriels et des biens de consommation), le rôle économique de facteurs comme le sexe et l'appartenance ethnique, les organisations économiques (les banques, les compagnies d'assurance, les sociétés, les industries, etc.), les relations entre l'économie et les organisations non économiques (l'État, les syndicats, etc.), les classes économiques, les relations de travail, la stratification, la discrimination, les théories économiques et les idéologies, les attitudes vis-à-vis de l'économie, les professions (par exemple les entrepreneurs), l'État providence, l'économie internationale, l'inflation, les contrats, la monnaie, l'économie formelle et informelle*[57].

L'investissement n'est pas présent parmi les concepts étudiés de la sociologie économique. Mais il peut être couvert par celui d'action douée de la qualité socio-économique. Dans les limites de sa conceptualisation sociologique, l'investissement est un préalable à la production et à l'échange. Dans le procès de production, la sociologie a contribué sur la valeur du travail. Nous pouvons citer, entre autres, les œuvres de Renaud Sainsaulieu (1985), *L'identité au travail* ; les travaux de G. de Terssac (2002), *Le travail : une aventure collective* ; l'œuvre de Frederick Herzberg (1959), *Le travail et la nature de l'homme*, et les travaux de Sabine Erbès-Séguin (2004), *La sociologie du travail.*

La contribution de la science sociologique est encore présente dans l'organisation et la gestion de l'acte utilitariste qui constitue, par ailleurs, l'essence de l'investissement. Nous pouvons citer, pour illustration, entre autres, les travaux de S. Maugeri (2006), *Au nom du client* relevant de la Sociologie de la Gestion ; ceux de E. Godelier (2006), *La culture de l'entreprise* ; ceux de Geert Hofstede (1987), *Les différences culturelles dans le management ;* ceux d'Elton Mayo (1933), *Les problèmes humains de la civilisation industrielle.* Il ne faut pas s'étonner que le fait industriel qui est à l'origine de l'émergence de la sociologie ait provoqué un grand intérêt pour le capitalisme également appelé l'économie de marché.

---

57 Richard Sweberg, *op. cit.*, Encadré, p. 34.

La science économique moderne de type néoclassique soutient l'hypothèse selon laquelle « l'espace économique est de nature marchande »[58]. Autrement dit, s'intéresser au fait économique équivaut à s'intéresser au marché. Au milieu des années 70, émerge un nouveau courant de théorie générale de sociologie du marché, du fait du retour en force du libéralisme économique aux États-Unis et en Europe et qui, par extension, atteint le tiers-monde. Plusieurs marchés ont été par exemple étudiés, jusque-là, par la sociologie. Il s'agit du marché du travail avec l'œuvre de Berg, Ivar E. (1981), *Sociological perspectives of labour markets* ; du marché financier avec l'œuvre de Mitchel Abolafia (1979-80), *La crise du marché du métal argent* ; Wayne E. Baker (1984), *Analyse sociologique du marché des actions* où on privilégie le modèle des réseaux ; Susan S. Shapiro-Wayward (1984), *Capitalists*, du marché de l'assurance avec l'œuvre de Viviana Zelizer (1878), *Human Value and the Market* ; du marché du logement en passant par l'œuvre de Pierre Bourdieu (2000), *Les structures sociales de l'économie*.

L'investissement engage des rapports marchands à des fins de matérialisation du profit. Nous avons la prénotion qu'il est culture et que le capital est la matière qui lui permet de se réaliser concrètement. Pour mieux l'appréhender ainsi que l'esprit qui le supporte, il importe de fouiller dans la littérature produite au sujet des systèmes sociaux dans lesquels il s'applique et qui implique aussi des relations.

- Le capitalisme ou l'économie de marché, un intérêt avéré pour la sociologie

Patrick Verlay, spécialiste en histoire économique, dans son article sur *l'histoire du capitalisme* lie le capitalisme à l'économie de marché. Il ne manque pas d'associer à sa pensée Fernand Braudel (1902-1985) qui, dans son œuvre majeure, *Civilisation matérielle, économie et capitalisme. XVe-XVIIIe siècle*, montre l'émergence du capitalisme par l'apparition de marchés faisant aussi cas de l'émergence d'un nouvel esprit et de classes sociales.

Dans *Economy and Society (The institutional structure of markets)*, Talcott Parsons et Neil Smelser plaident aussi pour une sociologie des marchés comme alternative à la théorie économique néoclassique. Ils sont critiqués par Richard Swedberg[59]qui leur reproche de développer la conviction selon laquelle le marché relève du domaine de l'économie dès lors qu'ils se réclament de la théorie économique qui conçoit tout ce qui est social en termes d'imperfection du marché. Par exemple, R. Swedberg s'inscrit en faux lorsque ces derniers disent à l'instar des économistes que le prix se déduit de l'offre et de la demande, car il est convaincu de l'implication du marché dans le social.

---

58 Nicolas Postel, *Les règles de la pensée économique contemporaine*, Paris, Éditions CNRS-Économie, 2003, p. 23-28.

59 Richard Swedberg, *Une histoire de la sociologie économique*, Desclée Brouwer, 1994, p. 115-121.

Karl Polanyi (1886-1964), anthropologue économiste américain d'origine hongroise, auteur de *La Grande Transformation*[60] *et des Systèmes économiques dans l'histoire et dans la théorie*, s'y est intéressé à partir d'une approche historique des projets de construction sociale des marchés de produits de base comme les céréales et le pain.

Le duo de chercheurs Arrow et Debreu, qui a aussi réfléchi sur les mécanismes du marché, revisite l'idée de la rationalité standard selon laquelle *l'homo economicus* est autonome et rompu à la société. Avec leur fameuse thèse de l'impossibilité, ils soutiennent que la divergence des objectifs de chaque individu rend difficile le consensus social qui comporte des origines biologiques et culturelles. Le sens du consensus étant déjà ancré en l'homme, il faut simplement le stimuler. Toutefois, le duo persiste en disant qu'il n'est pas possible de le réaliser en faisant l'agrégation des choix individuels rationnels.

Cependant Lewis et Samuelson sont plus optimistes sur les possibilités d'émergence de *l'institution* en posant le concept de convention voire de consensus. À notre sens, l'idée de convention émise par Samuelson est plus acceptable pour attester d'une réalité collective et d'en caractériser la dynamique.

Pour Michel Lallement (1962), Professeur de sociologie au Conservatoire national des arts et métiers de France, le capitalisme est un régime économique, fondé sur l'appropriation privée des moyens de production. Il se distingue fondamentalement des autres formations sociales par le fait qu'en son sein le capital est à lui-même sa propre fin. L'accumulation et l'expansion permanente des richesses vont ainsi de pair avec une généralisation de rapports sociaux qui s'invitent en présence des capitalistes et des salariés. André Orléan, économiste théoricien de la régulation, distingue l'économie de marché et l'économie salariale. Si la seconde est déterminée par les rapports entre propriétaires et travailleurs, la première est déterminée par la monnaie et la demande.

Contre cette idée selon laquelle le capitalisme est arrimé sur l'acquisition et sur la propriété, Pierre Joseph Prudhon (1809-1865) s'inscrit en faux et parle de vol. Il dénonce la propriété et non la possession. À bien le comprendre, ce serait l'économie qui serait du vol dès lors que nous la savons associée à la propriété[61]. Adam Smith réfléchit en faveur de la richesse des nations d'abord par la libéralisation du marché. Plus tard, dans *L'idéologie allemande (1845-1846)*, Karl Marx montre les conditions de développement des forces productives. Mais bien avant K. Marx, il y a eu d'autres auteurs qui l'ont précédé et inspiré sur les questions du travail et du marché et qui centralisent, à notre avis, la question de l'investissement. Il s'agit de Pellegrino Rossi (1787-1848), juriste italien, qui

60 Intitulé en anglais : *Trade and Market in the early empires.*

61 À partir de Xenophon – élève d'Aristote – l'économie est déjà clairement définie comme « l'art d'administrer son domaine » (oïkos : maison, propriété, avoir ; nomos : usage, règle de conduite).

s'intéresse à la question sociale à son époque en Europe, mais aussi à la doctrine morale et à la pensée économique et d'Antoine-Eugène Buret (1810-1842) que nous avons rencontré à travers l'article de François Vatin[62].

- *La valeur humaine dans les rapports productifs et face à la contrainte marchande*

« L'économie politique ne peut être la science du bonheur social, car le bonheur ne s'identifie pas à la richesse »[63]. Rossi, libéral, critique la société industrielle. Contre Adam Smith (1723-1790), David Ricardo (1772-1823) et Karl Marx, il pense que le salaire doit être « une fin et non un moyen ». Contrairement à Mac-Culloch qui, dans la réédition de *La richesse des nations*[64], assimile le travail de l'homme à celui du bœuf et de la machine en fonction de la valeur produite, il se prononce en ces termes :

> *le travailleur, [...] s'il travaille c'est pour lui-même ; c'est pour obtenir des jouissances matérielles et des jouissances morales. Ne se livra-t-il au travail que pour l'amour de sa famille ou pour remplir un devoir*[65].

François Vatin met au crédit de Rossi, qu'un « excédent d'une marchandise ordinaire est un problème purement économique. Un excédent de travail est un problème social, politique et par-dessus tout, moral... ». Il défend, selon Vatin, une liberté philosophique et morale du travail et non une liberté économique du travail.

- *La perte de liberté dans le salariat chez* Antoine Eugène Buret

Antoine Eugène Buret, libéral, va assimiler le salariat à la servitude. Dans son ouvrage *La misère des classes laborieuses*, il critique l'abstraction faite de la dimension sociale dans l'économie et indexe notamment « l'ingénieux métaphysicien du fermage » David Ricardo. Il eut à dire sur Adam Smith qu'il s'est plus intéressé à la philosophie sociale, à l'éducation publique qu'à la richesse ou aux phénomènes matériels de production. Par conséquent, ceux qui viennent à sa suite ont raté leur « mission sociale ».

Buret associe l'éthique à la théorie économique au moment où Rossi y associe la morale. Le travailleur est toujours forcé de travailler au risque de sa vie contrairement au capitaliste qui risque un manque à gagner en cas de non travail. Buret, à l'instar de Karl Polanyi, propose une réforme sociale qui protège la société contre la métaphysique libérale, le marché et sa main invisible. Un

---

62 Il est professeur de sociologie à l'université Paris Ouest Nanterre – La Défense.

63 Pellegrino Rossi, « *Cours* » 1835-1836, dans *Cours*, *op. cit.*, t. I, p. 25, cité par François Vatin dans son article « Le travail, la servitude et la vie : Rossi, Buret, Marx, Polanyi (1840-1944) ».

64 J.R. Mac Culloch, « Note I: *Definition of Labour* », dans A. Smith. *An Inquiry into the nature and causes of the wealth of nations*, Edinburgh, 1828, vol. IV, p. 73-80, cité par François Vatin, *ibid.*

65 Pellegrino Rossi, *Mélanges d'économie politique*, Paris (1857), rééd. 1867, p. 284, cité par François Vatin, *ibid.*

demi-siècle, rapporte-t-il, après la révolution de 1848 avec l'instauration de la liberté du travail, ils ont remarqué que rien n'a changé, car le travailleur s'enchaîne lui-même au nom de sa liberté. De ce point de vue, se demandent-ils : faut-il accentuer la dimension sociale ou s'engager dans l'utopie libérale ?

- La marchandisation de la valeur travail et de la force de travail chez Karl Marx

Karl Marx (1818-1883), en s'intéressant au rapport entre la force du travail et la survaleur[66], fait une critique de la marchandisation du travail. À certains intellectuels à qui on a reproché de n'avoir aucune moralité comme David Ricardo, Marx prend leur défense en les dégageant de toute responsabilité, parce que pour lui, c'est l'économie qui n'est pas morale en elle-même. Il cite Buret en avançant que la marchandisation du travail entraîne la misère ouvrière. Il s'intéresse aussi à Rossi en ces termes : « Ce qui est stupide chez Rossi, c'est qu'il essaye de présenter le travail salarié comme *inessentiel* pour la production capitaliste »[67]. Celui-ci eut à écrire que « la pure puissance de travail est un être de raison... »[68]. Et Marx, dans la réplique qu'il lui a apporté, cite des propos de Sismondi, qui eut à dire que « la puissance de travail (...) n'est rien, si elle ne trouve point d'acheteurs »[69]. Marx a repris le principe de détermination objective de la valeur des marchandises de David Ricardo et de Adam Smith dans sa critique de l'économie politique à travers le capital. Il développe deux thèses dans son œuvre *Le Capital* (1867) à savoir que la plus-value ou la survaleur[70] est accaparée par les capitalistes[71] grâce au concours de l'industrie, et que le capitalisme, quand bien même il est capable de préparer des lendemains d'abondance, court à sa perte en dévalorisant le travail vivant.

Balibar et Machery, dans leur article « Marx et le marxisme », font mention de la mise en garde de Karl Marx contre des rapports sociaux contradictoires

66 « Il s'agit d'un ensemble des conditions techniques (productivité du travail) et sociales (forme du travail salarié) qui permettent au travail de créer une valeur excédant celle de la force de travail. La survaleur a donc une limite supérieure, constituée par la capacité de travail de la classe ouvrière, et une limite inférieure, représentée par la valeur de la force de travail à un moment donné. Le mécanisme de production de la survaleur, c'est le mécanisme des rapports de production capitalistes, c'est-à-dire le mécanisme qui oblige le travailleur à dépasser cette limite inférieure correspondant à sa propre reproduction et à repousser la limite supérieure de sa capacité de travail. C'est un mécanisme d'exploitation, c'est-à-dire de lutte économique de classes : lutte du capital assurant l'extraction de survaleur ; lutte des travailleurs préservant leur propre subsistance ». (Balibar et Machery. « Marx et le marxisme » in *Encyclopedia Universalis* : 2009).

67 Karl Marx, *Manuscrits de 1861-1863*, *op. cit.*, p. 157, cité par François Vatin, *op. cit.*

68 Karl Marx, *ibid.*, cité par François Vatin, *ibid.*

69 Karl Marx citant Sismondi, *ibid.*, p. 157, cité par Vatin, *ibid.*

70 La survaleur peut être comprise selon lui comme la différentielle d'accroissement du capital-argent.

71 En effet, il s'agit de « l'expropriation des cultivateurs anglais qui, au tournant des XVe et XVIe siècles, a marqué la mémoire de Karl Marx. La masse paysanne se libère du servage, mais restait privée de ses terres. Ne possédant en majorité pour seule richesse que sa force de travail, il lui fallait pour survivre se mettre au service du capital ».

causés par les capacités techniques, les formes d'organisation politique et par l'idéologie[72]. Il distingue le profit (pour le capital industriel[73]), l'intérêt (pour le capital financier) ou le bénéfice (pour le capital commercial). Dans son Livre II du *Capital* en référence aussi aux travaux de Quesnay[74], Karl Marx défend l'idée que l'accentuation des inégalités sociales est à chercher dans le déséquilibre entre les investissements du secteur de production des moyens productifs et le secteur de production des moyens de consommation. Au préalable, dans la première section du *Capital* (Livre I) il s'est essayé à comprendre pourquoi et comment la valeur des marchandises détermine leurs prix. De lui, nous pouvons retenir que les formes économiques de la circulation marchande et les formes juridiques bourgeoises (liberté, égalité et propriété individuelle) sont les moyens de reproduction des rapports capitalistes. L'accumulation du capital produit la plus grande concentration des moyens de production et la création d'une surpopulation de travailleurs.[75] L'offre du travail sera toujours là pour être achetée par le capitaliste,[76] car il assimile le capital à la production. Pour lui, le capital obéit à un rapport social inégalitaire dans lequel et de manière historique la « propriété capitaliste est identique au travail salarié »[77]. Pour appréhender les phases historiques, il ne suffit pas seulement, selon Marx, d'analyser la détermination économique de la lutte des classes dont il fait cas dans *Le manifeste,* mais la superstructure politique et l'idéologie dont le fonctionnement est nécessaire à la reproduction de l'ensemble des rapports sociaux...[78].

- Une rationalité moins libérée de l'économisme à l'origine du capitalisme chez Max Weber

Max Weber, dans *Économie et Société* (1921), plaide aussi pour l'émergence d'une sociologie des marchés. Il critique le marxisme. Il ne parle pas de classes sociales (Klasse), mais d'ordres (Stände). Ce qui n'exclut pas qu'il converge avec K. Marx sur des points. Pour Weber comme pour Marx,

---

72 Etienne Balibar et Pierre Marchery. « Marx et le marxisme », dans *Encyclopedia Universalis*, 2009.

73 Il est rapporté que le capital industriel implique autant les matières premières que les moyens de production et les travailleurs salariés qui sont à l'origine d'une transformation matérielle, c'est-à-dire du travail. Ce qui signifie qu'il peut être visible hors des flux d'échange.

74 Temoin Quesnay, dans son tableau économique, écrit : « La nation est réduite à trois classes de citoyens : la classe production, les classes des propriétaires et la classe stérile », désignant respectivement les fermiers capitalistes, les propriétaires fonciers et le personnel d'État, enfin l'ensemble de la population occupée dans l'élaboration (artisanal, industrielle) des « matières premières » (cette classification est très proche de celle qui distingue aujourd'hui les secteurs primaires, secondaires et tertiaires), *in* Etienne Balibar et Pierre Machery, *ibid.*

75 *Le capital*, tome I, chap. XXIV, dans Balibar et Marchery, *op. cit.*

76 *Le capital,* tome I, chap. XXIV, dans balibar et Marchery, *Ibid.*

77 *Le capital*, tome I, chap. XXIV, dans balibar et Marchery, *op. cit.*

78 *Ibid.*

l'histoire humaine est celle des pratiques des hommes socialisés et « le but que se propose l'histoire est, simplement, d'expliquer les rapports de détermination causale réciproque entre les logiques des pratiques et les contraintes des structures »[79]. Pour Gérard Mauger, directeur de recherche au CNRS, Weber réfute chez Marx le réductionnisme économique. Pour lui tout fait culturel n'est pas fonction de constellations d'intérêts matériels (« L'Objectivité dans la connaissance », 1904)[80]. Colliot-Thélène reconnaît que l'intérêt et non les idées gouvernent le monde. Mais il précise que les images du monde, fruit des idées, déterminent les voies à l'intérieur desquelles la dynamique des intérêts crée l'action[81].

Weber produit une analyse « métathéorique » sur une transformation historique de la rationalité en réification, c'est-à-dire en une sorte d'aliénation où il y a « perte de liberté » (liens extérieurs avec les biens matériels) et « perte de sens » (liens intérieurs avec les valeurs) et où on se retrouve enfermé dans une « cage d'acier »[82]. Cette rationalité est celle formelle, laquelle, selon ses écrits, n'existe que dans les sociétés occidentales. Ailleurs, elle y serait importée, dit-il. Et c'est ce type de rationalité pour lui qui est à la base du capitalisme[83]. Pour se justifier, il donne sa version historique qui a produit la rationalité formelle et utilitariste[84].

Frédérich Vandenberghe rapporte que « selon *l'opinion communis doctorum – de* Abramowski *à* Zingerle – la rationalité constitue l'idée maîtresse de l'œuvre de Weber »[85]. Habermas, fortement influencé par Luhmann[86], avance que la rationalité objective est un type de rationalité essentiellement systémique

---

79 Catherine Colliot-Thélène, (1990), citée par Gérard Mauger, « Penser les classes sociales », *Encyclopaedia Universalis*, 2009.

80 Gérard Mauger, *ibid.*

81 Catherine Colliot-Thélène, *L'Éthique économique des religions mondiales*, 1915-1920, citée par Gérard Mauger, *op. cit.*

82 La « cage d'acier » (Sachlichkeit) de la civilisation capitaliste, selon Weber, est un accident historique, puisqu'elle résulte d'une « série de conjonctures singulières et contigentes », cité par FrédérichVandenberghe, *op. cit.*, p. 158, 164-170.

83 Max Weber, *L'Éthique protestante et l'esprit du capitalisme*, Paris, Plon, 1964.

84 La rationalisation théorique des images religieuses du monde à travers un désenchantement du monde (arrivé des prophètes au détriment de la magie) a entraîné les masses dans un « mouvement religieux de caractère éthique ». À partir de cette rationalisation culturelle, Weber ajoute dans son développement une rationalisation de la personne pour ne pas dire une dépersonnalisation, qui va se transformer à terme à une rationalisation sociale. Grâce aux « affinités électives » pour ne pas dire « attractio electiva » Weber lie l'éthique protestante à la gloire de DIEU dans la mesure où tout plaisir est proscrit. À travers l'affinité élective, nous pouvons dire qu'il y a une désaffection de l'esprit capitaliste pour l'éthique protestante afin de s'allier à l'utilitarisme, *cf* Frédérich Vandenberghe, *ibid.*, p. 184-193.

85 Frédérich Vandenberghe, *op. cit.*, p. 158.

86 N. Luhmann, « *Zweck*-Herrscchaft-System » ; « Grundbegriffe und Prâmissen Max Webers », dans *Politische Planung*, p. 90 sq et infra. Tome II, 3e partie. Notes de FrédérichVandenberghe, *ibid.*, p. 159.

que l'on retrouve sur le « marché » qui, pour Weber, est la forme de sociation (compromis ou coordination d'intérêts rationnels respectivement conflictuels ou non contradictoires qui fait du marché une communauté) la plus impersonnelle qui soit. Il est déterminé par un agir stratégique qui est la cause de la *réification*[87]. D'après Lazuech[88] et Rimbert[89], à travers leur ouvrage *Initiation à la science économique*[90], Weber conçoit l'émergence du capitalisme à partir de trois variables que sont le *développement du salariat* (considéré comme l'organisation rationnelle capitaliste – formellement libre), *la séparation entre le ménage et la famille* (celle-ci n'étant plus l'unité de production privilégiée), et *le développement d'une comptabilité* (instrument du calcul rationnel). Mais aussi il est rapporté la pensée de Weber selon laquelle « le capitalisme a été créé par l'entreprise rationnelle durable, la comptabilité rationnelle, la technique rationnelle, le droit rationnel (…) l'attitude rationnelle, la rationalisation de la conduite de vie, l'ethos économique rationnelle… »[91].

Par ailleurs, Michel Lallement et d'autres ont pris une posture critique sur l'œuvre de Weber notamment sur sa version des origines du capitalisme. Pour Talcott Parsons (1902-1979), l'approche wébérienne paraît limitative du point de vue de la construction d'une théorie plus générale de la société. À croire F. Vandenberghe, *Économie et société* ne révèlent pas de traitement systématique du capitalisme dans une perspective d'avenir.

- De l'intérêt individuel à la détermination de l'intérêt collectif chez Émile Durkheim

Émile Durkheim (1858-1917), sociologue français, va aussi s'inscrire en faux contre la vision wébérienne. Dans l'ouvrage *La division du travail* publié en 1893, il affirme que « la vie économique n'est pas née de la vie individuelle, au contraire, la seconde est née de la première ». Il fait montre d'une position assez critique contre l'individualisme voire « l'utilitarisme » qui est selon lui « le fruit de l'évolution de la société et de ses exigences changeantes ». Il pense qu'une société fondée sur une forte différenciation des activités et des rôles ne peut se passer d'institutions de nature non contractuelle, de règles morales partagées. Il cherche l'origine de la division du travail dans la morphologie de la société et l'explication qu'il donne s'appuie sur l'analyse des mécanismes qui déterminent le passage d'un type idéal de société « simple » marquée par « la solidarité mécanique », à un type de société « supérieure » à division du travail élevée, dans lequel prévaut « la solidarité organique » :

87 Frédérich Vandenberghe, *ibid,* p. 165.

88 Gilles Lazuech est docteur en sociologie, agrégé de sciences sociales et Maître de conférences à l'université de Nantes.

89 Franck Rimbert est docteur en histoire économique et sociale, agrégé de sciences sociales et fondateur à l'IUFM et au lycée Gabriel Guist'hau (Nantes).

90 Gilles LazuecH et Franck Rimbert, *Initiation à la science économique. Théories, enjeux, débats*, Éditions Vuibert, coll. « Guide », 2e édition, septembre 2005, 217 p.

91 Carlo Trigilia, *op. cit.*, p. 70.

La division du travail se développerait parce qu'elle augmenterait les avantages dont jouit chaque individu (...) Avec la division du travail, émergent de nouveaux problèmes, de nouveaux besoins, et de nouveaux motifs d'infélicité, comme le montre la progression des suicides dans la société moderne[92].

Dans sa critique aux économistes, il mentionne : pour que l'ordre social puisse exister, il est donc nécessaire de contenir les intérêts individuels, en les régulant et les disciplinant avec des institutions fortes qui non seulement organisent les relations sociales et les activités économiques parce qu'elles réglementent les conflits d'intérêt, mais surtout permettent la définition même des intérêts individuels.

Contrairement à Weber qui pense que les phénomènes sociaux sont le produit de l'activité sociale, c'est-à-dire des hommes, Durkheim ne partage pas cette théorie de l'action inspirée de la micro-économie. Il privilégie la coercition institutionnelle au matérialisme. Il rejoint Karl Marx dans la sociologie de la détermination sociale. Ils pensent tous les trois de même que Werner Sombart qu'il faut recourir à l'histoire[93].

- La détermination des institutions dans le comportement de l'entrepreneur chez Werner Sombart

Dans la préface de la 2e édition de son œuvre *Le capitalisme moderne* publié en 1916, Werner Sombart (1863-1941) souligne que son approche de sociologie économique « se donne pour tâche l'insertion de la vie économique elle-même dans le grand contexte de l'existence sociale de l'homme »[94]. Cette nouvelle « science sociale de la vie économique » comme il l'appelle vise dans un cadre historique l'explication scientifique des phénomènes économiques. Pour lui, « les besoins varient dans le temps, car au cours du développement historique de nouveaux besoins *culturels* s'ajoutent à ceux nécessaires à la survie physique »[95]. Il rejoint ainsi Durkheim sur ce registre quant aux conséquences de la division du travail.

Il conçoit le système économique comme « une forme particulièrement d'économie, c'est-à-dire une organisation déterminée de la vie économique à l'intérieur de laquelle règne une certaine mentalité économique et s'applique une certaine technique »[96]. D'ailleurs, Sombart reconnaît que le comportement des

---

92 Carlo Trigilia, *ibid.*, p. 74.

93 Émile Durkheim a été en effet avec Werner Sombart et Max Weber influencé par l'historicisme économique allemand et cela se remarque dans ses premières études notamment « *la science positive de la morale en Allemagne* ». Il partage la critique des historiens, selon laquelle le comportement économique ne peut être étudié indépendamment du contexte historique dans lequel il est inséré. *Cf* Carlo Trigilia, *ibid*, p.73.

94 Carlo Trigilia, *op. cit.*, p. 44.

95 *Ibid.*

96 *Ibid.*, p. 45. Pour Sombart, il s'agit de : « La mentalité économique ou l'esprit économique (l'ensemble des valeurs et des normes qui orientent le comportement des

entrepreneurs est influencé par les institutions en vigueur dans la société comme l'État, le droit, la religion, la culture dominante, la science et les techniques. C'est sous l'influence de ces déterminations que les entrepreneurs introduisent d'importantes innovations[97].

- La centralité de l'entrepreneur dans la transformation institutionnaliste du capitalisme libéral chez A. J. Schumpeter

Aloys Joseph Schumpeter (1883-1950), dans *Capitalisme, socialisme et démocratie* (1942), place l'action des entrepreneurs-innovateurs au cœur du système capitaliste. Les innovations renforcent l'économie. Elles sont progressivement absorbées pour faire place à la routine appelée plus tard à son tour à disparaître avec l'arrivée d'autres actions novatrices. Dans cette œuvre, il montre comment le fonctionnement de l'économie capitaliste détermine un changement de culture et des institutions et élimine les mécanismes d'autorégulation du marché. Avec Émile Durkheim, Richard Swedberg, Neil Smelser et Karl Polanyi, il vise un *capitalisme régulé.*

En outre, dans son œuvre *La théorie de l'évolution économique*[98], il précise que le développement se caractérise par « l'introduction de nouvelles combinaisons » dans les moyens de production par le biais des entrepreneurs. Pour lui, la discontinuité du « flux circulaire » souvent observé et qui nuit au développement, peut dériver de motivations extra-économiques (comme la croissance de la population) ou de bouleversements sociaux et politiques improvisés. Par conséquent, pense-t-il, il faut sortir de l'économie stationnaire, dépasser les résistances de l'environnement social, c'est-à-dire les interdictions juridiques et politiques et la désapprobation sociale qui gênent l'innovation. Les moyens de production ne sont pas suffisants pour réaliser l'innovation. C'est la raison pour laquelle pour lui, il faut des ressources non économiques notamment la qualité de leadership. Le marché concurrentiel crée l'innovation. Les restrictions et les profits entrepreneuriaux sont également nécessaires pour créer l'innovation. Schumpeter s'inscrit en faux contre les théories de John Maynard Keynes, qui soutiennent l'existence d'un « déclin des opportunités d'investissement ». Contrairement aux keynésiens qui soutiennent les politiques gouvernementales (hausse des impôts et de la dépense, pour soutenir la demande et les investissements et contrecarrer l'épargne), il propose d'enlever les grandes pressions fiscales sur les entreprises ou les politiques de protection du travail, car leur application contribue à refréner les attentes de profit et les investissements.

---

individus participant à l'activité économique). L'organisation économique (l'ensemble des normes formelles et informelles qui, dans une société, règle l'exercice des activités économiques de la perte des individus. La technique (les connaissances techniques et les procédés utilisés par les sujets pour produire des biens et des services et satisfaire leurs besoins. »

97 *Ibid.* Il suffit de se référer pour plus de détails aux origines et à l'apogée du capitalisme, p. 46-53.

98 A. Joseph Schumpeter, *Théorie de l'évolution économique*, Genève, Dalloz, 1999.

Schumpeter capitalise des travaux sur *La sociologie de l'impérialisme* et sur *The crisis of the tax state* [99]et aussi sa grande analyse faite sur les transformations institutionnelles du capitalisme libéral (l'avenir du capitalisme) et les effets de la grande crise. Un travail qui le rapproche des travaux de Karl Polanyi (1886-1964), notamment *La Grande Transformation* (1944) qui fait état du concept « d'incorporation »[100].

- La reconstruction chez Karl Polanyi d'une économie institutionnelle par l'incorporation sociale des marchés aux dépens de leur autorégulation

Karl Polanyi (1886-1964) se propose de reconstruire une économie institutionnelle, comparée à l'économie néoclassique, mais par l'incorporation sociale des marchés aux dépens de leur autorégulation. Il souligne le caractère utopique des marchés autorégulés. Pour lui, les causes de l'économie sont sociales avant d'être économiques. Il limite la validité scientifique de l'économie et utilise l'histoire pour justifier ses résultats. Il est plus proche de Durkheim et de Thortein Veblen (1857-1929). Il critique Marx et se rapproche de Buret et de Rossi. Il ne manque pas de souligner que la marginalité sociale est une source entrepreneuriale possible. Il rejoint pour cela, entre autres, les thèses de Sombart dont nous avons parlé plus haut et celles de Georg Simmel connu aussi pour ses travaux sur les dérives sociales de l'institution monétaire[101] .

- Les dérives sociales de l'institution monétaire chez Georg Simmel[102]

Georg Simmel (1858-1918) préfère le socialisme sur lequel devrait reposer la bureaucratie, car, pour lui, il représente une forme de réaction à la perte des anciens liens collectifs traditionnels et une tentative de reconstruction de nouvelles solidarités de groupe. Pour lui, les étrangers et les marginaux, en s'emparant de l'argent qui permet d'obtenir un meilleur statut social, ont préparé le terrain pour l'avènement du capitalisme[103].

- Les dangers de l'économisme ou de la religion capitaliste chez Pascal Bruckner et de l'économystification chez Jean Pierre Dupuy

À la différence de Simmel, Pascal Bruckner (1948) adopte une approche globaliste. Ce romancier et essayiste, dans son essai *Misère de la prospérité : La religion marchande et ses ennemis*[104], se livre à une appréhension de ceux qu'il appelle « les damnés de l'abondance et les aristocrates de la rente ». Pour lui, « les fruits du progrès dont le capitalisme dit être l'unique pourvoyeur sont empoisonnés ». Il parle d'un enfermement à l'air libre sous forme de catastrophe écologique, nucléaire, chimique, terroriste et souligne cette crainte permanente

[99] Richard Swedberg, *op. cit.*, p. 93-95.
[100] Carlo Trigilia, *op.cit.,* p. 92-100.
[101] *Ibid.*, p. 41-44.
[102] Goerg Simmel, *La philosophie de l'argent*, Paris, PUF, coll. « Quadrige », 1999, 672 p.
[103] Carlo Trigilia, *ibid.*, p. 43.
[104] Pascal Bruckner, *Misère de la prospérité : la religion marchande et ses ennemis*, Paris, Grasset, 2002, 242 p.

de la pénurie. L'économie de marché est un danger pour la société. P. Bruckner attire l'attention, par conséquent, sur les dangers de l'économisme et parle de religion capitaliste. Jean Pierre Dupuy s'indigne que la culture soit au service de l'économie et que le politique soit aussi contrôlé par celle-ci. Il en veut pour preuve le choix des élus politiques sur la base de leurs compétences et programmes économiques.

- *L'influence de la culture marchande, de la technique et des aspects non économiques dans la construction du fait économique chez Pierre Bourdieu*

Pierre Bourdieu (1930-2002) porte un intérêt particulier à l'influence de la culture marchande, de la technique et des aspects non économiques dans la construction du fait économique. Son ouvrage *Les structures sociales de l'économie*[105] a tenté avec succès d'ailleurs d'introduire l'analyse économique dans l'ensemble des sciences historiques des pratiques humaines. À comprendre sa pensée, la transformation des rapports de force entre les entreprises se manifeste par l'imposition des normes qui privilégient la liberté d'action, mais qui neutralisent les référents traditionnels. Du coup, Bourdieu dénonce le libéralisme qu'il compare à un *cynisme institué*. Mais aussi reconnaît-il que la transformation peut venir de la technologie et des luttes sociales lorsqu'il s'agit de rapport entre entreprises. Il y a souvent « un franchissement des frontières de l'économique ». En d'autres termes, la concurrence, par exemple, ne serait pas économique.

- *Le débat introduit par Michel Lallement sur le nouveau capitalisme*

Sur la question du capitalisme Weber et Marx ont focalisé exclusivement leur attention sur quelques pays européens. Ce que n'a pas manqué de souligner le sociologue américain Immanuel Wallerstain (1930)[106].

Luc Boltanski et Eve Chiapello, dans *Le Nouvel Esprit du capitalisme* (1999), montrent que le capital social, la mobilité et la polyvalence sont devenus fort importants dans le capitalisme contemporain. Les entrepreneurs coopèrent et établissent des réseaux et des alliances stratégiques. Autant le nouvel esprit du capitalisme assume une responsabilité morale dans le gain, le salariat et la capacité d'innovation, il est trahi par les conséquences des conditions de travail en termes de « nouvelles pathologies telles que le stress, l'épuisement ou le harcèlement »[107].

Les travaux de Peter Hall et David Soskice (*Varieties of Capitalism*, 2001), informent sur les modèles capitalistes qu'incarnent l'Allemagne et les États-Unis. En Allemagne, il s'agit d'une économie qui *repose davantage sur une logique de l'interaction (liens contractuels, fonctionnement en réseaux, etc.) au*

---

[105] Pierre Bourdieu, *Les structures sociales de l'économie*, *op. cit.*

[106] I. Wallerstein, *Le Capitalisme historique*, Paris, La Découverte, 1985 (1re éd. 1983), cité par Michel Lallement, « Capitalisme », *Encyclopaedia Universalis*, 2009.

[107] L. Boltanski et E. Chiapello, *Le Nouvel Esprit du capitalisme*, Paris, Gallimard, 1999, dans M. Lallement, *ibid.*

service d'un investissement conjoint dans les machines et dans les hommes[108]. Pour les USA, il s'agit d'une économie *libérale de marché au sein de laquelle la compétition marchande et la hiérarchie organisationnelle assurent la coordination entre acteurs économiques*[109].

En critiquant P. Hall et D. Soskice, Michel Lallement dit que la globalisation favorise l'arrivée de nouveaux venus dans le jeu capitaliste (la Chine par exemple) et brouille les frontières anciennes. Il reconnaît que le capitalisme d'aujourd'hui est caractérisé par la montée en puissance des marchés financiers qui ont eu des effets négatifs. Il en fait porter la responsabilité dans les années 1980 à « la remise en cause des règles qui structurent les relations sociales dans l'entreprise » du fait de la gourmandise en plus-value dans le jeu boursier, qui a abouti à « la déstabilisation des marchés du travail en amenant beaucoup de travailleurs au chômage ». Et encore dans les années 1990, dit-il, les opérations de « fusion-acquisitions » se sont accentuées sur la base de la concentration financière et de la rationalisation des fonctions et des emplois.

- *La crise du capitalisme*

À une époque de son histoire, l'Europe s'est inquiétée du spectre de K.Marx pour ne pas dire du communisme. Mais ce dont elle devrait mieux s'inquiéter c'est le « revenant » concept qu'utilise Pierre Dockes, économiste français et enseignant à l'université Lumière Lyon 2 pour nommer le retour permanent des crises qui ne tiennent plus seulement en respect l'Europe, mais tout le monde capitaliste.

La dernière crise de l'automobile et de l'immobilier aux États-Unis et celle des marchés financiers de 2007 à 2011 ont été décisives dans les nouveaux dysfonctionnements du capitalisme. D'aucuns indexent l'arrivée des pays émergents notamment la Chine, l'Inde et le Brésil, qui ont provoqué cette crise[110]. Menacée elle aussi, la Chine a rapidement fait face à cette crise. Aujourd'hui, c'est l'euro et la compétitivité de la France, dépourvue de son triple « A » en début 2012, qui est en jeu.

> *Qui peut penser qu'on puisse durablement gagner de l'argent sur des dettes et pousser une montagne de dettes devant soi sans se demander jamais qui, un jour, devra la rembourser, même lorsque l'on est la première économie du monde ?* [111]

Au début de cette crise, les membres du G4 ont plaidé pour une revue des règles du capitalisme financier. Les autorités américaines ont décidé de se porter

[108] P. Hall et D. Soskice, *Varieties of Capitalism: The Institutional Foundations of Comparative Advantage*, Oxford University Press, Oxford, 2001, dans M. Lallement, *ibid.*

[109] *Ibid.*

[110] Éditorial, n° 12 : « Le feu à la poudrière néolibérale », Analyse d'économistes et de sociologues des Conseils scientifiques d'Attac, Allemagne et d'Attac, France sur la crise financière et les scandales d'évasion fiscale, article du 5 mars 2008.

[111] *L'Express*, « Sarkozy chef de l'État français », Déclaration du 28 mars 2008, janvier 2009.

massivement au secours du système financier américain, en annonçant non plus le sauvetage des institutions financières menacées, mais en mettant désormais en place un plan d'aide générale afin que les banques puissent se débarrasser de leurs titres devenus invendables à cause de l'effondrement du marché immobilier et de la dispersion des crédits à risque "subprimes"[112]. Nous pouvons nous souvenir, par exemple, du plan Paulson[113].

Dominique Strauss-Kahn, ancien directeur général du Fonds monétaire international (FMI), a jugé durant son mandat que la crise financière était :

> *Un échec de la supervision, un échec de la régulation, un échec de la croyance que le marché peut se régler tout seul. La leçon, c'est que pour bien faire fonctionner le marché, il faut plus d'État et plus de puissance publique, et au niveau international, cela veut dire plus d'institutions internationales*[114].

La solution pour Claude Imbert, c'est *« Liberté autant que possible, autorité autant que nécessaire »*[115].

Il est clair que le souci de réformer le capitalisme existe. Toutes les crises économiques sont amoindries et non résolues. Mais ayant compris cela, s'est-on suffisamment demandé ce qui pourrait bien gouverner l'économie ?

- L'économie est-elle gouvernée par la raison culturelle ou au contraire par la raison utilitaire ?

Cette interrogation est de Marshall Sahlins (1930), dont les travaux démontrent que la culture exercerait un pouvoir contraignant sur les actions et les perceptions des gens. Il démystifie l'idée de *l'homo œconomicus*. Il soutient, dans son livre *Stone Age Economics*[116] (traduit en français sous le titre *Âge de pierre, âge d'abondance*[117]), l'idée que « les économies primitives avaient jusqu'aujourd'hui constitué la seule véritable société d'abondance ». La société des chasseurs cueilleurs, note-t-il, n'est pas une société de dénuement, mais d'abondance, laquelle peut prendre deux formes : « Se satisfaire en produisant beaucoup et en désirant peu ». Il précise qu'ici, on n'a pas besoin de travailler beaucoup puisqu'on a peu de besoins. De ce point de vue, le stimulus du besoin peut être culturel comme il peut être utilitaire. Mais il n'hésite pas à dire que le besoin est régi par la culture. Il rejoint Durkheim sur ce registre à travers la division sociale du travail. Il prend en compte ce fait dans *Culture and Practical Reason*[118] (1976), (traduit en français sous le titre *Au cœur des sociétés*[119]) où il

---

112 *Le Point*, « Relance du système financier américain », septembre 2008.

113 L'objectif du plan Paulson a cherché à donner à l'État les moyens et l'autorité de racheter les actifs dépréciés des institutions financières mises à mal par la crise des prêts immobiliers à risque, les « subprimes ».

114 Claude Imbert. « L'horreur, et après ? », Éditorial, *Le point*, http://www.lepoint.fr/actualites-chroniques.

115 *Le Figaro*, 2009, http://www.lefigaro.fr/ ; Article sur *Le Point*.

116 Marshall Sahlins, *Stone Age Economics*, Paris, Gallimard, 1972.

117 Marshall Sahlins, *Âge de pierre, âge d'abondance*, Paris, Gallimard, 1973.

118 Marshall Sahlins, *Culture and Practical Reason*, Paris, Gallimard, 1976.

relance le débat entre le matérialisme et l'idéalisme ; débat qui incarne l'opposition entre raison culturelle et raison utilitaire. Insister sur les conditions matérielles et les contraintes de production, c'est se situer du côté de la *raison utilitaire*. Les idéaux culturels et les systèmes de représentation relèvent pour leur part de la *raison culturelle*.

Pour Sahlins, dans toutes les sociétés, l'homme vit « conformément à un schème signifiant qu'il a lui-même forgé et le schème, qui n'est jamais le seul possible, est irréductible à tout déterminisme matérialiste ». À partir de cette conception de la culture, il apporte une contribution originale à l'étude des phénomènes d'acculturation dans ses travaux sur *La fonction symbolique*[120].

- Existe-t-il ou pas une tentative de modélisation de l'évolution de la production africaine ?

Jacques Maquet, professeur de l'université de Californie à Los Angeles, qui fait une ébauche des différentes civilisations dit que « la production des biens matériels caractérise de manière essentielle chaque culture. Les sociétés qui utilisent des techniques semblables de production sont rangées dans une même civilisation »[121]. Il fait état des dynamiques productives et marchandes de plusieurs civilisations notamment celle de l'arc, des clairières, des greniers, de la lance et des cités. Il fonde la civilisation sur un critère purement culturel parce que, soutient-il, « les faits culturels et sociaux ont une spécificité qui s'accommode mal de catégories principalement temporelles[122] (...) ou spatiales...[123] » Il parle d'africanité pour caractériser une civilisation (culture et économie incluses) africaine.

---

[119] Marshall Sahlins, *Au cœur des sociétés : raison utilitaire et raison culturelle*, Paris, Gallimard, 1980, 1998, 303 p.

[120] Marshall Sahlins, *La fonction symbolique*, Paris, Gallimard, 1979. Son travail porte sur l'« Apothéose du capitaine Cook », tué et divinisé par les Hawaïens en 1779. Une œuvre intéressante pour l'interprétation qu'il fait du comportement des Hawaiiens lors de la mort du capitaine James Cook en 1779. Pour Sahlins, les Hawaiiens avaient reconnu en Cook leur dieu Lono, et sa mise à mort fut en accord avec les prescriptions d'un rituel préexistant, appliqué logiquement lorsque le dieu semblait arrivé. D'après Sahlins, la rationalité des Hawaiiens était distincte de celle des Européens, mais non moins valable pour autant. Ce qui lui a valu d'être critiqué par l'anthropologue sri-lankaise Gananath Obeyesekere dans les années 1990. Pour Obeyesekere, les Hawaiiens avaient reconnu en Cook un grand chef, et non un dieu. D'après elle, la rationalité des Hawaiiens ne se distinguait pas radicalement de celle des Européens.

[121] Jacques Maquet, « Afrique noire – culture et sociétés – civilisations traditionnelles », *Encyclopaedia Universalis*, 2009.

[122] Il fait référence aux travaux « d'ethnologues qui ont fondé leur approche des cultures et des sociétés africaines sur une reconstruction historique, en l'occurrence, H. Baumann et G. P. Murdock ».

[123] Il fait référence à « l'approche géographique des cultures et des sociétés notamment dans l'*Ethnographic Survey of Africa*, dirigé par Daryll Ford et Melville J. Herskovits dans la classification des aires culturelles ».

Concernant l'économie africaine, les travaux de Mamadou Dia (*Réflexion sur l'économie de l'Afrique Noire*)[124] qui s'intéressent à l'outillage et aux techniques qui sont utilisées[125] ; ceux de Jean Dresh (*Riziculture en Afrique occidentale)*[126] portés sur la technicité productive diola ; ceux de Hopkins[127] sur les handicaps de l'entreprise africaine ; ceux de Jacques Giri (*Histoire économique du sahel)*[128] ; ceux de Henry Labouret (*Paysan d'Afrique occidentale*)[129] ; ceux de Boubacar Barry (*Le royaume du Waalo, le Sénégal avant la conquête*)[130], ceux de Majmouth Diop (Les classes sociales en Afrique de l'Ouest) précisément sur le Sénégal, entre autres, sont bien utiles pour se faire une idée sur les faits productifs et marchands de l'Afrique traditionnelle. Une spécificité de l'économie africaine est très souvent avancée. Il s'agit de « l'informel ».

- L'informel

Le concept de *l'informel* est utilisé pour la première fois par Keith Hart en 1971 qui reconnut lui-même dans ses travaux sur *L'entreprise africaine et l'économie informelle : Réflexions autobiographiques* que c'est

> *Un terme négatif, mais poli formulé en combinant une description ethnographique et un jargon économique pour séduire une bureaucratie intellectuelle en insistant sur le manque de forme des personnes et de leurs activités*[131].

[124] Mamadou Dia, *Réflexion sur l'économie de l'Afrique Noire*, Paris, Présence africaine, 1960, 210 p.

[125] *Ibid.* « La culture sur brulis, malgré ses insuffisances en tant que culture itinérante, apparaît comme la manifestation d'un certain équilibre entre les ressources du sol et les besoins ou les capacités de travail de son groupement. […] il y a eu une sédentarisation de l'agriculture (l'accroissement de la population a pour effet de diminuer le caractère migratoire de la culture), d'abord par la rotation ou jachère de brousse dans les pays de savane. […] On comprendra désormais que les régions africaines à fortes densités de population […] les terres inondées du Sénégal, les pays humides des rivières du Sud, du bas Saloum […] à la Casamance, soient caractérisés par des économies agricoles polyvalentes. »

[126] J. Dresh, « Riziculture en Afrique occidentale », *Annales de géographie*, 1949, dans M. Dia, *ibid.*

[127] Antony G. Hopkins, « Les entrepreneurs africains et le développement de l'Afrique : Une perspective historique »_dans Stephen Ellis et A.Yves A. Fauré, *Entreprises et entrepreneurs africains*, Karthala-Orstom, 1995, p 37-51.

[128] Jacques Giri, *Histoire économique du Sahel*, Paris, Karthala, 1994, 256 p.

[129] Henry Labouret, *Paysans d'Afrique occidentale*, Paris, Gallimard, 1941. Ce même intérêt est retrouvé encore dans son œuvre *Histoire des noirs d'Afrique*, Presses universitaires de France, coll. « Que sais-je ? », 1946.

[130] Boubacar Barry, *Le royaume du Waalo, le Sénégal avant la conquête*, Préface Samir Amin, Paris, François Maspéro, 5e éd., 1972, 288 p.

[131] Keith Hart, « L'entreprise africaine et l'économie informelle. Réflexions autobiographiques » dans *Entreprises et entrepreneurs africains*, sous la direction de Stephen Ellis et Yves-A. Fauré, Karthala-Orstom, 1995, p. 115-124.

Il y a d'autres termes utilisés pour désigner le même phénomène notamment « l'économie souterraine, parallèle, seconde, clandestine, marché au noir, etc. ». On en recense, de manière non exhaustive, 27 appellations en 1989[132].

Les travaux d'Abdoulaye Niang, enseignant à la section de sociologie de l'université Gaston Berger de Saint-Louis, sur *l'informel* [133]ont fait l'objet de critique systématique de la part de Philippe Rey[134] qui arrive à percevoir le secteur *informel* comme « un lieu d'une double formalisation par le capitalisme et par les structures *antécapitalistes* dont il s'agit de penser l'articulation dans le domaine urbain comme cela avait déjà été fait antérieurement dans le domaine rural ». Leur articulation [135]dont il s'agit reposerait sur une modification de chacun des modes de production en présence, rapporte P. Rey, à travers le mécanisme de la « soumission formelle »[136]. A. Niang distingue le capitalisme du *paracapitalisme*. Les produits du second secteur indexé, même s'ils sont transformés en marchandise pour le système capitaliste, sont destinés à renforcer les rapports sociaux *antécapitalistes.* Les relations rurales et l'activité artisanale[137] dominent. L'innovation technique est compromise.

P. Rey va conclure pour dire que c'est la négligence de la forte capacité de résistance à la logique capitaliste qui fait que les différents plans d'ajustement structurel s'effondrent les uns après les autres.

A. Niang se prononce sur les fondements structurels de ce secteur qu'il fait reposer d'abord sur les variables *légalité et légitimité* et ensuite sur la variable *technologie* et enfin sur les *capacités développantes*[138].

Il prend conscience de l'écart entre le monde rural et le monde urbain et parle de secteur *informel* « théorique » pour caractériser les petites activités marchandes du monde rural non contrôlées par les institutions et de secteur *informel* « réel » dans un espace où le contrôle est effectif, c'est-à-dire dans les milieux urbains et semi-urbains. À partir des variables *technologiques et*

---

[132] Jean Charles Willard, « L'économie souterraine dans les comptes nationaux », *Économie et Statistique*, INSEE, vol. 226, novembre 1989, p. 35-51.

[133] Abdoulaye Niang, *Le secteur informel de biens et de services modernes : un exemple d'articulation entre les structures socio-économiques traditionnelles et le mode de production capitaliste*, Thèse de doctorat nouveau régime, Paris VIII, mars 1988, 532 p.

[134] Philippe Rey, « Notes de lecture : Auto organisation de quartiers irréguliers de Dakar Pikine (Sénégal) et remise en cause du concept informel », *Tiers Monde*, vol. 36, n° 141, 1995, p. 223-230.

[135] Dans ce capitalisme africain, d'après Niang, divers modes de production sont en jeu et il s'agit des « procès de travail, rapports sociaux de production, système juridique, système de propriété, organisation des unités de production, relation des unités de production, systèmes politiques, systèmes religieux, artistiques, philosophiques… ».

[136] Concept marxiste.

[137] Les cordonniers, les tanneurs de cuir, les menuisiers-ébénistes, les mécaniciens auto non équipés de machines-outils, etc.

[138] Abdoulaye Niang, « Le secteur informel, une réalité à réexplorer : ses rapports avec les institutions et ses capacités développantes », *Africa Development*, vol. XXI, n° 1, 1996, p. 57-80.

organisationnelles l'auteur définit deux grandes catégories notamment le *secteur informel traditionnel* qu'il qualifie de *substitution ou d'évolutif* et le *secteur informel moderne* qu'il ramifie en trois sous-secteur, c'est-à-dire avec une *technologie élémentaire*, avec une *technologie évolutive* et celui *rationalisant*.

La variable de la « capacité développante » regroupe les activités du « secteur informel de survie », du « secteur informel de subsistance » et du « secteur informel de promotion » voire « de transition ou paracapitaliste ». Elle interroge « l'emprise domestique sur le capital », sur la « soumission du capital par le système traditionnel qui est un moyen de promotion à partir du conformisme professionnel et un mode de consommation ostentatoire des revenus acquis » et enfin sur la « soumission du système traditionnel par le capital qui ouvre une transition vers le capitalisme ».

A. Niang s'est intéressé à la crise de l'emploi en faisant un traitement critique du secteur *informel* en milieu urbain[139]. Il y met en rapport le secteur *informel* avec l'urbanisation, la crise de l'emploi, la faiblesse du pouvoir d'achat, la formation sur le tas dans le cadre d'une autoreproduction du secteur par lui-même, la faiblesse du capital de départ et enfin le non-respect des réglementations.

Il a eu aussi à parler des associations en milieu urbain[140]. Sous le couvert du critère institutionnel, il distingue les « associations informelles » non reconnues par la loi et les « associations légales ». Hormis ce critère, il y a celui de la « capacité d'adaptation » où l'on voit des « associations évolutives et d'autres non évolutives ». Il prélève aussi des « associations rotatives d'épargne et de crédit », c'est-à-dire les *tontines*, bien évolutives, qui se professionnalisent et se formalisent, que l'on retrouve chez les femmes et dans les lieux de travail. L'auteur parle aussi du GIE qui peut avoir un caractère commercial, industriel ou communautaire, de l'ASC, des coopératives et des ONG qui sont aussi des associations de type formel.

D'autres travaux réalisés par Fatou Sarr ont porté sur *l'informel*[141], sur le concept de marginalité et précisément sur la contribution du secteur capitaliste, sur la consommation des populations du Sénégal et en général des peuples africains et du Tiers monde. Les populations de Médina Gounass, sur lesquelles elle a fait ses enquêtes, sont le produit d'une double exclusion qui, d'abord

---

[139] Abdoulaye Niang, « Le secteur informel en milieu urbain, un recours à la crise de l'emploi », dans *Ajustement structurel et emploi au Sénégal*, sous la direction de Ababacar Tall, p. 29-55.

[140] Abdoulaye Niang, « Les associations en milieu urbain dakarois : classification et capacités développantes », *Africa Development*, vol. XXV, n°s 1 et 2, 2000, p. 99-159.

[141] Fatou Sarr, *Marginalité urbaine et développement, une contradiction auto gérée par les femmes. L'expérience d'une banlieue urbaine de Dakar,* Thèse de doctorat, Université Paris 8, juin 1991, dans Philippe Rey, « Notes de lecture : Auto organisation de quartiers irréguliers de Dakar Pikine (Sénégal) et remise en cause du concept informel », *op. cit.*

lignagère, a conduit à fuir la campagne et ensuite capitaliste, les a empêchées de s'installer à Dakar centre ou même à Pikine dans la zone « régulière ». Dans ce quartier et à l'époque de ses enquêtes de thèse publiées en 1991, 49,99 % des besoins locaux sont couverts par l'activité artisanale et paysanne locale, 22,76 % sont couverts par le secteur capitaliste local et 27,23 % par les importations. Elle s'attache à démontrer, en effet, que « la dépendance vis-à-vis de l'étranger peut être relativisée pour une grande partie des populations du Sénégal comme de bien des pays africains et du Tiers monde ». Cela remet en cause les statistiques macroéconomiques qui valorisent la domination économique capitaliste.

F. Sarr compare aussi les stratégies masculines et les stratégies féminines. Elle affirme que les hommes s'engagent dans « des secteurs dépendants du système capitaliste » et les femmes choisissent « des secteurs plus autonomes et nouveaux ». La naissance d'un capitalisme féminin est évoquée, car ce que les femmes, d'après F. Sarr, sont capables de faire de manière autonome en rapport avec le système capitaliste mondial, est très important.

Paul Barthélémy fait aussi une description de la structure de l'économie des pays sous-développés. En parlant de la manifestation de *l'économie souterraine*, il précise que les causes de cette économie sont fonction des modes d'organisation des sociétés.

À ce propos il écrit :

> *Dans les pays en développement, l'accès à l'informel obéit à une contrainte de survie ou à un désir de performance selon les pays et les époques. [...] on s'accorde pour y distinguer deux types d'économie informelle : la forme traditionnelle, essentiellement rurale, et la forme moderne, essentiellement urbaine. [...] Dans ce domaine, c'est plus par tradition que par volonté de dissimulation que les firmes ne sont pas déclarées ou ne le sont que de façon partielle*[142].

L'auteur convient que l'économie illégale doit être combattue, car, se justifie-t-il, « la recherche de l'équité entre citoyens ne peut conduire qu'à condamner ceux qui ne participent pas au financement des biens collectifs »[143]. Étant donné que l'enjeu de l'économie *informelle* dans les pays en développement est encore effectif, l'auteur arrive à s'interroger sur la manière dont il conviendra de confisquer « un revenu à une personne à qui on ne peut proposer un revenu légal de substitution » pour éviter la délinquance et la prostitution.

Laurence Marfaing et Mariam Sow, dans leur ouvrage *Les opérateurs économiques au Sénégal*[144], ont « analysé le rôle joué par les commerçants autochtones dans la structuration et l'organisation de l'économie sénégalaise,

---

[142] Paul Barthélémy, « Économie souterraine », *Encyclopaedia Universalis*, 2009.

[143] *Ibid.*

[144] Laurence Marfaing et Mariam Sow, *Les opérateurs économiques au Sénégal, entre formel et informel, 1930-1996*, Khartala, coll. « Hommes et sociétés », 1999, 290 p.

ainsi que l'évolution de leurs modes de fonctionnement de 1930 à nos jours »[145]. En s'intéressant à l'entreprenariat sénégalais dans la période coloniale, elles ont prélevé l'existence de *l'informel* en marge de l'économie coloniale. En voulant s'appesantir sur les conditions d'apparition de « l'informel », les co-auteurs se sont intéressés à l'attitude des acteurs vis-à-vis de l'État, de la fiscalité, de la formalisation des entreprises *informelles* et en définitive aux conditions historiques qui ont permis l'apparition et le fonctionnement des opérateurs économiques. Elles se sont énormément attardées sur le mode de fonctionnement marchand, composante essentielle, d'après elles, de *l'économie informelle* au Sénégal.

Elles ont étudié « dans le temps et l'espace la manière dont les acteurs économiques se sont forgés, comment ils ont évolué, comment ils se sont reproduits et enfin comment ils se sont adaptés ou sont en train d'instrumentaliser le nouveau contexte politique et économique des années 80 et 90 »[146]. Les auteurs ont privilégié la perspective historico-économique pour cerner l'économie *informelle* afin de voir comment elle pourrait être mise à contribution dans « un développement alternatif, équitable et durable »[147]. Même si des variables sociales ont été caressées, l'ouvrage ne connaît pas un approfondissement sociologique, en l'occurrence sur la dimension cognitive voire institutionnelle du phénomène tel que nous nous le recommandons dans ce livre[148]. Leur intérêt a été défini dans le but de rejoindre les exigences du développement selon le mode capitaliste. Ce qui n'en ôte pas sa valeur référentielle.

*

L'essentiel des auteurs qui sont dans le giron de la sociologie économique dénoncent la froideur du capitalisme ou prévoient son déclin à partir de l'économisme ou encore réclament une reconsidération de l'activité économique. À leur suite, des sommités intellectuelles et politiques se sont levées pour dénoncer le capitalisme. Et tous dans leur ensemble, au fond de leur plaidoirie, inscrivent les valeurs humaines de justice et d'équité. Au moment où l'Occident souffre des effets de l'individualisme et du capitalisme, le Sénégal, à l'instar d'autres pays sous-développés, avec lesquels il présente le même profil structurel en valeur sociale, peine à asseoir un « capitalisme achevé », alors que nos sociétés sont considérées comme intégrées au système capitaliste achevé

---

145 *Ibid.*, p. 8.

146 *Ibid.*, p. 68.

147 *Ibid.*, p. 12.

148 Qu'il existe des travaux sur la dimension cognitive du capitalisme ne résout pas le problème puisque les meilleures études empiriques sur la question se sont limitées à l'Europe. L'Afrique, le Sénégal, entre autres, reçoit moins d'études cognitives empiriques sur leurs agents économiques.

pour reprendre l'idée de Boubacar Barry[149], auteur de *La périodisation de l'histoire du Waalo*[150].

Cela étant, vu les maux dont souffre l'Occident, vu les cadeaux qu'offre le capitalisme même si Pascal Bruckner dit qu'ils sont « empoisonnés », il est socialement compréhensible que le Sénégal, à l'instar d'autres pays, développe une autre forme de capitalisme que l'on peut appréhender sous forme d'un « paracapitalisme » pour parodier A. Niang, tout en sachant que le rattrapage comme dans l'idée de P. Bruckner est un faux prétexte. Pour cela, nous sommes en phase avec ce dernier auteur lorsqu'il dit que ce n'est pas du capitalisme qu'on devrait sortir, mais « de l'économisme, cette spiritualisation excessive de la science économique qui s'arroge le monopole de tout ».

Contrairement aux économistes, les sociologues qui pourraient considérer l'investissement comme un fait social ne l'attaquent pas de front. La sociologie s'intéresse plus aux relations qui motivent, caractérisent ou résultent de la « chose » sociale. Ce n'est pas étonnant qu'elle s'intéresse au capitalisme et à son mécanisme. Le fait de ne pas tomber sur le concept *d'investissement* déjà éclaté nous a fait penser qu'il faut le construire. En nous campant sur ce que nous pensons être des insuffisances, nous avons construit une problématique qui insiste sur les lacunes économiques théoriques et empiriques et sur la position institutionnelle des sociologues, relative à l'implication socioculturelle dans le vécu économique.

II. POSITION DU PROBLÈME

Nous convoquons ici la problématique du double conditionnement du capitalisme et des institutions non capitalistes dans la pratique de l'investissement, laquelle va s'articuler autour de trois points.

1. Une détermination structurelle irrécusable sur l'investissement, laquelle est résultat du primat accordé à la profitabilité

La science économique fortement mathématisée avec l'influence de l'école marginaliste ne dispose pas d'instrument pour apprécier les aspects qualitatifs des êtres dont elle prétend étudier et prévoir le comportement. Aristote soutient que les sciences mathématiques n'étudient qu'une partie des attributs de

[149] Boubacar Barry, *op. cit.*, p. 22.

[150] Il distingue une période pré mercantiliste qui s'étend des origines au XVIIe siècle, « au cours de laquelle l'Afrique noire entre en contact avec le reste de l'ancien monde spécifiquement « entre la savane (de Dakar à la mer Rouge) et la méditerranée ». Ensuite, il note une période mercantiliste qui va du XVIIe siècle à 1800 où il y a eu la traite des esclaves. La troisième période pour lui s'étend « de 1800 à 1880-1890 » où certaines régions arrimées sur le mercantilisme atlantique ont développé une forme de dépendance vis-à-vis des parties du monde où le capitalisme industriel avait déjà une forme achevée. La quatrième et dernière période est celle de la colonisation, laquelle « parachève l'œuvre de la troisième à l'ouest, se substitue au mercantilisme oriental à l'est et développe avec des moyens décuplés les formes actuelles de la dépendance du continent… ».

l'être[151]. La peine des économistes vis-à-vis de l'explication de la valeur[152] est suffisante pour justifier leurs limites à cerner les aspects sociaux de l'investissement. Doit-on défendre l'autonomie de *l'homo oeconomicus* jusqu'à récuser ses états de dépendance comme il est de fait dans ses rapports avec le marché ?

Le marché est un espace fort prisé pour prélever des relations sociales puisque c'est une opportunité, un lieu voire un moment de rencontre. L'économie le conçoit comme un espace mathématique, pour parodier Arrow-Debreu[153], dans lequel se rencontrent et interviennent des agents soumis à des règles destinées à limiter leurs opportunismes. D'ailleurs, la conception standard néoclassique de *l'homo œconomicus* prétend que les *agents* rationnels ne se rencontrent pas parce qu'ils sont rompus à la société. Ce qui est en désaccord avec la vision relationniste que nous cautionnons et défendons.

Les contours structurels de la décision d'investissement révèlent une détermination du marché sur *l'agent* ou *l'acteur* économique – à compter avec la distinction qu'en fait la sociologie[154]. Dominique Plihon, professeur d'économie à l'université de Paris du Nord, soutient que dans « l'économie de marché, les décisions des acteurs privés (producteurs, consommateurs) sont supposées être coordonnées par l'échange marchand décentralisé »[155]. Cette économie de marché qui suppose que l'on produit pour s'enrichir par la vente est assimilée à la modernité. Dans les sociétés traditionnelles, le marché y est une réalité, mais à la seule différence que chacun produit plus pour son ventre. Ferdinand Tonnies, pour décrire la société qu'il nomme « Gesellschaft » en relation avec la modernité, précise que c'est « une association de volontaires, de commerçants »[156]. Adam Smith qu'il cite sur le même sujet eut à dire dans le même contexte que « chacun est un commerçant »[157].

La question de la décision de l'investissement renvoie à la problématique de la construction rationnelle du choix individuel qui dépend de l'état cognitif et de l'opportunisme de *l'agent* et du choix collectif conditionné par l'étape du consensus social dans lequel les actes d'investissement se posent au bénéfice de tous.

Pour Richard Duhautois, c'est en fonction de la croissance que les entreprises investissent. D'autres, avant lui, ont prétendu que l'investissement est déterminé

---

[151] Aristote, *Métaphysique*, IV, 2, 1003a, 20-25, dans Gulio Giorello, « Être », *Encyclopaedia Universalis*, 2009.

[152] Le peu de cas fait des valeurs dans l'explication économique a une corrélation avec les crises économiques.

[153] Nicolas Postel, *Les règles de la pensée économique contemporaine*, *op. cit.*, p. 15.

[154] « L'analyse stratégique », dans Michel Crozier et Erhard Friedberg, *L'Acteur et le Système*, Paris, Seuil, 1977.

[155] Dominique Pilhon, « Le capitalisme », *Encyclopaedia Universalis*, 2009.

[156] Ferdinand Tonnies, p. 81, cité par Natalie Rigaux. *Introduction à la sociologie par sept grands auteurs*, *op. cit.*, p. 121.

[157] Ferdinand Tonnies, *ibid.*, p. 92, cité par Natalie Rigaux, *ibid.*

par la variation de la demande au sein du marché[158] ou des taux d'intérêt[159]. Pour investir, l'agent a besoin de se rapporter au coût d'usage qui comprend le coût du capital, le taux d'intérêt, le prix des équipements et le taux de dépréciation[160]. En voulant comprendre les structures financières, des économistes ont introduit le rôle de l'information sur les marchés financiers[161]. L'investissement dépend aussi de la performance des marchés, selon Tobin. Il est connu que c'est l'épargne spéculative qui favorise l'investissement. Dans ce sens, les pays développés ont plus de marge de manœuvre pour investir que les PMA.

Sachant que « la décision d'investir est irréversible »[162], le risque voire l'incertitude sur le rendement à attendre d'un investissement quelconque est un facteur important à considérer. Ce n'est pas fortuit que l'on parle « d'hétérogénéité » des comportements d'entreprise, car ils diffèrent face au risque d'un agent à un autre. Considérant tous ces facteurs qui incitent ou non à l'investissement, certains vont investir et d'autres ne le feront pas. Greene et Villanueva (1991) ont aussi montré que « les pays en développement ont connu un ralentissement prononcé de la croissance économique et l'une des raisons fondamentales de cette situation résiderait dans le déclin des taux d'investissement »[163]. Il est clair, d'après ce que nous venons de présenter et venant des économistes eux-mêmes, que l'investissement est un acte déterminé de l'extérieur notamment par le *fait social* qui s'impose dans la conception du marché, en précisant au passage que tous les faits économiques ne sont pas des faits sociaux. Alors, en quoi la rationalité exclut-elle toute détermination ou bien est-on plus rationnel sans indétermination ?

Outre le fait que la décision de l'investissement d'un individu soit rationnelle en accord avec ses déterminations extérieures, elle engage une production dont le processus articule profitabilité et domination sociale. La production est synonyme de reproduction du capital et de rapports sociaux houleux d'après la pensée marxiste. La poursuite du profit par l'investissement qui se met au confluent de la production et du marché entraîne une domination sociale entre les hommes. L'accumulation du *surtravail* ou de la *survaleur*[164] des uns au

---

158 Keynes et Combale cités par R. Duhautois, *op. cit.*

159 Greene et Villanueva (1991) ; Wai et Wong (1982), cités par R. Duhautois, *ibid.*

160 La théorie de Jorgenson et Duhautois, *ibid.*

161 Frédéric Mishkin, *Monnaie, Banque et Marchés financiers*, 8e édition, Nouveaux horizons, 2008.

162 Richard Duhautois, *Investissement, ibid.*

163 Latif Dramani et Omar Lèye, *Les déterminants de l'investissement privé au Sénégal*, *op. cit.*, p. 16.

164 Précisons que ***la Survaleur relative***, c'est « une élévation de la productivité » (diminution de la valeur du travail) – par une introduction de machines et spécialisation des tâches. Par opposition il y a ***la Survaleur absolue*** qui est « une extraction de la survaleur par le capital avec allongement du temps de travail », laquelle est source de conflit.

détriment des autres entraîne les conflits permanents et une cohabitation difficile entre classes sociales[165].

> *L'excès de la valeur de la production sur son coût définit la plus-value. Mais d'où vient la demande solvable qui permet au capitaliste de réaliser cette plus-value si elle ne provient ni de la dépense engagée par les capitalistes, ni de la dépense des salariés ou des fonctionnaires ? Nécessairement du secteur non capitaliste, de la paysannerie, des colonies*[166].

Dans un cadre micro-économique, à côté de l'exploitation des travailleurs – notamment sur les conditions de travail et la masse salariale, sur les emplois abusifs avec le renouvellement de statut de stagiaire et de CDD (contrat à durée déterminée) à n'en plus finir, sur la discrimination, sur les harcèlements et chantages sexuels – qui est un fait historique suscitant encore la lutte syndicale, les hommes s'inquiètent de nos jours de plus en plus de licenciement sans respect des normes de travail. Peut-être que cette donne est plus présente dans les sociétés occidentales fortement avancées dans la crise économique, mais elle reste un fait connu dans les nôtres.

Dans un cadre macro-économique, des études empiriques montrent que « la croissance élevée de la production est corrélée à un fort taux d'investissement. Le taux d'accumulation de capital physique ou investissement est un déterminant de la croissance économique »[167]. L'absence de croissance économique favorise la pauvreté – soutenue par la montée du chômage ou la flambée des prix – et ses effets collatéraux, tels que l'émigration à travers le *Brain drain* ou le *Barsa ba Barsaq*.

Dans un cadre mondialisé, si le Sénégal est un pays qui n'est pas bien entré en capitalisme, alors il fournit de la plus-value aux pays capitalistes plus forts à son désavantage.

Les opportunismes des choix individuels sont à l'origine des crises économiques et sociales souvent observées au cours de l'histoire, et ce jusqu'à la dernière des "subprimes" aux États-Unis et qui a frappé la Chine, un pays non capitaliste. Aujourd'hui, elles perturbent l'économie européenne. Beaucoup de penseurs en sciences sociales ont déjà pronostiqué la mort du capitalisme depuis quelques siècles maintenant, parmi lesquels nous pouvons nommer Max Weber. Par contre, il y a un aspect tout aussi problématique de la structure productive sénégalaise qui intègre un rapport d'une autre nature privilégiant des liens de sang ou de voisinage voire d'amitié.

L'engagement voire la prise de décision d'un investissement n'est pas une chose accessible à tous autant pour une personne, une entreprise que pour un pays. Il est constaté une *hétérogénéité* des investissements quand certains agents

[165] Karl Marx et Friederich Engel, *Manifeste du parti communiste,* Traduction française, 1893. Paris, Les Éditions sociales.1848.

[166] Rosa Luxembourg, Thèse, 1913, *Encyclopedia Universalis*, 2009.

[167] Greene et Villanueva (1991) ; Wai and Wong (1982), cités par R. Duhautois, *op. cit.*

s'engagent et d'autres se rétractent. Étant donné qu'on ne peut l'étouffer, car il est source d'initiative, de créativité et de progrès, quelle forme d'individualisme adopté pour nos pays ? Aujourd'hui du point de vue empirique, les conséquences des processus précités d'appropriation et de reproduction de capital chez *l'homo œconomicus senegalensis* engagé s'articulent autour d'une insuffisance des investissements et d'une grande expression de la petite entreprise.

2. Au constat de l'« hétérogénéité » de l'investissement, de la « prolifération des PME-PMI » et de leur fébrilité, peut-on dire que les investissements chez les Sénégalais sont insuffisants ?

Sur la question de l'énergie, au Sénégal des opinions se sont élevées avant l'alternance de mars 2012 pour dénoncer la passivité à l'anticipation de l'investissement qui a mis en péril l'entreprise de la SENELEC. Si certaines entreprises grandes comme petites accusent un grand retard d'investissement, d'autres plus petites ne grandiront jamais. Certaines plus grandes vont s'affaiblir. Et toutes vont risquer de disparaître faute d'investissement. Des individus capables d'investir n'investiront jamais. L'avenir et le risque sont certes des aspects complexes, mais nécessaires dans la vie entrepreneuriale d'une entreprise, mais aussi dans l'économie d'un pays. Les Hommes ont besoin pour leur bien-être de travailler, de créer et d'assurer leur liberté individuelle par leur activité économique. Ils sont interpellés dans la vie de leur ménage, de leur entreprise et de l'administration publique.

Ayant remarqué au préalable une croissance insignifiante de 0,4 % entre 1980 et 2003, de 3.7 % en 2012 et de 4 % en 2013[168] contre un taux de 7 % fixé par les Nations unies aux PMA comme le plus approprié pour le rattrapage des pays riches, le diagnostic économique révèle que l'investissement au Sénégal, entre autres pays moins avancés, est confronté à beaucoup d'insuffisances ; ce qui en fait une économie à faible croissance[169]. « Le taux d'investissement nécessaire au taux de croissance potentiel de rattrapage est fixé pour la période 2003-2015 à 28 % pour un rattrapage lent et à 35 % pour un rattrapage rapide »[170]. Mais des efforts se font puisque Mme Aminata Touré, Premier ministre du Sénégal du second gouvernement du régime du président de la République Macky Sall élu en mars 2012, dans son discours de politique générale du 28 octobre 2013 devant les députés du pays, a révélé un financement du PIB de 31 % en 2011 et vise un taux de croissance de 4,6 pour

---

168 ANSD (2007), Taux de croissance 4,9 % ; ANSD (2008), 3,7 % ; ANSD (2009), 2,4 % ; ANSD (2010), 4, 3 % ; ANSD (2011), 2,1.

169 Estimations du secrétariat de la CNUCED, 2006, d'après la Banque mondiale, Indicateurs du développement dans le monde, 2005, p. 99.

170 Estimé sur la base d'hypothèses relatives, au taux de dépréciation du capital (10 % par an et ratio marginal capital/production est fixé à 3,2 moyenne lissée de l'échantillon des PMA entre 90 et 2003. CNUCED, *ibid.*, p. 96-97.

l'année 2014 et son plafonnement à 6 % d'ici 2017. Le PSE vise 7 % à la même année.

L'ancien président de la République du Sénégal Abdoulaye Wade, à la 63e assemblée générale des Nations unies (2008), a indiqué que « l'Afrique aurait besoin des investissements dans le domaine des infrastructures et de la formation pour offrir au monde un marché de plus d'un milliard de consommateurs dans quelques années »[171].

L'investissement est caractérisé par son insignifiance dans le secteur privé intérieur. L'investissement public est faible, mais supérieur au type précité. Selon le CNUCED, ce sont les apports de capitaux étrangers, sous forme d'IDE (malgré leur concentration géographique) ou d'APD, qui augmentent les investissements en termes d'accumulation intérieure du capital. La mobilisation intérieure des populations en termes d'engagement dans l'investissement productif n'est pas importante. Les ressources intérieures disponibles pour financer cette accumulation intérieure du capital demeurent maigres et l'excédent n'est point suffisamment orienté vers un investissement créateur des emplois. Les populations désintéressées ou s'apprêtant à entrer sur le marché du travail sont peu favorisées et s'exposent à la pauvreté ou à l'émigration comme voie de recours.

Ainsi, le problème le plus visible sur le niveau d'engagement est la forme des investissements réalisés. Précisons au préalable que le pays est conditionné par une dynamique de développement orientée vers le rattrapage des pays riches et de plus en plus de nos jours vers les nouveaux pays dits « émergents » représentés par les BRICS. C'est au su des résultats médiocres que présentent les investissements au grand dam d'une croissance économique et par extension d'un développement économique et social, que les analyses en sont parvenues à s'intéresser aux manquements liés aux capacités productives. On a regretté une faiblesse en ressources productives, c'est-à-dire naturelles[172], humaines[173], en capital financier[174] sachant l'épargne intérieure et les recettes publiques (19,6 % entre 1999 et 2001) faibles et enfin en capital physique[175]. Les capacités entrepreneuriales qui concernent les connaissances, les compétences et les informations restent moins problématiques lorsqu'il s'agit de transformer les intrants en extrants pour satisfaire la présente et la future demande. Cependant, elles ne le sont plus, lorsqu'il s'agit d'améliorer la qualité des produits, de créer de nouveaux marchés ou de demeurer constamment concurrentielles. À notre

---

171 Abdoulaye Wade, « Déclaration à la 63e assemblée générale des Nations unies », *Le Soleil*, vendredi 26 septembre 2008, p. 2.

172 « Ressources en terres agricoles, eau, énergie, gisements de minéraux, forêt, produit halieutique, biodiversité et la qualité des paysages » : *Rapport CNUCED*, 2006.

173 « Éducation, santé, nutrition et compétence » : *Rapport CNUCED*, 2006.

174 Destiné à financer la production, l'investissement et l'innovation.

175 Parc d'outils, machines et matériels des producteurs, les infrastructures physiques, le transport, l'énergie, télécommunications, adduction d'eau, évacuation des eaux usées et irrigation : *Rapport CNUCED*, 2006.

sens, il s'agit moins d'un problème dû aux compétences fondamentales[176] qu'aux capacités technologiques[177]. Enfin, il est question du lien de production entre les entreprises et les différents types d'activité économique. Il est impératif, de ce point de vue, que le flux des biens et services, des informations et des connaissances et même des ressources productives prenne la forme de liaisons, selon la CNUCED, entre fournisseurs et acheteurs ou entre entreprises, géographiquement proches, qui sont dans une optique de collaboration. Il est noté que ces liens sont fébriles du fait de l'absence de compétitivité du système de production dans son ensemble. Fortement présent dans les secteurs manufacturiers et agricoles, ces liaisons restent problématiques dès lors que la production commerciale présente des insuffisances que peut entraîner un élément galeux de la chaîne de production constituée par les agriculteurs, les distributeurs d'intrants et les acheteurs de produits ou que « le déficit en infrastructure affecte les coûts de production » ou aussi lorsque la liaison entre « l'agriculture et les activités non agricoles connaît une importance critique dans le processus de développement économique ». Le déficit en infrastructures, l'insuffisance institutionnelle[178] qui va au-delà de la réglementation des affaires et l'absence de stimuli émis par la demande, conséquence d'une sous-exploitation des capacités productives existantes, sont trois contraintes phares au développement des capacités productives concernant les PMA pour la CNUCED.

Les investissements industriels privés sont faibles et les entreprises qui ont le monopole du marché ne présentent pas une compétitivité d'ensemble. Les petites et moyennes entreprises ont une durée de vie courte du fait du climat concurrentiel et de leur manque de compétitivité. Cette situation problématique est liée, selon la CNUCED, à la structure économique faible du pays, aux éventuels effets exogènes qui peuvent être à l'origine de l'inflation des prix, de la montée de manière insupportable de la charge du coût de la vie et qui contribuent à maintenir la faiblesse de la monnaie locale face à la courbe progressive des autres monnaies et des partenaires commerciaux ; auxquelles causes il faut ensuite ajouter les insuffisances institutionnelles.

---

176 Savoir-faire et informations destinés à l'exploitation des équipements ou terre agricole en incluant la gestion de la production, le contrôle de qualité, la réparation et l'entretien du capital physique et la commercialisation des produits : *Rapport CNUCED, Ibid.*

177 Capacité d'acquérir et de modifier des compétences pour accroître la productivité, la compétitivité et la rentabilité, et pour s'adapter à un environnement externe qui évolue en termes d'offre et de demande. In *Rapport CNUCED*, 2006, *op., cit.*

178 En termes de sous-développement du marché de l'État dans la définition des règles de fonds du commerce, de la promotion des infrastructures, le maintien de la stabilité économique, la promotion des capacités entrepreneuriales et des mécanismes de coordination, la gouvernance de la disponibilité et du coût des diverses ressources productives ; des systèmes financiers pour la réalisation des investissements ; de système de connaissance pour l'apprentissage technologique ; de coordination non commerciale portant sur les liens de production. In *Rapport CNUCED*, *Ibid.*

Considérant l'investissement dans sa dépendance aux capacités productives, des déficiences, de manière générale, sont notées dans la productivité de l'agriculture, dans la compétitivité des petites et grandes entreprises eu égard à leur part de marché respective et dans l'industrialisation pour ne pas évoquer les cas de désindustrialisation de plus en plus notés. Les insuffisances sont aussi qualitatives lorsque les dépenses publiques sont orientées vers des investissements qui ne recoupent pas les attentes des populations. Nous pouvons citer l'impact social des politiques infrastructurelles et culturelles des gouvernements politiques du début des années 2000. De pareilles situations sont à l'origine de l'anomie sociale et atteste que les priorités sociales et celles de l'administration publique peinent à s'harmoniser.

Toutes ces insuffisances constituent le lit des revendications sociales croissantes qui s'articulent autour de crises dans le domaine de l'emploi, du pouvoir d'achat des ménages, d'une reconsidération salariale adéquate, des entreprises nationales, des difficultés d'accès au crédit même pour des individus compétents et porteurs de projet innovant, de la persistance du chômage, de l'enjeu de la bonne gouvernance, entre autres. De ce point de vue, *nous confirmons un rapport, à l'investissement, problématique.*

Contrairement à ce que l'on peut croire, la problématique économique dont nous venons de faire état comporte des origines et des mécanismes non économiques[179]. Les difficultés que connaissent l'investissement et l'entreprise sont, de par leur essence, sociales et culturelles et non exclusivement économiques.

3. L'incidence socioculturelle engage l'esprit d'entreprise

En amont des stratégies économiques des individus, quelle conception est faite de l'investissement et quelles formes prennent les relations sociales qui se créent en amont et en aval des prises de décision ? Quelle conception en fait-on dans les institutions publiques ?

La culture capitaliste portée par le profit, l'accumulation du capital, la croissance et le développement économique et social introduite dès l'entame du processus de modernisation dans nos pays, exige une rationalité particulière qui fait aujourd'hui le fondement des grandes décisions d'investissement. L'arrivée de la culture capitaliste au détriment du mode de production traditionnel a entraîné soit une résistance culturelle, soit une acculturation. Certains individus développent une rationalité critique et marginale qui gêne la rationalité capitaliste ou encore adoptent, par exemple, un style de vie qui est au-dessus de

---

179 Kankwenda M'baya, « Crise économique, ajustement et démocratie en Afrique » in *Processus de démocratisation en Afrique. Problèmes et perspectives, Crise économique, ajustement et démocratie en Afrique*, sous la direction de Eshetu Chole et Jibrin Ibrahim. Codesria, Paris, Khartala, 1995, 150 p.
Il y dit que *les causes de la crise économique sont à rechercher ailleurs, non dans le domaine de l'économie.*

leurs ressources propres et bien souvent du niveau de vie moyen du pays. Ainsi, ils entrent souvent en conflit avec leur espace socioculturel d'origine. La ruralité et l'urbanité, présentant chacune une spécificité, apparaissent à notre avis comme le fondement le plus significatif pour appréhender le rapport économique déterminé par deux cultures, en l'occurrence capitaliste et précapitaliste. De nos jours l'on retrouve les germes de la ruralité en urbanité et vice versa. Cela, bien évidemment, à des degrés différents.

Au Sénégal, il est le fait d'un syncrétisme culturel entre le capitalisme et un traditionalisme socio-économique. Il s'agit de deux formes rationnelles moulues dans des croyances respectives. Il est faux de croire que la croyance n'intègre pas la rationalité. L'ordre de priorité est souvent problématique parce qu'il y a souvent la menace d'une sanction punitive sociale qui, sous l'expression économique, s'énonce par la prévalence de la pauvreté dès lors qu'il y a absence d'accumulation de capital financier et physique, ou sous l'expression socioculturelle qui s'énonce dans ce contexte par les qualités *d'informelle* ou *d'acculturée* selon la position à laquelle on se trouve.

Certainement les individus de par leur autonomie échappent parfois au contrôle social et parviennent à orienter significativement leur comportement en fonction du sens qu'il développe pour l'activité d'investissement voire la manière dont ils la perçoivent. Peut-on expliquer, entre autres faits, que l'agriculture, étant le secteur fondamental qui soutient l'économie du pays, est de plus en plus désertée par les populations au profit du secteur des services et pourquoi le refus du retour à la terre est toujours de mise ? La recherche du profit étant une réalité dans la poursuite de l'action économique, qu'est- ce qui expliquerait que le goût du risque ne soit pas très développé ? La plupart des Sénégalais, recherchant un investissement sécurisant, bascule le plus souvent dans l'improductivité. L'immobilier et le transport, entre autres, sont des secteurs très convoités par les acteurs privés. Bien que l'on détienne un capital considérable, on préfère investir dans le micro ou moyen commerce (friperie, pneu, prêt à porter, etc.). Ce qui est insignifiant si, on le rapporte à la taille des gros investissements de type monopolistique ou oligopolistique, vers lesquels on aurait pu s'orienter et qui sont à l'origine des « extra-profits » pour parodier Werner Sombart.

Il y a des états problématiques qui nous interpellent sur le rapport au travail voire à l'organisation de la production, à la prise d'initiative, à la recherche de compétitivité par la constance et par l'innovation. En guise d'illustration, qu'est-ce qui expliquerait à notre sens, qu'il soit plus fréquent de ne voir que la SONATEL (Société nationale des télécommunications), en exclusivité cotée à la BRVM (Bourse régionale des valeurs mobilières) parmi toutes les entreprises sénégalaises, contrairement aux entreprises plus compétitives installées, par exemple, en Côte d'Ivoire, au Bénin ou au Togo. Les représentations des multinationales basées dans les autres pays africains sont plus compétitives que la plupart de leurs agences installées au Sénégal. Il y a un rapport problématique au crédit et à l'épargne. Il y a aussi un rapport problématique à la consommation dans la répartition des revenus gagnés. Un rapport pas forcément harmonieux est aussi observé dans les choix et stratégies déployées, l'organisation entre la socialité locale et l'instruction et aussi le traitement des informations.

Il est des forces sociales qui procèdent d'un certain institutionnalisme et régissent toutes les activités qui ont une dimension sociale. L'économie n'est pas épargnée. Max Weber soutient qu'elles n'existent pas sinon qu'elles n'existent que par la pensée[180]. Les hommes agissent en fonction de leur intérêt dans leur démarche économique. La rationalité utilitariste s'applique autant aux aspects économiques que sociologiques. Elle est conditionnée par la structure sociale à travers ces forces socioculturelles qui sont de nature traditionnelle ou moderne. Il y a donc un conditionnement socioculturel dans la pratique de l'investissement donc problématique pour l'environnement des affaires et de la recherche d'un développement économique et social. Aujourd'hui, les choix collectifs d'investissement prennent le sens unique du modernisme. Toutefois, il y a des choix individuels qui font défection à cette orientation. Ce qui laisse le problème entier. L'anomie constatée, source « d'infélicités » sociales, est causée par la forte divergence entre les choix collectifs voire publics pro-modernes et les choix individuels assez hétéroclites dans leur orientation. Ce qui explique de fait, à notre sens, l'immobilisme dans le développement économique et social. L'expansion parfaite du capitalisme est bloquée par une mauvaise organisation des forces socioculturelles en présence. Ce qui fait que la structure et le comportement des individus ne s'améliorent pas dans le sens des intentions développées. Il y a donc un problème entre la nature idéale de l'action et le rôle que joue la structure. Le Sénégal est dans une situation sociologique problématique vis-à-vis de l'investissement et c'est la rationalité qui en constitue la toile de fond.

De l'esprit d'entreprise local prévalant – qu'il soit considéré comme un handicap ou un stimulant – émane plus d'échecs que de réussites économiques. L'apparence de l'échec économique est atténuée par le système de récupération et de solidarité sociale.

Au Sénégal, il est un capitalisme d'exception qui draine un sentiment d'inachevé. Ce qui infirme la thèse de Boubacar Barry relative à un « capitalisme achevé »[181]. Le problème remarqué est que le profit, qu'il soit mal utilisé ou pas chez les agents, constitue toujours un problème dès lors qu'il ne permet pas de relancer la qualité de l'investissement chez le Sénégalais.

Les conditions d'accomplissement du capitalisme ont été étudiées par Sombart et définies par Weber. Elles ne cadrent pas forcément avec les instances d'orientation locales. À propos des conséquences du capitalisme, les auteurs,

[180] Frédérich Vandenberghe, *Une histoire critique de la sociologie allemande. Aliénation et réification, Max Weber*, Tome I, *op. cit.*, p. 172.

[181] Boubacar Barry, *Le royaume du Waalo, le Sénégal avant la conquête*, *op. cit.*

dont Weber avec la réification, Marx avec la lutte des classes sociales, Durkheim avec l'obligation de morale émanant de la division du travail, sont tous d'avis qu'il faut changer. Mais aucun d'eux n'a eu la solution de l'après-capitalisme. Ce qui laisse le problème entier. Si les pays occidentaux et d'Amérique pensent aujourd'hui à l'après-capitalisme, les sociétés africaines notamment le Sénégal sont obligées de voir comment régler leur capitalisme qui n'est pas encore achevé ou mieux comment le comprendre et l'exploiter. À propos de ses expressions notamment *l'informel*, terme réducteur et moins ennoblissant qui tient moins compte des valeurs et des institutions sociales, quel autre terme empiriquement construit serait à même de mieux traduire la réalité et de rompre avec ce négationnisme ? Les rationalités qui intègrent la tradition sont sanctionnées et qualifiées *d'informelles.* Cette façon de faire rejoint les recommandations de l'approche williamsonienne[182] qui exige, pour plus d'efficacité et d'harmonie lors de la rencontre des individus rationnels, des sanctions pour décourager les opportunismes. Les habitudes économiques traditionnelles dans leur choc avec le modernisme dominant sont perçues comme opportunistes par le rationalisme formel. Cet état accentue la divergence entre les choix individuels et collectifs. La coercition telle que recommandée par williamson dans l'entendement moderne n'a pas non plus beaucoup de réussite en apparence.

Entre le niveau désiré de création de richesses par la stimulation des investissements chez les individus et le niveau de fait qui équivaut à des tentatives étriquées d'investissement, la conscience d'un problème est inéluctable malgré les maintes tentatives. Quel est le rôle des instances d'orientation, pour reprendre le concept de Pitrim Sorokin, dans le développement de l'investissement ? Dans quel type idéal se placeraient les relations d'investissement en adéquation avec les besoins[183] et les priorités ? Quel jeu social est favorable ou défavorable à l'essor des capacités productives ? Nonobstant qu'il y ait des agents qui investissent, réussissent ou échouent et d'autres qui se rétractent sans prendre d'initiative, quel mécanisme social peut soutenir la croissance des MPME-PMI ? La question centrale que nous avançons est sur quelle forme de croyance se baserait la construction des décisions d'investissement et de l'organisation de la production ? Bref, quel sens[184] prendrait l'investissement chez le Sénégalais « type » ?

182 Nicolas Postel, Les *règles de la pensée économique contemporaine*, *op. cit.*, p. 89-119.

183 Abraham Maslow, *Pyramide des besoins*, Cours de Moustapha Mbodj, 2002. Une théorie dynamique des besoins en relation avec l'état socioéconomique de notre pays.

184 Nous nous sommes posé toutes les questions que voici : à l'instar de l'information pour l'esprit calculateur, la croyance ne détermine-t-elle pas l'anticipation ? Quel rapport entre le procès de reproduction des institutions sociales et les processus de prévision formelle ? Qu'est-ce que c'est que l'informel ? Quel rapport avec l'irrationalité ? Quel est le rapport des Sénégalais avec l'argent et le travail si l'investissement requiert leur mobilisation ? Quelle exploitation fait-on de la traditionalité et de la modernité dans la production ? Autrement dit, est-ce que la structure économique locale influe de manière significative

III. UN OBJET DE THÉORIE, UNE HYPOTHÈSE D'EXPLICATION À LA COMPRÉHENSION DE L'INVESTISSEMENT

Le sens (S) de l'Investissement ***(I)*** se comprend à partir de l'attitude de *l'Entrepreneur* ***(E)*** qui est *fonction de la détermination socioculturelle* ***(D.SC)*** *; d'où la formule logique de la relation causale* ***S(I) = E. f(D.SC)***

Cette vue nous sert d'hypothèse principale. Elle voudrait dire que le sens de l'investissement est la résultante de la détermination socioculturelle de l'agent entrepreneur, une détermination qui peut relever du mode de production coercitif. *Autrement dit, l'investissement est un fait déterminé qui porte le sens de la socialité qui le détermine. Il en résulte que la rationalité de l'agent économique ne se libère pas de l'influence institutionnelle.* Il est compris de cette façon. Il est interprété de cette façon.

Le sens de toute action ou activité, socialement significative, est la résultante de l'orientation de(s) institution (s) déterminante(s) portant une fonction socialisante. L'investissement étant un acte significatif, voire culturellement orienté, sa construction dépend de la croyance caractérisant la culture économique de l'individu *entrepreneur ou manager.*

En effet, il se construit en fonction de la force des institutions d'ordre socioculturel[185]. La rationalité qui porte l'investissement est soumise à des dispositions culturelles historiquement formées, à partir desquelles elle agit. Plus précisément, le sens de l'investissement est déterminé par le mode de production dans lequel les construits socioculturels, économiques et politiques tiennent un rôle coercitif.

La détermination cognitive est un fait réel chez l'agent rationnel. Paradoxalement, il est connu que la rationalité suppose, sans doute, une autonomie. Toutefois, c'est en dehors des institutions que peut se mesurer l'indétermination des rationalités. La détermination intérieure par les valeurs est liée à la dépendance extérieure pour ne pas dire objective vis-à-vis des institutions en présence. L'action n'aurait point de sens sans l'influence des institutions qui sont à la source de la formation cognitive de l'acte entrepris. La finalité sociale serait absente nonobstant le mécanisme rationnel. La conduite objective de l'acte doit être liée à une finalité sociale pour hériter d'une représentativité sociale.

C'est en fonction des institutions que la raison individuelle est déployée. À moins qu'on veuille prouver le contraire et qu'on réussisse à rétablir et à

---

sur le sens des affaires ? Si l'investissement est un fait empiriquement significatif, en quoi sa détermination par les institutions socioculturelles capitalistes ou non capitalistes contribuerait-elle à son sens dans le vécu social et dans la création des richesses ?

185 Nous estimons que l'activité économique est une activité culturelle. Par conséquent, les contraintes « socio-économiques », « socio-culturelles » et « culturelo-économiques » qui s'imposent dans tout processus d'investissement se réduisent en une unique nature qui est d'ordre culturel.

confirmer *l'homo œconomicus* dans une position extra sociale, de laquelle il serait coupé de la société, schéma dans lequel selon certains intellectuels aucun contact avec les autres ne se réalise[186]. Mais dès l'instant qu'il y est inclus, il subit la détermination de la vie d'ensemble, c'est-à-dire de la vie de groupe. Nous récusons cette thèse de *l'homo œconomicus* extra social, car, à notre avis, l'agent économique n'a jamais été en dehors de la société.

De cette hypothèse, nous en dérivons deux propositions spécifiques :

1. L'investissement est un fait significatif

A- La décision d'investissement repose sur deux niveaux de dépendance. L'une : lien à l'information et l'autre : lien vis-à-vis de la croyance[187].

L'information permet de prendre connaissance de l'enjeu de la profitabilité de l'investissement. Avec la croyance, le risque est éliminé même s'il existe. Mais avec l'information, le risque est visible s'il existe. Entre l'information et la croyance, c'est la dernière qui stimule, par conséquent, le plus les investissements.

B - Si l'investissement est une action significative, il a besoin pour remplir sa complétude d'obéir nécessairement à un mécanisme de réalisation rationnel et à une finalité sociale précise.

L'investissement surgit de la coordination efficiente entre des motifs et des moyens objectifs. Il fait œuvre sociale en dehors de la conscience individuelle ou collective. Il est destiné à être utile. Il est construit et orienté en fonction des besoins que porte l'entrepreneur et qui s'énoncent en motivations ou se présentent à celui-ci en termes d'opportunités.

C. Les idéaux types de l'investissement définis à partir de comportements rationnels à finalité :

- ***Dans la société traditionnelle, l'idéal type de l'investissement est la subsistance.***

- ***Dans la société capitaliste, l'idéal type de l'investissement est le profit que l'on obtient à travers une production orientée vers le marché.***

- ***Dans la société actuelle qui articule capitalisme et traditionalisme économique, l'idéal type est le paraître pour le consentement social.***

Le désir d'exister et de « vivre » est le plafond des aspirations dans la société traditionnelle. Confronter la recherche de la subsistance et l'impératif universel d'être place la première au niveau instrumental pour servir la réalisation de la finalité du second. La représentation significative de la subsistance dans la société traditionnelle démontre du souci de construction d'une perfectibilité de l'être. L'autre aspect de sa rationalité et de son discernement est le privilège accordé au paraître dans le relationnel social. Le souci de l'autre, qui est une

[186] Arrow Debreu et l'école classique de Adam Smith dans Nicolas Postel, *op. cit.*, p. 16-18.

[187] Une croyance que l'agent nourrit sur lui-même concernant ses capacités productives et marchandes.

valeur universelle inhérente à toutes les sociétés humaines, est fortement présent. Cette tendance au « paraître » est récupérée par la communauté qui la reproduit. Cette possibilité est permise par le primat de la recherche du consentement social chez ses membres. S'il y a absence de stimuli, c'est parce que les mécanismes communautaires y souscrivent.

La société capitalise est un aboutissement dans lequel l'individualisme trouve les attributs nécessaires à sa valorisation. Les individus ne se limitant pas au stade traditionnel de l'« être » cherchent en permanence le « bien-être » – c'est-à-dire une vie heureuse qui, rappelons-le au passage, pour les Grecs, se confond avec la vie vertueuse – et le « mieux-être » en mobilisant des moyens d'exploitation de la nature et des hommes, lesquels, comme nous le savons[188], ont pris des formes différentes selon les époques. La quête du « mieux-être » relève de l'ordre culturel. Elle dépasse le cadre de l'« essence » voire de l'« être ».

Dans les sociétés où les dynamiques capitalistes et traditionnelles s'entremêlent, il se pose un cumul d'objectifs. Les individus poursuivent l'« être », le « bien-être » et le « mieux-être ». La nouveauté sera, en effet, l'apport de l'individualisme pour la société traditionnelle et la valorisation isolée notamment individualiste du « paraître ». Les matériaux que fournit la société capitaliste sont utilisés par les individualités d'une société doublement articulée pour libérer les égoïsmes traditionnels relatifs au prestige social. La subsistance y est phagocytée par le marché pour lequel on produit désormais le plus. Le marché parvient à faire nourrir son homme à travers le profit qu'on y extrait. La partie du profit restant, étant donné que les besoins végétatifs ne constituent plus un souci, est affectée dans la poursuite du paraître. Dans ce schéma culturel, d'une part, le marché et la subsistance s'annulent par l'effet moderne de l'argent accumulé au service des besoins végétatifs et d'autre part, le paraître, en électron libre, continue d'exercer sa coercition en utilisant autant la subsistance que le profit à travers le jeu permanent de la consommation. Contrairement à la thèse de Meillassoux, selon laquelle la division sociale du travail intervient dès lors que les cellules de production subviennent à leurs besoins, nous croyons qu'après avoir satisfait à la « subsistance » tant recherchée, elle se préoccupe plus de son paraître. La subsistance et le paraître restent toutes deux des formes de consommation. La première est d'ordre végétatif et la seconde porte une valeur ajoutée qui intègre la communauté à travers la fonctionnalité que revêt la consommation. Même la subsistance souscrit à la coercition du paraître à partir de la détermination et de la communauté de la cellule familiale.

---

[188] « La division » de Karl Marx sur les modes de production.

2. L'investissement est un fait institutionnellement déterminé

Le profit inhérent à la portée cognitive de l'investissement est respectivement arrimé à l'espace social, à la production humaine, au marché[189], à la famille, à la religion et à la communauté.

A- Les espaces socialement structurés influent sur la formation des rationalités

Il y a une fonction d'adaptation naturelle chez l'agent en relation avec son milieu d'existence. Dans les rapports articulés entre modernisme et traditionalisme, le culte utilitariste y apparaît à des degrés divers selon qu'il s'agisse des espaces urbains ou ruraux. La rationalité peut être affectée par le milieu géosocial, voire structurel. Il s'agit d'une rationalité instrumentale. Elle est dans son expression différente d'un milieu à un autre, notamment en ville et au village. Il est une rationalité **« formelle-communautariste »**, c'est-à-dire autant collectiviste que formelle caractérisant **la ruralité**. Il s'agit d'une rationalité ouverte sur la famille et sur la communauté, mais fermée vis-à-vis du non-initié voire de l'étranger et protectionniste vis-à-vis de l'initié voire des traditions. Ensuite, il est une autre rationalité **« formelle-individuelle »** qui allie individualisme et formalisme et qui caractérise **l'urbanité**. C'est une forme de rationalité fondée sur la liberté individuelle, restrictive vis-à-vis du collectif dont elle ne participe pas et ouverte à l'égard de l'extérieur du point de vue de l'information, base sur laquelle se construit le consensus. Le formalisme rural consacre le consensus voire la dynamique de groupe tandis que le formalisme urbain consacre l'individu qui rend difficile la collectivisation.

B- Les déterminants de l'investissement sont d'ordre économique et sociologique

Pour ce qui est des déterminants économiques, l'État à travers l'administration publique détermine le comportement d'investissement. L'entreprise, pour survivre, a besoin d'investir. Par conséquent, elle exerce une détermination dans l'engagement à l'investissement. Le ménage investit pour des raisons de survie de l'institution familiale. La demande dans le cadre du marché est un déterminant socio-économique de l'engagement à l'investissement. Nous reproduisons une thèse de John Maynard Keynes qui s'appuie sur la demande, dès lors qu'elle permet l'émergence d'un marché, par une anticipation des retombées de l'offre (investissement) à travers la fixation des prix supposés incarner la valeur de l'investissement. En adjoignant une survaleur à l'offre destinée à l'échange, c'est-à-dire que le prix ne respectera pas sa juste valeur, on crée ainsi du profit. Du côté de l'offreur investisseur comme de l'acheteur chacun tire profit de la transaction, de quelque nature elle puisse être. Cette thèse de J. M. Keynes montre l'origine de l'intérêt pour le profit dans un investissement.

---

[189] « Espace mathématique » selon Arrow Debreu, *op. cit.*, p. 23-24. C'est un lieu de rencontre entre l'offre et la demande.

Pour ce qui est des déterminants sociologiques, la famille, la communauté et la religion constituent à notre avis des déterminants de l'investissement. Elles incitent à l'investissement, mais elles exigent en retour pour leur survie une part substantielle sur les retombées de celui-ci. La famille a pour habitude de porter des réalités ponctuelles et de responsabilisation. L'agent économique qui résulte de son sein est le produit du désir d'acquisition d'un statut social au terme d'un certain niveau de socialisation ou de mise en évidence de la responsabilité familiale reçue. Dans ce cas, où il est lié à la famille, l'investissement est une stratégie de survie. Celle- ci en développe un second sens après le profit.

La religion et la communauté s'appuient sur la famille pour imposer leur coercition à l'agent économique. Dans cette même perspective de détermination, l'esprit d'entreprise peut être porteur de la pensée familiale, religieuse et communautaire. Ainsi, c'est de cette manière que certaines habitudes sont cristallisées pour être invulnérables au temps en incarnant une tradition familiale, religieuse et communautaire. Par exemple, il existe des entreprises familiales, des investissements catholiques, islamiques et protestants (fonds, banques, écoles, etc.) et autres types d'entreprises perçues comme communautaristes qui ne doivent leur émergence qu'à la prédisposition des institutions précitées coercitives à l'investissement.

C- L'investissement est lié aux modes de production structurellement ancrés

En majorité, les investissements sont construits au sein de l'entité familiale avant d'être exportés sur le champ social. Les entreprises, qu'elles soient des propriétés individuelles ou des monopoles d'État, ont du mal à se détacher de la vie de famille qui impose une coercition aux auteurs ou aux managers d'entreprise.

❖ *Les trois institutions sociales que sont la famille, la communauté et la religion, sont affaiblies ou développées en fonction des étapes historiques de production et de l'espace social.*

Le capitalisme, en se fondant sur l'individualisme, affaiblit de plus en plus la religion et la communauté. Toutefois, la famille, même si elle subit ses fouets destructeurs, reste sa seule source d'énergie individualiste qui donne de l'importance à la survie et à l'accumulation illimitée du profit. Cela donne au capitalisme une autre forme sinon l'empêche d'avoir un niveau achevé.

❖ *L'investissement pratiqué dans un capitalisme inachevé est doublement conditionné par des finalités modernes et traditionnelles, lesquelles sont soutenues par des valeurs et des croyances.*

Dans les sociétés à faible culture de capitalisation de survaleur et à forte culture d'autosubsistance, les investissements ne sont pas essentiellement capitalistes ; ils sont simplement connectés au capitalisme. La pratique économique y connaît un syncrétisme culturel entre l'habitus traditionnel et celui capitaliste. Du fait de ce dernier état, nous parlons de « paracapitalisme » qui serait moins une société où les structures traditionnelles sont reproduites grâce à celles capitalistes, mais plus une société où le capitalisme et le traditionalisme économique s'auto-exploitent en faveur de leur reproduction respective.

D- Dès lors qu'il est lié à l'accès au statut social, l'investissement est un vecteur de croissance et de rétrécissement des disparités sociales

❖ *La reproduction de la pratique de l'investissement crée le fait de domination économique et sociale dans les rapports sociaux.*

Outre la force et le savoir – comme formes du pouvoir – il y a les valeurs qui contribuent à caractériser et préserver le pouvoir. L'institution de la hiérarchie des valeurs en société est un prétexte à l'émergence et à l'affirmation de la domination. Accumuler de la valeur voire de l'utile, c'est souscrire au processus d'appropriation du pouvoir et être dans les interactions rationnelles dominationnelles où l'on peut être dominé ou dominant. L'investissement est un moyen de la domination. La domination sur le terrain social par l'économie est le produit de l'opportunisme utilitariste.

Par essence, l'organisation sociale ou socio-économique cherche la complémentarité, mais est forcément discriminatoire. Il y a pour parodier Marx des dominants et des dominés. Les sociétés sans discrimination ne connaissent pas un esprit d'entreprise développé. Toutefois, cette discrimination voire cette violence[190] comprise sous l'angle de la domination et de l'exploitation d'une partie par une autre peut être un obstacle à l'esprit d'entreprise. Plus on investit en capital[191] et plus on maîtrise bien plus que d'autres les zones d'incertitude. Cela apparaît pour être une forme de pouvoir sur l'autre. À l'instar de la dialectique du maître et de l'esclave sur laquelle nous sensibilise la philosophie, en économie, c'est le schéma de l'entrepreneur dominateur par sa capacité d'investissement contre les travailleurs dominés qui fait autorité particulièrement dans l'approche marxiste. Les conséquences sociales de la production impactent l'investissement.

❖ *La domination est le produit de l'émergence de la propriété matérielle et de sa capacité à se constituer en statut social.*

Avec la certitude que c'est la propriété des moyens de production qui surplombe toute autre propriété, les individus de par cette croyance ont légitimé la suprématie de l'approche matérielle des relations humaines. Certains auteurs, comme P.Verlay, parlent de société matérielle. La propriété est un moyen d'accès au statut social ou à sa reproduction. L'individu arrive à intégrer un statut socialement dominant dès lors que ces acquis sont socialement acceptés et cautionnés.

[190] L'esprit d'entreprise a poursuivi des formes violentes et pacifiques du profit. La violence a été à toutes les époques de l'évolution de l'organisation socioéconomique.

[191] Le capital peut être de formes diverses comme l'enseigne Bourdieu.

E- La détermination institutionnelle permet à l'investissement d'être une alternative à l'anomie notamment à la crise sociale

La détermination sociale adapte les stratégies humaines aux besoins sociaux institués. Elle est, de ce point de vue, une alternative à l'anomie. En effet, l'investissement se tient seulement lorsqu'il y a un besoin, pour ne pas dire une opportunité, terme utilisé en affaire. Qu'ils soient végétatifs ou sociaux, les besoins sont institutionnalisés, c'est-à-dire symboliquement protégés et reproduits. En suivant les règles sociales et en aménageant ses actions aux besoins institués fondamentaux, l'individu arrive ainsi à éviter aussi bien du point de vue de sa rationalité individuelle que de celle de la collectivité de verser dans une anomie. La détermination, par conséquent, aide à éviter l'anomie puisqu'elle oriente symboliquement l'action pour réaliser la stabilité et la reproduction sociale. La détermination est ainsi un instrument social qui pérennise l'organisation sociétale. Le rôle de la détermination sociale se confond au sens de l'investissement qui articule rationalité et utilité sociale.

F- Les motivations qui poussent au désinvestissement et celles qui soutiennent la construction sociale de l'investissement sont liées

Les mêmes institutions incitent et découragent l'investissement. Une raison pour laquelle, à côté du privilège accordé à la construction sociale de l'investissement, il importe d'y associer celle de la réserve à l'investissement.

IV. LA CONSTRUCTION DES CONCEPTS PERTINENTS À LA THÉORIE DE L'INVESTISSEMENT

Le cadre opératoire à la compréhension de l'investissement reste celui de *l'homo senegalensis* comme modèle qui donne sens à la pratique de l'investissement local. Sont jugés pertinents les concepts *d'**Investissement*** (*qui est une action sociale et économique*), de ***Sens*** *(qui regroupe signifié, signifiant et interprétant)*, de la ***Détermination socioculturelle*** (*qui traduit une coercition structurelle en équivalence au mode de production), et de l'**Entrepreneur*** (*qui est une qualité pour l'entreprise, ici, apposée à l'homo senegalensis*). Chaque concept qui est exposé possède une teneur explicative et une place dans le schéma solidaire ci-dessous exposé et résultant de leur décomposition. Ils s'entraînent mutuellement. Aucun ne se dévalorise au profit de l'autre.

* Le **sens** de l'**investissement** résulte de la **détermination socioculturelle** (du mode de production) de **l'entrepreneur**

Tableau 1 : Le cadre opératoire conceptuel possible

	L'investissement	**Le sens (valeur cognitive)**	**Mode de production**	**Entrepreneur**
Variables	- Social - Productif	- Rationalité - Détermination	- Traditionalisme - Capitalisme - *Paracapitalisme*	- Agents économiques (sciences économiques) - Auteur et Acteur d'entreprise (sociologie) - *Homo senegalensis* (selon la considération structurelle de l'étude)
Indicateurs	- État de la *Mobilité sociale* - Niveau de la *Croissance économique* - Intensité des *Rapports sociaux conflictuels* - État de sa *Fonction Alternative à l'anomie* - *L'Attente* du résultat (court, moyen et long terme)	- Accessibilité et exploitation des *Informations* - *Croyances* développées - *Engagement*	- Temps (étapes historiques de développement économique) - Espaces sociaux (pays, continent, etc.) - Déterminants économiques - Phénoménalisation et reproductibilité sociale des valeurs et croyances	- Comportement du secteur Privé - Comportement du secteur Public
Dimensions	- Formes matérielles de l'investissement (statut juridique, organisation, etc.) - Finalité de l'investissement	- Profit - Subsistance	- Individualisme - Communautarisme - Propriété (individuelle, collective, etc.)	- Urbanité - Ruralité

Composition Pascal Oudiane.

Notre étude serait expéditive, si nous détenons à ce stade une définition sociologique de l'investissement. Face à la contrainte de comprendre les concepts qui le portent et que nous sommes supposé manipuler, nous partons, pour mieux cerner les limites de cette étude, de l'existant dont nous gratifie encore la littérature économique, sociologique, philosophique et psychologique.

1. Quelle compréhension avoir du mot « sens » ?

Pour comprendre ce terme polysémique **« sens »,** il faudrait partir du symbolisme qui marque l'esprit des hommes et qui résulte de leur vécu. Il va falloir appréhender le psychique dans ses expressions déterminées ou rationnelles, mais aussi dans sa dynamique d'engagement relative au rapport à l'investissement.

Ferdinand de Saussure, dans ses *Cours de linguistique générale*, pense que le sens serait une opération liant signifié et signifiant. D'autres comme Morris ajoutent à la dyade précitée le référent, c'est-à-dire (l'objet)[192]. Contrairement à la pensée du linguiste F. De Saussure, Charles S. Pierce (1839-1914), philosophe « pragmaticiste » du signe, propose aussi une triade en ajoutant le concept d'interprétant à ceux de signifiant et signifié et conclut que le signe (A) n'est signe d'une chose (B) que pour un interprétant (C). Mlika Hamdi, sur l'œuvre de Pierce, écrit que « l'introduction du concept d'interprétant [...] montre que toute pensée [...] est une affaire d'interprétation avant tout »[193]. Pour Pierce, ce qui est raisonnable est que « les éléments de chaque concept accèdent à la pensée logique par la porte de la perception et font leur sortie par la porte de l'action... » En philosophie, la signification est liée à l'objet et donc à la vérité. Pour la sociologie, à notre avis, elle serait orientée par la détermination sociale. Nous pouvons dire que c'est la pensée qui interprète les moyens d'une autre pensée pour lui donner sens. L'esprit d'entreprise structurellement orienté n'est pas séparé de la composition triadique que renferme le concept de sens.

- *Quel entendement avoir de « l'esprit d'entreprise » ?*

L'esprit d'entreprise est autant présent dans l'initiative économique que sociale. Autrement dit, il n'est pas seulement l'exclusivité du domaine économique. Il s'agit d'une rationalité qui est à l'origine des modes de production connus. Madeleine Grawitz conçoit l'esprit d'entreprise comme « une caractéristique du bourgeois, nécessaire à l'avènement du capitalisme ». Le goût du capital et du profit voire de la survaleur a fini par faire système. L'esprit d'entreprise est assimilé à l'âme de l'entreprise. Il se manifeste comme le véhicule d'une poussée énergique. Il est à l'origine de sentiments d'honneur, de responsabilité, de dignité qui supportent l'action et incitent à la réussite en entreprise. La mentalité relative à l'esprit « d'acquisition, d'initiative et de

[192] Madeleine Grawitz, *op. cit.*, p. 370.

[193] Mlika Hamdi, *Triade interprétative et action chez Charles S. Pierce*, Mlikahamdi.unblog.fr, juin 2011.

concurrence et le goût du risque alliés à la nationalité » sont rapportés au capitalisme dans les travaux de Max Weber et de Werner Sombart. Le premier distingue l'esprit capitaliste de l'esprit traditionaliste, autrement dit l'habitus capitaliste de l'habitus traditionaliste. Pour lui, l'esprit capitaliste se caractérise par la « poursuite effrénée et méthodique du gain » et l'esprit traditionaliste se caractérise par une tendance naturelle à la jouissance et au repos ». À notre sens, l'être traditionnel ne désire pas gagner de plus en plus d'argent, il veut tout simplement vivre selon ses habitudes et gagner autant d'argent qu'il lui faut pour cela. Chez le capitaliste, l'accumulation et le travail sont tous les deux conçus comme un devoir. En rapport avec les concepts de sens et d'esprit d'entreprise, quelle compréhension peut-on avoir lorsqu'on les considère sous l'angle de la rationalité et de la détermination ?

- Qu'est-ce que le « rationalisme » ?

Il existe une pluralité d'approches du rationalisme. On peut comprendre que le rationalisme soit perçu comme un « air de famille » d'après la désignation de Gilles Gaston Granger, professeur au collège de France.

Le rationalisme correspond à une certaine manière d'interpréter l'expérience humaine. Mais G. G. Granger donne une thèse opposable à l'empirisme. Il soutient que toute connaissance exige des principes universels qui peuvent ne pas être tirés de l'expérience[194]. En effet, pour cet auteur, le rationalisme est porté par l'hypothèse que « la réalité peut être atteinte en quelque façon – et les actions humaines évaluées sinon gouvernées – par l'usage de la raison ».

Chez des philosophes comme Descartes[195] et Kant[196], le rationalisme est conçu dans une philosophie critique qui s'intéresse aux limites de la pensée, à la connaissance et aux idéaux de liberté. Hegel[197], quant à lui, assimile la raison comme étant la conscience de toute la réalité tant qu'elle détermine la pensée.

Brubaker[198], dans une analyse sémantique de l'adjectif rationnel à propos de l'éthique protestante, définit 16 significations différentes. *Weiss*[199] en définit 11.

194 Gilles Gaston Granger, « Le Rationalisme », *Encyclopaedia Universalis*, 2009.

195 René Descartes, *Discours de la méthode*, (A. Leyde, De l'imprimerie de l'an Maire, 1637), Paris, Léopold CERF, 1897, *Cf.* 1re partie.

196 Emmanuel Kant, *Critique de la raison pure III* et *Critique de la raison pratique V, Critique du jugement. Critique de la raison pratique* (Kritik der praktischenVernunft, 1788), trad. F. Picavet, introd. F. Alquié, Paris, PUF, 1967, cité par Paul Ricœur, « La liberté », *Encyclopaedia Universalis*, 2009.

197 Hegel, *Phénoménologie de l'esprit*, cité par Paul Ricœur, « La liberté », *Encyclopaedia Universalis*, 2009. Ce dernier utilise le terme logique qu'il traduit comme une succession de concepts (thèse-antithèse-synthèse).

198 R. Brubaker. "The limits of rationality", p. 2 dans *Essay on the Social and Moral Thought of Max Weber*, Londres, Allen and Unwin, 1984. Notes de F. Vandenberghe, *op. cit.*, p. 159.

199 J. Weiss, « Rationalitatsats Komunikabilitât », dans W. Sprondel et C. Seyfarth (sous la direction de). *Max Weber und die Rationalisier ung SozialenHandelns*, p. 47-48. Notes de F. Vandenberghe, *ibid.*

Selon Weber, il est soit subjectif soit objectif. La subjectivité fait référence à une qualité des processus mentaux subjectifs et l'objectivité à une qualité des institutions et des organisations supra subjectives. Chez Werner Sombart[200], la rationalité désigne d'une part, une attitude psychique, subjective et d'autre part, une tendance formative, objective et spirituelle. D'après ce dernier, du point de vue subjectif (formel), rationaliser signifie chercher, dans la mesure du possible, à adapter les actes et les institutions à des fins déterminées, quelle que soit leur nature. Lorsque l'adaptation réussit, il est permis de parler d'un état rationnel ou d'un procédé rationnel selon Sombart. Dire d'une époque qu'elle est dominée par la rationalisation signifie, par exemple, que la conduite sociale des personnes est rationaliste ou que la société revêt une organisation rationnelle.

Chez les économistes classiques comme Adam Smith et David Ricardo, la rationalité a la signification restreinte de préférer « le plus au moins »[201]. Hubert Brochier rajoute que cette maximisation du profit de l'entreprise par l'entrepreneur rationnel se fait « dans le système de contraintes qui lui est imposé »[202]. Traditionnellement, la rationalité économique est conçue comme une rationalité de moyens au service de fins qui lui seraient extérieures, et l'on distingue la rationalité de l'agent de celle du système[203]. Selon Arrow et Debreu – économistes défendant les théories standard où l'individu est conçu comme libre et autonome – un individu est rationnel si ses choix respectent la complétude, la transivité et la réflexivité.

La pratique de l'investissement obéit à une certaine rationalité qui est provoquée aussi bien de l'intérieur[204] chez l'individu (acteur) que de l'extérieur à travers la structure, de laquelle dépend ce dernier.

- *Qu'est-ce que le « déterminisme » ?*

Le déterminisme qui vient du latin *determinare* veut dire fixer les limites ou régler et apparaît en 1820[205]. Sachant les rapports historiques entre la sociologie et la philosophie[206], ce concept emprunté vers 1830 à la philosophie allemande n'est pas sans relation avec l'idéalisme et l'historicisme de la sociologie

---

200 Werner Sombart, *L'apogée du capitalisme*, Tome II, Paris, Payot, 1932, p. 88.

201 Ahmadou Lô Guèye, « L'économie est-elle redevable de sociologie », dans *Revue sénégalaise de Sociologie*, n° 45, janvier 2001, p. 28.

202 Hubert Brochier, « La rationalité économique ». *Encyclopaedia Universalis*, 2009.

203 *Ibid.* Selon M. Allais, « un homme est réputé rationnel, lorsqu'il poursuit des fins cohérentes avec elles-mêmes ; (il emploie des moyens appropriés aux fins poursuivies »).

204 La formation des idées, la référence à des valeurs, la détermination de facteurs matériels émanant de sphères pour s'exprimer comme Weber ou d'institutions pour reprendre Durkheim, constituent autant de facteurs externes qui influencent de l'intérieur le comportement de l'agent.

205 Grawitz Madeleine, *op. cit.*, p. 118.

206 La conception philosophique qu'en donne le lexique est fort intéressante. Elle mentionne que c'est « une théorie générale, suivant laquelle l'univers obéit à des lois. De ce fait, les objets ou événements ou même les actions humaines sont liés de telle sorte que passé, présent, avenir ne peuvent être différents de ce qu'ils ont été, sont ou seront ». Grawitz ajoute que c'est une théorie opposée à la notion de liberté.

allemande. Auguste Comte emprunte ce concept à Montesquieu qui « nie notre intuition de liberté, réduisant toute activité à des interactions mécaniques ».

Il est aussi un déterminisme « partiel et scientifique » qui répond des exigences méthodologiques en ce sens qu'il consiste à isoler un groupe de phénomènes pour en découvrir des lois. Il cherche « la prévisibilité et s'oppose à la conception métaphysique du hasard ». Selon Laplace, le déterminisme absolu est impossible à saisir. Celui-ci dit que le déterminisme renvoie à la connaissance des conditions à l'origine et de l'ensemble des interactions en situation dans l'univers. Ayant saisi que l'esprit d'entreprise est à cheval entre rationalité et déterminisme, il importe de s'attarder sur l'engagement qui est une condition de l'entreprenariat.

- Que comporte le terme « engagement » ?

L'engagement est un acte de décision. Sa structure est caractérisée par la conduite et par l'acte[207]. Des travaux de Jean Ladrière, Jacques Lecarme et Christiane Moatti, il est rapporté que l'on parle d'engagement comme conduite lorsque l'objet de la décision est celui qui décide. Toute décision affecte son auteur. Se décider, c'est se lier soi-même. L'engagement introduit dans une vie une modification qualitative en rapport avec ses possibilités. L'engagé agit non seulement de manière instrumentale, mais aussi de manière personnelle. L'engagement peut prendre la forme d'une relation entre personnes, comme dans le contrat. Il est recommandé, de ce point de vue, de conformer son comportement à sa parole. « L'engagement peut se rapporter à un choix d'un état de vie ». Les auteurs nous apprennent que l'engagement comporte deux aspects, l'un actif et l'autre passif. Il s'agit respectivement de la volonté et de l'affectivité. Ils distinguent un engagement-conduite d'un engagement-acte, qui ouvre sur l'avenir[208].

2. Qu'est-ce que « l'investissement » ?

D'après la loi n° 2004-06 portant code des investissements au Sénégal, est considéré comme investissement,

> *les capitaux employés par toute personne, physique ou morale, pour l'acquisition de biens mobiliers, matériels et immatériels et pour assurer le financement des frais de premier établissement ainsi que les besoins en fonds de roulement, indispensables à la création ou l'extension d'entreprises*.

Jusqu'à nos jours, à notre connaissance, cette considération n'a pas changé. Mais l'investissement peut avoir, selon les objectifs visés par les agents, une nature sociale ou économique.

---

207 Jean Ladrière, Jacques Lecarme et Christiane Moatti. « L'Engagement », *Encyclopaedia Universalis*, 2009.

208 *Ibid.*

- L'investissement dit « social »

Dans le travail du tandem Laurence Marfaing-Mariam Sow sur *les opérateurs économiques*[209], en référence au capital relationnel voire social, il est soutenu qu'il est question « d'investissement social lorsqu'il s'agit d'un investissement physique réalisé en dehors du circuit économique »[210]. Tout acte que pose un individu en espérant en tirer des avantages peut être perçu comme un investissement. En accord avec la pensée de K. Polanyi et d'E. Durkheim, nous pouvons dire que l'investissement est d'abord social avant d'être économique. Donc l'investissement n'est pas seulement un monopole économique. Les économistes, forts de leur percée scientifique, considèrent l'investissement comme improductif « lorsqu'il concerne des biens et des services d'utilité publique (écoles, hôpitaux, etc.) ». Au contraire, les investissements jugés improductifs, à notre avis, sont indirectement productifs puisque nous savons que les dépenses sociales publiques impactent l'activité humaine et la production des ressources.

- L'investissement dit « productif »

L'investissement productif est le propre des entreprises. L'économie voit en l'investissement une tentative d'*accumulation du capital*. La *recherche* et *l'acquisition du profit* en constituent la clé. Il s'agit, selon Richard Duhautois, de « l'opération qui vise soit à maintenir, soit à accroître le stock de capital d'un agent économique »[211]. Madeleine Grawitz propose une approche économique en partant du constat que :

> *C'est un acte par lequel sont constitués un équipement ou un capital fixe, qui implique le renoncement à une consommation possible, d'où la recherche d'un équilibre entre l'épargne à investir et la dépense.[...] Pour dire qu'il existe plusieurs formes d'investissement selon la nature des produits (savoir-faire, temps), l'objet, le sujet qui l'effectue (privé ou public), le but poursuivi (expansion, substitution, innovation)*[212].

D'autres disciplines se sont intéressées à l'investissement notamment ***les approches psychologiques et psycho-sociologiques*** qui utilisent l'investissement « par extension sur les plans affectifs, intellectuels, pour indiquer, en général, de la part de ceux qui ont « investi », une forte attente d'être récompensés ou payés en retour ».

Dans le langage courant, la notion d'investissement décrit une multitude d'opérations, car nous disons souvent qu'on investit en bourse, dans l'achat d'une voiture, dans l'éducation de ses enfants, dans l'acquisition d'un logement ou d'une nouvelle machine.

---

209 Laurence Marfaing et Mariam Sow, *Les opérateurs économiques au Sénégal, entre formel et informel, 1930-1996*, *op. cit.*

210 *Ibid.*, p. 20.

211 Richard Duhautois, « Investissement », *op. cit.*

212 Madeleine Grawitz, *op. cit.*, p. 239.

L'investissement peut être classé en fonction de son objectif : il s'agit de l'investissement de capacité ou d'expansion[213], l'investissement de remplacement ou de renouvellement[214], l'investissement de modernisation ou de productivité[215] et l'investissement financier[216]. L'investissement peut prendre la forme d'une innovation[217]. Devenu un terme galvaudé dans bon nombre de secteurs, on peut dire aussi de l'investissement qu'il est le produit d'un capital comme il peut être un moyen d'accès à un capital, « chose sociale » qui a suscité l'intérêt de chercheurs, entre autres, Madeleine Grawitz, Pierre Bourdieu[218], Karl Marx qui le considèrent comme un système de rapports sociaux historiques de production, un processus ou une contradiction. Mais avec tout ce qui a été dit sur ce concept, il est de diverses natures. Il peut être une chose, du matériel (technologique ou monétaire) ou du symbolique. Il peut porter les qualificatifs économique[219], social ou relationnel[220], culturel[221] et humain. Il peut être constant ou variable comme les prix. On parle du capital humain, du capital

213 Il a pour but d'augmenter la capacité de production de l'entreprise en ajoutant par exemple des unités de production que ce soit d'un produit déjà existant et dans ce cas, c'est une expansion quantitative ou d'un nouveau produit et dans ce cas-ci, c'est une expansion qualitative.

214 Il a pour but de maintenir l'activité à son niveau actuel. C'est l'investissement de prédilection en période de crise en remplaçant par exemple un équipement usé ou obsolète par un autre nouveau.

215 Il a pour but d'accroître la productivité en introduisant des équipements modernes et perfectionnés.

216 Il peut aussi prendre une forme stratégique, son but est alors d'assurer le développement de l'entreprise.

217 Aloys Joseph Schumpeter, *op. cit.*

218 Pierre Bourdieu, « Le capital social, notes provisoires », dans *Actes de la recherche en science sociale*, Paris, 1980, vol. 31.
La distinction que fait Bourdieu entre ces trois formes de capital a des enjeux importants : « la position (de classe) d'un individu ne dépend pas seulement, pour lui, de sa position économique. L'individu se situera dans l'espace social en fonction de la somme de ces trois formes de capital dont il dispose. Ainsi une relative faiblesse dans le capital économique peut-elle être compensée par un fort capital social. Ou encore, un fort capital culturel (un niveau de diplôme très élevé) peut compenser l'absence de capital économique et de capital social. Il est d'ailleurs probable que l'individu fortement doté en capital culturel parviendra à valoriser sur le marché du travail son diplôme, ce qui lui permettra de se constituer un capital économique ».

219 « Le capital économique représente pour les sociétés de services financiers *le montant de capitaux propres couvrant le besoin minimum, évalué sur une base réaliste, pour couvrir les risques qu'elle gère ou collecte. Les capitaux propres appelés aussi actifs nets désignent les ressources financières de l'entreprise, constituées par ses actionnaires. Dans les sociétés d'assurance, le capital économique est généralement déterminé en calculant la différence entre la valeur espérée des fonds propres dans une approche "market consistent" et la pire valeur probable sous un intervalle de confiance donné* ».

220 « L'ensemble des relations personnelles qu'un individu peut mobiliser dans son intérêt ». In Pierre Bourdieu, « Le capital social notes provisoires », *Ibid.*

221 Pour Grawitz, c'est l'ensemble des ressources culturelles dont dispose un individu. Pour Bourdieu, c'est l'expression qui désigne l'ensemble des ressources culturelles dont dispose un individu.

circulant, du capital fébrile ou flottant, du capital financier, du capital fixe, du capital intellectuel et aussi du capital technique[222].

Le capital peut s'assimiler au concept de capacités productives[223] qui englobe les aspects structurels d'un pays liés à l'offre et qui ne se limitent pas seulement à l'économie. Au demeurant, l'avènement du capitalisme[224] est causé par l'exploitation du capital et des capacités productives. Le mode de production est défini comme « l'état de développement des forces productives et des rapports sociaux de production »[225]. Il s'agit d'un procès historique qui définit le « mode antique, féodal et capitaliste », mais aussi le mode de production africain, asiatique et latino-américain. En Afrique, au Sénégal particulièrement on parle « d'informel »[226] ou « d'activités paracapitalistes »[227] qui est moins le fait d'un « refus de la mentalité des peuples africains au développement »[228]. Paul Barthélémy parle d'une « économie non observable codifiée »[229] en termes « d'économie souterraine »[230], laquelle comprend, selon lui, la production illégale[231], la production du secteur i*nformel*[232] , la production des ménages[233]

---

222 Madeleine Grawitz, *op. cit.*, p. 50.

223 *Rapport* CNUCED, 2005 ; Nations unies, 2001, p. 31 ; ONUDI, 2003, p. 4 ; ONUDI, 2004, Encadré 1 ; European Research office, 2004, p. 1 ; OMC, 2004, p. 2-3 ; Fukuda-Parr *et al.*, 1977, PNUD, 2002 ; Commission pour l'Afrique, 2005, p. 443.

224 Le capitalisme est un « système de production industrielle continue, intensif et orienté vers le marché, recherchant avant tout la rentabilité et reposant sur le compte du capital et l'évaluation préalable des chances de gain en termes monétaires ».

225 M. Grawitz, *ibid.*, p. 278.

226 Soulèye Kanté, *Le secteur informel en Afrique subsaharienne francophone : vers la promotion d'un travail décent.* Document de travail sur l'économie informelle. Bureau international du travail à Genève, Secteur de l'emploi 2002/15.

227 Abdoulaye Niang, 1993, *op. cit.*, p. 51.

228 Axelle Kabou, *Et si l'Afrique refusait le développement ?* Paris, L'Harmattan, 1991, 208 p.

229 Par « une équipe de statisticiens coordonnée par les directeurs des services statistiques de l'O.C.D.E., du F.M.I., de l'O.I.T. et du Comité inter-États pour la statistique de la C.E.I. qui a publié en 2003 le Manuel sur la mesure de l'économie non observée, dont l'objet est « d'établir une terminologie commune et de donner une assise solide aux mesures de la production économique », dans Paul Barthélémy. « Économie non observée », *Encyclopaedia Universalis*, 2009.

230 Qui « regroupe toutes les activités légales volontairement soustraites du contrôle des pouvoirs publics afin d'éviter de payer l'impôt, les cotisations sociales, ou pour ne pas avoir à respecter certaines normes de travail notamment le salaire minimum, la durée légale du travail, les conditions d'hygiène et de sécurité… », dans Paul Barthélémy, *ibid.*

231 Qui « regroupe la production de biens ou de services dont la vente, la distribution ou la possession sont interdites par la loi, et des activités productives légales, mais exercées par des producteurs qui n'en ont pas le droit », dans Paul Barthélémy, *ibid.*

232 « Il s'agit de la production marchande réalisée par des entreprises non constituées en sociétés, utilisant un capital physique généralement assez sommaire et un travail qui repose sur des liens de parenté ou des relations personnelles ou sociales plutôt que sur des relations contractuelles… », dans Paul Barthélémy, *ibid.*

233 « Les comptables nationaux prennent en considération cette production pour un compte propre dans leur évaluation du produit intérieur brut (P.I.B). Barthélémy rapporte que quelques chercheurs n'hésitent pas toutefois à intégrer dans l'économie souterraine toute

pour leur usage final propre[234]. Dans certains milieux, *l'informel* se dit de « ce qui est réalisé de façon spontanée, sans règles préétablies »[235] . Le secteur informel peut être considéré comme

> *L'ensemble des activités urbaines marchandes de production de biens et de services modernes employant des moyens techniques modernes et ou traditionnels combinés à des rapports sociaux traditionnels et dont la reproduction est directement liée à celle de structures déterminées dans les modes de production capitaliste et traditionnelle dont elles constituent réciproquement une condition de leur reproduction. (Niang, 1988 : 53).*

Mais aussi étant donné que l'informel est aussi lié à la crise de l'emploi en milieu urbain[236], Abdoulaye Niang inclut les pratiques de survie à savoir la mendicité et le vol[237]. À ce propos, il écrit :

> *Le secteur informel est l'ensemble des activités de commerce de production de biens et de services à valeur marchande, de pratiques associatives d'épargne et de crédit, de transfert ou de redistribution des ressources toutes se menant à une échelle plus ou moins réduite, qui échappent partiellement ou totalement à la législation et/ou aux normes dominantes qui régissent le champ des activités et des pratiques de même catégorie* [238].

Amadou Diagne Thioye (1984 : 67), quant à lui, définit l'entreprise *informelle* comme étant :

> *Une entité économique répondant au concept général d'entreprise, mais présentant quatre caractéristiques spécifiques, dont la non-perceptibilité de ses structures et de ses objectifs ; l'absence de règles codifiées visant la découverte et la résolution de problèmes qui se posent à l'organisation ; la non-application, au plan interne, des mesures institutionnelles et réglementaires et enfin la dépendance vis-à-vis de l'unité familiale*[239].

---

l'économie domestique, c'est-à-dire les activités réalisées à l'intérieur des domiciles (préparer un repas, faire son ménage, s'occuper de ses enfants...) », dans Paul Barthélémy. *Ibid.*

[234] Qui « regroupe la production agricole à des fins domestiques, la construction par les ménages de leur propre habitation, les loyers imputés des propriétaires occupants et les services produits par le personnel domestique rémunéré. [...] Cette production doit être distinguée de celle du secteur informel, car elle n'est pas réalisée par une micro-entreprise », dans Paul Barthélémy, *ibid.*

[235] http://fr.wiktionary.org/wiki/informel.

[236] Abdoulaye Niang, 1993, *op. cit.*

[237] Abdoulaye Niang, 1996, *op. cit.*, p. 57. (*Notes de bas de page).*

[238] Abdoulaye Niang, 1996, *ibid.*, p. 57.

[239] Geneviève Marchand, *Synthèse d'études significatives de l'économie informelle en Afrique*, chapitre 2.

Amadou Diagne Thioye, *Dans l'économie informelle au Sénégal : logique de fonctionnement de quelques entreprises à St-Louis du Sénégal*, Mémoire de maîtrise, Faculté des sciences sociales, Université Laval, Québec, avril 2005.

Dans l'expression des modes de production, il est à relever deux concepts importants. Il s'agit du profit et de la mobilité sociale. Il est avéré que le profit n'est pas le propre du mode de production capitaliste. Sa présence est démontrée dès le 16e siècle avec le capitalisme de butin, entre autres formes précapitalistes. Ainsi, nous pouvons concevoir la logique du gain dans la traditionalité productive. Edmond Malinvaud (1987) souligne que « les économistes historiens comme les experts en gestion des entreprises [qui] considèrent [...] que la profitabilité constitue le stimulant essentiel de l'investissement »[240]. Selon Duhautois, le profit, dans les études empiriques, est souvent approché à travers la rentabilité économique, définie comme le rapport entre l'excédent brut d'exploitation (EBE) et le stock de capital. Mais la notion de profit pose problème quant à sa causalité par rapport à l'investissement. Le profit est le but de l'investissement (les entreprises investissent pour faire des profits) et il en est aussi le moteur (des profits présents en importance constituent un moyen de financement de l'investissement). Concernant la mobilité sociale, elle renvoie chez Raymond Boudon aux résultats statistiquement significatifs des mouvements d'individus (profession, statut social, revenus) au cours de leur existence par rapport aux générations précédentes ou suivantes. Pitrim Sorokin dit qu'il s'agit de « tout déplacement d'un individu, d'un objet, d'une valeur sociale ou d'un groupe d'une position sociale à une autre ». À défaut d'être socialement immobile[241], la mobilité témoigne d'une réussite sociale. Selon Daniel Bertaux, elle peut être verticale[242], horizontale[243], structurelle[244], ascendante[245], descendante[246], intergénérationnelle ou enfin intragénérationnelle[247]. Pour Pierre Bourdieu, ces principes préexposés de la mobilité sont les caractéristiques d'une société capitaliste fondée sur la concurrence et la réussite plutôt que sur des statuts rigides.

En somme, à notre avis, l'investissement, se confond à l'utilitarisme, c'est-à-dire que nous avons en face de nous des actes calculés en fonction d'une finalité avantageuse pour leurs porteurs et des capitaux dont les divers types sont mobilisables.

---

240 Edmond Malinvaud cité par Richard Duhautois. « Investissement », *op. cit.*

241 Des individus *socialement immobiles*, c'est-à-dire que les enfants occupent le même statut social que leurs parents.

242 Mobilité *verticale*, c'est-à-dire un changement de grade dans une société hiérarchisée.

243 La mobilité peut être *horizontale*, c'est-à-dire un changement sans promotion.

244 On parle de *mobilité structurelle*, lorsqu'il s'agit de flux de mobilité socioprofessionnelle.

245 On parle alors de *mobilité sociale ascendante*, lorsqu'il y a une ascension sociale.

246 Mais lorsqu'il y a régression dans l'échelle sociale, on dit qu'il y a *une mobilité sociale descendante*.

247 La mobilité peut s'étudier également dans une logique *intergénérationnelle, c'est-à-dire par la différence* entre un père et son fils ou *intra générationnelle*, c'est-à-dire dans le courant d'une même vie.

3. L'entrepreneur : Entre auteur et acteur « manager »

« Un divorce est survenu entre la propriété du capital et la direction effective de l'entreprise »[248] dans les années 60, rapporte Montoussé, agrégé en sciences sociales. Selon Galbraith, il « englobe tous ceux qui apportent des connaissances spécialisées, du talent ou de l'expérience aux groupes de prise de décision ». À la suite de cette rupture, nous rapporte cet intellectuel, le pouvoir va changer de mains et par conséquent les mobiles vont être différenciés. Les entrepreneurs s'intéressent au profit tandis que la technostructure (les managers) se désolidarise et poursuit l'agrandissement de la taille de l'entreprise. Alfred Chandler, dans son ouvrage *Scale and Scope* (1990) dit la même chose en soutenant que « Le capitalisme américain est un capitalisme managérial [...] Ces nouveaux managers se soucient essentiellement de l'investissement stratégique et donc du long terme... »[249]. Jean Michel Morin, Maître de conférences à l'université de Paris V, précise que seul, le tenant de l'école autrichienne, I. Krizner en donne une définition, entre autres, complète que voici et qui repose sur la fonction de l'entrepreneur :

> *La capacité cruciale de l'entrepreneur, c'est d'être le premier à percevoir, dans les interstices du système de production actuel, les situations potentielles où existent des occasions d'offrir aux autres la possibilité de réaliser ce à quoi ils aspirent dans des conditions d'échange supérieures à celles dont ils avaient jusqu'à présent connaissance*[250].

Morin précise pour ce qui le concerne que « la démarche entrepreneuriale recouvre ainsi une fonction plus qu'une personne ». Et dès lors que l'on parle de fonction, la notion d'auteur est le plus approprié et non celle d'acteur pour qualifier le comportement de l'entrepreneur. Selon Madeleine Grawitz, l'entrepreneur est « au départ organisateur d'actes de production, généralement détenteur du capital, responsable des hommes, du produit et du profit. De ce fait, il prend les risques et anticipe la demande du marché ».

Pour l'économie capitaliste, l'entrepreneur est un sujet capable d'effectuer un calcul rationnel, de façon à allouer les ressources pour répondre aux contraintes posées par le marché. Pour Schumpeter, le concept d'entrepreneur s'applique aux activités innovatrices[251]. Sa théorie possède des liens avec le contexte social

---

[248] John kenneth Galbraith, *Le Nouvel État industriel*, cité par Marc Montousse. *Théories économiques*, 3e édition, Bréal, 1999, dépôt légal novembre 2003.

[249] Alfred Chandler, cité par Marc Montousse. *Théories économiques*, *op. cit.*

[250] Jean Michel Morin, « Entreprise-sociologie de l'entreprise », *Encyclopaedia Universalis*, 2009.

[251] L'entrepreneur peut être l'homme d'affaires indépendant, comme dans la phase initiale du système capitaliste, mais il peut être aussi un salarié.

- **L'entrepreneur ne doit pas** nécessairement entretenir un rapport continu avec une entreprise. En d'autres termes, certains ont un rôle important dans la création d'une entreprise et passent ensuite à une autre activité.
- **Les entrepreneurs n'appartiennent pas** à une classe sociale spécifique. Du fait de leur activité, ils peuvent réaliser un succès économique qui les transforme en propriétaires des

et institutionnel, c'est-à-dire que pour lui, il y a des facteurs psychologiques, liés à la personnalité individuelle et au contexte social qui entrent en jeu dans la constitution de l'entrepreneur innovateur. Pour lui, l'entrepreneur est issu d'un contexte influencé par la stratification sociale et par les institutions. À défaut d'être une personne, l'investissement ou l'entrepreneuriat peut être le fait d'une institution, c'est-à-dire un ménage, une entreprise ou une administration publique.

- *Le ménage*

Le ménage est entrepreneur dans le cadre de la micro-économie. Les statisticiens, économistes et démographes utilisent ce concept pour faire un lien entre la famille, la consommation et l'équipement. Le ménage peut faire référence à « l'ordre et la dépense d'une maison ou dans le langage scientifique, l'économie domestique »[252].Catherine Bonavalet et Eva Lelièvre considèrent que la famille serait un sous-ensemble du ménage, en soutenant que celui-ci peut être également un sous-ensemble de la famille[253]. Le ménage est « le groupe d'individus habitant sous le même toit. C'est une unité statistique repérée à un moment donné selon le critère de résidence ». Le Ménage désigne collectivement toutes les personnes dont une famille est composée. Il se dit également de l'Association d'un homme et d'une femme mariés. Il est aussi intéressant, lorsqu'il se dit d'un gouvernement domestique et de tout ce qui concerne la dépense et l'entretien d'une famille[254]. Selon l'Institut national de la statistique et des études économiques (l'INSEE) :

> *De manière générale, un ménage, au sens statistique du terme, désigne l'ensemble des occupants d'un même logement sans que ces personnes soient nécessairement unies par des liens de parenté (en cas de cohabitation, par exemple). Un ménage peut être composé d'une seule personne.*

- *L'entreprise*

D'emblée, nous pouvons penser l'entreprise comme une organisation de l'investissement. Étymologiquement, le terme dérive de « entreprendre », daté d'environ 1430-1440 ayant le sens de « prendre entre ses mains ». Aux environs de 1480, il prit l'acception actuelle de « prendre un risque, relever un défi, oser un objectif »[255]. Au sens large, le terme « *entreprise* » s'utilise pour des projets uniques, mais d'apparence risquée ou difficile. *L'approche économique* met en exergue d'une part, la production des biens et services destinés aux marchés de biens de consommation (grand public) et aux marchés de biens de production (les autres entreprises) et d'autre part, la structure économique et sociale

moyens de production, c'est-à-dire en « capitalistes ». Ils peuvent ne pas l'être quand ils exercent leur activité novatrice.

[252] http://www.dico-definitions.com/

[253] Cathérine Bonavalet et Eva Lelièvre, « Du concept de ménage à celui d'entourage : une redéfinition de l'espace familial », *Sociologie et sociétés*, vol. 27, n° 2, 1995, p. 177-190.

[254] *Dictionnaire de l'Académie française*, 8e édition, 1932-1935. atilf.fr/académie 8.

[255] *Wikipédia*, dictionnaire libre.

comprenant une ou plusieurs personnes et travaillant de manière organisée pour fournir des biens ou des services à des clients dans un environnement concurrentiel (le marché) ou non concurrentiel (le monopole). Madeleine Grawitz propose une définition économique qui corrobore le fait que l'entreprise est une unité de production originale caractéristique du capitalisme, formée d'un groupe d'hommes travaillant ensemble à des postes différents, en vue de produire des biens à vendre avec profit sur le marché. L'entreprise est aussi un groupe social. *Selon une vue de la sociologie*, l'entreprise est composée de 3 acteurs principaux à savoir l'apporteur de capitaux[256], les dirigeants[257] et les salariés[258], lesquels ont des objectifs et des stratégies individuelles différentes. *L'approche systémique* envisage une entreprise en tant que système[259]. Celle-ci la considère comme un ensemble organisé, composé de différentes fonctions, services, individus en permanente interaction, ayant tous des objectifs pouvant être contradictoires et qui est ouvert sur son environnement externe[260]. Dans la définition classique « l'entreprise » peut être définie simplement comme toute entité organisée ayant pour objet de produire des biens et services économiques. Cette perception de l'entreprise recoupe les travaux de Kozul-Wright (2000)[261] rapportés dans le rapport de la CNUCED. En suivant Williamson (1983), « les entreprises sont interprétées comme des institutions ou des hiérarchies non commerciales qui opèrent avec une rationalité limitée face à l'incertitude… »[262] *L'entreprise moderne est assimilée à l'entreprise capitaliste.* Selon Weber qui ajoute que « le compte de capital est donc au fondement de la forme rationnelle de l'économie lucrative », puisqu'il permet de calculer si un surplus est dégagé « par rapport à la valeur estimable en argent des moyens engagés dans

---

256 « La logique des apporteurs de capitaux est fondamentalement financière, car ils chercheraient avant tout la rentabilité de leurs placements. Leur source de pouvoir est le capital. Ils élaborent ainsi une stratégie d'investissement ou alors de retrait s'ils sont en situation de perte […]. »

257 En ce qui concerne les dirigeants, « leur logique est la maximisation des performances de l'entreprise, évaluées par la rentabilité économique des capitaux. Leur but consiste à garantir leur place et à élargir leur pouvoir (capital et organisation) […] ».

258 En ce qui concerne les salariés, « leur logique est l'épanouissement et la sécurité de l'emploi. Ils ont pour but de garantir leur emploi, si possible en réalisant un travail intéressant dans de bonnes conditions matérielles et psychologiques. La source de leur pouvoir est le savoir-faire. Leur stratégie est celle de l'adhésion, c'est-à-dire de l'attrait de la carrière ».

259 Un système peut être défini comme un ensemble composé d'éléments en interaction permanente, organisé et ouvert sur son environnement auquel il doit s'adapter en permanence pour sa survie.

260 Les composantes de l'environnement sont très diversifiées : technologie, social, culturel, juridique, économique, politique, écologique, concurrence, clients, fournisseurs. L'environnement international prend en compte toutes les composantes précédemment citées au niveau des pays d'importation.

261 Kozul Wright Z., "The firm in the innovation process" In: Singer H., Halti M. and Tandon R. (eds). *Technological Diffusion in Third world*, Delhi, 2000.

262 CNUCED, *Rapport* 2006 : « Développer les capacités productives », Nations unies, p. 237.

l'entreprise »[263]. L'entreprise représente « l'horizon tant de l'échange des marchandises que celui de la production »[264]. Selon Bertrand Duperrain[265] l'entreprise « n'est pas un état, c'est une dynamique de fonctionnement. On ne la constate pas en regardant ce qui est, mais ce qui s'y pratique et comment. C'est donc davantage une question de moyens que de produit fini ». Certains chercheurs soutiennent que l'aspect culturel (créativité, innovation et participation sociale par la communication sociale) n'est pas encore réglé au sein de l'entreprise alors qu'un « saut techno-humano-logique » est à prévoir[266]. Toujours dans le cadre de l'entreprise, monter sa propre affaire ou se mettre à son compte en ouvrant un commerce peut être le fait d'individus salariés ou non-salariés. On parle *d'installation.* Daniel Bertaux distingue deux types d'installation : celle qui mène à la simple indépendance et celle qui vise à la réussite économique et sociale par l'accumulation de capital. « On veut devenir patron, employer d'autres personnes, agrandir son affaire, gagner le plus d'argent possible »[267].

- L'administration publique

Selon l'encyclopédie canadienne, il s'agit d'un champ d'activité axé sur la gestion des politiques gouvernementales[268]. *Pour une définition fonctionnelle*, « le mot administration désigne l'ensemble des activités dont le but est de répondre aux besoins d'intérêt général de la population (ordre public, services publics, etc.). Il s'écrit alors avec un petit « a ». *Pour une définition organique*, « il désigne l'ensemble des personnes morales (État, collectivités territoriales, établissement public, etc.) et physiques (fonctionnaires, contractuels, etc.) qui accomplissent ces activités. Il s'écrit alors avec un grand « A ». Parfois les organismes privés chargés d'une action administrative sont inclus dans ce concept de l'administration[269].

Nous sommes convaincus que l'investissement et l'entreprise sont liés puisque la dernière est l'organisation du premier. L'esprit d'entreprise, l'investissement et l'entrepreneur vont être empiriquement appréhendés en fonction du contexte socioculturel du Sénégal d'où ils prennent sens.

- L'homo senegalensis

---

263 Max Weber, « Histoire économique. Esquisse d'une histoire universelle de l'économie et de la société », dans Jean-Louis Laville, Mauss et Polanyi. *Vers une théorie de l'économie plurielle*, Paris, Gallimard, 1991, p. 14-15. Article n° 21 2003/1 Cairn, http://www.cairn.info.

264 *Ibid.*

265 Bertrand Duperrain, *Ma définition de l'entreprise*, Bloc-notes, www.duperrin.com/2007/07/10/

266 Christophe Dejours, http://www.revue-interrogations.org/article.

267 Daniel Bertaux, *op. cit.*, p. 57.

268 Kenneth Kernaghan, *Administration publique*. http://www.thecanadianencyclopedia.com.

269 La Documentation française, http://www.vie-publique.fr/decouverte-institutions/comment-definir-administration.html.

Étymologiquement *l'homo senegalensis* fait référence au Sénégalais. Mais qui est le Sénégalais et qu'est-ce qui fait sa particularité une fois isolé ? *L'homo senegalensis* ne peut être défini sans l'empreinte occidentale. Il aurait donc une conscience ethnique. Toutefois, il subit mieux le fait national – c'est-à-dire qu'elle est intégrée à la nation, au territoire et se mesure à partir du vécu social. *L'homo senegalensis* est une personnalité traditionnellement ancrée que le colonisateur, sans l'éliminer, a reconstituée maladroitement en se basant sur une « frontièrisation » qui fait abstraction des liens ethniques et religieux préalables. Que serait *l'homo senegalensis* dans un grand ensemble politique dénué de frontières et ancré dans une unité africaine ? *L'homo senegalensis* est-il un individu plus qu'une conscience sociale, une socialité ou une conscience sociale plus qu'un individu ? *C'*est une individualité de type autochtone ou immigrée. C'est la conscience qui importe le plus dans cette personnalité. Il s'agit de la conscience d'appartenir à un groupe. Bourdieu, en faisant allusion à l'entité nationale, parle d'un « ensemble social défini par un certain nombre de traits culturels grâce auxquels chacun se reconnaît comme membre de l'ensemble ». L'appartenance à la totalité nationale[270] signifie une libre adhésion aux valeurs socioculturelles et politiques locales à partir desquelles l'activité économique est orientée et favorisée. Il ne suffit pas de naître sénégalais. Il faut aussi l'accepter. On peut être Sérère, Wolof ou Haal-pulaar et ne pas partager la *sénégalité*. De la même manière que l'on peut retrouver des « Ndiaye » (personnes de patronyme « Ndiaye ») en Guinée, on peut en retrouver en Guinée Bissau, en Mauritanie, en Gambie, au Mali, en Côte d'Ivoire, etc.

En définitive, *l'homo senegalensis* est un modèle structurel, une articulation entre le fait total occidental et la socialité traditionnelle voire antécapitaliste.

V. LA POSSIBLE ASSOCIATION DES PARADIGMES INDIVIDUALISTE ET INSTITUTIONNALISTE À L'IMPÉRATIF D'EXPLICATION ET DE COMPRÉHENSION

Comprendre une chose sociale voire une totalité sociale comme le voudraient les phénoménologues[271] sans en être capable de l'expliquer compromet l'exercice de compréhension. Expliquer et comprendre la réalité sociale sont deux démarches qui sont liées. La méthode des sciences sociales définit l'explication comme le processus de « faire comprendre en montrant les causes et les raisons d'un phénomène, ou d'un fait ou d'une décision »[272]. Ce qui fait que nous portons notre choix de modèle sur l'approche théorique wébérienne[273]

[270] Il y a une diversité du fait de la pluralité de la socialité ethnique. Celle-ci est comprise dans une totalité qui se veut nationale.

[271] Madeleine Grawitz, *op. cit.*, p. 78.

[272] *Ibid.*, p. 166.

[273] Elle a comme unité d'analyse l'individu voire l'être social. Ce qui le rapproche d'ailleurs de Karl Marx qui prend aussi l'être social comme cible.

et celle durkheimienne[274] – respectivement l'individualisme méthodologique et l'institutionnalisme méthodologique – lesquelles s'opposent dans la tradition de la sociologie pour analyser l'investissement. En adhérant à la thèse de Karl Polanyi relative à l'encastrement social et pour le simple fait que nos pays soient encore en processus de modernisation, un « wébérisme » ne peut pas être appliqué seul dans nos sociétés, qui ont certes intégré le capitalisme, mais qui souffrent toujours d'un certain traditionalisme.

L'individualisme méthodologique[275] constitue le fondement de la science économique des classiques aux néoclassiques. Il repose sur les quatre courants que sont l'utilitarisme, la sociologie de l'action et de l'interactionnisme (Talcot Parsons et l'économie classique), celui des phénomènes sociaux résultant de l'agrégation des actions individuelles (Frederich Von Hayek et Karl Popper) et enfin le courant des actions logiques et non logiques (Vilfried Paréto) et des effets pervers[276]. Chez les économistes, l'approche individualiste suit une logique hypothético-déductive. Elle repose sur une démarche à quatre temps d'après Ahmadou Lô Guèye qui, d'abord « répertorie les catégories comportementales qui semblent homogènes après avoir identifié les acteurs », ensuite « modélise à travers une explicitation des comportements identifiés avec l'approche des idéaux-types », et explique « les faits microéconomiques par l'agrégation des comportements individuels » et enfin appréhende « l'effet de l'agrégation comme l'émergence du fait social en question ». La méthode de Max Weber est strictement individualiste. Ce qui met certainement à l'aise les économistes classiques puisque l'approche de Weber crée ce rapprochement. Cette vision, qui caractérise en général les sciences économiques, s'oppose à la tradition sociologique. Si la démarche normative est occultée chez Weber, elle est tolérée chez Durkheim. L'approche wébérienne dénie l'existence de toute « personnalité collective exerçant une activité. Les structures sociales sont le fait des individus[277]. Pour Weber, les structures sociales n'existent pas dans le temps et dans l'espace, elles n'existent qu'en tant que structures mentales. Elles ne constituent qu'une « représentation qui flotte dans la tête des hommes réels ». Les idéologies véhiculées dans la culture capitaliste de même que les processus de la socialisation et peut être les mouvements sociaux peuvent accepter l'application de l'axiomatique individualiste et utilitariste qui, rapporte-t-on, est

---

274 Elle privilégie le tout, c'est-à-dire le social sur les parties notamment les individus.

275 Terme qui « apparaît en 1871 sous la plume de Karl Menger, économiste marginaliste autrichien. Il est repris par A. Schumpeter (1883-1950) et, selon R. Boudon, le principal initiateur en France, par Max Weber en 1920 dans une lettre à l'économiste marginaliste, R. Lietman… », dans Ahmadou Lô Guèye. « L'économie est-elle redevable de sociologie ? », *op. cit.*, p. 15.

276 Ahmadou Lô Guèye, « L'économie est-elle redevable de sociologie ? », *ibid.*, p. 12.

277 Isabelle Kalinowski, *Leçons wébériennes sur la science et la propagande,* Agone, coll. « Banc d'essais », 2005, 300 p. Dans la même lignée que *Max Weber, la science, profession et vocation.* Elle est chercheuse au CNRS et son domaine sur Weber s'articule plus sur l'histoire de la sociologie des religions et des arts traditionnels au début du XXe siècle, en Allemagne et en France.

également une méthode de « l'économie sociologique » mouvement dans les années 70 en France et dont les plus célèbres sont, entre autres, Gary Becker, Downs, Olson.

Pour corriger l'individualisme méthodologique, l'approche des dispositions et du dynamisme économique théorisée par Fréderic Lebaron recommande d'avoir à l'esprit que l'individu agit en fonction de déterminations. Pour ce cas, elle est culturelle. Nous concevons le capitalisme à la suite de bon nombre de sociologues économiques comme une culture. À la suite de cet effet de détermination inéluctable sur l'investissement, nous nous proposons un rapprochement théorique entre une sociologie de l'action (Weber) et une sociologie de la détermination sociale (Durkheim). L'unité d'analyse de Weber est l'individu et celle de Durkheim est le social, c'est-à-dire le tout voire la totalité. La théorie des sciences[278] produite par Weber peut permettre une démarche d'analyse individualiste et compréhensive. Il s'agit de relever et décrire les rapports socioéconomiques chez les agents, de chercher leur formation historique, de chercher leur dimension cognitive, c'est-à-dire le sens des rapports socioéconomiques que nous prélevons. Des règles de la méthode sociologique[279], nous tirons notre démarche d'analyse institutionnelle et explicative en privilégiant les antécédents historiques et la morphologie sociale du phénomène étudié, c'est-à-dire pour ce qui nous concerne présentement du modèle structurel inhérent à *l'homo senegalensis.* Selon Fréderic Lebaron « la notion de champ permet en particulier de compléter la notion d'institution en lui donnant une dimension à la fois relationnelle et spatiale »[280]. Les structures collectives participent à l'orientation significative de l'action individuelle. L'individu crée la structure et la structure oriente l'individu à travers son action. Pour la théorie de la construction sociale de Pierre Bourdieu[281], il faut qu'il y ait interaction pour qu'il y ait détermination structurelle. « L'éventail des possibles », c'est-à-dire les options d'action définissables *a priori*, dépend non pas de l'interaction, mais de la détermination structurelle. Il existerait même des liens entre les postulats épistémologiques de Bourdieu, Marx et Weber[282]. Weber, dans un cadre de raisonnement comparatif, fait un détour par l'histoire à travers des idéaux types. Durkheim propose la « méthode de concordance et

---

278 Max Weber, *Essais sur la théorie de la science*, *op. cit.*, cité par Amady Ali Dieng. « Les chercheurs africains et la sociologie allemande », p. 63-85, dans *Société en devenir, mélanges offerts à Boubakar Ly,* Presses universitaires de Dakar, 2006, p. 73.

279 Émile Durkheim, *Les règles de la méthode sociologique*, Alcan, 1895, Paris, PUF, coll. « Quadrige », 1987 ; Paris, Flammarion, coll. « Champs », 1988 ; Paris, PUF, coll. « Quadrige », 10e édition, septembre 1999, 149 p.

280 Frédéric Lebaron, « Nature et définition de la sociologie économique », *Encyclopaedia Unversalis*, 2009.

281 Pierre Bourdieu, *Les structures sociales de l'économie*, *op. cit.*

282 La conception de l'espace social de Bourdieu exclut l'économisme et se définit par l'exclusion mutuelle. C'est une vision marxiste intéressante pour la compréhension de l'espace social surtout pour ce qui s'agit des rapports économiques relatifs à l'investissement qui s'y tiennent.

celle de différence »[283], précisément dans la démarche de *l'administration de la preuve*, à l'instar de Weber dans une perspective comparative, d'après Laurent Willemez[284] qui aussi indique que Bourdieu également use de l'histoire moins pour faire de la comparaison contrairement à Weber, mais plus pour permettre de « prévenir le risque scolastique de déhistorisation ».

[283] Émile Durkheim, *ibid.*, p. 128.

[284] Laurent Willemez est Maître de conférences à l'université de Poitiers, chercheur au CURAPP et CNRS. Il est également à l'université d'Amiens et auteur d'articles sur la sociologie historique.

DEUXIÈME PARTIE

L'EMPIRIE RURALE ET URBAINE DE L'INVESTISSEMENT

C'est parce que nous tenons au compte rendu des faits.

CHAPITRE 2

L'INVESTISSEMENT EN RURALITÉ : À LA DÉCOUVERTE DE LA COMMUNAUTÉ RURALE DE NDIAGANIAO ET DE SON MODE DE PRODUCTION

I. GÉOLOCALISATION, RESSOURCES ET RÉALISATIONS

La communauté rurale de Ndiaganiao est située dans la région de Thiès, département de Mbour, arrondissement de Fissel. Elle est limitée :

- au nord par la communauté rurale de Ngoundiane ;
- au sud par les communautés rurales de Séssène et de Sandiara ;
- à l'est par la communauté rurale de Fissel ;
- à l'ouest par les communautés rurales de Tassette et de Sindia.

Carte 1 : La communauté rurale de Ndiaganiao

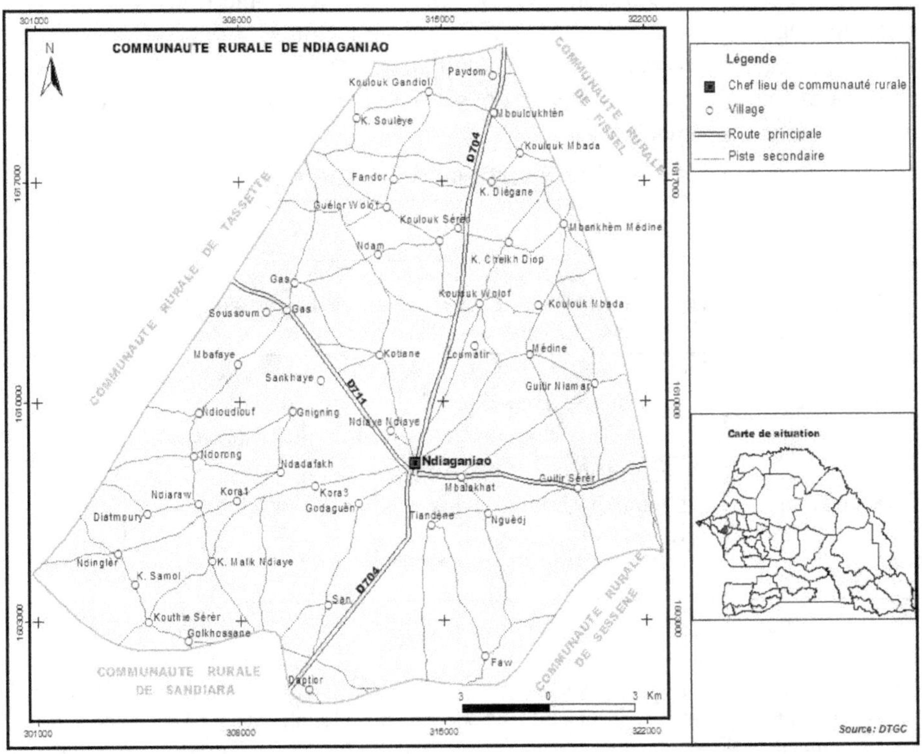

L'appellation de Ndiaganiao est tirée à tort ou à raison de deux faits historiques sur lesquels la mémoire collective est défaillante parce que présentant des divergences selon des points de vue localement prélevés.

Il s'agit pour la première raison, de la présence de deux marigots respectivement dans la zone des Bas-Fonds et sur l'actuel Both Escale. Ce qui aurait amené les autorités de l'époque à vulgariser le nom de Ndiaganiao d'abord, pour ces deux dernières zones et ensuite, à l'imposer pour désigner l'actuelle communauté rurale. La deuxième raison, plutôt économique, est la dotation naturelle de la zone en *haricot Cornille* localement appelé *niébé*[285]. Le chef des lieux auparavant aurait été un grand cultivateur de cette espèce naturelle (très prisée jusqu'à nos jours pour la consommation). C'est ainsi que la langue sérère, désignant le propriétaire du niébé en ces termes : « Ja Jiga Niao », a été à l'origine de l'actuel nom de « Ndiaganiao ».

Ndiaganiao a été dirigée par des lamanes. Elle n'a jamais dépendu du Damel du Cayor ni du Teigne du Baol encore moins du Bour Sine. Les razzias des princes du nord et toutes les autres intimidations n'ont guère réussi à l'ébranler. Ce qui a valu à cette zone le symbole du refus de l'oppression au regard des royautés qui la convoitaient. Ndiaganiao a joué un rôle important dans le régime colonial en tant que canton et point de traite[286].

Instituée en CR (communauté rurale) en 1972, elle évolue jusqu'à nos jours, sous le régime de la décentralisation qui lui donne l'opportunité d'une administration de proximité. Elle est administrée par les autorités décentralisées, c'est-à-dire les élus réunis dans le conseil rural et les autorités déconcentrées relevant des compétences de l'État.

Tableau 2 : Répartition des villages par zone

ZONE	VILLAGES	TOTAL
NDIAGANIAO	Both Escale- Both Sérère- Fao-Titine-Ndiandiaye-Godaguéne-Dapthior-Loumatyr-Kothane-Guityr Wolof-Guityr Sérère- Thiandène- Mbalakhate-Nguedj 1-Nguedj 2	
SANDOCK	Ngakhaye- Sessène-Ndadafakh- Gass- Sanghaye-Soussoung-Ndiarao-Kouth-Ndingilére-Ndioudiouf-Ndorom-Mbafaye-Gningning-Keur Malick Ndiaye	
BAS-FONDS	Ndame-Fandor-Koulouk Wolof-Koulouk Sérère-Mbouloukh Tène- Koulouk- Guélor Wolof- Guélor Sérère- Koulouk Mbada,	
TOTAL		38

[285] Nom scientifique : *Vigna unguiculata*.

[286] Birné Brigitte Ndour. « Ndiaganiao : Une entité socio culturelle dans le Diegueme », dans *La civilisation Sérère, d'hier à demain. Actes du colloque des journées culturelles du Sine*, fatick, 10-12 mai 1991, *Éthiopiques*, édité par Moustapha Ka et Saliou Sambou, 154 p.

Ancien Canton du cercle de Thiès, Ndiaganiao avait en 1958 trente-six villages[287]. Aujourd'hui, devenue communauté rurale, elle en compte 38.

Ainsi, dans chaque village existent un chef, un secrétaire de comité et un conseiller. L'ensemble des conseillers aujourd'hui travaille dans le sens d'ériger la communauté rurale en arrondissement et transformer Ndorom, présentement doté du statut de village, en communauté rurale. La présence de ces conseillers est une preuve de l'activité politique. La CR est politiquement active depuis Léopold Sédar Senghor, premier président du Sénégal indépendant. Avec l'émergence des élus, dépositaires du verdict des urnes, la communauté rurale vit au cœur de l'activité politique et son administration est fortement impliquée. La CR rassemble les représentants de la plupart des partis représentatifs dans l'espace politique du Sénégal. Beaucoup de leaders politiques du pays sont originaires de Ndiaganiao.

La distance séparant Both Escale, village où reposent l'administration et la plupart des infrastructures, des autres villages n'est pas bien longue[288]. Cette situation permet aux autorités administratives de poursuivre en toute facilité leur mission. Sans nul doute au sein de la juridiction locale, certains villages sont assez reculés. De ce point de vue, les meilleurs pâturages deviennent aussi de plus en plus éloignés pour les propriétaires de bétail.

- ***Les infrastructures sociales***

Jusqu'en 2009, la communauté rurale compte sur toute son étendue :

Tableau 3 : Réalisations en infrastructure

Les réalisations scolaires et culturelles	**Les réalisations sanitaires**	**Les réalisations hydrauliques**
1 Préscolaire 22 Écoles primaires dont 8 à cycle complet 1 CEM 1 Lycée 1 Centre de lecture et d'animation (CLAC)	3 Postes de Santé 17 Cases de santé 2 Maternités	21 forages dont 4 équipés et fonctionnels 2 non équipés et fonctionnels 15 non fonctionnels 121 puits dont 15 fonctionnels et équipés 78 non équipés et fonctionnels

Données tirées du PLD.

---

287 *Répertoire des villages, Populations autochtones*, IFAN A 6355, 1er janvier 1958.

288 Nous n'avons pas pu disposer d'informations sur les distances exactes séparant les villages les uns des autres pour cause de non disponibilité. Nous n'étions pas motivé de faire cette étude à la place de l'autorité locale.

L'attention du visiteur ne peut passer outre la diversité des populations vivant sur place et la nature de leur habitat. Avouons qu'au départ, nous avions à l'esprit de visiter un village sérère.

- ***Ressources démographiques et sociologiques***

Aujourd'hui la population de cette localité est estimée à 34.887 habitants[289]. Elle était de 13.356 en 1958[290]. Sa densité actuelle est de 92 habitants au km². La jeunesse représente 49,22 %. Les femmes sont majoritaires avec un taux de 51,17 %[291].

Sans grande surprise alors pour nous, les Sérères constituent l'ethnie dominante. Ils représentent 73 % contre 13 % de Wolofs, 11 % de Peuls et 3 % de populations autres[292]. Ndiaganiao est une collectivité qui connaît, bien naturellement, un découpage sociologique. Elle est composée de villages pour la plupart ethniques. Ainsi on retrouve, en cohabitation, des villages sérères, wolofs et peuls. L'autre particularité est que de plus en plus les villages se diversifient en ne tenant plus compte de l'origine ethnique de leurs habitants.

L'islam est pratiqué à 80 %. 10 % se réclament chrétiens. Ceux qui se réclament purement animistes sont estimés également à 10 %[293]. Pratiquement chaque famille possède ses *Pangols*. Le culte religieux est beaucoup convoqué en période de récolte. Les rites de l'initiation et de la circoncision y sont également importants. Il en existe des rites mâles et des rites initiatiques pour les femmes notamment le « Mbok ». Les arts funéraires aussi ne sont pas en reste parmi les richesses locales. La tradition des masques de plus en plus délaissée y a connu auparavant un fort intérêt. En somme, c'est une communauté rurale où le mythe et la tradition sérère sont valorisés. Il importe de préciser, à cet effet, étant donné que l'ethnie sérère n'en constitue pas l'exclusivité, qu'il y a une parfaite entente entre les membres des autres ethnies notamment les Wolofs et les Peuls qui se retrouvent parfois en village.

- ***L'habitat***

En majorité, l'habitat est de type rural. Autrement dit, les cases en paille et les maisons en dur et en toit de zinc prédominent dans l'espace de la communauté rurale. Mais à Both Escale, appelé aussi « Taax » à l'unanimité, les maisons sont en dur. Dans cette partie de Ndiaganiao, il est donné de remarquer la nouveauté des constructions. À quelques exceptions près, tous les murs externes des concessions ne sont pas peints, trahissant manifestement la disposition juxtaposée des briques de ciment. Il n'est pas rare aussi que l'usage de zinc contribue à réajuster et compléter l'espace d'habitation. L'observateur extérieur peut y voir des signes de pauvreté couplés au désir de modernisation,

---

289 *Recensement* 2000.
290 *Répertoire des villages*, *Populations autochtones*, IFAN A 6355, 1er janvier 1958.
291 PLD Ndiaganiao, 2002.
292 *Ibid.*
293 *Ibid.*

mais aussi des formes de dissimulation de cas d'aisance sociale acquise, par le concours de l'exode rural ou du commerce et face à la coercition des institutions égalitaristes fortement ancrée en ruralité. Nous reviendrons plus en détail, plus tard, sur cet aspect.

II. Identité sociale des acteurs et auteurs des actes d'investissement

Il n'est pas surprenant de révéler que l'administration publique et le GIE y sont sociologiquement moins significatifs que le ménage qui fédère tous les individus associés dans un groupement économique, de même que les fonctionnaires et élus locaux dans la CR.

Le Ménage[294]

Au-delà de la détermination agricole traditionnelle, le choix de l'activité des époux ou chefs de famille influence le profil économique du ménage. En effet, tous les membres de la famille s'impliquent dans la destinée de l'entreprise qui les fait vivre et les entretient. Une diversification productive peut être notée chez l'engagement actif des enfants du ménage. Mais il faudrait que ces jeunes soient peu tentés par l'exode rural en restant au village. Voilà une probabilité qui est pratiquement rare. Les ménages entrepreneurs sont caractérisés par les variables ci-dessous développées :

- *Une présence remarquable des femmes*

Sur 465 individus actifs isolés, 51 % sont des femmes.[295]La répartition sexuelle dans l'engagement au travail n'existe pas dans les communautés villageoises. Par contre, la division sexuelle dans l'exercice d'un travail précis ou dans l'accomplissement de tâches singulières pour le compte de l'exploitation familiale est manifeste.

Les femmes s'activent autant bien que les hommes dans la production. Elles sont présentes dans l'agriculture dans sa caractéristique culture-élevage, dans l'artisanat et dans le commerce. Cette supériorité numérique est révélatrice de leur comportement d'investissement vis-à-vis des hommes dans le cadre du ménage. Cette domination numérique des femmes peut être expliquée par l'infériorité numérique des hommes au Sénégal[296]. En somme, les villageois sont portés au travail au risque de s'exposer à la sanction punitive

---

294 Avec une taille de 219 ménages, nous nous sommes entretenu avec les membres de ménage, en l'occurrence, époux et épouse – au nombre de 438 individus (en y associant quelques jeunes rencontrés au nombre de 27 individus) qui présentent un comportement économique significatif confondu au ménage qui les détermine.

295 Sur 465 individus, nous prélevons une valeur absolue de 239 des effectifs féminins et 226 pour les effectifs masculins ; et ce avec une valeur relative masculine de 49 %.

296 Recensement général de la population et de l'habitat, *Rapport de présentation 2006*, 125 p. *Population de fait : hommes, 4 665 730 soit 48,8 % et les femmes, 4 886 712 soit 51,2 %. Population de droit ou résidents : hommes, 4 846 126 soit 49, 2 % et les femmes, 5 009 212 soit 50,8 %.*

communautaire. L'engagement dans l'exploitation agricole et commerciale ne connaît pas de discrimination. Il est accessible à tous. Les femmes veuves, confrontées à l'exploitation champêtre, réputée virile et pénible, s'appuient sur la force de leur progéniture ou à défaut louent les services de personnes extérieures à leur famille.

- Entrée prématurée de la jeunesse dans la vie productive et sortie tardive dans la vieillesse

Tableau 4 : Âge des femmes actives en ménage à Ndiaganiao

Code	Âge des femmes	Valeur absolue	Valeur relative
1	-20 ans	**18**	7
2	20-25 ans	**14**	6
3	25-30 ans	**25**	10
4	30-35 ans	**19**	8
5	35-40 ans	**42**	18
6	40-45 ans	**31**	13
7	45-50 ans	**38**	16
8	50 ans et +	**52**	22
TOTAL		**239**	100 %

Source : Enquête personnelle.

Les femmes avant l'âge de 20 ans sont économiquement actives. Elles dominent les hommes à cet âge. Les classes d'âge [35-40] et [40-45] sont plus importantes dans les activités économiques. Il est heureux de constater qu'après 50 ans les femmes sont toujours actives. Elles entrent très tôt voire de manière prématurée dans la production et en sortent très tard dans la vieillesse.

Les hommes commencent tardivement de façon effective leur activité économique. Ils font 4 % chez les -20 ans, 2 % et 8 % respectivement pour les classes d'âge [20-25 ans] et [25-30 ans]. Ils sont bien présents dans les classes économiquement mieux actives, c'est-à-dire [40-45 ans] et [45-50 ans] avec respectivement 17 % et 20 %. Ils sont encore présents au-delà de 50 ans avec une valeur relative de 21 %. Ceci est dû à leur physique plus robuste et à leur générosité virile qui dépasse celle des femmes. Cette qualité n'écarte pas la capacité effective de résistance chez les dernières citées.

Tableau 5 : Âge de tous les individus

Code	Âge	Valeur absolue	Valeur relative
1	-20 ans	26	6
2	20-25 ans	19	4
3	25-30 ans	44	9
4	30-35 ans	48	10
5	35-40 ans	75	16
6	40-45 ans	69	15
7	45-50 ans	84	18
8	50 ans et +	100	22
TOTAL		465	100 %

Source : Enquête personnelle

C'est à partir de 30 ans que l'activité économique s'intensifie chez les agents. Celle-ci se maintient au-delà de 50 ans dans la communauté rurale de Ndiaganiao. Ce qui nous pousse à déduire que dans le milieu rural les individus s'activent dans la production jusque tard dans la vieillesse. Il faut également considérer que l'espérance de vie y est plus élevée qu'ailleurs, particulièrement en zone urbaine. En somme, les individus entrent très tôt dans la production de travail (production ou commerce) et en sortent tard, tant que la force physique et la mémoire les leur permettent. Plus ce cliché social se reproduit, plus il finit par être un fait social au sein des communautés vivant dans cette localité.

- Sérère, wolof et peule comme dominante ethnique zonale et économique

Sur 147 ménages sérères, supposant 147 époux économiquement actifs, trois individus économiquement actifs sans situation matrimoniale dépendent du ménage. Sur les 52 ménages wolofs, 1 homme sans ménage est économiquement actif et contribue financièrement au budget du ménage tuteur. Chez les ménages peuls, trois jeunes hommes actifs participent financièrement à leur budget familial.

Sur 20 ménages peuls, 52 ménages wolofs et 147 ménages sérères, nous avons la répartition féminine et masculine des individus actifs qui suit :

Tableau 6 : Ethnie des femmes

Code	Ethnie des femmes	Valeur absolue	Valeur relative
1	Sérère	157	66
2	Peule	25	10
3	Wolof	57	24
TOTAL		239	100 %

Source : Enquête personnelle

La présence des femmes sérères domine du fait de la supériorité numérique ethnique dans la zone. Rappelons que Ndiaganiao est située dans le Sine qui est un fief sérère. Elles sont suivies respectivement des Wolofs et des Peuls qui se sont historiquement installés dans la région.

L'effectif féminin s'est accru dans les ménages du fait de la grande fréquence des naissances filles. Nous avons remarqué sur le terrain lors de nos visites dans les domiciles que les couples avaient plus des enfants filles que garçons. La polygamie contribue à accroître les naissances. En théorie, l'accroissement des naissances augmente les charges familiales et défavorise l'entreprise familiale. Cependant la réalité rurale cautionne bien le rapport entre grande famille et l'unité de production familiale.

Il est à remarquer, par ailleurs, hormis les épouses, que les jeunes femmes (filles) actives sont dominantes chez les Peuls et les Wolofs.

Il ne faut pas occulter que chacune des ethnies peule, wolof et sérère occupe des villages qui lui sont propres et les membres sont tous cultivateurs.

Mais du point de vue du temps consacré, au quotidien, à une production donnée, les Peuls sont plus pasteurs tandis que les Sérères et les Wolofs sont plus cultivateurs. Ce sont les variables les mieux partagées. Vu la supériorité numérique sérère dans la CR, l'activité culturale devient plus représentative que l'élevage. Toutefois, comme il est de tradition, les villageois- agents allient dans leur ensemble, culture et élevage.

Pour ce qui est du commerce, chaque ethnie est représentative dans sa contrée respective. La plupart des gens s'engagent dans le commerce pour écouler leur production. Beaucoup de Wolofs s'engagent dans les affaires en ouvrant une boutique. En somme, à l'échelle de la CR, les Sérères dominent l'activité commerciale du fait de leur supériorité numérique, mais la présence wolof et peule, en la matière, reste significative.

Sur 110 Wolofs actifs, 10 ont déclaré tenir régulièrement un commerce. Sur 307 Sérères actifs, 12 ont déclaré faire de même. Sur les 48 Peuls actifs, 2 ont fait la même déclaration[297]. Tout le monde demeure commerçant soit à temps plein, soit par circonstance dès l'instant qu'il leur faut – surtout pour les moins appliqués dans cette activité – écouler leur production.

- ***La coercition effective de la caste « ethnico-productive »***

Tableau 7 : La coercition des castes chez les femmes

Code	Ethnie	Valeur absolue	Valeur relative
1	Sérère	152	65
2	Peule	25	11
3	Wolof	57	24
TOTAL		234	100 %

Source : Enquête personnelle

La formulation *ethnico-productive* fait référence à la spécialisation productive de la caste. La plupart des ménages retenus ici relèvent d'ethnies castées, exceptées les familles de fonctionnaires établies pour raisons professionnelles dans le chef-lieu de la CR. Cependant, certaines femmes ne la subissent pas dans leurs activités économiques. Par conséquent, la coercition de la caste n'est pas totale chez les ménages wolofs et sérères comme elle l'est chez ceux peuls. Toutefois, celles qui ne la subissent pas constituent un nombre infime. Sur un total de 239 femmes d'ethnies diverses, seules 5 ne subissent pas la caste. Elles sont, d'ailleurs, sérères.

Sur 157 femmes sérères, seuls ces 5 individus sont moins préoccupés par les castes. Chez les femmes wolofs et peules, elles sont unanimes dans la reproduction de la caste.

La plupart des femmes sont membres de GPF. Les activités qu'elles pratiquent ne relèvent pas de la division du travail instituée à travers les castes. La vocation agro-pastorale implique tous les villages de la CR. C'est dans les relations marchandes que l'on peut voir le talent de certaines femmes, lesquelles une fois saisies par l'enquête ont fait état de leur caste d'origine. C'est ainsi que nous avons établi un lien entre leurs dispositions marchandes naturelles et leur appartenance à une caste au sein de leur ethnie. La tendance à faire montre de leur talent de griot s'impose à certaines d'entre elles, surtout les Wolofs. Mais cela en général ne les empêche pas d'être productives. Les femmes peules isolées, c'est-à-dire retranchées dans leur village, fidèles à leur tradition, sont vendeuses de lait et sillonnent toute la communauté rurale. Les femmes sérères et wolofs sont entre l'agriculture (le maraîchage et la transformation de produits agricoles) et le petit élevage.

Le fait que l'élément sérère domine est simplement dû à sa supériorité numérique dans la zone de l'enquête. Mais dans la communauté sérère, les

[297] Il ressort de notre échantillon 24 commerces contre 86 commerces pour l'ensemble de la population de Ndiaganiao.

castes n'ont pas une grande incidence sur la vie active. Cela n'exclut pas qu'il y ait des gens qui subissent le pouvoir coercitif d'une caste précise dans des activités bien précises.

Quant à la présence des hommes dans le groupe des « castés », elle nous rapproche de la confirmation de l'effectivité de la coercition du phénomène dans la communauté sérère. Pour les hommes, c'est surtout la pratique agro-pastorale et l'artisanat, sans excepter les relations commerciales qui en résultent. Seuls trois (3) individus hommes de cette ethnie ne suivent pas l'orientation de leur caste d'appartenance.

Si les femmes sont lésées dans la division sexuelle du travail notamment la féminisation de certaines tâches et activités, les hommes sont plus exposés aux contraintes de caste dans l'activité économique. L'explication n'est pas parce qu'ils sont numériquement mieux engagés dans la production, étant donné que la réalité du terrain a déjà montré le contraire. Être cultivateur ou éleveur est moins significatif dans la représentativité d'une caste. La spécialisation devient bien relative dans ces domaines précités. Par contre, elle est plus absolue dans les secteurs de l'artisanat notamment de la forge ou de la cordonnerie dans laquelle on note beaucoup plus de réparateurs que de concepteurs, mais aussi moins de présence féminine. Il y a des secteurs – notamment les métiers de la teinture jadis dominés par les femmes – où la féminisation s'épuise avec la fréquentation désormais tolérée des hommes.

Cet état de fait pose la question du lien entre la sexualité productive et la caste, mais aussi de la possibilité d'entrée et de sortie d'une caste, dès lors qu'on en exprime le désir. Il est clair qu'à l'intérieur des métiers *castés*, il y a des tâches sexuées qui ne doivent être accomplies que par des hommes, les femmes se chargeant des besoins domestiques. Les Peuls excellent dans l'activité pastorale et ce sont leurs hommes qui s'occupent de faire paître le bétail. Il est rare de voir un métier *casté* féminisé, salissant ou pas. Autant il y a des vendeuses ambulantes de lait chez les Peuls, autant il peut y avoir des vendeurs de lait ambulants parmi eux. Elles peuvent partager le métier avec les hommes dans des cas aussi où un service pour tous nécessite leur implication pour la prise en charge de leur égo de même sexe[298].

En fonction de l'étroitesse du contrôle social de leur résidence permanente et professionnelle, les individus peuvent choisir de ne pas reproduire les activités de leur caste d'origine et de se laisser prendre par les opportunismes du marché et les possibilités d'apprentissage technique qui se présentent à eux. Par contre, leur nom de famille reflètera toujours leur appartenance à une caste et cela constitue une source de repérage social pour eux et pour l'esprit rural en phase de sanction ou de gratification de leur comportement.

[298] Nous avons le cas de l'excision qui est en régression dans le pays. À Kolda au sud du Sénégal, elle est faite sur des filles par des femmes. Et cette activité peut être lucrative.

Les ménages, quelle que soit leur appartenance ethnique, restent flexibles dans leur comportement économique. Ils n'orientent pas forcément leur activité en fonction de leur spécialité. Toutefois, ils sont fiers de s'en réclamer et de déclarer qu'ils subissent la coercition de leur caste d'appartenance. Il faut reconnaître aussi que des individus profitent de leur spécialisation traditionnelle pour poursuivre le profit de manière opportuniste.

- Analphabétisme et absence du profil d'étude supérieure chez les autochtones entrepreneurs

Concernant le niveau d'instruction des femmes, sur un groupe de 239 individus, 90 % sont analphabètes, 7 % ont un niveau primaire et 3 % se sont arrêtées entre la 6e et la 3e. Aucune n'a le niveau du cycle secondaire encore moins de celui de l'enseignement supérieur.

Le seul handicap des femmes dans la production est le manque de formation. Visiblement, elles sont en majorité analphabètes. Plus on avance en âge, plus on rencontre une grande masse d'analphabètes. Les institutions non gouvernementales et gouvernementales s'évertuent à soutenir la scolarisation des plus jeunes et la formation des adultes pour ainsi renforcer leur capacité de production.

Les femmes qui prétendent être instruites ont un niveau du primaire. Cet état de fait nous pousse à nous interroger sur les raisons de cet abandon prématuré des classes qui crée souvent dans l'avenir un handicap pour la production formelle. En effet, elles entrent très tôt dans la production et sans outil technique moderne acquis. L'enseignement général ne dispose pas d'option pour professionnaliser l'individu, mais demeure essentiel, à notre avis, dans la formation pour la *capacité productive* future de l'individu qui a le projet d'évoluer dans un monde professionnel. L'enseignement général est compromis et l'offre en enseignement technique est faible et discriminatoire. Les plus jeunes, les femmes au foyer et les non militantes politiques en font les frais.

Les hommes ne sont pas une exception. Ils sont handicapés également par l'analphabétisme. Mais il faut dire qu'il y a eu un temps où les hommes fréquentaient plus l'école que les filles même s'ils venaient souvent à s'arrêter à un niveau bas. Ceux qui ont un niveau du primaire ne sont pas bien éloignés de l'effectif des individus qui présentent le niveau du moyen secondaire. Les garçons abandonnent très tôt l'école pour émigrer vers les villes ou pour trouver un revenu à partir d'une activité de production ou une autre marchande. D'ailleurs, c'est la volonté de travailler qui pousse les individus à la démission scolaire. L'absence des moyens financiers n'explique pas vraiment ces cas d'abandon parce que dans les villages la scolarité de l'enfant est devenue une priorité pour toutes les familles. Il y a eu une prise de conscience dans ce sens. Celle-ci a été menée par les autorités publiques et les acteurs civils dans le cadre des objectifs de développement du capital humain. Il faut dire aussi qu'il y a la présence d'écoles publiques, lesquelles n'exigent pas de frais de scolarité élevés ou n'en exigent pas du tout, à l'exception des droits d'inscription en début d'année scolaire.

Tableau 8 : Niveau d'instruction chez tous les individus

Code	Niveau d'instruction	Valeur absolue	Valeur relative
1	Analphabète	338	73
2	CI-CM	85	18
3	6e-3^e	37	8
4	2nde-Terminale	5	1
5	Enseignement supérieur	0	0
TOTAL		465	100 %

Source : Enquête personnelle

Les individus, hommes et femmes confondus, disposant d'un niveau d'étude du supérieur et qui s'activent dans les affaires ou la production sont des étrangers à la localité venus dans le cadre de leur service professionnel. L'absence de lycée, qui prendrait les élèves à partir de la seconde, explique la migration de beaucoup de jeunes vers les centres urbains ou l'abandon scolaire après le brevet de fin d'études moyennes. L'échec scolaire est aussi un élément explicatif du faible niveau d'instruction, du recours à la migration et de l'engagement au travail à temps plein. Ceux qui ont un certificat de niveau primaire ou une petite expérience du secondaire ont abandonné leur cycle pour se consacrer à une activité lucrative, tout en y associant les obligations domestiques. Nous avons constaté une faible existence de centres professionnels. Étant entendu que lesdites structures sont récentes et sont le fait d'organisations non gouvernementales (ONG).

- La domination du syncrétisme religieux

Il est un fait particulier qui frise le spectaculaire dans la communauté rurale. Au préalable, il était soutenu par les habitants eux-mêmes que Ndiaganiao est un village de croyants. Ce qui naturellement n'est pas faux, mais la question qui s'est posée par la suite est quel type de culte y est développé. En effet, il s'agit d'un syncrétisme religieux dans la totalité communautaire. Les musulmanes animistes sont plus nombreuses. De même que les chrétiennes animistes. C'est seulement chez les Sérères que l'on retrouve des chrétiennes qui, par la prégnance de leur coutume, pratiquent le syncrétisme.

Nous nous posons la question de savoir le lien entre la caste et le culte animiste, car certaines femmes ont déclaré ne pas subir la coercition de la caste, alors que plus tard elles se déclarent toutes pratiquantes de l'animisme, ce qu'elles appellent *cosaan*[299].

Il faut retenir que le syncrétisme religieux est un fait chez tous les individus des villages de la communauté rurale de Ndiaganiao.

Tableau 9 : La religion chez tous les individus

Code	Religion	Valeur absolue	Valeur relative
1	Musulman	0	0
2	Musulman-Animiste	237	51
3	Chrétien	0	0
4	Chrétien-Animiste	70	15
5	Animiste	158	34
TOTAL		465	100 %

Source : Enquête personnelle

L'islam étant la religion majoritaire, il est facile de voir l'importance de la communauté islamique au détriment de celle chrétienne. Il est bénéfique de mentionner à ce niveau que tous les musulmans appartiennent à une confraternité religieuse notamment le tidianisme ou le mouridisme, entre autres. Toutefois, on ne trouve pas des individus qui suivent scrupuleusement les préceptes et recommandations de leur religion. Encore une fois, c'est dans le syncrétisme religieux qu'ils se retrouvent. Cela est une occasion pour le culte négro-africain de se pérenniser indépendamment des religions révélées. La particularité qui mérite une attention particulière est la force du culte animiste, qui est encore très vivace. 34 % des personnes interrogées sont animistes.

- La coercition wolofophone chez les entrepreneurs des ménages, groupements économiques et les élus et cadres de l'administration publique

La langue wolof est la mieux partagée. Mais en termes de fréquence, la langue sérère est la plus parlée. En revanche à 100 %, tous les gens qui entreprennent comprennent cette langue. L'usage de celle-ci est, toutefois, relatif parce qu'il n'y a pas que des wolofs dans la localité et que le villageois met le primat au quotidien sur la langue traditionnelle de son ethnie, supposée être sa langue maternelle. Mais cela aussi n'empêche pas l'usage de la langue wolof, pour leur part, en cas de nécessité, pour « commercer » ou pour s'échapper momentanément de la langue maternelle. La population wolof, quant à elle, excelle dans sa langue. La langue de travail de l'administration reste le français. Mais confrontés à l'économie populaire dominée par l'activité des ménages, les entrepreneurs locaux ne rechignent pas à avoir recours aux langues nationales. Souvent le choix de la langue wolof s'impose.

[299] *Cosaan* signifie « tradition » en sérère, wolof et peul.

III. LES ACTIVITÉS PHARES DE L'ÉCONOMIE DE LA COMMUNAUTÉ RURALE DE NDIAGANIAO[300]

L'évidence est que la production rurale est portée par le secteur agricole ; à côté duquel le commerce occupe tout aussi une grande place.

1. La production dans la CR de Ndiaganiao

a. L'agriculture

L'agriculture constitue l'activité productive principale des populations. Elle implique la culture sous pluie, le maraîchage, la foresterie et l'élevage.

- La culture sous pluie

Les produits cultivés sont le mil, l'arachide, le niébé, le bissap, la pastèque, le manioc et le sorgho exclusivement cultivé sur le Deck.

À partir du mois de mai, les paysans débutent les travaux champêtres avec le semis sec et terminent en décembre, période des dernières récoltes. Ils auront au préalable durant le mois d'avril préparé les champs. Ce mois reste la période idéale pour le débroussaillement. Les mois de janvier, février et mars sont réservés au stockage de la production et à la commercialisation.

La houe et le semoir sont utilisés comme matériel de production. Le cheval et l'âne sont également mis à contribution. De ce point de vue, le caractère traditionnel et rudimentaire de l'exploitation agricole est manifeste.

D'après les habitants la production du mil, de l'arachide et du sorgho a fortement baissé durant les dernières années. Les principales raisons évoquées par les acteurs du développement sont relatives à « la faible pluviométrie, à l'infertilité des sols, à la présence de parasites, à l'érosion, au déboisement, à la vétusté du matériel et à la divagation des animaux ». Depuis le PLD 2002, il est préconisé, pour renverser la tendance, l'intensification de l'apport en fumure organique et chimique, le reboisement et la rotation des cultures.

- Le maraîchage

On rencontre dans le maraîchage le même problème de rendement du fait de la faiblesse de la production. Le conseil rural, selon quelques conseillers, s'active pour renforcer l'encadrement des producteurs, faciliter l'accès aux intrants et en approvisionnement correct en eau et également désenclaver les zones de culture par la réalisation des pistes Ndiaganiao-Fissel et Ndiaganiao-khombole.

Il est ainsi facile pour nous de deviner que les problèmes rencontrés dans le maraîchage sont immanquablement relatifs au manque d'eau. Mais aussi la

[300] Données issues du PLD 2002 et de nos entretiens avec les techniciens et les élus locaux de la communauté rurale de Ndiaganiao. Elles ont été vérifiées à travers nos observations sur le terrain et nos entretiens avec les ménages.

conservation et l'écoulement des produits cultivés notamment le chou, l'oignon, le piment, la tomate et le gombo restent une équation pour les producteurs.

C'est dans la zone des Bas-Fonds que le maraîchage est plus pratiqué. Précisément, on le localise plus à Dapthior et Guityr (sérère et wolof). Par contre, dans la zone de Sandock, notamment à Soussoung où elle est aussi pratiquée, elle y est assez timide.

- La foresterie

La foresterie concerne la cueillette et l'arboriculture. Pour la première, ce sont les espèces végétales telles que le baobab, le jujubier et le *soump,* en général exploitées pour l'alimentation et la pharmacopée. L'exploitation des produits de la cueillette constitue, en effet, une source de revenu pour les populations locales. Une raison pour laquelle toute sous-production dans ce domaine – pouvant être entraînée par le déboisement, la sécheresse et la surexploitation de même que la coupe abusive – impacte remarquablement la pharmacopée[301].

Pour l'arboriculture, c'est l'exploitation des manguiers, des citronniers et des goyaviers qui domine. Leurs fruits font l'objet de commerce et sont, par conséquent, source de revenu pour les familles et les GIE. L'accès aux intrants, au crédit, l'extension des adductions d'eau et le forage des puits constituent des problèmes collectivement connus et auxquels le conseil rural doit se pencher pour apporter des solutions.

- L'élevage

Il s'agit d'un élevage extensif avec les ovins, les caprins, les bovins, les porcins, les équins et la volaille bien exploitée par les femmes au sein des concessions. Le Plan local de développement révèle l'existence de pistes, de zone de pâturages et de quatre parcs de vaccination. Malheureusement, ce projet local centre les faiblesses de ce type d'élevage dans les réalisations précitées après constat d'insuffisances. Ainsi, il est réclamé la réhabilitation des mares, des pistes et des zones de pâturages, la sécurité contre les vols de bétail et enfin l'affectation d'agents vétérinaires. Les productions animales sont essentiellement destinées à la commercialisation et à la consommation. La fumure organique est utilisée pour l'exploitation des sols.

L'élevage est un recours fiable au soutien du revenu familial et lui permet de tenir d'une campagne à une autre sachant que celle-ci se tient une fois l'an. Cela explique l'importance particulière que connaît l'embouche bovine et ovine. C'est aussi la preuve que l'élevage est autant une activité complémentaire qu'alternative à la culture.

[301] En milieu rural, malgré la présence de structures sanitaires, la médecine traditionnelle occupe une place prépondérante.

b. L'artisanat[302]

L'artisanat génère des revenus. Par conséquent, c'est un secteur pourvoyeur d'emplois ruraux, dès lors qu'il contribue au statut social de l'individu. Dans un échantillon très diversifié, témoignant de l'existence d'une activité artisanale, nous avons prélevé dans les ménages habitant la communauté rurale, entre autres, des métiers de menuisier exploitant le bois ou le métal, de maçon, de bijoutier, de tisserand ou teinturier, de potier, de tailleur, de cordonnier, de forgeron, de puisatier et de peintre de circonstance[303].

Il y a manifestement un besoin d'améliorer et d'encadrer la production artisanale. Les organisations locales essayent de surmonter les contraintes que les acteurs rencontrent le plus souvent. Il s'agit selon le PLD de problèmes relatifs à la faiblesse du marché, aux accidents de travail, au manque de formation pouvant aider à l'adaptation aux exigences du marché, au manque de moyens et par conséquent au sous-équipement de la plupart des artisans.

2. Le commerce dans la CR de Ndiaganiao

C'est l'une des activités les plus importantes. Elle est pratiquée par toutes les franges de la population. Les marchés se tiennent au quotidien, mais aussi de manière hebdomadaire.

a. Le marché journalier

Le marché constitue un espace d'échange et d'approvisionnement quotidien pour les villageois. L'offre est présentée par les magasins ou boutiques, les étals et par la vente de proximité.

- Les commerces réguliers sous forme de boutique

Les boutiques exploitent un commerce de détail et de demi-gros. Ce commerce régulier connaît aussi des difficultés de diverses natures, en l'occurrence « l'absence de magasins de stockage, le mauvais état des routes dû à l'enclavement de certains villages dans la zone des Bas-Fonds et de Sandock, les difficultés d'approvisionnement des boutiques dues à l'absence de grossiste et le coût élevé du transport »[304].

Tableau 10 : Répartition des boutiques dans la CR de Ndiaganiao

ZONE	UNITÉ	TOTAL
NDIAGANIAO		61
SANDOCK		16
BAS-FONDS		9
TOTAL		86

Source PLD 2002 CR de Ndiaganiao.

302 PLD CR de Ndiaganiao, septembre 2002.
303 Métier sans ancrage traditionnel, car lié à l'activité occidentale, voire moderne.
304 PLD, CR de Ndiaganiao, *op. cit.*

Avec une population sensiblement supérieure à 34.887 habitants[305] pour 86 boutiques en 2002, nous pouvons dire que le commerce fixe de taille moyenne ne connaît pas encore une fulgurance bien importante dans la zone et témoigne du niveau économique de la CR.

- Le commerce de proximité dit « ambulant »

Le commerce ambulant est caractérisé par la mobilité des acteurs économiques. La vente des produits laitiers y est la plus remarquée. Les femmes peules en sont les principales actrices. Des accessoires comme les cure-dents faits de tiges de plantes ou les produits de quincaillerie sont vendus de porte-à-porte le plus souvent par des hommes.

- Les commerces sous forme d'étal

Ce commerce est tenu quotidiennement par les villageois eux-mêmes, chacun, en général, dans son fief respectif. Il est dominé par les produits maraîchers. Le commerce du lait y est encore très visible du fait de la mobilité des marchandes qui peuvent venir des villages environnants pour s'installer à Bot Escale, le temps du marché notamment de la matinée jusqu'à la fin de l'après-midi. Les femmes sont les principales actrices de ce type de commerce au quotidien. Ce sont elles également qui fréquentent le plus les marchés en raison de leur charge ménagère pour ne pas dire domestique.

Les produits riches de l'agriculture et de l'élevage y sont rares. Ils sont plus présents le jour du grand marché, c'est-à-dire durant le marché hebdomadaire. Les quelques produits de ce genre sont tenus par une minorité d'hommes que l'on retrouve sur place chaque jour. Il faut noter que l'offre dans l'ensemble de la CR est modeste.

b. Le marché hebdomadaire

Ce marché représente le lieu idéal de vente et d'approvisionnement des ménages ainsi que des commerçants. Certains viennent faire des achats pour retourner assurer un commerce dans leur village qui, jusque-là, ne connaît pas la chance d'accueillir le grand marché.

Le marché hebdomadaire ne se tient que dans les villages avec un fort potentiel en termes d'accès et de force économique. Il s'agit de Both Escale, de Mbafaye et de Guelor.

[305] *Recensement* 2000, *op. cit.*

Tableau 11 : Répartition des marchés hebdomadaires par village et par zone

ZONE	VILLAGES	JOUR DE COMMERCE ET D'APPROVISIONNEMENT	TOTAL (en jour)
NDIAGANIAO	BOTH ESCALE	MARDI	1
SANDOCK	MBAFAYE	JEUDI	1
BAS-FONDS	GUELOR	MERCREDI	1
TOTAL			3

Les autres villages qui ne reçoivent pas le marché hebdomadaire sont obligés de converger vers les centres qui l'abritent pour y faire un commerce ou pour s'approvisionner afin de satisfaire à leurs besoins domestiques. Il faut noter qu'il y a un besoin d'amélioration de la diversification des produits qui élargirait mieux le champ d'échanges des villageois.

Les produits commercialisés dans la CR sont en général, issus de l'exploitation agricole ou artisanale, soit sont des produits industriels importés ou simplement développés dans d'autres localités du Sénégal dotées d'industries.

L'inexistence d'industrie dans la CR n'exclut pas les problèmes liés au transport des marchandises et à la communication, lesquels détiennent une grande influence sur la commercialisation des produits, étant donné que les capacités de conservation des produits y sont très faibles.

3. Les services de soutien à la production et au commerce

- *Le transport*

La construction de la route Sandiara-Ndiaganiao en 1996 a fortement contribué à désenclaver la communauté rurale. Les moyens de transport les plus utilisés sont la voiture et la charrette. Pour la première, il a été institué un garage dans le village de Both Escale qui connaît un fort taux de rotation. Beaucoup d'usagers viennent des villages voisins pour y emprunter l'automobile de transport en commun. Le parc local est dominé par les véhicules de *sept places*. Le second moyen de transport permet aux populations de relier les différents marchés hebdomadaires. Les exploitants de ces deux moyens de transport détiennent en général une activité de commerce rentable, en termes de revenu.

Il n'est plus besoin de rappeler que les moyens de transport précités facilitent les échanges entre populations de la CR réparties dans des zones différentes ou entre la CR, elle-même, et les contrées extérieures d'où proviennent certains produits en circulation dans la zone de Ndiaganiao.

Les populations continuent à réclamer des efforts supplémentaires quant à l'amélioration de l'état des routes et le désenclavement des zones de Sandock et des Bas-Fonds.

- La communication

La communication a une fonction économique du fait de l'information qu'elle fait circuler librement et rapidement d'un agent à un autre. Ici, elle prend des formes à la fois modernes et traditionnelles.

La première forme concerne le téléphone fixe dont la couverture se limite à Both Escale, lieu qui polarise tous les autres villages de la CR et ensuite le téléphone mobile pour lequel le réseau reste instable. Il y a aussi le moyen de la poste, mais son importance n'est pas bien exploitée par les populations bien chargées par l'analphabétisme dans la zone. Aujourd'hui, hormis les correspondances le transfert d'argent aide à sa grande visibilité. Enfin, il y a également une couverture radiophonique et télévisuelle.

La seconde forme concerne le battement de tam-tam, les cris des femmes, les coups de fusil ou le son de corne de bœuf pour annoncer des événements ou des rencontres qui peuvent être de nature économique. L'exemple du griot, rencontré dans le cadre de notre enquête battant le tam-tam pour informer d'une réunion convoquée par le chef de village afin de discuter entre producteurs locaux de la question d'insémination des vaches, est révélateur de cette tradition encore vivace dans la CR. Mais avec la modernité, ce moyen devient de moins en moins efficace pour mobiliser une information du fait du manque d'initiation des populations plus jeunes qui y attachent moins de sérieux.

4. Les capacités économiques de la CR et les stratégies socioéconomiques des populations

En raison du faible rendement des activités de production et de la faiblesse des revenus issus de la commercialisation, les populations de la CR connaissent un pouvoir économique très faible. Au cours de nos enquêtes, nous constatons un état morose du marché – en termes d'offre et de demande – qui impacte finalement le vécu social.

Le coût de la vie devenant de plus en plus cher, partant des denrées alimentaires au transport, les populations s'engagent de plus en plus dans des organisations productives ou solidaires. Elles vont vers le crédit soit en collectif ou individuellement et initient des activités génératrices de revenu.

La CR compte une caisse du Crédit Mutuel sénégalais (CMS) depuis 1994 et une mutuelle d'épargne et de crédit (MEC) dernièrement instituée et au préalable une caisse populaire qui dépend du CMS local et qui gît dans le village de Both Escale.

En 2009, le CMS y attribue encore 5.000.000 en prêt et reçoit 5. 600.000 F CFA par an. Les populations recourent au crédit pour mener une activité productive dans les secteurs de l'agriculture ou du commerce. Cependant, certaines populations économiquement actives ont encore du mal à fréquenter le crédit. La thésaurisation est encore un fait chez quelques agents.

Des organisations à incidence économique directe ou indirecte ont été mises sur pied. Il s'agit des initiatives exclusivement locales. La CR compte des GIE et des GPF. Elle compte une association des éleveurs. Il faut remarquer qu'à part les GPF, tous les autres groupements sont mixtes. Ce qui met en valeur les GPF.

Tableau 12 : Les initiatives économiques des agents locaux

NATURE	ACTIVITÉS	CONTRAINTES
GIE	-Cotisation annuelle ou mensuelle-Lutte traditionnelle-Prestation de services -Manifestation à but lucratif-Maraîchage/Pépinière-Embouche bovine -Petit commerce	-Manque de financement-Manque de formation en gestion et formation technique -Manque d'organisation-Difficultés d'avoir de projets fiables
GPF	-Petit commerce-Culture hivernale-Prestation de services-Bergerie -Reboisement-Gestion de moulin à mil presse huile -Fabrication de moustiquaires imprégnées-Crédit revolving-Embouche ovine -Construction de foyers améliorés	-Manque de formation en gestion-Difficultés d'allégement des travaux de la femme -Insuffisance de l'encadrement -Difficultés de mobilisation des membres -Manque d'organisation -Manque de connaissance
ASSOCIATION DES ÉLEVEURS	-Élevage extensif -Embouche bovine -Vente aliment de bétail	-Manque de financement-Mauvaise gestion des activités du GIE -Manque de formation en gestion-Absence de vétérinaire -Vol de bétail fréquent-Désengagement des membres à cause du vol
CONSEIL RURAL	-Gestion des terres du domaine national-État -Recouvrement de la taxe rurale-Gestion des affaires de la collectivité locale	-Manque de moyens financiers, logistiques et matériels -Manque de formation des conseillers-Infrastructure délabrée -Manque d'équipement

Source : PLD 2002.

Tableau 13 : Les initiatives des partenaires au développement dans la CR

STRUCTURE	NATURE	CIBLE	DOMAINE D'INTERVENTION	RÉALISATIONS
Mission Catholique		Femmes	Activités génératrices de revenu	-Octroi de moulin à mil et batteuse à Sanghaye -Octroi de crédit pour les femmes
Association JIG JAM (4575 membres)	Association inter villageoise (1985-1986)	Groupement mixte	-Activités génératrices de revenus -Formation (agriculture, sensibilisation, animation, épargne/crédit) -Alphabétisation-Leadership paysan -Planification-Environnement	-Petit commerce 30 groupements financés -Embouche bovine (200 sujets)-Bergerie (100 moutons- 50 chèvres)-Banque de céréales -Formation des membres-2 pépinières, reboisement -Protection des jeunes pousses
Union des groupements de Koulouk Keur Ndéme	Association paysanne	Hommes et Femmes	-Petit commerce-Banque de céréales -Allégement des travaux de la femme -Bergerie-Boutique villageoise-Alphabétisation -Reboisement et protection de l'environnement -Transformation fruits et légumes-Hydraulique villageoise	
CERP	Structure étatique	-Formation, Encadrement Sensibilisation, Assistance à la gestion des affaires locales	Population	-Création de 73 groupements de femmes -Construction de foyers améliorés (2000 foyers) -Formation (femme et environnement, femme et développement)

Source : PLD 2002.

IV. Les rapports socioéconomiques dans la communauté rurale de Ndiaganiao

Les faits d'investissement découlent de l'activité de la production domestique, de GIE qui font office d'entreprise sur la base d'une initiative collective et enfin de l'administration publique qui est à l'origine des infrastructures et autres investissements socialement responsables dans la communauté rurale. Interrogeons alors ces déterminants d'investissement.

- *Le Ménage*

À la question de savoir pourquoi investissent-ils, les ménages ont dans l'ensemble apporté l'argument d'un comportement responsable pour la subsistance des membres de leur famille et pour la préservation du noyau familial. Il y va également de leur dignité au sein de la communauté villageoise. Tous les ménages résument leur fait d'investissement à l'obligation sociale de travail. Cela montre l'importance que celui-ci revêt dans leur vécu social.

L'activité économique pour le ménage s'articule autour de l'exploitation de la parcelle de terre obtenue par héritage des parents ou en prêt ou prise en location à des fins de production. Les récoltes notamment sont vendues à des opérateurs plus organisés, sur la place du marché du village en période dite de campagne. Les produits cultivés commercialisables se cèdent d'habitude en gros aux acheteurs sur les marchés hebdomadaires.

Ayant remarqué au quotidien sur le marché du village, le très peu d'offre en biens marchands qui y est présentée, nous en avons déduit que les récoltes s'écoulent ou se consomment vite. Rappelons qu'une partie est réservée à la consommation et une autre à la vente afin de permettre l'obtention de monnaie. À défaut de vendre, le ménage revoit à la baisse le prix de vente du produit initialement fixé ou le cède en détail ou en définitive le consomme. La plupart du temps face à la pénurie, le ménage agriculteur consomme son capital d'investissement, c'est-à-dire ses semences.

Hormis la culture, le ménage s'active dans l'élevage ou le commerce. L'artisanat est aussi une activité qui interpelle la famille rurale. L'esprit d'entreprise est centré sur l'agriculture et le petit commerce. Il n'est pas orienté dans les productions novatrices voire du secteur tertiaire. Les ménages sont confrontés à la pauvreté. Étant donné que le rôle du ménage est d'assurer la survie de ses membres, les familles se limitent à cela et orientent la majeure partie des fruits de leur activité à la consommation.

Sur le marché du village, au quotidien les produits maraîchers sont présentés par les femmes. Le commerce des produits agricoles et artisanaux est dominé en général par les hommes.

Le marché hebdomadaire est une opportunité d'échange, d'achat et de vente pour les ménages qui se ravitaillent pour tenir leur commerce des jours ordinaires et en profiter pour écouler leurs produits d'élevage ou artisanaux. Les revenus tirés des marchés sont insuffisants pour permettre aux agriculteurs d'améliorer leur production.

Par ailleurs, l'espace de marché est soumis à une fiscalité que gère la communauté rurale. Elle concerne plus précisément le commerce, c'est-à-dire tous les étals et les boutiques qui y sont installés, la production agricole étant incluse.

La qualité de l'épargne se développe de plus en plus. Les ménages épargnent pour être bénéficiaires de prêts et développer une activité génératrice de revenus. Certains réinvestissent dans la culture particulièrement dans l'achat de semences ou dans l'embouche, et d'autres s'orientent dans le petit commerce d'étal ou de boutique dans l'espace du marché.

- L'entreprise

Toutes les entreprises, ici, sont de type familial ou associatif voire des groupements économiques ou professionnels ayant statut de GIE. Chez les individus trouvés en entreprise, nous avons remarqué que l'usage du mot « affaire » est plus fréquent. Ils justifient aussi leur engagement par leur responsabilité familiale.

Pour leur aspect organisationnel lié à la poursuite des objectifs de leur production, les entreprises locales n'ont pas une direction scientifique et organisationnelle efficiente du fait de l'analphabétisme et du niveau scolaire faible dominant dans la zone. Mais par le biais des partenaires au développement, les entreprises sont encadrées pour les aider à faire face au marché. C'est dans cette perspective qu'elles ont l'opportunité de chercher leur autonomie.

L'entreprise locale varie entre l'exploitation des produits de maraîchage, la transformation de produits de l'agriculture, de l'élevage, de la teinture, du tissage, de la couture, du travail du fer, de la menuiserie, de la cordonnerie, de la poterie et surtout du commerce avec l'existence de détaillants et de grossistes.

Les individus qui montent une entreprise ont du mal à s'auto-exclure de l'espace domestique ou à rompre avec la propriété familiale. Pour chaque individu qui investit, sa propriété est confondue au bien de la famille. On fait travailler les membres de la famille sans forcément les rémunérer. La famille entière bénéficie des retombées économiques et sociales de l'activité. Les dépenses des ménages sont plus centrées sur la subsistance, la vêture, l'éducation des enfants et les soins de santé. Par voie d'héritage aussi, la progéniture du défunt et son ou ses épouse(s) bénéficient de l'entreprise familiale. Le bien d'un seul membre de la famille est le bien de tous. Même isolées par rapport à un ménage, les tentacules de la famille d'appartenance atteignent et sollicitent toujours les individus qui s'engagent et initient une production.

L'activité féminine est largement plus importante au sein des GIE (groupement d'intérêt économique) pour ce qui concerne l'entreprenariat. Les hommes détiennent le monopole du commerce de boutique (détail ou en gros) et les femmes sont mieux présentes devant les étals.

- ***L'administration publique***

L'administration se résume à travers l'action de l'autorité décentralisée et celle déconcentrée. Elle intervient dans la dotation, notamment dans l'amélioration de l'eau dans la zone. Elle détient des prérogatives d'intervention qualitative dans la production agricole. Elle est peu présente, toutefois, du côté des réalisations infrastructurelles.

Nous avons recueilli auprès des acteurs politiquement mandatés que c'est le bien-être de la communauté villageoise qui motive les investissements publics. En somme, l'autorité publique a pour idéal de favoriser la promotion économique et sociale des ménages dont les initiatives économiques sont aussi déterminées par l'orientation des politiques publiques. Hélas, au-delà de la gouvernance locale assurée par les pouvoirs villageois et déconcentrés, l'administration rurale piétine quant à son rôle économique. Elle est certes présente dans la planification de projets à travers des PLD (Programme local de développement) et des appuis financiers additionnels et infrastructurels de l'État. Elle l'est moins néanmoins, dans le marketing rural et l'éclosion d'entreprises rurales, surtout dans la zone de Ndiaganiao. Les entreprises présentes sont plus le fait des autochtones que d'agents résidents à l'extérieur du village ou de la communauté rurale en général. Si les IDE ou autres grandes entreprises économiques ou culturelles ne sont pas présents à Ndiaganiao et qu'ils le sont ailleurs, leur absence fait-il plus de mal ou de bien à l'économie rurale ? Quel rapport constructif peut-on tirer de cette problématique ?

*

L'agriculture qui fédère l'activité des ménages et des groupements économiques pourvoit de faibles revenus souvent insuffisants pour supporter les charges domestiques. Les métiers artisanaux sont encore moins avantageux. Le commerce s'avère plus rentable. C'est d'ailleurs dans ce groupe que l'on retrouve les plus « riches » de la CR. Cependant, le statut est assez hiérarchisé entre les commerçants en termes d'accumulation de capital. Auparavant, selon les enquêtés, le commerce était dominé par les étrangers, mais actuellement avec la baisse des rendements agricoles et celle des revenus au sein des familles, il est remarqué que le nombre de vendeurs ou commerçants issus de la localité ne cesse d'augmenter. Cela *impacte* positivement l'accroissement des revenus des familles.

Le commerce *ambulant* et *fixe* – sous forme d'étal – présente une offre modeste. Pour la vente à l'étal, la faiblesse de l'offre quotidienne qui y est remarquée, est expliquée, selon les propos d'un enquêté, par le fait que les populations sont en général démunies et moins favorisées par l'exploitation agricole, laquelle constitue l'une des principales sources de richesse dans cette localité. De cette manière, la plupart d'entre elles fournissent beaucoup d'efforts pour réunir le maximum de produits et de denrées possibles afin d'être au moins présentes, le jour du marché hebdomadaire, en termes d'offre.

Structure et mécanisme des rapports socioéconomiques locaux[306]

➢ ***La production culturale et animale***

Il est remarquable, en général, dans l'agriculture que la formation des paysans demeure encore un important problème. Il y a un grand déficit prélevé, à ce propos, chez les populations en activité économique. À défaut de recevoir un encadrement formel sur les nouvelles techniques d'exploitation agricole, on copie simplement sur le voisin d'à côté qui a eu la chance de voyager ou d'être mieux formé. Ici les études de marché ne se font pas. On n'en sent pas le besoin. C'est surtout les valeurs du travail qui poussent à la production. Il est plus recherché l'accroissement du bétail et de la volaille que celui des capacités de production champêtre. Les formations obtenues à l'aide de partenaires[307] au développement méritent d'être renforcées, selon certains agriculteurs, au bénéfice de tous les exploitants de la zone.

De nature familiale, les exploitations passent de génération en génération par voie d'héritage. Par contre, certaines sont gérées par le conseil rural. Pour en bénéficier, il est nécessaire de « solliciter un prêt auprès du chef de famille ou une affectation du conseil rural ». La solidarité est bien présente au sein du système de production rurale. Cependant, l'appropriation des surfaces cultivables par héritage ou par emprunt n'est pas exemptée de conflit.

L'absence de mécanisation de l'agriculture constatée dans la CR ne règle pas la question de la faiblesse du rendement agricole. L'impact de l'insuffisance des récoltes est considérable à plus d'un titre autant sur le revenu familial que sur l'importance des semences.

- ***Relation entre le rendement agricole et le revenu familial***

À partir de la récolte, les paysans répartissent la part à affecter à la consommation et celle destinée à la vente afin d'acquérir de la monnaie pour assurer la subsistance quotidienne de leur famille. Ce n'est qu'avec la vente des produits agricoles que le revenu de la famille, en grande partie, se détermine. Ici, on assiste à moins de troc du fait de la tenue d'une campagne agricole dominée par l'arachide où l'on note un fort flux de monnaie. D'après les enquêtes, c'est la monétisation qui intéresse le plus, à cette période précise, les producteurs. Elle leur permet, entre autres, de payer la scolarité de leurs enfants, d'acheter des vêtements, de satisfaire des soins médicaux, d'assurer le ravitaillement quotidien en denrées alimentaires et d'assurer souvent le transport intra comme extra-

[306] Données issues du PLD 2002 et de nos entretiens avec les techniciens et les élus locaux de la communauté rurale de Ndiaganiao. Elles ont été vérifiées à travers nos observations sur le terrain et nos entretiens avec les ménages.

[307] Voir Liste des partenaires au développement de Ndiaganiao dans la présentation de la communauté rurale.

communautaire. Bref, elle permet de disposer de tout ce qui concourt à satisfaire aux besoins du foyer. Le revenu familial repose aussi sur la vente de produit de l'élevage.

- ***Relation entre le rendement agricole et la valeur des semences***

Si la récolte est abondante, il est prévu qu'une partie est allouée aux produits de la semence. À défaut de cela, tout est consommé ou vendu. Pour faire face à ce dernier fait, certains villageois invitent l'État à intervenir pour leur faciliter l'acquisition de semences.

Pourtant, le gouvernement (2000-2012) a initié une politique de distribution des semences et une politique dite de la *GOANA (Grande offensive agricole pour la nourriture et l'abondance)*. Au moment de notre enquête, les récoltes ne sont pas favorables à Ndiaganiao.

Il nous a été révélé qu'en plus du manque d'effort dans la dotation de machines pour l'exploitation agricole, les semences ont été vendues – 13.000 F.CFA/50kg non triées – de manière sélective par le biais du militantisme politique et en procédant à une vérification de l'assiduité au paiement de l'impôt du requérant en semences. Précisons que les activités agricoles, commerciales et les GIE sont imposables par le code des impôts sénégalais[308]. Les producteurs et commerçants ruraux ne sont pas exclus. On insiste beaucoup sur les patentes municipales qui s'appliquent en général sur de petits capitaux. Par conséquent, les conflits avec l'autorité publique ne manquent pas, à ce propos.

La distribution sélective a poussé un certain nombre d'individus à user de subterfuges pour accéder à ces semences, d'ailleurs, arrivées tardivement du Mali nous a-t-on confié, plus précisément au mois de septembre. En effet, les semis secs débutent au mois de mai et en plus de cela, elles étaient de mauvaise qualité par rapport au sol de la collectivité de destination. En mauvais état et inadaptées au semi, les semences ont été simplement consommées par les ménages. Ce qui engage toute la responsabilité de l'autorité administrative.

- ***Les liens autour de l'appropriation des matières premières ou du capital matériel de production***

Des relations se nouent autour de l'appropriation et de l'exploitation de la terre, des semences, du bétail, des pâturages et des moyens technologiques.

▪ ***La terre***

La terre a toujours fait l'objet de conflit entre les populations surtout dans les cas où elle fait l'objet de prêt entre parents ou amis. Une relation qui finit souvent devant les tribunaux, lorsqu'il y a des malentendus entre les contractuels. Les prêts accordés par l'institution locale sont moins conflictuels, car restent mieux réglementés. La location ou le prêt de terrain à exploiter est une expression de la solidarité rurale qui trouve sa raison d'être dans le fait qu'il

[308] *Code général des impôts, Circulaire ministérielle 0006779/MEF/DGID/BLEC*, Direction générale des impôts et domaines, août 2004, 741 p.

y a des individus ou des ménages moins avantagés que les autres pour ne pas dire démunis. De nos jours, il y a certainement moins de conflits. La loi sur le domaine national (1964) a permis aux populations actuelles, sous le contrôle de l'autorité décentralisée ou déconcentrée, de savoir quel comportement avoir sur cette question. Rappelons que la plupart des ménages détiennent une terre d'exploitation dans la CR. Ceux qui n'en ont pas – ce qui est d'ailleurs très rare – trouvent souvent l'opportunité d'en exploiter à partir des relations sociales précitées.

▪ ***Les semences***

La question des semences est préoccupante pour les exploitants agricoles. Confrontés à une faible productivité, dont nous avons déjà exposé les raisons plus haut, la partie que les cultivateurs réservent pour leurs semences est faible et instable. En effet, l'impératif de subsistance pousse bon nombre de ménages à tout consommer. De ce fait, pour en redisposer, les ménages dépourvus deviennent dépendants et attendent beaucoup de l'institution publique, en l'occurrence l'État qui, d'habitude, distribue des semences pour soutenir la production.

Dans cette relation avec l'institution publique, la politique partisane surgit pour la plupart des cas et amène les paysans à adhérer ou à soutenir un parti politique, en général celui du pouvoir pour tirer profit des programmes de soutien à la production agricole. La politique est très présente dans l'espace rural par l'action opportuniste de ses représentants. Il n'est pas une surprise de voir des groupes de paysans laissés pour compte pour cause de divergence politique ou de non-acquittement fiscal. Des prétextes qui ne recoupent pas toujours avec la justice sociale dans les rapports pour l'acquisition des semences. Encore que ces dernières sont vendues aux agriculteurs à des prix subventionnés par l'État. Ce qui fait que les ménages, n'ayant pas réservé de semences, pratiquent l'embouche et des activités connexes liées au commerce pour disposer de ressources monétaires afin de vivre, mais aussi d'acheter des semences le moment venu pour débuter la production.

▪ ***Le bétail et les pâturages***

Les bêtes sont nourries à l'aide des fourragères issues des cultures. Hormis ce stock qui est destiné à s'épuiser, elles sont acheminées vers des pâturages.

Des conflits entre cultivateurs et éleveurs sont parfois notés. Les uns veulent nourrir leurs troupeaux et les autres veulent protéger leurs cultures. C'est un défaut de pouvoir contenir les troupeaux qui explique la grogne des cultivateurs. Il se pose dans ces cas le problème de la disponibilité des pâturages face à l'exploitation agricole des terres par les ménages. L'élevage d'embouche est un palliatif face aux insuffisances de la production agricole. Une question qui revêt une importance particulière dans les relations internes à l'agriculture, étant donné que la plupart des cultivateurs sont aussi des éleveurs.

Si on s'inquiète de la pâture du cheptel, le vol récurrent de bétail constitue un souci très important pour les éleveurs de la localité. Sachant l'économie locale pauvre, ce phénomène peut y être d'une grande sévérité.

➢ ***Les outils et machines de production artisanale***

Jusque-là, ce sont des outils et des techniques rudimentaires qui ne favorisent pas de grands rendements qui sont utilisés. C'est d'ailleurs ce qui explique en partie l'improductivité agricole. L'usage de machines et de techniques implique aussi la qualité des ressources humaines. Il en est de même dans l'artisanat notamment la mécanique (automobile, cyclomoteur et bicyclette) et la menuiserie ébéniste. Ces derniers utilisent du matériel peu performant avec lequel ils réparent les engins et les quelques voitures qui leur sont confiés surtout celles qui fréquentent le parc automobile, basé dans le chef-lieu de la CR et aménagé pour le transport en commun. Les tisserands utilisent des matériaux traditionnels qu'ils ne changent quasiment jamais. Les menuisiers ébénistes utilisent des outils qui ont manifestement une origine moderne, mais qui sont dans un état de dégradation. Ils détiennent continuellement les mêmes instruments souvent rafistolés et développent en même temps le souhait de les substituer à de plus neufs et performants. Ils exposent comme prétexte à la persistance de leur difficile condition productive, la faiblesse du rendement économique de leur activité et l'incapacité qui s'en suit de couvrir leurs besoins de consommation. Néanmoins, quelques menuisiers métalliques semblent réinvestir dans l'outillage afin de chercher une performance et la perfection de leur produit. Le travail sur métal paraît plus rentable du fait de l'importance de la demande dans la zone liée à l'environnement, nous a-t-on fait savoir.

Contrairement à ce que l'on pourrait penser, il n'existe pas une résistance chez les paysans quant à l'amélioration technologique de leurs moyens de production. En effet, ils sont réceptifs aux formations que leur offrent certains partenaires au développement. Les moins privilégiés se réfèrent aux plus disposés en connaissance technologique du fait qu'ils aient été choisis pour une formation soit au niveau local soit pour une bourse à l'étranger ou simplement qu'ils aient une capacité plus grande à mieux retenir les enseignements divulgués.

Il y a une volonté manifeste des agriculteurs à se former comme il y a aussi certains artisans qui parviennent à trouver un marché rentable pour leur production sachant que celle-ci est soutenue par les partenaires au développement qui interviennent également rarement, faute de moyens, sur l'ensemble de la communauté exploitante. La circulation des connaissances acquises soutenue par la solidarité productive locale se fait sans ambages. Mais le malaise est qu'il n'y a pas une grande évolution de la productivité et des moyens de production autant dans la culture que dans l'élevage et l'artisanat. L'introduction d'une mécanisation plus accrue et de techniques plus sophistiquées tarde à se réaliser.

Il faut dire que l'agriculture est l'activité la mieux partagée dans la CR de Ndiaganiao. Elle est la base de l'économie de la ruralité[309]. Les artisans, qu'importe leur spécialité, interviennent pour le compte de leur famille dans les champs en période pluvieuse. Certains mêmes dans la frange jeune vont louer leur service pour exploiter un champ d'autrui. Aussi, il est connu que tous les producteurs se livrent à des transactions marchandes. Tout le monde est donc commerçant, dès l'instant qu'il y a la nécessité d'accéder à la monnaie.

*

Il est clair qu'à Ndiaganiao, nous avons affaire à des paysans, pasteurs et commerçants (petits et moyens), des artisans qui réparent plus qu'ils ne produisent et une faible frange qui évolue dans le service notamment le transport.

- ***Les traits caractéristiques de l'organisation et de la rationalité de l'entreprise rurale***

La production est l'activité sur laquelle se fonde la survie du ménage préoccupé par la subsistance, mais aussi par les chances de réussite sociale grâce au canal de l'accumulation économique, dès lors que les besoins végétatifs et de vêture sont évacués. L'entreprenariat rural, surtout agricole puisque constituant le secteur fort, développe une grande dépendance pour l'administration publique supposée le soutenir. Leur rapport peut déboucher sur une défiance, une indifférence ou une collaboration par des dotations ou un contrôle des prix sur le marché.

La fréquentation des micro-crédits, le comportement simpliste et dictatorial de *l'offre* sur la *demande*, le dynamisme particulièrement productif des femmes et des jeunes, l'impact de l'exode rural et de la faiblesse de l'instruction dans la production et enfin le rapport à l'information entrent tous dans la conception rationnelle de l'entreprise rurale principalement celle de Ndiaganiao. La coercition des institutions socioculturelles contribue largement à l'orientation des choix d'investissement et à leur rentabilisation.

Les rapports administratifs entre investisseur rural et administration centrale ou décentralisée

Les relations autour de l'acquisition de moyens et de techniques de production dans le monde rural sont fortement dépendantes d'abord de l'implication de l'État et ensuite des programmes des partenaires au développement plus particulièrement des organismes non gouvernementaux. Ceci est expliqué par la dépendance du monde rural de l'extérieur et de la faiblesse de la capitalisation de moyens financiers, matériels et de connaissances techniques de production chez les agents privés qui y résident.

---

[309] Diagnostic fait à partir des 219 ménages investisseurs pour ne pas dire entreprenants et qui a révélé 465 agents économiques.

Les compétences décentralisées sont limitées. La communauté rurale ne dispose, entre autres sources économiques consistantes, que de marchés pour tirer ses ressources financières, hormis le fonds de dotation que lui injecte l'État. Les agents privés subissent la fiscalité locale, mais restent économiquement sans soutien substantiel de la part de l'institution locale. Même s'ils s'acquittent de leur taxe, la production locale est alourdie par le taux d'analphabétisme très élevé et provoque, par conséquent, la lenteur de l'innovation sociale et technologique qui amoindrit les chances de changement social. En effet, la reproduction sociologique du *nivellement social* voire de l'uniformisation sociale entraîne les acteurs en situation économique à adopter des manières de produire identiques.

L'État entretient avec les acteurs privés un rapport indirect pour l'essor économique de la communauté rurale. Dans cette perspective, à travers ses services déconcentrés ou les institutions décentralisées, bien qu'il participe à la formation des agriculteurs et à la distribution des semences, il est aussi à la base de l'installation du système financier décentralisé pour le développement des affaires dans la collectivité rurale.

Le rapport avec le crédit en milieu rural : le marché des capitaux

La fréquentation du crédit « formel » est de plus en plus développée, nonobstant qu'il existe encore des résistances chez certains individus.

Tableau 14 : Fréquentation du crédit par les membres de ménages entreprenants

Fréquentation du crédit par les membres de ménages entreprenants	Valeur absolue	Valeur relative
Fréquentent le crédit	163	35
Ne fréquentent pas le crédit	302	65
	465	100 %

Source : Enquête personnelle sur la fréquentation du crédit par les ménages en milieu rural « Ndiaganiao ».

Quant aux entreprises GIE et GPF, elles fréquentent à l'unanimité le crédit et y logent leur compte financier. Rappelons qu'à Ndiaganiao il existe le Crédit Mutuel du Sénégal (CMS) et le Crédit Agricole.

Les populations rurales ont pris conscience de la nécessité du crédit pour combler leurs insuffisances en ressources. Elles initient des activités génératrices de revenus parallèlement aux activités économiques traditionnelles.

Le développement des activités économiques est un préalable à l'amélioration des conditions de vie et à la lutte contre la pauvreté respectivement pour les ménages et pour l'État. Le manque d'accès au financement reste une contrainte au développement des activités économiques rurales. L'instauration d'un système financier décentralisé a beaucoup aidé à « décongestionner » cette situation.

L'environnement rural impose des contraintes spécifiques pour le développement des services financiers. Les populations sont souvent en déphasage avec les exigences des institutions de financement. Leur désir de modernisation, qui est certes une réalité, se traduit plus dans l'effort d'instruction de leur progéniture et moins en leur faveur personnel. Ce qui explique leur retard dans l'appropriation des outils de finance moderne et des autres technologies de production. L'éloignement géographique par rapport aux centres urbains, la faiblesse de la densité de population due à l'exode rural, l'insuffisance des infrastructures entraînent des coûts de transaction élevés pour les services financiers et gênent le développement des affaires dans la zone.

Les activités économiques rurales comportent des risques par rapport aux aléas climatiques et à la faiblesse du pouvoir d'achat. Et cela en comptant avec une qualité assez controversée des ressources humaines. L'analphabétisme, le faible niveau de scolarisation chez les individus économiquement actifs et la capacité de gestion économique peu évoluée sont les revers du monde rural pour l'essor des affaires.

Il est fréquent de noter dans la zone rurale des relations de crédit difficiles qui ont eu des conséquences au niveau des ménages et des associations. Le paiement non respecté d'un endettement est vécu difficilement et impose des rapports houleux entre l'institution et le contractant sans compter avec la sanction du regard de la communauté villageoise. Ce qui développe des raisons de méfiance autant chez les ménages que chez les institutions financières.

En somme, le besoin de financement de l'investissement agricole est confronté à un niveau de risque particulièrement élevé et pas toujours maîtrisé du fait de l'archaïsme des conditions de production et de l'instabilité climatique. Et à cela s'ajoute le fait qu'une part significative des produits est auto-consommée et ne génère pas, par conséquent, de revenus monétaires directs.

Les ménages produisent dans l'agriculture et pratiquent le commerce. Certains pratiquent en alternance des métiers en dehors de l'agriculture. L'initiative privée est dominée par les groupements économiques. Le commerce, l'artisanat et l'agriculture sont des activités de survie. Sans elles, les ménages n'arrivent pas à vivre décemment. Avec la pratique exclusive de la culture, ils ne s'en sortent pas financièrement.

L'environnement des affaires est très timide dans la communauté rurale. L'activité commerciale est très répandue englobant toutes les couches de la collectivité. Les plus riches dans la zone le doivent à leur qualité commerciale. Mais le petit commerce qui prédomine rapporte peu. La qualité des relations commerciales des acteurs qui se côtoient sur le marché de la localité est moins en cause. Il est facile de constater que le marché local est faible.

Le marché local

- Du commerce par tous et une offre peu avantagée par la nature, la mécanisation et les choix de politiques agricoles étatiques

Dans chaque famille, il est pratiqué la terre et l'élevage. L'espace rural détient l'avantage d'être plus favorable à la culture et à l'élevage du fait de la présence d'espaces naturels et de l'abondance de pâturages.

Ces activités ne sont pas au summum de leur exploitation. La mécanisation est très faible et la technologie pas bien installée dans la localité. La responsabilité étatique à ce propos n'est pas occultée dans l'opinion des producteurs de la zone.

Les récoltes qui constituent la plus grande part de l'offre locale sont vendues à des opérateurs économiques privés. La production par unité d'exploitation étant faible, les opérateurs économiques sont obligés de regrouper plusieurs offres de production afin d'atteindre un volume commercialisable et exploitable pour la transformation industrielle au commerce de grande échelle au plan local et pour l'exportation. Les produits maraîchers moins volumineux en termes d'offre sont livrés dans les plus proches grandes villes comme Mbour et Dakar.

L'offre agricole n'est pas favorisée et les crises cycliques sociales ne s'estompent pas en ruralité. Signalons au passage que c'est l'arachide qui est plus valorisée sur le marché parce qu'étant un produit transformable, exportable et soutenu par des motifs historiques, sur lesquels nous reviendrons plus tard. Il y a d'autres produits cultivés dans la localité, en l'occurrence le *niébé*. Cependant, ce dernier n'est pas aussi valorisé que l'arachide qui est une culture contrôlée au niveau national et comportant une valeur historique. L'agriculture de Ndiaganiao, comme celle des autres localités rurales, dépend plus de la mouvance économique nationale que de ses propres aptitudes naturelles. La valeur du niébé est bien en deçà du prix de l'arachide sur le marché national.

- ***Une pénurie constante qui plombe les affaires***

La pénurie rurale, empiriquement constatée, affecte les affaires dans la communauté rurale. Les producteurs sont obligés de se contenter du peu que le marché local leur offre en termes de monnaie à défaut d'être en contact avec le grand marché des capitales régionales. Avec un revenu modeste tiré de leurs cultures, les populations sont condamnées à attendre douze mois pour une autre campagne avant de reprendre le cycle de la culture qui respecte des périodes bien définies pour le débroussaillement, le semis sec et la récolte. Durant ce temps d'inactivité champêtre, ils s'activent dans le maraîchage et l'élevage. Ils entrent en contact avec un second marché externe plus libéralisé pour pouvoir écouler leur produit. La plupart des clients potentiels, porteurs de grandes devises, sont extérieurs à la communauté rurale.

*- **Une responsabilité locale : le privilège des capitaux humains, fonciers et animaliers au détriment de l'intérêt et de la veille technologique susceptible d'accroître les rendements de production***

Les revenus qui permettent d'accroître et de diversifier la production sont surtout observés dans les GIE.

L'extension des exploitations est un fait rare. Elle connaît une connotation particulière. Il consiste moins à l'adoption de techniques innovantes et efficaces ou à l'achat de matériel plus perfectionné et sophistiqué qu'à l'emploi de plus de main-d'œuvre, parfois de plus d'hectares, de l'augmentation de la taille du bétail et de la volaille. Ce qui isole l'agriculture de Ndiaganiao hors des sentiers de la compétitivité.

- La demande, une silencieuse qui subit le pouvoir d'achat

Si l'offre est restée à ce niveau faible, c'est aussi dû à la valeur de la demande. Elle est naturellement déterminée par le pouvoir d'achat des habitants de la communauté rurale.

Les populations tirent leur revenu de leur production, lequel ne favorise pas, par contre, une grande capacité d'achat. Mais il importe de préciser que celle-ci n'est plus, depuis quelques années, la source exclusive de ressources pour toutes les familles.

L'exode rural et l'émigration comportent des retombées économiques dans la communauté rurale. Car les personnes qui sont originaires de la collectivité et qui travaillent dans les centres urbains ou en métropole envoient en général tous les mois des sommes d'argent à leurs familles respectives restées au village. Ce qui soutient le pouvoir d'achat local.

L'autre aspect qui stimule la demande est la présence depuis 1994 du Crédit Mutuel dans la communauté rurale. Le fait de recevoir des prêts d'argent permet aux populations de développer des projets. Seulement tout le monde ne le fréquente pas. Malgré tout la forme globale de la demande reste chétive.

*- **Le sort de la production locale : les opportunités de production et de commerce traditionalisées, un marché peu concurrentiel et la solidarité sur les ressources s'impose à tous.***

Dans la communauté rurale, on produit en fonction des moyens ruraux de grande réputation que sont la terre, les semences et le nombre de bras humains.

Un autre constat est qu'on produit et ensuite on cherche à qui vendre. Les opportunités d'affaires ne se cherchent pas. Elles existent sur place puisqu'il s'agit toujours de productions traditionnelles orientées vers des campagnes de commercialisation garanties par l'État surtout pour l'arachide. Les habitudes de consommation n'ont pas changé. On produit simplement parce que cela tient d'une habitude, d'un rituel de vie. Le contrôle social impose le travail aux villageois. Il faut le faire, par conséquent. Cela les conduit à être agriculteur, artisan ou commerçant pour survivre et aller vers l'épanouissement de leur ménage.

En cas de manque de moyen pour s'engager dans une nouvelle production, la solidarité traditionnelle jaillit pour permettre aux plus démunis de s'activer. En cas de mévente comme c'est le cas lors de la dernière campagne – le surendettement de l'État vis-à-vis des entreprises, qui n'ont pas pu mener confortablement leurs activités, a empêché les opérateurs de disposer de ressources suffisantes pour acheter les récoltes – les agriculteurs dilapident leurs produits à un prix corrompu. Ceci est une preuve d'un manque d'organisation et d'alternatives profitables. Ils subissent en période de campagne à la fois la rationalisation du grand marché et leurs impératifs personnels de consommation. Les exploitants ruraux contribuent par leur petite offre au grand marché à travers l'intermédiation d'opérateurs privés. Ils ne sont pas déterminés par une quelconque demande pour s'engager dans l'amélioration du niveau de productivité surtout pour les produits agricoles et artisanaux. Les opérateurs privés s'impliquent très peu dans la croissance et la compétitivité de la production rurale en cherchant à trouver des solutions aux contraintes pluviométriques, mécaniques et d'exploitation technique à travers des financements de recherche et de formation. Ils sont plus dans l'achat des récoltes et sont aptes à s'assimiler aux grognes des paysans lorsque se présente une mauvaise campagne agricole au niveau national.

Les gens produisent surtout pour avoir de quoi vivre décemment et se faire respecter des autres. Ils sont dans l'économie de marché pour la bonne et simple raison qu'ils veulent disposer de ressources monétaires et accéder aux nouveaux biens industriels de consommation. Le marché ne leur impose pas en revanche d'augmenter leur niveau de production. Ce qui fait qu'ils ne sont pas très opportunistes concernant l'impératif d'augmenter leur revenu à travers leur rapport au marché. Leur mal, c'est d'être absent du marché. Il leur faut présenter une offre, quoique petite. Le risque de ne pas se présenter sur le marché est une incapacité d'assurer le pouvoir d'achat de son ménage. Le regard de la communauté à ce constat peut être d'abord punitif lorsque cette absence est interprétée comme un laxisme au travail et ensuite socialement gênant lorsqu'elle appréhende un état de pauvreté dans lequel vivrait l'exploitant.

Par ailleurs, Ndiaganiao est un petit marché qui connaît certainement une petite concurrence interne voire de voisinage sur la meilleure offre en termes de quantité ou de qualité. Malheureusement, les unités domestiques de production ne peuvent atteindre le niveau des grandes productions du fait de l'usage de moyens rudimentaires. Néanmoins, il y a une sanction sociale qui cautionne ceux qui se distinguent au sein de la communauté pour témoigner de leur adresse au travail.

Au sein du village, nonobstant l'importance de la solidarité dans la communauté, le désir de richesse est important chez chaque ménage. La propension à la différenciation par voie d'acquisition de ressources économiques est effective. Mais la contrainte de solidarité favorise aussi un *nivellement par le haut*, c'est-à-dire qu'il est peu favorisé les cas d'émergence économique individuelle. Autrement dit, les individus sont astreints au partage de leurs ressources.

Le faible pouvoir d'achat incitatif du marché du détail

Le commerce reposant sur le détail est fortement dépendant du niveau de la demande. Le pouvoir économique des populations étant si faible ne motive pas les acteurs économiques qui en ont les moyens à développer un commerce en gros ou même de commercialiser des produits hors de la bourse des habitants. Les boutiquiers commerçants étant fortement sensibles aux produits industriels du fait qu'ils se vendent bien sont souvent confrontés à ce dilemme. Ici on propose ce qui est écoulable et non ce qui est prisé et hors de prix. C'est une explication que nous a donné un boutiquier après que nous avons demandé un produit qu'il ne détenait pas dans son commerce. Il fallait donc d'après son conseil se diriger vers les centres urbains pour en disposer.

C'est dire donc que le pouvoir d'achat détermine la nature du commerce local. Les centres urbains sont réputés détenir plus de richesses et favorisent ainsi une offre commerciale plus grande. Mais pour la communauté rurale de Ndiaganiao, vendre en détail équivaut à être au cœur des affaires, c'est-à-dire à écouler ses marchandises.

La pratique du détail y est devenue un fait social et un foyer de résistance à la performance économique.

Le monde rural est de plus en plus gagné par la modernité, mais la résistance que lui opposent les habitudes traditionnelles y est encore avérée.

Il est remarqué que c'est dans le commerce de détail que se fait la diversification de l'activité de la plupart des producteurs. Ils investissent dans les boutiques. Ils se déplacent à Mbour ou à Dakar pour se ravitailler en produits industriels et reviennent approvisionner leur commerce. Nous avons noté au préalable qu'il n'y avait quasiment pas de grossiste excepté un seul que nous avons pu trouver à Both Escale. Depuis le boutiquier jusqu'au vendeur d'étal sur la place du marché du quartier, tous partagent le même type de commerce, c'est-à-dire le détail. Ce qui démontre encore du caractère traditionnel des rapports de commerce. Cet état de fait s'impose aux acteurs du commerce pour la plupart parce qu'ils ne sont pas dotés de grands revenus qui permettent de changer l'option commerciale de la zone.

*

La faiblesse du niveau économique, conséquence de la pénurie locale et la faiblesse du pouvoir d'achat induisant une fébrilité de la demande et de l'offre, pousse les populations à développer des stratégies et des relations socioéconomiques.

Les stratégies féminines

La plupart des femmes sont membres de GPF (Groupement professionnel féminin). Jusqu'en 2000 la communauté rurale n'en comptait que quinze. Comparé au niveau actuel où leur nombre s'élève à cent cinq groupements, l'engagement des femmes est devenu fort significatif du point de vue économique.

Cela est une preuve de la lutte qui s'y effectue contre la rareté des ressources. La création de GPF est une réponse stratégique à la prévalence de la pénurie dans cette zone rurale.

Diagramme 1 : Schéma de l'évolution des GPF dans la communauté rurale de Ndiaganiao

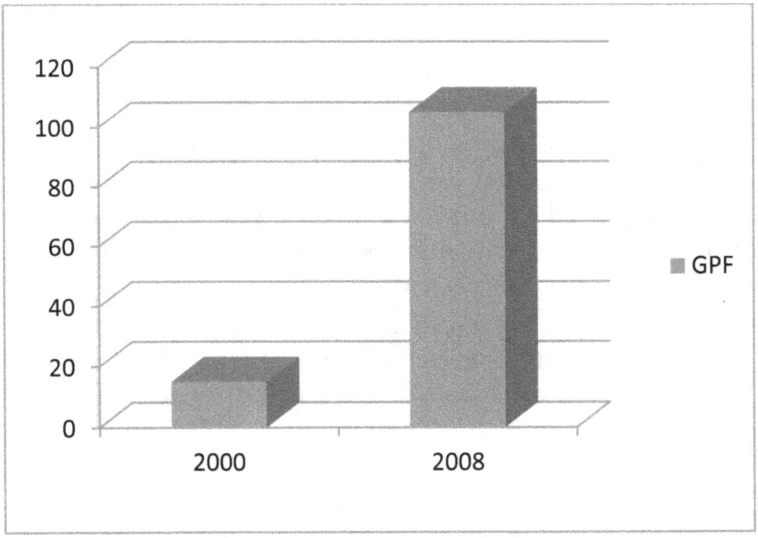

Cette importance des GPF n'est pas fortuite. Elle s'est bâtie sur une sensibilisation par les femmes. Il est établi également des unions entre les groupements de tous les villages afin de mieux lutter contre la pauvreté.

En interne, les femmes regroupées collectent des cotisations mensuelles de 600 F CFA, une somme bien évidemment qui peut varier suivant le volume et l'évolution économique de la structure. Une partie est versée dans la caisse du groupement et une autre distribuée aux membres sous forme de prêt à rembourser au bout de quelques mois. La durée de remboursement peut varier en fonction des regroupements. Il est pour la plupart estimé à trois mois avec un intérêt de 500 à 5.000 F CFA sur la somme prêtée. Ce qui a valu, d'ailleurs, une formalisation des unions en mutuelle.

Selon une responsable du nom de « N. Binta » le montant du prêt distribué par son union, aux différents GPF membres, était de 25.000 F CFA . Il est passé à 50.000 F CFA. Aujourd'hui, il est arrêté à 100.000 F CFA. Ce qui suppose que leurs stratégies en interne ont connu une évolution positive. Ces sommes sont très infimes comparées à la taille d'un GPF d'un village, qui peut varier et aller au-delà de vingt membres.

D'après les explications de N. B., face à la situation où elles sont obligées de faire face à un surnombre d'adhérents, les femmes préfèrent confectionner une liste de 10 personnes à qui les responsables vont octroyer un prêt résultant de la répartition de la somme versée par l'union sous forme de prêt au nombre de groupements adhérents. Avec 100.000 F CFA attribués à un groupement, une femme n'en reçoit que 10.000 F CFA. C'est en fonction de cette somme qu'elle satisfera ses besoins. Elle devra attendre un bon bout de temps pour permettre aux autres membres de bénéficier des mêmes avantages avant de percevoir une nouvelle fois une autre somme. L'Union des GPF fait également des crédits auprès des institutions financières présentes sur place et qui sont au nombre de trois.

Le fonctionnement en interne du GPF dépend aussi des stratégies en externe, c'est-à-dire des activités produites par le groupement pour gagner des fonds.

La plupart des activités des GPF tourne autour de la teinture, de l'agriculture à travers l'exploitation des vergers, du maraîchage, et de l'élevage, en l'occurrence le poulailler. Ainsi, les femmes sont toutes intéressées par le commerce. Malheureusement, elles sont, pour la majorité, mobilisées par ce qu'elles appellent communément le petit commerce.

Insignifiants qu'ils puissent paraître, les prêts reçus permettent à beaucoup de femmes de réaliser leur commerce. Ce qui porte à croire qu'elles débutent faiblement du point de vue financière leur activité, tout en sachant qu'il y a des risques d'échec.

Les GPF ne peuvent pas donner en interne de gros prêts, si leurs activités ne sont pas très rentables. Dans leur production, les femmes en groupement sont confrontées à d'énormes problèmes. Des fois, les activités les plus pratiquées par elles notamment le maraîchage et l'élevage ne marchent pas. L'absence de mécanisation et le coût de la production, en l'occurrence l'eau, lesquels poussent les femmes à se surpasser physiquement et financièrement, ne contribuent pas à faciliter et à pérenniser le maraîchage des femmes. L'éloignement des partenaires répartis entre Mbour et Dakar pose aussi un problème de transport pour l'écoulement des produits et surtout pour ce qui concerne leur conservation – la plupart étant des denrées périssables. Le délai de livraison introduit par la concurrence influe sur le coût de production. Le manque de moyens pour supporter ce coût chez ces femmes est à l'origine de beaucoup de cas de pertes voire de manques à gagner survenus à la suite de la détérioration de leurs produits d'élevage et de maraîchage. Ces difficultés rendent les GPF peu performants.

Face à l'insuffisance des crédits distribués entre les GPF par leur instance fédératrice et à l'impératif de venir à bout des lacunes de production, les femmes font des démarches individuelles vers le Crédit (CMS, MEC) installé dans la communauté rurale. De plus en plus, elles n'attendent plus les prêts de leur GPF. Elles vont de leur initiative[310] en cas de besoin s'endetter directement auprès de la source de crédit.

Les femmes n'ont pas peur de s'endetter. D'après les statistiques du Crédit Mutuel sénégalais qui y sont représentées, ses membres femmes satisfont régulièrement à leur versement. Il y a certes des retards, mais elles sont les meilleures payeuses. Le rapport au crédit est moins problématique chez elles.

Là où les difficultés sont notées, reste l'encadrement et l'information. Ce sont des points sur lesquels nous insistons parce qu'ils nous paraissent importants vu leur récurrence à travers les interviews accordées par les populations dans le cadre de notre enquête.

Pour l'encadrement, les politiques de l'État donnent moins de soutien à la production et aux initiatives économiques féminines. Heureusement il y a l'action des partenaires non gouvernementaux au développement pour soutenir et stimuler les stratégies de survie des ménages.

Pour *l'information* et la *formation*, les plus privilégiées assistent à des sessions de formation hors de la communauté rurale notamment à Mbour, à Dakar ou en métropole. Rares sont celles qui, par exemple, ont participé à une formation sur la transformation des produits, méthode présentement assez prisée dans la production à en croire les femmes de la localité. Selon ces dernières, aucune des pratiques du genre n'a été appliquée jusque-là. Et N. Binta de renchérir : « Ces pratiques et les produits y découlant ne peuvent pas connaître un succès dans notre collectivité ».

En plus de la faiblesse de l'intervention de l'État qui doit soutenir la production féminine, il se pose un déficit de suivi et d'étude appropriée pour arrimer le milieu humain entrepreneur femme sur son accès aux grands marchés, à la terre et aux techniques d'exploitation économique.

Stratégie des jeunes

Les jeunes sont livrés à eux-mêmes. Ils trouvent le temps de pratiquer un métier en dehors des pratiques traditionnelles. La menuiserie, la mécanique et la photographie sont bien pratiquées. Bien qu'ils soient restés au village, ils développent une perspective de vie urbaine. La plupart nourrissent l'ambition de fréquenter la ville, en l'occurrence la capitale. Il importe de dire aussi que la majorité ne vit plus au village.

[310] Nous n'avons pas pu avoir les statistiques de sociétaires individuels au sein des différents crédits existant dans la communauté rurale. Mais le CMS a pu nous fournir la liste des GPF qui y sont membres.

Tableau 15 : Répartition par âge des jeunes économiquement actifs et présents sur le territoire de la CR

Code	Âge	Valeur absolue	Valeur relative
1	-20 ans	24	89
2	20-25 ans	2	7
3	25-30 ans	1	4
	TOTAL	**27**	**100 %**

Source : Enquête personnelle extrait de l'échantillon représentatif.

Graphique 1 : Répartition par âge des jeunes économiquement actifs et présents sur le territoire de la CR

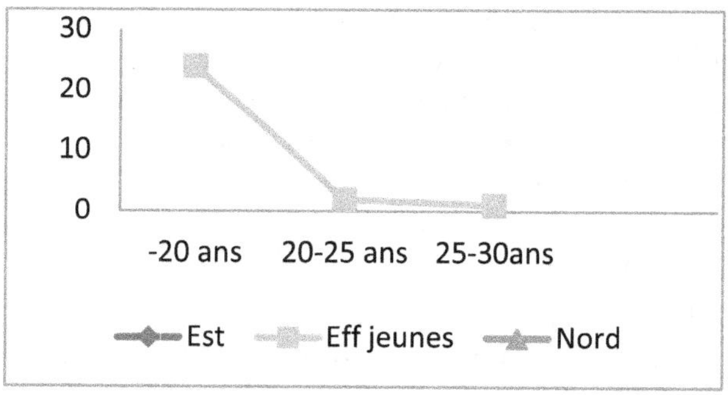

Les jeunes[311] de 20 ans à 30 ans économiquement actifs à Ndiaganiao se mettent en ménage. Ils se marient très tôt, une fois qu'ils ont les moyens économiques. Parfois, ils peuvent vivre dans la même concession parentale et constituer un ménage singulier. Ils peuvent partager les mêmes repas avec les membres de la grande concession. Par contre, certains de leurs besoins sont souvent satisfaits de manière isolée. Le statut de chef de famille n'exclut pas celui de l'âge. Par conséquent, les jeunes entre 20 ans et 30 ans chefs de famille, car économiquement actifs sont bel et bien présents dans la CR. Ils constituent une petite minorité, néanmoins. L'exode rural est le facteur explicatif de cette rareté apparente.

311 Sur les 219 ménages, 27 jeunes sont sous couvert de leurs parents (ils ne sont pas encore en ménage). Ils ont un comportement économique significatif et participent au budget du ménage parental.

Il est également remarquable que les moins de 20 ans soient les plus nombreux au village. En général, les jeunes de cette classe d'âge sont retenus dans le village pour des raisons d'étude. Ils ne sont donc pas économiquement actifs, si ce n'est par circonstance pour aider leurs parents dans la production ou le commerce.

Les jeunes non-inscrits en scolarité sont économiquement actifs à temps plein et la tentation de quitter le village pour la ville est forte chez eux. Ils ont envie de suivre leurs camarades qui ont déjà l'expérience ou qui vivent l'urbanité et qui profitent de certains avantages économiques.

Les rares jeunes qui sont présents au village et qui sont au-dessus de la classe d'âge des moins de 20 ans sont moins instruits et pratiquent une activité de production et de commerce à temps plein.

L'impact de l'exode et de l'instruction sur le niveau des investissements locaux

L'exode peut prendre la forme d'une émigration, c'est-à-dire hors du pays ou d'une installation dans les centres urbains. En revanche, l'exode vers les villes domine[312]. Il comporte deux sens. Le premier s'articule autour de stratégies contre la pénurie et l'autre autour de la recherche de l'instruction, étant donné que le milieu rural n'est pas doté en universités ou écoles supérieures.

- L'impact de l'exode des agents économiques sur l'investissement rural

Les jeunes qui entrent très tôt dans une profession sont soit des refoulés du système scolaire, soit ils n'ont jamais été scolarisés, soit encore ils ont fait l'objet d'une déscolarisation par eux-mêmes ou par leur vécu familial. Étant donné que l'exode est développé depuis les années quatre-vingt comme une stratégie de survie jusqu'à nos jours, bon nombre de jeunes filles et garçons quittent le village à la recherche d'un travail en ville.

Ils maintiennent, par contre, des liens intenses avec la famille, lesquels sont caractérisés par un retour fréquent dans l'espace familial durant les jours de grandes fêtes[313]. Ce groupe d'individus qui maintient la relation de famille retourne très souvent pour investir dans son milieu d'origine. Dans ce lot, les individus en question ne se prévalent que d'un pouvoir économique plus ou moins grand. La modestie du capital économique de cette population capable d'investissement au village ralentit la progression économique du milieu rural malgré leurs efforts continus de soutien à leur famille respective.

[312] Henry Gravrand, *Dynamisme sérère dans le Sénégal moderne*, dans *Afrique-documents*, n° S 105/106, 1960, p. 291-319.

[313] Tabaski pour les musulmans et Noël, Pâques et Toussaint pour la communauté chrétienne. La fête des récoltes concerne tout le monde, car elle incarne des moments animistes.

- *Le rôle de l'instruction dans l'investissement rural*

- *Impact des groupes faiblement instruits sur l'investissement rural*

Les individus qui ne sont pas instruits sont bien présents, en investissement, pour leur famille et pour leur compte personnel. Ils investissent leurs biens pour préparer leur retour. Ainsi, contrairement à ce que l'on pense d'habitude, ce sont les moins instruits qui sacrifient le plus aux investissements économiques locaux. Cependant les investissements non productifs (construction ou amélioration du domicile voire du confort familial) dominent les investissements productifs (entreprise pour le profit).

- *Impact des groupes mieux instruits sur l'investissement rural*

Les individus qui sont instruits quittent, le plus, le village. Ils ont besoin de poursuivre leur étude ou de faire valoriser leur compétence dans un cadre relationnel techniquement plus sophistiqué. Ces individus s'installent souvent en ville et intègrent l'administration, la production scientifique, technique ou économique de manière formelle du fait des compétences déjà acquises ou en construction.

Même ayant quitté le village, pour des besoins de formation, ces individus peuvent bifurquer et se professionnaliser dans l'espace d'accueil urbain parce qu'ils auront déjà acquis au préalable un savoir qui leur permet de s'impliquer dans le courant formel de la production.

Il est remarqué au Sénégal que la plupart de l'élite nationale est issue du monde rural[314].

En termes d'investissement, les individus qui ont quitté leur village pour aller étudier en ville entretiennent des liens, toutefois, moins intenses avec leur famille que ceux qui ont quitté le leur pour des raisons de pénurie. Le groupe intellectuel revient rarement pour investir dans le village d'origine. Instruits, ils sont relativement présents par leur soutien à leur famille à travers de petites sommes ajustées en fonction du niveau de vie de la collectivité villageoise. Ils restent vivre en ville et y détiennent leurs biens. Par conséquent, ils n'investissent pas au village pour développer de grandes activités économiques. Ils y interviennent souvent par le biais de l'appareil exécutif ou législatif ou par l'action politique. Dans ce groupe, en effet, il est observé des individus pourvus de pouvoir politique, administratif, économique, scientifique et technique.

[314] Tous les présidents du Sénégal (Léopold Sédar Senghor, Abdou Diouf, Abdoulaye Wade et Macky Sall) sont issus du monde rural. Les ressortissants ruraux constituent l'élite politique et dominent dans l'administration. L'élite économique reste relativement disputée entre ceux qui sont issus du monde urbain ou de l'étranger et eux. Hormis les *Baol-Baol* et de plus en plus les *Niambour-Niambour* et l'élite administrative, l'élite politique d'origine rurale se transforme en élite économique du fait de la pratique licite ou illicite du pouvoir.

Malgré la volonté théorique de l'État de développer le monde rural, la priorité dans les faits est encore axée sur l'espace urbain. L'État peine devant la résistance des masses urbaines à investir dans les espaces ruraux.

Nous pouvons soutenir, en définitive, que l'instruction poussée favorise une rupture avec le monde rural au profit de l'espace urbain par une distanciation progressive vis-à-vis de l'institution familiale d'origine, cristallisée dans la ruralité. Nous pouvons concevoir cet état de fait comme un impact du nouveau statut acquis en ville, synonyme d'un nouveau pouvoir individuel fortement dépendant de l'institution étatique plus motivée par le développement de ses pôles économiques d'où elle espère tirer un impact national.

Ceci explique pourquoi, à travers la variable de l'instruction, le monde rural peine à développer son secteur privé à travers un comportement d'investissement remarquable. Les plus instruits devenus des citadins sont retranchés dans les girons de l'État qui les détermine désormais tandis que les moins instruits[315], sans garantie de sécurité financière, s'activent le plus dans les affaires populaires. Et c'est ce dernier groupe que l'on retrouve aux commandes des affaires dans la CR.

Les rapports à la communication

Les producteurs et les commerçants s'intéressent à l'information. Encore mieux lorsque celle-ci concerne leur activité. Rappelons que la production agricole est un impératif quasiment pour tous dans le monde rural. Elle reste le meilleur moyen de survie à défaut d'être pour tout un chacun exclusivement commerçant et de détenir une boutique.

Particulièrement dans la communauté rurale de Ndiaganiao on se vante d'avoir des ressortissants qui évoluent dans la presse, dans les centres urbains et encore beaucoup d'intellectuels singulièrement des politiques. Il y a par conséquent une grande probabilité de densification de l'information pour la production rurale en particulier de Ndiaganiao.

En général, si le traitement de l'information reçue est favorable, l'investissement se fait sans problème. Mais les médias et l'information impactent le comportement d'investissement des ruraux. Il a existé des cas dans beaucoup de zones rurales de même qu'à Ndiaganiao où les producteurs sont organisés en groupe de pression en utilisant les médias pour crier leur désaccord avec les autorités publiques. Souvent, c'est l'État qui est mis en cause et c'est de lui que l'on exige une solution au problème. Nous pouvons dire qu'en milieu rural, les producteurs sont si proches des uns des autres et que *l'hétérogénéité de l'investissement*[316] est par conséquent quasi inexistante. Tous investissent au

[315] Il s'agit ici des non instruits qui fréquentent la ville pour travailler tout en regagnant régulièrement leur famille au village et d'autres non instruits qui sont restés au village et qui développent des stratégies de survie par le biais de la production agricole, du commerce ou du transport.

[316] Il s'agit du cas où certains investissent et d'autres se réservent.

début de la période hivernale leur capital-argent ou leur capital- semence. L'information de l'investissement rural est fortement dépendante de l'autorité publique. Les producteurs ou paysans ne sont pas libres et autonomes. Sans encadrement, ils demeurent dans la reproduction précaire de leurs activités agricoles. En revanche, les mauvaises informations n'empêchent pas l'investissement agricole, étant donné qu'il se fait collectivement à la même période notamment en période de semis sec. Les opportunismes surgissent moins chez les producteurs qui sont soumis à la coercition climatique.

On se fie énormément aux prédictions mystiques qui peuvent venir de *Saltigués*[317]. Si, les informations ne sont pas favorables, les paysans recourent à la prière et aux offrandes qu'importe leur confession religieuse et essayent de renverser la tendance. Ainsi, le déficit d'information ne les empêche pas d'investir. Ils sont tenus par des impératifs de subsistance et de participation aux prochaines campagnes des produits agricoles, notamment l'arachide. L'échec de l'investissement est peu imputé à l'insuffisance d'informations et plus à un déterminisme divin et à un manque de réaction tutélaire et gracieuse des ancêtres.

Les informations techniques relatives à la production sont souvent fournies par les initiatives de formation déployées pour les producteurs locaux. Elles restent néanmoins déséquilibrées, car l'ensemble des paysans ne peuvent pas être pris en compte pour des raisons financières. La diffusion technique peut se faire en interne lors d'échanges entre producteurs locaux.

Les commerçants dans la CR, confrontés à une clientèle quotidienne, subissent mieux les caprices des flux d'informations que les agriculteurs. Tantôt bonnes, tantôt mauvaises, les informations empêchent ou incitent à l'investissement. Même avec l'enjeu d'une masse potentielle de profit à acquérir, les commerçants sont poussés à la prudence. Le faible pouvoir d'achat des populations a entraîné des investissements strictement nécessaires. Aucun commerçant n'investit dans le surplus, mais juste dans ce qui peut s'écouler, autrement dit dans ce qu'il tire comme informations sur le niveau de la demande.

Concernant la communication, il faut dire que le réseau social n'est pas si dense en télécommunication même s'il en existe. Une voirie secondaire est quasi inexistante. Elle est représentée par des pistes sablonneuses. Celle du grand axe principal reliant le chef-lieu est dans un état défectueux rendant difficile son usage.

[317] Prédicateur traditionnel sérère.

Les institutions socioculturelles dans les rapports socioéconomiques

Les institutions socioculturelles déterminantes sur l'entreprise

La famille : un modèle dans le choix et le procès productivo-marchand

La famille influence le choix du modèle d'exploitation économique chez les agents. Les gens ici héritent de l'activité de leurs parents. Les métiers traditionnels surtout d'artisanat se transmettent de père en fils ou de mère en fille. Il y a une volonté de reproduction du savoir-faire voire du talent familial. Certains individus parlent de *sol*[318], qui est une pratique mystique d'inculcation du savoir, du savoir-faire et de l'habitus productif. Par contre, le commerce est moins une affaire générationnelle ou de famille dans l'orientation productive. Il est dominé par une petite minorité à « l'offre » bien modeste du fait du faible pouvoir d'achat de la zone. Pour la majorité des gens de la collectivité locale, il est pratiqué par circonstance, lorsqu'il faut proposer une production sur le marché. Quant à l'élevage et la culture, encore une fois, ils sont unanimement pratiqués. L'institution familiale est effectivement bien présente dans les choix et procès productifs ou de commerce.

- ***La famille élargie : un fait rural***

La famille élargie est la forme la plus répandue dans le monde rural. Elle comprend non seulement la progéniture du couple, mais l'ensemble des cousins, oncles, tantes, neveux, nièces. L'épaisseur de l'intervalle générationnel ou l'éloignement des liens consanguins ne découragent pas la parenté. Des individus peuvent ne pas partager le même ménage, mais restent liés par des liens intenses de parenté et sont constamment en contact.

La famille élargie a une fonction économique. Tous les membres constituent des bras potentiels pour la culture des champs. Avec l'avènement, de plus en plus, de la propriété foncière et l'aide de la loi sur le domaine national, beaucoup de familles disposent de terres comme outil de production. Cela n'empêche pas que les membres s'intéressent les uns aux autres au sein de la famille. Ils ne se privent pas ainsi de s'investir dans la réussite de l'investissement d'un des leurs. La mobilisation parentale est aussi notée dans d'autres activités notamment pastorale, artisanale et commerciale.

- ***La famille restreinte : une rareté apparente en ruralité***

La famille restreinte constituée par les parents géniteurs et leurs enfants est rare en milieu rural. Les petits ménages qui manifestent en apparence cette dynamique familiale ne le sont pas en réalité, car ils comptent des membres en émigration. Le modèle de la famille restreinte est moins coercitif du point de vue économique. *Lato sensu*, les couples ont plus de cinq enfants en moyenne[319]. Parmi les concessions visitées, nous avons constamment rencontré, hormis la

[318] Terme wolof pour traduire et représenter le mode de transmission du savoir.

[319] L'enquête ESPS (2005), *Tableau A-01-04 In BADIS*, déclare que dans la région de Thiès plus précisément dans sa partie rurale, la moyenne des individus par ménage est de 10.

progéniture des époux de la maison, d'autres enfants appartenant à la grande famille, c'est-à-dire à la tante, à un oncle ou même parfois à un ami de la famille.

Les *longues amitiés* se transforment en parenté dans le milieu rural. C'est le qualificatif de « frère » qui est souvent employé à la longue pour désigner un ami.

Aussi dans ce cadre plus ou moins restreint, tous les résidents du ménage participent aux cultures champêtres ou à toute autre production domestique liée à l'élevage, au petit commerce ou à la production artisanale. Les plus jeunes sont économiquement actifs en dehors des jours ou des heures de classe.

- ***Les classes d'âge : une opportunité de production et de consommation***

Les classes d'âge sont importantes dans le monde rural. Hormis le fait qu'elles peuvent revêtir des caractères festifs, elles comportent un rôle dans la production économique notamment les champs. Les villages, en l'occurrence sérères, sont ainsi organisés. Les individus du même âge forment un ensemble voire une « association » qui peut avoir une contribution économique et sociale au sein du village. Autant les classes d'âge peuvent susciter l'investissement, autant elles peuvent en constituer un goulot d'étranglement. Ce sont aussi des instances de consommation. Par conséquent, elles peuvent être défavorables pour l'accumulation économique continue et l'investissement. Ces associations de classe d'âge détiennent souvent une caisse, mais toujours est-il que cette dernière est réservée à la consommation festive ou solidaire entre les membres en situation de besoin.

- ***Le mariage : un prétexte à l'entreprenariat***

La plupart des individus sensibles aux investissements sont mariés. Ce statut matrimonial détermine l'engagement dans l'entreprenariat. Les chefs de famille portent des responsabilités vis-à-vis de leurs enfants ou autres parents qui demeurent sous leur couvert social. Inversement aussi, l'individu célibataire qui accumule du profit par ses entreprises est poussé par la société à prendre femme. Il est dit dans la tradition qu'il y a un âge pour se marier. Mais aussi que le mariage repose sur une capacité économique. Ce principe s'adresse plus aux hommes à qui on assigne le mieux la responsabilité économique dans le ménage. Les femmes se marient très tôt au village. Elles sont encore conditionnées et cela impacte leurs potentialités économiques. Elles ne bénéficient pas en réalité de la grande liberté dont profitent les époux hommes concernant les sorties hors de la maison parentale ou conjugale à des fins économiques.

Les solidarités

Les solidarités en vigueur sont anciennes, mais aussi nouvelles dans leur formulation organisationnelle formelle. Elles sont, qu'importe leur forme, une opportunité de participation à la production et de soutien au commerce pour un agent économique avec qui la solidarité est développée. Citons-en quelques formes découlant de 5 situations institutionnelles :

- ***Le voisinage***

Le voisinage est solidaire dès l'instant où il y a le souci de bonne cohabitation. Cette solidarité intervient en jour de fête ou en période économique ou sociale difficile autant pour la communauté tout entière que pour un cas de ménage isolé.

- ***L'ethnie***

La solidarité ethnique est encore forte et est notée sous plusieurs aspects. En général, les villages sont, par essence, peuplés par la même ethnie. Mais de nos jours, les villages se diversifient et accueillent des familles d'ethnie différente.

La solidarité ethnique se remarque aussi dans le commerce. Il arrive qu'on achète les produits d'un vendeur ou d'un producteur parce qu'on est de la même ethnie. Ce fait s'observe plus sur les marchés fréquentés par des populations d'origines diverses. Il y a une sympathie mutuelle et un désir de contribuer à la réussite de l'autre qui est mis en avant au bénéfice de l'ethnie et par l'ethnie. Il est question d'une fierté lorsqu'il s'agit de la réputation de l'ethnie d'appartenance surtout si celle-ci est assimilée en bien dans le processus de capitalisation de richesses, fortement préférable à la pauvreté.

- ***La solidarité socio professionnelle***

La solidarité socioprofessionnelle est un fait largement partagé dans la mesure où tout le monde pratique quasiment la même activité économique. On est soit cultivateur, qualité généralement associée à celle d'éleveur, soit commerçant. Elle se manifeste par le don ou le prêt de semences ou l'allocation d'une force de travail humain pour aménager ou cultiver un champ, par le prêt ou le don de bêtes pour l'élevage ou simplement de marchandises dans le cas du commerce.

Le groupement professionnel est constitué à des fins de solidarité. Il s'agit de professionnels qui développent le même type d'activité et qui ont l'intention de protéger leur intérêt.

Dans le village, chaque membre de groupement bénéficie de la solidarité de l'ensemble des membres constitutifs. Nous avons relevé des cas où des individus, en situation économique difficile, n'ayant pas la priorité de recevoir de l'argent des allocations rotatives instituées dans les groupements, en reçoivent finalement. Rappelons que la répartition des fonds se fait à tour de rôle suivant une liste établie en interne.

- ***La solidarité familiale***

La solidarité est de nature familiale, voire précisément parentale. Les membres d'une même famille sont le plus souvent solidaires. Cette solidarité entre parents est reproduite encore dans des cas de séparation de ménages. Les familles apparentées se supportent mutuellement. Cette solidarité implique même des considérations financières.

- ***La solidarité religieuse***

La solidarité religieuse existe. Elle a pour finalité de soutenir et de pérenniser le culte. Entre musulmans, entre chrétiens ou entre animistes, des actes solidaires sont tenus.

A. Diouf, transporteur de Ndiaganiao affirme à ce propos : « *On est musulman. On doit s'entraider. Pour qu'une prière soit agréée par DIEU, il faut qu'elle couvre toute la communauté musulmane* ».

La solidarité est autant observée dans la communauté catholique de Ndiaganiao que chez les pratiquants du culte des ancêtres.

Enfin, les solidarités peuvent prendre des formes organisées notamment en association[320]. Elles peuvent être aussi une tontine, laquelle est un instrument de petite finance bien maîtrisée par les femmes.

Les religions

- ***La religion traditionnelle animiste-polythéiste***

La religion traditionnelle est très présente dans le monde rural. Nous avons vu qu'à Ndiaganiao, l'animisme est pratiqué par tous. Dans la production ou dans le commerce, cette pratique y fait état de siège. Ce sont aux ancêtres et aux divinités que l'on confie les initiatives économiques pour leur rendre grâce par la suite ou implorer leur soutien pour le succès de celles-ci. La communication avec le monde invisible se fait par le biais de cérémonies.

- ***Les religions révélées-monothéistes***

Toutes les religions appartenant à l'ordre monothéiste appellent à la solidarité, laquelle est une expression de l'amour prôné par les livres saints des religions révélées. Ainsi, dans le monde rural, les fidèles croyants répondent à ce devoir de solidarité, ne serait-ce que pour la grâce de DIEU.

L'influence des relations humaines ou de l'affectivité dans les rapports productifs et marchands en zone rurale

Aujourd'hui, les acteurs agricoles qui portent la principale activité économique de la communauté rurale ont été associés de près ou de loin à la vie et à la production moderne. Les signes de modernisation peuvent être remarqués dans quelques expressions politiques, sociales et économiques.

Sans vouloir être exhaustif, nous avons prélevé dans les ménages du mobilier domestique de type moderne, notamment la télévision, le téléphone, le lit, la présence de la voiture qui sert d'outil de production pour quelques privilégiés,

[320] Pour plus d'information voir l'article d'Abdoulaye Niang sur « les associations en milieu urbain dakarois : classification et capacités développantes », *Africa Development*, XXV, 2000, à travers lequel l'auteur revient sur les associations tontines.

l'effectivité de quelques infrastructures dans la zone telles que des écoles (primaire et secondaire), des dispensaires et une voie bitumée, etc.

Toutefois, il y a des limites. Il ne faut pas perdre de vue qu'il s'agit encore d'une socialité économique paysanne. Alors que face aux exigences socioéconomiques, c'est la qualité d'agriculteur qui est mieux valorisée, parce que les producteurs sont obligés d'adjoindre l'élevage à la culture afin de parer aux périodes de soudure prévalant en saison sèche et qui dure plus longtemps que celle des pluies. Cette évolution n'est pas à écarter des stratégies de profit en termes d'obtention et d'accumulation de monnaie, mais aussi en termes de subsistance. La pénurie y est encore un problème.

Par ailleurs, si les populations travailleuses s'engagent dans la commercialisation de leur récolte en escomptant l'obtention d'un profit, l'affectivité reste de rigueur dans les relations sociales productives et marchandes. Elle est même appliquée aux moyens de production notamment le sol. Les individus développent un lien affectif avec le sol voire leur fief et sont plus à l'aise dans le maniement des instruments de culture traditionnelle (houe, daba, etc.). Peut-être que la rareté de la mécanisation dans la zone explique ce fait. Généralement les individus se contentent de ce dont ils disposent comme moyen de production. L'habitude de pratiquer, à partir des instruments traditionnels, favorise un rapport de dépendance entre le travailleur et son petit instrument. Toutefois, des enquêtés ont déclaré être prêts à recevoir des machines pour faciliter leur production. Nous avouons que ce dernier point de vue en général est soutenu par les jeunes instruits ou les agents techniques de la municipalité en exercice dans la localité soit pour leur compte, soit au bénéfice des personnes non instruites soit encore à celui de la collectivité.

Rappelons que Ndiaganiao, entre autres zones rurales, s'inscrit dans les fiefs agricoles, desquels l'État du Sénégal dépend en grande partie pour son économie. Encore une fois, l'agriculture détermine l'économie locale.

Les relations productives

- Le travail

La solidarité entre les producteurs est un fait et il est question dans la CR de petites exploitations familiales. Les membres d'une même famille travaillent non pour leur propre compte, mais pour le compte de l'ensemble familial. Nous avons du mal à parler de salaire pour qualifier ce qui est distribué à la force productive. Ce qu'ils reçoivent (en argent ou pas) s'apparente surtout à des cadeaux[321], c'est-à-dire à quelque chose de symbolique destiné à encourager et à témoigner de la reconnaissance du chef de famille. En effet, ici le patron est le chef de famille. Les travailleurs sont constitués, outre le chef de famille et son ou ses épouses, par les enfants ou les parents voire même les amis de la famille. Est-il impossible d'évoquer un état d'exploitation abusive du chef de famille sur

[321] En langue wolof : le *nexal.*

les autres membres ? L'explication reposerait sur les principes ci-dessous relevant de la structure sociale :

Le travail est sacré. Par conséquent, il est déterminé par la tradition, la coutume. Les gens ne privilégient pas leur intérêt personnel. Ils sont au service de la famille et de la communauté. Toute prospérité doit revenir en priorité à ces dernières. Toutefois, il y a des avantages pour la personne travailleuse. Se dévouer au travail est récompensé par une reconnaissance sociale, un respect de la famille et de l'entourage. Le refus de travailler peut être assimilé à la paresse, laquelle d'ailleurs est lourdement combattue. La sanction est sociale..

Les sentiments d'exploitation, qui peuvent entraîner un refus de travailler, sont socialement sanctionnés et surtout lorsqu'ils mettent en cause le chef de famille supposé être le père, la mère ou l'oncle. Ici l'enfant, peu importe son âge, dès l'instant qu'il est sous la tutelle parentale voire familiale, est appelé à être au service de sa famille, restreinte comme élargie. Par politesse, il ne devra pas contredire ses parents et par extension tous les anciens du village et encore moins les mettre en accusation publique ou devant les tribunaux.

Le chef de famille n'accumule pas de la survaleur telle qu'elle est conçue par Karl Marx. Ici, la production est destinée à la base à la consommation familiale. Très peu est commercialisé. La monnaie tirée de la commercialisation sert à assurer la subsistance, l'habillement des membres de la famille, la scolarité des enfants et parfois à faire de nouveaux investissements qui s'articulent autour d'achat ou de traitement d'animaux d'élevage durant la période sèche (de soudure) ou de semences destinées à la prochaine saison agricole.

Les quelques entreprises notées sont le fait d'association entre individus. Ils en constituent la force productive et se partagent les revenus de manière équitable. Ils détiennent une caisse appuyée en général par la complicité des crédits formels privés et développent aussi en même temps des actions solidaires notamment la tontine qui est très pratiquée et permet à chaque membre de bénéficier au mieux de la survaleur produite par l'entreprise.

Le surtravail n'est pas condamné dans les deux cas précités où premièrement on travaille pour le compte de la famille et où deuxièmement on travaille pour le compte de sa propre entreprise alors qu'on est également membre d'une association entrepreneuse. Le travail est encouragé, car renferme beaucoup de promesses pour le travailleur. Lorsque l'on travaille pour son propre compte, le volume de travail à fournir est plus important. Le culte du travail y trouve une explication, car en ruralité avec leurs petites exploitations les agents travaillent pour eux-mêmes.

L'agriculteur qui cultive son champ ou élève du bétail de même que l'artisan qui confectionne un pagne ou une chaussure ou qui bricole ou répare un objet le font en guise d'obtenir un gain. En cas d'échec voire de non-rentabilisation des énergies et capitaux investis, le travail productif ne sera pas abandonné. Il n'y a pas une grande diversité des secteurs de production pour favoriser des stratégies utilitaristes qui aident à se réajuster en fonction du secteur le plus rentable. Il n'y a que l'agriculture, l'artisanat et le commerce. Ainsi, c'est seul le travail qui reste la constante et qui pousse à la sanction sociale par la communauté villageoise s'il ne s'effectue pas.

Nous avons remarqué que les entreprises agricoles familiales ou de groupement peinent à se maintenir dans une dynamique capitaliste constante et à s'agrandir par l'investissement et par l'accumulation.

Les exploitations diffèrent du point de vue organisationnel voire administratif de celles requises par l'entreprise capitaliste dont nous parlerons plus tard. Cet état peut être attribué à la valeur de la coercition des relations interpersonnelles en question.

Les exploitations rurales rencontrent les mêmes problèmes pour optimiser leur calcul et leur prévision. Les caprices de la nature notamment avec les pluies qui se raréfient, lorsqu'elles sont attendues, ou qui arrivent en excès lorsqu'elles ne le sont point, bouleversent la production rurale notamment agricole. Le manque de maîtrise de ces variations climatiques et de la rentabilité du sol, plusieurs fois sollicitée, par les paysans locaux – disposant d'une science traditionnelle fondée sur des prédictions de *saltigués* qui se divulguent lors des séances de « xoy »[322] – est à l'origine des pénuries que rencontre le monde rural. Il est aussi étrange de remarquer que, même avec l'implication des scientifiques en ruralité, la rentabilité agricole en souffre.

Les relations marchandes

Le capital social est important dans le commerce. Il permet à l'exploitant d'écouler son produit. Il est souvent sollicité les liens de parenté, la communauté confessionnelle et les liens d'amitié dans les rapports marchands. Ces liens sociaux qui privilégient l'harmonie et la vie en communauté viennent confirmer le statut de « société de grande tolérance » – une valeur importante dans le vécu collectif – souvent observé en monde rural.

La fréquence des pénuries dans le monde rural ne stimule pas la concentration des efforts sur la maximisation de la rentabilité des productions locales. Les récoltes et autres biens artisanaux sont vendus à bas prix. Cette situation, nonobstant les subventions pour les semences et les efforts d'élévation des prix paysans de l'arachide en période de campagne de l'État, ne permet pas au paysan producteur de vivre décemment jusqu'à la prochaine récolte.

Avec la faiblesse du flux monétaire, les populations rurales sont tournées vers les grandes villes et tentent de tirer profit de leur capital relationnel. Ainsi, à partir d'un proche, d'un parent ou d'un ami établi en ville, on peut parvenir à disposer des avantages qui permettent une installation économique en ville.

[322] Le *xoy* est une cérémonie traditionnelle où les érudits prêtres et prêtresses traditionnels appelés *saltigué* en pays sérère rivalisent en prédiction sur les événements à venir dans l'ensemble du pays ou particulièrement dans une de ses régions.

L'approche relationnelle non formelle est un fait récurrent dans les processus de recrutement au sein des entreprises urbaines. La pénurie doublée de la densité du relationnel fait autorité en monde rural. Elle a beau s'amincir en ville, le relationnel, lui, survit.

*

Le sens de la famille, de la communauté – villageoise ou ethnique – et de la religion est si important que les communautarismes mobilisés par l'une ou l'autre des institutions précitées sont entretenus par des rencontres ou assemblées sociales fréquentes. Les cotisations individuelles ou familiales fondent la caisse, essentielle pour l'organisation des rencontres festives, religieuses ou laborieuses.

POUR UNE CONCLUSION GÉNÉRALE SUR LES RAPPORTS SOCIO-ÉCONOMIQUES EMPIRIQUES OBSERVÉS DANS LA COMMUNAUTÉ RURALE DE NDIAGANIAO

Graphique 2 : Schéma graphique systématique de l'orientation d'investissement des unités d'analyse en ruralité

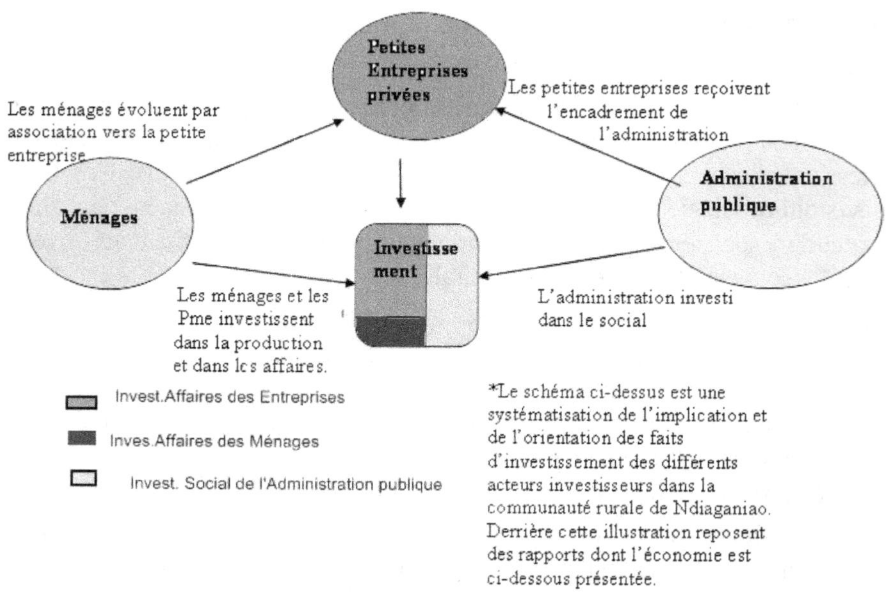

Dans le monde rural, chaque ménage détient une terre pour cultiver. Celle-ci, y est un moyen de production incontournable. Parce que, sans elle, la subsistance de la famille est menacée. L'agriculture détient à lui seule la plus grande contribution au revenu. Ce sont les ménages qui sont à la base de l'économie rurale. Il arrive que les ménages ne produisent pas suffisamment de céréales pour couvrir leurs besoins alimentaires annuels. Il faut en acheter ou en emprunter auprès du voisin. Le recours à la migration productive en ville et à la solidarité locale ou extra-locale permet de compenser ce déficit.

Les activités agricoles, artisanales et commerciales se rejoignent dans une économie du détail. Rappelons que chez les commerçants, la catégorie des grossistes brille par son absence.

Les ménages ne sont pas totalement affranchis des habitudes traditionnelles comme l'exige l'esprit capitaliste. Il y est difficile de voir proliférer des entreprises structurées avec plusieurs compétences complémentaires. La plupart se constitue de petites entreprises à dimension familiale.

L'économie locale est plus ou moins structurée dans ses composantes et ses relations internes. Mais elle reste faible du point de vue de sa production et de ses connexions extérieures en termes de marché.

L'absence d'infrastructures et de moyens sophistiqués d'exploitation est pénalisante pour la communauté rurale. Il s'agit plus, si l'on peut se le permettre, d'un capitalisme de pauvres avec la circulation de petits capitaux reliés à un rythme d'accumulation trop lent, constamment menacé par la voracité de l'instinct de survie qui s'impose très souvent et facilement du fait de la présence assez élevée de la pénurie dans la zone.

Dépourvus de moyens, les acteurs, en l'occurrence les cultivateurs, sont obligés de collaborer intensément avec l'administration publique. Dans cette zone « l'informel » n'est pas une stratégie rationnellement développée. On ne cherche pas à être *informel* pour développer ou acquérir de la richesse. Au contraire, les acteurs décident et exploitent leur investissement en fonction de leur capital cognitif et de leur habitus social local, lequel est tiré et ancré dans la traditionalité. En reproduisant leurs institutions socioculturelles typiques de leur ruralité, les auteurs économiques y adjoignent leur quotidien voire leur activité pour ne pas dire leur investissement. Il est mieux de parler, pour parodier A. Niang, de « secteur informel théorique » et non de « secteur informel réel » puisque les institutions modernes ne sont pas forcément coercitives en milieu rural.

Il faut dire que les acteurs économiques sont sous la tutelle de l'autorité locale décentralisée et déconcentrée. Il y a un suivi soutenu en termes de fiscalité par l'institution décentralisée sur les paysans et « petits » commerçants. Une situation qui est sans provoquer un profond malaise chez ces derniers. Toutefois, ceux-ci continuent à y sacrifier. Le contrôle social en matière de respect de l'impôt et de gestion des ressources de groupement y est encore fort. Toutefois, en monde rural la « légitimité sociale » est plus forte que la « légitimité légalo-formelle » même s'il est senti la volonté d'améliorer les capacités productives. La preuve est qu'elle a du chemin à faire. Elle n'y est pas encore un fait total.

Un grand intérêt est développé pour l'alphabétisation et l'encadrement technique des producteurs. Ce qui implique, par conséquent, un mouvement énergique des acteurs économiques vers la formalisation de leur activité. Il y est senti un fort désir de modernisation dans la façon d'acquérir de la richesse. Seulement, c'est le soutien technique et financier déficitaire des institutions (État, mairie et ONG) qui plombe l'élan local sur cette question. Les affaires ne sont pas très développées du fait de la faiblesse des capitaux qui y sont en circulation et de l'organisation peu efficace des acteurs, si l'on mentionne que ces derniers sont bien souvent engagés dans des groupements qui développent des activités génératrices de revenus et qui octroient des prêts à leurs membres.

Les populations sont enclines au travail et à la production, mais c'est au niveau de leur façon d'aborder le marché et de la gestion ou même de l'exploitation de leurs ressources financières que se posent les problèmes. L'encadrement technique pèche sur ce plan même si l'autorité administrative et les acteurs non gouvernementaux affirment faire des efforts dans ce sens. Il y a aussi des habitudes traditionalistes pour ne pas dire « antécapitalistes » qui sont manifestes et qui sont imputables à la faiblesse de la croissance des affaires dans la zone.

Nous n'avons pas pu observer, au courant de nos enquêtes, la mauvaise foi chez les acteurs économiques dans leur production ou leur commerce quant au respect des principes administratifs imposés par l'État. Il se pose seulement une immaturité technique et une « lourdeur » traditionnelle aux origines socioculturelles qui gênent, hélas, la prise de volume des investissements et de l'environnement des affaires. Ce qui pousse certains observateurs à qualifier les comportements économiques ruraux *d'informels* en accord avec les exigences de l'exploitation économique moderne. Considérant toutes les équivoques que crée l'applicabilité de ce concept, il importe de préciser que les supposés faits *informels* attribués à la ruralité ne sont pas librement et rationnellement poursuivis par les agents. La modernisation de l'habitus économique rural ne doit pas se faire avec un traitement *anti-informéliste*.

Les techniques de culture et d'élevage du paysan ou de l'éleveur sont rudimentaires, si l'on en juge les outils ou les moyens de production utilisés. Les techniques de vente ne sont pas en reste. Celles-ci sont soutenues par l'organisation de campagnes. La gestion est peu performante en termes d'effets sur le rendement et les investissements. Elle est déstabilisée encore par la pénurie et aussi par la tendance spontanée à la consommation. Des chercheurs écartent l'agriculture du secteur dit *informel* pour ne le réduire qu'à un secteur traditionnel. Ce que nous partageons. Mais la monétarisation des relations dans le cadre des transactions fait adopter aux producteurs des techniques inculquées par la modernité. L'instruction de leurs enfants les y aide énormément. Ce qui explique qu'ils y tiennent et y investissent leur argent. Le secteur agricole rural, même s'il est peu performant et non évolutif, ne peut pas être isolé du secteur moderne. La théorie peut démontrer le contraire, mais les faits soutiennent ce cas de figure et témoignent, pour parodier Karl Marx, d'une « soumission formelle » de certains procès marchands traditionnels aux exigences capitalistes.

Dans la ruralité, le capitalisme n'y est pas un fait accompli. Les investissements sont à l'image de l'activité des acteurs économiques qui demeurent en manque d'aptitudes techniques performantes et de capitaux suffisants pouvant assurer la couverture de grands espaces de marché. Autrement dit, ils sont très faibles. Ils se présentent en GIE ou GPF voire en petites entreprises et sont mal exploités et managés. Encore une fois, c'est le ménage qui, de manière solitaire, autonome, en association ou encadré, est à l'origine de la petite entreprise rurale.

Pour l'administration publique, elle est attelée à l'investissement social et au soutien aux paysans et éleveurs. Hormis les infrastructures routières, éducatives, sanitaires, bref sociales, l'investissement de l'État s'articule plutôt autour d'une solidarité économique aux producteurs en dons de semences et parfois en encadrement où l'engagement des ONG domine. Les efforts de l'État sont souvent jugés insuffisants et le pouvoir local issu de la décentralisation ne dispose pas des moyens de sa politique. Ce qui veut dire que leur présence en investissement est effectif, mais elle l'est de manière sporadique au grand dam des stratégies rurales qui, faute de formation, d'encadrement et de moyens financiers, techniques et infrastructurels, se réapproprient leur traditionalisme qui jusque-là, à légitimé et assuré, des siècles ou des années durant, la survie de la communauté villageoise. En somme, hormis la planification à travers le développement de PLD, l'administration publique n'est pas présente dans le marketing rural destiné à créer ou à accentuer la fréquence des investissements et la prolifération des entreprises rurales.

CHAPITRE 3

L'INVESTISSEMENT EN URBANITÉ : PROFIL ET STRATÉGIES ORGANISATIONNELLES ET OPPORTUNISTES DES ENTREPRENEURS DE DAKAR

I. LA VILLE DE DAKAR

Capital du Sénégal, la ville de Dakar est divisée en 19 communes d'arrondissement réparties sur une superficie de 550 km². Elle concentre plus de 25 % des populations du pays[323].

Carte 2 : La ville de Dakar

---

[323] Le second pôle de concentration du pays est le bassin arachidier avec plus de 35 % de la population.

Identification sociale des acteurs et auteurs de l'investissement selon leur déterminant institutionnel à Dakar

➢ ***Les ménages***[324]

- ***Présence remarquable des femmes dans l'économie urbaine***

Diagramme 2 : Répartition du sexe des acteurs dans les ménages de Dakar

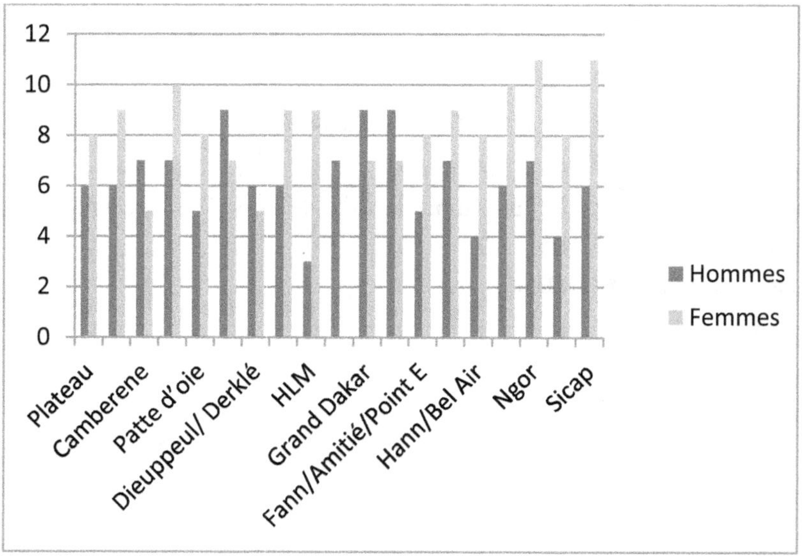

Source : Enquête personnelle

Il est bien visible qu'en ville les femmes sont plus actives que les hommes. Dans tous les quartiers, elles se font remarquer. La ville n'impose pas une division sexuelle, voire sexiste du travail. Ainsi sur ce registre, le talent et la disponibilité des femmes se lisent mieux du point de vue statistique et, par conséquent, se comprend mieux.

Sur 500 individus économiquement actifs, 55 % sont des femmes et 45 % sont des hommes. La marge de liberté que permet l'urbanité donne plus de chance aux femmes de s'affirmer hors des sphères conjugales même si le but de leur activité en général est la subsistance et rarement l'enrichissement du ménage.

[324] Sur les 214 ménages enquêtés, les chefs de famille sont d'abord privilégiés et ensuite viennent les enfants ou parents économiquement actifs et participant au budget familial. Sur 14 quartiers, 154 ménages ont été enquêtés et sur 5 autres quartiers, 60 ménages ont pu l'être.

- Entrée légalisée ou informelle de la jeunesse et l'état absolument excluant de la vieillesse dans la production

Tableau 16 : L'âge chez les femmes

Code	Âge des femmes	Valeur absolue	Valeur relative
1	-20 ans	8	3
2	20-25 ans	15	5
3	25-30 ans	17	6
4	30-35 ans	54	20
5	35-40 ans	58	21
6	40-45 ans	76	28
7	45-50 ans	30	11
8	50 ans et +	17	6
TOTAL		**275**	100 %

Source : Enquête personnelle.

Les femmes sont présentes à tous les âges tandis que les hommes tardent à entrer dans la vie active et y disparaissent plus tôt que les premières au niveau des âges plus avancés. Nous avons ici le même état de fait que le monde rural. Les hommes se marient plus tardivement en ville qu'au village. Le poids de la responsabilité financière du ménage peut en être un élément explicatif. Si les hommes sortent plutôt que les femmes dans le cercle de la production, c'est parce que certainement leur espérance de vie s'inscrit en deçà de celle des femmes et qu'aussi la spécialisation du travail affecte souvent aux hommes les métiers virils qui requièrent plus d'effort physique. Pour les pays en modernisation, le bouleversement sexuel des métiers est encore plus ou moins modeste. Pour ces types de sociétés, la tradition rend virils certains métiers et les réserve aux hommes. Si les métiers intellectuels sont encore monopolisés par les hommes, c'est parce que l'engagement structurel en modernité est récent.

Le monde urbain présente la même caractéristique de l'engagement tardif des hommes vis-à-vis des femmes dans les cercles productifs que le monde rural. Dans les classes d'âge [30 et 40 ans] ou [40 et 45 ans], les hommes sont bien présents. Mais plus on avance en âge, plus ils se raréfient. Sur 225 hommes en activité les]-20 ans] font 2 % et les [50 ans et +[font 5 %. En somme, du point de vue statistique les hommes apparaissent après les femmes et disparaissent avant elles dans la production.

Diagramme 3 : Répartition par classe d'âge des individus actifs en ménage

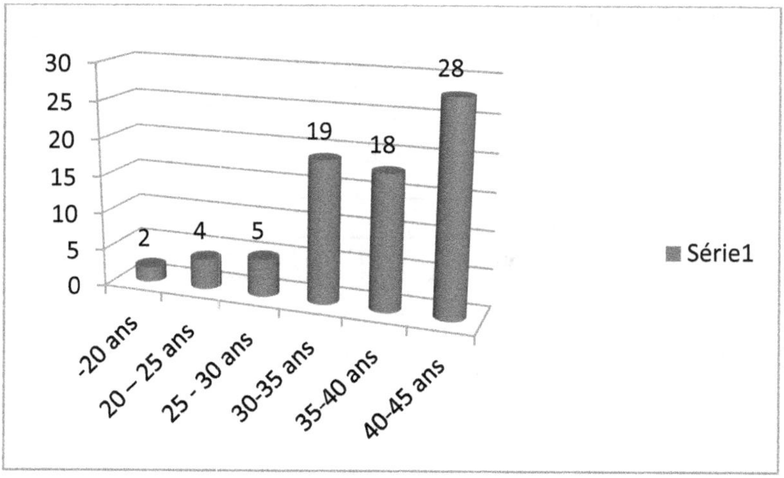

Source : Enquête personnelle.

Du point de vue institutionnel, les jeunes de moins de 20 ans en dessous de la majorité subissent et la loi et la contrainte scolaire. La législation interdit le travail des enfants. Dans cette tranche d'âge, la scolarisation a un poids non négligeable dans le quotidien. En revanche, il y a des exceptions qui échappent à la loi et aussi qui ne fréquentent pas l'école. Ce qui explique que dans nos statistiques, les moins de 20 ans économiquement actifs sont numériquement faibles. La ville est un cadre qui incite à la reproduction des interdits surtout lorsque les individus sont guidés par des opportunismes utilitaristes. La classe [20-30 ans] subit mieux le chômage. Ce qui peut expliquer également sa faible représentation dans nos statistiques. Par ailleurs, la vieillesse est plus rapide et plus agressive en ville qu'en milieu rural. Cela contribue à ralentir ou à exclure les individus, qui y sont confrontés, de l'activité économique. Les classes d'âge [40-45 ans] et [30-35 ans] présentent une grande activité.

- La pesanteur de la responsabilité familiale

Le groupe des acteurs économiques est dominé par les mariés à 64 % sur 500 individus interviewés, notre enquête ayant privilégié le ménage, dirigé par les chefs de famille. Cet état de fait est expliqué par la responsabilité familiale de ces derniers.

- Une domination du syncrétisme religieux

L'animisme est moins fort en ville qu'en milieu rural. Les croyants musulmans ou chrétiens parviennent parfois à se départir du syncrétisme. Les musulmans sont, du point de vue de l'effectif, plus importants. Le syncrétisme apparaît à son tour important et caractérise une bonne partie des comportements des adeptes, des deux confessions, en situation économique.

Tableau 17 : Répartition des individus acteurs en ménage en fonction du culte religieux

Code	Culte religieux	Valeur absolue	Valeur relative
1	Musulman	129	26
2	Musulman-Animiste	302	60
3	Chrétien	35	7
4	Chrétien-Animiste	28	6
5	Animiste	6	1
TOTAL		500	100 %

Source : Enquête personnelle.

- ***Forte présence des acteurs et auteurs moins instruits dans l'entreprenariat urbain***

Les femmes qui s'activent dans les ménages n'ont pas un niveau élevé d'instruction. Étrangement, celles qui ont le niveau du primaire sont les plus présentes dans l'activité économique. Elles font 48 % sur 275 femmes actives interviewées. Elles sont suivies par celles qui ont un niveau du premier cycle secondaire avec 42 %. Celles du second cycle secondaire font 8 %. La présence des diplômées du supérieur est très faible avec 1 %.

Les hommes en activité économique sont mieux scolarisés. Le niveau du second cycle secondaire domine avec 52 %. Le premier cycle compte 37 %. Ceux qui ont un niveau supérieur associés à ceux qui ont un niveau du primaire constituent un effectif moyen dans la ville. Ils sont respectivement entre 4 % et 7 %.

Dans l'ensemble, les diplômés du supérieur sont rares. Le niveau du moyen secondaire et du primaire comptent beaucoup d'agents économiques. Ceux qui sont présents en activité sont déjà employés quelque part et trouvent dans cette activité à dominante *informelle* un appoint à leur revenu familial.

Tableau 18 : Le niveau d'instruction chez les individus actifs en ménage

Code	Niveau d'instruction	Valeur absolue	Valeur relative
1	CI- CM	148	30
2	6e-3e	199	40
3	2nde-Terminale	139	28
4	Enseignement supérieur	14	2
TOTAL		500	100 %

Source : Enquête personnelle.

- La coercition de la réputation numérique ethnique et économique en ville

Les Sérères, les Wolofs et les Peuls dominent du point de vue numérique en ville. Le facteur numérique est plus apte à être convoqué pour expliquer cette présence hiérarchisée entre Wolofs (36 %), Sérères (29 %), Peuls (12 %), Diolas (8 %), et autres sur les 500 interviewés.

La socialité wolof domine du fait du cumul des Wolofs de souche et de la forte wolofisation de beaucoup d'individus appartenant orginellement à d'autres ethnies. La réputation qu'ont certains groupes ethniques de femmes peut aussi jouer un rôle dans leur forte représentativité économique. Le cas des femmes diolas, manjaques et mancagnes, entre autres, malgré leur statut de minorité est significatif.

Les ménages manifestent parfois un regroupement ethnique. Mais en tenant compte des ménages de « couples mixtes » de type hétérogamique[325] et des « mariages intra ethniques » de type homogamique[326], on en arrive à remarquer que les mariages mixtes entre deux individus d'ethnies différentes dominent. En comptabilisant par ailleurs les jeunes « enfants du couple » et « les parents » (deux variables fréquentes dans le ménage africain), on en arrive à une supériorité des femmes sur les hommes dans le ménage.

La valeur ethnique est déterminante dans le culte du travail. Nonobstant la répartition numérique des ethnies au plan national, certaines sont connues pour leur dévouement et leur ardeur au travail. Cet aspect n'est pas occulté dans l'explication de leur forte présence dans l'entreprenariat. C'est le cas des Sérères, des Diolas, des Peuls. Les ethnies minoritaires réputées fières et travailleuses se signalent également. Les Wolofs dominent numériquement l'économie de la ville. Il n'est plus besoin de rappeler que Dakar est un fief traditionnellement lébou. Les autres populations qui composent la nation sénégalaise sont venues s'y installer et s'y activer économiquement. La forte « wolofisation » des populations urbaines qui, pour beaucoup, ont quitté pour des raisons professionnelles leur village n'est pas à occulter dans la domination économique du fait wolof en ville.

- Rareté de l'Identification à une caste productive chez les acteurs et auteurs en ville

En ville, où elle connaît des survivances, la variable ethnique est plus déterminante que la contrainte-caste dans le culte de l'entreprise et du travail. Les acteurs exercent rarement l'activité économique que leur caste d'appartenance leur impose. Pour un individu dévoué à l'entreprise ou au travail, il se limite seulement en général à valoriser son ethnie et non à rechercher l'incidence de sa caste d'appartenance. Sur deux cent soixante-huit (268) individus d'ethnies différentes, seuls dix-neuf (19) subissent la coercition de leur caste d'origine établie dans leur ethnie. L'urbanité reproduit moins les

[325] Union de deux personnes de groupes sociaux différents.

[326] Union de deux personnes de même groupe social.

orientations de la caste. Les quelques rares cas d'exception sont observés chez les Wolofs. Dans l'activité économique urbaine, ces types de rapports sont surtout symboliques et de plaisanterie, sans grande incidence sur l'activité productive ou marchande. Il y a aussi les cas des Peuls avec les *Laobés* (caste sénégalaise d'ethnie peule) spécialisés dans la sculpture du bois et des objets érotiques, entre autres, et les Manjaques (ethnie sénégalo-guinéenne) spécialisés dans le tissage des pagnes.

Les sociétés égalitaires de la Casamance ne connaissent pas une division du travail assez prononcée, diversifiée et popularisée comme celle caractérisant les peuples qui ont été très tôt en contact avec les Arabes. En revanche, leurs ressortissants présents dans la ville de Dakar ne faillissent pas, à leur réputation de travailleurs.

- ***La détermination wolophofone***

Les citadins, qu'importe leur appartenance ethnique, comprennent ou s'expriment dans la langue wolof parlée à 100 %. Toutefois, il n'y a pas d'abandon de la langue maternelle, chez les individus d'ethnies autres, à part quelques exceptions notées chez leurs populations jeunes sur lesquelles nous n'avons pas porté grande attention lors de nos enquêtes, par peur de nous écarter du primat accordé au ménage entrepreneur. Ne pas comprendre et parler le wolof à Dakar déclenche un regard social d'assistance s'il n'est pas, pour la plupart des cas, intimidant parfois même opportuniste au désavantage de l'individu, en défaut de pratique de la langue, qui est en situation d'affaire dans l'économie populaire. Cela s'énonce, d'ailleurs, comme une sanction sociale et peut impacter l'engagement économique et les relations futures de l'entrepreneur. La langue de communication est essentielle en affaire et c'est le wolof qui caractérise les échanges dans l'économie populaire, domaine où domine l'engagement d'entreprise des ménages.

La communication en langue wolof est si développée qu'on a du mal à distinguer l'individu d'ethnie wolof du non-wolof à moins de se référer aux noms de famille. Là aussi, il va falloir prendre en compte le phénomène de la wolofisation qui a embrigadé beaucoup de familles et d'individus à l'origine non wolof. Ceux qui ont subi ce phénomène se considèrent comme Wolofs. La wolofisation nationale, du point de vue linguistique, est à mettre au compte de la traite arachidière dans le bassin arachidier et de l'urbanisation qui l'a vulgarisée en provoquant des mouvements de populations vers les villes. L'emprise sociétale s'est implantée plus tard avec la cohabitation et l'adoption de l'habitus wolof.

➢ ***Profil sociologique des entrepreneurs présents en entreprise en ville***

- ***Entre auteur et cadre/manager : une volonté de conformisation au nouveau profil moderne de l'entreprise***

L'entreprise urbaine intègre de nouveaux métiers jadis inconnus de l'entreprise traditionnelle. Il s'agit des métiers de cadres ou de managers selon la terminologie américaine. Ainsi, les propriétaires d'entreprise que l'on nomme ici « auteurs » ne dirigent pas forcément leur entreprise. Cette tâche est souvent laissée au groupe de managers qui a reçu une formation moderne et qui applique une direction scientifique s'exprimant par un formalisme.

Graphique 3 : Répartition des acteurs en fonction de leur statut en entreprise à Dakar

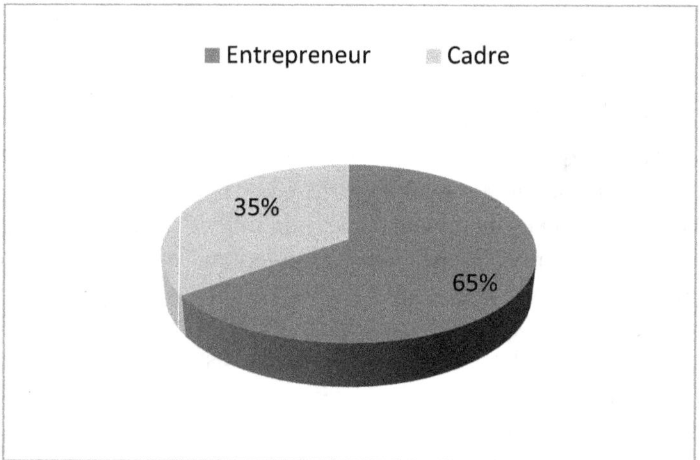

Source : Enquête personnelle.

Nous avons rencontré plus d'agents qui présentent le statut d'entrepreneur que ceux qui se représentent comme cadres. Le fait que les auteurs soient plus nombreux que les cadres est significatif dans le comportement de l'investissement chez les Dakarois. Les entrepreneurs ne recrutent pas de cadres pour diriger leur entreprise. Il s'agit souvent de petites entreprises qui dominent dans l'espace urbain et cela influe sur leur capacité d'investissement dans les ressources humaines. Les entrepreneurs sont leur propre chef. La ville déclenche des aspirations utilitaristes continues et permet le développement des stratégies individuelles.

- Les cadres formels, des diplômés du supérieur

Cela peut paraître une évidence, mais nous avons jugé explicite de discuter du niveau d'instruction des cadres. La répartition ici est difficile, car ces derniers ont tous un niveau du supérieur. En effet, l'entreprise est supposée être si bien organisée que les postes d'encadrement sont monopolisés par les détenteurs d'un capital de savoir technique qui ont bouclé un parcours de formation. Ils ont également une responsabilité vis-à-vis des agents et des richesses de l'entreprise.

Il n'y a donc pas une compromission du modèle d'encadrement de l'entreprise formelle.

- Une présence du niveau primaire et une domination du secondaire chez les auteurs d'entreprise

Tableau 19 : Le niveau d'instruction chez les entrepreneurs-auteurs

Code	Niveau d'instruction des entrepreneurs	Valeur absolue	Valeur relative
1	CI-CM	3	18
2	6e-3e	2	12
3	2nde-Terminale	8	47
4	Enseignement supérieur	4	23
TOTAL		17	100 %

Source : Enquête personnelle.

Il n'est pas besoin d'avoir un niveau du supérieur pour être entrepreneur et initier une entreprise. Les individus qui ont un niveau primaire investissent. Mais ils sont plus dans le secteur dit « informel » où l'on retrouve également des auteurs qui ont un niveau du supérieur. Ceci montre que l'investissement est moins une question de niveau de formation qu'une stratégie d'obtention de profit. Les auteurs se forment dans la pratique et mobilisent le savoir traditionnel. En outre, une formation technique de type moderne peut suffire pour s'engager dans l'entreprenariat. Les individus qui ont un niveau du supérieur sont moins présents. Ils sont en général des cadres chargés exclusivement de la gestion de l'entreprise.

- Une domination du niveau supérieur chez les dirigeants d'entreprise en général

Tableau 20 : Le niveau d'instruction chez les acteurs en entreprise

Code	Niveau d'instruction	Valeur absolue	Valeur relative
1	CI-CM	3	11
2	6e-3e	2	8
3	2nde-Terminale	8	31
4	Enseignement supérieur	13	50
TOTAL		26	100 %

Source : Enquête personnelle.

Il est remarqué des entreprises où le propriétaire a un niveau d'instruction très faible et qu'elles soient dirigées ou codirigées par et avec des individus plus instruits qui interviennent en qualité de manager. Ce qui explique que le niveau des acteurs présents en entreprise soit sensiblement compris entre celui du secondaire et celui du supérieur. La plupart des entreprises sollicitent des agents instruits en fonction de leur capacité de rémunération, mais aussi des liens interpersonnels entre dirigeants et propriétaire(s). La présence des individus de niveau secondaire dans la direction des petites entreprises est due à l'incapacité financière de recruter dans le supérieur ou à des affinités personnelles ou sociales avec le propriétaire. La formation à la responsabilité managériale se fait par un apprentissage ponctuel dans la pratique continue de l'entreprise.

- ***Présence dominante de trentenaires parmi les dirigeants d'entreprise***

Les cadres en général sont entre [25-30 ans] pour les plus jeunes qui sortent des écoles et universités et entre [35-50 ans] pour les autres.

C'est dans les classes d'âge avancées surtout celle [35-40 ans] que l'on retrouve le plus grand lot d'entrepreneurs stables qui font fonctionner leur entreprise de manière structurée avec du personnel. À partir de 30 ans jusqu'à 50 ans le nombre d'entrepreneurs devient plus important. Il est certain qu'il n'est pas besoin d'être forcément âgé pour initier et stabiliser une entreprise. Peu d'individus ont initié très tôt leur entreprise avant de gagner la maturité d'âge et impacte mieux la stabilité de leur entreprise. L'âge n'est pas un handicap à l'entreprenariat. Il suffit simplement d'un éveil, signe de compétence.

Tableau 21 : L'âge des dirigeants d'entreprise

Code	Âge	Valeur absolue	Valeur relative
1	20-25 ans	0	0
2	25-30 ans	3	12
3	30-35 ans	3	12
4	35-40 ans	8	31
5	40-45 ans	5	19
6	45-50 ans	5	19
7	50 ans et +	2	7
TOTAL		26	100 %

Source : Enquête personnelle.

De [35 à 50 ans] on retrouve pratiquement le lot d'acteurs en entreprise le plus important. La plupart se constitue de gens responsables dans leur ménage ou famille. Ce qui les rend assidus en tant qu'entrepreneurs ou cadres. Il est souvent dit qu'il s'agit de l'âge de la maturité.

- ***Une domination numérique des hommes dans l'entreprise***

Les hommes (65 %) dominent les femmes (35 %) dans le volet entrepreneurial, voire décisionnel en entreprise. Aujourd'hui, il est développé des politiques de promotion de la femme dans le domaine de l'entreprenariat, étant donné, selon certaines sources, qu'elles réussissent mieux que les hommes.

Tableau 22 : Le sexe des cadres

Code	Sexe des cadres	Valeur absolue	Valeur relative
1	Masculin	6	67
2	Féminin	3	33
TOTAL		9	100 %

Source : Enquête personnelle.

Chez les cadres les hommes dominent. Ils sont suivis par les femmes qui ont émergé dans l'encadrement d'entreprise. Elles ont de plus en plus un niveau d'instruction du supérieur en entreprise structurée, car y représentent un effectif appréciable.

- Cadres et propriétaires d'entreprise pratiquent plus le syncrétisme religieux

Les cadres en entreprise structurée pratiquent en général le syncrétisme religieux. Très peu ne le font pas. Sur neuf cadres interviewés, dont 7 (sept) musulmans et 2 (deux) chrétiens, on compte 6 (six) musulmans-animistes, 1 (un) musulman, 1 (un) chrétien-animiste et 1(un) chrétien. Les cadres sont de moins en moins exigeants dans leur observation personnelle et scrupuleuse des principes de la confession dans laquelle ils ont fait acte de foi. L'activité économique les pousse à solliciter les pratiques animistes.

Le cas est identique dans l'entreprenariat. Sur 17 interviewés, Musulmans (82 %) comme chrétiens (6 %) pratiquent dans leur majorité un syncrétisme religieux. En général, ils ont besoin d'invoquer l'aide de Dieu et des devins pour le succès de leur entreprise ou pour se protéger éventuellement contre les puissances du mal voire des mauvaises langues et mauvaises intentions.

Les acteurs ne veulent pas se déclarer non croyants en Dieu même s'ils privilégient les fétiches en cas de nécessité dans leurs affaires surtout lorsqu'ils jugent être confrontés à une urgence. En définitive, cadres comme entrepreneurs sacrifient au syncrétisme religieux en entreprise même en évoluant en ville. Certaines traditions comme celles que nous venons de citer résistent à la modernité et à l'urbanité.

- Une domination numérique wolof, sérère et peule en ville n'exclut pas les autres ethnies en entreprise.

En entreprise, on retrouve en général toutes les ethnies parmi les cadres. Les ethnies minoritaires sont bien présentes à côté des individus d'ethnies majoritaires que sont les Wolofs, Sérères et Peuls. De réputation, les valeurs de fierté des membres des deux dernières ethnies citées, selon certains chercheurs, impactent leur engagement économique. Les Peuls sont réputés grands commerçants. Et les Wolofs en général sont bien disposés aux affaires. Notre distinction entre « commerce » et « affaires » est une question de subtilité, d'engagement, de diversification, d'opportunisme et d'évolution dans l'exploitation de l'objet économique. Les ethnies du sud du Sénégal sont réputées être moins entreprenantes en recherche de profit. Mais elles restent travailleuses et rigoureuses à la tâche.

La présence de toutes les ethnies en entreprise témoigne de la prise de conscience des différentes couches socioculturelles de l'importance de la pratique des affaires par le biais du capitalisme. Mais de fait ici, la perception développée n'est pas fondamentalement capitaliste.

- La survivance exclusive de la caste chez les agents wolofs et peuls en entreprise urbaine

Les Wolofs et les Peuls subissent encore dans le milieu urbain les contraintes de leurs castes d'appartenance. Pour les premiers, il s'agit du « griotisme » et pour les seconds du poids d'une aristocratie traditionnelle à laquelle ils doivent respect et soumission, mais aussi de la pratique artisanale. Sur les 27 individus entrepreneurs et cadres associés, 8 d'entre eux subissent encore la coercition de leur caste d'appartenance.

- La présence dominante des individus mariés en entreprise

Sur 9 (neuf) cadres, 5 (cinq) sont mariés. Les cadres ne sont pas nécessairement mariés. Certains, du fait de leur cursus universitaire voire de leur formation en général ou même de leurs responsabilités professionnelles, tardent à entrer dans la vie conjugale.

La répartition est difficile parce que les individus établis à leur propre compte sont souvent enregistrés comme mariés. Leur mariage détermine leur responsabilité en affaire et cela est favorable à leur réussite. Ces individus, par conséquent, sont rétifs au risque d'incarner ou de faire l'objet d'une mauvaise gestion d'entreprise parce que cela impacte leur responsabilité familiale. Toutefois, ils sont parfois confrontés à l'échec d'entreprise lorsqu'ils s'engagent à confondre le capital de l'entreprise et les biens familiaux.

Les mariés sont plus fréquents en entreprise à 85 % contre 15 % pour les célibataires. Cela peut s'expliquer par le fait qu'ils sont responsabilisés devant la prise des décisions d'investissement. En effet, ils sont cadres ou entrepreneurs propriétaires des moyens de production. Le sens de la responsabilité n'est pas à écarter concernant le rapport mariage-entreprise. La responsabilité mène aussi au mariage pour la plupart des cas. Ce cliché remet en selle le rapport du ménage et de l'entreprise.

*

La ville de Dakar jusqu'à aujourd'hui est un pôle commercial – qui reste le secteur le plus dynamique de son économie[327] – industriel et administratif. Il y a

[327] « Il représente 72 % des micro-entreprises et 41,8 % des emplois informels de la région ». Cf *Rapport D.A.T.* 1992.

un déséquilibre économique entre les différents quartiers de la ville. Elle est la première puissance économique du pays et concentre la plus grande partie de la population urbaine[328].

Dakar a toujours été une privilégiée même dans les politiques économiques coloniales et a profité de son avance économique. Certains Français de l'époque coloniale disaient que « l'Afrique occidentale doit se concevoir et se définir à Dakar, c'est localement, sur place qu'elle doit s'administrer »[329]. Pour montrer qu'elle est partie de loin, Pierre Loti en 1874 écrit : « Dakar, une sorte de ville coloniale ébauchée sur du sable et des roches rouges »[330]. André Villard écrit aussi : « Dakar fût_[même si c'est discutable] une sorte de ramassis hideux de cases, d'entrepôts et de médiocres bâtiments officiels [...] Le discours de 1895 du gouverneur général donnera enfin les moyens nécessaires »[331]. Car jusqu'en avril 1880 « Dakar : toujours le même calme, trop calme, commerce presque nul »[332]. En 1910, il n'y avait que 23.600 Noirs[333]. En 2006, la population était à 2.425.368[334]. À la place du « repos le plus complet »[335] ou des plaintes du genre « tout est calme, trop calme... »[336] du colonel Canard, commandant de l'Arrondissement de Gorée en décembre 1875, Dakar est devenue, plus tard, la cité la plus bruyante du Sénégal. Village indigène, au départ, il est devenu une ville métropole, selon Mor Ndao.

II. Les rapports productifs et marchands chez les *acteurs* et *auteurs* d'investissement dans la ville de Dakar

Dans beaucoup de quartiers, l'absence de grandes entreprises structurées est remarquée. Même si elles sont considérées comme des petites entreprises, les activités génératrices de revenus à faible capital, non structurées, dominent dans l'ensemble des quartiers. Ce qui est remarquable aussi est que la plupart des entreprises, structurées ou non, n'ont aucune emprise sur l'économie du quartier

328 Estimée à 10 127 809 habitants en 2003, la population du Sénégal se compose dans sa tranche urbaine de 4 120 375 habitants soit un taux d'urbanisation de près de 41 %. Cf Abdoul Aziz. *Quelles centralités pour la ville de Dakar, Sénégal ?*

329 Conférence économique sur le ravitaillement. « Discours du gouverneur général Boisson », Dakar, septembre 1942, cité par Mor Ndao, *Le ravitaillement de Dakar de 1914 à 1945*, L'Harmattan, 2009, p. 9.

330 Pierre Loti, *Roman d'un Spahi*, p. 183, cité par Mor Ndao, *Le ravitaillement de Dakar de 1914 à 1945*, L'Harmattan, 2009, p. 19.

331 Félix Brigaux, *Histoire moderne et contemporaine du Sénégal : Saint-Louis du Sénégal*, CRDS-Sénégal, 1966.

332 C. Charpy, *La fondation de Dakar*, Paris, Maison Larose, cité par Mor Ndao, *ibid.*

333 Martin V., *Études socio démographique de la ville de Dakar*, ministère du Plan, Direction de la statistique, 1962.

334 ANSD, Banque de données des indicateurs sociaux du Sénégal (BADIS), Édition 2005-2006, Projection du tableau de bord, Tableau A 0105 : Population et Taille des ménages selon la zone de résidence de 1970 à 2006.

335 Jean Oxoby, « Dakar métropole », dans *Le Petit sénégalais*, 20 avril 1913, cité par Mor Ndao, *Ibid.*

336 C. Charpy, cité par Mor Ndao, *ibid.*

dans lequel elles sont installées. Et cela à l'exception du quartier Plateau qui attire le plus de travailleurs.

Comportements socioéconomiques des ménages et de l'administration publique dans les subdivisions administratives de la ville

Le quartier est le lieu par excellence d'expression économique des ménages. Ils sont engagés dans la production artisanale[337], la création ou la réhabilitation de biens, le commerce et le plus souvent dans les services.

Les quartiers populaires aux populations en majorité pauvres, en l'occurrence, Biscuiterie, Grand-Dakar, Grand-Yoff, Parcelles assainies et Cambérène, connaissent des ménages très actifs en termes d'opportunismes économiques.

Les fonctionnaires sont rares dans l'activité d'investissement des ménages. Dans les couples mixtes, composés d'un fonctionnaire et d'un autre non-fonctionnaire, c'est le dernier sans obligation formelle qui s'engage le plus souvent dans des actes d'investissement avec le soutien, entre autres, du revenu régulier de son partenaire. Les acteurs de « l'informel » n'ont pas de revenu fixe.

En général, l'entrepreneur est un professionnel aguerri en affaire. Mais sous le diktat moral de son ménage, ses choix professionnels sont souvent déterminés.

Faute d'espace, nous n'exposons pas les faits de comportements d'investissement recueillis dans chacune des 19 communes d'arrondissement de la ville de Dakar visitées, lesquelles ne présentent pas forcément des similitudes en termes de richesse communale et de capacités productives entre les ménages. Nous proposons directement, par conséquent, une systématisation des différentes variables fédératrices observées et qui concernent leur engagement productif et marchand.

- ***Systématisation des comportements de ménages et Analyse des variables mieux partagées***

À la suite d'un cumul de valeurs des dix-neuf quartiers de la ville, la production des services – le transport inclus – est quantitativement plus importante que celle des biens de consommation.

Par ordre d'importance l'artisanat arrive après l'activité des services. L'investissement technologique moderne à forte valeur ajoutée moderne dans la production artisanale est rare. Les instruments de travail sont de type traditionnel ou d'une modernité peu conforme à l'organisation industrielle. Le tissage de pagne « njago », qui requiert un matériel traditionnel, est complété par la précision des tailleurs qui utilisent la machine à coudre domestique souvent de

[337] Les métiers d'artisan partent des types traditionnels reproduits en ville notamment la cordonnerie, le tissage, la tannerie, la vannerie, la bijouterie, et des types introduits par la modernité, c'est-à-dire la mécanique, la menuiserie, et même l'électronique.

marque Singer[338] ou électrique de marque Elna[339] à bras libre ou à pédale. Les industries de couture (par exemple, le cas de l'établissement Gora Hathj installée dans la Zone Franche sise la Cité des eaux à Dakar qui est une entreprise familiale et qui s'est formalisée puis agrandie, est illustratif) utilisent des machines électriques programmables « Memory » qui est une marque japonaise en vigueur depuis 1979. Certaines d'entre elles recourent au travail des artisans pour affiner leur production. La cordonnerie qui produit des chaussures, des sacs, des chapeaux de même que la bijouterie (spécialisée dans les parures), la sculpture (spécialisée dans la fabrication de mortiers, d'objets d'art et de musique) et la menuiserie (bien portée dans le mobilier) utilisent selon la taille de l'entreprise, une technologie traditionnelle ou semi-moderne peu performante pour assurer de grandes productions. Leurs produits sont présents en série sur le marché.

La technologie traditionnelle est aussi mobilisée dans le cadre de la production de services marchands comme la coiffure, la manucure ou la pédicure. Il est fait usage de la main dans le tressage des cheveux de femmes et de la lame autant pour les cheveux, la barbe que pour les ongles.

Le matériau non traditionnel est mobilisé dans la production de services plus précisément dans la réparation d'objets modernes. Ici on répare plus qu'on ne jette à la poubelle. Cela fait l'objet d'un important marché de récupération et d'exploitation en fonction des types de produits qui se déclinent, entre autres, en termes de téléviseurs, de vêtements, de radios, d'ordinateurs, de montres et horloges.

Les entreprises productives sont très faibles du point de vue de leur taille. Elles sont sur de petits marchés. Par conséquent, leur profit est faible.

Le déséquilibre des ressources dans la ville a une incidence sur les économies locales notamment dans les zones de résidence administrative. Aucun quartier de Dakar n'est affranchi de la pénurie et ce jusque dans les zones plus favorisées en ressources infrastructurelles, administratives ou en flux monétaire. Certes, les revenus sont légèrement différenciés en fonction des quartiers, mais ils varient d'un ménage à un autre. Il est des ménages à revenu pauvre qui résident dans des quartiers réputés riches en occupant des maisons de fonction ou de famille. Il est aussi des ménages à revenu élevé qui vivent dans des quartiers populaires réputés pauvres.

Sur 500 entrepreneurs, 66 % sont commerçants. Le petit commerce est la stratégie de survie la mieux partagée face à l'absence d'emploi. Les petits revenus accèdent plus facilement au commerce même avec un tout petit budget.

---

338 Le brevet de cette machine est obtenu par le propriétaire de l'entreprise américaine Singer du nom de Isaac Merrit Singer en 1851. La machine à pédale est brevetée en France en 1868 par Pierre Carmien.

339 Il s'agit de machine électrique dont la première forme Elna 1 à bras libre est commercialisée à Genève à partir de 1940.

Il n'est pas besoin d'avoir un local pour commencer son commerce. La vente à l'étal, au tablier et à la sauvette se pratique toujours à Dakar comme dans le monde rural. On les surnomme les marchands ambulants.

Tableau 23 : La répartition des agents dans le commerce

Code	Commerce	Variable absolue	Variable relative
1	Petit	235	71
2	Moyen	97	29
TOTAL		332	100 %

Source : Enquête personnelle.

C'est le petit commerce qui domine dans les différents quartiers de la ville de Dakar. La vente au détail reste ici aussi la caractéristique la mieux partagée chez les commerçants. Seuls les grossistes et les acteurs de l'Import-Export semblent échapper à ce fait.[340]. Au-delà de l'étal, le commerce est représenté par les boutiquiers qui paient des taxes. Leur profil juridique, en revanche, diffère de celui des entreprises au vrai sens du terme et surtout par voie de comparaison aux entreprises d'Import-Export. On les considère comme faisant partie du secteur informel qualifié « *illégal* »[341] s'ils ne satisfont pas à leurs obligations fiscales.

Le petit commerce est dominé par les femmes. Les hommes, moins instruits, pratiquent le commerce et la production artisanale. Les acteurs du petit commerce et du milieu artisanal n'ont pas d'identifiant juridico-administratif et développent des stratégies économiques indépendantes de la culture économique centrale, instituée légale.

Tableau 24 : Statut juridico-administratif légal et organisationnel de la production et du commerce des ménages et entreprises

Code	Statut	Variable absolue	Variable relative
1	N'en disposent pas	170	56
2	En disposent	13	4
TOTAL		300	100 %

Source : Enquête personnelle.

La plupart des agents économiques ne remplissent pas les conditions juridiques et organisationnelles qui leur permettent de formaliser leurs activités. Sur dix (10) propriétaires d'entreprises dites « informelles », aucun d'eux ne

340 Les grossistes et les acteurs de l'import-export s'organisent en entreprise. Ils incarnent chacun pour ce qui le concerne un statut.

341 Abdoulaye Niang, « Le secteur informel, une réalité à réexplorer : ses rapports avec les institutions et ses capacités développantes », *op. cit.*

dispose de statut légal. Ainsi, sur les vingt-trois (23) entreprises visitées, seules les cinq (5) entreprises publiques et les 8 autres entreprises privées ont un statut formel.

L'absence de statut juridico-administratif légal de l'activité productive ou marchande trahit une organisation spontanée de la production en fonction des réalités du marché. Cela caractérise la plupart des ménages actifs. 91 % des individus actifs répondant de leur ménage obéissent à ce phénomène.

La majorité des agents-artisans[342] sont dépourvus de statut juridique inhérent à leur production. Afin de mieux poursuivre le profit, les ménages entrepreneurs se désolidarisent des procédures dites « formelles ». Ils excellent dans la production de petits services.

Il importe de souligner ici que 75 % des ménages entrepreneurs n'ont pas de statut juridique. Autrement dit, seulement cinquante-quatre (54) ménages sur les deux cent quatorze (214) visités se sont appropriés d'un statut conforme. Pour les entreprises aussi, nous en avons compté dix (10) informelles, c'est-à-dire sans statut sur un ensemble de vingt-trois (23). Il est une logique selon laquelle « informelle » équivaudrait à ne point détenir de statut juridique. Mais on peut détenir un statut légal en bonne et due forme et paraître « informel » dans la démarche productive ou dans le volume de capital technologique ou financier détenu.

Pour l'activité commerciale, c'est la vente au détail qui domine chez les ménages. Les initiatives dépourvues d'une forte capacité financière commercialisent souvent des biens alimentaires non transformés. La transformation des produits se fait de manière artisanale dans la demeure familiale. La production de l'arachide grillée, par exemple, est très répandue dans le commerce des quartiers. Toutefois, les profits y sont très faibles. Les coûts de production ne sont pas élevés.

Il y a aussi la vente de légumes, de denrées alimentaires transformées, de vêtements avec le prêt-à-porter, de textile et de cosmétiques. La restauration est bien pratiquée dans l'activité des ménages. Il est remarqué des gargotes, des Fast-foods et des restaurants de divers standing.

La vente d'aliments, tels que les arachides grillées ou les légumes, a une source traditionnelle et est encore fortement présente en ville. Ce type d'investissement de ménages est tenu par les femmes qui en maîtrisent bien le commerce.

L'investissement des ménages repose sur la taille de leur revenu. Celle-ci est conditionnée par les charges domestiques ou familiales au sens large du terme et très souvent par l'économie du quartier, dans laquelle le ménage exerce. Le revenu familial est renforcé par les petites activités et souvent par la *Tontine* à

[342] Il s'agit pour la plupart de menuisiers, de couturiers, de mécaniciens, de cordonniers, de tisserands, d'artistes, de sculpteurs, de réparateurs électroniques ou d'ordinateurs.

laquelle l'épouse participe. Les fonctionnaires d'État investissent rarement. Ceux du privé investissent mieux. Mais tous le font sans formalisation ou à défaut usent de prête-nom pour le statut de leur entreprise. Le petit commerce informel des femmes fonctionnaires est plus visible que les exactions affairistes des fonctionnaires hommes.

L'environnement économique en effet serait déterminant dans la stratégie de création de richesses. Le lien est toujours pertinent entre l'activité d'un ménage et son revenu ainsi que le statut économique de son quartier de résidence. La plupart des ménages qui disposent d'un bon revenu sont en général installés dans des quartiers[343] réputés « riches ». Mais comme nous l'avons déjà dit plus haut, des ménages avec un bon revenu cohabitent avec des ménages à revenu faible dans des quartiers réputés « pauvres ». Par exemple, des familles financièrement aisées vivent aux Parcelles assainies et à Grand-Yoff.

Caractérisée par une concentration très forte de populations, la banlieue de Dakar constitue un grand dortoir alors qu'elle pouvait être, à notre sens, un pôle économique. Toutefois, la présence de petites activités de commerce soutient le revenu des ménages qui y résident.

Les familles qui vivent en banlieue sont moins favorisées que celles qui sont installées dans le centre-ville ou celles dont la demeure s'en rapproche. Également, les quartiers moins distants du centre-ville ne sont pas forcément plus riches que les autres plus éloignés. Le cas des Almadies – qui de plus en plus ravit la vedette au Plateau en termes de concentration d'intenses activités économiques et administratives de même qu'en matière de circulation de capitaux – est révélateur.

En somme, nous allions remarquer que dans les quartiers pauvres les capitaux sont rares et cela stérilise l'activité du ménage. Dans les quartiers privilégiés, les ménages sont à l'origine d'activités économiques de taille moyenne. Mais il est rare qu'elles impactent l'économie du quartier d'installation en termes d'emploi du fait de l'emprise non capitaliste de la famille « entrepreneurs » sur les profits.

La pénurie est une opportunité pour les ménages de développer de nouveaux rapports.

Les plus entreprenants, qui s'émancipent des limites du quartier, s'investissent dans une activité économique en s'appropriant le plus souvent du statut formel d'entreprise. Ces derniers disposent d'un bon niveau de revenu.

Les femmes sont bien en vue avec la vente en général de denrées alimentaires, surtout le poisson dans certains quartiers, ou de produits vestimentaires. Les jeunes dans le cadre de l'initiative du ménage, s'engagent

[343] Nous précisons au passage que c'est en constatant le niveau économique des ménages que nous nous apercevons de la pertinence à prendre en compte dans notre méthode d'étude la dichotomie existant entre un quartier riche et un autre pauvre.

plus dans le commerce ambulant. D'autres parmi eux, réputés plus modernes s'activent dans les services. Ils ne sont point exemptés du déterminisme de leur environnement d'activité. En effet, ils sont plus ou moins en rupture avec la rationalité centrale des jeux économiques urbains, notamment le « formalisme ».

Les hommes adultes, les plus économiquement privilégiés sont, entre autres, dans le petit commerce de magasin, la réparation automobile, l'électronique ou l'informatique selon leur niveau de formation ou d'instruction. Ils mettent en vente des biens au détail. Le prix de vente des services est à la portée du citadin moyen. Chez les moins privilégiés économiquement, on retrouve le plus d'artisans (menuisier métallique, ébéniste, mécanicien, cyclomoteur, vélo, automobile, sculpteur, coiffure et activités intermédiaires dont le courtage, entre autres). Même la mendicité peut être perçue comme une activité lucrative pour qui s'y applique bien. Certains travaux scientifiques l'associent à *l'informel.* C'est plus le fait d'adultes hommes, femmes et d'enfants, chez lesquels il faut compter un grand lot de *talibés* et d'enfants en rupture familiale. Les jeunes sont laveurs de voitures ou cireurs pour la plupart appartenant à de modestes conditions et bousculés par la coercition économique urbaine. Ces activités économiques sont socialement légitimées, mais du point de vue de la loi, elles sont « semi-légales »[344].

Les plus grands revenus sont dans le grand commerce, c'est-à-dire l'Import-Export ou avec les grossistes. Ils sont aussi détenus par des agents qui évoluent dans les services. Ceux-ci, en général, se formalisent vis-à-vis de la politique économique centrale.

La vente au détail, qui est une expression de l'initiative des ménages, est une composante importante du produit intérieur brut. Les grandes entreprises privées et publiques utilisent les estimations des ventes au détail pour élaborer des stratégies d'investissement.

Le revenu déterminant du comportement économique et social du ménage

Beaucoup d'agents exploitent les revenus familiaux pour mener leurs activités économiques. Le recours au crédit permet aussi de disposer d'un revenu ou de renforcer celui déjà existant. Pour le ménage, le revenu est un moyen pour accéder à la consommation et en même temps un moyen pour la production.

Ainsi, l'usage qu'est fait du profit est très souvent profitable à la première conception, c'est-à-dire la consommation. Il s'agit de répondre à une application de la socialité selon laquelle « il faut bien vivre de ses activités »[345]. On est en présence d'un déterminisme social qui humanise la valeur du travail. Dans le capitalisme, le profit fait l'objet d'une instrumentalisation par et pour la production.

---

[344] Abdoulaye Niang, « Le secteur informel, une réalité à réexplorer : ses rapports avec les institutions et ses capacités développantes », *op. cit.*

[345] Propos partagés par tous les enquêtés.

À Dakar l'accumulation est souvent très lente et peut être nulle dans les ménages qui sont sous une forte emprise des charges familiales. Ceux qui bénéficient de revenus faibles ou de capitaux faibles investissent dans de petites affaires. La manipulation de faibles capitaux influe sur la qualité du profit. La grande faiblesse en initiative de capitalisation s'explique aussi par une faiblesse de l'épargne d'accumulation. Il leur est difficile d'évoluer sous la contrainte des besoins végétatifs et domestiques puis de poursuivre sans être inquiétés une accumulation de profits et de créer une épargne convenable. La forme des entreprises découlant de l'activité des ménages ne peut pas se porter vers une croissance et espérer rompre avec ce que les économistes et sociologues appellent aujourd'hui *l'informel*. La faible capitalisation entraîne une faiblesse des moyens technologiques et une faible productivité. Alors, l'entreprise reste de petite taille, au mieux elle s'approprie d'un petit nombre d'employés à défaut de ne pas en avoir. Si l'investissement du ménage n'est pas porté vers la croissance, il reste de type traditionnel. Pour qu'une entreprise se modernise, il faut une intensité du capital financier et technologique de même qu'une taille minimale de 10 employés selon le barème distinctif de Ranis et Stewart (1999)[346].

Le ménage fait beaucoup d'investissements dits non productifs. La représentation du risque de perte existe et il s'agit de pertes matérielles. Les risques incitent à la sécurisation du revenu. Cette dernière option constituerait un refuge idéal contre le risque d'une perte. Beaucoup de chefs de famille détenant des capitaux justifient leur préférence économique pour le secteur de l'immobilier par une stratégie de sécurisation de leurs revenus. D'autres, par crainte de les perdre, consomment leurs revenus soit délibérément, soit sans s'en rendre compte à force d'hésiter sur leur bon usage. Beaucoup de ménages dépensent au jour le jour pour la subsistance familiale. D'autres font de la planification sur un mois et par circonstance font des dépenses pour l'acquisition de biens domestiques surtout mobiliers. Le volume de consommation et les intervalles d'investissement dépendent du budget du ménage qui reste variable d'une famille à une autre. Le ménage consomme plus qu'il n'investit. Ses initiatives économiques sont fortement dépendantes des charges domestiques ou par extension des dépenses favorisées par la parenté ou par l'amitié. La recherche du profit est visible chez les ménages, mais il accorde la priorité à la *jouissance* familiale en accord avec la coercition de certaines institutions socioculturelles qui s'imposent à lui. Cet usage du profit peut être expliqué par des dysfonctionnements dans le comportement des agents ; dysfonctionnements imputables aux différentes rationalités caractérisant les différents modes de production dans le temps et l'espace.

Les stratégies qui se construisent autour du revenu débouchent vers un acte utilitariste, un investissement ou non. Il est aussi intéressant de mettre en lumière

[346] G. Ranis and F. Stewart, "V-goods and the Role of the Urban Informal Sector in Development", In *Economic Development and Culture Change*, 47, 2, january 1999, cité dans CNUCED, Rapport 2006, *Développer les capacités productives,* p. 259-288.

les comportements développés en fonction du rapport *insuffisance de revenu/impératif de survie et volonté d'accumulation économique.*

Tableau 25 : Répartition des commerçants en fonction de leur perception sur le niveau de leur revenu

Code	Niveau de Revenu chez les commerçants	Variable absolue	Variable relative
1	Faible	235	71
2	+/- Suffisant	97	29
TOTAL		332	100 %

Source : Enquête personnelle.

Tableau 26 : Répartition des producteurs en fonction de leur perception sur le niveau de leur revenu

Code	Niveau de Revenu chez les producteurs	Variable absolue	Variable relative
1	Faible	119	71
2	+/- Suffisant	49	29
TOTAL		168	100 %

Source : Enquête personnelle.

Finalement la majorité ne se satisfait pas de son revenu. Cela compromet les chances ou la taille de leurs investissements, sachant le poids quasiment insupportable des charges familiales. L'aménagement d'une équivalence entre la taille du revenu et les exigences familiales (prise en charge des enfants et des parents) est souvent compromis. Les ménages qui ont réussi à rationaliser le nombre de leurs enfants en fonction de la taille de leur revenu restent encore des obligés de leur grande famille d'appartenance afin d'éviter d'être socialement sanctionnés.

Les ménages, dont le revenu permet des prélèvements pour le financement d'une petite ou d'une grande affaire, jugent leur capital acceptable, mais ne s'en satisfont pas pour autant. Aucun d'entre eux ne déclare avoir un revenu suffisant, mais quelques-uns en revanche acceptent avoir un sentiment +/- satisfaisant sur leur niveau de revenu.

Même avec un bon revenu, il n'est pas sûr que les individus investissent s'ils ne l'ont jamais fait auparavant. Les agents investissent pour améliorer qualitativement ou quantitativement leur offre. Mais ici, il s'agit moins d'une question de moyens relativement au revenu ou au profit que d'une question de volonté. Parce que d'autres, nonobstant la faiblesse de leur revenu, arrivent à investir. La volonté d'investir n'est pas liée à la disponibilité de revenus capables d'investissement.

L'investissement soulève des questions quantitatives comme celles relevant de la disponibilité du revenu, mais aussi des questions qualitatives telles que la manière d'entreprendre, en plus de la volonté d'entreprendre. Concernant l'impératif de survie et la volonté d'accumulation, il est bon de faire une lecture de l'usage du revenu plus précisément du profit obtenu au terme d'un investissement et le comportement à l'épargne qui est un préalable à l'investissement.

Les commerçants qui réinvestissent le font en totalité ou en partie avec le profit de leur commerce afin d'augmenter ou d'améliorer leur offre. Ils sont 12 %. Les 88 % utilisent leur profit pour la subsistance. Ils restent par conséquent statiques dans la courbe évolutive de leurs affaires.

Quant aux producteurs qui sont dans l'artisanat, ils n'améliorent pas leur condition de travail. C'est encore la logique de la « substitution technologique » au détriment de celle « évolutive » qui est poursuivie. L'explication fournie est qu'ils produisent pour en vivre exclusivement. 90 % utilisent le profit de leur production pour la subsistance contre 17 % qui réorientent les profits dans la machine productive.

Les individus qui évoluent dans les services font valoir leurs compétences et assurent la survie de leur métier. Ils investissent rarement dans la formation afin d'approfondir leur savoir-faire et de provoquer l'obtention de survaleur. L'argent gagné de leur prestation est destiné à vivre ou à améliorer leur condition de vie. Sans investissement il n'est nullement pertinent de parler de profit. On se met plus, dans cette situation, dans la logique du gain. En effet, tout acte de production, ne permettant pas l'estimation de pertes et profits, renvoie à l'esprit du gain et non de l'investissement.

Tableau 27 : L'usage du profit chez les producteurs en ménage

Code	Usage du profit	Variable absolue	Variable relative
1	La subsistance	442	88
2	La production	58	12
TOTAL		500	100 %

Source : Enquête personnelle.

Les ménages font plus des investissements improductifs en achetant des biens et des services pour l'usage domestique. Cela ne les empêche pas d'initier des activités génératrices de revenus. Par contre, toujours est-il qu'ils réinvestissent rarement pour agrandir leur capacité productive.

Les rapports du ménage à l'épargne

L'épargne[347] des ménages pauvres est très faible pour les quelques exceptions qui arrivent déjà à en faire. Certains ménages avec leur épargne ont

347 L'épargne est « un transfert de fonds excédentaires détenus par certaines personnes ou institutions qui n'ont aucune possibilité d'investissement rapportant un rendement

acheté des actions dans des entreprises compétitives. D'autres font des placements bancaires. Ces formes d'épargne mentionnées sont le fait de ménages qui ont un revenu plus ou moins élevé. Ils épargnent pour diverses raisons. Il y a d'abord l'assurance contre la maladie ou le décès. Ensuite, il y a le fait de vouloir éviter le gaspillage. En effet, la tendance à dépenser tout le revenu est encore forte chez les individus déterminés, comme nous l'avons dit, par un environnement expressif et significatif.

Certains font de l'épargne pour constituer un capital de commerce, réaliser un projet ou pour simplement accéder au crédit[348]. D'autres le font aussi pour satisfaire à des obligations sociales ou religieuses, ou simplement anticiper sur leur consommation future.

Nous avons remarqué[349] que « l'épargne d'accumulation » est présente, mais reste déséquilibrée. Nous remarquons aussi, surtout dans les ménages où il y a des jeunes célibataires économiquement actifs, la présence d'une « épargne de prévoyance » qui insiste plus sur les frais de mariage et moins sur les frais d'éducation des enfants ou de formation professionnelle. Ceux qui épargnent pour financer leur formation sont souvent de jeunes travailleurs, mais pas les entrepreneurs qui, pour exercer, s'appuient sur le revenu de leurs ménages. Les ménages ici, excepté parfois ceux dont le revenu est bien élevé, n'épargnent pas pour aller en vacance.

« L'épargne de précaution » – pour les soins de santé et de retraite – existe chez les fonctionnaires des services publics ou d'organisations privées. Elle se répercute sur le revenu du ménage et constitue un appui en cas de besoin. Les non-fonctionnaires qui n'épargnent pas et qui ne disposent pas de revenu suffisant contractent de l'argent auprès de la famille, d'amis, ou des institutions financières en cas de maladie ou de maternité. Il existe des ménages qui, à la suite d'une crainte de réduction future du revenu, font des épargnes.

« L'épargne de spéculation », qui se fait en fonction de l'anticipation des prix des actifs et de leur évolution, est très peu suivie à l'exception des ménages grands commerçants. La preuve est qu'avec la fluctuation des prix ces dernières années, les ménages ont beaucoup souffert et sont restés incapables de surmonter la pénurie en résistant à la cherté des prix des denrées de premières nécessités.

L'objectif du ménage étant la subsistance, les actes d'investissement ne peuvent se poursuivre et même se tenir du moment où il n'est pas encore à l'abri

---

suffisant eu égard au risque encouru vers d'autres utilisateurs, qui, eux, manquent de fonds pour réaliser leurs projets d'investissement ».

348 Les banques exigent des garanties pour l'octroi du prêt. Au-delà d'avoir un compte, les micro-crédits locaux exigent un montant précis (acompte) pour octroyer un crédit équivalent aux clients, en général ménage, qui n'ont pas de revenus fixes.

349 Modèle de subdivision de Christian Biales sous différentes motivations sous-tendant l'accumulation d'épargne chez les individus.

des besoins de base[350]. Ainsi, en ignorant *l'épargne de spéculation* les ménages portent atteinte à leur capacité de survie future. La faiblesse de *l'épargne d'accumulation* ne favorise pas l'engagement du ménage dans un investissement. La constitution du patrimoine en est affectée. Pour toutes ces formes d'épargne, l'obstacle à leur satisfaction est l'insuffisance de revenu.

L'État a valorisé le crédit formel appuyé par un système financier décentralisé pour permettre une croissance des unités de production ou de commerce et accroître ainsi le revenu des ménages. Mais jusqu'à présent le micro-crédit n'a pas eu un impact significatif sur la réduction de la pauvreté, notamment dans l'insuffisance ou l'instabilité des revenus des ménages.

Les rapports du ménage au crédit

Le crédit est véritablement une stratégie constitutive du revenu. Par conséquent, il permet l'investissement. Les ménages plus démunis accèdent difficilement au crédit dit « formel » du fait de la barrière des garanties et des antécédents d'exercice exigés par les banques. Certains agents disent détenir un compte bancaire établi dans une banque ou pour la plupart dans un micro-crédit. Ainsi, la fréquentation du crédit est un fait pour les ménages dakarois.

Tableau 28 : Fréquentation du crédit par les ménages urbains

Fréquentation du crédit des ménages urbains	**Valeur absolue**	**Valeur relative**
Fréquentent le crédit	367	73
Ne fréquentent pas le crédit	133	27
TOTAL	500	100 %

Source : Enquête personnelle.

Il est rapporté que les ménages sont mal organisés pour être acceptés par les institutions de crédits. Ils sont soit mal informés ou présentent simplement une incompatibilité entre le modèle proposé par les organisations dites « formelles » et leurs habitudes de production traditionnelle. Encouragés par l'insuffisance de leur revenu, les ménages s'inscrivent dans *l'informel* et se limitent à une recherche de profit justifiée essentiellement par le besoin de subsistance de la famille.

Le crédit le plus fréquent dont ils bénéficient est plus du type dit « informel ». Il est basé sur les *tontines*, la parenté ou l'amitié. Il importe de souligner que le montant, en général, n'est pas important. Cela est valable pour

350 Abraham Maslow, *Pyramide des besoins, voir* ***Moti****vation and personality, New York, Harper and Row, 1959 et cité aussi par M. Mbodj, Cours de psychosociologie*, UCAD, 2002.

les ménages à faible revenu qui se retrouvent en association autour d'une *tontine* qui est aussi une forme d'épargne.

Toutefois, dès que ces derniers commencent à voir le volume de leur revenu augmenter, ils changent au fur et à mesure d'attitude. Ils se dirigent vers le crédit soit en groupe ou individuellement pour se faire assister dans un premier temps. Une fois dans le giron des institutions de crédit, ils sont informés, rassurés, encadrés et orientés petit à petit vers l'endettement. Ce qui leur permet de contracter un crédit et d'agrandir leur activité ou simplement d'en initier une autre plus importante basée sur une nouvelle méthode de gestion. Mais souvent pour les entreprises de ménage des frustrations surgissent entre elles et la banque ; la raison reposant le plus souvent sur un déficit d'informations que dénoncent les porteurs d'entreprise lorsqu'ils développent le sentiment d'être manipulés.

Les stratégies féminines dans la ville de Dakar

Les stratégies féminines trouvent leur raison d'être dans la survie quotidienne de la famille. Il s'agit de stratégies associatives. Les femmes se servent de leurs « réseaux de solidarité », à partir desquels elles forment des « groupements d'intérêt économique » sous forme de GPF. Elles investissent des secteurs de l'économie dite populaire, à l'aide de systèmes dits « formels » et « informels » d'épargne et de crédit.

Les organisations non gouvernementales (ONG) de développement ayant accès à des fonds d'aide au développement sont perçues comme de principales sources possibles de ressources financières et de formation technique. En conséquence, beaucoup de groupes de femmes se forment et adoptent des modes d'organisation destinés à maximiser leurs chances de réussite économique et sociale. Elles inscrivent leurs activités dans un programme de développement et vont à la recherche de bailleurs de fonds. Une bonne partie de l'aide accessible aux femmes des milieux populaires se présente de plus en plus sous la forme de « micro-crédits »[351].

Si les ménages sont le moteur privilégié de « l'informel », les femmes seraient du point de vue quantitatif et qualitatif porteuses de « l'informel ». En effet, elles sont les mieux actives dans les ménages entrepreneurs.

Les rapports socioéconomiques au sein du quartier

Les ménages constituent une constante dans les relations socioéconomiques du quartier pour ne pas dire de la collectivité. Leurs initiatives cherchent d'abord à couvrir le marché local, c'est-à-dire le marché du quartier dans lequel ils sont installés.

[351] Elsa Beaulieu, *Solidarités et stratégies économiques des femmes urbaines au Sénégal : le cas des « groupements d'intérêt économique » de la région de Dakar*, Mémoire de maîtrise, Université du Québec à Chicoutimi, 2003.

L'économie de quartier est dominée par le commerce. La majorité des ménages, excepté les artisans, qui vivent de leurs activités ne produisent pas les produits qu'ils vendent. Il importe aussi de remarquer que le commerce est l'exclusive qui fait accéder le plus rapidement à un grand revenu et apparaît, par conséquent, comme synonyme de stabilité économique pour un bon nombre de famille.

Plus les ménages sont pauvres, plus leur comportement économique est fixé sur un marché qui se limite aux parents au mieux au quartier.

Les rapports socioéconomiques au sein du quartier sont ponctués par la mise en vente de petits produits allant de l'alimentaire (produits maraîchers et alimentation générale) dans les rues ou au marché du quartier, de produits de l'habillement (boutique ou vente de porte-à-porte) et de services tels que la coiffure et les travaux domestiques.

Les compétences techniques sont orientées dans la confection des produits de l'habillement (couture et teinture) en complémentarité avec la cordonnerie. Elles sont mobilisées aussi pour la fabrication des produits et services utilisés pour le confort de ménage. C'est dans ce cadre que nous faisons remarquer le concours, entre autres, des menuisiers, des mécaniciens, des plombiers et des électriciens.

Au fur et à mesure que son activité productive grandit, le ménage cherche à dépasser les limites du marché du quartier de résidence. Certains arrivent, par leur ambition, à accroître leurs propres revenus. Les ménages qui arrivent à accumuler sortent en général de l'espace de leur quartier pour écouler leurs produits ou vendre leurs services en dehors de celui-ci. Autrement dit, ils élargissent leur marché au-delà des frontières du quartier.

Encore est-il vrai pour ces ménages, dont les affaires évoluent vers la perspective d'une entreprise structurée ou qui manœuvrent pour améliorer les capacités de leur activité, qu'ils sont fondamentalement confrontés à la difficile distinction qu'exige toute entreprise entre revenu familial destiné à la consommation destructive et capital d'investissement destiné à la production.

Nous sommes arrivé à constater que les ménages, qui s'approprient d'une organisation pour asseoir leur production, incarnent le mieux l'entreprise structurée à la différence des ménages qui se contentent d'initier spontanément et en fonction des besoins de leur famille, des activités génératrices de revenus. Les premiers s'émancipent des limites de leur quartier tandis que les seconds sont embrigadés par les relations socioéconomiques qui s'y tiennent. En portant une grande offre destinée au marché, le primat n'est plus mis sur le voisinage, les parents (famille et ethnie), les amis ou sur les affinités religieuses, mais plutôt sur une clientèle – anonyme et sans liens affectifs – exclusivement ciblée en fonction du besoin que l'entreprise met en vente.

On ne peut fréquenter un grand marché, considérant les frais d'installation, alors que les produits que l'on propose sont d'une faible valeur. Une bonne raison pour beaucoup de ménages petits commerçants de se limiter à un écoulement rapide au sein du quartier de résidence. La problématique des capacités d'accession au marché implique la taille de la production ou du commerce pratiqué et distingue les ménages investisseurs. Les marchands ambulants ou les vendeurs à la sauvette, activité appelée aussi « *bitigu mbag* » en langue wolof, se permettent, outre l'espace du quartier commerçable, de fréquenter les grands marchés populaires organisés et institués. Ce cas ne met pas en cause la capacitation d'absorption de marchandises du quartier, mais met en évidence et valorise la vitesse d'écoulement de l'offre par le grand marché. Nous nous rendons compte, par conséquent, que les motivations d'exécution des affaires voire de la vente est plus coercitive que la taille de l'offre dans le choix des marchés d'écoulement.

Quantitativement le marché de quartier est souvent restreint et n'absorbe pas une grande production. Il ne favorise pas l'extension d'une activité économique et contribue à maintenir la taille des petites activités qui sont embrigadées, de par nos investigations, dans un cercle « informel » déterminé par la proximité. La vente d'arachides grillées – appelées en wolof *caaf*, lire *tiaaf* – de légumes, de petits stocks de vêtements unisexes ou de matériels domestiques entre dans cette considération.

Ces activités qui privilégient la proximité à défaut d'accéder à un grand marché parce que se tenant dans le quartier, de maison en maison, sont perméables à la coercition de « l'informel ». La proximité produit l'informel et celui-ci également l'a produit.

Le formel dans les rapports socioéconomiques locaux peine à se développer du fait de la survivance des institutions socioculturelles. Dans une relation sociale de nature économique, la proximité est une variable qui repousse le « formel ». Les liens d'amitié, de voisinage ou de parenté de même que le marchandage expliquent qualitativement ce fait. L'existence sociale constitue un trait, fort important et justificatif, du comportement économique des ménages.

- ***Le comportement d'investissement de l'administration publique dans la ville de Dakar : « L'État et les collectivités locales »***

- ***Le fait social « juridique et comptable » répartiteur des secteurs du privé et du public :*** *une réalité coercitive face à la compétitivité des entreprises et aux intérêts politiques.*

La législation économique privilégie les libertés individuelles, mais décourage les opportunismes. L'administration publique est une entité rationnelle qui organise les rapports sociaux, plus précisément économiques. Elle soutient le secteur privé. Elle se soucie aussi de ses propres entreprises qui ne sont pas forcément parmi les plus compétitives. Nous avons déjà eu à signaler dans notre problématique que la SONATEL (Société nationale des télécommunications)[352] créée avec l'OPCE[353] en juillet 1985 est la seule listée à

[352] La Sonatél est une entreprise que l'administration publique partage avec France Télécom.
[353] Office des Postes et de la Caisse d'épargne.es

la BRVM (Bourse régionale des valeurs mobilières). En théorie l'administration publique locale applique un libéralisme social. Il lui arrive de privatiser ses entreprises en maintenant sur elles une certaine coercition par le monopole d'un certain nombre d'actions. Les mouvements de privatisation et de nationalisation des entreprises en difficulté pouvant être observés se font en fonction de la situation économique du pays, mais aussi des orientations politiques du régime gouvernant. Les actes d'investissement peuvent obéir à un intérêt politique sur la base d'une manœuvre stratégique entre le secteur privé et le public. Dans les faits l'État reste aussi confronté à la « corruption » selon l'entendement formel dans l'administration des investissements directs étrangers ou dans la mise en œuvre de ses propres investissements. Il est souvent cité les mises en garde contre les marchés de gré à gré, les pots-de-vin et les détournements de fonds d'investissement.

- ***Les actes d'investissement : une forte centralisation économique et une administration de proximité à faible accumulation de capital***

L'administration publique est un acteur économique parallèlement à son statut d'acteur politique. L'État comme les collectivités locales sont des agents investisseurs. En effet, l'administration publique est une activité tenue par l'État ou par les collectivités locales, celles-ci dans le cadre des compétences transférées. La puissance que détient le premier permet de centrer toutes les décisions administratives. L'État local encourage l'administration de proximité par la déconcentration de ses pouvoirs et favorise aussi la décentralisation en responsabilisant les collectivités locales face à leurs besoins sociaux et leur développement économique et social. Outre les politiques communales (de plein exercice et mixtes) de 1872, les dates charnières de l'évolution de la décentralisation sont constituées par l'érection des communautés rurales en collectivités locales en 1972, l'érection des régions, communes et CR en collectivités locales accompagnée d'un transfert de compétences en 1996 selon la collectivité (commune ville, commune d'arrondissement et communauté rurale) et enfin par la communalisation intégrale à travers l'arrivée de ce qu'on appelle l'Acte 3 de la décentralisation activé depuis 2012 puis validé en 2013. Cette dernière réforme repose sur une territorialisation des politiques publiques et donne le statut de collectivité locale au département. D'autres réformes sont survenues en 1990, 2002 et 2008 et sont restées dans la multiplication des divisions administratives, mais l'acte 3 prend le sens inverse. Il propose 6 régions, 45 départements et 557 communes contrairement à l'ancien tableau où il est question de 14 régions, 45 départements, 123 arrondissements, 126 communes dont 5 villes, 46 CA et 385 CR. L'État et les collectivités locales sont spécialisés dans les services socialement responsables. Leurs actions visent l'articulation entre la promotion sociale des ménages et celle économique des entreprises.

L'État est tenu de financer des plans de développement économique et social. Nous comptons à cet effet au lendemain de l'indépendance les trois plans

(1961-1964, 1965-1969[354] et 1969-1973[355], mais aussi, puisque cela nous paraît important du point de vue de la promotion de l'entreprise, la création de la Zone franche industrielle de Dakar (ZFID) en 1974[356]. Ils ont été suivis du 4e plan (1973-1977) déjà porté vers le réajustement, du 5e plan (1977-1981), puis du 6e plan de réajustement (1981-1985), du 7e plan (1985-1989), du 8e plan d'orientation (1989-1995), du 9e plan (1996-2001) axé sur la compétitivité et le développement humain durable, du 10e plan de développement économique et social (2002-2007), du 11e plan d'orientation (2008-2013) et enfin de la Stratégie nationale de développement économique et social SNDES (2013-2017) qui prend le relais et qui est en cours. Elle est fusionnée au PSE (2014-2018) qui a pour perspective de faire émerger le Sénégal en 2035.

L'État est tenu de recouvrir les insuffisances qui peuvent subvenir de l'exercice de collecte des ressources destinées à financer l'économie. Il met en place des structures financières spécialisées dans la mobilisation de l'épargne intérieure et extérieure, au travers des plans de développement ci-dessus cités au profit des différents secteurs de l'économie. Il crée dès 1960 la BSD (Banque sénégalaise d'investissement) pour servir de relais au crédit provenant des organismes étrangers de coopération financière, qui devient plus tard la BNDS (Banque nationale d'investissement) et assure le rôle de caisse centrale de la coopération économique. À la même époque, il crée des banques d'investissement de seconde génération, notamment la SOFISEDIT et la BSK[357].

D'une part, l'administration publique s'appuie sur les ministères, les directions et les agences de promotion des investissements (APIX) ou d'encadrement des PME et PMI sans compter le conseil présidentiel pour l'investissement qui sont les outils de l'exécutif pour investir ou simplement encadrer des investissements. Au 11 septembre 2010, l'État compte quarante et un (41) ministères ramenés à vingt-cinq (25) le 04 avril 2013 après l'avènement

---

354 « Durant les deux premiers plans de développement économique et social, (1961-1969), la priorité a été donnée à l'industrialisation par substitution à l'importation, par la création de grandes entreprises et la mobilisation de capitaux importants… ».

355 « À partir du troisième plan (1969-1973), l'option de développer la petite et moyenne entreprise fut prise avec la mise en place d'une Société d'études et de promotion industrielle (SONEPI), chargée d'appuyer techniquement et financièrement l'Initiative privée nationale. Ainsi, fut créé un fonds de participation et de garantie pour faciliter la mise en place des fonds propres et des sûretés exigées par le système bancaire local. »

356 « Parallèlement au développement des petites et moyennes entreprises, l'accent a été mis sur les entreprises d'exportation avec la création, en 1974, de la Zone Franche industrielle de Dakar (ZFID), chargée essentiellement de favoriser la création d'emplois, l'apport technologique et l'amélioration de la balance commerciale… » Pour plus d'informations, voir : Observatoire de l'industrie du Sénégal, *Environnement industriel du Sénégal, Synthèse des politiques industrielle au Sénégal (1962-1992)*, ministère des Mines, de l'Industrie, de l'Agro-industrie, et des PME. obs-industrie.sn.

357 Abdoulaye Fall, *Financement intérieur des investissements et mouvement de capitaux : le cas du Sénégal*, mémoire de fin de stage, COFEB, BCEAO, promotion 1985-1987, 27 p.

du nouveau régime (Macky Sall), desquels découlent des directions et des agences dévouées à l'administration publique. Le premier gouvernement du Sénégal comptait en 1960, 15 ministères[358].

Pour piloter les financements d'investissement, l'État s'appuie encore sur les organes tels que la direction de la dette et de l'investissement (DDI), le service de la planification, la direction de la coopération économique et financière (DCEF).

Pour investir, l'État est partagé entre un budget de fonctionnement et un budget d'investissement. Pour exécuter ses projets d'investissements, les organes internes se mobilisent pour des recherches de financement auprès des partenaires bilatéraux notamment la France, l'Allemagne, entre autres, et les partenaires multilatéraux, en l'occurrence la Banque mondiale, le Fonds monétaire international (FMI), l'Union européenne (UE), etc. En cas de manquement au budget d'exécution escompté ou acquis, l'État fait un complément financier au budget qu'il tire du trésor national. Ainsi, dans ce procès d'investissement l'administration met en place deux instruments à savoir le Programme triennal d'investissement public (PTIP) qui débuta pour la première fois en 1987 et le Budget consolidé d'investissement (BCI), lequel permet au projet d'investissement d'être exécuté.

Le budget du PTIP (2011-2013) est de 4.003.000.000 francs CFA par an. Le budget total pour le fonctionnement et l'investissement de l'État en 2011 est de 3011 milliards de francs CFA dont 5700 milliards en bon de recouvrement et 2856 milliards déjà acquis par l'État à la période où nous rédigions cette partie du texte en 2012.

Le PTIP fait ressortir pour chacun des projets du programme, le coût total du projet, le montant exécuté ou à exécuter et enfin la solde à programmer. Pour chaque projet il est possible de se renseigner sur son coût de financement, son schéma de financement, l'état du financement, la nature du financement et la nature de l'engagement.

D'autre part, pour le compte des collectivités locales, la région, les communes, les communautés rurales et communautés d'arrondissement posent aussi des actes d'investissement en partant de l'érection du budget par voie de vote, d'une mobilisation de moyens de recherche de financement, d'une contribution étatique en fonds de dotation et additionnels et enfin à partir du capital financier des caisses de la collectivité locale. Les investissements sont exécutés par secteur et sous-secteur en fonction des compétences reçues de l'exécutif.

L'État n'est pas présent dans le marketing urbain des collectivités locales. Ces dernières sont peu portées vers les entreprises productives de grande envergure, excepté les investissements sociaux, secteur dans lequel les domaines

[358] *Paris-Dakar* (quotidien sénégalais des indépendances), 8 septembre 1960.

de compétence sont encore très limités. Elles perçoivent des patentes des commerces présents sur leur territoire. Mais elles ne valorisent pas les potentialités économiques de leur zone respective pour celles qui en ont, afin d'attirer l'installation de grandes entreprises productives privées. Elles sont plus dans le développement de PLD qui entre dans le cadre de la planification économique et sociale locale.

- ***Une obédience libérale et capitaliste de l'administration publique***

Les décisions administratives ont obligation d'impacter les destinées des citoyens. L'importance que revêt la citoyenneté s'explique par le caractère libéral de l'État sénégalais, reçu de la modernisation par lequel il se libère de toute force supérieure. La promotion de la citoyenneté dont se targue cette institution se manifeste par le respect des droits et libertés notamment des droits économiques, de protection des entrepreneurs (producteurs et marchands), des libertés d'appropriation, d'usage ou professionnelles, le droit de contracter dans un rapport productif ou financier, de legs et du droit d'héritage, etc. Autrement dit, l'État favorise l'individualisme. De droit, il émerge en tant qu'institution pour prendre en compte les intérêts des citoyens.

Pour protéger et pérenniser les relations économiques, l'État s'appuie sur le droit commercial, la protection de la propriété commerciale, sur la monnaie et le système d'émission. Autrement dit, l'État libéral a un penchant pour le mercantilisme. Il encourage les initiatives à cet effet en octroyant des permis d'exploitation et en permettant des foires (FIDAK, agriculture par la FIARA, la biennale des arts, etc.) qui se tiennent fréquemment à Dakar.

Seul le formalisme caractérise ses relations économiques et juridiques. Il vulgarise la poursuite des intérêts, mais légifère dans ce domaine. Il cherche l'équilibre des richesses nationales sans y parvenir. Il aide les particuliers à multiplier les leurs. Cela s'explique par le fait qu'il ne renonce pas à la dynamique utilitariste.

C'est dans la perspective d'incarner une puissance organisationnelle, de réaliser un épanouissement national et un développement économique et social qu'il faut inscrire l'expression étatique et la responsabilisation des collectivités locales devant leurs propres besoins.

- ***L'investissement d'intérêt public et socialement responsable***

L'institution centrale fait des investissements socialement responsables[359]. Au-delà du sens que renferme ce concept, il nous plaît ici de préciser que

[359] L'entreprise responsable est un concept des Nations unies reconnaissant que « les entreprises ont un rôle à jouer dans l'obtention d'un développement durable et qu'elles peuvent gérer leurs opérations de manière à stimuler la croissance économique et renforcer la compétitivité tout en garantissant la protection de l'environnement et en promouvant la responsabilité sociale. La notion de responsabilité sociale s'est développée depuis les années 1990 dans un contexte de mondialisation et de déréglementation de l'activité économique. Dans un contexte où, du fait même de la mondialisation, l'État

l'implication de l'État dans les secteurs sociaux peut entraîner une incidence économique sur le maintien et le développement de la production nationale, autant pour les ménages que pour les entreprises.

Des investissements sont notés pour l'éducation qui est en pôle position avec la multiplicité des cases des tout-petits, les nouveaux établissements scolaires, la croissance de la scolarisation des jeunes filles et l'avènement de nouvelles universités publiques, plus récemment de centres universitaires régionaux (CUR). L'enseignement supérieur tend de plus en plus vers une commercialisation de ses services au sein des facultés et des unités de formation et de recherche (UFR).

Un rapport marchand est effectif dans le secteur de la santé. Il est atténué toutefois par les subventions de l'État afin de rendre les services hospitaliers mieux accessibles. Par exemple, l'Hôpital principal, d'après son statut, ne réalise pas de profits dans la vente de ses services. Les universités et les hôpitaux sont des entreprises au même titre que celles précitées. Pour qu'une entreprise soit productive, il faut qu'elle tende vers le profit et vers son extension par des investissements ou des innovations. La différence pour les structures hospitalières et éducatives est qu'elles interviennent dans le champ social. Et cela pour dire que les enjeux sociétaux sont internalisés au sein de ces entreprises qui initialement ne doivent pas faire de pertes financières. Elles doivent au mieux aller vers la rentabilité.

L'État investit dans le traitement social (salaires et motivations à la production) des fonctionnaires, dans la promotion sociale et économique de la femme (en entreprise ou dans la fonction publique), dans la protection des enfants (le cas des talibés, entre autres, qu'un arrêté de 2011 a voulu, sans réussite par la suite, associer, en cas de mendicité, aux interdictions publiques).

Avec l'avènement des droits humains et des peuples, les rapports d'État même formels sont distincts de ceux que l'on retrouve dans d'autres secteurs de production. En effet, l'État est contraint à beaucoup plus de dépenses pour subventionner le coût des services proposés aux populations – qui constituent aussi une clientèle – et soutenir en même temps l'entreprise. En termes de dépenses publiques, l'État (sous le régime politique 2000-2012) met la priorité[360] dans les secteurs de la santé et de l'éducation. En outre, il nourrit l'ambition de relever les défis de la problématique de l'eau et des infrastructures surtout routières et d'impacter le champ des initiatives privées. La ville de Dakar est la plus dotée en voie de dégagement bitumée. Cela facilite la transportabilité des biens et la mobilité des individus en situation économique.

Il importe de souligner dans le cadre des grands travaux initiés par l'administration coloniale dans la mise en valeur de la colonie que la ville de

semble en recul, les entreprises se trouvent bien souvent en première ligne face aux revendications citoyennes ».

[360] En 2008-2009, l'éducation occupe 40 % du budget national et la santé en compte moins.

Dakar, à la suite de Saint-Louis, a bénéficié d'un bon nombre d'infrastructures. C'est dans cette perspective qu'il faut placer, entre autres, la construction de chemin de fer, de routes et de ports fluviaux et maritimes et l'installation de grandes industries. Aujourd'hui l'État a même investi dans le montage de véhicules particuliers et de bus de transport à usage public à travers la société *Seniran*[361] basée à Thiès dont la qualité est décriée par la clientèle et la pérennité visiblement inquiétante.

En général, les services publics sont plus portés vers les aménagements sociaux pour ne pas dire des investissements indirectement productifs. Ces réalisations entrent dans la facilitation des affaires. Les actes qui concernent l'aménagement de l'espace, notamment les travaux publics, emploient temporairement une quantité limitée d'individus qui sont libérés de leur emploi à la fin des travaux. La rareté des infrastructures dans certains quartiers de la ville démontre encore la faible activité en termes d'investissement productif.

Dans la gouvernance urbaine, la part exercée par l'État a plus d'impact économique que celle de l'autorité municipale qui dispose de compétences décentralisées acquises en 1996, pour l'application de la gestion dite de proximité. Il est dit que les mairies d'arrondissement n'ont pas les moyens de leur responsabilité locale, mais aussi il est connu que l'action communale est renforcée par les fonds additionnels d'État.

L'administration centrale et l'autorité décentralisée, en leur qualité d'investisseur public, font respectivement des investissements sociaux et des aménagements d'espaces commerciaux et d'épanouissement. Pour l'activité économique, il s'agit très souvent, entre autres, d'une « cantinisation » pour les collectivités les plus pauvres ou de construction de centres commerciaux pour celles disposant de plus de ressources économiques et d'espace.

Ainsi, selon le plan régional de développement intégré de Dakar de septembre 2004, la ville compte 12 marchés centraux soit 48 %, 8 centres commerciaux soit 89 % et 28 marchés de quartier soit 62 %[362]. L'installation de cantines est destinée à aider les marchands en général, mais aussi les ambulants à loger leur commerce[363] en contrepartie d'un prix relativement bas.

La ville connaît également une expérience en matière de crédits municipaux grâce aux entreprises financières. La micro-finance a servi, pour quelques-unes des CA présentes sur son territoire, à définir une politique de ville et à donner

[361] La société aujourd'hui perd en compétitivité du fait de ses produits jugés défectueux lors de la grogne de *taximan* « conducteurs de taxi » à Dakar pour fustiger la qualité des véhicules de Seniran qu'ils ont contractés avec cette entreprise.

[362] Audits urbains de Dakar, Pikine, Guédiawaye, Rufisque et « Conseil international sur les marchés de la Capitale », *MUAT/DAU*, janvier 2001.

[363] Propos de Pape Diop maire de Dakar à l'ouverture de la première édition de la Foire des artisans de Dakar : « La mairie de Dakar, en partenariat avec le Mouvement des artisans du Sénégal (MADS) mettra 10 000 cantines à la disposition des marchands ambulants de la capitale d'ici la fin de l'année 2009 pour leur permettre de s'installer décemment ».

aux femmes, aux adultes hommes et aux jeunes les moyens de leur entreprise économique. La volonté politique est comptable de l'ampleur du système financier. Le développement du financement des activités microéconomiques a contribué à la promotion des entreprises financières et à l'accessibilité relative aux produits financiers. En effet, la plupart des entreprises financières appartiennent au secteur privé et se soucient plus des profits et de moins en moins des petits capitaux pour lesquels elles ont été mises en place. Ces microcrédits se détachent de plus en plus de leurs obligations sociales. Les fonds de financement d'entreprise contrôlés par l'État sont le plus souvent compromis par l'emprise des abus politiciens.

L'épargne étant, comme nous l'avons déjà souligné, la première forme d'accumulation du capital, et en tant que telle, elle constitue une phase importante du développement économique d'un pays. L'accumulation du capital collectif permet également une nouvelle répartition intérieure des richesses et contribue, si elle est substantielle, à amoindrir par la même occasion la vulnérabilité de l'économie nationale pourtant inscrite en perpétuel rapport économique bilatéral et multilatéral. Jusqu'à nos jours, l'accès au crédit présente encore des difficultés pour des citoyens, au regard de la faiblesse et de l'instabilité du revenu dans les ménages.

Ayant constaté la vulnérabilité de l'entreprise locale, il est arrivé à l'État de choisir d'encadrer et de propulser des secteurs d'exercice économique. Des entreprises privées, en l'occurrence celles de la presse dans la ville de Dakar, ont soutenu, lors de nos enquêtes, avoir reçu une aide de la part de l'État pour soutenir leur production et leur accroissement. D'autres ont dénoncé des intérêts non économiques, c'est-à-dire politiques. Les aides que l'État offre aux entreprises servent à renforcer leur compétitivité et à soutenir leur ouverture aux marchés internationaux.

Les fortes concentrations d'activités économiques dans certains quartiers sont indirectement le fait de l'administration publique. Par contre, l'activité des agents privés domine. L'action publique est déséquilibrée, selon les quartiers. L'État est peu engagé dans les quartiers qui n'ont pas les moyens de leur besoin en investissement. La plupart des investissements prévus par le PLD ne sont pas réalisés ou sont bloqués en cours de réalisation par défaut de moyens. Nonobstant les votes de budget dans tous les CA, les fonds ne suivent forcément pas toujours au-delà des ressources extraites de la gestion locale, en l'occurrence des marchés. Par exemple, les CA qui n'ont pas de marché sont pénalisés. Elles s'appuient par conséquent sur d'autres sources de revenus locales, selon leur degré d'initiative.

Un taux d'épargne élevé de l'administration locale favoriserait sûrement un bon niveau de développement économique, mais à condition que cette épargne soit transformée en investissement productif. Ceci constitue un apport au dynamisme économique local, à la baisse de la pauvreté et à l'augmentation de la richesse. Il amène par conséquent la communauté locale à être plus prospère et à se relancer dans la constitution de son patrimoine.

Hormis la faiblesse manifeste des ressources financières pour expliquer la carence en investissement productif dans les collectivités locales de la ville de Dakar malgré les fonds additionnels, il y a un défaut de compétence pour la gouvernance du développement local et un déficit de transparence fréquent – dénoncés à messe basse par certains citoyens locaux –que nous concevons comme une forme de résistance à l'esprit capitaliste.

- ***L'exemple d'une exception formelle d'investissement improductif*[364] *et socialement responsable : le cas de l'armée***

Tous les investissements de l'administration publique sont supposés avoir une utilité sociale. Nous concevons que les investissements déclarés improductifs par la science économique sont des investissements qui participent indirectement à la création des richesses. La moins manifeste, à notre sens, quant à sa contribution sur la productivité nationale, est l'investissement en armement et en fonctionnement des armées. Toutefois, la sécurité participe à la productivité nationale. Les corps paramilitaires sont mieux visibles, car présents dans le quotidien des populations. Par contre, l'armée a un rôle plutôt extraverti, car intervenant traditionnellement pour protéger l'intégrité territoriale, exception faite des cas internes de conflit comme celui de la Casamance.

Ce secteur est rentable sur deux aspects, l'un social et l'autre économique. Pour le premier avantage, l'armée est un secteur d'emploi pour la jeunesse. Pour le second, l'État reçoit du profit de ses investissements dans l'armée lorsque les troupes sont en mission commandée à l'extérieur du pays, notamment sous la bannière des Nations unies ou des organisations européennes ou africaines. Pour ces cas précités, l'armée fait respectivement rentrer des capitaux au bénéfice du trésor national et des ménages.

*

En somme, la création de richesses et la promotion des affaires par des investissements productifs sont dominées par les agents privés. Toutefois, bien qu'elle soutienne le secteur privé, l'administration publique est également présente en entreprise, laquelle vise exclusivement le profit.

➢ ***Comportement socioéconomique des entreprises dans la ville de Dakar***

L'investissement est une rationalité utilitariste qui mobilise une multiplicité d'actions dont la reproduction fait émerger une attitude dite d'entreprenariat. En fonction des actes qu'il stimule, il se place au cœur de l'entreprise, ce tissu de relations qui en constitue le fondement référentiel et qui en détermine la façon,

[364] Nous utilisons ce concept pour être dans l'unanimité des esprits, mais nous préférons dire « indirectement productif » vu les avantages sociaux que tout investissement peut comporter.

les lieux et les moments adéquats de son exécution. Sa matérialité est vouée à une ou plusieurs compétences scientifiques qui en structurent les étapes objectives de sa production, de la réalisation du profit et de l'accumulation de capitaux. L'entreprise est une organisation qui a une vocation de production en fonction d'objectifs définis au préalable. La motivation de l'entreprise est déterminante sur la qualité de son fonctionnement. Elle se fonde sur des moyens structurels, fonctionnels et relationnels, interpelle les rapports sociaux et en crée d'autres doués de particularités. Elle privilégie des spécialisations, mais elle les confronte les unes aux autres dans une logique de complémentarité. L'investissement dans sa nature productive[365] est au centre de rapports sociaux compatibles ou conflictuels. L'entreprise – que d'aucuns appellent la firme – est un « construit social ». Elle est répartie entre un « sous-système structuro-matériel » destiné à des activités orientées vers des fins, c'est-à-dire à la « production des biens et services » et un « sous-système symbolique », c'est-à-dire un ordre social qui concerne « les représentations individuelles et collectives, lesquelles organisent les rapports entre les groupes sociaux » qui se confirment en son sein[366].

Dans la ville de Dakar la concentration des entreprises par ordre d'importance dans les collectivités locales est déséquilibrée. Dans la plupart des CA ce sont les petites initiatives de ménage qui prévalent et les entreprises hautement organisées et qualifiées sont installées spécifiquement dans la plupart des quartiers économiquement favorisés. En dépit de cette inégale répartition dans la ville, les entreprises qui produisent ont en général dans l'ensemble une taille relativement importante et ont accès à un marché relativement grand. Leurs statuts varient entre *société non financière*[367], *entreprise individuelle* et enfin *société financière* domaine des banques commerciales ou d'affaires et des institutions de micro- finance.

Les actes d'investissement d'entreprise sont identiques dans le public comme dans le privé du moment où les mêmes objectifs sont partagés selon les besoins des entrepreneurs qui peuvent partir d'une volonté de renouvellement, de remplacement ou d'agrandissement des moyens de production. Les entreprises ont partout le même objectif principal d'amélioration des capacités productives. Cela justifie la « rente organisationnelle »[368] tant recherchée dans les démarches à savoir fonctionnelle et opérationnelle. En revanche, l'organisation des entreprises est plus complexe et sophistiquée au sein du privé, puisque là, les

365 Au sens de la Comptabilité nationale, la production est l'activité économique socialement organisée consistant à créer des biens et des services s'échangeant habituellement sur le marché et/ou obtenus à partir de facteurs de production s'échangeant également sur le marché.

366 Jean François Chanlat, *L'individu dans l'organisation*. Les presses de l'université Laval, Édition ESKA 1990, Éd. n° 8, 2007, p.19.

367 Une société non financière est une entreprise ayant au moins deux propriétaires produisant des biens et des services marchands à l'exception des services bancaires et d'assurance.

368 Jean François Chanlat, *op. cit.*

investissements impliquent des rapports spécifiques souvent non observés dans le public au risque d'avoir affaire à un cas de pathologie fonctionnelle d'entreprise.

L'investissement des entreprises du secteur public

Les entreprises publiques ont le statut de société[369]. Sous la responsabilisation de l'État[370], elles sont dotées d'une autonomie de gestion et contribuent par leurs recettes au trésor national. Le modèle public est la référence de gouvernance et d'organisation d'entreprise reconnue légale au Sénégal. Les entreprises y sont gouvernées de manière scientifique avec un traitement technico-formel.

Dans l'économie dakaroise, certaines entreprises publiques ont subi la privatisation. Autrement dit, elles ont ouvert leur capital[371] pour intégrer en leur sein des partenaires privés. Rappelons au passage que la répartition des parts de propriété en actionnariat est conditionnée par un conseil d'administration mixte qui chapeaute la vie de l'entreprise. Le management interne – organisant les compétences, les intérêts de production et le droit des travailleurs en accord avec les obligations externes vis-à-vis du marché – impacte les décisions, la réalisation et le succès des investissements.

Les caractéristiques de l'organisation productive et marchande de l'entreprise

Les mécanismes internes

Les actes structuro-fonctionnels

Le statut juridique, le conseil d'administration, la direction, les services administratifs, et les lieux de production ou d'opération déterminent l'investissement d'une entreprise mise sous gouvernance scientifique.

- Les référents juridico-administratifs de production

Les référents juridico-administratifs constituent un système de valeurs sur lequel ou à partir duquel sont effectuées toutes les opérations liées à la production. Leur aménagement est essentiel et reste un préalable aux investissements de l'entreprise. Tout manquement à cet ordre est sanctionné par la direction de l'entreprise ou par le conseil d'administration.

- Le conseil d'administration

---

369 « Forme juridique d'entreprise dans laquelle elle est juridiquement distincte de ses propriétaires. Elle permet de réduire leur responsabilité, de faciliter les transferts de propriété et de prolonger indéfiniment la durée de vie de l'entreprise ».

370 Vu le décret n° 2007-831 du 25 juin 2007 et le décret n° 2007-908 du 31-07-2007 portant répartition des services de l'État et du contrôle des établissements publics, des sociétés nationales et des sociétés à participation publique entre la présidence de la République, la Primature et les ministères.

371 Ouverture du capital signifie la vente de certaines actions du capital de l'entreprise.

Le conseil d'administration est souvent composé de représentants de la direction de l'entreprise, des actionnaires, des collectivités publiques, des organisations de salariés, d'institutions financières et parfois de responsables à la formation. Le conseil impose une discipline aux dirigeants. Il est habilité à sanctionner de manière gratifiante ou punitive les décisions du management par le renforcement de ses pouvoirs ou par son remplacement. Avec son pouvoir de contrôle, il peut décourager les projets d'investissement proposés par la direction. Par contre, le recrutement des hauts fonctionnaires du public dépend plus de mécanismes externes à l'entreprise que de mécanismes internes. Il procède souvent d'une nomination du chef de l'État ou de l'accord du conseil d'administration dans le cas où l'entreprise a subi une privatisation. Le conseil peut et doit agir pour l'intérêt des actionnaires. Il peut impliquer les salariés de l'entreprise en leur ouvrant le capital. Ce qui permet leur implication dans les décisions d'investissement de l'entreprise. Ce type de rapport sécurise et renforce l'engagement du travailleur dans l'entreprise. La réalisation et l'efficacité de l'investissement dépendent de la qualité des articulations établies entre les membres par la direction et par le véto du conseil d'administration.

- La direction et les lieux administratifs

L'entreprise est gouvernée par un organe administratif et financier. De celui-ci dépendent les projets et les décisions d'investissement. Cette organisation pense, étudie, planifie, finance et fait exécuter les projets d'investissement. Elle répartit l'entreprise en fonctions et en spécialisations. La conséquence de ce cloisonnement organisationnel est l'apparition de groupes officieux notamment les chefs dans leur coin, les commerciaux dans le leur, les ouvriers qui en font de même et ainsi de suite. L'organigramme est aussi une piste de carrières possibles pour les agents en entreprise.

Graphique 4 : Illustration des subdivisions administratives et organisationnelles en entreprise

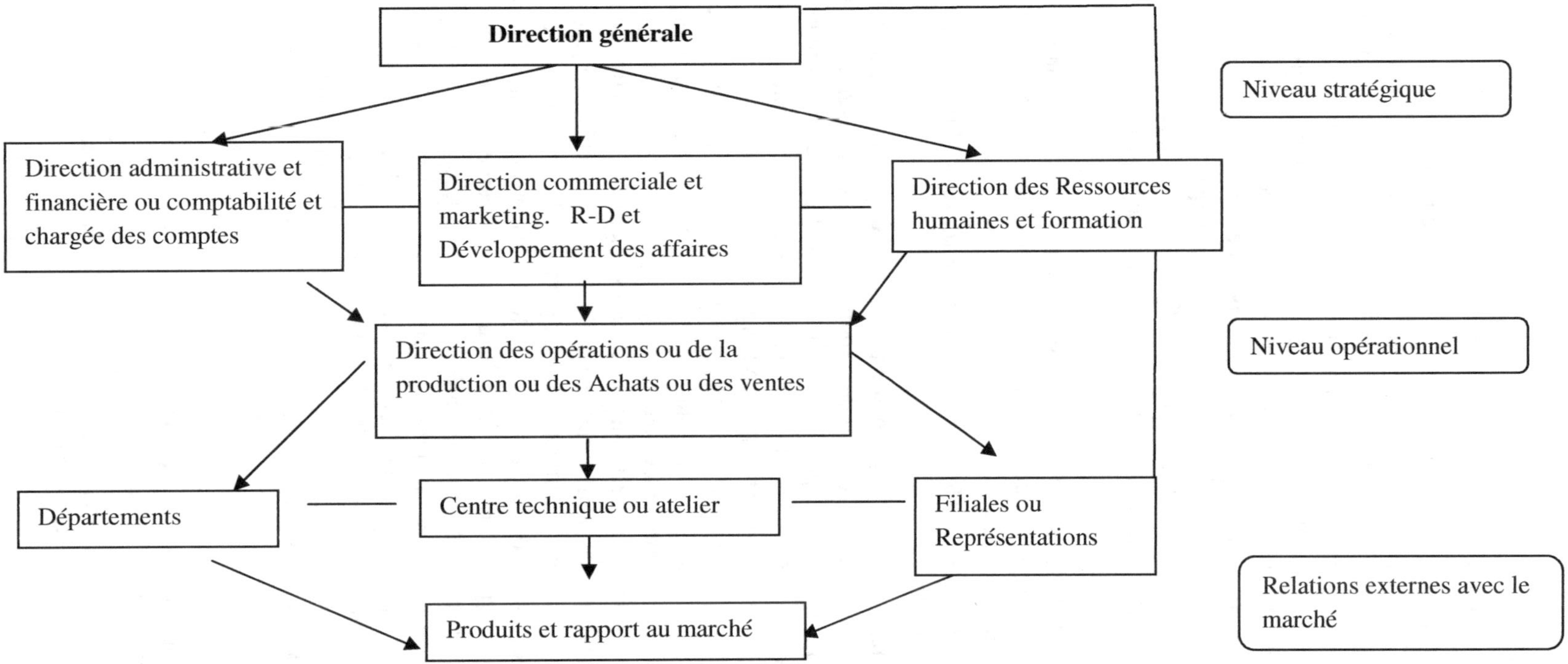

Source : Composition personnelle issue de la synthèse de la relation verticale de compétence des principaux départements souvent rencontrés en entreprise structurée.

- *L'atelier ou les lieux de production*

L'atelier fait une distinction entre le personnel d'encadrement et le personnel de maîtrise. Les compétences (diplômes et expériences) contribuent à la distinction des travailleurs. Dans sa démarche de fabrication de produits, l'entreprise est obligée de se doter d'un service technique sur lequel reposent ses opérations. Par exemple, *Suneor* – qui est une société agroalimentaire spécialisée dans la trituration et le raffinage de l'arachide et des huiles de table – dispose d'une usine industriellement organisée où est disposée des machines de transformation[372] et ses ouvriers pratiquent une technique du travail à la chaîne. La *Sénélec* et la *Sonatel* disposent aussi d'unités techniques minutieusement articulées et organisées qui assurent leurs opérations de production.

Les actes relationnels

Les actes relationnels sont à l'origine de la culture d'entreprise, laquelle est le produit issu de l'imbrication de la somme des singularités sociales des travailleurs et des intérêts de l'entreprise.

- *Les relations socioprofessionnelles : levier culturel de l'investissement au sein de l'entreprise*

Les relations socioprofessionnelles impliquent tous les compartiments de compétences hiérarchisées au sein de l'entreprise. Elles engagent chaque agent individuellement interpellé par les besoins de l'entreprise. Le comportement individuel et collectif est aussi déterminé, au-delà de la hiérarchie instituée, par les caractéristiques socio-historiques de l'organisation des anciens travailleurs et celles socioculturelles ou sociodémographiques des travailleurs en exercice. La plupart des entreprises visitées ont présenté un état de fait culturel[373]. Les femmes sont moins représentées dans les sphères décisionnelles par rapport aux hommes. Les travailleurs de moins de 30 ans également. Les plus anciens, du fait de leur expérience, sont fortement sollicités et respectés. Il y a été aussi observé dans l'accompagnement des changements d'homme à la tête de la direction, une volonté des travailleurs – surtout dans les différentes directions – de mieux faire ou au pire de maintenir l'entreprise au même niveau de profit que la direction sortante. Les femmes et les jeunes constituent deux groupes bien souvent motivés par l'envie de prouver leur capacité de travail en entreprise. Les premières sont motivées par leur statut social inférieur hérité de la société et les seconds sont poussés par leur quête de reconnaissance de maturité. C'est parmi les jeunes que l'on trouve certains agents – parce que diplômés qualifiés et tenus loin des instances de décisions – qui remettent en cause certaines décisions des organes supérieurs. En effet, l'absence de flair de la direction tutélaire dans la

[372] Avec une capacité de transformation de 300 000 tonnes et une production de 1 million de litres d'huile par an.

[373] Les ressources humaines ont besoin d'un système de valeur de référence afin d'affiner leur contribution personnelle et de porter la force motrice. L'entreprise comporte un faisceau de relations dont l'autorité fait culture.

politique d'investissement et de recherche du profit est parfois informellement critiquée preuve à l'appui par les agents de maîtrise qui sont pourtant chargés de l'exécution. En revanche, les mouvements sociaux, sur ce dernier propos, sont rares. La raison est que toutes les compétences ne peuvent pas diriger. Elles sont réparties de manière complémentaire en fonction des besoins de l'organisation, chacune ne donnant qu'une partie des aptitudes disponibles pour lesquelles elle a été recrutée, car n'étant pas obligée d'être polyvalente sur l'exécution des différentes tâches au risque de créer un conflit de compétences. Il peut arriver en entreprise qu'un quart seulement de la compétence d'un agent en service soit exploité. L'entreprise ne prend que ce dont elle a besoin pour sa production. Les entreprises tirent leur efficacité de leur hiérarchie fonctionnelle interne des compétences.

Du point de vue des variables dites d'*origine*, d'*ethnie* ou de *religion*, des préconçus ont été prélevés au cours des entretiens que nous avons eus avec certains agents en entreprise notamment sur le fait que les fidèles catholiques sont sérieux au travail, que les populations du sud du pays parmi lesquelles les Diolas plus connus, sont très dévoués au service parfois même de manière exagérée. La même qualité est également convoquée pour qualifier les Mourides[374]. Les hommes de race blanche[375] sont perçus comme des individus méthodiques dans la production. Ils sont souvent placés à un niveau d'encadrement supérieur et perçoivent un salaire parmi les plus élevés. Qu'ils possèdent les meilleures qualifications ou non, ils butent dans la plupart des cas sur un complexe d'infériorité que développent les autres agents nationaux à leur égard. Souvent, il suffit seulement d'avoir une couleur de peau métissée pour tirer avantage d'un complexe d'infériorité ou d'en subir de la part des autres agents de l'entreprise. Ces caractéristiques sont souvent coercitives dans le comportement singulier des entreprises confrontées à des agents des types culturels précités.

Les mouvements de protestation habituellement observés chez les travailleurs sont essentiellement motivés par le réflexe de protection de leurs intérêts sociaux.

- Les relations entre les enjeux d'investissement de l'entreprise et les intérêts sociaux des agents travailleurs : patron et travailleurs

La relation entre le besoin en investissement de l'entreprise et l'activité des travailleurs se fonde sur une divergence entre les intérêts des dirigeants et ceux des agents techniquement employés à la production. Elle est complémentaire, mais le plus souvent conflictuelle. Elle porte en général sur les conditions et l'environnement de travail, sur la temporalité du travail, c'est-à-dire la vente du

---

374 Adeptes de la confrérie mouride créée par Khadimou Rassoul dit Sergine Touba guide religieux sénégalais.

375 L'Hôpital militaire Principal de Dakar, un établissement public de santé à caractère spécial et de référence pour les forces armées, qui intègre des nationalités occidentales, connaît de par les enquêtés ce fait.

temps de travail, et aussi sur le libellé contractuel. *Suneor*, entre autres cas, a connu des périodes de mésentente avec ses saisonniers et ses journaliers[376] dans la région de Ziguinchor où elle compte une usine. Les crises hospitalières qu'ont connues plusieurs centres hospitaliers[377], en l'occurrence *Abass Ndao*, trouvent leurs raisons dans les divergences fonctionnelles entre l'administration hospitalière et les employés. Certains, pour ce dernier cas, ont évoqué des raisons de favoritisme et de copinage dans la nomination des dirigeants de l'hôpital pour justifier leurs frustrations. D'autres parlent d'une mauvaise gestion. Du côté de l'administration, on brandit fièrement les investissements réalisés en recrutement et en infrastructures, sans compter l'approvisionnement correct en produits hospitaliers. Au moment où nous écrivions ces lignes en 2012, le centre hospitalier *Abass Ndao*, qui est du ressort de la ville, a connu successivement des mouvements de grèves, des carences en médicaments et enfin un déficit croissant en chiffre d'affaires.

L'intérêt pour tout agent technique concerne le salaire et la protection sociale. Par contre, l'intérêt du dirigeant demeure la poursuite du profit par le maintien de la production par des investissements ou des innovations. En entreprise, on distingue l'intérêt individuel et l'intérêt collectif. Les salaires ne se valent pas, car mesurés en fonction des compétences. Outre les fonds de motivation généralisés en fonction des corps de fonctionnaires, parfois des bonus et des primes sont distribués en fonction des résultats financiers des divers centres de profit potentiel au sein de l'entreprise en termes de productivité. Il est même encouragé le paiement des heures supplémentaires. Au-delà du salaire reçu et contractuellement défini, le travailleur peut recevoir une promotion symbolique par la fonction qu'il occupe au sein de l'entreprise. Ces derniers aspects bien qu'existant dans le secteur public sont mieux observables dans le privé. Les salaires du public sont des moins compétitifs, mais les salariés qui y exercent sont « assurés » d'une protection sociale. Ce qui n'est pas forcément le cas dans le secteur privé. Dans le public, assurément les congés sont payés et la retraite est couverte par la pension à laquelle le bénéficiaire est admis sur la base de ses cotisations préalables au fonds dit de retraite lorsqu'il était en exercice.

Le salaire des agents est aussi déterminé par un mécanisme externe[378] à l'entreprise. En théorie, si l'entreprise est compétitive, sa politique salariale suit ses performances sur le marché. Ce qui n'est pas le cas dans les faits. Il y a souvent une disproportionalité entre les gains de l'entreprise et les salaires qu'elle distribue. Par contre, dans la théorie comme dans les faits, le refus de

[376] *L'Observateur*, « Saisonniers et journaliers sur le chemin du maquis si… », n° 1655, mardi 31 mars 2009.

[377] *L'Observateur*, « L'État sommé de payer les 14 milliards des hôpitaux », n° 1657, jeudi 02 avril 2009.

[378] « Les entreprises qui ne peuvent se développer sur une compétitivité prix sont obligées de surseoir à leurs coûts salariaux. Ainsi, la concurrence est un facteur déterminant sur les salaires ».

l'augmentation des salaires par la direction s'explique souvent par la rudesse ou l'incertitude du marché. La gouvernance de l'État comme celle de l'entreprise engage des politiques conjoncturelles et structurelles. Mais nous avons l'impression que la dernière institution nommée s'inscrit mieux dans une gouvernance conjoncturelle. Par principe, elle cherche à dépenser moins. Alors que le coût social est supporté par ses travailleurs. Les entreprises privées sont mieux concernées par ces remarques. Cette situation est favorable à l'aménagement d'un front social entre les travailleurs et le patronat, organisation qui n'existe que dans le secteur privé.

Ayant considéré la responsabilité sociale de l'État, les travailleurs des entreprises publiques sont moins inquiétés dans leur traitement social. En revanche, les travailleurs des collectivités locales rencontrent des problèmes et entrent souvent en mouvement social. Les bouleversements fréquents observés dans l'hôpital municipal *Abass Ndao* est un bon exemple. L'explication de cette situation peut être aussi trouvée dans les failles de la politique de décentralisation du pays qui présente encore des collectivités locales mal gouvernées, trop politisées, avec un leadership peu compétent et sans grands moyens de leurs responsabilités et de leurs ambitions.

En entreprise, l'équipe de production amène souvent – à la suite de son opposition à une décision interne – les dirigeants à l'investissement qui leur serait profitable ou à renoncer à un plan d'investissement. En effet, à la suite de revendications du personnel, la direction peut réagir différemment. La lutte pour le contrôle de la direction par les travailleurs devient une stratégie pour sécuriser leurs propres intérêts. Le cas de la SONATÉL (Société de télécommunication), sur la vente des actions de l'État à *France Télécom*, est révélateur de ce point de vue puisque le personnel qui s'est mobilisé s'est senti moins protégé lorsque la direction devait revenir sur la volonté de l'actionnaire majoritaire à un privé multinational[379]. Ainsi, dans cette relation de complémentarité ou d'opposition des intérêts au sein de l'entreprise, le personnel constitue un frein et en même temps un stimulateur pour les investissements par le simple fait de ses revendications sociales.

L'organisation culturelle d'entreprise ne se forme pas à partir des dispositions socioculturelles ou sociodémographiques disparates présentes dans l'entreprise. Ces dernières ne sont perçues qu'au niveau individuel[380]. Autrement dit, chaque profil social est respecté. Mais il est recherché par la direction une dynamique collective unique qui s'applique en faveur des intérêts de l'entreprise. C'est en cas de défaillance de celle-ci que la culture de l'entreprise est influencée par les petits groupes sociaux qu'elle peut compter en

[379] « Pilotage de la vente des actions et fixation des prix », dans *L'Observateur*, n° 1676, ISSN n° 0854-786 X, avril 2009.

[380] Une raison valable, de ce point de vue, à notre sens, pour infirmer la position de Chanlat qui soutient que la culture d'entreprise est caractérisée par l'enchevêtrement des expressions des différents groupes sociaux présents en entreprise.

son sein. En entreprise formelle toutes les catégories sociales reçoivent le même traitement, lequel n'obéit qu'à la compétence voire la fonction dans la hiérarchie et l'ancienneté dans l'entreprise employeuse[381]. En général, c'est aux individus de s'adapter et non à l'entreprise de le faire en s'arrimant sur le profil sociologique des employés. Toutefois, pour certains cas, les revendications du personnel issues d'un choc d'intérêt peuvent orienter la culture d'entreprise. Les groupes religieux réussissent à imposer leurs considérations dans l'organisation culturelle de l'entreprise. Les revendications des travailleurs sont économiques et sociales. Les exigences familiales jouent un grand rôle dans la sphère sociale de l'entreprise.

Le contrat est collectivement défini par les groupes d'employeurs et les syndicats professionnels. Il englobe le niveau des salaires, les heures de travail et les comportements standardisés au sein de l'entreprise pour favoriser les processus de production. Cette objectivation des rapports en entreprise traduit un état formel qui fait très souvent l'objet de résistance et de conflit au sein de l'entreprise. Néanmoins, elle est, dans la plupart des organisations économiques, instituée comme la règle de fonctionnement interne.

Les mécanismes externes

Les entreprises sont déterminées par le comportement du marché sur lequel elles s'engagent. Elles cherchent à vendre leur produit et en tirer profit. Des référents juridiques codifiés en droit des affaires instaurent une mécanique des rapports marchands, à laquelle sont soumis tous les acteurs. L'entreprise peut également être obligée de recourir au marché financier pour investir et éviter « le caractère pervers du jeu des mécanismes internes d'entreprises ». Il n'y a pas seulement le marché comme déterminant externe de l'entreprise, mais aussi les institutions non économiques au départ, mais économiquement déterminantes qui impactent le fonctionnement de l'entreprise. Leur mise à l'écart explique souvent l'échec des entreprises ou le perpétuel conflit entre travailleur et patron. L'entreprise privée est mieux éprouvée par ce fait. Elle s'en défend avec beaucoup plus de rigidité, par contre, et de manière formelle.

- Le déterminisme du marché financier

Le financement des entreprises publiques – qui dispose certes d'une autonomie de gestion notamment de fonds propres – peut venir du trésor public (dotations financières ou délivrance d'autorisations d'accéder à l'épargne publique par l'État) ou de partenaires internationaux sous forme de dette ou d'APD (Aide publique au développement).

Les tableaux ci-dessous peuvent donner une idée des sources externes de financement de l'administration publique sénégalaise.

[381] Les agents, arrivés à un certain âge, valorisent leur retraite.

Tableau 29 : Les sources de financement des investissements économiques et sociaux des secteurs publics et privés du Sénégal

Les bailleurs de fonds bilatéraux				Les bailleurs multilatéraux				
Europe	**Amérique du Nord**	**Moyen-Orient**	**Asie**	**Europe**	**Moyen-Orient**	**Afrique**	**Système des Nations unies**	**Institutions de Bretton Woods et filiales**
France, Allemagne Autriche, Espagne, Grande-Bretagne, Italie, Luxembourg, Pays-Bas, Suède, Suisse.	Canada et États-Unis.	Arabie Saoudite, Koweït.	Chine, Corée-du-Sud, Japon.	Banque européenne d'investissement (BEI), le Centre pour le développement de l'entreprise (CDE), le Fonds européen de développement (FED), le Fonds nordique de développement (FND).	Banque islamique de développement (BID), le Fonds international de l'OPEP pour le développement (FOPEP).	Banque africaine de développement (BAD), la Banque arabe pour le développement économique en Afrique (BADEA), la Banque Ouest-africaine de développement (BOAD), le Fonds africain de développement (FAD), le Fonds	Le Fonds international de développement agricole (FIDA), le Fonds des Nations unies pour les activités en matière de population (FNUAP), le Fonds des Nations unies pour l'enfance (UNICEF), le Fonds de développement des Nations unies pour la	L'agence multilatérale de garantie des investissements (AMGI), l'Association internationale de développement (IDA), la Banque internationale pour la reconstruction et le développement (BIRD), la Société

						africain de garantie et de coopération économique (FAGACE), le Fonds de coopération, de compensation et de développement de la communauté économique des États de l'Afrique de l'Ouest (FCCD-CEDEAO), le Fonds régional de garantie pour les investissements privés en Afrique de l'Ouest (GARI), le Fonds de solidarité africaine (FSA).	femme (UNIFEM), l'Organisation mondiale de la santé (OMS), l'Organisation des Nations Unies pour l'éducation, la science et la culture (UNESCO), le Programme des Nations unies pour le développement (PNUD).	financière internationale (SFI).

Les organisations non gouvernementales		Autres sources de financement		
Afrique	**Amérique**	**les Banques et établissements financiers**	**les lignes de financement**	**les mutuelles d'épargne et de crédit**
L'Association culturelle d'aide à la promotion éducative et sociale (ACAPES), l'Association des bacheliers pour l'emploi et le développement (ABACED), l'Association des jeunes pour l'éducation et le développement (AJED), l'Association panafricaine pour le développement communautaire (PADEC), le Conseil des Églises des assemblées de Dieu du Sénégal (CEADS), le Développement solidaire (DEVSOL), Environnement, développement et action Tiers-Monde (ENDA Tiers-Monde), Femme, développement et entreprises en Afrique (FDEA), Secours Catholic-Caritas Sénégal, Union pour la solidarité et l'entraide (USE).	Africare, Catholic relief services (CRS), le Centre canadien d'études et de coopération internationale (CECI), la Church World Services (CWS), Oxfam America, vétérinaire sans frontières (VSF).	La Banque de l'habitat du Sénégal (BHS), la Banque internationale pour le commerce et l'industrie du Sénégal (BICIS), la Banque islamique du Sénégal (BIS), la Banque sénégalo-tunisienne (BST), la Caisse nationale de Crédit Agricole au Sénégal (CNCAS), la Citibank, la Compagnie bancaire de l'Afrique occidentale (CBAO), la Compagnie africaine de crédit bail (LOCAFRIQUE), le Crédit lyonnais Sénégal (CLS), Ecobank-Sénégal, la Société de crédit et d'équipement du Sénégal (SOCRES), la Société financière d'équipement (SFE) (ex-SOGECA), la Société Générale des Banques au Sénégal (SGBS), la Société d'investissement SENINVEST (FINANCEMENT CBAO-PROPARCO).	Le Fonds de contrepartie sénégalo-belge (FCBS, financement Belgique), le Fonds de contrepartie sénégalo-suisse (FCSS, financement suisse), le Fonds local de développement (FLD, financement Canada), le Fonds de promotion économique (FPE), la ligne de crédit pour le Projet de modernisation et d'intensification agricole (PMIA, financement FAD), le Programme d'appui à la filière horticole (financement FED), le Programme d'appui au développement urbain (PADELU), le Programme de soutien aux initiatives de développement local (PSIDEL), le Projet d'appui à la micro-entreprise PAME (CFD,CBAO, ACEP, AGETIP), le Réseau Afrique 2000 (financement PNUD).	La Mutuelle de l'Alliance de crédit et de l'épargne pour la production (ACEP), la Mutuelle des caisses d'épargne et de crédit des femmes de Dakar (CECFD), la Mutuelle des caisses d'épargne, de crédit et de solidarité des travailleurs de la SOCOSIM (CESTS), la Mutuelle des caisses populaires d'épargne et de crédit du Conseil national pour la promotion des caisses au Sénégal (CAPEC/CONACAP), la Mutuelle des caisses villageoises autogérées de Podor (CVAGP), le Crédit Mutuel du Sénégal (CMS), la Fédération nationale des GIE de pêche FENAGIE-PÊCHE, l'Union des Mutuelles-partenariat pour la mobilisation de l'épargne et le crédit du Sénégal (PAMECAS).

Par exemple le financement de la SONATÉL se fait sur fonds propres. Il dispose d'actionnaires multiples dont l'État, le groupe des salariés et anciens salariés, France Télécom, le groupe des institutions et enfin le grand public[382]. Pour *L'Hôpital principal* qui déclare ne pas poursuivre le profit, sa direction administrative et financière de même que l'aide à l'investissement technique et les offres de bourses de formation sont respectivement contrôlées et financées par la France. Cette structure hospitalière a l'avantage de la coopération bilatérale. Quant à l'hôpital *Abass Ndao*, il est sous la responsabilité de l'autorité décentralisée de la commune de Dakar qui assure ses investissements avec le concours de l'État et parfois des partenaires au développement. Le financement des investissements de la SENELEC (société de production énergétique) dépend de l'État, ou dans des cas fréquents par relations interposées, des bailleurs de fonds. L'achat de nouvelles machines ou de fuel, grâce à l'appui de la France dans le but de subvenir aux délestages récurrents qui ont gêné la vie des Sénégalais, est révélateur dans le mode de financement externe. La présidence du groupe de tutelle de la *Suneor* est assurée par un privé[383] qui a également en charge la présidence d'un autre groupe. C'est une entreprise où les responsabilités sont partagées entre actionnaires privés et l'État.

- Le déterminisme du marché du travail : le recrutement dans l'entreprise publique

L'achat du capital humain est un fait d'investissement au même titre que le capital physique. Il mobilise des coûts et des stratégies. Le recrutement se fait par l'achat de compétences légitimées par le diplôme. Il peut se tenir en interne sur la base de la promotion de certains agents à de meilleurs postes, mais le plus souvent, il est aussi orienté vers la recherche de talents extérieurs à l'entreprise. Il se fait en fonction des besoins et des capacités financières de l'entreprise. Celle-ci tient aussi compte de la masse de la demande d'emploi et de ses rapports avec le marché pour proposer le niveau des salaires[384]. Les abus dans la politique salariale et dans les conditions de travail sont moins présents dans le secteur public comparé au secteur privé. Une grille salariale est appliquée, en

---

[382] Les actions de la Sonatél sont réparties comme suit : En 1999, l'État du Sénégal dispose de 28 %, France Télécom 42 %, les institutions et grands publics 20 %, le groupe des salariés et anciens salariés 10 %. En avril 2009 l'État du Sénégal allait vendre 9,87 % de ses actions à France Télécom qui devait devenir l'actionnaire majoritaire, mais il est revenu sur sa décision à la suite de la pression des travailleurs et de l'opinion publique. En définitive l'État sénégalais s'est retrouvé avec 17,28 % des actions et France Télécom 52,2. %.

[383] Le groupe Advens dont le PDG est Abbas Jaber au moment où nous rédigeons cet ouvrage. Il est à la tête de Suneor depuis 2004. Suneor est une filiale de son groupe Advens. L'État est l'actionnaire minoritaire et détient 15 % des actions. Il a vendu ses 66,9 % d'actions. Rappelons que cette une entreprise nationalisée en 1975, elle prend le nom de Sonacos alors qu'elle s'appelait Lesieur. Privatisée en mars 2007 au compte du groupe Advens elle est devenue Suneor en 2007.

[384] Si la demande est forte, l'entreprise peut proposer un faible coût salarial et des conditions de production parfois humainement réfutables.

fonction des compétences et de la hiérarchisation, à toute recrue de la fonction publique. Dans ce secteur, c'est plus la hiérarchie et moins les compétences qui est mise en avant dans le traitement salarial. Les dérogations à cet état de fait répondant à des formes de privilèges sont des faits politiques ou des stratégies d'attraction et de rétention des « cerveaux » dans le secteur public.

Le marché « des dirigeants » est très peu valorisé dans le secteur public sénégalais. Et pourtant, il a pour avantage de promouvoir les meilleurs dirigeants de par leur capacité et à les faire recruter par les firmes les plus performantes. Nous sommes loin du capitalisme managérial des USA. Le recrutement des leaders dans le secteur public se fait selon la préférence des politiques. À moins qu'ils en soient contraints par des partenaires privés qui peuvent exiger de privilégier exclusivement dans les processus de nomination le profil du technocrate. Cette situation impacte les entreprises notamment leur compétitivité.

Le recrutement se fait très souvent sur la base des relations interpersonnelles de parenté ou d'amitié. Les individus qui disposent d'un *capital social*, c'est-à-dire d'un ou de parents « bien placé(s) », trouvent plus facilement du travail que ceux qui n'ont qu'un *capital diplôme*. Très souvent, l'entreprise choisit à l'avance son élément et fait une annonce officielle dans les journaux. Ce qui fait que la masse des candidatures à recevoir bute sur une simple formalité manifestement initiée et destinée à laisser des traces dans les procédures administratives légales – quoique de façade – supposées attester d'une gouvernance scientifique de l'entreprise. De telles pratiques sont remarquées et dans le secteur public et dans le privé[385].

La formation des ressources humaines en entreprise occupe un volet très important. De plus en plus, les entreprises publiques dépensent beaucoup pour la formation de leur personnel afin de renforcer les capacités productives et de mettre à niveau le personnel sur les tâches à remplir dans l'entreprise. Par exemple, L'Hôpital militaire principal, la SENELEC et la SONATEL font des dépenses pour la formation de leur personnel respectif. Ces entreprises reçoivent l'expertise de pays coopérants, en général plus développés. La formation reçue s'inscrit dans le sillage de l'innovation sociale et technologique. Les entreprises exportatrices sont très impliquées dans ce processus de mise à niveau. Selon les organismes internationaux qui soutiennent cette politique, elle permet d'être mieux compétitif sur le marché international. Des bourses d'études sont aussi offertes en appoint aux efforts de ces entreprises.

[385] Les agents enquêtés ont corroboré ce fait. Mais dès lors qu'il s'agit d'un acte à tenir pour secret, ces derniers ne pouvaient pas être plus généreux à notre endroit en termes d'informations susceptibles d'être divulguées et mises à notre disposition.

- Le déterminisme du marché des marchandises : une mécanique manifeste du marché commercial des biens et services

Le marché des biens et services détermine la décision d'investissement des dirigeants d'entreprise. L'engagement sur un marché suppose la construction et la fidélisation de la clientèle, car en cas de difficulté dans la poursuite des objectifs, celle-ci adopte une défection[386]. Les entreprises luttent contre l'inaptitude de contrôle sur le marché. Cette situation est fréquente lorsque les services et les biens sont de moindre qualité, voire défaillants. La pression de la concurrence peut faire disparaître des dirigeants et même des entreprises – les petites et moins compétitives sont phagocytées par les plus grandes –, mais aussi inciter les dirigeants d'entreprise à réagir en entreprenant des investissements pour maintenir des valeurs de profit comparable à celles de leurs concurrents[387]. La concurrence détermine ainsi les décisions d'investissement.

Les entreprises publiques collaborent et entrent en compétition avec celles du secteur privé. Le cas de la RTS (Radiotélévision sénégalaise) vis-à-vis des chaînes de télévisions privées, en l'occurrence *Walfadjri, 2STV, Dunya et Canal Info,* ne peut pas passer inaperçu. Leur collaboration a été le fruit de partage de programmes lors des grands événements notamment sportifs et politiques. La concurrence a amené l'entreprise publique qu'est la *RTS* à renforcer son investissement en capital physique, technologique (le numérique) et en ressources humaines par le recrutement et la formation. C'est dans ce cadre rompu à la concurrence qu'elle a lancé la chaîne *SN2, SN3 Tambacounda, RTS Casamance et se targue aujourd'hui de disposer de la plus grande masse de téléspectateurs que ses concurrentes.* En revanche, elle est perçue par la concurrence comme une chaîne imitatrice qui reproduit les grilles de programmes de ses adversaires concurrents et participants du système d'État pour lequel elle est toujours orientée en fonction des intérêts politiques en place.

Nous ne pouvons pas parler du traitement des marchandises sans s'arrêter sur *le risque commercial* qui renvoie aux éventualités de pertes relatives à l'investissement. Les causes peuvent être naturelles ou sociales[388]. Il y a des entreprises qui investissent dans le risque dès l'instant qu'il y a l'opportunité d'anticiper économiquement sur les dommages corporels et matériels. Il s'agit *des entreprises d'assurance*. Elles sont un monopole privé. Ce type d'entreprise est souvent confronté aux clichés sociaux localement développés, lesquels compromettent leur part de marché. La perte de biens, la mort, la maladie, les

---

386 Albert Hirschman, *Défection et prise de parole*. 1970, trad. fr. 1972, Paris, rééd. Fayard, coll. « L'espace du politique », 1995.

387 Hirschman préconise pour ce cas une alliance à la concurrence afin de récupérer les clients mécontents et de neutraliser ainsi la défection.

388 Les risques naturels sont les catastrophes naturelles et les risques sociaux sont le vol, la grève, le pillage, l'instabilité sociale et politique, le boycottage, le changement des prix, la variation des changes.

accidents constituent des secteurs encore tabous chez beaucoup de Sénégalais pour qu'ils y fassent des affaires.

L'investissement des entreprises du secteur privé

Les rapports productifs

L'entrepreneur qui mobilise des capitaux afin d'asseoir une production pour la première ou la nième fois est tenu, face à son désir de profit, de se situer stratégiquement vis-à-vis des formalités juridiques, techniques et méthodiques de la production économique instituées au niveau national. Il est tenu d'y souscrire dans le but de crédibiliser son investissement[389] et d'amoindrir les risques de perte ou de dépôt de bilan.

Les étapes de l'engagement dans un investissement

La motivation à l'entreprise

Les projets d'investissement se font en fonction des avantages socioéconomiques perçus par le promoteur – qui peut être un individu ou une personne morale. Chez l'individu, le premier investissement est souvent porté par une volonté de changement de statut social. Le besoin en est d'abord suscité face à un désir d'indépendance financière, professionnelle ou d'assurer une responsabilité familiale parfois même pour combattre l'oisiveté. En somme, l'engagement dans l'entreprenariat est déterminé par la coercition de l'intégration sociale. « *On a envie de réussir* », avons-nous plusieurs fois relevé dans la déclaration des entrepreneurs enquêtés. L'entreprise est arrimée sur la réussite. La majorité des populations est consciente, voire convaincue qu'une réussite économique équivaut à une réussite sociale. Ce qui fait par conséquent du social la finalité de l'activité économique. « *Si on se bat pour travailler, c'est pour gagner de l'argent, c'est pour devenir quelqu'un de respectable voire un soutien de famille, devenir un père de famille et avoir une belle et bonne épouse.* » Voilà encore une compilation de réponses apportées par les enquêtés qui se rejoignent tous sur les avantages sociaux de l'entreprise économique et de la réussite. Empiriquement, l'activité économique à travers l'investissement sert à satisfaire, de manière utilitariste, un besoin social. Pour une personne morale, notamment une entreprise, l'investissement est pour favoriser ou accroître le profit. Par conséquent, il permet à l'entreprise de grandir. Ici, ce sont l'extension et la compétitivité qui motivent l'entreprise.

Appropriation et conception du projet

Tout en pensant aux avantages qu'il peut tirer de son investissement, l'entrepreneur cherche des opportunités dites d'affaires. Ainsi, il oriente ses choix en conséquence.

---

[389] En règle générale, pour toute entreprise « investir revient à engager de l'argent dans un projet, en renonçant à une consommation immédiate et en acceptant un certain risque, pour accroître ses revenus futurs ».

- L'importance de l'opportunisme au détriment de la coercition du modèle socioculturel dans le choix des secteurs d'activité

Les investissements des entreprises sont exclusivement orientés vers des secteurs productifs. De ce point de vue, ils ne s'imposent pas forcément une reproduction du modèle professionnel, parental ou ethnique de production. Le choix des secteurs d'activité se fait après le constat d'une possibilité d'exploitation productive dans les divers domaines d'activité disponibles. Pour ne citer que les plus visibles actuellement à Dakar et sans avoir la prétention d'être exhaustif, les investissements varient entre les secteurs du commerce notamment la vente de produits agro-alimentaires, du textile et du vestimentaire, de l'industrie avec la pêche industrielle, la transformation industrielle des produits halieutiques, du transport, des services de la coiffure ou des TIC (Techniques d'information et de communication), de l'éducation et du conseil.

Des entrepreneurs, à l'instar de *A.Wellé* et de *Y. Seck*, investissent dans le foncier et l'immobilier. Pour eux, le gain y est assuré. Ils prétendent également ne pas quitter ce secteur dans l'avenir même s'ils accumulent suffisamment de richesses parce que selon eux, « *il est plus sécurisant de demeurer là où le profit est assuré et les risques quasi inexistants, c'est-à-dire moindres* ». Au passage, *Y. Seck* emploie un gardien mal payé qui rechigne au traitement social qui lui est appliqué. Il ne respecte pas, par conséquent, les horaires de travail qui lui sont assignés. Étant amené à renvoyer continuellement ses gardiens, Seck s'est rabattu sur les individus de nationalité étrangère, en l'occurrence, guinéenne qui acceptent plus ou moins le traitement relatif au poste de travail afin de rester dans le secteur du gardiennage.

Encore une fois, le choix des secteurs d'activités se fait en fonction des opportunités. Par contre, les opportunismes souvent peuvent buter sur des clichés culturels qui vont à l'encontre d'un projet d'investissement productif. Nous pouvons citer, entre autres, les entreprises du sexe ou de commercialisation d'alcool qui exercent dans des secteurs réglementés et qui ne font pas l'objet d'un grand marché populaire. Toutefois, il y a toujours une clientèle qui est visée et entretenue. L'illégalité repose sur le fait de détenir une entreprise et de ne pas en avoir l'autorisation formelle. De plus en plus, en majorité, les *clandos* (spécialisés dans la vente d'alcool) qui continuent de porter ce nom et les prostituées professionnelles détiennent des papiers qui leur permettent d'exercer. Il ne s'agit pas d'activités informelles illégales puisqu'elles sont réglementées[390]. Elles sont tout simplement dépourvues d'une légitimité sociale. Mais la légitimité légale peut leur revenir, si elles se conforment à la loi. Et c'est ce qui arrive.

- Le choix de la Cible se confond au besoin identifié et à vendre

C'est en fonction des opportunités utilitaristes que le choix de la cible se fait. Elle est toujours constituée par un groupe social donné. En concevant un bien ou

[390] Contrairement à ce que pense Abdoulaye Niang, *op. cit.*

un service marchand, l'entrepreneur s'intègre à un marché spécifique à son produit. En vendant sa marchandise, il vend un besoin. *A priori*, sans une demande, il n'y a pas de besoin. Mais certains entrepreneurs mieux dotés en capitaux arrivent à créer par eux-mêmes une demande par des moyens « marketing » sophistiqués et prétendre par la suite la satisfaire. Ils créent ainsi leur propre opportunité.

Les rapports administratifs socialement coercitifs

- ***Les types d'entreprises possibles sous leur forme juridique***

Il s'agit des statuts traditionnellement connus dans la logique juridique de la gouvernance d'entreprise. Il y a la Société en nom collectif (SNC), la Société en commandite simple (SCS), la Société à responsabilité limitée (SARL), la Société unipersonnelle à responsabilité limitée (SURL), la Société anonyme (SA), la Société en participation (SP), la Société de fait (SF), et le Groupement d'intérêt économique (GIE). Elles sont *individuelles*, c'est-à-dire appartenant à une seule personne ou *associatives,* car pouvant épouser plusieurs statuts de société, dès l'instant qu'il y a deux ou plusieurs propriétaires. Pour chaque forme juridique, il est réservé une gamme de possibilités et de contraintes concernant l'exercice productif.

- ***Les rapports normés autour des procédures constitutives d'une entreprise en considération des secteurs d'activité***

À ce stade des rapports économiques, les organisations sont soumises à une normalisation. L'administration publique impose aux entreprises une identité juridique sans laquelle l'État ne reconnaîtrait pas leurs activités. Autrement dit, il n'y aurait pas de possibilité de collaboration marchande avec les instances publiques et privées formelles.

Il est obligatoire de disposer, moyennant des frais, d'un registre de commerce et d'un Ninéa. Le premier permet à l'entrepreneur d'exercer légalement son activité. L'État, de plus en plus dans sa politique de contrôle et de limitation des entreprises, ne donne pas plus de deux opportunités d'activité qu'il fait déclarer à l'entrepreneur sur son registre de commerce. Le second permet de se faire enregistrer par les services fiscaux et entraîne automatiquement l'imposition à partir du bilan de résultat de l'année précédente ou de celui des douze derniers mois d'exercice lorsque la période visée n'équivaut pas à une année civile.

Les impôts sont prélevés directement sur le revenu[391] et sur tout employeur, étant donné qu'il est appelé à payer un forfait contributif. Il s'agit d'une

[391] « Les revenus fonciers, les revenus de capitaux mobiliers, les bénéfices industriels, commerciaux et artisanaux, les bénéfices des professions non commerciales et revenus assimilés, les bénéfices des exploitations agricoles, les traitements, salaires, indemnités, émoluments, pensions et rentes viagères sont des revenus imposables. Le calcul du montant de l'impôt sur le revenu ne peut excéder 50 % du revenu imposable (loi n° 98-52 du 31-12-1998) selon un droit proportionnel tenant compte de la situation et des charges

imposition directe, qui souvent est accompagnée par d'autres taxes dites de l'impôt du minimum fiscal couplé à ses taxes représentatives, des contributions foncières, celles des patentes, celles des licences et enfin les taxes sur les armes à feu. Le taux d'impôt appliqué au nom de chaque société, pour l'ensemble des activités imposables au siège social ou au lieu d'établissement principal, est au Sénégal de 25 % du bénéfice imposable voire aujourd'hui de 30 %[392] selon un technicien des impôts et domaines. Les parts de bénéfice imposable inférieures à 1000 francs CFA sont négligées, selon les termes du code des impôts. Dans le cadre des *impôts directs sur le revenu*, ce sont les bénéfices nets (calculés sur la différence des actifs nets du début à la clôture de l'exercice, en dehors des charges prévues par le code des impôts) qui sont taxés. Outre l'impôt direct, il y a une imposition indirecte qui s'applique au chiffre d'affaires. Elle taxe la valeur ajoutée et les opérations bancaires ; les taxes d'égalisation étant abrogées en 2004[393]. Sont encore taxées indirectement les boissons et boissons gazeuses, le café, le thé, les corps gras alimentaires, les tabacs, les noix de cola, les produits pétroliers. Les taxes sur le ciment sont abrogées par la même disposition. Au-delà de la taxation sur le revenu et le chiffre d'affaires, l'État taxe la plus-value immobilière sans compter les droits d'enregistrement, les droits de timbre, les droits de la publicité foncière et les taxes annuelles sur les véhicules à moteur.

Les régimes fiscaux divergent selon l'éligibilité des entreprises individuelles et des sociétés[394]. Concernant l'entreprise individuelle[395] , les

---

de famille du contribuable, mais aussi un droit progressif grâce auquel les revenus de moins de 600.000 francs CFA ne sont pas imposables. Il est possible seulement à partir de 600.000 francs CFA jusqu'au-delà de 12.650.000 francs CFA. L'imposition – de droit progressif sur le revenu – appliquée sera respectivement de 18 % et 50 % » in Code général des impôts, Direction générale des impôts et domaines, 741 p

392 *L'Observateur*, « Faire de la fiscalité à visage humain », Interview de Hamid Fall (inspecteur des impôts et domaines) réalisée par Ndèye Fatou Seck, n° 2933, lundi 1er juillet 2013.

393 Circulaire ministérielle 0006779/MEF/DGID/BLEC, août 2004, dans *Code général des impôts, op. cit.*

394 Selon le CID, « On impose directement les sociétés de capitaux et les sociétés civiles qui mènent des activités de nature industrielle, commerciale, agricole, artisanale, forestière, et minière. Les sociétés civiles agricole et artisanale peuvent à leur gré opter aussi pour une imposition selon le régime des sociétés de personne. Cette imposition sur les bénéfices concerne aussi les sociétés coopératives lorsqu'elles se fondent comme établissement, les magasins et boutiques de vente ou de livraison de denrées, les produits ou marchandises, les sociétés coopératives et unions coopératives d'industriels, de commerçants et d'artisans, les sociétés de coopérative de production, les sociétés de crédit foncier, les établissements publics et organismes d'État ou décentralisés doués d'autonomie financière et se livrant à des opérations industrielles, commerciales ou simplement à caractère lucratif, les sociétés et mutuelle d'assurance et de réassurance, les SF (Société de fait), les GIE (Groupement d'intérêt économique), les SNC (Société à nom collectif), les SP (Société en participation), les SCS (Société à commandite simple), les SARL (Société à responsabilité limitée) où l'unique associé est une personne physique et où l'associé est l'unique personne morale, les société civiles professionnelles qui choisissent d'être imposées sous le régime de l'impôt de société (loi n° 2006-42 du 21 décembre 2006

biens de l'entreprise sont confondus à celui de l'entrepreneur en question. En cas de litige avec la fiscalité, plus précisément en cas d'incapacité de paiement des redevances fiscales, les agents du fisc viennent dans la demeure de celui-ci pour se saisir de ses biens. Toutefois, l'avantage est que pour une entreprise individuelle le montant fiscal à payer est moins élevé. On suppose que les agents entrepreneurs, dans ce cas de statut, ne disposent pas d'une grande autonomie financière. Ce type d'entreprise est recommandé pour démarrer une activité.

A. N., propriétaire d'entreprise et formateur interrogé lors de notre enquête, dans la ville de Dakar, déclare :

> *« Auparavant, la taxe était fixée mensuellement à 35.000 FCFA, mais avec l'alternance le montant est estimé en fonction de la taille des recettes. Ce système a été institué pour motiver les agents des impôts et des domaines en leur octroyant, en plus de leur salaire, les 40 % du montant payé par l'entrepreneur. Les 60 % étant destinés au trésor national. Avec cette nouvelle donne beaucoup d'entre nous, entrepreneurs, se sont frustrés face à l'exagération souvent notée de l'estimation fiscale. Nous avons des entreprises à faire marcher et nous n'entendons pas perdre une grande partie de nos profits au compte non seulement de l'État, mais aussi d'agents du fisc. Ainsi beaucoup, face à ce qu'ils conçoivent comme un abus, ne pouvant pas payer les montants fixés, ont vu leurs biens domestiques être saisis. Ceux qui ne voulaient pas payer par orgueil et par stratégie pour protéger leurs biens ont dû faire un dépôt de bilan. »*

Que les propos ci-dessus soient avérés ou pas – parce qu'un rejet systématique en a été fait par des agents des impôts et domaines – il faut en déduire l'indéniable, c'est-à-dire que les rapports de confiance entre les promoteurs et les agents du fisc sont souvent mis à l'épreuve malgré l'existence de textes supposés être connus de tous les acteurs.

Les entreprises qui se sont formalisées sont tenues à une immatriculation à la Caisse de sécurité sociale, au plus tard, dans les deux mois qui suivent

---

portant loi des finances pour l'année 2007), les sociétés nationales, toute personne morale se livrant à des activités lucratives nonobstant sa domiciliation à l'étranger. Son implication financière sur le territoire sénégalais suffit à l'imposer (loi n° 2004-12 du 6 février 2004). Dans l'article 32 du code général des impôts, il est dit que si les sociétés en nom collectif et celles de commandite simple ne se déclarent pas sous le régime fiscal des sociétés de capitaux, il sera appliqué à leurs associés l'impôt sur le revenu pour la part de bénéfice correspondant à leurs droits dans la société (loi n° 98-34 du 17-04-1998). L'article 31 du code stipule selon la loi 2008-01 du 8 janvier 2008 que chaque contribuable est soumis à l'impôt sur le revenu en raison de ses revenus personnels. Il y existe aussi des sociétés qui sont non imposables ». in Code général des impôts, *op. cit.*

[395] L'entreprise individuelle, nous avons eu à le remarquer, est un prolongement de l'initiative du ménage. Ici le marché (d'approvisionnement et de production) des entreprises, même s'il est spécifié en fonction du profit, qui, à son tour guide la production, est plus vaste. Il dépasse par conséquent les franchises du quartier dans lesquels les initiatives des ménages à très faible revenu sont limitées.

l'embauche du premier salarié. C'est une démarche obligatoire pour toute entreprise qui se crée. Selon la loi 2008-01 du 8 janvier 2008 sur la déclaration annuelle obligatoire des salaires, les sanctions fiscales prévues dans l'article 900 du présent code, en vigueur au Sénégal, sont applicables aux employeurs en termes d'impôt pour des raisons de traitements et de salaires, mais aussi aux salariés s'ils ne satisfont pas aux taxes du minimum d'impôt fiscal[396]. Elles se manifestent sous forme de pénalités et de délais de recouvrement en cas de retard de paiement. Pour faire face aux mauvais contributeurs et aux fraudeurs, elles peuvent être pénales (emprisonnement) et civiles (amende).

Exposons le cas d'une non-contribution fiscale concernant l'entreprise de presse sénégalaise *Walfadjri* qui a été saisie, à cet effet, par l'autorité fiscale. « S. L. Niasse dit qu'il détient une lettre signée par l'ancien chef de l'État Me Abdoulaye Wade et que dans cette correspondance, il est question qu'il soit exempté d'impôt »[397]. Le fait social, qui ressort et qui nous intéresse ici, est la position du propriétaire et administrateur de l'entreprise *Walfadjri* M. Niasse. Outre les retards de paiement accumulés, celui-ci justifie son comportement par l'exemption fiscale de l'autorité publique dont il bénéficie à l'encontre des dispositions légales fiscales en vigueur. Ainsi, apparaîtrait-il comme une exception fiscale parmi tous les Sénégalais entrepreneurs. Nous pouvons convoquer un état de moralité sociale face à une dérogation de la sorte qui interviendrait sur le dos des accords collectifs institués légaux. Au lieu d'exprimer son regret et faire son *mea culpa* face à l'opinion publique – à l'instar d'une personnalité de la République française, en l'occurrence, l'ancien ministre du Budget Monsieur J. Cahuzac – le mis en cause engage un bras de fer contre l'opinion et l'autorité fiscale et partant le pouvoir exécutif. L'indignation ne pouvait manquer chez certains contribuables, étant donné qu'il n'y a pas un modèle fiscal de discrimination verticale et horizontale. Toutes les sociétés sont imposées. Riches comme moins riches subissent la contrainte fiscale. Par ailleurs, en accord avec ce cas de figure, les ménages sont soumis à la redevance audiovisuelle en payant, selon un technicien fiscal, « chaque année un tarif forfaitaire [...] en fonction de la connexion à l'audimat »[398]. Encore de l'avis de ce dernier, « il y a beaucoup de fraude fiscale au Sénégal et parmi les entreprises inscrites au Conseil national du patronat (CNP), il y en a beaucoup qui ne font que frauder »[399]. Ainsi la question sociologique ici – et qui est la même pouvant interpeller le rapport à l'entreprise – est la relation entre l'individu en double socialité (dont nous

[396] Ils encourent une peine d'un an à 5 ans d'emprisonnement et une amende de 10.000 à 1.000.000 de francs. En dehors des sanctions pénales, les pénalités fiscales attribuées continueront à être recouvrées (loi n° 2006-42 portant loi des finances pour 2007), dans *Code des impôts*, *ibid.*

[397] *L'Observateur*, « Faire de la fiscalité à visage humain », *op. cit.*

[398] *L'Observateur*, *ibid.*

[399] *Ibid.*

verrons la consistance dans nos développements à venir) et les institutions formelles légales localement transgressables au prétexte des traditions de solidarité et d'affinité afin de poursuivre, sans remords dans la voie capitaliste notamment dans la quête du profit. Ainsi, même si l'individu se sait en porte à faux avec l'éthique socio-légale de l'entreprise, il se légitime en se pensant dans une posture normalisée par les institutions traditionnelles qui lui sont coercitives. Tout cela interpelle dans l'ensemble le rapport à l'argent, à la perte et à la performance. Nous reviendrons en détail sur ce phénomène, lorsque nous parlerons plus tard dans la troisième partie du vécu économique en *paracapitalisme*.

Il est donc clair que les entreprises, du point de vue de leur statut, sont tenues au respect de certaines règles qui autant les protègent, les soumettent aussi à des contraintes financières. La fiscalité est un fait social conflictuel à fondement historique qui met en situation producteur (travailleur ou paysan) et autorité publique. Ce fait ne justifie pas l'émergence de « l'informel », mais il y participe. Sans siège social, des initiatives économiques restent camouflées et difficilement repérables des services fiscaux à l'instar, entre autres, des marchands dits ambulants. D'autres avec leur petite taille sont fiscalement insaisissables, voire non imposables. Au regard des difficultés économiques qui assaillent les agents économiques et qui les incitent à choisir des « raccourcis » sans omettre le manque d'informations et de formation dont ils peuvent souffrir, les stratégies entrepreneuriales populaires foisonnent aujourd'hui de plus en plus. Socialement légitimées, bien qu'elles puissent être hors la loi du fait du faible pouvoir d'achat populaire et de la rareté de l'emploi en ville, elles s'approprient ainsi de ce prétexte et profitent de l'employabilité des marchés non verrouillés par des exigences financières élevées et technologiques bien sophistiquées pour émerger dans l'économie urbaine et se consolider.

Le financement de la formation du capital

Le financement se fait sur fonds propres, sur une contribution familiale (par voie de mariage ou d'amitié – avec des occidentaux – ou d'héritage) ou par recourt au crédit auprès des parents, amis, ou voisins ou auprès des banques ou des institutions de micro-crédit.

Les entreprises qui ont suffisamment accumulé du profit prélèvent de leurs propres ressources épargnées pour financer leurs investissements. L'épargne, dans le cadre de l'entreprise, fonde sa raison sur « une possibilité de production »[400]. Elle est destinée à « stimuler » l'agrandissement de la production ou à « provoquer » une innovation. Elle vise aussi le traitement social des travailleurs, en leur assurant un revenu. Elle peut aussi viser à traiter des travailleurs supplémentaires. Autrement dit, elle permet le recrutement.

400 Concept développé par Werner Sombart.

Par contre, d'autres entreprises s'appuient sur les institutions financières afin de pouvoir réaliser les investissements qu'elles prétendent développer dans l'immédiat ou en perspective. Le fonds contracté dans cette situation est le fruit de placements bancaires de certains agents réalisés sous la symbolique de l'épargne et destinés, dans le cadre d'une reproduction dite « élargie » où la plus-value est permise, à créer du profit. L'accès au crédit, pour les grandes entreprises et les petites activités, exige une démarche technico-formelle d'emprunt.

Les licenciements ou les fermetures d'entreprises entraînent la considération des droits des travailleurs qui s'estiment et se mesurent en espèce. Perçus, ils peuvent servir de capital de départ pour financer une nouvelle entreprise. Selon les promoteurs locaux rencontrés dans leur nouvelle affaire, il faut investir peu et chercher des partenaires pour asseoir une entreprise collective. Cela est recommandé pour parer à l'éventualité d'un échec. Beaucoup d'entreprises naissent des cendres d'entreprises en dépôt de bilan. Les capitaux fixes et sociaux des affaires en faillite sont exploités pour en propulser d'autres ou pour simplement faire des profits en procédant à sa mise en vente. Le cas de la société *Baeaubab*, spécialisée dans la production d'eau minérale devenue **TPE** (Tout pour l'eau), peut être associé aux dernières éventualités citées.

- Les contours sociaux de remboursement du fonds d'investissement contracté

Le remboursement du financement contracté ne pose pas en général de problème pour les entreprises déjà opérationnelles. Dès que l'endettement est constaté, le remboursement devient une priorité tant que la production est en cours. Cela répond d'une organisation et d'une gestion scientifique de l'entreprise. Souvent les nouveaux entrepreneurs rencontrent des problèmes à restituer le financement contracté pour la création de leur entreprise. La capacité de remboursement dépend certes directement du marché qui détermine la réussite de l'investissement, de la volonté de l'agent à rembourser la dette contractée, mais aussi de l'organisation de celui-ci face à son environnement social immédiat en dehors du marché. Le premier est souvent expliqué par une mauvaise appréhension formelle de la conception du projet d'investissement. Le second concerne le niveau de motivation lié à l'atteinte des objectifs du promoteur. Le troisième cas, qui est d'ailleurs le plus habituellement observé, est caractérisé par la domination des liens interpersonnels découlant soit de la famille soit d'autres institutions socioculturelles qui compromettent la responsabilité de gestion et par conséquent, l'engagement dans le remboursement. Le non-respect des clauses de crédit est justiciable. Il peut affecter l'intégrité de l'entreprise et entraîner aussi sa disparition.

Les nouvelles politiques décentralisées d'octroi de crédit destinées à lutter contre la pauvreté offrant des sessions de formation sans garantie sont prises en ballotage en cas de non-remboursement des crédits vendus. Rappelons que les structures financières sont des établissements marchands. Dans un cadre préventif, elles imposent de plus en plus des garanties aux requérants voire aux porteurs de projet. Ce qui contribue hélas à limiter la multiplication d'entreprises pour ne pas dire que cela provoque la rareté des investissements chez les populations qui ont pourtant la volonté d'entreprendre, mais qui ne disposent pas de moyens à cet effet.

L'installation ou le démarrage

Le préalable de l'installation en entreprise reste la satisfaction des dispositions administratives. Elles sont obligatoires. Toutefois, les agents peuvent s'installer et débuter une production sans se conformer aux exigences juridiques et administratives dans le domaine où ils sont appelés à exercer.

- ***L'achat de capital fixe***

L'achat de capital fixe ou *physique* concerne à la fois les locaux – qui peuvent être loués – la machinerie (industrielle et informatique) de production, la bureautique ou autre logistique.

L'investissement fait dans le cadre de l'installation est différent de celui que fait une entreprise déjà en situation de production. Pour la première fois, en effet, les dépenses couvrent le coût d'installation des moyens productifs. La plupart des enquêtés pensent à s'installer une fois que le « casse-tête » du financement est surmonté. Les achats de matériel qui prédisposent au démarrage de la nouvelle entreprise constituent une consommation ; tout comme d'ailleurs les dépenses de recrutement.

- ***Le recrutement des ressources humaines***

Pour les nouvelles entreprises, le recrutement se fait avant le démarrage de la production proprement dite. D'après les enquêtés, les petites entreprises surtout individuelles débutent en endossant sous leur responsabilité l'ensemble des processus actifs de la production. Ceci est expliqué par la rareté des ressources financières et par l'esprit d'économat qui surgit aussitôt lorsque les individus sont en situation d'affaire. Certains entrepreneurs individuels ne recrutent pas de manière formelle. Ils se font aider au prix de quelques motivations en nature ou en espèce qu'on pourrait assimiler à des cadeaux comme il est de rigueur dans la traditionalité wolof entre *geer* et *ñeeño*. Les liens affectifs permettent de se désengager de toute objectivité. La taille du personnel témoigne de la taille de l'entreprise, de ses coûts de production et de ses profits.

Taille et organisation administrative de l'entreprise

Les entreprises se distinguent les unes des autres du point de vue de la taille qui est fonction de leur capital, du nombre d'employés, de l'organisation interne du travail et de leur capacité de mouvement sur le marché. Les entreprises de petite taille sont en général individuelles. Elles se confondent souvent avec l'organisation du ménage. Les plus grandes sont mieux organisées et s'affranchissent mieux des cadres du ménage. L'organisation de l'entreprise en interne et en externe reste la même dans les secteurs du privé comme du public, dès l'instant où elles ont une certaine taille, mobilisent un capital humain, matériel, financier et adoptent un cadre d'exécution technico-formelle. En effet, dans le secteur public, l'entreprise est instituée pour subir une gouvernance formelle. Cela n'empêche pas, par contre, qu'il y ait des résistances au modèle institué légal formel.

- ***Organisation et administration des ressources humaines***

- *La spécialisation et la complémentarité des tâches*

La répartition des fonctions est importante pour l'entreprise, autant dans la fabrication du produit que dans la garantie de son exclusivité au sein du marché. La plupart des enquêtés mettent cette technique au compte de la quête de rentabilité. Elle permet d'organiser et de contrôler le marché au bénéfice de la satisfaction de la clientèle. La répartition permet aussi de diminuer le nombre de tâches à accomplir par travailleur. Les instruments de production sont conçus et confinés dans des rôles précis. Au-delà des avantages de ce procédé qui favorise la continuité de la production au niveau individuel, les risques de sous-performance et d'incompétitivité et de manque à gagner se multiplient. En effet, dans la mécanique interne la spécialisation délaisse beaucoup de tâches pour se limiter à une. Dans ses rapports avec le marché, l'entreprise s'auto-exclut de certaines spécialités pour ne produire qu'un type de biens ou services précis. En revanche, les risques d'inefficacité productive sont amoindris dès que l'entreprise arrive à instaurer une complémentarité entre toutes les tâches requises. Il est aussi possible que l'entreprise se lie à une autre – en sous-traitance – afin de chercher une complémentarité dans la fabrication d'un produit et d'être présente sur le marché.

Les entreprises rencontrées organisent, à l'instar du modèle de gouvernance du secteur public, leur travail à partir d'un organigramme distinguant une nette répartition entre les entités engagées dans la production ou dans la commercialisation.

- *Le recrutement et la hiérarchisation coercitive*

À l'instar du secteur public, l'administration appliquée au secteur privé exige un diplôme. Le recrutement et les fonctions administratives et techniques sont respectivement effectués et distribués sur la base de la compétence prouvée par le diplôme et l'expérience. La dernière nommée est une nouvelle exigence qui fait loi en entreprise. La problématique du recrutement des ressources humaines fédère les questions du gain économique et de l'enjeu social qui en découlent. Le secteur privé offre beaucoup plus de flexibilité. Par exemple, les agents dans le secteur privé peuvent négocier le contrat qui les lie, selon des considérations affectives. Tout individu recruté intègre un nouveau statut que lui permettent les ressources financières qu'il reçoit et la société à laquelle il appartient dès lors qu'il prend désormais en charge ses propres besoins et entretient un ménage ou une famille, au sens large. Également, des chefs d'entreprise (manager et propriétaire) recrutent et distribuent les rôles dans leur entreprise en privilégiant la parenté, l'amitié ou parfois la sympathie mutuelle. L'assertion wolof « *lo jemul do ko mën* », pour dire que le savoir-faire résulte de la pratique voire de l'expérience, est un prétexte qui dissipe les craintes d'incompétence d'un entrepreneur soucieux de profit et qui, souvent, introduit l'affectivité dans son mode de recrutement et de gestion de l'entreprise.

Selon le gérant de l'**Entreprise Waaf** *: « C'est difficile de passer outre la pression familiale. On est en Afrique et non en Europe. En aidant mon entourage, en permettant que quelques-uns travaillent avec moi ici, je m'aide moi-même. Il n'y a que les membres de ta propre famille qui peuvent t'aider à démarrer et réussir une entreprise. Ils ne te conditionnent pas. Ils acceptent ce que tu leur donnes. Je préfère donner du travail que de donner de l'argent à chaque fin de mois à mes parents. Je crois que c'est un bon calcul [...]. Mais attention, cela ne veut pas dire que je vais compromettre le fonctionnement de mon entreprise parce que je veille à ce que mes parents que j'accepte aient au moins une formation. En général, cela m'arrange mieux, si leur profil recoupe avec les besoins de mon entreprise. Toutefois, je fais des efforts pour payer une formation qui va les recadrer en fonction de mes objectifs d'entreprise. Je n'ai donc pas de problème dès lors que je peux payer une formation à mes parents, nouvelles recrues.* » C'est à partir des tâches administratives que s'organisent la production et les décisions y affairant. C'est ainsi que certaines tâches sont affectées à la production, d'autres à la commercialisation. Les décisions d'amélioration des capacités productives sont prises en fonction des capacités administratives et techniques. Toutefois, certaines entreprises peinent, du point de vue de leur hiérarchie administrative, à contrôler leur productivité alors que l'organisation du travail se fait en fonction des compétences techniques. Voici deux illustrations :

- **A. *L'exercice de la production de quelques entreprises enquêtées a porté des différences de plusieurs natures sur la conduite souhaitée de la production voire des affaires, de manière générale.***

- Le cas de l'entreprise Sglec[401] :

« La production est plus élevée si le 'Toubab' [402]*est à la tête de la direction. La production stagne et chute à la venue d'un autochtone aussi diplômé sinon même plus que tous les 'Toubabs' de passage à la direction. Même le fils du propriétaire de l'entreprise a été combattu à cause de sa rigueur et a essuyé les affres de la désobéissance et de la diminution de la productivité sous sa direction, alors que tout ceci disparaît à la seule présence d'un 'Toubab' à la direction.* »

---

[401] L'entreprise *Sglec* – nom que nous avons inventé pour ne pas porter préjudice à l'entreprise en question – est un cas rapporté par un de ses agents enquêtés dont nous taisons par discrétion aussi le nom.

[402] Personne de race blanche.

Il faut comprendre par ce rapport que les travailleurs rechignent à travailler correctement sous les ordres d'un directeur autre que 'Toubab'.

- B. ***Des entrepreneurs ont investi dans la petite industrie*** **:**

L'entrepreneur ***O. Pouye*** a investi dans la couture. Il reproduit des modèles et les met en grande quantité sur le marché. Il gère un capital ouvert ; ce qui veut dire qu'il partage son chiffre d'affaires avec des actionnaires extérieurs associés qui ne participent pas, toutefois, à la production. Ce qui signifie que ces derniers, grâce à cette formule d'investissement, accumulent sans travailler. Nous sommes donc en présence d'une forme d'accumulation de capital, dite passive, qui n'exige pas un travail.

L. Faye dirige un petit organe de presse qu'il a lui-même créé. Il nourrit l'ambition de le rendre plus grand et plus dynamique dans le secteur de l'information au Sénégal. Il dispose d'une hiérarchie interne attelée aux tâches administratives et à la production technique. Il emploie huit personnes. Les salaires sont payés, mais parfois avec du retard. Ce qui l'amène à accumuler des redevances ou arriérés de salaire à son personnel. La couverture sociale n'est pas assurée à ses employés. Les revenus de son entreprise sont fortement dépendants des insertions publicitaires et du marché sur lequel son journal est écoulé. Outre les dépenses de fonctionnement, quelques petites entreprises à l'instar de celle de L. Faye rencontrent souvent des difficultés de gestion administrative des ressources financières et humaines, finalement interdépendantes, au sein de l'entreprise.

Parler de l'organisation des ressources force automatiquement à s'arrêter sur les rapports souvent conflictuels entre entrepreneur ou directeur et le personnel employé. À une différence près, les rapports entre employeur et employés qui se fondent généralement sur une divergence d'intérêt sont les mêmes dans le secteur public que dans le privé. Nous y reviendrons pour dégager ce que nous appelons *les spécificités* du secteur privé. Mais auparavant, pour mieux comprendre la dynamique conflictuelle, nous jugeons utile de définir les divers axes de relations que créent les efforts en dépenses d'investissement consentis par l'entreprise afin d'améliorer sa production.

Les rapports dans l'amélioration des capacités productives

Après l'étape de l'installation, les investissements futurs de l'entreprise sont désormais orientés vers l'amélioration des capacités productives. Deux préoccupations majeures émergent à ce stade chez l'entrepreneur.

La première est *la contrainte du profit*. Elle est arrimée sur la concurrence, à laquelle l'entrepreneur doit faire face en proposant des biens ou services de qualité et à la taille du marché ciblé. Il y a sur ce registre une obligation de résultat pour maintenir un taux de profit au niveau le plus élevé possible. À ce propos, l'innovation apparaît pour en être la clé. De ce point de vue, les promoteurs cherchent à disposer pour leur entreprise d'une « technologie évolutive » et à appliquer un comportement « rationalisant » pour parodier

Niang. Même ceux qui débutent par une « technologie rudimentaire » cherchent à évoluer dès lors qu'ils sont confrontés à la concurrence.

La seconde est *l'obligation d'être en règle avec le droit du travail.* La pression du mouvement syndical amène l'entrepreneur à mettre ses employés dans de bonnes conditions de travail. Les entreprises, employant un personnel, sont contraintes, par conséquent, de réinvestir fréquemment dans l'amélioration des moyens de production, surtout dans la formation. De plus en plus beaucoup d'agents se forment sur le « tas » voire dans la pratique sans notions préalables. C'est une pratique d'une fréquence très élevée dans l'entreprenariat dakarois. Les directeurs recrutent parfois des gens qui n'ont pas la formation ou le niveau approprié et les font se débrouiller dans l'apprentissage des maniements du service au sein de l'entreprise. Le privé comme le public connaissent ce phénomène. C'est ce qu'on appelle « l'auto reproduction »[403].

L'organisation[404] et l'amélioration de la production en entreprise

D'abord, il faut que l'entreprise décide d'investir. Les actes d'investissement sont irréversibles. L'entrepreneur n'est jamais exempté du risque de perte. « Tout investissement doit prendre en compte le coût d'opportunité permettant de comparer son bien-fondé par rapport à d'autres utilisations du capital engagé. » La rentabilité est un critère décisif dans le choix d'un investissement.

La « capacité d'autofinancement » est très importante pour la rentabilité. « Les entreprises cherchent à anticiper la demande avant de s'engager dans un investissement pour savoir s'il est nécessaire d'augmenter leurs capacités de production. » Elles sont donc confrontées aux *anticipations favorables*[405] et *aux anticipations défavorables*[406].

- L'investissement

L'*investissement de capacité ou d'expansion*[407] est fréquent dans les grandes entreprises spécialisées dans l'alimentaire et de plus en plus dans la communication[408]. Par contre, l'investissement le plus fréquent à Dakar, est

[403] Abdoulaye Niang, « Le secteur informel en milieu urbain, un recours à la crise de l'emploi », *op. cit.*, p. 46.

[404] En rapport avec les actes fonctionnels de l'entreprise.

[405] Qui favorisent l'engagement dans l'investissement et se font lorsque l'agent entrevoit une hausse de la demande.

[406] Qui découragent l'engagement dans un investissement et arrivent lorsqu'il y a en vue une stagnation ou une baisse de la demande.

[407] L'entreprise cherche à augmenter son volume de production en ajoutant par exemple des unités de production. Elle peut opter pour une expansion quantitative en augmentant un produit déjà existant ou une expansion qualitative en concevant un nouveau produit.

[408] Ces entreprises ne figurent pas dans notre échantillon, mais nous avons suivi leur politique à partir du contact que nous avons eu avec leur produit. Rappelons que nous avons procédé par la méthode d'immersion pour ne pas dire participative pour Dakar, notre lieu de résidence.

celui du *remplacement ou du renouvellement*[409] de quelques matériels parmi le capital de production utilisé afin de maintenir l'activité à un niveau compétitif. Le niveau économique national explique également le choix de cette forme d'investissement. La coercition de la pénurie incite à faire ce choix d'investissement qui devient de plus en plus une habitude dans le rapport à la production. En outre, en cas de surplus de profit, les entrepreneurs ont tendance à s'exposer à la consommation non productive et à reproduire ensuite un investissement de renouvellement pour gérer la qualité de la production. Cela n'encourage pas la modernisation et la croissance des entreprises.

Des entreprises, en général plus grandes, vont vers des *investissements de modernisation ou d'amélioration de la productivité*[410]. Les IDE et quelques investissements directs locaux reflètent le plus ce comportement dans le secteur privé et sacrifient au transfert de technologie. L'attitude des agents nationaux en général intègre rarement ce fait. C'est à l'issue de la privatisation de leur entreprise qu'un engagement de modernisation fréquente est mieux perçu chez les Sénégalais entrepreneurs. Nous pouvons en déduire que le statut privé pousse les entreprises publiques à la modernisation et à la performance.

Concernant *l'investissement financier* les agents peuvent confier leur épargne aux banquiers en escomptant des intérêts. Également, l'entrepreneur est tenu à l'écart des décisions du banquier ou de l'administrateur qui va aussi mobiliser l'épargne ou le placement reçu au profit d'autres emprunteurs entrepreneurs ou simplement d'investissements. Ce qui montre que chaque partie s'engage dans un procès d'investissement.

L'investissement peut aussi prendre une forme stratégique qui va du populisme économique marginal au formalisme. L'entrepreneur ne cherche, de ce point de vue, qu'à assurer le développement de l'entreprise. En atteste leur parcours évolutif, car ces types d'entreprises évolutives (de l'informel vers le formel) investissent énormément. En termes de stratégie, le cas du Holding CCBM (comptoir commercial Bara Mboup)[411], qui a diversifié sa spécialité, est un exemple parmi les agents privés, non seulement pour la ville de Dakar, mais aussi pour le Sénégal.

- La concurrence face à l'enjeu du profit

La lutte pour le profit mobilise toute organisation économique. Les organisations publiques, qui ne sont pas compétitives, sont souvent privatisées. C'est une donnée qui nous permet de dire qu'avec le secteur privé, il y a beaucoup plus de chance d'être concurrentiel. Les entreprises y sont certainement moins protégées sur le marché que le sont les entreprises publiques

[409] C'est l'investissement de prédilection en période de crise. Il consiste à remplacer un équipement usé ou obsolète par un nouveau.

[410] Ce type d'investissement a pour but « d'accroître la productivité en introduisant des équipements modernes et perfectionnés ».

[411] Nous n'avons pas eu l'opportunité de la visiter. Le PDG est Serigne Mboup.

qui bénéficient des avantages de l'État. De nos jours, la plupart des entreprises du public ont des actionnaires privés qui participent au capital et qui influent sur la conduite compétitive des affaires. Les actionnaires protègent leurs intérêts et poussent l'entreprise à être concurrentielle.

- *La concurrence*

La concurrence est un corollaire des stratégies d'accumulation. Elle incite le mieux au réinvestissement et à un effort qualitatif et quantitatif sur la production. Ce type d'investissement consiste à un renforcement des capacités productives souvent destinées à entraîner une extension de l'entreprise.

Les grandes entreprises accumulent mieux que les PME. Celles-ci sont confrontées au risque de disparaître à tout moment, à défaut d'accumulation. L'absence d'investissement qualitatif crée l'immobilisme dans l'entreprise et la rend plus vulnérable aux chocs externes et au risque d'être tirée vers le bas. Par manque de performance, l'entreprise se fragilise et devient moins concurrentielle. Elle périclite, par conséquent, parce qu'elle perd la capacité de se maintenir au niveau initial requis pour exister et se pérenniser au sein du marché.

Nous avons remarqué que les entreprises qui tendent le plus vers le « formel » sont mieux confrontées au risque de disparaître du marché en tenant compte des rapports de force qui y existent. Elles ont du mal à tenir face à la concurrence des plus grandes entreprises. Ces types d'entrepreneurs, conscients des bienfaits du « formel » d'après leur propos, préfèrent investir leur profit sur la base d'une bonne optimisation des opportunités. Toutefois, le « risque » n'est pas exclu. Entre l'éventualité d'un succès et celle d'un échec, les petites entreprises, à long terme, peinent à réussir et sont souvent phagocytées par les plus grandes.

Il faut dire que l'inaptitude à piloter une entreprise à long terme a été fréquemment évoquée par les enquêtés pour expliquer les nombreux cas de faillite. Certains d'entre eux n'ont pas hésité, du fait de leur expérience vulgaire, à justifier ce fait par une inaptitude des « Noirs » autochtones, en comparaison avec les « Blancs » supposés plus aptes à tenir des entreprises rentables et croissantes. Toutefois, du point de vue économique et sociologique, le justificatif approprié répond moins d'un contexte racial, mais culturel, c'est-à-dire des valeurs.

L'immobilisme, parfois remarqué, est expliqué, à notre avis, par un lien affectif vis-à-vis de l'appréhension du court terme. Il n'y a pas de formalisme dans la conception traditionnelle de la maîtrise du risque, qui est forcément lié à l'avenir. En outre, l'absence d'informations et de formation adéquate peut être, entre autres, le motif socioéconomique de la disparition des PME ou de la faillite de grandes entreprises[412].

Les mouvements qualitatifs sur le marché aident l'entreprise à être compétitive et à grandir. De ce fait, les capacités productives gagneraient à privilégier les performances technologiques en investissant encore dans la formation des ressources humaines et dans la recherche et le développement (R-D). Le secteur privé ne s'est pas encore familiarisé avec ce dernier fait. Rares sont les entreprises qui investissent dans la recherche. Et pourtant, elles définissent des stratégies pour rester compétitives. Cette faiblesse est sans doute liée à une conception bien simple de la poursuite et de la mesure du profit.

D'autres entreprises qui sont fortement dépendantes de la sphère familiale, en l'occurrence, quelques entreprises individuelles, ne disparaissent pas et ne grandissent pas non plus. Celles-ci, en majorité, ne réinvestissent pas les profits de leur commerce dans la production. Soit ils sont thésaurisés, soit ils sont consommés par le ménage.

La prise de risque est plus ou moins suivie. Le fait de s'assurer que l'on aura toujours de quoi s'occuper de sa famille revient souvent comme justificatif des comportements économiques à risque. Les agents ne détiennent pas les instruments qui puissent les rassurer et les mettre en confiance dans la prise de risque. Le seul déterminant pour eux, c'est Dieu. ***T. Guissé***[413] dit croire à la science, mais rajoute-t-il : « *On a beau faire des calculs, il n'y a que Dieu qui sait si notre entreprise va marcher ou pas. Si je n'ai pas confiance, je ne mettrai jamais mon argent. Je ne veux pas perdre comme ça mon argent* ».

Ces propos ne sont pas partagés par l'ensemble des commerçants enquêtés. Certains disent que c'est parce qu'ils n'ont pas encore vu une opportunité d'affaires qu'ils se rétractent face à la prise de risque. D'autres, par contre, se cantonnent sur la conjoncture pour soutenir qu'aucune affaire ne marche. À ce propos, **C. Ndiaye**[414] dit : « *Je pense que l'on perd d'avance en mettant son argent. Pour 50 FCFA de mise, on n'en retire que 25 FCFA avec les temps qui courent. On n'entre même pas dans ses fonds pour espérer avoir un profit.* »

En définitive, nous pouvons dire que la concurrence est imbriquée à la prise de risque dans les affaires chez les agents surtout pour les petites entreprises.

Face à cette instabilité créée par la concurrence et à l'attachement au profit, les agents sont souvent tentés par la « corruption » ou « l'informel ».

---

[412] Si ce n'est la confusion entre les caisses de l'entreprise et les dépenses personnelles, voire privées, les grandes entreprises qui entrent en faillite sont souvent victimes d'un immobilisme dû surtout à un manque d'investissement qualitatif. Il ne suffit pas seulement de faire des investissements de remplacement qui privilégient le court terme. Le long terme est atteint par la vision qualitative.

[413] Vendeur de matériel de seconde main installé au boulevard Lamine Guèye.

[414] Vendeur ambulant.

Nous avons vu que pour expliquer la disparition de certaines entreprises face à la concurrence, hormis les impositions fiscales et sociales, il importe parfois de convoquer la résistance de certains entrepreneurs à la logique dite « formelle » de gestion et de production.

Par ailleurs, comme moyen de lutte contre la concurrence, les entrepreneurs sont invités à faire des investissements innovants.

- L'innovation en entreprise

L'innovation est un investissement qui s'inscrit dans la perspective de la modernisation et qui tire sa particularité dans une certaine originalité. À côté des dépenses sociales (salaires et revenus sociaux) et des dépenses techniques, les fonds réservés à l'innovation sont rares dans l'entreprise sénégalaise.

Empiriquement, la créativité est moins présente que la gestion de la rentabilité. Les investissements des agents reproduisent les produits (biens et services) que l'on a l'habitude de voir et s'ancrent mieux dans le développement des techniques de gestion. La clientèle ne manque pas de critiquer les produits. Nous avons l'impression que les entrepreneurs globalement s'intéressent mieux à la rentabilité qu'au produit lui-même. La clientèle change d'offreur, mais reste très souvent fidèle aux mêmes produits. De ce fait, les entrepreneurs maintiennent les mêmes produits dès l'instant qu'ils peuvent les écouler. Ils les améliorent seulement de manière simple pour faciliter la consommation sans chercher leur sophistication. L'amélioration ne va pas dans le sens des produits innovants. Les entrepreneurs ne prennent quasiment pas le risque de s'écarter des attentes populaires et anticipent moins sur des attentes potentielles.

Lato sensu, les actes d'innovation sont supportés par un courant technologique de plus en plus sophistiqué. Ils ont en théorie pour but de contourner l'immobilisme de la production ou la saturation que peut connaître le marché, sur lequel l'entrepreneur est en situation.

Sur le terrain dakarois, les entreprises qui ont vu le jour sur la base d'un produit innovant sont rares. Les rares cas d'innovation se notent au stade de projet. Les porteurs de projets similaires sont très peu financés. Ils expliquent ce phénomène par l'absence de confiance et de volonté des bailleurs notamment du mutuel micro-crédit, de la banque ou d'une personne ressource relevant de leur propre capital social.

En outre, c'est la rentabilité qui est souvent mise en cause parce qu'il faut que le projet puisse se conformer aux besoins des populations. Autrement dit, c'est le ciblage de la clientèle qui pose problème.

L'autre argument est que les populations ont du mal à s'accrocher à un produit nouveau. De ce point de vue, le risque dans l'investissement innovant est de plus en plus important.

Nonobstant qu'il y ait quelques projets innovants, nous constatons également que le management d'innovation est rare. Les projets se concrétisent rarement. Autrement dit, l'innovation se fait de manière sporadique. Ce qui est bien dommage parce qu'elle est source « d'extra-profit »[415]. Les innovateurs sont toujours avantagés dans le cadre du marché.

- L'enjeu de l'innovation dans la concurrence

Nous avons plutôt remarqué le sens inverse de l'innovation que nous concevons ici comme de l'imitation. Par exemple, dans le milieu audiovisuel et vestimentaire de la ville de Dakar, le plagiat y est un fait courant. Les chaînes pionnières sont suivies dans leurs initiatives. L'imitation est une surcharge au sein du marché. Car lorsque deux produits se ressemblent, les deux entrepreneurs se neutralisent et se partagent par conséquent les bénéfices obtenus de leur rapport sur le marché.

La taille de l'entreprise est déterminante dans la lutte de monopole du marché. Mieux les moyens financiers et de production sont respectivement élevés et sophistiqués, mieux le contrôle du marché est facile. Ainsi, les entreprises moins nanties perdent des parts de marché même si elles sont dépositaires de produits originaux labélisés. Sur ce registre, interviendrait la législation des affaires qui, à vouloir être efficace et impartiale, peut aussi comporter des défaillances que peut susciter la *corruption.* L'attachement au profit amène les agents à user souvent de contre-modèle.

Par contre, les initiatives qui bénéficient d'une légitimité sociale et qui sont classées parmi les groupes des résistants à l'ordre formel portent souvent des innovations, nonobstant qu'elles pratiquent facilement l'imitation dans la production ou le commerce. En effet, l'impératif de survie, dont leurs porteurs sont confrontés, incite à l'imitation – comme voie facile – et à l'innovation. Ce qui leur fait défaut, c'est le capital (d'abord financier puis technique et technologique relatif à la symbolique moderne) qui est souvent faible ou inexistant. Mais aussi, ils sont sensibles aux idées innovantes puisqu'ils sont constamment en situation de stratégie pour survivre ou réussir. Les initiatives résistantes, voire populaires sont dans « l'université de la rue » avec des possibilités d'innovation continues.

- Le financement des investissements ou des innovations

L'entreprise qui rencontre une rupture d'investissement, de machines, de matières premières ou qui veut étendre son entreprise à la faveur d'une bonne situation de vente, des mesures de crédit pourraient être prises à son compte. Elle procède par épargne afin de renforcer son fonds propre et constituer ainsi un argument solide dans l'obtention d'un prêt.

Pour le crédit, les entreprises qui en expriment le besoin sont obligées d'aller vers l'information portant sur les conditions de prêt. Les aspects d'estimation de prêt[416] sont considérés plus problématiques chez les petites entreprises que chez

[415] Werner Sombart, *op. cit.*, p. 190.

[416] Les aspects d'estimation s'articulent autour des états financiers, c'est-à-dire des exercices passés de l'entreprise dont beaucoup de PME ont du mal à fournir, de la démonstration de capacité de remboursement et des garanties.

les grandes. Les PME ont des difficultés pour convaincre les banques sur leur capacité de remboursement et de garantie. Plusieurs banquiers affirment que les PME n'en disposent souvent pas. Elles n'ont ni compte, ni plan d'affaires formel et ni titre pour leurs garanties. En effet, les institutions de crédit imposent une garantie, sans laquelle il n'est pas possible d'avoir un rapport de confiance. En milieu bancaire, tout est basé sur l'information par la preuve.

Les taux d'intérêt déterminent le coût des emprunts contractés pour effectuer un investissement. S'ils sont élevés, l'investissement en est affecté. Car une entreprise qui s'endette consacre en général ses profits à son désendettement au risque de disparaître. C'est ce que nous avons déjà désigné comme un fait exigé par la gouvernance scientifique.

En récapitulatif, pour les privés, « les besoins de financement sont satisfaits soit par autofinancement (financement des investissements par des moyens internes à l'entreprise), soit par le recours à l'emprunt (contracter des capitaux sous forme de prêt auprès de tiers bancaire ou obligataire), soit par l'augmentation de capital ou de fonds propres (un financement par les actionnaires, une ouverture de capital). Les investissements peuvent également être financés par cessions d'actifs »[417] .

L'irrégularité de l'investissement, notée dans l'historique des entreprises observées, entraîne, soit la perte de profit, soit la crise en interne à travers une poussée syndicale. La crise entraîne un manque de productivité qui équivaut à une perte de profit pour l'employeur. En définitive, les conséquences restent sociales. Plus la pénurie est présente, plus les risques de conflit augmentent entre l'agent entrepreneur et ses employés.

Relations d'impact sur l'investissement entre l'utilitarisme de la direction et les intérêts sociaux des forces productives au sein de l'entreprise

Nous ne reviendrons pas sur les aspects qualitatifs déjà ébauchés plus haut et qui supportent les rapports entre les intérêts de l'entreprise et ceux des travailleurs. Nous savons que de plus en plus les deux groupes précités coopèrent en entreprise pour sauvegarder leurs intérêts mutuels. Malgré ce fait, nous pouvons rendre compte des remarques qui vont suivre.

L'affrontement des intérêts souvent divergents est à l'origine du mouvement syndical porté par les travailleurs contre la direction ou les pouvoirs publics, dès lors qu'il s'agit d'entreprise du secteur public. Il est moins expressif dans le privé que dans le public. Dans celui-ci, les syndicats se manifestent comme des associations d'intérêt public qui n'hésitent point à croiser le fer avec l'autorité étatique. À ce jour, il est compté 22 syndicats[418] et des « intersyndicales » destinés à maintenir ou à créer l'unité syndicale dans le pays. Le projet de loi – avril/mai 2010 – sur l'instauration et la généralisation du CDD (contrat à durée déterminée) au détriment du CDI (contrat à durée indéterminée), qui a été en

---

[417] Il y a aussi les aides publiques pour les entreprises du public (pour la R&D).

[418] Données recueillies auprès du Secrétariat CNTS/FC, CNTS et FGTS, février 2010.

cours d'étude à l'époque à l'Assemblée nationale, est révélateur de l'intérêt que les travailleurs portent au mouvement syndical, qui n'a pas manqué de se faire entendre à travers les médias.

L'entreprise confrontée à l'impératif d'investissement entre souvent dans un rapport conflictuel avec son personnel employé quand il s'agit de la gestion de ses ressources financières qui supporte les contraintes de la concurrence qui impliquent des obligations d'innovation au risque de disparaître et celles du financement de la force de travail[419]. Le rapport entre patron et travailleurs est toujours renvoyé au contrat collectif qui est supposé tenir en respect autant l'employeur que l'ouvrier. Le premier dans son exploitation utilitariste et le second dans les tâches qui lui sont dévolues. Le travail en entreprise se fait à l'heure et non à la tâche. La productivité, sur laquelle insiste la contrainte d'encadrement, est définie par rapport au temps de fabrication du produit, précisément, au temps d'emploi de la force de travail des agents. Si l'entreprise réalise un bon chiffre d'affaires, le traitement des employés devrait en être positivement affecté. Mais si c'est le contraire qui se produit, le salaire est souvent charcuté ou peut se faire rare. Les forces syndicales sont moins coercitives dans le secteur privé où les risques d'abus sur le traitement salarial sont plus manifestes que dans le domaine public. Nous pouvons citer, parmi les rares cas, celui de la chaîne de télévision sénégalaise privée *Canal Info* où des journalistes contestataires, au sujet de leur traitement salarial en 2009, ont été tout simplement renvoyés de l'entreprise qui rencontrait effectivement des difficultés financières. Ce qui veut dire que le mouvement n'a pas eu raison de la direction. Il a été brisé, par conséquent, et écarté de l'organe de presse en question.

Les rapports marchands dans le secteur privé

L'économie de marché livre les biens et services produits à l'échange en fonction de leur valeur. De ce point de vue, l'entreprise productive ne peut éviter d'être commerciale. Par ailleurs, il existe des agents qui ne produisent ni biens, ni services. Ils sont simplement commerçants. Ils s'approvisionnent en marchandises et les proposent sur le marché. Toutefois, les commerces qui sont également des entreprises sont soumis à un statut et à des contraintes juridiques et techniques dont nous avons déjà parlé.

Les rapports administratifs inhérents à la tenue des affaires

Les entreprises s'acquittent d'une taxation fixée en fonction de leur taille. Du marchand ambulant de Petersen ou de Colobane à la plus grande entreprise fonctionnellement organisée et installée à Dakar Plateau ou à Bel-Air en passant

[419] Les actes d'investissement portant sur les charges sociales (salaire, couverture sociale, restauration, infrastructures socioculturelles), sur les dépenses en formation aux fins d'acquisition de connaissances techniques, sur les moyens technologiques liés à l'amélioration de la production, et enfin, mais très rarement, sur les dépenses en R-D (Recherche-Développement).

par le plus petit étal recensé sur la place du marché Castor, l'imposition est effective. L'État ou la municipalité, selon la taille de l'entreprise ou la zone d'installation et d'exercice, prélèvent des taxes. Quelques exceptions échappent au contrôle fiscal et se privent, par conséquent, de satisfaire à cette obligation. Leur petite taille leur permet de dissimuler leurs activités, mais échappent difficilement, par contre, au service de prélèvement de la municipalité qui assure une administration de proximité. Beaucoup d'entreprises privées, collaborent avec l'État de même qu'avec les entreprises de services publics. Avec l'État, arguent certains entrepreneurs, « *les délais de paiement sont longs et les procédures complexes du fait des dispositifs administratifs et juridiques, mais on est sûr d'être payé* ». Nous soulignons l'exception de ces dernières années, selon laquelle l'institution étatique n'a pas été en mesure de venir à bout de ses créanciers. La dette intérieure de l'État vis-à-vis des privées s'est élevée à 175 milliards, chiffre très controversé parce qu'ayant été estimé techniquement au-delà de ce qui a été déclaré par les instances politiques. Certaines entreprises, jusqu'en mars 2009, réclament encore leur dû auprès des autorités de l'État[420].

Le commerce ou les affaires proprement dites

Des acteurs économiques investissent leurs capitaux obtenus par crédit, par voie d'héritage, ou par la rente d'une activité précédente. Certains tiennent un petit commerce. D'autres exercent dans le grand commerce.

Le commerce établi

M. Diallo tient une boutique d'alimentation générale à Castor. Il se fait assister de temps à autre par un de ses parents notamment son cousin. Il se ravitaille auprès des grossistes à chaque fin de stock. Sa clientèle est limitée au quartier. M. Diallo a réussi à ouvrir sa boutique à partir d'un capital tiré du commerce de son oncle. Ce capital était un prêt qu'il a remboursé petit à petit. Aujourd'hui, la boutique qu'il tient est sa propriété. Il dit, d'ailleurs, qu'il n'est pas le seul à tenir une boutique dans sa famille. Il fait ses décomptes les soirs et l'inventaire se fait par quinzaine dans le mois, de même pour les versements à la banque.

T. Guissé est installé au boulevard Lamine Guèye dans le quartier Plateau. Il vend, sans assistant, ni comptabilité moderne, du matériel de seconde main de tout genre tel que les meubles de ménage. Son fonds de commerce a été acquis par accumulation progressive de quelques matériels qu'il proposait en vente. « *Avec le peu d'argent que je gagnais, indique-t-il, je me serrais la ceinture [...]. Le travail ne va pas avec les loisirs. Travailler relève d'une recommandation divine. Il faut donner au travail tout le respect qu'il faut. Je suis parti de rien, mais aujourd'hui je ne me plains pas. Alhamdoulilah ! Je n'ai jamais fréquenté le crédit en mon temps. C'est maintenant que je le fais pour au moins sécuriser mon argent. Je ne faisais des emprunts que lorsque j'avais des problèmes. Mais je les remboursais aussitôt que je pouvais.* »

---

420 *L'Observateur*, « Paiement de la dette intérieure », n° 1647, 22 mars 2009.

Également installé au boulevard Lamine Guèye, ***monsieur Galass (Touba électro…)*** vend du matériel électro-ménager. Il tient un registre de commerce. Il emploie six personnes dans sa grande boutique. Il délivre aussi un reçu à chaque acte de vente. Il a contracté des prêts auprès de parents pour des investissements concernant de nouveaux objets ou opportunités d'affaires.

I. Ndiaye tient un commerce au détail. Il est dans un local, dans le quartier Castor, qu'il paye à la fin de mois. C'est le seul propriétaire de commerce qui vend lui-même ses produits. Il se fait parfois assister par quelqu'un. « *J'évite les grosses dépenses, précise-t-il, c'est la raison pour laquelle je préfère conduire mes propres affaires. Il y a des gens, renchérit-il, qui louent les services d'un Peul ou d'un Maure sur la base d'un partage de recettes* ».

L'entreprise dibiterie emploie trois personnes. Elle ne s'encombre pas d'obligations administratives. Aucun poste n'y est consacré. C'est le gérant qui s'occupe de tout à la fois. Il répartit de manière technique l'exercice de ses tâches de travail.

Le ***Bar au quartier Liberté V.*** Le barman est assisté par un individu qui sert et débarrasse les tables des bouteilles vides. Celui-ci est payé à la fin de mois. Les affaires marchent pour lui dès lors, dit-il, que les clients sont bien accueillis et avertis sur le règlement intérieur. Pour lui, la bonne réputation est un gage pour les bonnes affaires surtout pour ce qui concerne son secteur d'activité.

À **Sandaga**, les activités se divisent en commerce de gros, de demi-gros et de luxe. Dans le secteur du gros et du demi-gros, on trouve généralement l'alimentation, les tissus, la quincaillerie, la cosmétique, etc. Des commerçants enrichis par leur activité d'importation y comptent des cantines. Les « *Modou-Modou* » dominent le marché de l'Import-Export. Le commerce de luxe est dominé par les agents qui développent des activités à très haute valeur ajoutée. On peut noter l'émergence progressive de centres commerciaux.

Les établissements financiers sont liés à l'activité commerciale. De ce rapport sont nées des sociétés d'investissement et des entreprises ou sociétés d'assurance. Des entreprises de services de transactions collaborent avec les entreprises d'Import-Export. Autour de cette relation, gravitent des bureaux de change, des agences de voyages et aussi des compagnies d'assurance.

La plupart des entrepreneurs non instruits évoluent souvent dans le secteur du commerce où il est question d'acquisition de marchandises et de leur mise en vente, soit par un circuit de distribution pour le cas des grossistes, soit par la vente en point fixe. La majorité administre à sa manière l'activité, dominée par la vente au détail.

Les grands commerçants s'acquittent des taxes locales. Ils ne subissent pas en général la contrainte de la sécurité sociale de leur personnel. Ce qui les qualifie de « semi-formels ». Les grands commerçants *Baol-Baol* emploient des membres de leur famille. Les Libano-Syriens, qui ont un monopole sur le commerce[421], déclarent être formels dans leurs relations professionnelles. Toutefois, chez ces derniers, des cas de relations conflictuelles ont pu être notés entre patron libanais et l'employé vendeur sénégalais, grâce aux témoignages de quelques de leurs agents.

Le commerce ambulant

O. Sarr porte spectaculairement à la sauvette, avec un don peu ordinaire chaque jour, une multitude de plaquettes d'œufs pour les proposer de porte-à-porte en faisant le tour des quartiers de la ville. Il nous apprend qu'il s'agit d'une habileté dans l'art du portage, mais aussi qu'il le fait grâce à des prières qu'il reçoit et formule chaque matin. Nous sommes arrivés à assimiler un tel comportement à des pratiques religieuses qui confondent animisme et islam. Elles sont, en effet, mises à contribution dans les stratégies de commerce.

Photo 1 : Un marchand ambulant de quartier

Il importe de préciser que le port de plusieurs plaquettes sur l'épaule pourrait avoir une fonction marketing vu l'intérêt que le vendeur Sarr suscite chez ses admirateurs, à chacun de ses passages. Ses talents de vendeur viennent faire le reste pour écouler ses produits. La pratique ici est différente des stratégies commerciales des entreprises organisées ou de celle d'un entrepreneur qualifié « formel ».

421 Sur les 23 investissements privés (petites entreprises, commerce établi et commerce ambulant), 10 sont le fait de *Baol-baol*. Concernant les Libano-Syriens, leur monopole dans les boutiques est manifeste. Ils occupent l'avenue Ponty, sont fortement présents aux rues Lamine Guèye, Blaise Diagne, Mohamed V (monopole du commerce Marocain).

C. Ndiaye (2) est également un marchand trouvé en pleine circulation à l'avenue Faidherbe au milieu de ses camarades qui partagent avec lui le même système de vente. Celui-ci vend plusieurs petits articles qu'il porte en même temps sur ses épaules et entre ses mains. « *C'est un moyen de vente très efficace. On s'en sort s'il y a de l'argent. Ces temps-ci, avec la conjoncture, les affaires ne marchent pas comme avant. Mais je rends grâce à Dieu. [...] Si on est là à proposer nos biens dans la rue, c'est parce qu'on n'a pas les moyens d'avoir notre propre place, notre propre cantine. Je vais vers les clients. Il m'arrive même de monter dans les cars pour vendre.* »

R. Talla, trouvé un samedi devant son étalage de friperie sur le canal de la route du Front de terre dans le cadre du marché hebdomadaire, se lamente également sur l'insuffisance de ses moyens pour accéder aux cantines. Détenant une place de vente au marché Colobane, il fait la navette entre les marchés hebdomadaires de Gueule Tapée et celui de Front de terre. Il s'est basé sur ses petits fonds propres pour créer son petit commerce. Il subit les taxes communales.

Nous constatons que les commerces exposés ci-dessus ne présentent pas pour autant le besoin d'être administré à l'instar des grandes entreprises. Néanmoins, cela n'entrave point leur production.

Pour le premier cas précité (C. Ndiaye 2), il figure parmi les modèles de réussite d'entreprise. Ce promoteur au départ a débuté par le commerce ambulant avec la vente de petits produits alimentaires. Nous pouvons en citer aussi le cas de l'entrepreneur « Pa. Seydi ». C'est à partir de petites activités que celui-ci est parvenu à mettre sur pied l'actuelle entreprise de renom local Sugelec et bien d'autres encore dont il est propriétaire[422].

Le second cas (R. Talla), où l'esprit formel redoute que l'absence d'administration nuise à la croissance de la petite entreprise, s'applique à la plupart des agents qui poursuivent leurs activités pour davantage assurer un stock de commerce que pour une innovation dans la qualité du service.

Il est noté que la plupart des plus anciennes installations n'ont pas changé leur mode de service alors qu'il reste encore dans le même secteur. Nous pouvons en convenir, grâce à leur présence, d'une évolution positive de leur profit, puisqu'ils ont accumulé d'importantes ressources financières. En revanche, cela ne se répercute point sur leur dynamique commerciale. À l'exception près, le stock est sensiblement augmenté jusqu'à un certain niveau où il n'évolue plus. Certains commerçants attachent plus d'importance à la quantité des biens à proposer à la vente qu'à la qualité du bien vendu ou du service clientèle. Alors, les petits commerces ont du mal à grandir nonobstant l'accumulation effective de profit.

[422] Information révélée par des employés de l'entreprise Sugelec.

La manière d'entreprendre, bien qu'elle varie chez les agents, repose sur un esprit calculateur de la valeur du profit, pour laquelle les entrepreneurs se battent pour exister. Une question sur laquelle nous reviendrons plus en détail pour comprendre significativement, à partir des présentes stratégies, les causes sociologiques de l'absence de croissance des entreprises et des cas de réussite entrepreneuriale ayant débuté par la vente au détail. L'activité productive et commerciale du secteur privé et celui du public dans leur ensemble présente des cas de résistance stratégiques voire des comportements non capitalistes qui tirent leur source d'une tradition locale. De ce point de vue, la dynamique « technico-formelle » de conduite des affaires en est entamée.

L'implication de stratégies non capitalistes dans les rapports capitalistes dans le privé et le public

Des formes distinctives[423] d'écarts de conformité constants à l'ordre technico-formel se remarquent dans la construction mécanique de l'investissement. Nos constats s'observent autour des sept (7) points suivants :

- les dispositions juridiques ;

- la culture interne standardisée d'entreprise relative à la hiérarchie et à la répartition des tâches ;

- la normalisation relative à la rareté des ressources économiques ;

- les processus de financement (crédit et épargne) ;

- l'emprise de l'imitation au détriment du traitement de l'information ;

- le faillibilisme à la recherche innovante et le défaut de capital financier et technologique pour l'entreprise pourvue d'idée créatrice ;

- le concours des affinités traditionnelles dans l'extraction du revenu et du profit en entreprise urbaine.

Le ménage, siège de l'économie domestique, est le meilleur véhicule des expressions non capitalistes à connotation traditionnelles. Le privé et le public sont exposés, mais à des degrés différents.

- A. La résistance « objective » de l'agent à l'organisation juridico-administrative de la personne morale de l'entreprise.

Nous pouvons noter :

1- *le recrutement par complaisance*, du fait de liens amicaux ou parentaux, est un fait de résistance très fréquent à l'ordre formel dominant dans les entreprises ;

2- *le gré à gré dans la passation de marché* est une pratique réprimée autant dans le secteur public que dans le secteur privé. Cette pratique se fait sur la base des relations interpersonnelles ;

---

423 Les formes distinctives ont été recueillies de manière qualitative. Pour mieux les appréhender, nous nous sommes focalisés sur les 27 agents (entrepreneurs et cadres) retrouvés dans les 23 entreprises et avec qui nous nous sommes entretenus.

3- *le non-respect des paiements des taxes fiscales* au service des impôts et domaines ou des services municipaux. Beaucoup de chefs d'entreprise ne se déclarent pas afin de ne pas payer des taxes. Ceux qui le font par ignorance, souvent analphabètes ou sous-scolarisés, n'acceptent quasiment pas par droit naturel d'extraire de leur gain une partie pour le compte d'une entité extérieure quelconque, quoiqu'elle puisse être d'obédience étatique ;

4- *la défiance et le conflit de compétence d'ordre culturel* de poursuite du profit et d'organisation des relations internes et externes à l'entreprise. Il y a plusieurs manières de poursuivre le profit. Les opportunismes traditionnels qui s'appuient sur le relationnel sont en porte-à-faux avec la ligne légale-formelle de l'entreprise. Leur alternance dans une domination mutuelle entraîne des dysfonctionnements de conformisme au sein de l'organisation économique (*Cf.* cas de Sglec précité) ;

5- *la confusion entre les caisses de l'entreprise et les dépenses privées* voire familiales de l'entrepreneur ou du (des) membre(s) de la direction est une forme de résistance à la dynamique « formelle » ;

6- *l'interprétation structurelle de l'information et l'absence de capacitation technologique moderne au besoin du marché.* Le traitement de l'information relative aux opportunités d'investissement ou à la loi se fait en fonction des référents socioculturels, parmi lesquels la traditionalité occupe une grande place. C'est ainsi que, d'une part, certaines affaires sont moins tolérées que d'autres et n'incitent pas à l'engagement d'un investissement et d'autre part, il émerge un refus de « soumission formelle » à la loi moderne qui peut contredire l'entendement communautaire ou religieux. Jusque-là aussi, le manque d'investissement de capacité a attesté d'un état de résistance à l'idéal capitaliste,

6.1. La « *corruption* », hormis l'acte criminel de détournement de deniers publics, est l'acte d'exploitation des pouvoirs du capital argent ou du capital social dans la poursuite d'un objectif utilitariste. Dans la gouvernance scientifique de l'État, elle est l'un des principaux obstacles à l'évolution de l'économie sénégalaise[424]. Pour Transparency international, le Sénégal est passé en 2010 de la 105e position mondiale avec un indice de perception de la corruption de 2.9 à la 94e position avec un indice de 3.6 en 2012 attestant d'une augmentation de 0.7 de l'emprise de la corruption[425]. La loi sanctionne la mobilisation des solidarités traditionnelles qui vont à l'encontre de l'intérêt public. La modernité refuse la reproduction de la société traditionnelle et s'exprime par la modernisation qui est un processus de destruction des acquis traditionnels. La corruption traduit l'idée de la présence d'un corps étranger dans un organisme social, biologique ou physique. Le statut d'étranger, qui implique un corps ou une pratique non agréé, a toujours la faculté d'être compromettant,

---

[424] Oxford Business Group (OBG), "***The Report : Sénégal 2008*** ». Le premier rapport annuel sur le Sénégal, lancé officiellement mardi soir à Dakar, juillet 2008.

[425] ONG Transparency international, *Indice de perception de la corruption*, 2010 et 2012.

6.2 *La reproduction de la perception frauduleuse des circuits « informels ».* Le secteur dit « informel » est associé à un manque de forme, de fiabilité et de sécurité. Mais dans la conception des acteurs faiblement instruits, il n'y a pas de fraude puisque dans leur conviction, ils s'activent sans faire du tort à qui que ce soit, en fonction des réalités du marché. « *Si le moyen le plus rapide est connu pour réaliser des profits, tout le monde par bon sens adopterait cette perspective. Tout agent est libre de penser une affaire et d'y investir.* » *(Enquête : A. Mbaye).*

En effet, dans ce cas, les acteurs sont peu informés. Ils posent des actes de fraude sans s'en rendre compte, car ils n'en ont pas conscience. Dans la conception non instruite voire non scolarisée, S. Sèye avance l'idée selon laquelle « *dans l'entreprenariat formel, il n'y a que le profit qui est une bonne chose. Pour le reste tout est contrainte car il y a la fiscalité et les charges sociales des travailleurs, lesquels vont se syndiquer à la moindre occasion sans se préoccuper de mes pertes et de mes manques à gagner, précise-t-il. J'avoue, renchérit-il, que l'on gagne mieux en exerçant son entreprise dans la discrétion loin des stratégies budgétivores du formalisme.* » *(Enquêté S. Sèye).*

- B. La résistance « objective » à la contrainte de la culture « formelle » d'administration productive : ***prise de décision et faillibilité de la répartition des tâches***

Cette forme de résistance est confondue à l'incompétence et est accusée de privilégier l'intérêt privé voire familial au détriment de l'intérêt collectif. Il est souvent fait allusion, pour désigner un mode d'administration assimilable, à un « bricolage gestionnaire »[426], dans lequel il y a une tendance empirico-intuitif fondée sur la réaction en fonction « des contraintes et opportunités conjoncturelles » en situation. Cette façon de faire traduit une capacité d'adaptation, mais « limite l'horizon temporel de leurs prévisions et de leurs anticipations »[427]. Voilà une explication des lacunes observées dans la gestion du long terme des entreprises et que l'on impute à tort à une prédisposition sociale.

Par ailleurs, il est une autre forme de résistance qui privilégie l'intérêt privé face à la contrainte d'administration qui privilégie l'intérêt collectif. Certains agents se désolidarisent de la ligne de priorité de la gouvernance formelle. Ils privilégient la famille ainsi que les obligations socioculturelles qui en découlent au détriment des impératifs publics. Les résultats « formellement » fixés par la planification de la production ou même par l'espace public sont perçus différemment chez les agents économiques. Dès lors que ces derniers placent la famille au premier plan, tout ce qui a trait au domaine public est relégué en

[426]Joseph Tsika, « Entre l'enclume étatique et le milieu familial : l'impossible envol des entrepreneurs au Congo », dans *Entreprise et entrepreneurs africains*, sous la direction de Stephen Ellis et Yves A. Fauré, Karthala-Orstom, 1995, p.257.
[427] Joseph Tsika, *Ibid.*

seconde zone. C'est dans cette perspective que beaucoup d'agents du privé et même du public, au détriment de la production de l'entreprise, donnent plus d'importance aux cérémonies familiales, bienheureuses comme malheureuses et au culte religieux. **L. Faye,** que nous avons rencontré au courant de nos enquêtes, auparavant employé dans un organe public, ne travaillait pas plus de 8 heures par jour et profitait pleinement des journées chômées et payées. Mais après avoir pris un départ volontaire pour s'installer à son propre compte, il n'est plus limité, ni par les horaires ni par les jours de travail. Il ne prend même plus le congé du dimanche.

En effet, l'intérêt privé quelle qu'en soit la nature est mieux poursuivi que l'intérêt collectif ou public.

Dans le secteur public, la plupart d'agents produisent en dessous des capacités qu'ils peuvent mobiliser lorsqu'il s'agit de leur propre entreprise. **L. Faye** parmi tant d'autres individus confirme, par son parcours et ses sacrifices depuis qu'il est installé à son propre compte, nos propos.

À notre avis, la division du travail pousse les agents à démobiliser la moitié de leur compétence et de leur capacité énergique. Dès l'instant que le don de la personne à l'entreprise est limité et sous-exploité, l'énergie inutilisée est consacrée à la valorisation économique et socioculturelle du cercle privé représenté à travers la famille. C'est ainsi que beaucoup d'agents du public pratiquent un double emploi qui se solde par des absences et des retards répétés dans le poste de travail principal. Cette dispersion de l'énergie de l'agent entraîne une préférence morale pour l'un ou l'autre des domaines pratiqués. C'est dans cette perspective que l'entreprise publique est reléguée au second plan derrière la vie de famille qui résiste spontanément lorsqu'un de ses membres est fortement sollicité par la vie de l'entreprise. Cette résistance que mènent certains agents à l'avantage des sphères privées et contre l'entreprise témoigne aussi d'un conflit de valeur que subit à perte le secteur public. Ce qui explique les détournements à des fins privées de deniers propres aux entreprises et aux services publics.

Dans cet élan, la décision et la gestion des investissements, qui impliquent des ressources financières et humaines, sont fortement fragilisées par les probabilités de résistance, auxquelles les agents encadreurs et ceux de maîtrise sont confrontés. Nous convenons que nous sommes en présence de comportements qualifiés « d'informels » à la lecture des formes de résistance précitées. Des thèses ont dénoncé un état de paresse en relation avec l'engagement au travail. Une vue qui est encore discutable. L'État à qui revient la tâche de tirer profit de ses agents et des acteurs privés n'a pas encore trouvé le moyen de surmonter les résistances installées d'abord dans les organisations de production surtout dans le secteur public et ensuite dans l'économie populaire avec qui les liens socioéconomiques sont incontournables.

- *C.* La résistance « objective » à la normalisation de l'exploitation des ressources rares : une *orientation de l'économie populaire*

Plus les entreprises sont grandes, plus elles se soustraient difficilement aux impositions « formelles ». La résistance est présente dans les productions les plus démunies. Elle affectionne les micro-unités productives souvent en termes d'entreprise familiale ou de GIE (GPF ou ASC) et caractérise les auto-emplois, c'est-à-dire les agents installés à leur propre compte et qui se débrouillent. Elle est présente dans la production artisanale, la petite industrie, les petits services et le commerce.

*a- **Les faits de résistance dans la production***

En général, les petites activités sont obligées de se protéger et d'exploiter les opportunités économiques et parfois même à travers le recours aux raccourcis et autres manipulations de biens de faible valeur voire de récupération. Ici, la nature de l'activité, la taille, l'organisation de la production et la technologie employée présentent des particularités. Un manque d'hiérarchisation et de complémentarité des tâches est souvent observé. Les actes sont toujours posés de façon isolée et spontanée en fonction de l'opportunité économique. C'est le cas « des artisans, des récupérateurs, des réparateurs de matériels électroniques, des tailleurs, des coiffeurs, des laveurs, des gardiens, des transporteurs, des mécaniciens, des menuisiers, des cordonniers, des commerçants (vendeurs d'eau, de légumes et autres petites denrées alimentaires, de cosmétiques, etc.) » que l'on voit chaque jour à travers les rues et quartiers de la ville sans oublier aussi les acteurs des changes qui manipulent de gros montants monétaires à l'aéroport Yoff et à la rue Raffenel du quartier Plateau . La dynamique de ces unités relève plus d'un auto-emploi qui trahit le niveau d'instruction de l'auteur que d'une véritable dynamique organisationnelle d'entreprise « formellement » qualifiée. Par exemple, on ne les voit quasiment jamais tenir un stylo et du papier en vue de consigner des comptes. Cela se fait mentalement, machinalement et spontanément.

Ainsi, il est important de préciser que l'existence de cette économie populaire n'est pas seulement le fait du non-respect de paiement des taxes.

Il n'est souvent pas fourni de bulletin de salaire. La rémunération, émancipée de toute contrainte juridique, est distribuée sans attestation de salaire manifeste. Les normes légales, en l'occurrence, le contrat de travail, la sécurité sociale et le niveau des salaires distribués, ne sont pas respectées pour la plupart des employeurs évoluant dans ce secteur dit populaire. Ce n'est pas pour autant qu'il n'en existe point de patrons qui suivent les normes. Elles sont tout simplement peu respectées.

Les horaires de travail y sont très flexibles. Les agents travaillent plusieurs heures. Il y en a qui travaillent même hors des heures de travail « formellement » définies par le Code du travail et même les jours de congé. Ceci concerne notamment les acteurs du transport en commun. Par contre, il y est observé le paradoxe selon lequel les horaires de travail et les jours ouvrables sont très souvent peu respectés. Le Code du travail n'y est pas bien coercitif. Outre l'opportunisme économique, ce sont les relations familiales et interpersonnelles entre dirigeants et salariés qui y sont plus importantes. Elles représentent les normes qui prédisposent à la production et protègent l'employé contre les probables abus du fait que les normes légales y sont, du point de vue coercitif, faibles.

Le recrutement et les litiges y sont mieux réglés par les liens interpersonnels. Il arrive de rire d'un recrutement par le diplôme ou d'une plainte contre un employeur à la justice si cela défavorise un individu familier et de s'interroger sur ce qu'est devenu la tradition et les liens de parenté ou d'amitié. De plus en plus, on convoque l'appartenance à la même communauté religieuse et nationale pour légitimer ce type de rapports. « *On est tous des musulmans, nous sommes tous des Sénégalais.* » Cela suffit pour créer la solidarité, la sympathie, la tolérance et la collaboration professionnelle.

Au sujet du recrutement, on se base sur la parole et l'expérience du demandeur d'emploi. On se fie moins au diplôme. Non pas parce que l'on en a pas confiance, mais parce qu'il est perçu comme un instrument supérieur mieux conforme aux grandes organisations économiques et administratives où le niveau d'instruction est plus élevée. Il y est développé donc un complexe pour le niveau d'instruction du supérieur. Rappelons au passage que les acteurs de ce secteur dit « populaire » ou « informel » sont soit analphabètes, soit moins instruits, soit encore tiennent une petite entreprise où la valeur des investissements est très faible. Mais en tout état de cause, ce sont les relations interpersonnelles, de quelque nature qu'elles puissent être, qui encadrent le processus de recrutement et le facilite. Elles dominent le « capital expérience ». On préfère souvent donner du travail à un parent en le recrutant qu'à un individu inconnu « bardé » d'expérience et de diplômes. De ce fait, beaucoup d'individus bénéficient d'un statut social privilégié qu'ils doivent non à leur travail, mais à la parenté ou à l'amitié avec le patron. Par conséquent, la valeur du travail trouve moins d'importance face à la valeur relationnelle inter-individuelle.

En outre, « l'informel » s'émancipe de la formation diplômante, autant dans le cadre de la production que dans les échanges marchands qu'il détermine. Ce sont les métiers appris sur le tas qui dominent. La majorité des commerçants non instruits font peu de cas de l'administration « formelle » comme moyen de gestion de leurs affaires. Ici, on n'utilise que les méthodes les plus accessibles et les plus évidentes, surtout pour ce qui est du calcul commercial.

La prospection, la conception impliquant les études de marché, la mise en route qualifiée qui tient compte de la planification, sont rares. Pour les agents qui le font, elles sont souvent effleurées et non appliquées intégralement en considération de la chronologie des étapes « formellement » requises qui s'apparentent à un parcours du combattant pour l'acteur de l'économie populaire en quête de revenu immédiat.

Les difficultés, auxquelles les agents sont confrontés dans le secteur populaire, sont des problèmes liés à l'écoulement des produits que certains analystes justifient par un déficit de méthodes et de techniques, à l'accès et au coût du crédit, à l'hébergement de l'activité et à l'approvisionnement régulier en matières premières.

Pour ce qui concerne les litiges, il est rare que les conflits de travail parviennent en cour de justice parce qu'il n'existe pas en général de contrat de travail écrit. L'engagement ou la contraction se fait verbalement et parfois sur l'honneur. L'introduction d'instruments formels dans les rapports de travail est mal interprétée. Elle bute sur l'analphabétisme voire le peu d'instruction ou simplement sur la susceptibilité d'un employeur frustré qui juge que sa bonne foi est remise en cause. Les relations interpersonnelles sont au-dessus des contrats de travail. La frustration s'invite dans un processus de recrutement lorsqu'il y a tentative de substitution des relations affectives par des contrats écrits.

Rares sont ceux qui appliquent les congés payés. En effet, le salaire est comptabilisé en fonction de la quantité et de la qualité du service. Il est toutefois possible qu'il y ait des exceptions, si l'on prend en compte la flexibilité des relations interpersonnelles entre employeur et employé.

En définitive, la confiance dans les rapports socioprofessionnels ou marchands est régie non pas par des instruments « formels », mais par les sentiments interpersonnels et les références socioculturelles.

Pour les productions qui se tiennent en ateliers, les moyens techniques modernes portent un certain intérêt. Mais du fait de la pénurie, la débrouillardise et le bricolage – pour l'activité de la mécanique – caractérisent la qualité des instruments utilisés. En effet, à défaut d'avoir des instruments modernes perfectionnés, on se rabat sur un outillage récupéré voire de fortune. En ville, les artisans, qu'ils soient menuisiers ou mécaniciens, cherchent à évoluer dans l'acquisition de technologie performante même s'ils démarrent leur production par des outils élémentaires substitués aux outils traditionnels. Par contre, chez les sculpteurs (laobés), vanniers, cordonniers et bijoutiers, on ne cherche pas à évoluer. Ils sont déterminés par des rituels de production quasiment sacralisés. L'obligation de fidélité au procès de travail traditionnel est forte chez eux. Les horlogers qui sont apparus avec l'arrivée occidentale et dont leur métier souvent tenu par des individus âgés de plus de 50 ans de nos jours, ne manifestent aucun signe d'évolution dans leur outillage qui reste vétuste, démodé et fragile.

*b- **Les faits de résistance dans le commerce***

Pour les initiatives qui sont dans le commerce, c'est toujours la vente au détail qui est le fait le plus saillant. Cela est expliqué par la faiblesse des capitaux. Au regard des mécanismes de production que présente le secteur, beaucoup de commerçants, petits et grands, ne se réfèrent pas aux instruments formels précités pour mener leur activité.

Le rapport au marché est moins caractérisé par l'usage d'outils « formels » que par l'imitation du prochain dès lors que celui-ci fait des résultats dans ses choix de biens de commerce et dans ses croyances métaphysiques en consultant l'avenir pour y voir les chances de succès de l'entreprise. Il n'est pas d'études de marché faites au préalable ou durant l'activité pour fiabiliser le marché et les produits en vente. Sinon elles sont bien rares. Pour proposer une offre, on s'imprègne moins de la masse de la demande et des impondérables qui pourraient découler du marché. On privilégie plus l'expérience du prédécesseur.

- *D. La résistance dans le rapport au crédit*

Pour beaucoup de familles et d'individus, les circuits « formels » et institutionnels de collecte de l'épargne restent encore difficiles d'accès ou inaccessibles. Dans certaines circonstances, on retrouve de la méfiance à l'égard des institutions financières « formelles » et cela, encore plus pour le système bancaire qui fait moins dans le *masla*[428], élément essentiel dans la traditionalité locale. Elles sont souvent perçues comme moins axées sur la communauté et moins communicantes sur leur nature entrepreneuriale, car émettant des taux d'intérêt et accumulant du profit sur le travail de leurs clients. En effet, la première perception de la banque par l'esprit local en modernisation a été de voir en elle une opportunité de solidarité. Cette idée enchante à chaque fois, au départ, le porteur de projet. Mais, dès l'instant que l'entrepreneur local découvre le coût de cette solidarité qu'il est amené à payer, il prend du recul. Beaucoup d'entrepreneurs évitent les banques à la découverte de la solidarité utilitariste qu'elles offrent. Il y a un taux d'intérêt à payer ; en conséquence, il faut donner une preuve de capacité de remboursement et chercher des garanties dont on ne dispose pas forcément. Ils ont, en effet, de petits capitaux et ont accès à un petit marché. L'arrivée du micro-crédit a amélioré la situation parce que les entrepreneurs de l'économie populaire se sont sentis plus proches et plus rassurés par ce nouveau service financier.

Les banques et les petites institutions de crédit exigent des agents économiques dans le besoin un comportement légal et méthodique. C'est à travers ce comportement que la confiance permettant de disposer du crédit s'établit selon la dynamique dite « formelle ». Au cas contraire, les ménages se retrouvent bien souvent dans des circuits dits « informels » dans le but de satisfaire leurs besoins en épargne et en crédit.

- Le secteur financier dit « informel »

Le crédit se contracte grâce à des relations personnelles et à la confiance mutuelle qui se créent à partir des affinités commerciales, productives, amicales, communautaires, ou familiales (famille nucléaire ou élargie) ou entre entrepreneurs. L'épargne *informelle* est celle que l'agent fait en dehors du circuit capitaliste souvent par thésaurisation pour répondre à des besoins ponctuels rencontrés dans l'activité économique ou pour les besoins familiaux,

[428] Terme wolof qui signifie la tolérance.

en l'occurrence, pour les frais de santé, de scolarité, les cérémonies traditionnelles, religieuses et les loisirs. La *tontine* est une épargne collective. Elle est utilisée par les ménages qui se regroupent en association par famille, entre collègues dans la profession ou entre voisins dans le quartier. Elle sert de ligne de crédit. C'est sur la base de cotisations que se forme le capital. Les cotisations sont gardées par un trésorier qui les confie comme épargne à une banque ou qui les garde chez lui en lieu estimé « sûr ». Elles seront redistribuées aux membres de l'association qui peuvent exploiter leur part dans une activité économique. Les femmes commerçantes en général en bénéficient. La *tontine* peut servir de capital de départ pour un investissement dans le secteur du commerce ou dans la production artisanale. La *tontine* contribue également, à partir d'un capital fondé à travers des cotisations, aux événements heureux ou malheureux de ses membres. Il est souvent prélevé de la caisse un montant pour soutenir la famille d'un membre en difficulté ou en phase de fêter un événement familial.

- *E.* Le faillibilisme à la recherche innovante dans l'entreprise formelle et le défaut de capital financier et technologique dans l'entreprise hors formelle pourvue d'idée créatrice

Les entreprises formelles faillissent au capitalisme, dès lors qu'elles sont rompues à la R-D (recherche orientée vers le développement). Il n'y a pas de connexion entre les entreprises et l'université, excepté un intérêt timide pour la nouvelle vague d'universités privées. Les ressources humaines locales sont boycottées au profit d'expertises constamment importées. Les universités locales, même si elles sont alimentées par des échanges avec des universités étrangères, sont peu sollicitées ou même pas du tout. Autant le privé que le public sont concernés par ce comportement. Il n'y a pas de production et d'exportation de nouveautés techniques. Elles sont, par contre, importées à outrance, sous le stimulant de l'effet de démonstration des entreprises occidentales ou américaines. L'importation des nouveautés technologiques n'est pas à la portée de toutes les entreprises, excepté les grandes entreprises du secteur privé.

Le secteur public présente une grande lenteur. En somme, il n'est pas créatif et reste en rupture avec la recherche universitaire locale. Les entreprises publiques sont des consommateurs d'idées techniques qu'elles reçoivent ou achètent à des intermédiaires (des entreprises étrangères) et jamais à des universités ou universitaires. C'est un handicap au potentiel d'extra-profit local.

Les initiatives ou entreprises situées « hors formelles » sont, du fait de leur petitesse en capital, confrontées à un impératif de survie. Si celui-ci n'interpelle pas l'entrepreneur en tant que tel vis-à-vis de sa famille, c'est son entreprise voire son affaire qui est menacée de disparition sur le marché. Cela incite lesdites entreprises à une grande fertilité productive en termes de stratégie pouvant déboucher sur des techniques innovantes. Elles sont constamment porteuses d'idées. Elles ne sont pas obnubilées par l'automatisme des grandes entreprises *formelles* locales qui, par mégarde ou par indifférence volontaire, faillissent à la création technique et se limitent au machinisme commercial des produits.

Ce qui fait défaut aux petites entreprises, c'est le capital financier et l'accès aux technologies relativement sophistiquées. En disposer suffit pour les faire survivre et éventuellement grandir, parce qu'elles en développent l'ambition.

Les entreprises « hors formelles » sensibles à l'innovation sont celles qui sont de petite taille et qui sont exposées au risque de disparaître du marché. Si ce risque disparaît, elles accèdent au secteur *formel,* là où les entreprises, au lieu de créer pour exister, imitent plus pour le faire. Au Sénégal, on se soucie de la croissance sans investir dans la recherche.

L'innovation est le fait le mieux certain pour disposer de l'extra-profit. Celui-ci est localement compromis et impopularisé. Les grandes entreprises réalisent de grands profits parce qu'elles ont de grands marchés. L'impopularité de l'extra-profit a pour conséquence l'absence de mobilité sociale de la classe populaire, tutélaire de *l'économie informelle.*

De ce point de vue, on ne peut pas s'enrichir au Sénégal du jour au lendemain à travers une idée originale et créative. La structure sociale ne s'y prête pas. La classe socioéconomique des entreprises formelles locales est insensible à la poursuite de l'extra-profit par la nouveauté, à condition en revanche qu'elle s'appuie sur un effet de démonstration venant de pays modèles, c'est-à-dire occidentaux ou américains. Elle reste encore rétive au risque. Cet état de fait est un handicap supplémentaire à la compétitivité internationale du pays, mais aussi une porte pour la croissance de l'importation des innovations sociales sans que l'inverse puisse se faire, c'est-à-dire leur exportation.

- F. L'emprise de l'imitation au détriment du traitement innovant de l'information.

Ici également, il y a une absence de convenance dans le comportement de certains promoteurs vis-à-vis de l'ordre formel. Dans la société « moderne », l'information est destinée à tous. Elle y constitue un droit. Ne pas en disposer renvoie à l'ignorance, un état vivement combattu. Alors, l'individu formalisé a besoin d'informations, sans lesquelles il ne peut pas décider d'un engagement dans un investissement. Par contre, au Sénégal on se limite à la croyance des propos des autres et à la reproduction de leur expérience observée. C'est la raison pour laquelle il est noté une grande tendance à l'imitation dans les entreprises sénégalaises. Il faut proposer à la vente ce que tout le monde arrive à vendre. Autrement dit ce qui est écoulable. Ainsi on s'ajuste sur les produits déjà connus. Ce qui ouvre la voie à la production de l'imitation et de contre modèles.

G- Le concours des affinités traditionnelles dans l'extraction du revenu et du profit en entreprise urbaine

Les entreprises urbaines, à l'instar de celles développées en milieu rural, s'appuient également sur les institutions traditionnelles pour rentabiliser leur investissement. Pour soutenir la production ou attirer et entretenir une clientèle, elles convoquent :

- les affinités familiales (la main-d'œuvre ou la compétence des membres de la famille) ;

- les affinités religieuses (la confrérie, le marabout, le groupe de prière « dahira ou charismatique » ou les mouvements paroissiaux) ;

- les affinités communautaires (voisinage, religion, métier, classe d'âge, sexe, ethnie, etc.).

Ces affinités précitées sont exploitées pour l'approche marketing (le nom donné à l'entreprise et au produit, par exemple : *Taif* pour la dibiterie et *Khadim Rassoul* pour le mobilier), sont mobilisées pour tisser et encourager les liens sociaux au sein du personnel de l'entreprise. Cette forme de résistance que nous qualifions cette fois de « positive » favorise le capitalisme non pas à partir de moyens modernes, mais à travers les institutions traditionnelles porteuses de valeurs sociales.

Les comportements résistants à l'entreprise formelle sont provoqués d'une part, par la variable « état structurel » composée des sous-variables « technologie » et « pénurie » et d'autre part, par les variables « famille », « religion » et « communauté ».

Tableau 30 : Systématisation de l'origine de la résistance

état structurel		**Famille**	**Religion**	**Communauté**
Technologie	Pénurie économique	Crée la proximité et demeure source de production de liens affectifs.	Crée des affinités exploitées dans le cadre du commerce et de la production.	Prétexte d'unification des ressemblances sociales, lesquelles sont sources de liens affectifs et d'affinités exploités par l'entreprise pour se reproduire et pas forcément pour grandir.
Outillage moderne peu performant en substitution à l'outil traditionnel.	- Faible pouvoir d'achat ; -Petite exploitation économique avec un capital faible.			

Source : enquête personnelle de centrage des origines de la résistance.

Pour une conclusion générale sur les rapports socioéconomiques observés dans la ville Dakar

Il s'avère difficile de cerner les comportements d'investissements chez des agents pauvres le plus souvent dépourvus de revenu stable ou, au cas où ils en disposent, se préoccupent plus de leur subsistance. C'est le cas des ménages dans la ville de Dakar. Certains en revanche sortent du lot de précarité. Il est surprenant de voir un ménage avec un revenu moyen encore saisi par les soucis de sa subsistance s'approprier de nouveaux besoins sans avoir complètement résolu sa sécurité végétative. D'emblée, il est remarqué que la tendance à la consommation sous ses diverses orientations domine de loin les efforts d'investissement. Les petits entrepreneurs se relèvent rarement de leur premier investissement, car les profits et le fonds de roulement subissent l'appétit des faveurs familiales.

Les trois agents que sont le ménage, l'entreprise et l'administration publique sont bien visibles de par leurs activités d'investissement dans la ville de Dakar. L'initiative publique est fort remarquable en termes d'investissements économiques et socialement responsables. Elle détient les sociétés nationales et semi-nationales. Le rôle de l'État ne se limite pas seulement à créer les conditions de la création de richesses. Il doit se plier aux exigences de la compétitivité pour ses propres entreprises. L'initiative privée est bien développée. Elle est appréciable du point de vue de la densité des acteurs en présence. L'innovation et le culte de l'extra-profit reste à désirer. Les entreprises structurées sont facilement remarquables du point de vue de leur organisation technico-formelle et par l'usage d'une technologie évoluée de production et de gestion. Quant aux ménages, ils sont moins organisés que les entreprises qui obéissent à une dynamique fonctionnelle structurée autant en interne que dans leurs relations de marché. Par contre, ils sont très actifs et se côtoient dans la ville. Ils sont motivés en premier par la survie de leurs membres et développent des stratégies dans le respect des valeurs intrinsèques propres à la cellule familiale. Les entreprises, quant à elles, sont préoccupées par l'accumulation continue de capital et ajustent leur organisation en conséquence. Ils sont tous les deux (ménages et entreprises) motivés par la recherche du profit à travers leur investissement. Ce qui les distingue réside dans la valeur qui lui est associée et l'usage qui en est fait.

L'engagement dans la recherche du profit obéit à une dynamique fonctionnelle « formelle », selon l'entendement moderne et capitaliste, partagée par toutes les organisations économiques à savoir les entreprises (privées ou publiques) et l'administration publique. Toutefois, dans leur démarche productive et marchande, elles sont confrontées à des résistances. Celles-ci sont souvent rencontrées dans les petites productions (artisanales, industrielles) et dans le commerce. Il s'agit plus du fait de l'investissement de ménages que de grandes entreprises dites structurées. Mais certaines formes d'incompatibilité culturelle peuvent être relevées dans la gouvernance scientifique et dans les rapports socioprofessionnels applicables aux grandes entreprises et à l'administration publique. L'activité des ménages très dense et celle des entreprises non moins structurées représentent le circuit de « l'informel », secteur gênant pour l'État, mais incontournable par sa contribution aux ressources économiques nationales[429]. Les investissements de modernisation sont gênés par des rapports de production ancrés au cœur de relations interpersonnelles, lesquelles sont mieux tirées vers les règles ménagères, familiales ou communautaires que celles observées dans l'espace interne et le champ de projection de l'entreprise, c'est-à-dire le marché formel. Cela est valable pour toute entreprise, qu'elle réponde de l'organisation économique du ménage ou de l'administration publique. Le manque de conformité juridique, constante et suivie, de l'activité commerciale des citadins doit être expliqué par le recours fréquent aux institutions traditionnelles pour accéder au profit. Également, l'effet de la pénurie renvoie aux solidarités et aux obligations familiales, religieuses ou communautaires.

L'entreprise et le ménage investissent. L'administration publique, dans son volet local incarné par la politique de décentralisation, reste par contre moins engagée dans le marketing urbain précisément dans la promotion des entreprises sur la base de la territorialité des collectivités locales. Face à leurs propres opportunismes et sans accompagnement productif, les petites entreprises de ménage sont confinées dans leur isolement urbain. Leurs relations avec la mairie de la ville ou de la commune d'arrondissement sont plus déterminées par des contraintes fiscales que des avantages productifs. Ce constat pose le problème des opportunités économiques des collectivités locales pouvant faire l'objet de promotion aussi bien par l'institution de la ville que de l'État.

***

Conclusion comparative et systématique des rapports d'investissement urbains et ruraux actuels

Malgré la mutualité culturelle entre le monde urbain et celui rural, le Sénégal n'est pas encore arrivé à une homogénéisation structurelle entre les deux. Les stratégies des acteurs économiques diffèrent de part et d'autre. Les types d'activités varient d'une zone à l'autre. Les flux monétaires et la densité de l'investissement varient également et au détriment de la ruralité.

Le rapport ménage/administration publique est plus intense en zone rurale qu'en milieu urbain. Rappelons que le plus souvent le ménage est à l'origine de l'entreprise. L'encadrement du ménage rural crée le GIE, mais souffre du déficit infrastructurel et technologique, de l'impossibilité de croissance, de réalisation des extra-profits et de la faiblesse du marché rural. Le manque d'encadrement des ménages urbains crée des entrepreneurs opportunistes en fonction de leur possibilité d'accès aux ressources par une violation systématique des règles du

[429] La contribution de l'informel au PIB national est de 60 % selon l'Agence nationale de la statistique et de la démographie (ANSD), Enquêtes 1-2-3, 2003.

jeu économique jugées souvent trop élitistes et bien éloignées du type « *gorgorlu* », c'est-à-dire du Sénégalais plus ou moins pauvre.

1- *La dynamique structurelle des rapports socioéconomiques actuels en milieu rural : du traditionalisme vers le modernisme*

Reconnaître la présence de *l'informel* dans les localités rurales, c'est accepter l'idée que le contrôle social qui y est fortement présent soit en faveur de *l'informel*. Le taux élevé d'analphabètes et la faiblesse de l'instruction qui y prévalent ne contredisent pas les processus de modernisation de la production. Si une telle production est au niveau actuel, c'est-à-dire contre le capitaliste *formel*, c'est moins dû à la pratique *informell*e comme certains le pensent qu'à la pauvreté, c'est-à-dire à l'absence de ressources suffisantes. La plaisanterie est même utilisée pour se moquer mutuellement et s'enorgueillir d'un nouvel acquis technique moderne de production ou d'un enfant admis à un examen aux dépens du voisin qui n'a très certainement pas bénéficié d'un avantage similaire.

Plus l'urbanisation est forte, plus le rapport d'encadrement ou de contrôle ménage/administration paraît moins coercitif. En monde rural, le contrôle social et le contrôle institutionnel sont coercitifs, tandis qu'en ville il n'y a que le contrôle institutionnel qui domine, laissant ainsi une marge de manœuvre aux citadins.

En définitive, pour mieux comprendre les rapports ruraux, il suffit à notre avis de partir d'une constante et d'y adjoindre une variable dynamique. Autrement dit, on part des traditions pour se formaliser à travers une modernisation de l'esprit d'entreprise dans les activités de production comme de commerce.

L'Esprit d'entreprise dans l'Espace rural = CCT (constante culturelle traditionnelle) + VDF (variable dynamique formaliste).

La variable dynamique formaliste est soutenue par « l'effet de démonstration » qui vient de plus en plus des villes, de l'administration publique, des ONG et véhicule la modernisation.

Les critiques relatives à cette dernière formule peuvent poser la question de savoir pourquoi, dès lors qu'il y a un processus dynamique moderniste favorable en milieu rural, les agents n'arrivent toujours pas à se moderniser. À cette question, nous pouvons opposer une autre question problématique découlant de constat empirique : pourquoi l'urbain ne se formalise pas en totalité ?

Autrement dit, la volonté de modernisation existe, mais elle est bloquée par la pénurie rurale et le manque d'informations qui incitent les agents à solliciter les repères traditionnels.

2- *La dynamique structurelle des rapports socioéconomiques actuels en milieu urbain : du modernisme avec/vers le traditionalisme*

Aujourd'hui, la dynamique structurelle des rapports socioéconomiques actuels en milieu urbain est dominée par la modernité. Des entreprises structurées et formelles résistent à l'invasion d'attitudes *non modernisantes* et à l'usage continu de moyens technologiquement « dépassés ». La mise en place et en œuvre d'une nouvelle structure, dite CTIC[430] à Dakar, motivée par l'impératif d'adaptation aux technologies modernes, notamment, de la communication par l'incubation d'entreprises spécialisées en TIC est révélateur de ce point de vue. Ce type d'initiative est une forme de résistance au retard de modernisation. Le centre de la problématique urbaine reste la même et nous la caractérisons par la formule suivante :

L'Esprit d'entreprise dans l'Espace urbain = CCF (constante culturelle formaliste) + VDT (variable dynamique traditionnelle).

Les citadins préfèrent rester dans la modernité et si possible ne pas oublier leurs traditions. Ainsi, la transformation n'est que de façade, c'est-à-dire superficielle. D'aucuns, que l'on assimile aux termes *Baol-baol*, *Modou-modou* ou *Gëm service*, se font un impératif de fréquenter la modernité et d'y reproduire leurs institutions traditionnelles. En ville les informations sont disponibles et les comportements sont calculés en conséquence. Il y a plus de chance d'y trouver la bonne information et le bon formateur qu'en monde rural.

En urbanité, les ménages sont plus libres du point de vue de l'encadrement voire de l'accompagnement institutionnel productif. Le fort individualisme qui y est de rigueur permet de contourner les dispositifs légaux urbains. Il repousse la présence de la coercition publique. Les ménages donc se « débrouillent » nonobstant la forte présence de capitaux en territoire urbain. Toutefois, ils sont désavantagés par leur statut et leur méthode d'extraction et d'exploitation du profit. L'absence de marketing urbain en faveur des petites entreprises des ménages de la part de l'administration publique, c'est-à-dire de l'État et des collectivités locales, est à notre avis une opportunité pour ces petites entreprises des ménages de s'isoler économiquement vis-à-vis de la dynamique formelle. Car une telle politique privilégie la spontanéité découlant de la culture du marché.

Dès l'instant que la vie de ménage s'invite sur le terrain de l'entreprise, le choc est inévitable du fait d'une incompatibilité fonctionnelle et structurelle qui les oppose.

En monde rural, l'individu ou le ménage frappé par la pénurie (atteint par la pauvreté) est récupéré par les solidarités traditionnelles. En milieu urbain, l'individu ou le ménage qui est dans un cas similaire est rarement récupéré par une quelconque entité socioculturelle puisque les solidarités traditionnelles y sont affaiblies par une tendance plus ou moins importante à l'individualisme. Autrement dit, les plus pauvres sont laissés « au bord de la route », termes à travers lesquels les tares du capitalisme formel sont dénoncées par quelques paradigmes occidentaux.

[430] Accompagnateur de croissance TIC.

3- *De la petite initiative économique du ménage à l'entreprise structurée dans les cadres urbains et ruraux*

Les entreprises individuelles sont le plus souvent le prolongement économique du ménage. Elles se fondent sur la base du soutien au rôle de chef de famille qui est en général le dépositaire à la fois de l'autorité morale et économique. Les jeunes restent jusqu'à un âge très avancé dans la demeure familiale du fait de la « pauvreté » pour la plupart des cas. Les jeunes économiquement actifs ont une responsabilité économique au sein de leur ménage d'appartenance, laquelle peut se transformer en un prétexte pour revêtir une autorité économique.

Mariés, les individus jeunes regroupent les deux types d'autorité à savoir morale et économique. Dans les deux cas, ils peuvent engager un investissement pour reproduire ces autorités précitées. Le passage de la petite initiative de ménage à l'entreprise structurée est déterminé par la taille du revenu, le niveau de technologie de production employée et la rationalité de l'agent porteur, c'est-à-dire auteur. Cette dernière organise la culture d'administration des tâches, du capital et du profit.

4- *Femmes et quartier en zone urbaine et rurale*

Le ménage est l'agent qui domine et impacte le mieux l'économie de quartier. Étant donné que les femmes dominent dans l'entreprenariat porté par le ménage, elles dominent forcément dans l'économie des collectivités. En milieu rural et urbain avec l'avènement de la question genre, les femmes participent à la formation du budget familial en s'engageant dans des activités productives. Le monde rural est dominé par le secteur primaire où excelle l'activité féminine. Dans le monde urbain, les femmes sont présentes dans tous les secteurs d'activité de la plus petite industrie aux services.

5- *Les relations avec les finances en urbanité et en ruralité*

Les partenaires bilatéraux et multilatéraux et aussi les organisations non gouvernementales sont des sources de financement économique et social. Les produits des entreprises financières aussi sont souvent une garantie de survie pour les plus pauvres, en ville comme en zone rurale. Parmi les structures qui contribuent aux sorties de crise, il y a les mutuels de crédit. Elles permettent la reprise d'activités économiques cohérentes qui restaurent les liens sociaux et la solidarité indispensable entre individus.

Pour contourner les réseaux bancaires institutionnels, à défaut d'y avoir accès, les populations développent des réseaux de solidarité traditionnelle, en l'occurrence, les *tontines* et les contrats *informels* de crédits spontanés entre parents ou amis.

6- *La détermination du fait wolof en urbanité et en ruralité*

La popularité de la langue wolof[431], le processus accéléré de *wolofisation* sur l'étendue du territoire national et le caractère fédérateur de la ville où toutes les populations de diverses régions convergent expliquent le primat du fait wolof et de sa coercition urbaine.

L'entrepreneur s'approprie la langue wolof après avoir constaté qu'elle est la mieux parlée afin de faciliter l'exécution de sa production ou de son commerce.

En ruralité, en définitive, le fait wolof est coercitif et surtout au niveau de la langue. Cela facilite la communication entre les villageois d'ethnies différentes, soucieux d'avoir un bon commerce et d'entretenir des rapports productifs et marchands.

7- L'articulation empirique entre capitalisme et traditionalisme : l'enjeu d'un *paracapitalisme*

- Rôle et conséquences des institutions socioculturelles dans le monde rural et urbain

Les citadins, en usant de leur liberté, s'enchaînent eux-mêmes par leur opportunisme qui mobilise l'esprit traditionnel et moderne leur permettant d'accéder aux capitaux monétaires et symboliques[432]. En réalité, ils ne sont pas libres au même titre que les ruraux du fait de la coercition des institutions abstraites. Les ruraux sont obligés de collaborer avec les ONG et l'administration publique et de respecter les traditions socioculturelles inhérentes à la communauté voire au village. Le contrôle social y est plus fort que la loi moderne contrairement à la ville. En guise d'exemple, la ruralité pour l'honneur ou par jalousie n'hésite pas à éliminer de manière mystique, avec une grande impunité légale, l'individu qui est à l'origine d'un mal social. Il y a une incompétence juridique en la matière.

Chez les ruraux, on tend à être moderne pour accéder à plus de richesses, mais chez les citadins on se perçoit *a priori* comme moderne et l'on finit le plus souvent sa vieillesse dans le giron des traditions sociales du pays.

La famille est une réalité universelle, mais elle a le pouvoir de s'imposer dans les rapports socioéconomiques. *Quant aux solidarités*, elles peuvent être en don ou en prêt. *Les religions* également sont économiquement déterminantes autant en milieu rural qu'en milieu urbain.

- Conséquences des institutions sur les rapports économiques : une priorité des relations interpersonnelles

Les relations interpersonnelles sont convoquées autant dans l'entreprise qu'au sein du marché. Il s'agit de la *coercition de la parenté* (filiation,

[431] Cet état de fait comporte des explications historiques avec l'implication occidentale qui commence avec le comptoir de 1659 à Saint-Louis où le Waalo, berceau de la civilisation wolof, a existé.

[432] Il s'agit beaucoup plus de dispositions cognitives d'ordre occidental.

cousinage, appartenance à la même ethnie), de la *coercition de l'amitié* qui, lorsqu'elle se reproduit dans le temps, infiltre et se confond à *la parenté*, et enfin de la coercition de *l'affinité religieuse.*

Il y a des individus qui doivent leurs honneurs et leurs richesses à leur appartenance à une classe privilégiée (tirent bénéfice des liens de parenté, d'amitié ou d'affinités religieuses) sans que le mérite, par les capacités intellectuelles ou physiques, y soit un facteur décisif. D'autres, moins pourvus en capital social ou financier, n'auront jamais de tels avantages.

- Pour ne pas conclure sur les rapports socioéconomiques liés aux mécanismes d'investissement

La réalité du terrain a confirmé que l'investissement est lié à un objectif, des moyens et un comportement type. Le gain et le profit motivent les initiatives rurales et urbaines. Mais leur nature de même que la stratégie mobilisable pour les atteindre peuvent être différentes d'un agent à un autre ou d'un cadre structurel à un autre.

Le ménage se mobilise pour la subsistance, l'entreprise pour le profit économique et l'administration publique pour le bien-être de la communauté qu'elle dirige. Ces trois entités sont interdépendantes pour ne pas dire imbriquées les unes dans les autres. Chacune attend de l'activité de l'autre.

L'état actuel des initiatives économiques rurales et urbaines est fortement marqué à des degrés divers par le capitalisme. Toutefois, dans aucun de ces milieux il ne connaît un point d'achèvement.

Nous avons vu que pour investir, il faut partir d'un capital économique (argent, machine, travailleurs, etc.). Mais de plus en plus le capital social est mobilisé en qualité de moyen objectif dans l'investissement. Hormis ces deux exigences, il y a le capital culturel qui entre en jeu et que l'on observe dans le procès d'organisation des opérations productives. En outre, les opportunismes sont intégrés dans les dispositifs objectifs d'entreprise.

L'entreprenariat repose sur l'agencement des moyens mobilisés à des fins de rentabilité. La structuration et la finalité d'entreprise sont culturellement orientées.

Les faits que nous avons relevés montrent que l'économie domestique et celle communautaire déterminent l'entreprenariat. La survie tant recherchée par les promoteurs est certes biologique, mais aussi sociale.

La technicité participe de l'investissement économique. Il est possible d'en apprécier le niveau culturel de son application. L'hétérogénéité structurelle qui se révèle entre l'urbanité et la ruralité marque profondément la nature des moyens techniques et technologiques mobilisés dans un quelconque procès d'investissement.

La production capitaliste connaît des exigences techniques qui se matérialisent par un savoir-faire et par un outillage sophistiqué et perfectionné.

Les agents empruntent des moyens rudimentaires qu'ils remplacent en milieu urbain. De plus en plus en monde rural ils utilisent des instruments semi-modernes, mais aussi parfois modernes de gamme basse ou moyenne selon le pouvoir d'achat du promoteur. Toutefois, l'investissement peut être rare ou peu élevé à cause des responsabilités familiales et communautaires des porteurs de projet. Pour les engins mécaniques modernes (auto, moto, etc.), des actes perçus comme du bricolage sur des produits modernes – même en monde rural – souvent de la part des jeunes sont fortement pratiqués. Les techniques de bricolage partent d'une considération moderne vers une perspicacité personnelle de l'intervenant qui se forme souvent dans la pratique et qui est contraint d'exercer dans la pénurie. Dans cette « économie du bricolage » – qui peut aussi concerner les circuits administratifs – « l'économie de la récupération » est un fait à considérer. Elle s'étend au-delà de l'activité productive pour intégrer les produits marchands.

Le traitement et l'usage de l'information participent de l'investissement, autant pour la rationalité formaliste que pour celle dite traditionnelle. La première est caractérisée par l'esprit critique et la seconde par la croyance. Par exemple, nous savons que beaucoup de Sénégalais s'engagent dans une affaire tout en ayant des informations limitées. L'assurance du succès est retrouvée dans les rites traditionnels. Alors dans un contexte d'articulation entre la modernité et le traditionnel, le culte surnaturel est convoqué non pour être instrumentalisé afin d'exercer un traitement critique sur l'information, mais pour accompagner et multiplier les chances de succès.

En ruralité, fief de la tradition, le colon français a conclu de son temps que « l'agriculture n'est pas un métier, mais une vie ». Autrement dit, la vie est assimilée au travail. Les producteurs en général agriculteurs investissent sans grande information, ni formation technique qualifiée, ni moyens sophistiqués ou innovants. Il leur suffit de solliciter les pouvoirs surnaturels et de s'engager à la période des semis secs. La survie y est conditionnée par l'investissement que le paysan appelle travail et la détermination surnaturelle. Par contre, en urbanité, la survie dépend non seulement de l'investissement, mais aussi de l'opportunisme de l'agent qui est soumis à une structure modernisante et moderne douée de grandes capacités en termes d'information et d'instruction conditionnant le milieu d'exercice.

Au centre des rapports économiques se trouve ancré l'objectif économique de la cellule domestique à savoir sa survie, laquelle finit dans une dépendance à la consommation. En effet, en zone rurale, cette exigence familiale est transférée dans les GIE. Ce qui y stérilise parfois ledit objectif dans la création de richesses. Car le groupement distribue plus d'argent des cotisations des membres qu'il en épargne et en crée. Par conséquent, dans la production privée et dans celle de l'institution locale (fonctionnement et prospective du conseil rural), on note une dualité culturelle qui subit les lourdeurs des cellules familiales (exigence de subsistance, faibles moyens techniques de production et de formation) et du tissu communautaire (les intellectuels et grands diplômés reviennent rarement s'installer et s'impliquer dans la vie économique et administrative du village). Les lourdeurs sont ressenties par les acteurs.

La famille constitue un retranchement dans lequel se conservent les référents qui déterminent les comportements des agents économiques de quelque nature qu'ils puissent être. Ce n'est pas elle qui est venue trouver l'entreprise, mais c'est l'entreprise qui est en son sein. C'est dans le ménage que l'on conçoit l'entreprise. Par conséquent, cette dernière ne peut échapper aux réalités idéales types de celui-ci. L'entreprise est formatée, élaborée à partir des exigences individuelles et familiales qui deviennent sociales, par extension hors du cercle domestique. Le privilège social, que rechercherait l'investisseur en exploitant un capital et en poursuivant le profit, est cautionné par le consentement familial. La plupart des entreprises sénégalaises du secteur privé, non structurée ou structurée, est de type familial.

Les GIE et les *tontines* dominent en milieu rural. L'entreprise individuelle, la Société en nom collectif (SNC), la Société à responsabilité limitée (SARL) et la Société en participation (SP), entre autres formes d'entreprise, dominent en monde urbain.

Face à la thèse qui prône la rupture entre l'entreprise et le ménage pour favoriser la croissance de l'économie, nous pouvons soutenir le contraire au Sénégal pour des entreprises qui se réclament pourtant du capitalisme. Les entreprises sont souvent liées au ménage pour des raisons de subsistance ou de jouissance. Nos investigations ont montré les rouages du processus d'investissement sous l'empire capitaliste. Les faits prouvent que l'habitus économique rural est présent en monde urbain et que le capitalisme participant de l'urbanité s'infiltre en ruralité. L'investissement voire l'entreprise de part et d'autre en est profondément marqué. Le capitalisme sanctionne l'infiltration rurale et familiale en son sein ; bref toute rationalité qui lui est extérieure. Il crée ainsi un fait social plus précisément un mode de production nouveau, c'est-à-dire un *paracapitalisme* qui est perçu comme une économie marginale.

Si l'on nie la rationalité d'un comportement, c'est pour le renverser dans l'irrationnel. La rationalité est un calcul qui met en adéquation ou en harmonie un objectif à atteindre et les moyens instrumentaux à mobiliser pour y parvenir. L'irrationnel, par conséquent, revient à un état d'incohérence entre le but et les moyens mobilisés. Ce qui met le comportement dans un état pathologique. La normalité reviendrait à la concordance entre des objectifs et des moyens. Les référents sociaux et légaux distinguent le normal du pathologique. La loi a un ancrage social. Elle devrait émaner de tous pour s'appliquer à tous afin de pouvoir définir les états criminels. Mais le superflu consiste à criminaliser des actes qui bénéficient d'une légitimité sociale.

Tableau 31 : Structure de la perception sociale d'un comportement individuel régissant le comportement d'entreprise

PERCEPTION DU COMPORTEMENT DE *L'HOMO INDIVIDUUM*		
ACTE RATIONNEL		**ACTE IRRATIONNEL**
NORMALITÉ		**PATHOLOGIE**
Cohérence entre les moyens stratégiques, techniques et les objectifs poursuivis		Incohérence par une absence de coordination entre la finalité et les moyens mobilisés
LÉGALITÉ	**ILLÉGALITÉ**	N'est pas mesurable du point de vue de la loi

Source : Composition personnelle.

Ce tableau montre que l'illégalité de même que la légalité [433] concernent des actes rationnellement construits. Ils relèveraient de la normalité et non de la pathologie pour ne pas dire de l'irrationalité. La loi douée d'objectivité n'est qu'un moyen d'arbitrage formel de comportements normaux rationnels et opportunistes. Elle ne peut par contre arbitrer ni statuer sur un comportement issu d'un état pathologique.

433 A. Niang sur « Le secteur informel, une réalité à réexplorer : ses rapports avec les institutions et ses capacités développantes », *op. cit.*

TROISIÈME PARTIE

LES ASPECTS INSTITUTIONNELS ET COGNITIFS DE LA CONSTRUCTION SOCIALE DE L'INVESTISSEMENT : LE SENS DE L'INVESTISSEMENT CHEZ L'HOMO SENEGALENSIS

CHAPITRE 4

L'ENTREPRISE SOUS LE DIKTAT DU « *SUTURA* »[434] EN DOUBLE CONDITIONNEMENT CULTUREL CAPITALISTE ET NON CAPITALISTE : DE LA COERCITION INSTITUTIONNELLE AU SENS DE L'INVESTISSEMENT EN « PARACAPITALISME »

I. LE *PARACAPITALISME* AU CONFLUENT INSTITUTIONNEL DE L'URBANITÉ ET DE LA RURALITÉ

Si le capitalisme, à l'instar du traditionalisme économique, est une civilisation, car « lié à une structure institutionnelle spécifique et à un schéma de valeurs »[435] , le *paracapitalisme* est le produit d'un « choc civilisationnel », duquel sortent des concepts comme « l'informel » ou l'acculturation »[436], qui ne surprennent plus l'opinion publique et scientifique. Nous reviendrons dans les chapitres suivants en détail sur la pensée du capitalisme et du traditionalisme économique et sur le vécu historique qu'en ont eu nos populations. La conceptualisation qu'en font certains chercheurs – parmi lesquels nous citons sans hésiter le sociologue Abdoulaye Niang – fait ressortir une articulation entre le mode de production capitaliste et celui traditionnel. Le *paracapitalisme* ne reproduit pas toutes les valeurs du capitalisme, mais il s'y articule pour se reproduire. Nous remarquerons de nos données empiriques que les deux modes de production en question s'influencent mutuellement et chacun profite de l'autre. Sur la base des découvertes que nous avons faites, nous pouvons en effet concevoir le *paracapitalisme* comme une articulation rationnelle entre la quête du profit et celle du *sutura*. Cet état de fait est déterminant, par conséquent, dans l'engagement de l'entrepreneur.

1. L'ordre culturel dominant « légal » : l'influence capitaliste sur les institutions traditionnelles

La forme d'exercice capitaliste est déterminante au Sénégal. Il est manifeste que les individus s'y engagent à travers la dynamique productive et marchande, en prenant comme leitmotiv le culte du marché et celui plus ou moins

---

[434] L'idéal type du consentement social local.

[435] Joseph Schumpeter, *op. cit.* et Karl Polanyi, *op. cit.*

[436] Selon l'approche anthropologique, c'est un processus de changement culturel résultant des contrats entre groupes de cultures différentes. Les traits culturels sont souvent emprunteurs et adaptés à leurs propres coutumes. Bref, il s'agit de la difficulté de concilier tradition et modernité. *Cf.* Madeleine Grawitz, *Lexique des sciences sociales*, *op. cit.*

localement populaire de la vitesse, de la ponctualité et du délai. Les agents y poursuivent le profit en usant de l'effectivité comme moyen objectif dans les rapports professionnels. Mais aussi *l'homo senegalensis* n'est pas un être dénué de traditionalité, nonobstant le capitalisme qu'il poursuit cherche à écraser tout traditionalisme économique opportuniste, rendant illégales toutes tendances socioculturelles qui ne répondent pas de ses propres expressions.

Le capitalisme s'appuie sur l'État pour atteindre sa plénitude organisationnelle, étant donné que celui-ci a pour rôle de fédérer les aspirations individuelles. Pour se faire, il lui inculque une vocation libérale qu'il modélise à partir de l'idéal type d'entreprise qui lui est propre.

Le ménage, composant essentiel du secteur populaire, étend ses tentacules dans l'entreprise et dans l'administration publique. Dans le procès de modernisation, au lieu de se conformer intégralement à la culture capitaliste, le ménage et certaines entreprises d'ancrage populaire échappent au procès de déshumanisation.

a. L'administration publique

Le citoyen est l'émanation de l'individualisme voire du libéralisme. Il se pose moins comme un culte de l'égoïsme. Il fait plus l'apologie des droits et libertés de l'individu. Les aspirations familiales et communautaires, relatives à la consommation et au paraître, s'invitent culturellement dans la gouvernance officielle et gênent l'applicabilité parfaite du formalisme méthodique nécessaire au procès d'entreprise et d'investissement public.

b. Le ménage

Les individus mariés ont un comportement d'investissement très dense du fait de leur charge ou de leur perspective familiale.

Diagramme 4 : Répartition des individus actifs en fonction de leur situation matrimoniale

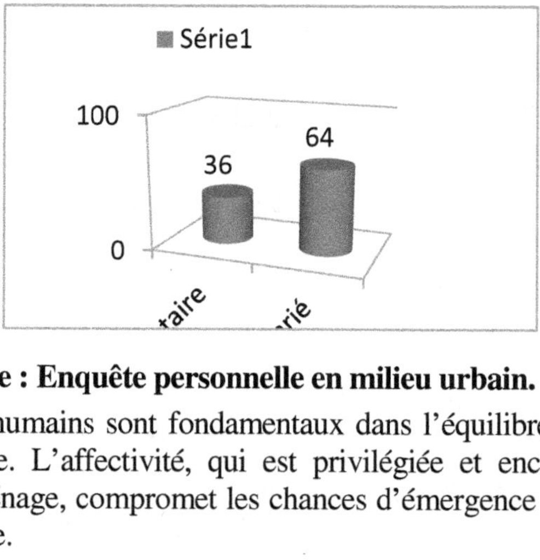

Source : Enquête personnelle en milieu urbain.

Les rapports humains sont fondamentaux dans l'équilibre, la stabilité et la survie du ménage. L'affectivité, qui est privilégiée et encouragée entre les membres d'un ménage, compromet les chances d'émergence en son sein d'une entreprise formelle.

Toutefois, il y a toujours des exceptions d'entreprise individuelle formelle qui sont le fait de ménage. Pour être raisonnable, nous nous faisons à l'idée qu'il en existe un bon nombre qui passe le seuil domestique, se structure et se formalise.

Nous constatons que les entreprises issues du ménage peinent le plus face à la fiscalité et à l'érection d'un capital économique robuste.

Diagramme 5 : Répartition par classe d'âge des individus actifs en ménage

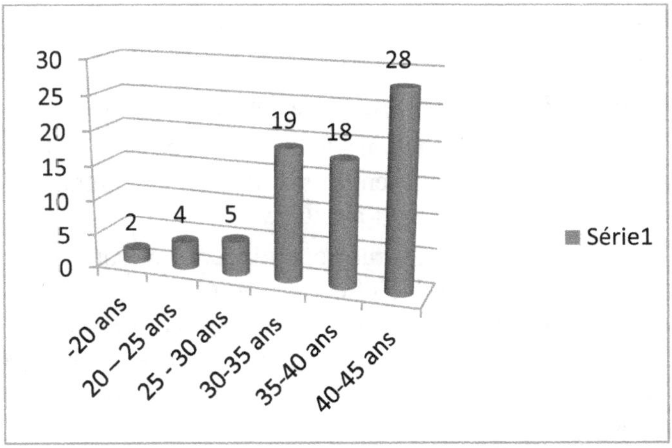

Source : Enquête personnelle en milieu urbain.

Les -20 ans qui faisaient 6 % en milieu rural, ne font que 2 % dans l'ordre social dominant légal. Même s'il y a des individualités qui échappent à la règle – concernant les quelques cas enquêtés – la législation sur le droit du travail est formelle sur l'âge du travail. Les individus n'ayant pas la majorité ne doivent point travailler encore moins entreprendre. Alors, les moins jeunes se raréfient dans l'activité économique et les plus vieux apparaissent pour être les plus actifs.

Dans ce cas encore, la fiscalité reste un casse-tête pour les nouvelles entreprises. De taille petite, elles ne peuvent pas faire face à la ponction fiscale. Elles sont obligées de recourir à des stratégies non recommandables par l'économie moderne pour rester le plus invisible possible afin d'échapper aux impositions et développer leur entreprise. Car il ne faut cesser de le dire, les investissements des ménages servent à faire vivre leurs membres. Compromettre leur entreprise, c'est ainsi compromettre la survie ou les chances d'épanouissement de toute une famille.

c. L'entreprise

Le capitalisme investit dans les liens communautaires et utilise les solidarités traditionnelles à ses fins.

La famille et la communauté sont des réservoirs de main-d'œuvre qui, de manière opportuniste, favorise l'exploitation capitaliste. L'absence d'établissement écrit de contrat social peut satisfaire la rentabilité de l'entreprise qui a besoin d'efficacité. Si celle-ci n'est pas atteinte, le travailleur peut être écarté en cas d'insuffisance de productivité. Il est aussi écarté quand l'entreprise, par souci de rentabilité, a besoin de revoir son effectif à la baisse.

Pour cela, le chef d'entreprise ne fait que se justifier en s'expliquant devant la famille ou la communauté déterminante. Pour ce cas de figure, l'entreprise exploite les institutions familiales et communautaires et se reproduit grâce à elles. Ce fait peut être ainsi compris sous l'angle de l'exploitation de l'affectivité par l'effectivité.

- ***L'affectivité au service de l'effectivité dans le culte du profit***

Pour comprendre cette dynamique, s'impose la question suivante : comment les solidarités traditionnelles peuvent se substituer à un contrat social dans une relation de production moderne ou l'avantager ?

Ici, le capital social est instrumentalisé dans le contrat social. Quand l'affectivité se met au service de l'effectivité en faveur du culte du profit, nous ne dirons pas que l'accumulation est assurée – nous ne sommes pas encore arrivé à ce niveau normatif voire de prévisibilité –, mais nous pouvons considérer que nous avons droit à un phénomène rare, si l'on considère l'histoire de l'émergence du capitalisme où le besoin d'objectivation a déshumanisé l'entreprise, dépersonnalisé les relations économiques et séparé l'économique du social.

La solidarité ou l'obligation de donner est un lien social qui a une expression institutionnelle. La personne fait don d'elle-même ou fait concession de ce dont elle dispose à un membre de sa famille ou de sa communauté. La solidarité en don implique le triptyque qu'a révélé Marcel Mauss notamment l'obligation de donner, de recevoir et de rendre. Ce procédé fonde la moralité de la solidarité et lui permet de se reproduire. En effet, la solidarité repose sur une règle extérieure au choix individuel. Il s'agit de l'obligation. Celle-ci orientée vers la solidarité peut être dirigée vers quelqu'un de « neutre » voire « anonyme », c'est-à-dire une personne que l'on ne connaît pas. Pour ce cas, c'est surtout la solidarité qui est « pensée à petits groupes demeurant dans l'ombre de la société globale... ». Toutefois, dans ce cas, le fait de penser que la personne qui reçoit est anonyme et supposée en général démunie annihile en apparence l'obligation de rendre. Mais cette dernière, ayant reçu, est tenue par l'obligation de gratitude, de reconnaissance. Ce qui veut dire que la contrainte de rendre demeure toujours.

Vue comme une obligation, la solidarité s'apparenterait à un contrat social. Ici, ce dernier repose sur l'affectivité. Il ne dépersonnalise pas les rapports individuels et collectifs. Tout au contraire, la solidarité se crée en fonction d'un sentiment affectif. Le contrat social fait autorité dès l'instant qu'il y a un dévouement gratifiant chez l'individu qui reçoit de son donateur. Il émerge aussi dès l'instant que l'individu est obligé de recevoir pour ne pas mettre mal à l'aise le donateur, lequel, face à un refus, peut se prêter à des interprétations compromettantes à l'endroit de son partenaire receveur et déterminer le sort de leurs affinités présentes ou futures.

Dans le cas d'une personne démunie ou d'un rapport entre un parent et sa progéniture, l'acceptation d'un acte de solidarité est un fait normal. L'anormalité serait le refus de l'acceptation. Très certainement les valeurs universelles, dans toutes les sociétés humaines, exigent d'un père ou d'une mère un rôle d'encadrement et d'entretien des membres de sa famille propre. En revanche, la reproduction de cet entretien au-delà d'un âge réputé institutionnellement être la majorité favorise la distinction entre les sociétés notamment celle occidentale devenue individualiste et celle africaine restée dans son essence communautariste. C'est la raison pour laquelle dans nos sociétés, on peut observer des adultes se faire entretenir par leurs parents, en l'occurrence, par le père, la mère, la tante ou l'oncle. Le sens inverse est aussi observable. Il s'agit du cas où les enfants entretiennent leurs parents au sens large. Outre la paupérisation, ces traitements mutuels sont estimés normaux. En effet, la solidarité entre riches – comme celle reproduite par l'institution bancaire – augmenterait leurs richesses mutuelles ; une chose qui, de nos jours, n'est pas vue d'un bon œil. La large présence de la solidarité est avérée et se confond d'ailleurs avec des obligations universelles.

Le lien social à double sens n'annihile pas le contrat social, mais le supporte et l'incarne. Le contrat a aussi une nature affective. Il s'invite ainsi facilement dans les rapports productifs et marchands. Dans la traditionalité, la vie économique et la vie sociale se confondent intimement. De ce point de vue, le capitalisme ne peut faire abstraction de cet état de fait. Contrairement à ceux qui pensent que la culture capitaliste peut en être gênée, au contraire, cette dernière l'exploite à son profit. Par exemple, dans beaucoup de cas, l'entreprise n'établit pas de contrat objectif et écrit en faveur de sa ou ses recrues. Sans bulletin de salaire, ni assurance, les individus sont recrutés par affinité parentale ou amicale. Le fait simplement de retrouver un travail rémunéré force le respect et la gratitude chez la recrue en faveur de son recruteur. Bien que l'entreprise profite du surtravail des agents et accumule du capital, les salaires ne manquent pas parfois de se faire rares, c'est-à-dire d'être irrégulièrement perçus. Mais cela n'empêche pas les agents qui sont affectivement liés au patron de continuer de produire. C'est un avantage pour le capitalisme qui exploite ainsi les valeurs sociales de la traditionalité.

Il y a en revanche des inconvénients pour le capitalisme notamment le manque de compétence (technique et relationnelle), le retard sur les horaires de travail et le coût que l'entreprise peut supporter à financer la formation à la suite du recrutement, les risques de paresse – occasionnant l'improductivité – et de vol. Ces derniers faits peuvent être à l'avantage également de l'entreprise parce que l'affectivité peut aussi être une motivation à la production et à la protection de l'intégrité de l'entreprise. Il est souvent soutenu qu'il est d'une grande intelligence de protéger et de soutenir l'entreprise nourricière, c'est-à-dire celle qui nourrit son employé. Ce principe est dans les représentations et perceptions des travailleurs sur les fonctions symboliques de leur entreprise employeuse. En misant sur les affinités familiales, communautaires et amicales, l'entreprise se met à l'abri de beaucoup de risques et favorise son ascension ou son maintien économique. Rappelons que les entreprises dans nos sociétés grandissent rarement par défaut d'investissement périodique voire par incompétitivité sur le marché. Ce fait relève de lourdeurs traditionnelles.

L'entreprise marchande utilise aussi le capital social pour accumuler du profit. Pour valoriser leurs investissements, les ménages et les PME-PMI ne manquent pas de solliciter les affinités parentales et les amis qui peuvent être un voisin du quartier, un promotionnaire ou un membre d'une association afin d'écouler leurs produits ou fidéliser une clientèle. Avec le partenaire au commerce, il est privilégié, au-delà de la relation professionnelle, une amitié pour ne pas dire une compatibilité d'humeur comme dans le modèle des époux. Il n'y a pas de commerce possible entre deux individus qui ne se supportent pas.

- ***L'effectivité comme moyen de reproduction de l'affectivité***

L'effectivité est exigée pour reproduire l'affectivité. Cet état de fait s'observe mieux à travers l'assertion selon laquelle « les bons comptes font les bons amis… ». Ce point de vue n'est pas seulement une réalité capitaliste, mais elle est traditionnellement suivie. L'obligation de rendre est empiriquement observable dans la société traditionnelle et aujourd'hui plus facilement en ruralité.

Le fait de recevoir, comme nous l'avons dit plus haut, induit un devoir moral de rendre à la limite assimilable à un crédit. Si recevoir équivaut à une contraction d'un crédit moral, l'individu est soumis à l'obligation morale de rendre. Ce rapport scrupuleusement suivi favorise l'harmonie relationnelle entre les individus liés par un lien de voisinage, de parenté ou professionnel. Cela s'applique dans les relations marchandes soumises à la modernité.

Beaucoup de gens privilégient le réseau parental ou amical pour faire des affaires. Les produits sont supposés être mieux vendus à cet effet. Les amis et les parents constituent un soutien pour l'investissement. Ils sont souvent sollicités en premier. Ils constituent une clientèle certaine. À défaut d'être clients, ils peuvent contribuer à la vente du produit de l'entreprise.

Les liens ethniques sont aussi coercitifs surtout pour certaines ethnies, en l'occurrence, les Haal-pulaaren. Chez ces derniers, les affaires sont organisées en réseau et la solidarité est fondamentale.

Le capitalisme et le traditionalisme s'utilisent mutuellement même sur le terrain religieux. Chacun peut utiliser les réseaux religieux pour se reproduire. L'islam au Sénégal porte mieux le commerce que le christianisme. Les ethnies les mieux commerçantes sont celles qui ont été en contact avec *le commerce transsaharien*. Les chrétiens, fortement représentés par les ethnies sérère et celles des sociétés du sud du Sénégal, n'ont pas été en contact avec les Arabes, peuple réputé hautement commerçant.

Alors en adhérant à une confrérie, l'entrepreneur peut bénéficier d'une sécurité en s'appropriant un marché par la fidélisation d'une clientèle que peut permettre un réseau conçu autour d'un idéal surtout lorsqu'il est religieux. Ces avantages peuvent être octroyés par le « *ndigël* » du marabout ou par voie d'entraînement grâce aux mouvements solidaires de disciples entrepreneurs mieux pourvus financièrement. Il faut noter que beaucoup de familles maraboutiques associent leur nom à des entreprises ou en sont les auteurs. Beaucoup de noms d'entreprise font référence à un guide ou à une localité religieuse.

C'est par opportunisme affectif que l'entreprise s'appuie sur le religieux pour se rentabiliser et faire des profits. Nous pouvons citer dans Dakar les entreprises telles que les dibiteries Taif, Touba gaz, khadim Rassoul mobilier, etc. En revanche l'entreprise peut être sanctionnée par la communauté religieuse, lorsqu'elle ne respecte pas l'obligation de rendre, mieux présentée sous une obligation de participation qui la détermine. Autrement dit, elle se doit d'entretenir la communauté religieuse, par exemple en entretenant socioéconomiquement le marabout ou en participant aux grandes rencontres, notamment les *magal* et *gamou* ou encore en adhérant aux petites associations, *dahira*, où il peut lui être souvent réclamé des cotisations, s'il ne le fait délibérément sans invitation pour surseoir à son devoir de participation.

Ceci est plus fréquent dans la communauté *Muride* et *Tijaan*. La communauté Layene organise le prélèvement de la zâkat auprès de ses fidèles. Au lieu d'être annuelle, elle est prélevée régulièrement pour ne pas faire attendre le nécessiteux. La communauté *Ibaadu Raxmaan* n'entretient pas l'entreprise capitaliste. Par conséquent, elle constitue moins, chez lui, un instrument économique pour cause de bannissement du profit par la charia.

- L'engagement des groupes sociaux en entreprise

La religion est souvent prise en compte en entreprise au détriment de la tradition utilitariste. Par exemple, les congés religieux et les heures de prières trouvent très souvent un aménagement en interne. Les permissions légales pour la célébration d'une cérémonie familiale sont également observées.

Hormis la religion, l'âge est important dans l'entreprise. En capitalisme, les opportunismes qui soutiennent un engagement prématuré en entreprise sont découragés par la loi, c'est-à-dire les normes collectives.

Tableau 32 : L'âge chez les entrepreneurs-auteurs enquêtés en milieu urbain

Code	Âge des entrepreneurs	Valeur absolue	Valeur relative
1	20-25 ans	0	0
2	25-30 ans	1	5
3	30-35 ans	2	12
4	35-40 ans	5	29
5	40-45 ans	3	18
6	45-50 ans	4	24
7	50 ans et +	2	12
TOTAL		17	100 %

Source : Enquête personnelle en milieu urbain.

Il est ainsi remarqué que, plus on avance en âge, mieux on s'engage dans l'entreprenariat.

L'ethnie et les castes ne sont pas coercitives en entreprise. Elles sont absorbées par la modernité et la coercition capitaliste qui soutiennent le développement citoyen à travers lequel les individus sont perçus comme égaux et leurs droits respectés.

Par rapport au statut matrimonial, la force de travail des célibataires est plus sollicitée que celle des mariés lorsqu'ils sont confondus dans l'exploitation d'une même entreprise. Les premiers sont supposés avoir moins de responsabilité familiale et plus de liberté. Nous avons vu que les mariés sont plus présents en entreprise du point de vue numérique, du fait aussi de leur obligation familiale et de la promptitude des individus célibataires à souscrire au mariage dès l'instant qu'ils disposent d'un pouvoir économique grâce aux salaires perçus en entreprise. De ce fait, nous pouvons en déduire que si les célibataires abattent le plus de travail que les mariés dominants en entreprise, il est manifeste que la préservation des institutions traditionnelles telles que la solidarité et le sens de la sauvegarde de la vie familiale sont encore coercitives en capitalisme sénégalais.

De plus en plus aussi les femmes sont bien représentées en entreprise. Nos échantillons d'enquête montrent que 35 % des femmes en milieu urbain sont en entreprise pour ne pas dire en activité économique. Ce qui témoigne de la modernisation sociale effective, laquelle soutient l'épanouissement citoyen, qui associe à son tour, entre autres, en particulier, le droit de la femme.

L'entreprise capitaliste est souvent assimilée à l'économie de marché. Il est de ce point de vue pertinent de s'y attarder.

- *Le marché*

Sur le marché, nous retrouvons autant des hommes que des femmes engagés dans l'entreprenariat. Les femmes en particulier ne sont pas seulement présentes dans l'activité économique du ménage, mais elles se distinguent dans les instances décisionnelles en entreprise formelle et dans l'administration publique.

Graphique 5 : Répartition en fonction du sexe des différents acteurs en milieu urbain

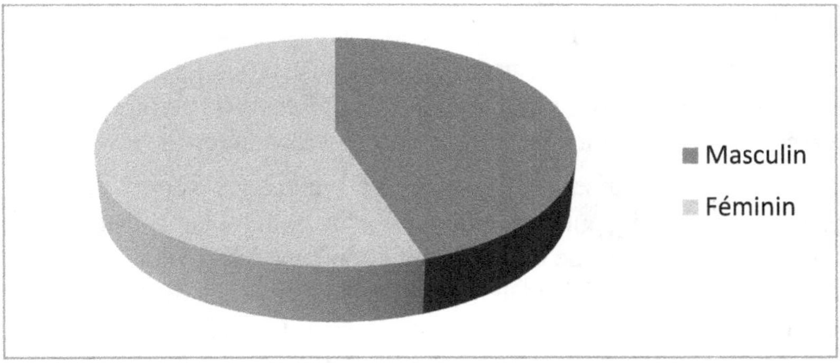

Source : Enquête personnelle en milieu urbain.

Il faut retenir que la modernité avec le développement de l'État libéral favorise les droits humains dans le cadre de la citoyenneté. Les femmes par conséquent sont de plus en plus instruites et s'engagent dans l'entreprenariat.

- ***L'instruction aux connaissances scientifiques et techniques***

Graphique 6 : Répartition des femmes actrices en ménage selon leur niveau d'instruction à Dakar

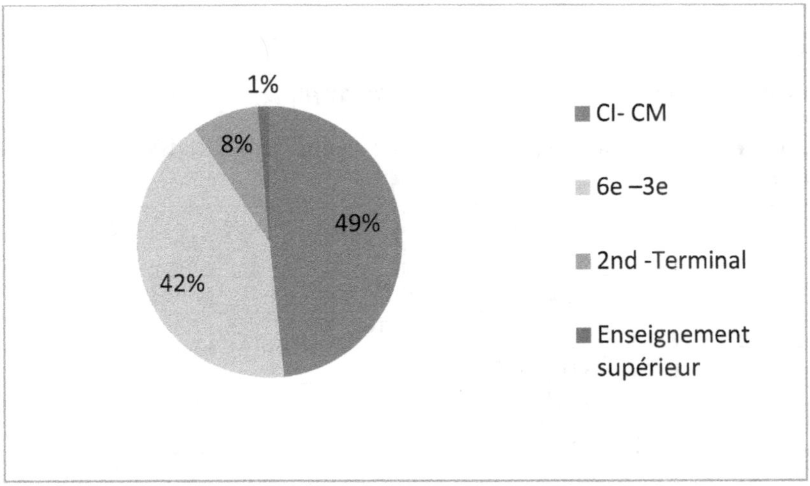

Source : Enquête personnelle en milieu urbain.

Le problème de l'instruction se prélève plus dans l'activité économique du ménage que dans l'entreprise structurée en milieu urbain. L'entreprise de statut moral en ville se distingue de l'investissement du ménage en général par sa dépersonnalisation. Le contraire est observé en ruralité où l'entreprise encadrée par le GIE se confond au compte du ménage. Les femmes qui investissent dans la ville de Dakar pour le compte de leur ménage ne sont pas forcément bien instruites. Celles qui sont titulaires d'un niveau d'étude du supérieur sont peu nombreuses. L'effectif du supérieur dominant dans l'entreprenariat du ménage est plutôt constitué par le niveau du secondaire. Les femmes en entreprise structurée sont forcément bien instruites. L'entreprise moderne, scientifiquement conduite, exige l'instruction. On y compte la présence de femmes à tous les niveaux d'instruction notamment du supérieur au secondaire.

L'écriture et la maîtrise des sciences et techniques sont à la base du modernisme. Par conséquent, les individus sont obligés de s'instruire, de se former et cela à chaque fois de besoin, étant donné que les résultats scientifiques évoluent. Aujourd'hui au Sénégal l'instruction est un fait de l'ordre culturel dominant, c'est-à-dire du modernisme. De ce point de vue, le milieu rural n'est pas épargné par ce vent de mobilisation pour l'instruction.

Tableau 33 : Niveau d'instruction chez tous les individus enquêtés en milieu rural

Code	Niveau d'instruction	Valeur absolue	Valeur relative
1	Analphabète	338	73
2	CI-CM	85	18
3	6e-3^e	37	8
4	2de-Terminale	5	1
5	Enseignement supérieur	0	0
TOTAL		465	100 %

Source : Enquête personnelle en milieu rural.

Tableau 34 : Le niveau d'instruction chez les individus actifs en ménage en milieu urbain

Code	Niveau d'instruction	Valeur absolue	Valeur relative
1	CI-CM	148	30
2	6e-3^e	199	40
3	2de-Terminale	139	28
4	Enseignement supérieur	14	2
TOTAL		500	100 %

Source : Enquête personnelle en milieu urbain.

Il y a un intérêt manifeste pour le niveau d'instruction formelle chez les habitants de la ville. À défaut d'y accéder on vit un complexe d'infériorité, car on la subit mieux en milieu urbain. Ce qui marque une différence avec le monde rural où il y a une volonté de se moderniser par la fréquentation de l'école, clé d'un meilleur statut social. En revanche, l'absence des moyens y décourage les intentions. Aussi il est possible de constater une faiblesse du niveau « enseignement supérieur » dans l'entreprenariat des ménages urbains. Les diplômés du supérieur sont en général employés ou engagés dans les organisations et entreprises structurées formelles. L'explication de l'inaccés au niveau d'instruction du supérieur est le coût social et parfois économique qui peut être contraignant pour les individus désireux d'accéder à l'université.

Bon nombre d'individus estiment que les études longues prennent du temps, qu'ils ne peuvent s'y engager et préfèrent par conséquent intégrer la vie professionnelle. La formation supérieure coûte chère de nos jours surtout à Dakar. Elle coûte encore plus chère pour les individus qui ne sont pas originaires de la ville où elle se pratique le mieux.

Rappelons que l'enseignement supérieur n'existe pas dans les villages voire les communautés rurales du pays. Ces derniers ne comprennent que des écoles primaires et secondaires en général un CEM. Les lycées sont rares en monde rural[437]. La communauté rurale de Ndiaganiao, toutefois, en possède. Les communes et communautés rurales les mieux pourvues en populations en disposent.

2. L'ordre culturel marginal : la coercition des institutions socioculturelles non capitalistes au sein d'un capitalisme dominant

En milieu urbain, les institutions socioculturelles traditionnelles sont représentées comme des survivances, si l'on apprécie ce qui en reste à la suite du passage de la modernisation destructrice. Par contre en milieu rural, elles ont moins subi la sévérité occidentale. « Les pratiques de gestion modernes répondent à des spécificités locales. L'observation comparative montre que certaines constructions théoriques et pratiques valables en un lieu n'ont guère de sens ailleurs. »[438] Cette hétérogénéité culturelle dont il est question est une réalité au Sénégal et montre que les processus de modernisation post-indépendance en milieu rural préservent les institutions socioculturelles en place.

La technologie accentue l'individualisme. L'isolation sociale que provoquent la voiture privée, l'autoroute, le machinisme industriel et la technologie

[437] Nous ne disposons pas des données de répartition des lycées dans l'espace des collectivités locales afin de pouvoir en calculer la moyenne de répartition dans le monde rural. Nous ne maîtrisons pas non plus la répartition en vigueur puisqu'elle ne figurait pas dans nos objectifs de travail.

[438] Henry Alain, « Entreprises modernes, entreprises métisses », dans *Entreprises et entrepreneurs africains*, sous la direction de Stephen Ellis et Yves A. Fauré, *op. cit.* p.176

domestique, entre autres, conforte notre observation. A beau utiliser les moyens individualistes précités dans notre société, le refus de s'isoler est encore important. Cela relève d'une détermination traditionnelle qui s'exerce par le biais de la coercition communautaire.

En effet, les individus traversent les autoroutes pour fréquenter d'autres quartiers et vaquer à leurs occupations, lesquelles peuvent relever d'un besoin familial, communautaire ou religieux. Combien, de nos jours, comptabilise-t-on d'individus qui traversent ou contournent des autoroutes pour un regroupement familial, pour rejoindre une mosquée ou un groupe de prière ou pour simplement rejoindre des regroupements associatifs ?

Dans l'ordre marginal, les institutions sociales telles que la famille, les instances communautaristes et la religion sont mieux coercitives.

a. La famille

La famille – fondée sur des liens d'affectivité – est capable d'inciter et de récupérer les profits de l'entreprise portée par un de ses membres. Les investissements domestiques grandissent rarement en général, car ils servent à nourrir la famille.

La famille a besoin de capital argent pour sa reproduction sociale[439]. Ce qui explique qu'elle s'engage en entreprise. L'argent toutefois, n'est pas la finalité. Il sert à entretenir la famille et à satisfaire aux prérogatives sociales. Il est dit dans une pensée wolof et dans la même langue : « *xaalis moy fac gacce* » ; ce qui veut dire que la monnaie préserve de la honte. Autrement dit, il sert à accéder au consentement social, à l'insertion sociale, bref au paraître.

b. La communauté

Pour investir, l'entrepreneur a besoin de s'informer et de communiquer. Toutefois, dans nos sociétés, renfermées autour de la sacralité et de l'initiation comme voie d'entrée au monde secret et des adultes, l'information est sélective. Le savoir est monopolisé par un groupe. De ce point de vue, tous les individus ne sont pas obligés d'être au même niveau d'information et de connaissance. Il leur suffit même pour les non-initiés de croire et d'adhérer en reproduisant les actes recommandés.

Il n'est pas surprenant de voir, par conséquent, un individu en manque d'informations s'engager quand même dans un processus d'investissement grâce à la croyance qu'il reçoit de son entourage et qu'il développe. Il se soumet aux normes sociales de la réussite, au travail et à leurs valeurs respectives, au respect des anciens, à DIEU, à sa famille, bref aux règles communautaires. Si le constat – retenu par le colon français à propos des paysans du Sénégal, selon

[439] En supportant les besoins de subsistance et de paraître, la famille devient un espace de consommation. Manger, boire, s'abriter, se vêtir et se faire accepter ou aimer se résument à la consommation.

lequel « l'agriculture est un mode de vie et moins un métier »[440] – est pris en compte dans nos analyses, il faut donc s'attendre à ce que l'individu investisse toujours – chaque jour, chaque période, chaque année – son énergie et son capital dans l'agriculture parce que c'est ce qu'il connaît et croit être le mieux pour son existence. L'information, ici, est moins valeureuse que la croyance. L'entrepreneur appartenant à cette plateforme sociale croit réussir socialement avec le concours de la bénédiction de ses parents, de sa communauté et de Dieu. L'information occupe une seconde zone d'importance.

Hormis l'enjeu d'information, la coercition communautaire prend de l'ascendant sur le salaire et le système de recrutement. Le recrutement est soumis à ce que l'esprit formel appelle le « népotisme ». Le communautarisme incite à recruter dans le réseau lignager, ethnique ou des ressortissants du même village. Le recrutement se fait aussi sur recommandation en privilégiant les affinités interpersonnelles. La valeur du salaire et autres avantages peuvent en être influencés au profit ou au grand dam du porteur issu du circuit de recrutement précité. Nous en avons noté deux cas où le salaire est influencé par les affinités interpersonnelles. Le premier fait cas d'individus suravantagés pour lesquels l'esprit formel invoque la corruption en entreprise. Le second fait allusion aux individus mal payés ou qui le sont de manière irrégulière. L'esprit formel perçoit ce dernier cas comme de l'exploitation voire un manquement au droit du travailleur.

Par ailleurs, la solidarité et la redistribution des capitaux gagnés en entreprise favorisent, dans leur usage privé, la parenté et les liens communautaires. La direction dans un usage formel des capitaux de l'entreprise – exceptionnellement en termes de RSE (responsabilité sociale de l'entreprise) – fait aussi des dons aux communautés qui lui sont liées géographiquement ou à d'autres figurant dans sa ligne de politique sociale. Il s'agit précisément d'aides à la santé, au sport ou à la culture, entre autres.

En somme, la reproduction du tissu communautaire reste un souci permanent autant pour l'entreprise influencée par son cadre structurel d'exercice ou d'appartenance que pour l'entrepreneur dans ses motivations subjectives. Les regroupements communautaires poussent les membres à bien paraître. Le désir d'accéder à cette finalité impacte leur engagement à l'investissement et la gestion qu'ils en font.

- L'impact de la parenté et de l'amitié dans les affaires par une vue du formalisme capitaliste

Souvent, des gens déclarent qu'ils ne préfèrent pas faire des affaires avec leurs parents ou leurs amis. Ils craignent les conséquences qui peuvent en résulter. Le risque de ne pas se faire payer y est plus fort. En réalité, les intérêts sont relégués au second plan face à la coercition des liens de sang et d'amitié.

---

[440] Jean Adam, « Le milieu agricole ouest-africain et les méthodes de cultures », dans *Afrique-Occidentale française*, 1949, p. 21.

La rigueur des affaires se prête mal à la sanction légale sur un des parents ou amis, dès lors qu'il est mauvais payeur. Il est une autre sanction plus appropriée dans ce cas. Elle est d'ordre social, mais à connotation traditionnelle. En effet, il est mal vu qu'une plainte soit déposée contre son ami ou son parent.

Dans une relation d'affaires entre parents ou amis, la qualité du produit fondant leur relation marchande peut être aussi à l'origine d'un probable différend. Ce cas s'observe si le produit acheté est jugé, dans son utilisation, défectueux. Qu'il le soit ou pas, il entraîne une situation inconfortable entre deux personnes liées par des liens d'amitié ou de sang et qui sont en rapport d'affaires. Cela est souvent représenté des deux côtés comme un manque de respect au lien affectif qui les lie. En effet, l'acheteur développe un sentiment d'indignation au moment d'user du produit. Le vendeur s'indigne à son tour lorsque l'autre parent se présente à lui, pour lui signifier son manque de satisfaction.

En définitive, pour ne pas affecter les relations de parenté ou d'amitié, des personnes apparentées ou amies décident d'éviter de se mettre en situation d'affaires. Alors, elles préfèrent rester dans l'esprit formel du capitalisme, lorsqu'il s'agit de s'engager en affaires. Ce choix est recommandable.

L'ethnie

Nous savons que certaines ethnies, du point de vue traditionnel, sont plus promptes au commerce que d'autres. La coercition ethnique sur les relations interpersonnelles est affaiblie en ville. Mais l'urbanité sénégalaise garde encore des survivances de la détermination ethnique pouvant impacter l'entreprenariat économique surtout pour ce qui est de la nature du commerce. La ville n'exclut pas le communautarisme ethnique.

Graphique 7 : Répartition des individus acteurs en fonction de leur ethnie en milieu urbain

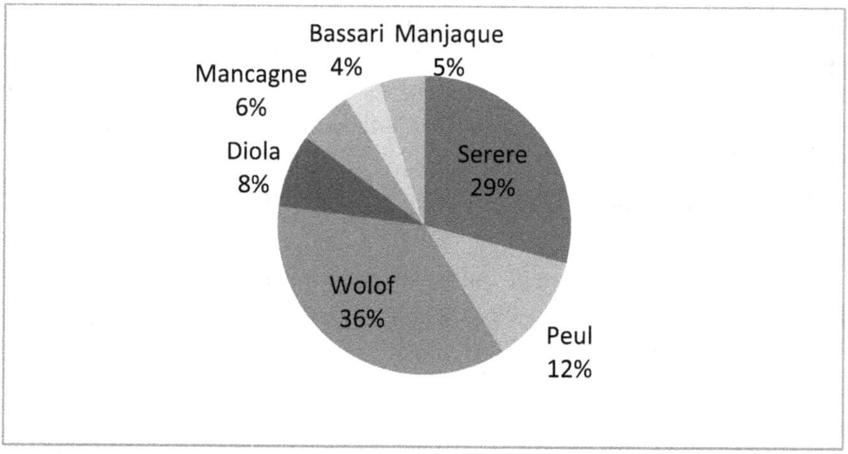

Source : Enquête personnelle en milieu urbain.

L'articulation entre modernité et traditionalité ne compromet pas l'existence de l'entité ethnique. C'est surtout la coercition de la caste qui prend de moins en moins d'importance en ville. La donne est qu'aujourd'hui la caste n'est plus une contrainte pour pratiquer le métier de son choix. Cela est autant valable pour le *cuballo*, « pêcheur » haal-pulaar que pour le *niominka*, « pêcheur » sérère que pour le *teug*, « travailleur du fer » wolof. La plupart des artistes chanteurs au Sénégal ne sont pas des griots[441]. Par opportunisme économique, l'éclatement des spécialités traditionnelles est aussi un fait. Un tel phénomène concerne aussi bien les membres des sociétés du nord que ceux du sud du pays présents en zone urbaine.

Graphique 8 : Répartition des acteurs en ménage subissant la coercition de la caste

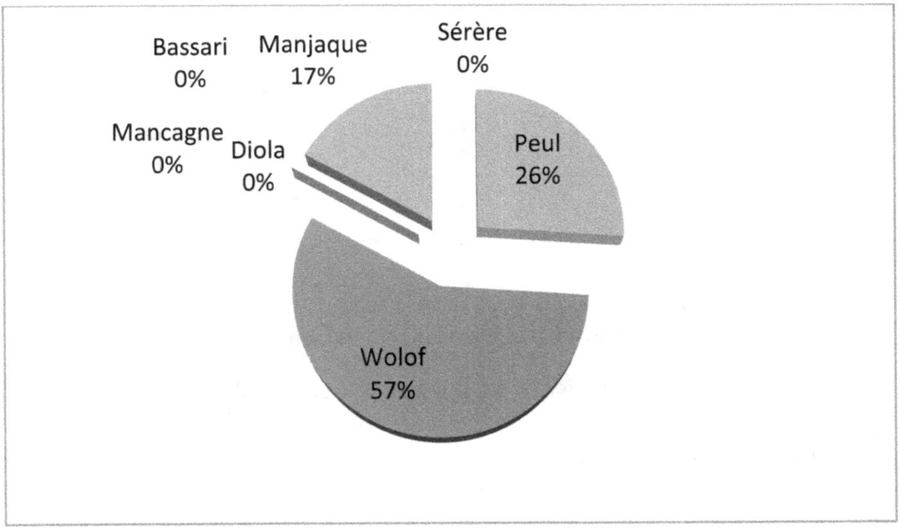

Source : Enquête personnelle en milieu urbain.

Comme nous pouvons encore le voir, beaucoup de castes ont perdu leur coercition en ville. Leurs pratiques ne sont plus suivies comme c'est le cas dans les villages où nous notons une résistance acharnée à la compromission de la tradition par des valeurs étrangères. Nous retrouvons quelques individus appartenant aux ethnies *wolof, peule* et *manjaque* qui reproduisent leurs valeurs de caste dans leur activité urbaine.

441 Youssou Ndour, qui est l'une des grandes figures musicales nationales n'est pas né de père griot. Bien que sa mère soit d'origine griotte, il n'en fait pas une identité artistique dans ses productions. Il en existe encore des griots comme, entre autres, Thione Seck, Khar Mbaye, Samba Diabaré Samb, El Hadj Nar Samb et Mbaye Pekh. Les plus anciens se conçoivent aujourd'hui comme des communicateurs traditionnels et gagnent leur vie dans ce métier.

c. La religion

La modernité par son culte de la formalité et de l'effectivité se désolidarise de la coercition religieuse.

Graphique 9 : Répartition des individus acteurs en ménage en fonction du culte religieux

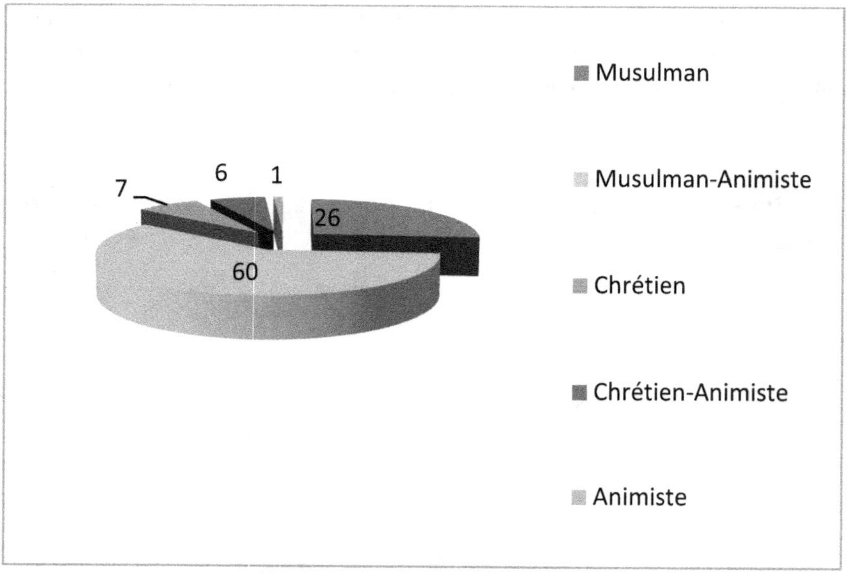

Source : Enquête personnelle en milieu urbain.

L'islam et le christianisme occupent encore une place importante dans le vécu social des individus du fait de leur longue tradition historique chez les peuples traditionnels du pays. Le syncrétisme religieux est le plus pratiqué, bien qu'il soit récusé par l'authenticité des religions révélées.

La nouvelle donne au Sénégal est l'emprise économique des marabouts sur l'*homo economicus senegalensis* de confession musulmane.

- Le rôle des marabouts

Le syncrétisme religieux, avec l'animisme, n'est pas unanime en ville, mais il domine largement. Sur 26 chefs d'entreprise, 77 % sont des Musulmans-Animistes. Les cadres d'entreprise sont parfois contradictoires entre leur vécu social et celui d'entreprise. En général, les gens réajustent leur comportement une fois en entreprise où le formalisme reste la règle. Mais l'effet inverse peut être observé. Nous en avons relevé des cadres qui, d'une part, pratiquent discrètement le syncrétisme – surtout lorsqu'ils veulent anticiper sur l'avenir ou sont confrontés à des difficultés en entreprise – et d'autre part, refusent parfois dans la vie courante de s'allier à un marabout du fait de leur perception formelle voire moderne de la question. Rappelons que les cadres en entreprise sont des agents instruits selon le modèle occidental.

Tableau 35 : Répartition des cadres et entrepreneurs à Dakar

	Valeur absolue	Valeur relative
Musulman	1	4
Musulman-Animiste avec marabout	14	54
Musulman-Animiste sans marabout	6	23
Chrétiens et Chrétiens-Animistes	5	19
TOTAL	26	100 %

Source : Enquête personnelle sur les cadres et entrepreneurs à Dakar.

Beaucoup de musulmans ont des marabouts. Ils se conçoivent comme talibés – disciples – et se rapportent à une relation de soumission à leur marabout.

Les marabouts perçoivent beaucoup plus d'argent des individus des centres urbains et des Sénégalais de l'étranger. De plus en plus de marabouts s'installent dans les villes et font des déplacements à l'étranger. Pour les plus grands dont la confrérie est aujourd'hui massive, l'histoire apprend que c'est la ville qui est venue les trouver dans leur fief, jadis de forme et de fond rural.

Le fait du syncrétisme est déterminant en ville. Ce qui maintient l'institution marabout comme référent social.

Ayant isolé l'ordre dominant et l'ordre marginal en rapport respectif au capitalisme et au traditionalisme, il est convenable de faire l'état institutionnel des principaux déterminants de l'investissement au sein d'une socialité articulée.

d. L'état institutionnel des déterminants de l'investissement dans un rapport culturel doublement conditionné entre capitalisme et institutions traditionnelles

Si dans l'ordre dominant l'administration publique est soumise à une dynamique libérale et formaliste, dans l'ordre que nous appelons ici marginal, elle est compromise. Si dans le premier ordre, l'État libéral d'obédience capitaliste est arrivé à distinguer la sphère privée de celle publique, dans le second ordre, les secteurs privé et public se désarticulent difficilement[442] et crée des faits de *patrimonialisme* ou de *néopatrimonialisme*[443].

La bureaucratie est souvent, d'après Weber, *patrimonialisée*[444]. Il est remarqué à cet effet la *prébende*[445] ou la *politique du ventre*[446] qui suppose une

442 Jean François Médard, *L'État sous-développé en Afrique noire : clientélisme politique et néopatrimonialisme*, Travaux et documents CEAN, n° 1, 1982, Bordeaux et ERGAS, Zaki (éd.), *The african State in Transition*, St-Martin'Press, New York, 1987.

443 *Ibid*, il est aussi cité par Abdoulaye Bara Diop, dans ses enseignements de sociologie politique, D.E.A/U.C.A.D., 2006.

444 Max Weber cité par Abdoulaye Bara Diop, *op. cit.*.

tendance à l'enrichissement ou plutôt à l'accumulation illicite. Elle renvoie très largement « aux pratiques dites de corruption et au patrimonialisme »[447]. De ce point de vue, le *népotisme* – dont Léopold Sédar Senghor, ancien président de la République du Sénégal, pense qu'il s'agit d'un mal africain – le *patronat*, le *prébendisme*, la *corruption*, le *factionalisme*, le *clanisme* s'invitent tous dans l'échange social ou dans l'échange économique devant supporter l'exécution et la gestion des investissements.

L'administration publique locale est déterminée par une combinaison de normes patrimoniales et de normes bureaucratiques. De ce fait, ses investissements en sont empreints.

Comparer un ménage sénégalais et un ménage américain, non pas, du point de vue de leur richesse, mais de la façon dont la poursuite des richesses se tient, revient au même exercice de comparaison de ménages empruntant l'ordre dominant et ceux pratiquant l'ordre marginal.

La pauvreté ne favorise pas le pouvoir économique des ménages. Elle décourage leurs investissements. En revanche, les obligations familiales peuvent inciter à l'investissement comme elles peuvent compromettre les capacités d'investissement du ménage qui est par excellence le lieu où se valorise les traditions.

En effet, chez les ménages qui évoluent dans la dynamique marginale, leur devoir familial n'a pas de limite coercitive. Il ne s'estompe pas, même si cela doit friser l'entendement capitaliste qui n'hésite pas à convoquer le parasitisme, terme servant à qualifier certains comportements. La traditionalité reproduit toujours le devoir socio-affectif entre les membres d'une même famille.

À défaut de trouver leur épanouissement dans le capitalisme, les stratégies du ménage intègrent l'ordre marginal mieux accessible et susceptible de fournir un avenir certain.

Dans ce rapport articulé voire *paracapitaliste*, le bonheur n'existe pas sans les autres. Il en est de même en traditionalité authentique non mêlée au modernisme occidental. La différence ici réside dans le fait que l'on monétarise sur un marché symbolique le regard des autres et leur appréciation. L'argent a accédé à un pouvoir sociétal. De ce point de vue, l'individu peut acheter son *sutura* grâce à son capital financier acquis à travers le mécanisme capitaliste.

En définitive, ce que nous pouvons dire de la coercition institutionnelle locale est qu'elle ne contribue pas à créer un capitalisme achevé. La faible accumulation capitaliste intérieure constatée souffre de la pression du modèle communautaire. Tandis que la plupart des grandes fortunes françaises se sont fondées sur « l'accumulation de rentes foncières, de bénéfices réalisés par la

[445] La prébende selon le dictionnaire est un revenu d'un ecclésiastique ; concept déjà utilisé par Mar Weber et que J. F. Bayart a emprunté.

[446] Jean François Bayart, *L'État en Afrique. La politique du ventre*, Paris, Fayard, 1989.

[447] *Ibid.*

spéculation et à d'extra-profits »[448], les grandes fortunes sénégalaises se sont bâties depuis le régime colonial sur le commerce intermédiaire ou la traite. Bien qu'il y ait des individualités d'accumulation forte post indépendance[449], l'entreprenariat privé des Sénégalais ne figure pas parmi les plus compétitifs même si l'entreprise sénégalaise soutenue par les IDE et la privatisation pèse bien dans la zone de l'UEMOA à côté des entreprises Ivoiriennes, Nigérianes, Ghanéennes, Burkinabé, Nigériennes, Maliennes, Togolaises et Cap verdiennes . La société ITOC-SA (fondée par Abdoulaye « Baba » Diao et le Béninois Amadou Cissé), le groupe TSE-SA de l'homme d'affaires Sénégalais Cheikh Amar (92 milliards de chiffre d'affaire), le Comptoir Commercial Mandiaye Ndiaye (Import-Export) figurent dans le lot des 20 plus grandes entreprises du pays dont la majorité est partagée entre propriété publique et celle de groupes multinationaux non sénégalais[450].

II. Le sens de l'investissement en *paracapitalisme* : une articulation rationnelle entre la quête du profit et celle du *sutura*

Le paracapitalisme

Le *paracapitalisme* est une articulation entre la socialité économique moderne et celle traditionnelle. Elles se gênent mutuellement, mais parviennent à se reproduire tout de même. Du point de vue sociologique, il y a une soumission formelle mutuelle entre les deux expressions culturelles économiques tandis que dans la considération juridique le capitalisme domine.

Le bien matériel poursuivi par l'individu moderne a une valeur symbolique. Il a le souci d'exister non pas pour les autres, mais pour lui-même. Par contre, l'individu traditionnel, soucieux d'être et de paraître, cherche à exister au sein de la société par le renforcement des relations affectives interpersonnelles. Il poursuit le *sutura social*, sans lequel il lui serait difficile de vivre en société.

Ces institutions précitées créent l'investissement et imposent plus tard à l'entrepreneur leur redevance. Autrement dit, l'entrepreneur qui est socioculturellement encadré n'est jamais libre dans son entreprise. Nous avons

---

[448] G. d'Avenel, vol. 5, p. 352, cité par Sombart, *L'apogée du capitalisme*, *op. cit.* Et ce à propos des 100 plus grandes fortunes françaises (5 devaient leur origine à l'accumulation de rentes foncières, 37 devaient leur origine aux bénéfices réalisés par la spéculation, 58 devaient leur origine à des extra-profits).

[449] Une forte accumulation est issue des secteurs bancaire, minier, énergétique, agroalimentaire et le secteur de l'intérim et du matériel selon une étude réalisée par Eco Finance Entreprises (revue A-Z solutions entreprises), de 2011 à 2012.

[450] Liste des 20 premières entreprises publiée en 2012 : 1-Sonatel, 2-Société Africaine de Raffinage, 3-Total Sénégal, 4-Sénélec, 5-Itoc, 6-Groupe Mimran, 7-Shell, 8-Sococim, 9-Industries chimiques du Sénégal, 10-Oilibya, 11-Ciment du Sahel, 12-Groupe TSE, 13-Suneor, 14- Sentel GSM (Tigo), 15-SDE, 16- Elton Compagny Oil, 17-SGBS, 18- Etno cell, 19-Comptoir Commercial Mandiaye Ndiaye, 20-Diprom. Voir liste des 100 plus grandes entreprises du Sénégal In Magazine RÉUSSIR, Fev. 2013.

vu que l'individu devient entrepreneur parce qu'il a des devoirs familiaux, parce qu'il subit des contraintes communautaires en termes d'intégration ou parce qu'il est dogmatisé par ses valeurs religieuses au point de s'engager dans le culte du travail – l'exemple des Mourides *modou-modou* ou *baol-baol*[451] est révélateur – ou de vouloir protéger et pérenniser sa confrérie par l'assistance matérielle à son marabout, qui est aussi une institution.

L'entrepreneur n'a conscience de sa redevabilité qu'au moment de rendre les grâces reçues, du fait des motifs indiqués plus haut, en participant financièrement, socialement ou symboliquement à la reproduction de l'institution déterminante. Cette redevabilité sociale est fonction de ses motivations à l'investissement voire à l'entreprenariat. La satisfaction de cette redevance par l'agent conduit au fait social explicatif de la construction empirique totale de l'investissement, c'est-à-dire le sutura.

L'agent travaille, gagne de l'argent et en accumule pour conserver ou accentuer son *sutura social.* C'est tout à l'image du contexte capitaliste dans lequel le profit sert à satisfaire le bien-être et à l'accentuer en termes de mieux-être. En société capitaliste moderne, les agents y vivent en augmentation constante de leurs acquis économiques et sociaux. Le capitalisme effectivement maximise et de manière continue ses moyens et ses finalités. Autrement dit, plus le profit est grand – ce qui veut dire que cela suppose une grande accumulation de capital argent ou objet – mieux on s'approche du bien-être ou on l'atteint. On tend toujours au mieux-être dans le contexte capitaliste. Ce qui est contraire à la traditionalité où on ne maximise pas continuellement, car on sait s'arrêter ou du moins on est arrêté par l'action structurellement orientée de nos ego culturels.

Il y a effectivement des limites qui restent coercitives au niveau strictement individuel. Nonobstant le bien matériel qui produit le *sutura*, sa forte accumulation contredit le *sutura* voire le consentement social. La société traditionnelle impose à l'individu dans cette situation une redistribution de ses richesses au risque de l'isoler du vécu communautaire. Il a juste besoin d'un niveau d'accumulation qui ne permet pas à l'individu d'émerger au-dessus du groupe. La traditionalité nivelle par le haut, pour parodier Kéba Mbaye. Autrement dit, l'individualisme n'est pas acceptable. C'est la loi de la communauté voire de la société qui prévaut.

Autant pour l'investissement d'une individualité déjà pourvue de *sutura* en termes de statut socioéconomique favorable et d'installation d'une entreprise nouvelle que pour l'investissement d'extension qui suppose parfois les investissements de modernisation, entre autres, le *sutura* est en amont et en aval de leur prévalence. Au cas contraire, au moins, il s'inscrit en aval. Par contre,

[451] Abdoulaye Wade, « Doctrine économique du mouridisme », *Annales Africaines*, faculté de droit et de sciences économiques, Université Cheikh Anta Diop, Dakar, 1966/67 et Malick Ndiaye, *L'éthique ceddo et la société d'accaparement ou les conduites culturelles des Sénégalais d'aujourd'hui*, Dakar, Presses universitaires, 1996, 443 p.

s'il ne les motive pas, il leur réclame sa reproduction, laquelle a un coût, au bénéfice d'un contournement de la sanction communautaire.

Le *sutura* est l'équivalent d'un passeport à l'intégration sociale. Il constitue un moyen pour se fondre dans la société traditionnelle comme la voiture l'est pour le citadin et le profit matériel pour la société moderne. Le *sutura* est le magma du *paracapitalisme* en termes de finalité. Il n'est pas étonnant que l'on cherche à y accéder par des moyens modernes.

> ➢ ***La construction de la raison subjective de l'investissement : l'articulation de la valeur sutura et celle utilitariste comme fondement de la rationalité à finalité chez l'entrepreneur local***

La réussite économique et sociale

En posant la question : « Pourquoi investissez-vous ? » dans nos entretiens, les réponses obtenues auprès des ménages se concentrent essentiellement sur la réussite sociale. Plus précisément, d'après les enquêtés, c'est pour réussir qu'ils investissent.

Nous avons vu que les ménages urbains assimilent à 100 % leur comportement d'investissement à un désir de réussite. Il en est de même pour les ménages ruraux actifs et les GIE qui y existent. Par contre, pour l'entreprise, c'est la réussite économique qui est prioritaire dans la mesure où elle s'assimile à une forte accumulation du profit.

Pour repréciser les réponses reçues, nous ajoutons la question : « Qu'est-ce que la réussite ? »

Nous entrons donc de cette manière dans les représentations que les individus se font de la réussite. Nous avons découvert que, même si elle a une forme économique expressément recherchée par l'entreprise, elle prend en compte, au niveau instrumental, les préoccupations sociales. Toutes les réponses des ménages entreprenants ont insisté sur des devoirs moraux et religieux à accomplir et des acquis communautaires à préserver.

✓ Chez les ménages

➢ Le devoir moral prévaut et justifie les efforts d'investissement (financier, intellectuel, physique) de même que les motivations de réussite. Pour les enquêtés des ménages, la réussite économique que procure l'investissement leur permet de mieux assumer leur responsabilité familiale (rôle de chef de famille) et de procurer de la joie autour d'eux. D'autres souhaitent soutenir leurs parents (père et mère), leurs frères et sœurs et aussi, si possible, la grande famille avec les parents plus ou moins éloignés. Les ordres de priorités en termes de finalité recherchée changent, toutefois, d'un enquêté à un autre.

➢ Le devoir religieux fait état d'une croyance développée chez les populations :

D'abord, il y a l'animisme voire le mysticisme à prendre en considération. Les individus enquêtés conçoivent fréquenter, à des degrés divers, des fétichistes pour favoriser la réussite économique en gagnant de l'argent afin de satisfaire convenablement les besoins.

Une fois que celle-ci est atteinte, il vient à l'esprit de l'individu son devoir religieux. Il a été relevé que les enquêtés qui se sont déclarés « Musulmans talibés » développent une confraternité active. Ils sollicitent des prières du guide de leur confrérie d'appartenance pour bénir et ouvrir les voies du succès à leur entreprise. Ce recours accroît ou pérennise les chances de réussite entrepreneuriale.

Toutefois, les deux démarches ci-dessus requièrent des dépenses.

La première est un service que l'intéressé est tenu de payer en espèce ou en nature selon les clauses qui régiraient la relation marchande qu'il engage avec le féticheur. La seconde implique un devoir moral à travers la pratique du *hadiya* à donner au marabout ou au khalife de la confrérie qui vit pour la plupart et en grande partie de dons de *talibés*.

✓ En entreprise

La réussite économique occupe la priorité en entreprise. C'est pour mieux faire avancer l'entreprise en termes de gain et de profit que l'on justifie la réussite qui y est poursuivie. Un investissement n'est jamais sans intérêt. L'entreprise qui est un investissement incarne en effet une raison utilitariste. En entreprise, l'agent s'oublie au bénéfice exclusif de celle-ci. Mais il exige un traitement social, c'est-à-dire un salaire en échange de son travail.

➢ **Dans le secteur privé**

Bien que la priorité soit axée sur le devenir de l'entreprise, les enquêtés entrepreneurs ou managers insistent sur leur dépendance vis-à-vis de l'entreprise. Il y a un lien entre la réussite de leur entreprise et leur « gagne-pain » selon le terme employé par quelques-uns d'entre eux. Entrepreneurs comme managers dépendent des fonds de l'entreprise pour vivre et tenir leur famille.

En effet, dans le privé les risques d'instabilité dans le traitement social du travailleur sont plus prégnants. Dans les petites entreprises, l'on se soucie aussi parfois des contrats de travail, d'assurances et de cotisations sociales. L'entreprise a une responsabilité vis-à-vis de ses agents et sa survie dépend des investissements de ses acteurs. Les institutions familiales – telle que le mariage – et communautaires vecteur de réussite sociale contraignent l'investissement des auteurs (promoteurs) de même que leur réussite économique. La réussite sociale au Sénégal, d'après les enquêtés, n'est pas seulement d'arriver à satisfaire ses besoins personnels, mais aussi elle équivaut à faire face aux sollicitations familiales, religieuses – par l'aumône chrétienne ou le *hadiya* pour les musulmans talibés – ou communautaires. Faire abstraction de ces trois institutions, c'est renoncer à la vie en communauté. Ce comportement est souvent perçu comme une fuite de responsabilité.

L'homo economicus senegalensis – en tant qu'individualité et modèle local – est confronté à sa propre reproduction. Il se traduit dans la construction de ses investissements. C'est une épreuve qui contribue à sa réputation, car il est sous l'emprise d'un besoin d'existence sociale.

Cette pression est plus manifeste dans le secteur privé même si elle existe de manière latente dans le secteur public. D'où les fréquents détournements de deniers publics qui sont révélateurs de ce point de vue. En somme, les individus, agents ou fonctionnaires – du privé ou du public – cherchent la réussite économique de leur entreprise respective à laquelle ils s'assimilent sans en être forcément propriétaires, car le succès de l'entreprise équivaut au leur. Autrement dit, ils ont beaucoup à gagner de la réussite de leur employeur – si l'entrepreneur est manager – ou de leur entreprise – si l'entrepreneur est propriétaire. En revanche, la confusion entre les intérêts personnels et les intérêts de l'entreprise entraîne souvent des cas de détournement de fonds.

✓ En administration publique

L'administration publique cherche à prendre en charge au mieux les besoins sociaux des citoyens en articulant la promotion sociale et économique des ménages et des entreprises. Elle poursuit également des buts capitalistes, c'est-à-dire d'accumulation du profit par l'entreprise utilitariste. Bref, l'administration poursuit la réussite sociale idéalisée par le ménage et la réussite économique idéalisée par l'entreprise.

Le « bien-être » et le sutura : une tentative de fusion paracapitaliste au confluent de la chosification et de l'humanisation

Si le capitalisme privilégie la chose ou chosifie son objet, le traditionalisme prend pour objet l'homme et par ailleurs cherche à donner vie, à animer la chose réputée inerte. Leur génie respectif, qu'il soit scientifique ou magico-mystique, s'exerce sur ces deux objets.

La chosification et l'humanisation de l'objet entrepreneurial

De la même manière que le « soldat » est chosifié par le commandement militaire dans une dynamique de guerre, le médecin intervient sur un « malade » comme une chose sur laquelle il applique formellement sa science. La chosification ne procède pas de l'affectivité et ne met pas de nom, ni sur le patient, ni sur le soldat. Il s'agit de qualités individuelles extérieures à toute personne et que tout le monde peut revêtir.

Cette même effectivité détermine les relations d'entreprise où la spécialité importe beaucoup plus que la personne. Ce n'est pas fortuit que l'on use en entreprise du terme d'agent pour désigner et signifier celui qui agit. L'intérêt est orienté vers l'acte et moins vers l'homme. Ce dernier peut être remplacé, mais sa fonction ne peut l'être. Nul n'est indispensable en entreprise. Seule la spécialité doit être reproduite en accord avec l'organisme de l'entreprise, pour ne pas dire l'organigramme des tâches.

Pour ce qui est de la traditionalité, c'est l'homme qui est au cœur des relations sociales, plus précisément économiques. Le recours à l'affectivité est le moyen pour poursuivre et manipuler l'objet-homme. Le savoir ici accorde beaucoup d'importance à l'homme en termes de socialisation. L'individu peut être détruit par l'instrument du pouvoir maléfique ou promu à travers l'accès à un statut social honorable avec la possibilité de soutien du religieux.

De la chose ou de l'homme, respectivement la modernité ou la traditionalité tente de tirer un avantage pour ne pas dire un profit. La première socialité vise à travers sa science individualiste et formaliste la reproduction et la « maximisation » des capacités de la chose afin de satisfaire à la poursuite constante du « bien-être » individuel, tandis que la seconde vise à travers sa science communautariste et affective, l'exploitation et la « simple » reproduction des capacités de l'homme afin de satisfaire à la poursuite constante de ce que nous appelons le *sutura*, un équivalent de « bien-être » social.

À la question de savoir pourquoi la tradition poursuit une reproduction simple de ses institutions, il faut convoquer comme élément explicatif le refus de l'individualisme, la crainte de remettre en cause le fondement mythique sur lequel repose les institutions sociales créant ainsi la rareté de l'initiative vers le changement social. On ne maximise pas, car il n'y a pas une compétition permanente entre les individus dans leur ensemble. L'organisation sociale favorise la dynamique de groupe et non les individualités. L'exploitation des richesses est souvent collective. De cette manière, toute tentative de production d'une nouvelle forme de pensée ou d'initiative est critiquée et condamnée. Par contre, des individualités existent en fonction des talents, mais les systèmes de solidarité – si ce n'est le pillage (*moyal* en langue wolof qui fut pratiqué dans la société wolof) et le vol – les récupèrent au profit de la collectivité, c'est-à-dire les réintègre.

Toutes les deux alors poursuivent des finalités sociales à travers leurs activités notamment économiques. Le « bien-être » de même que le *sutura* partagent le fait qu'ils sont deux états psycho-sociaux qui ont une expression sociale. Ils sont tous les deux des états sociaux auxquels participe un état psychologique. Ils reçoivent de la société, mais aussi impactent le vécu social de l'individu. Accéder au *sutura* ou au « bien-être », c'est se sentir « bien dans sa tête » dès lors qu'on accède à une position sociale favorable. Il s'agit d'une sanction gratifiante sous le contrôle des institutions sociales.

En effet, dans le *paracapitalisme* – puisque c'est le mode articulatoire le plus précis et pertinent – accéder à l'un (*bien-être*) équivaut à s'approprier l'autre (*sutura*).

Le sens du sutura social

Le *sutura* traduit l'intimité par extension le contenu d'un acte social, d'une relation. Son sens ultime se situe dans la projection communautaire de l'individu.

Le profit ne pose pas problème dans son usage chez l'agent économique qui s'inscrit dans une dynamique capitaliste. Quant à l'usage du *sutura* qui est une qualité communautariste, les choses sont plus complexes.

Ce n'est pas du point de vue de la « marginalité » qu'il faut considérer le *sutura*, mais plutôt comme un acte de conformisme social.

L'intimité de l'individu atteint, celui-ci s'expose au regard et aux commérages des autres, pour ne pas dire respectivement au « mauvais œil » et aux « mauvaises langues ». S'il est révélé, à la suite de la violation de la sphère privée de l'individu, des dérives contraires aux valeurs communautairement partagées ou des faits exemplaires et recommandés, la sanction sociale, qu'elle soit punitive ou gratifiante, est inéluctable. Qu'il ne lui reste aucun secret, le rend également insignifiant. Les individus paraissent mieux au regard des autres, pour lesquels le mystère qui pourrait compromettre leur participation sociale est entretenu.

Le culte du mystère peut être un obstacle à la cohésion interne. Au terme de ces deux considérations le *sutura* est donc un acte de consentement social, mais qui s'arrête à la périphérie de la « marginalité ». Car l'excès, dans lequel on pourrait verser en poursuivant le *sutura,* est sanctionné.

Il est une valeur dans la société traditionnelle ou rurale de se garder de se livrer entièrement aux autres membres dans la mesure où être à la merci de ces derniers, probablement jaloux ou méchants, constitue une faiblesse, par conséquent, un danger pour l'existence ou la renommée sociale d'un individu. Également, en ville, chacun se protège de l'autre, du voisin, du parent, etc., vu le manque de confiance qui peut être ressenti dans une relation sociale lorsqu'il y a des intérêts en jeu, divergents ou similaires.

La stratégie d'aujourd'hui en société articulée, chez les citadins, est de se cacher des autres, en dissimulant ses richesses, pour réussir ou parce qu'on a déjà réussi. À l'instar de *Fadiouth*, contrée rurale sérère, les fils du village de *Ngor* qui ont acquis des richesses ne contribuent pas, avant la redistribution interne de terres en 2010, à moderniser le village. Ils préfèrent investir ailleurs, hors du village de préférence, sans que nul des leurs (de leur famille élargie ou de leur communauté villageoise) ne soit au courant de leur capital-patrimoine. Ce phénomène n'est pas seulement observable dans des espaces dit de village. Il est prélevable en pleine ville comme par exemple à Saint-Louis. L'élément explicatif est qu'on évite d'avoir à supporter les charges sociales qui deviennent automatiques en cas de réussite à travers des demandes d'aide interpellatives. Il y a aussi les risques de subir les attaques mystiques qui peuvent être mortels parce que le nivellement social par le haut est encore fort suivi. En traditionalité, les individus savent survivre du nivellement communautaire coercitif. C'est cette même attitude qui est reproduite en « société composée » et qui se confond avec l'isolement permanent de l'individu moderne. Ici, on s'isole moins du fait des exigences du travail et on s'isole plus pour ne pas être détruit par sa communauté d'appartenance. Le travail et le manque de temps que l'on sert à tout bout de champ, pour la plupart des cas, aux parents en plainte permanente ne sont qu'un prétexte qui apaise ou retarde la sanction sociale. On développe des stratégies de négociation avec la société en initiant des techniques de dissimulation dont l'acceptabilité communautaire recherchée dépend de l'inventivité de l'individu.

Également, à défaut d'être performant dans l'idéal social, les handicaps socioéconomiques sont dissimulés à la société. Être démuni n'est pas un motif de fierté sociale. Par exemple, les repas manqués ou les menus peu appétissants s'enveloppent avec beaucoup de mystère dans les ménages.

C'est cette invisibilité ou cette intimité servant à se protéger des interpellations, « des mauvaises langues » qui s'observe chez des opérateurs traditionnels qui, par exemple, rechignent à fréquenter la banque et pratiquent la thésaurisation. Les fruits du travail sont protégés contre les éventuelles agressions sociales. Il en est de même pour le profit découlant des investissements.

Le sens de l'articulation du « bien- être » et du sutura

Si le *sutura* obéit à une construction communautariste, le bien-être se fonde sur une expansion individualiste – maximisatrice en termes de besoin – et inséparable de l'état de modernité. La modernité participe de l'*homo senega*lensis autant que la traditionalité. Le capitalisme dominant contribue à affaiblir l'institution familiale. Il s'indigne contre le communautarisme et décourage la religion. Tout cela en raison de son adoption du culte exclusif du profit, supposé conduire au « bien-être ».

Le désir d'acquisition et le rapport au temps

- ***Le désir d'acquisition et la contrainte du temps***

Le désir d'acquisition de capitaux est retrouvé autant dans l'investissement des ménages qu'en entreprise et en administration publique. L'accumulation permet à l'individu d'accéder à un statut social privilégié et dominant. Le capitalisme encourage les agents à l'affrontement et émet des règles pour limiter leurs opportunismes qui se manifestent par ce qu'on appelle communément des « coups bas », de la « corruption », de « l'espionnage », de la « contre façon ».

La propension à l'acquisition repose aussi sur l'appréciation du temps. La production est soumise à la productivité. Même le commerce des biens et services en est influencé. Au-delà du délai d'exécution et de livraison imposé au producteur, le commerçant qui écoule mieux en un temps record son stock de marchandises s'en tire avec de forts avantages dans la course à l'accumulation du profit. Hormis la force du travail, la rémunération se fait en fonction du facteur temps.

- ***Le désir d'acquisition et l'émancipation au temps***

L'homo senegalensis, de par son héritage traditionnel, entretient une relation spirituelle avec le monde divin et reproduit les liens de famille et volontairement la dynamique communautaire.

Dans la production traditionnelle, le travail se fait à la tâche. Par conséquent, la dépendance au temps de production est inutile. Mais attention, une éventuelle rapidité dans l'exécution de la tâche ainsi que la taille du travail abattu en un temps minimum sont perçues comme relevant d'actes de virilité et de dévotion au travail. Dans le *paracapitalisme* beaucoup d'agents s'échappent de la réglementation horaire qu'impose la production, nonobstant la coercition formaliste[452].

La domination sociale comme corollaire au comportement d'investissement

La légitimité de la suprématie de l'approche matérielle des relations humaines est un fait dans le monde moderne. Par conséquent, la société sanctionne ceux qui n'arrivent pas à en accumuler. L'acquisition des richesses favorise l'accès à un statut social privilégié. Autrement dit, l'appropriation de l'argent – moyen d'accès au bien matériel marchand – ou du *sutura* reproduit la domination sociale.

La communauté dans l'*homo senegalensis* n'épargne pas de sa sanction les individualités socialement responsables ayant l'âge requis pour l'exercice du travail et ne possédant et ni argent et ni *sutura*.

Posséder l'argent peut mener au *sutura social* grâce à la monétarisation de celui-ci. Posséder le *sutura* peut mener également à l'argent grâce à l'affectivité et à la valeur du capital social acquis. Les sphères économique, familiale, spirituelle et communautaire concourent à la matérialité du *sutura* en argent voire en bien matériel socialement prisé et vice versa.

*

L'opposition entre la finalité moderne et celle traditionnelle s'explique à notre sens par le fait suivant : l'esprit formel et moderne veut imposer sa méthode d'exploitation chosifiante sur « l'objet- homme » alors que l'esprit communautariste et traditionnel veut imposer sa méthode d'exploitation humanisante sur « l'objet-chose » en privilégiant un lien personnel et affectif.

---

452 Sombart attribue cette qualité aux sociétés dites primitives ou aux sociétés européennes du Moyen Âge et même à celles du début du capitalisme. Pour montrer l'objectivité de ses propos, il cite un observateur qui, au XVIIIe siècle, faisait la remarque suivante : « À Paris on court et on se bouscule, parce qu'il y a dans les rues beaucoup de désœuvrés tandis qu'à Lyon on avance d'un pas modéré, parce que dans cette ville tous les gens sont occupés ».

La méthode d'exploitation formelle repose sur l'effectivité qui sert à extraire le profit matériel à la suite d'un investissement. Elle chosifie l'homme pour lui exiger continuellement du profit. Par exemple, c'est avec le constat des insuffisances humaines pour la grande production intensive et continue que l'esprit formel s'est retourné vers le machinisme afin de poursuivre l'exploitation économique à grande échelle.

Quant à la méthode d'exploitation communautariste qui investit sur l'homme, elle se fonde sur l'affectivité ou la désaffectivité. L'approche affective permet un attachement vis-à-vis de « l'objet-chose ». Le lien affectif que l'*homo traditionalis* entretient avec la terre est révélateur de ce point de vue. L'esprit traditionnel personnalise le bien avec lequel il entretient un lien affectif. La conséquence est qu'il développe un mal important pour s'en départir en cas de perte ou de destruction. D'ailleurs, l'idée de perte y est exclue, même si le bien est collectif et non privé.

➢ ***Les moyens objectifs de la construction sociale de l'investissement chez l'homo senegalensis en paracapitalisme***

Le *paracapitalisme* est le terrain de la rationalité individuelle. Du point de vue institutionnel, il n'y a pas de rationalité collective *paracapitaliste*, c'est-à-dire qui articule formellement et droit modernisme et traditionalisme, à propos de la construction des investissements utiles aux individus. Il n'y a que le citoyen qui vaille. Par conséquent, c'est une rationalité collective essentiellement capitaliste qui est de rigueur à travers les institutions publiques. Comme moyens pour admettre l'engagement et l'exploitation de l'investissement, la société *paracapitaliste* utilise autant la monétarisation du *sutura* que les aspects significatifs et efficients que détiennent l'argent et le travail.

La monétarisation du sutura

La matérialité du sutura et la sanction sociale traditionnelle

L'état matériel du *sutura* est l'acceptation sociale. Cette dernière est certes le fait des relations interpersonnelles, mais le *sutura* s'appuie largement sur le capital-argent pour se réaliser.

Les coutumes de plus en plus lésées par la poussée capitaliste tolèrent l'argent, mais réfutent le profit monétaire jugé comme cause potentielle d'injustice sociale et d'inégalitarisme.

Les individus enquêtés ont confirmé être conscients de l'hostilité coutumière et religieuse pour la survaleur. Toutefois, sans se préoccuper d'une probable sanction sociale, ils poursuivent le profit parce qu'ils veulent avoir suffisamment d'argent et accéder à un prestige social. La forte tendance à la poursuite du profit est expliquée aussi par le fait que la sanction sociale est rare à ce propos. Elle s'impose uniquement dans les cas d'accumulation malhonnête de capitaux, de vol et de détournement de deniers d'autrui ou publics.

Ce qui explique la rareté de la sanction sociale, c'est la désinformation subie voire l'ignorance entretenue sur les processus d'exploitation pécuniaire dans le cadre d'une entreprise. Il y a une difficulté pour les instances traditionnelles à établir la mesure entre le surtravail et la survaleur. En effet, il y a une différence d'approche et de mesure à propos du travail et de la valeur entre le monde capitaliste et le monde traditionnel. Autrement dit, leurs conceptions respectives du travail et de la valeur diffèrent.

Dans la société traditionnelle, les gens dépensent beaucoup plus d'énergie humaine que l'esprit formaliste en ferait en modernité. On a tendance à dire que les villageois travaillent beaucoup, sinon beaucoup plus que les citadins. Du côté des Occidentaux, on prétend que les Africains à l'état traditionnel perdent énormément de temps dans la production. Ce qui a valu d'ailleurs l'introduction de la mécanisation par l'esprit rationnel et formaliste même si c'était pour servir des intérêts économiques coloniaux. Alors, du fait de l'effort humain fourni, le produit du travail est plus valorisé et respecté par l'esprit traditionnel que par celui formaliste. Cela explique dans l'approche traditionnelle le refus du gaspillage et la coercition de la consommation qui comprend les impératifs de subsistance et d'affectivité au regard des autres membres de la communauté.

De ce point de vue, l'esprit rationnel traditionnel se replie sur lui-même et subit l'accumulation du profit qui utilise sa conscience collective sans qu'il ne puisse *punitivement* la sanctionner. Il est moins au fait de la corruption et de l'exploitation de la survaleur. Les individus qui s'enrichissent dans le cadre de l'entreprise productive et formaliste sont facilement récupérés et insérés dans la société où ils bénéficient d'un grand prestige social.

Si la coercition de l'argent demeure pesante et arrive à déterminer le *sutura*, nous pouvons dire en conséquence que celui-ci s'achète dès l'instant qu'il se confond au statut social, un fait qui intègre les ressources culturelles et économiques. Les managers ou directeurs sous sanction pénale pour détournement de fonds d'investissement récupèrent leur statut d'avant à leur sortie de prison voire même parfois réintègrent un statut privilégié. Comment cela est-il possible ? Pouvons-nous tout naturellement nous demander.

Si l'individu, jadis déviant, est socialement réintégré, c'est grâce au capital économique et social qu'il détient. Certes, les institutions traditionnelles que sont la famille et la religion requièrent moins de capitaux monétaires dans leur capacité de récupération sociale. Mais leur vécu communautaire en est très sensible (famille élargie, religion confrérique, vécu paroissial, *dahira*, communauté ecclésiale de base, groupe de prière charismatique). Le plus difficile est de se faire accepter par la communauté. Celle-ci représente la finalité même de la récupération familiale et religieuse. Elle, seule, accomplit la complétude sociale du processus d'appropriation du *sutura*. Cependant, sans pour autant solliciter la famille ou l'instance religieuse, elle est permissive et cède à l'argent. La raison en est que cet outil communautaire d'intégration sociale, une fois acquis à son compte, permet à l'acquérant l'appropriation de relations interpersonnelles favorables.

Ces individus, auparavant en mal avec la société, peuvent, en exploitant leur position sociale et les canaux de redistribution traditionnelle des ressources, cohabiter à nouveau avec les membres de leur communauté d'appartenance en s'appropriant même leur service et leur obéissance alors qu'il est encore gardé encore souvenance des faits antérieurs perpétrés par leur personne dont la quête d'agrément social est en cours.

La tolérance est érigée en valeur sociale par la traditionalité locale. Elle participe aussi de la capacité de récupération sociale de celle-ci. Mais elle est moins coercitive que le capital économique et social qui peut résulter de la modernité, précisément de la stratégie de l'esprit formaliste. En effet, le pouvoir de l'argent est associé aux faveurs que pourvoient à la fois le capital social et les civilités humaines.

Le fait que la traditionalité locale ignore les mécanismes modernes d'exploitation du profit monétaire explique qu'elle est souvent abusée dans son offre de tolérance. Dans une société à cheval entre modernisme et traditionalité, les stratégies d'intégration et de réintégration sollicitent souvent les voies et recours modernes et traditionnels. En quittant son vécu traditionnel pour acquérir un statut moderne l'individu peut être perçu comme déviant par sa culture de départ, mais aussi par sa culture d'arrivée. La réintégration est possible de part et d'autre et permet à la personne en question de se remettre en accord avec sa communauté. La stratégie individuelle usant d'acquis modernes va monnayer sa récupération sociale face à la finalité d'obtention du *sutura* voire d'une acceptation communautaire. L'individu fait œuvre sociale de ses capitaux. Cette stratégie s'adresse à la famille en la satisfaisant par la prise en charge de la subsistance et aussi par la construction d'une maison, ensuite elle vise la communauté en insistant sur les actes qui valorise le paraître notamment l'achat d'une « belle » voiture qui favorise l'attraction sociale et le dévouement à la solidarité, enfin elle se préoccupe de la religion par la construction de mosquées ou l'octroi de dons au marabout, de soutiens aux *dahiras* ou de deniers de culte pour l'Église voire encore par le biais de petites cotisations pour la cellule de prière paroissiale ou de quartier.

Ainsi, il est manifeste que c'est par la consommation que l'on apaise la traditionalité locale en sa faveur. C'est de cette manière également que l'on s'approprie le « *sutura* ». Comme nous pouvons le remarquer, les institutions traditionnelles précitées sont budgétivores. Leur traitement a un coût. La construction du *sutura* par conséquent en constitue un.

Le communautarisme

La communauté de quartier ou de voisinage et le communautarisme sexuel, d'âge et ethnique sont mobilisables dans l'objectivation de la finalité de l'investissement chez l'*homo senegalensis.* Nonobstant la connexion à l'urbanité, le fait communautariste qui repose sur les institutions traditionnelles est présent. Les femmes, les jeunes de même que le regroupement ethnique sont actifs dans la poursuite moderne du *sutura*.

La sollicitation des classes d'âge bien coercitives dans le milieu villageois et la communautarisation masculine autour du monopole de certaines tâches économiquement rentables ne sont pas à déconsidérer dans l'espace social urbain. Le transfert de la ruralité en ville soutient la reproduction des institutions traditionnelles. Ce transfert, il faut le dire, est économiquement motivé par la poursuite de la monétarisation du *sutura*.

L'exode rural

Le monde rural étant corrompu par le modernisme surtout à la suite de la monétarisation des relations sociales et de l'urbanisation, les stratégies individuelles se sont orientées vers les nouveaux centres urbains réputés être mieux dotés en richesses. Les villes ont accentué l'écart qu'elles ont avec le monde rural créant ainsi un complexe d'infériorité chez les ruraux. L'exode rural vide les villages au profit des villes. Il en est de même pour les habitants de Ndiaganiao qui fréquentent et s'installent souvent à Mbour ou Thiès pour faire tourner leur entreprise. L'exode rural est un moyen objectif de réussite sociale au Sénégal voire de préservation ou de pérennisation du *sutura*.

Photo 2 : Production artisanale de type traditionnel en milieu urbain

Photo : Pascal Oudiane.

L'exode rural est une stratégie mobilisée pour poursuivre le revenu et le profit en s'engageant sur le marché urbain où l'on investit du capital humain (la force de travail), social (la mobilisation des parents qui vivent en ville) et financier (les frais de transport et vestimentaires souvent extraits du budget de la récolte de la famille restée au village). Il est attendu du migrant urbain un retour sur investissement en termes de réussite économique et sociale qui apaiserait la famille restée au village.

Le sens de l'argent dans le paracapitalisme

L'argent n'a de valeur que lorsqu'il sert à quelque chose, c'est-à-dire à l'appropriation de richesses matérielles ou immatérielles. Dans le circuit monétaire, l'argent est acquis et dépensé par l'agent pour acquérir un bien ou un service. Par conséquent, l'argent est fondé sur une utilité sociale. Si l'argent ne peut aider à la rentabilité économique et sociale chez l'individu, il ne sert pas à grand-chose.

Les lourdeurs économiques de l'ensemble sociétal alliant les circuits modernistes et traditionalistes sont moins le fait de l'esprit traditionnel que de la socialité moderne qui peine à constituer une forte demande de masse à partir de la capacité monétaire des entreprises et des ménages. Selon l'ANSD (2012), au Sénégal, le taux de pauvreté a progressivement diminué entre 2001 et 2011, passant de 55,2 % à 46,7 %. En revanche, le nombre de pauvres a augmenté de 11 %, passant de 5.746.837 en 2005 à 6.367.733 individus en 2011. Il est rapporté que 20 % des riches se partagent 48 % des richesses nationales tandis que 20 % des pauvres se partagent 7 % des mêmes richesses. Le PIB du pays est estimé à +3,7 % (ANSD, T3 2012) avec un taux de croissance de 2,1 % (ANSD, 2011). En termes de pouvoir d'achat et de capacité d'investissement, si les ménages sont pauvres, la compétitivité de l'entreprise est compromise. Le Sénégal, comme tant d'autres pays sous-développés, émergents et développés, souffre de la problématique de la croissance économique inclusive, c'est-à-dire une croissance qui se refléterait dans les capacités économiques d'investissement, de consommation et d'épargne de l'administration publique, des entreprises et des ménages.

Même s'il est moins impliqué dans les difficultés de constitution de la demande économique, l'*homo traditionalis* est venu par contrainte s'adjoindre et se conformer à l'usage de la monnaie pour assurer sa consommation. Ce double rapport place l'*homo senegalensis* au milieu de l'évolution de la société industrielle. Ainsi, il ne peut pas atteindre une grande consommation parce qu'il ne s'est pas suffisamment industrialisé, mais aussi parce que l'esprit traditionnel, participant de lui, a subi l'aliénation de la monnaie voire de l'économie du marché qui l'empêcherait désormais de profiter de sa forte consommation jadis de renommée dans l'économie du troc ou mieux encore dans l'économie de ponction. Si la traditionalité est bousculée par l'économie monétaire, l'*homo senegalensis* présente dans sa constitution un bouleversement psycho-sociologique qui contribue à le maintenir au milieu de la chaîne évolutive entre une tradition et une modernité, toutes deux, compromises.

Les Sénégalais sont conscients de l'impératif d'avancer en modernité et de l'impossibilité de satisfaire à satiété la consommation traditionnelle.

L'acquisition de l'argent reste en conséquence coercitive à l'instar des pays fortement industrialisés. Cet état de fait peut amener à considérer l'*homo senegalensis* comme un capitaliste alors que cette dernière socialité n'est point achevée en lui car associée au traditionalisme dans le cadre d'une articulation interactive. Quel en est alors le mécanisme ?

- Le capitalisme s'appuie sur le traditionalisme pour investir et maximiser ses profits. Beaucoup d'entreprises se fondent objectivement sur la recommandation interpersonnelle comme critère premier de recrutement formel ou d'établissement d'une collaboration professionnelle. Aussi surprenante que cela puisse être cette pratique est de nos jours observée en *capitalisme avancé*[453]. De ce point de vue, rapporté dans les pays à forte teneur de valeurs traditionnelles, ce sont les réseaux amicaux et parentaux qui empochent la plus grande part sur le marché du travail et celui financier. Pour le commerce également, nous avons déjà vu que les entreprises formelles surtout les petites privilégient leur capital social pour garantir l'écoulement de leurs marchandises et leur profit.
- Quant à la traditionalité, elle détourne les profits réalisés par l'esprit capitaliste pour satisfaire à des fins de consommation plus précisément pour entretenir des relations interpersonnelles. De ce fait, il ne reste à l'entrepreneur que son capital d'investissement. Ce qui explique que dans les entreprises, le renouvellement des moyens de production est rare. Pour les ménages également, les profits de leurs activités économiques sont alloués, soit à la consommation domestique simple, soit à une consommation ostentatoire pour ne pas dire sophistiquée.

Si l'intérêt de l'argent est aussi fort, c'est parce qu'il détient effectivement un enjeu social, historique et d'avenir. L'argent est un moyen de réussite sociale. Les membres de la société traditionnelle voient certes en l'argent une opportunité économique, mais ils insistent surtout sur l'apport qu'il peut constituer dans le social, plus précisément le relationnel. Tant que l'argent sert à reproduire les relations interpersonnelles, il a un sens pour l'esprit traditionnel. Chez ce dernier, les relations sont une finalité et non un moyen. Pour être plus précis, l'argent est utilisé par l'individu en faveur de son entourage social et de sa réputation auprès des autres. « *Am nit mo gën am xalis* »[454] est une assertion wolof, extraite de l'imaginaire collectif traditionnel, partagée par l'ensemble des ethnies historiquement présentes au Sénégal, qui prône la capitalisation humaine contre la capitalisation monétaire. Cette perception traduit l'importance des relations interpersonnelles dans les rapports socioéconomiques.

Ainsi, le capital social est comparé et préféré à l'argent. Les relations interpersonnelles et humaines sont gage de succès et de réussite sociale aussi bien que l'argent sinon même beaucoup plus dans la socialité *paracapitaliste*.

---

453 *Le Cahier de l'ACSALF* (Association canadienne des sociologues et anthropologues de langue française), *Critique du capitalisme avancé*, vol. 4, n° 1, avril 2007, 7 p.

454 La traduction littérale donne l'idée suivante : s'approprier la sympathie des gens vaut mieux que capitaliser de l'argent.

« *Xalis moy fac gacce* » : littéralement, cette expression encore wolof, propre à la conscience sociale locale, traduit l'idée selon laquelle l'argent est une médication pour la honte. Autrement dit, l'argent permet à l'individu d'être épargné de la sanction sociale.

En insérant l'argent dans les circuits relationnels restés un monopole traditionnel[455], l'esprit formel lui fait acquérir un caractère non productif. Au lieu de produire un capitalisme, il en ressort pour l'instant un *paracapitalisme*. Mais ce mode économique ouvre une possibilité de conceptualisation d'une autre forme de capitalisme dénué d'une logique informelle sous-entendue et capable d'être formellement acceptable et mise en œuvre. Lorsque l'esprit capitaliste extrait son profit, l'on dénonce, comme le fait le marxisme, une exploitation. C'est encore pire lorsque ce même esprit s'applique sur des individus moins instruits ou des peuples qui ont des traditions et des perceptions plus ou moins différentes de la logique moderne. Si ces individus mal instruits ou enfermés dans leur traditionalité font abstraction par opportunisme ou par ignorance du formalisme capitaliste, les institutions modernes convoquent l'informel pour faire acte de sanction.

Le sens du salariat en entreprise

Dans l'économie de marché, la force de travail est devenue une marchandise. L'entrepreneur estime le salaire en fonction des coûts de production et de la vente du produit. Le capitalisme considère le salaire comme une valeur d'échange, une marchandise qui se fixe en fonction des humeurs du marché. On se préoccupe moins de l'homme et plus à ce qu'il produit, c'est-à-dire la valeur, encore mieux la survaleur.

Les courants moralistes ont critiqué cette économie pure qui fait l'ontologie de la richesse et qui chosifie l'être humain[456]. Le respect de la dignité humaine n'est pas la meilleure qualité du capitalisme même si les entrepreneurs en ont conscience.

Les plaintes de non-paiement de salaire ou d'arriérés de salaire sont fréquentes dans le secteur privé comme public. Par contre, les fonctionnaires recrutés sont moins inquiétés. Les contractuels souffrent énormément à la fois de leur statut et des mauvais traitements de salaire.

---

455 Le relationnel est construit à partir des institutions traditionnelles. La présence occidentale n'a pas compromis ce processus.

456 La liste étant longue, nous pouvons citer, entre autres, Pellegrino Rossi, Antoine-Eugène Buret, Karl Marx, Karl Polanyi, Émile Durkheim, Pierre Proudhon. Nonobstant les moyens différents mobilisés par ces derniers pour décourager le processus capitaliste, le capitalisme est devenu ce qu'il est sans se désolidariser de son effectivité. Impuissants, ils ont parié sur sa mort. La plume des intellectuels ayant suivi l'émergence du capitalisme notamment Weber et Sombart n'a pas manqué de relever cette effervescence sociale. Le système a connu des crises et la plus récente est celle des « subprimes », partie des États-Unis.

En 2010, il y eut un projet théorique de réforme destiné à être examiné et voté à l'Assemblée nationale visant à supprimer les CDI (contrat à durée indéterminée) au profit de CDD (contrat à durée déterminée). Il n'est pas arrivé à bout.

L'autorité politique est une représentation de l'esprit collectif. Les théories scientifiques sont partagées entre rentabilité et moralité pour ce qui est du vécu économique. La politique salariale dans l'esprit moderne est en conséquence partagée entre profit et moralité.

La relation affective entretenue avec la richesse et le matérialisme l'emportent souvent sur les devoirs moraux de l'esprit moderne formaliste. Cela explique que celui-ci pèche devant la dignité des relations sociales et n'arrive pas à la restaurer. La résurgence de la coercition communautaire intervient uniquement dans les rapports heurtés entre individu et collectivité. Avec l'intériorisation de sentiments d'indignité relationnelle chez les travailleurs, les rapports sociaux, précisément du marché du travail, restent conflictuels.

Si le salaire n'a jamais rendu un service social à qui que ce soit, personne ne se plaindrait de son insuffisance ou de son inexistence. Autrement dit, l'on donnerait des salaires sans qu'ils ne servent à rien. En effet, c'est parce qu'il a une utilité sociale qu'il porte un sens. De ce point de vue, l'entrepreneur – en entreprise et en administration publique – est certes obligé de consulter son marché et ses coûts, mais aussi de se référer à la valeur sociale des salaires distribués au sein de la société.

L'homo senegalensis, à force d'être bloqué dans son élan moderne par la paupérisation et l'obligation de satisfaire à la morale sociale, a recours au traditionalisme. Toutefois, l'esprit de celui-ci lutte aussi contre l'effet de démonstration de la société moderne en recommandant l'observation de la sagesse selon laquelle tout individu disposant d'un important capital-argent ou capital-objet ne doit pas être envié parce qu'on lui ignore la peine (légitime ou non), qu'il a mobilisée pour accéder à l'enrichissement. Ainsi, la conscience individuelle – traditionnellement socialisée – sanctionne tout individu qui s'enrichit afin d'éviter de l'envier à supposer que l'accumulation du capital soit illégale, mais aussi s'inscrit en faux contre tout sentiment et acte de jalousie face aux richesses accumulées par un autre. En conséquence, dans les faits l'esprit traditionnel nivelle par le haut et accumule peu de richesses chez ses individualités entreprenantes.

Le salaire permet au travailleur de disposer de son *sutura*, source de respect et de prestige en société. L'esprit traditionnel honore ce qu'il reçoit comme revenu de son travail et respecte, par obligation de rendre, son employeur pour cela. Il ne connaît ni exploitation, ni ne maîtrise les mécanismes de la production de la survaleur tant que le travail qu'il produit reçoit un salaire participatif de son *sutura*.

L'esprit moderne a introduit la monnaie à laquelle l'esprit traditionnel local s'est attaché et a mis dans sa pensée et ses réflexes la conscience de « l'exploitation » et la pratique de la dénonciation organisée. Il se crée ainsi une possibilité de constat de l'anomie qui est une crise née de dysfonctionnement entre les besoins attendus et les actions menées. Pour preuve, ce sont les castes dans une traditionalité qui régulaient l'acceptation du statut social chez chaque individu. L'esclavage local et la discrimination sociale qui leur étaient associés ont survécu à l'administration coloniale avant de disparaître à petit feu sous le coup de la modernisation. La citoyenneté libère de l'asservissement et permet à tout travailleur de profiter de sa force de travail. Aujourd'hui encore beaucoup d'individus travaillent grâce aux liens interpersonnels et reçoivent en guise de salaire de petites motivations sans rechigner, ni démissionner. Cette réalité est exploitée, comme nous l'avons déjà dit, par le capitalisme. La conscience de la pauvreté et de l'emploi rare pousse beaucoup d'individus à ne pas démissionner et à subir le mauvais traitement salarial qui fait toujours l'affaire de l'entrepreneur employeur.

Ce qui sauve en revanche l'individu de l'effectivité capitaliste, c'est la coercition traditionnelle de la dignité sociale à fonction morale bien représentée par la religion. Précisons dans les limites d'une petite digression qu'à notre sens, la religion est une référence traditionaliste puisque la modernité dans son accentuation sociale exclut toute irrationalité dans l'explication des phénomènes ou des événements sociaux. Dire que la religion ne peut être modernisée peut paraître choquant pour l'esprit formel. Ainsi, son adaptation aux réalités structurelles et aux évolutions sociales est-elle possible ? À ses origines, elle est pour réguler la vie en société par la garantie d'une vie de salut ou de destruction dans l'au-delà. Cependant, la modernisation, qui suppose une tendance de rationalisation et de maximisation appliquée à la religion, est susceptible d'atteindre des niveaux de saturation. En effet, les esprits animistes et DIEU n'agréent pas toutes les aspirations et droits respectivement conçues et forgés par les hommes. Cette modernisation est seulement possible dès l'instant que la morale divine et celle qui est le fait des hommes sont compatibles.

L'Église, s'adressant aux administrateurs de biens, dit en son article Cann 1286 (droit canonique propre à l'organisation de l'Église catholique) à propos du salaire : « Dans l'engagement du personnel employé, observer exactement la législation même civile du travail et de la vie sociale, selon les principes donnés par l'Église et verser un juste et honnête salaire à ceux qui fournissent leur travail en vertu d'un contrat pour leur permettre de pourvoir convenablement à leurs besoins et à ceux des leurs ».

L'islam ne s'inscrit pas en faux contre « le profit, le commerce et la production pour le marché »[457], il vise à créer une « communauté au service de

[457] Seck Ndiaye, *op. cit.*

Dieu »[458]. Par conséquent, il recommande une redistribution des richesses de manière socialement juste. Il insiste surtout sur trois principes qui sont la liberté, la solidarité et l'égalité.

Quant aux coutumes animistes, elles se réfèrent à la vie communautariste. Celle-ci, comme nous l'avons déjà vu, profite de l'obtention du capital-argent pour entretenir la parenté et l'amitié[459]. La dignité sociale est restaurée par les liens affectifs à chaque fois que le traitement salarial fait défaut.

En effet, les salaires chez l'*homo senegalensis* sont le plus souvent partagés entre les parents et les amis qui ne travaillent pas ou qui n'arrivent pas à satisfaire leurs besoins sociaux. Les individus faiblement rémunérés ou sans salaire bénéficient de la solidarité des autres parents ou amis. Il est noté que les individus quittent très tardivement la demeure familiale. La majorité en âge, l'obtention d'un travail rémunéré, le mariage ne poussent pas forcément l'individu à quitter la concession parentale voire familiale. Les liens familiaux et la pauvreté expliquent ce fait.

L'utilité sociale du salaire dépasse le cadre individuel pour impliquer le collectif. L'entrepreneur local en est conscient, mais il lui est souvent impossible d'y sacrifier à cause de ses intérêts capitalistes. Il donne ce qu'il peut donner comme salaire et la société fait le reste pour restaurer la dignité sociale du travailleur.

La solidarité communautaire amoindrit les fréquences de contestation de salaires non payés ou insuffisants. Elle ne l'élimine pas en revanche, car la nature individualiste sommeille en chaque homme.

Les opportunités individualistes sont rares dans la traditionalité mais elles sont permises par le *paracapitalisme*. Par conséquent, les formes contestataires sont présentes dans la conscience de l'*homo senegalensis*. Ce qui explique aujourd'hui les contestations heurtées entre l'État et commerçants informels, syndicats et patronat ou entre syndicats et l'État dont souvent les plateformes revendicatives sont, en réalité, anciennes comme si elles étaient, à notre sens, retardées voire longtemps supportées en silence ou toujours exposées, mais jamais satisfaites.

La place du crédit et de l'épargne en paracapitalisme

Le crédit : au milieu d'une ambivalence entre le prêt affectif et le prêt « formel »

Le crédit est un moyen de travail voire de production pour l'entreprise. C'est à partir de la rentabilité de l'investissement qu'il est remboursé. Par contre, la conscience traditionnelle ne cautionne pas une grande fréquentation du crédit.

---

[458] Maxime Rodinson, *Islam et capitalisme*, p. 196-198 ; 225 et 232-233, cité par Seck Ndiaye, *ibid.*

[459] L'amitié, selon nos observations, peut découler du voisinage, de l'association professionnelle ou communautaire.

Certes, elle la pratique, mais au-delà d'une certaine fréquence, pour ne pas dire une limite, le recours au crédit est *punitivement* sanctionné. Pour elle, il faut être dans le besoin pour recourir au crédit. Autrement dit, contracter un crédit, c'est choisir le moyen le moins pire de satisfaire un besoin économique, de subsister ou de soigner sa réputation au risque de perdre son *sutura*.

Le crédit ne conditionne pas la production traditionnelle. Il y participe simplement, mais ne le détermine pas. Il n'est pas organisé en système à l'image du capitalisme. Il est basé sur des relations interpersonnelles. C'est parce que l'on entretient des liens familiers et coutumiers avec le voisinage, le commerçant, le boutiquier ou le restaurateur de la gargote que l'on peut bénéficier de ses largesses dans ce sens. La plupart des octrois de crédit en marchandise (bien ou service) se font encore sans base écrite se libérant ainsi de la coercition moderne du contrat. Le crédit suppose et traduit un rapport familier entre le commerçant et le client. Sans cela il est compromis. Le rapport familier permet à l'affectivité et à la confiance de ne point céder.

Il est observé que certains individus repoussent à plusieurs reprises les délais de paiement d'une dette. Ils profitent de la tolérance sociale du bailleur grâce à l'état satisfaisant de leurs relations interpersonnelles avec lesquelles il leur arrive de contracter encore du crédit chez le même commerçant à qui ils doivent déjà. Ce n'est pas une irrationalité de la part de ce dernier vendeur comme l'on pourrait le penser dans une posture formelle capitaliste. Mais celui-ci est enfermé dans un cercle traditionnel, duquel il lui est difficile d'échapper. Il y a toujours, sous ce dernier rapport, un choix à faire entre le matériel et les hommes. En continuant d'investir sur les relations interpersonnelles, l'individu espère en tirer profit pour son entreprise.

En revanche, il y a des limites infranchissables sans faire face à un rapport conflictuel. L'esprit rationnel, même sous détermination traditionnelle, sait s'arrêter à temps pour ne pas mettre en péril son commerce. En effet, il y a des individualités comportementales qui discréditent la relation économique. Elles ne remboursent pas leur dette. Ces déviances sont plus fréquentes lorsque l'individualisme qu'émettent les germes du capitalisme n'est point encadré. Toutes les sociétés – traditionnelles comme modernes – condamnent l'inobservance de l'obligation de rendre.

Ainsi, nous observons de plus en plus que certains commerçants font écrire un engagement de dette aux clients qui contractent des crédits. Ces écrits constituent une preuve pouvant être utilisée en cas de litige ou de plainte.

À défaut d'être fonctionnaire percevant un salaire par virement bancaire ou membre d'un groupement économique, la fréquentation du crédit par la banque ou le micro-crédit doit être relativisée chez les agents économiques. Ce n'est pas tout le monde qui fréquente le crédit, bien qu'étant économiquement actif. En fonction de nos enquêtes de terrain, rappelons qu'en milieu rural sur 465 agents,

35 % fréquentent le crédit et qu'en milieu urbain sur 500 agents, 73 % fréquentent le crédit.

Le manque de garantie exigée pour l'obtention de prêt, l'impératif social de discrétion à propos du capital économique disposé et la préférence au prêt affectif – reposant sur la compatibilité des relations interpersonnelles – justifient le refus relatif de la fréquentation du crédit que nous avons observé. Il est avéré que le *sutura* dans son état discret en traditionalité est déterminant dans le refus de la fréquentation du crédit pour les individus concernés. Ce rapport vis-à-vis du crédit n'est que le fait du ménage. Les entreprises structurées et l'administration publique sont quant à elles bien présentes dans le système de crédit moderne.

L'épargne

L'esprit d'épargne existe dans la traditionalité. Les biens agricoles qui constituent la richesse essentielle sont stockés dans les greniers. Ils font office de réserve pour le ménage qui y prélève sa consommation quotidienne.

La durée très courte – 3 mois précisément – de la saison des pluies, favorable aux cultures, ne favorise pas une production agricole permanente. À moins de subir 9 mois d'inactivité culturale, les paysans ont recours à la pratique maraîchère[460] et à l'embouche ovine, caprine ou bovine qui les maintiennent en activité agricole.

Détenir un stock de produits agricoles est significatif parce qu'étant une preuve d'accumulation de richesses au-delà du capital-animalier ou foncier. La propriété force le respect et assure inéluctablement d'une bonne réputation sociale. Les rapports entre un propriétaire et sa communauté d'appartenance restent déterminants.

Le sens de l'épargne traditionnelle obéit à deux logiques, celle de la subsistance et celle du paraître, car la disposition de stock est communautairement sanctionnée par le respect et la reconnaissance des autres. En effet, il importe de noter, sous le contrôle de l'histoire, que la gestion de la rareté de la nourriture a été à l'origine des premières organisations politiques.

L'introduction de la monnaie a provoqué un bouleversement dans les habitudes, mais n'a pas découragé la consommation. La monétarisation des relations économiques et l'arrivée de nouveaux besoins expliquent l'accentuation de la propension à la consommation, laquelle compromet les éventualités d'épargne. D'aucuns convoquent la pauvreté et l'insuffisance des revenus pour expliquer la faiblesse du comportement d'épargne moderne. Cela s'explique par le fait que l'entretien des relations communautaires, qui est un devoir quoique budgétivore, décourage l'épargne.

---

[460] Les produits maraîchers ont un délai périssable très court à la grande différence du riz et du mil qui peuvent traverser des mois de stockage.

Hormis un déficit quantitatif en ressources monétaires, le rapport affectif à la consommation est fort explicatif. Bien que la maximisation de la consommation est une tendance universelle, la divination de l'avenir en traditionalité sont des prétextes suffisants pour privilégier la consommation. En effet, on ne sait pas de quoi demain sera fait, seul Dieu le sait ; par ses grâces il garantit l'avenir, alors on consomme. On consomme les semences une fois que les greniers sont vides. Car on n'entretient pas au quotidien la faim sous prétexte de garantir l'avenir alors qu'il y a de la réserve dans les greniers. Les Maures Trarza, comme les Peuls dans les rapports de plaisanterie locale, sont indexés et interpellés sur le fait qu'ils ne mangent pas et ne se soignent pas convenablement au risque de leur vie alors qu'ils sont respectivement propriétaires de boutiques, de commerce, de biens et de grands troupeaux. Mais les interpellés raisonnent autrement. Ils sont plus motivés par le souci des affaires. Mais aussi un tel phénomène a une particularité chez le Peul éleveur. Il est porté par une relation affective avec ses bêtes. Il est connu dans l'esprit occidental l'assertion selon laquelle « le cordonnier est le plus mal chaussé ». Il ne faudrait pas nier que la prévisibilité existe dans l'esprit traditionnel par la preuve de la civilisation des greniers et celle du prélèvement de la semence stockable pour la saison de culture prochaine. Par contre, la planification comme instrument technique collectivement pratiquée n'y existe pas. Ce qui crée une absence d'estimation de la consommation quotidienne. La femme à qui la charge de la cuisine revient *a priori* est appelée à cuisiner assez pour la famille au risque d'être socialement sanctionnée. Ce qui veut dire qu'il faut bien manger lorsque la nourriture est disponible. Le réflexe de la prévisibilité et l'outil de la planification dans toutes les sociétés sont des moyens de lutte contre la rareté des ressources.

Les sociétés traditionnelles et modernes, mutuellement isolées ou articulées comme en *paracapitalisme,* encouragent l'épargne pour inciter à l'investissement.

Ainsi, chez l'*homo senegalensis* pour que l'épargne puisse recouvrer tout son sens, il faut qu'elle entraîne une utilité sociale voire communautaire, c'est-à-dire qu'elle intègre la reproduction du *sutura.* De ce point de vue, l'épargne ne peut pas être plus coercitive que la consommation. Les ménages sont confrontés à l'emprise trop forte de la consommation destructive alors que les entreprises et l'administration publique sont déterminées par la consommation productive et utilitariste.

Le sens du travail en paracapitalisme

Le travail est une valeur institutionnelle autant en traditionalité qu'en modernité. C'est un moyen mobilisable pour atteindre la finalité sociale du « bien-être » ou du *sutura* social.

L'esprit moderne cherche à travers le travail l'expression de sa liberté et la réalisation de son être social. L'individu retrouve par le travail le sens de ses rapports avec les autres. Nous notons deux niveaux de rapport chez l'individu avec la communauté :

D'abord, travailler équivaut à une valeur sociale, laquelle procure respect et estime. Là, c'est le sens qu'il prend dans les rapports avec les autres. Ne pas travailler est assimilé à une forme de déviance. La sanction, toutefois, ne tombe pas quand l'individu entretient le désir de travailler et qu'il n'en trouve pas l'opportunité.

Ensuite, le travail est une opportunité de rendre ce qu'on a reçu soit des parents soit de la communauté soit encore de la religion pour laquelle la bénédiction de Dieu et les prières du marabout importent beaucoup. Il y a une obligation de rendre chez l'individu vis-à-vis de sa famille, de sa communauté. Par conséquent, le travail apparaît comme un moyen de satisfaire à l'obligation de rendre.

Photo 3 : Atelier de réparation mécanique en plein air : CA Grand Dakar

Photo : Pascal Oudiane.

Le travail est stimulé par l'enjeu d'appropriation du *sutura.* Les initiatives et la volonté de réussite qui prédisposent à l'entreprise sont portées par le « *sutura* ». Le sens du travail à l'instar de l'argent et du salaire est porté par son utilité sociale pour l'individu.

Cependant, l'innovation et la forte accumulation ne sont possibles qu'en *paracapitalisme* et en capitalisme et non en traditionalisme économique. Cette situation s'explique par le fait que l'innovation est une forme purement individualiste alors que la traditionalité en est restée réfractaire.

L'innovation dans le paracapitalisme

En général, l'opinion internationale attribue la faiblesse de l'innovation des PMA, dont le Sénégal, à un déficit en capacité productive efficace. La faiblesse de l'innovation peut être expliquée du point de vue économique par un manque de compétitivité des entreprises locales, si l'on est convaincu que la concurrence provoque l'innovation. Celle-ci étant le levier de la compétition, une économie ne peut être compétitive sans y recourir. Elle est une condition d'accès aux extra-profits.

Mais du point de vue sociologique où nous devons privilégier la réalité structurelle pour dégager une explication, il faut interroger le sens de l'argent et celui que porte le savoir chez l'*homo senegalensis*.

L'innovation dans la société traditionnelle est gênée et tout au pire découragée. On peut mesurer la quantité et la qualité de l'innovation dans une société donnée en s'intéressant au rythme des changements sociaux. Nul n'est censé ignorer que les changements internes dans la société traditionnelle se faisaient et se font toujours à dose homéopathique.

Si l'innovation peine en traditionalité, cela n'annihile pas par contre les faits d'entreprise chez l'esprit traditionnel.

Il est important de voir entre l'argent et le savoir lequel incarne le mieux la finalité sociale des individus. Une partie de l'explication, à notre sens, se trouve dans les dispositions organisationnelles des sociétés à partir de l'introduction de la monnaie dans les rapports sociaux et l'autre partie se retrouve dans la contribution de la traditionalité dans le rapport à l'innovation chez l'*homo senegalensis.*

- L'impact de la poursuite de l'argent dans la faiblesse de l'innovation

L'argent est l'affaire de tous tandis que la poursuite d'une acquisition légitime du savoir n'est pas la variable la mieux partagée dans l'ensemble social. Celle-ci est l'affaire d'un groupuscule d'individus qui a une aspiration intellectuelle. La preuve aujourd'hui est attestée par le fait que ce n'est pas tout le monde qui veut accéder à l'université voire à la science alors que tout le monde veut disposer d'argent pour satisfaire des besoins. L'individu n'a pas seulement besoin de savoir. Il lui faut de l'argent pour vivre en société moderne. La société, qu'elle soit pour une économie de troc ou de marché, lui donne l'occasion d'échanger, de vendre ses connaissances, ses compétences, sa force de travail.

Les idées créent l'innovation. Leur importance a aussi été le fruit de processus d'objectivation des façons de sentir, de voir et d'agir en faveur de la poursuite de l'intérêt individuel. Ainsi, pour gagner de l'argent, il faut produire du travail, lequel nécessite une compétence qu'il va falloir acquérir moins dans les cadres domestiques, mais plutôt et plus dans les instances d'orientation formelle comme l'école. Plus que les idées, l'argent porte mieux la finalité sociale chez les individus. Il est devenu effectivement le maître de tout y compris de lui-même. L'esprit d'entreprise locale cherche plus à vendre ses idées qu'à financer des recherches qui peuvent créer de nouvelles idées. Il n'est certes pas fermé à la formation, mais cela se fait toujours sur la base de curricula importés non forcément capables de stimuler une capacité d'innovation endogène. Tous ces faits relatifs à la production du savoir concourent après tout en capitalisme à la production de richesses convertibles en monnaie.

En *paracapitalisme*, même si l'innovation est faible du fait de la coercition traditionnelle bien que valorisant l'intellectualité et l'érudition, il est poursuivi l'obtention de l'argent, mais dans des dispositions acquisitives bien moindres que les économies essentiellement capitalistes.

- ***Le rôle de la traditionalité dans la faiblesse de l'innovation***

À notre sens, le rapport de l'*homo senegalensis* avec la modernité mérite d'être investi à partir de son esprit traditionnel. N'oublions pas que l'*homo senegalensis* est un individu rationnel qui développe des stratégies.

Comme il est fréquent partout ailleurs, il y a des Sénégalais qui accèdent au capital-argent sans produire du travail, alors que cet effort détient une valeur centrale en modernité comme en traditionalité. Nous évoquons cet exemple pour montrer que les calculs de l'entreprenariat sont orientés par le culte de l'argent. Les agents sont capables d'en mesurer l'utilité sociale en fonction de la finalité qu'il permet d'atteindre. Par conséquent, ils sont tentés en accord avec les mêmes finalités poursuivies de mobiliser des opportunismes qui peuvent bien entendu être socialement réprouvables. L'on peut penser que l'entreprise locale fait moins preuve d'objectivité en poursuivant l'argent, se souciant moins de son économie du savoir. Nous savons que les idées sont à la base de l'innovation. Pour innover, il faut penser l'avenir, assurer les acquis et penser leurs améliorations. Ce qui pose problème. En effet, pour améliorer, il faut d'abord accepter la possibilité théorique d'une destruction de l'acquis qui peut déboucher sur une destruction pratique et matérielle selon la nature de la matière en question et ensuite le remplacer par un nouveau plus performant en termes d'utilité sociale. C'est cela l'innovation. Il faut savoir oublier, se détacher d'un acquis pour se rattacher à un autre encore inconnu. En revanche, il est bon de retenir que l'esprit traditionnel est réfractaire aussi bien aux changements qu'à la destruction, à la désaffectivité vis-à-vis des objets d'utilité sociale. Par exemple, le villageois ne détruit pas sa case pour chercher à en refaire une autre avec de nouveaux matériaux ou à en initier une autre forme architecturale. Il n'y trouve pas d'intérêt.

L'esprit traditionnel conçoit que le bien, en tant que produit d'un travail, ne doit pas être détruit. Il y a une relation affective qui est entretenue avec les biens produits laborieusement de la main et qui sont les fruits de l'intelligence et de l'énergie humaine. À ce propos, il est convenable de prétendre que la responsabilité de l'esprit traditionnel dans l'absence de comportements d'innovation chez l'*homo senegalensis* est engagée. D'où le modèle local –

n'étant pas réfractaire au changement parce que portant en son sein le formalisme rationnel – qui profite de la modernité et de l'innovation des pays développés sans pouvoir en réaliser dans sa propre société du fait de la lourdeur traditionnelle en son sein. Si la tradition était favorable à la destruction des objets, l'innovation en serait stimulée au Sénégal et dans d'autres pays de modèle structurel assimilable.

Arrêtons-nous un moment sur le cas du phénomène social de ***la récupération***. Contrairement à ce que l'on peut penser, la récupération peut être assimilée à tort ou à raison à une innovation, mais elle est plutôt une reproduction traditionnelle qui utilise les déchets de la modernité. Elle ne crée pas la modernité. Autrement dit, elle ne tente pas de la dépasser sur la base de la valeur des acquis.

Il n'y a pas une intention de destruction des acquis modernes reçus du système occidental. On cherche plutôt ici à les reproduire et non à les détruire afin de pouvoir les améliorer. Car pour ceci, il faudrait des idées voire de la compétence innovante. On s'en intéresse peu au profit de l'argent dont la fonction usagère est uniquement orientée à la reproduction des acquis de la modernité. Autrement dit, en *paracapitalisme* l'esprit traditionnel cherche toujours à reproduire ce qu'il acquiert. Il ne le détruit pas et ne s'essaye à le dépasser.

- ***Qu'en est-il par exemple de l'héritage des investissements réalisés sous l'administration coloniale ?***

Si le refus de la destruction participe du postulat constructif de l'esprit traditionnel, on peut tout naturellement s'interroger sur les investissements hérités de l'administration coloniale qui, au lendemain des indépendances, ont périclité par manque d'entretien et de bonne gouvernance scientifique des entreprises.

C'est la raison pour laquelle la responsabilité de l'esprit traditionnel y a indéniablement contribué. Nous confirmons l'effectivité du refus de destruction des biens. Les moindres performances ou les faillites d'entreprises héritées du temps colonial sont expliquées par l'attachement aux acquis, mal gérés en termes de politique d'investissement et d'innovation. En effet, la plupart des entreprises qui ont chuté ont été victimes de leur incompétitivité, justifiée notamment par le manque d'investissements continus et d'innovation.

Nous avons dit que l'esprit traditionnel ne détruit pas, mais s'attache affectivement aux acquis. Par conséquent et par voie d'évidence, nous savons que l'usage de la consommation destructive détériore et épuise les acquis. Ce principe qualitatif de la consommation est un fait universel valable autant en société industrielle que traditionnelle.

En revanche, à la différence de la société traditionnelle, la forte consommation destructrice en modernité est liée à une forte consommation productive. Autrement dit, l'investissement et l'innovation y sont fort importants. Ainsi, l'attachement affectif aux acquis que l'esprit traditionnel n'envisage point détruire favorise une consommation destructrice qui n'est malheureusement pas complétée par une dynamique d'investissement et d'innovation importante.

Toutes les entreprises sénégalaises qui ont subi ce processus ont périclité. Et pourtant les entreprises depuis l'indépendance n'ont été gérées que par des intellectuels au fait des exigences de gestion scientifique de l'entreprise. Mais aussi ce phénomène s'explique par la nature traditionaliste de l'*homo senegalensis*. En entretenant un attachement affectif avec un bien, l'esprit ne le détruira jamais volontairement – ce qu'il proscrit par principe de rejet du gaspillage. Mais sa tendance naturelle à la consommation destructive non soutenue par un effort continu d'investissement et d'innovation use à la longue son acquis.

Si la tendance à l'innovation est compromise chez l'*homo senegalensis* par sa composante traditionnelle, il est évident qu'il faut des investissements massifs pour assurer une longévité des acquis. La création est un rapport à l'avenir. Nous n'avons qu'une idée théorique de ce que l'on désire. Mais le problème est qu'il faut le réaliser, l'objectiver.

Hormis le penchant traditionnel dans la responsabilité du dépôt de bilan de la fermeture des grandes entreprises surtout celles installées depuis l'administration coloniale, il y a l'opportunisme de l'esprit moderniste capable de domination sur l'esprit traditionaliste et qui, dans sa quête d'accumulation économique, cherche à sophistiquer les formes de travail en créant des alternatives d'accumulation passives et légales. C'est la raison pour laquelle il y a des individualités qui accumulent sans travail. Cette pratique est plus présente avec l'accentuation de la tertiairisation de l'économie. En d'autres termes, le secteur des services permet mieux cette forme d'accumulation. Mais la morale sociale liée au culte du travail la sanctionne.

- *La contribution de l'imitation ou de l'effet d'entraînement*

Le sens de l'imitation ou de l'effet d'entraînement est bien développé[461]. On reproduit souvent ce qui se fait à l'étranger grâce aux masses médias et aux flux migratoires (les motivations pouvant être liées au tourisme, aux affaires, à des questions de résidence, etc.). Par exemple, la production du tee-shirt et de l'infographie subit les désagréments de l'imitation à Dakar. Dans la commune d'arrondissement de Colobane, des tailleurs spécialisés non dans la création, mais dans la reproduction-imitation prolifèrent. C'est le cas de la spécialisation de plusieurs entreprises locales.

---

[461] Par exemple, la vente au détail, en sachets, de jus (*bissap*, *bouye*, *etc.*), et non plus en petites bouteilles le plus souvent non recyclables, a été reprise pendant l'année académique 2009 par toutes les boutiques et restaurants du campus de l'Université Gaston Berger de Saint-Louis.

La technicité ou le savoir-faire

Loin des techniques formelles de comptabilité, des agents privés exploitent rationnellement les rentrées et les sorties de capitaux de leur entreprise. La rationalité technico-formelle d'ordre capitaliste n'est pas l'exclusive en *paracapitalisme.* Des techniques moins légitimées et développées en fonction des intérêts personnels sont notées chez des agents qui n'ont pas été formés à la technicité occidentale. Beaucoup de ménages n'ayant pas eu la chance de suivre une formation scientifique gèrent leur comptabilité à leur manière en suivant leur intérêt et en usant de leur bon sens.

Ainsi, les stratégies de l'*homo economicus senegalensis* arrivent à faire abstraction des moyens formels occidentaux. La comptabilité formelle détient l'avantage du gain de temps et de l'efficience. Mais les faits empiriques montrent à travers le cas des entrepreneurs dits « informels » que le bon sens allié à la volonté de poursuivre un intérêt reste efficient dans la tenue de l'entreprise. Il serait abusé, de ce point de vue, d'enlever à la conscience traditionnelle son bon sens voire son objectivité et son savoir-faire.

- ***L'influence de l'affectivité dans la technicité***

Lorsque l'affectivité est en cause, les relations humaines sont interpellées. Les relations interpersonnelles sont convoquées dans le processus de recrutement et de traitement du personnel. La non-conformité aux dispositions juridico-administratives de la personne morale qu'incarne l'entreprise, l'inobservance de la culture formelle d'administration et de production et la préférence du crédit affectif relèvent de la valorisation des liens interpersonnels. Ainsi, certains mécanismes de fonctionnement technique de l'entreprise moderne sont compromis par l'excès du culte affectif.

- ***Les superstitions participatives de la technique de gestion***

Les agents en situation de gestion de leur investissement reproduisent souvent les superstitions de la société traditionnelle. Certains biens ne sont pas vendus à certaines heures notamment le soir. Nous pouvons citer, entre autres, les aiguilles à coudre, le charbon, le sel et l'ail. Il est avéré dans l'esprit traditionnel que l'acte de vente nocturne de certains produits nuit au commerce ou peut contribuer à encourager des faits maléfiques. En outre, les commerçants versent de l'eau devant leur boutique ou leur étal le matin avant de débuter leur activité du jour. Ils conjurent ainsi le mauvais sort et se mettent dans les dispositions de s'approprier les grâces des ancêtres. Ce sont ainsi des représentations qui entrent dans la technicité commerciale traditionnelle.

*

Étant donné que la production du travail vise l'obtention d'argent, l'*homo senegalensis* mobilise dans ses stratégies de travail à la fois des moyens modernes pour accéder au *sutura* et des moyens traditionnels pour accéder au profit. Le *sutura* se représente comme un profit dont la matérialité est le statut social. Il peut aussi avoir valeur d'argent en *paracapitalisme* pour l'*homo senegalensis*. Il est alors un moyen objectif pour la réussite sociale.

La structure du procès de construction paracapitaliste de l'investissement ou de l'entreprise

En accord avec les moyens objectifs et significatifs que sont le travail, l'argent et la monétarisation du *sutura social*, il est possible d'appréhender l'objectivation de la construction *paracapitaliste* de l'investissement.

L'information et les croyances dans le rapport à l'anticipation de l'avenir

La culture capitaliste exige de disposer de *l'information* afin d'évaluer les risques et prendre les décisions relatives au projet d'investissement. L'engagement d'un investissement repose sur deux formes de dépendance : l'une superficielle et relative au lien à l'information et l'autre qui en constitue le déclic, car relative au lien à la croyance.

L'information permet de rendre perceptible le risque. Elle décourage l'investissement dès lors qu'elle le révèle. L'information crée la croyance, laquelle aussi crée à son tour l'investissement. Par la croyance, le risque est éliminé dans la conscience de l'individu même s'il existe. L'esprit traditionnel croit d'abord afin d'agir en dépit des obstacles tandis que l'esprit formel agit et expérimente d'abord avant de croire. En conséquence, ce dernier ne s'engage pas si l'expérience ne porte pas de résultat satisfaisant. Cela entraîne chez lui un manque de confiance. Par contre, l'individu traditionnel se suffit de sa croyance pour gagner de l'assurance. Même s'il est confronté à un échec, il ne va pas manquer de s'engager et de continuer d'agir grâce à sa foi, pourvoyeuse d'optimisme. Nous pouvons alors convenir que, pour *booster* ou accentuer l'investissement chez les auteurs en *paracapitalisme*, en capitalisme ou en traditionalisme, il faut davantage et mieux faire croire qu'informer. Faire croire et informer relèvent de deux dynamiques méthodiques différentes. La problématique de *l'hétérogénéité* des investissements, où certains s'engagent dans l'investissement et d'autres non, trouve ici son explication de même que ses perspectives.

L'anticipation se fait certes en fonction du présent, mais en tenant compte du passé. En conséquence, dans la traditionalité les institutions sont protégées par un fond mythique inaccessible à tous les individus excepté les initiés. La communauté se plie à cette règle et en fait sa coutume. Les déviants sont sanctionnés.

Le culte du mysticisme dépend du niveau d'information mis à disposition ou indispensable. Mieux l'inconnu se dévoile, moins il porte un intérêt et est suivi. Plus il est inconnu et plus il attire. Cela explique l'intérêt et l'attachement des individus à la dynamique secrète dans les sociétés traditionnelles. Ils recourent à l'initiation pour perpétuer la tradition[462].

Si le mysticisme et la croyance régulent le présent et l'avenir, ce dernier renvoyant à l'inconnu, qu'en est-il de la finalité poursuivie par l'acte d'investissement au sein d'un *paracapitalisme* ? À quel phénomène social une telle finalité devrait-elle être rapportée ? Pour y répondre, partons de l'équation suivante :

Information ⟶ Mysticisme et Croyance

Sutura ⟶ ?

La lecture à faire de cette équation est la suivante : si l'information selon qu'on la maîtrise ou pas (car on est soit un fidèle ou un prêtre) est rapportée au mysticisme et à la croyance, à quoi donc se rapporterait la poursuite du *sutura* (réussite sociale) à la suite d'un acte utilitariste posé par l'individu ?

En faisant la règle de trois, le mythe et la croyance étant fonction de l'information, le *Sutura* apparaît aussi comme une fonction du mythe et de la croyance. En termes clairs :

Information = (Mysticisme et croyance) *Sutura.*

Nous pouvons en effet en déduire que la croyance et le mythe stimulent et reproduisent le consentement social autour de la réussite sociale, puisqu'ils résument la quintessence du *Sutura.* L'information qui impacte l'engagement à l'investissement mobilise ou fait appel à la croyance articulée autour du *Sutura*, synonyme de réussite sociale.

Sutura = Information/Mysticisme et croyance

Ce qui veut dire que le *sutura* est un produit de l'information rapportée au mythe et à la croyance. Le *sutura* prend ainsi les formes d'un état de croyance qu'entraîne l'orientation de l'information.

De ce point de vue, la masse d'informations qui crée et reproduit le mythe et la croyance stimule et porte tout engagement dans un acte d'investissement destiné à réaliser le *sutura.*

Par conséquent, si l'investissement, dans un cadre capitaliste, se rapporte à un projet d'anticipation, il ne peut faire abstraction dans un cadre *paracapitaliste* du mythe et de la croyance, étant donné que ces derniers régulent le présent et l'avenir dans la traditionalité.

Alors, si les informations que renferme le mythe – que l'on est amené à croire – proscrivent l'individualisme et l'inobservance des us et coutumes de la communauté, le déterminisme vis-à-vis des expressions de la nature se renforce

[462] C'est dans cette perspective secrète que les religions se sont bien développées autrefois et de nos jours. La tradition rationaliste formaliste soutient que ces dernières doivent leur fondement et leur développement à l'incrédulité de leurs fidèles.

en conséquence par la sacralisation du mythe et de l'initiation. Cet état de fait conduit à l'absence d'initiatives d'explication de certains phénomènes ou événements sociaux protégés par des principes sacralisés. Le rapport à l'avenir en devient affecté.

La sacralisation de l'inconnu renforce la crainte qu'elle inspire. En effet, l'être humain craint moins ce qu'il maîtrise que ce qui échappe à son contrôle. Si l'avenir est resté jusqu'ici inexpliqué et imprévisible et que les mythes traditionnels attestent de son existence par des témoignages sur la vie dans l'au-delà, le désir d'être rassuré quant au futur n'est pas pour autant satisfait et apaisé. On fait intervenir la foi à ce niveau pour assumer ce vide d'information. L'individu est appelé à croire sans expérimentation, sans rationalité et même « sans avoir vu », pour parodier Saint Thomas, un disciple de Jésus[463]. Cette façon de sentir et de faire relève du domaine de la croyance.

Ainsi, l'avenir dès l'instant qu'il est non maîtrisé est rapporté à la croyance, laquelle comme nous l'avons déjà vu, est fonction de l'information.

L'avenir étant l'inconnu auquel on accède par la croyance, tout acharnement pour sa maîtrise traduit un intérêt pour l'inconnu et un désir d'assurance psychologique chez l'individu. Cela suppose aussi une appréhension pour ne pas dire une peur du risque, étant donné que l'inconnu et l'avenir sont assimilés à l'incertain.

De ces points de vue, est expliqué le rapport à l'investissement reposant sur la maximisation des chances de réussite qui recourt à la bénédiction divine ou à celle des esprits ou des ancêtres.

La riscophilie chez l'homo senegalensis

Le risque est lié à l'incertitude de l'avenir. On en fait référence dès l'instant où l'on ne maîtrise pas l'inconnu et que l'on veut le côtoyer. Dieu est fortement présent et coercitif en société dès l'instant où l'avenir constitue un obstacle pour l'homme. Il est culturellement institué que l'avenir et l'inconnu relèvent du domaine divin qui, seul, en possède une maîtrise parfaite.

La sacralisation des fondements institutionnels qu'entretiennent les mythes décourage leur remise en cause. Il est recommandé, par conséquent, d'accepter le déterminisme au risque d'abord d'être socialement sanctionné avant celle annoncée par la croyance et qui interviendrait dans l'avenir intemporel.

Dans la traditionalité, l'absence de l'esprit critique propre à l'individualisme compromet la prise du risque. En dépit du concours de la modernité qui procure des instruments de prévisibilité, l'entreprise locale s'associe aux rites religieux, le plus souvent animistes. Rappelons que la majorité des agents urbains et ruraux en situation d'investissement pratique le syncrétisme religieux entre la religion monothéiste et l'animisme. Cette façon d'agir au bénéfice de l'entreprise permet de se rassurer face aux incertitudes de l'avenir et de lutter de

[463] Bible de Jérusalem, Évangile selon Saint-Jean, chap. 20, versets 25-26.

cette manière contre le risque. Une telle façon d'agir favorise une certaine forme de sentir. En effet, l'investissement est entrepris sous le coup du déterminisme, plus précisément sous la poussée de la croyance.

La solution de fait avancée, outre le traitement de l'information, pour maîtriser le risque est une option traditionaliste. C'est le recours à Dieu. Aussi surprenant que cela puisse paraître pour certains observateurs ou lecteurs, ce propos est issu de données d'enquête de terrain que nous avons recueillies.

Ainsi, la référence à l'entité divine encouragerait la prise de risque et par extension les investissements. De ce point de vue, *qu'est ce qui expliquerait le peu de dynamisme du culte de l'investissement chez les Sénégalais, si l'on sait que la croyance en Dieu est la chose la mieux partagée au Sénégal ?* Rappelons ici que même s'il y a un sens aigu des affaires, la tendance qui détourne les profits du circuit capitaliste et qui empêche l'investissement est plus forte, du fait de l'emprise de la consommation portée par le désir de modernisation en capitalisme et par le coût financier de la reproduction des institutions traditionnelles. Les finalités traditionnelles dominent sur les processus capitalistes. Ce qui fait que les individus entreprennent, mais pour les finalités dominantes.

Les Sénégalais investissent en sollicitant les grâces de Dieu face aux risques d'échec. Cela n'élimine pas en revanche le constat selon lequel les investissements sont insuffisants, au regard de la taille des entreprises – *PME-PMI* – souvent invisibles face à la comptabilité nationale et de courte durée de vie pour celles qui arrivent à voir le jour.

Ainsi, les agents qui font des investissements, qu'ils répondent du ménage, d'une entreprise ou de l'administration publique, sollicitent des prières des prêtres, des imams, des marabouts ou des féticheurs. Ils s'octroient des talismans ou subissent des rites de bains traditionnels. C'est pour le succès de l'entreprise que des sollicitations et actes de ce type sont faits.

Le refus d'affronter l'avenir par peur du risque de perte est aussi socialement sanctionné. « Xana gëmo Yalla ? », expression wolof pour dire « Ne crois-tu pas en DIEU ? », témoigne de la preuve et de l'amplitude quoique mineure de la sanction. La peur de l'incertitude susceptible de cacher un échec caractérise tous les entrepreneurs qui cherchent au mieux à s'en prémunir. Ceux qui investissent exclusivement dans l'immobilier, qu'ils soient critiqués pour ne pas être dans la production créatrice d'emploi, sont après tout motivés par la sécurisation de leur investissement.

Si la question de l'avenir voire du risque est réglée par le concours de la responsabilisation de Dieu dans la réussite ou l'échec de l'investissement, donc l'*homo senegalensis* devrait avoir en principe le sens de l'engagement à l'investissement, ne serait-ce au moins que pour maximiser ses chances de réussite.

S'il y a de la réserve remarquée dans l'engagement à l'investissement, elle est surtout provoquée par la domination pro-légale[464] de l'esprit formaliste et méthodique[465] qui y a une grande part de responsabilité. Celui-ci, à travers la calculabilité et la prévisibilité, mesure les conditions de réussite et d'échec de l'engagement avant d'exécuter l'investissement. C'est face à l'échec que l'esprit formaliste, à partir du traitement de l'information dont il est capable, prend le dessus de la coercition dans l'entreprenariat local.

En effet, si l'on s'engage sans prendre en compte les conditions formelles liées à l'investissement et qu'un certain échec s'en suive, cette attitude serait insensée chez un *homo economicus*. Elle provoquerait même le rire et les moqueries parce qu'elle serait associée à de la bêtise. L'attitude capitaliste formelle voudrait que l'agent compte plus sur lui-même que sur une entité autre, mal connue et mal maîtrisée.

Nous avons montré que l'esprit formel critique négativement l'esprit traditionnel, qui détermine en partie l'*homo senegalensis*, lorsque celui-ci vint à échouer pour avoir misé, dans l'exécution de son investissement, beaucoup plus sur DIEU et les esprits et moins sur ses propres capacités entrepreneuriales formelles. En revanche, à notre grande surprise, cette critique disparaît en cas de réussite de l'entreprise. Sans doute l'accès au succès rend inutile toute critique, étant donné que le but recherché par la rationalité formelle est l'atteinte du succès. Il est constaté que l'*homo economicus*, du fait de l'opportunisme qui le conditionne dans la poursuite du profit recourt à des pratiques déterministes pour maximiser ses chances de succès sans toutefois faire abstraction de sa nature formaliste. L'esprit scientifique qui porte le capitalisme, procède d'abord par expérimentation avant d'ériger toute pratique en postulat scientifique.

Dans cet ordre d'idées, la détermination traditionnelle a obtenu des résultats que l'empirie est en mesure d'attester, mais que la science ne peut expliquer. Ils sont certainement irréguliers et impossibles à contrôler. La prévisibilité n'est pas exacte. Sans doute pour ces diverses raisons, les résultats des initiatives traditionnelles ne sont pas agréés par la science formelle. Cette indifférence et ce refus peuvent être justifiés également par l'enjeu des intérêts économiques assez divergents entre une traditionalité et une modernité légalement dominatrice.

---

[464] Par l'expression « pro-légale », nous voulons montrer que l'esprit formaliste et méthodique est le seul susceptible d'être reconnu juridiquement légal. Dès l'instant que la loi formelle gouverne, l'esprit formaliste hérite d'un pouvoir coercitif de domination qui pousse les individus à y adhérer au risque d'être informels. Des cas n'en manquent pas d'ailleurs. Pour les actes dits informels, ils sont davantage dominés par les finalités traditionnelles.

[465] Nous ne faisons pas allusion à l'esprit rationnel puisqu'il existe partout, autant dans la traditionalité que dans la modernité. Ce qui fait la différence entre ces deux socialités reste le formalisme. Il est dissimulé dans la traditionalité et manifeste dans la modernité.

La science formelle procède encore par la méthode « des essais et des erreurs »[466]. Elle n'a pas encore le monopole de l'avenir.

L'homo senegalensis economicus a recours aux rites religieux – animistes ou divins – pour influencer le succès de son entreprise. Ceci est une preuve que l'*homo economicus* local n'a pas le monopole de l'avenir voire de la vérité des faits. Ainsi, *l'homo senegalensis* pratique à la fois le formalisme qu'il hérite de son statut *d'homo economicus* et le rituel de détermination qu'il tire de sa traditionalité. Autrement dit, les Sénégalais investissent en faisant appel à leur double condition culturelle. *Ils ont foi par expérience* en la pertinence de ces deux formes de penser, d'agir et de sentir bien que différentes.

La « riscophilie active » est le propre du bon entrepreneur. C'est le cas pour l'*homo economicus* en général, mais aussi pour l'*homo senegalensis* qu'il intègre.

Si le risque venait à décourager l'investissement chez l'*homo senegalensis*, ce serait moins dû à ses dispositions sociales qu'économiques et juridiques (capital financier et bonne conception théorique du projet). Il est donc erroné de soutenir que l'esprit traditionnel décourage l'engagement à l'investissement. L'être traditionnel ne craint pas le risque. Cette qualité est reproduite dans la constitution sociale de l'*homo senegalensis.*

Le seul facteur qui décourage la prise de risque et l'engagement à l'entreprise est le communautarisme qui procède d'un nivellement par le haut. L'individualisme, que porte l'*homo senegalensis* dans sa constitution fondamentale, hérité du formalisme occidental, est une soupape voire une occasion pour l'investissement local d'éclore.

Le marché

Le capitalisme a objectivé, pour ne pas dire rationalisé, le commerce. Cette rationalité se manifeste par le « commerce à distance, le commerce sur place portant sur des marchandises prêtes et présentes et le commerce à terme portant sur des marchandises à livrer d'après des échantillons et des modèles »[467]. La tradition locale a connu les deux premiers types de commerce. La différence entre le capitalisme et la traditionalité réside dans le fait que le premier dépersonnalise les rapports et la seconde privilégie les rapports personnels. Ainsi, dans la tradition locale le commerce à distance, qui se devait d'être objectif, s'est fondé sur des rapports religieux et ethniques.

- Le rôle de la proximité dans la reproduction du « paracapitalisme »

Le quartier, la maison familiale, les lieux de travail, la communauté familiale et associative, en somme les lieux affectifs et les liens sociaux favorisent la

---

[466] Karl Popper, *Misère de l'historicisme*, Paris, Plon, 1956, cité par Sémou Pathé Guèye, *Faillibilisme épistémologique et réformisme libéral*, 2000, p. 40-46.

[467] Werner Sombart, *op. cit.*, Tome II, p. 161.

proximité. Celle-ci, inversement favorise les relations interpersonnelles et affectives.

Qu'importe sa position, elle influe sur les affaires à travers les liens affectifs qu'elle stimule. Les entrepreneurs cherchent la proximité pour mieux développer leurs affaires. Nous avons déjà vu que le capitalisme profite de cette proximité en cherchant à se reproduire à partir du capital social. Les institutions traditionnelles aussi trouvent leur compte dans la proximité relationnelle pour se reproduire.

- Le marchandage : un langage autour du prix et une porte pour les affinités sociales

Plus présent dans l'économie du détail, le marchandage cherche à s'approprier des liens interpersonnels pour se réaliser. L'esprit capitaliste dénonce l'influence négative de ces derniers sur la transaction commerciale précisément au détriment de l'offre. Peuvent en souffrir le chiffre d'affaires et les bénéfices escomptés. Le but de l'acheteur est d'obtenir le maximum de valeurs de qualité en dépensant le moins possible. Celui du vendeur est de faire le plus gros chiffre d'affaires possible.

A priori le marchandage engage *moins* la problématique de l'asymétrie d'information parce que la valeur du produit sur le marché est suffisamment connue par celui qui achète. Au cas contraire, il en est informé à travers la rigueur du prix qui lui est présenté. Libre à lui de le croire et d'y adhérer. C'est le désir d'acquisition de la valeur de la marchandise qui motive le marchandage.

En revanche, le respect du niveau des prix n'est pas souvent observé par les vendeurs. C'est là où l'asymétrie de l'information peut surgir. Le vendeur anticipe sur la réaction du client, en imposant de manière arbitraire un prix bien supérieur à la normale. Tant mieux si celui-ci ne marchande pas. Au cas contraire, le vendeur fait de son mieux, dès lors qu'il doit revoir son prix à la baisse, afin de ne pas perdre une opportunité de vente.

Le formalisme ne favorise pas le marchandage au risque d'aller à l'encontre des affaires ou du profit du vendeur. C'est une pratique qui dévalorise la valeur du produit.

Sur le marché local dominé par l'économie du détail le marchandage peut être utile, car il est difficile de savoir à quel moment justement la vérité des prix est-elle observée. Très souvent, la clientèle face à l'offre se plie à des sentiments pour mesurer la valeur du produit afin d'y affecter subjectivement un prix et d'agréer objectivement un coût négocié.

Dans le capitalisme les prix sont déterminés à l'avance sur des normes publiques. Les agents ne négocient pas. Ils ont confiance au prix, car sa fixité intègre la convention collective. Souvent l'opportunité d'une communication ne leur est pas offerte. Dans certains milieux marchands, les prix sont affichés et les clients sont priés directement de se diriger vers la caisse pour payer. C'est de cette manière que sont codés les marchés dans les sociétés occidentales. Cependant, on trouve toujours des exceptions à la règle.

Le marchandage tente de contourner la fixité des prix et de jouer sur l'autonomie et la perspicacité individuelle. Autant chez l'acheteur que chez le vendeur, les stratégies essayent d'enclencher, dans une relation de marché et sous le prétexte de la négociation, une affinité sociale, une acceptation par l'autre à partir des appartenances sociales (famille, ethnie, religion, confrérie, paroisse, hobbies, goûts et tendances, etc.). *A priori* traditionnel, le marchandage est une occasion supplémentaire d'émergence de la dynamique individualiste au sein de la socialité traditionnelle.

- ***Les affinités sociales sur le marché***

Outre le fait que les affinités sociales pèsent sur le marchandage, elles arrivent surtout dans une économie de détail à privilégier le profit symbolique au détriment du marché économique. Dans l'espace marchand, nous relevons le phénomène selon lequel un individu en situation d'affaires prélève de sa marchandise pour en offrir gratuitement sans attendre de gain ou de profit en retour, du fait de certaines affinités sociales (parentales, amicales).

Cet état de fait nous pousse à nous demander ce qui est plus important entre l'argent dont le culte incite à la poursuite du gain ou du profit et le capital social, c'est-à-dire les affinités interpersonnelles. Il est intéressant par conséquent de voir comment la perte est représentée dans le *paracapitalisme* dès l'instant où le profit économique devient moins important que les relations interpersonnelles qui demeurent pourvoyeuses de *sutura*.

Mais avant d'évoquer le rapport à la perte, arrêtons-nous d'abord sur celui du profit afin de mieux comprendre le rapport à la première.

L'extraction du profit et accumulation de capital

Nous avons recueilli dans la ville de Dakar des individualités qui prélèvent de leur commerce pour en donner gratuitement alors qu'ils sont dans une dynamique d'investissement voire de poursuite de profit. Il s'agit d'un acte anti-capitaliste, mais qui reste bien significatif du point de vue de la traditionalité. Nous avons également rencontré hors de notre terrain d'enquête à Thiès dans le quartier Fayu 1 une étalagiste quasi connue de tous dans son petit quartier, qui vend des légumes et condiments. Cette dernière oppose un refus catégorique de vendre à toute personne qu'elle ne connaît pas et qu'elle perçoit comme étrangère au quartier. Elle agit par superstition et par fidélité à sa clientèle résidente dans son quartier, laquelle se limite à quelques maisons. Elle préfère l'assiduité des femmes de son voisinage que le passage peu probable d'acheteurs qui viendraient hors du quartier. Elle ne cherche pas par conséquent à agrandir son stock. Elle évite la mévente et conserve son petit commerce de table. La confiance et l'affectivité qu'elle développe avec sa petite communauté compensent les manques à gagner dont elle s'écarte volontairement et sauvegarde son commerce.

Dans le *paracapitalisme* cette pratique est reproduite au grand dam de l'accumulation capitaliste. Elle satisfait la finalité socioéconomique du *sutura*. Les relations interpersonnelles sont coercitives dans la poursuite du profit économique en *paracapitalisme*.

Le primat des relations interpersonnelles sur l'extraction du profit et l'accumulation de capital

La préférence des relations interpersonnelles domine souvent celle du profit économique. Il est recommandé par la sagesse sociale d'avoir une préférence pour les hommes que d'en avoir pour l'argent. Ainsi, l'argent ne devient plus la finalité dès lors qu'il sert à la reproduction des relations interpersonnelles.

En économie le profit a une valeur d'argent. Par conséquent, le profit matériel qui est une finalité du capitalisme devient un moyen en *paracapitalisme*.

Afin que le capital-argent ou le profit puisse recouvrir tout son sens, il faut qu'il soit dirigé vers les autres avec qui il est entretenu des liens affectifs pour que ces derniers dits « autres » puissent témoigner et sanctionner gracieusement l'être social sommeillant en l'entrepreneur.

Certes l'argent est utilisé pour s'auto-entretenir, mais surtout pour prendre en charge à la fois la famille, les membres de la communauté et les dignitaires religieux de la confrérie, sans lesquels le capital-argent acquis n'aurait pas de sens. C'est dans le cadre de la subsistance et du paraître que l'argent est dépensé.

La priorité accordée à l'existence sociale dans la traditionalité explique le déficit d'accumulation du profit ou du capital. Les cas d'accumulation qui y sont observés servent plus le paraître, c'est-à-dire la recherche du *sutura*.

Contrairement à la communauté calviniste[468] qui vit pour Dieu, la société traditionnelle collabore[469] avec l'esprit des aïeux ou avec celui de la nature. Elle établit des autels en leur honneur afin de recevoir leur protection et leur assistance au quotidien, surtout pour les récoltes. Les besoins végétatifs se posent au quotidien et il faut les satisfaire. La prévisibilité sociale dans la traditionalité dépend totalement de la collaboration avec les esprits et Dieu.

Le sens du lien social entre le profit et le travail

La réussite s'obtient par le mérite. Elle est le fruit du travail. De nos jours nous observons dans nos économies où le statut capitaliste est encore discutable des individualités qui réussissent en accédant à un capital monétaire et social élevé pour ne pas dire un statut social privilégié sans travailler. Cela est possible à partir des revenus passifs tirés d'investissements qui ne requièrent pas une activité pour le promoteur. L'esprit traditionnel condamne l'inactivité productive. L'esprit occidental va plus loin en convoquant une crise de moralité

[468] Max Weber, *Éthique protestante et esprit du capitalisme*, *op. cit.*

[469] On peut changer de dieu selon la puissance de l'expression divine ressentie.

lorsqu'il critique les dérives du capitalisme qui connaît une forme plus accrue du phénomène dans un secteur tertiaire de plus en plus sophistiqué.

Faire du profit sans produire du travail est un fait observable en pratique *paracapitaliste* surtout dans l'immobilier. Les économistes qualifient ce dernier secteur de rentable, mais aussi d'improductif en termes de création d'emplois. Il est effectif que les entrepreneurs, en recherchant la sécurité pour leurs investissements, versent souvent dans l'improductivité socioéconomique. Il n'y a que la rentabilité qui compte. L'entrepreneur ne pose pas d'actes inutiles. Il est de bonne guerre en capitalisme de profiter du travail des autres en ce sens que ce sont les travailleurs ou les clients qui réalisent le profit destiné à l'entrepreneur.

L'accumulation religieuse

Les religieux vivent de charité[470]. Avant de se consacrer entièrement au prêche, le marabout dit *serigne* était agriculteur, par conséquent producteur. Il s'en est désolidarisé pour confier son exploitation au talibé. Les religieux en *khalifa* (chefs de confrérie) détiennent de grandes exploitations agricoles notamment les champs du *serigne* (entre autres, exemple Khelcom pour le khalife mouride).

Les prêtres chrétiens qui incarnent un héritage occidental sont déterminés par la vie intellectuelle et scientifique. Mais la tendance monastique catholique basée à Keur Moussa et Keur Guillay pratique intensément l'agriculture, favorise un commerce et cherche profit dans les centres-villes.

- ***Le cas de l'Église locale***

Pour les religieux catholiques, le vœu de pauvreté leur est coercitif. Les diocésains[471] perçoivent leurs capitaux de donateurs occidentaux puisque le christianisme est fortement lié à l'Occident notamment à Rome, siège du catholicisme. Les dons aussi viennent de ressources locales à travers les quêtes habituelles dans les offices liturgiques et le denier de culte perçu l'an. Le clergé local également investit pour assurer son avenir. Elle détient parmi ses actes des investissements dans l'éducation, l'information, l'immobilier, le foncier et l'agriculture.

- ***Le cas des marabouts***

Les grosses fortunes auraient été faites dans les milieux maraboutiques[472]. La promesse du paradis, le besoin de prière pour développer plus les affaires, les avantages du capital social que détient le marabout incitent les fidèles à donner des dons au marabout. Leur comportement est calculé. Toutefois, à côté de leur

[470] Les ordres musulmans qui ne dépendent pas de la charité pour ne pas dire du *hadiya* dépendent de leur travail. Nous pouvons citer les chérifs. Ils sont commerçants. Ils sont moins coercitifs pour l'*homo senegalens*is. Ils sont respectés et mieux liés à la Mauritanie, c'est-à-dire aux Berbères et Maures Trarza.

[471] Des prêtres sénégalais dont la formation et la mission dépendent de l'autorité de l'évêque, à la tête du diocèse de tutelle.

[472] Samir Amin, *Le monde des affaires sénégalais*, Paris, Éditions Minuit, 1969, 208 p.

réussite ou de leur échec, le marabout accumule des richesses sans produire du travail. Il met à contribution ses prières et son capital social au bénéfice du talibé.

Nous sommes tentés de penser à un échange marchand non objectif même si les fidèles parlent de don et non de marchandise pour caractériser leur acte et ensuite d'honneur au marabout pour justifier leur comportement. Le talibé agit rationnellement. Son don est utilitariste. Il en attend prière et bénédiction. Face à ce besoin, il s'adresse à son marabout en qui il a confiance. La confiance fonde le commerce. Mais il faut qu'il soit objectivé en termes d'équivalence entre les produits à échanger. Ce qui n'est pas le cas dans le secteur religieux.

Dans les faits, la valeur de la prière ne correspond à aucune estimation monétaire précise. Pour une simple bénédiction, le talibé peut donner en retour de grosses sommes. Le montant est différent d'un talibé à un autre. Le plus offrant n'échappe pas à la sanction communautaire, laquelle est gratifiante de respect pour le donateur.

De même, le capital social qu'offre le marabout peut influer sur le marché. La mise à contribution du capital social est mieux perçue dans le milieu religieux comme une forme de solidarité destinée à aider les disciples obéissants, pieux et dévoués qui suivent le *ndigël* (la consigne religieuse) du marabout.

La compétence dans la poursuite du profit

En entreprise, seuls le gain et le profit sont en vue. Toutefois, si l'approche clientèle est décevante, la responsabilité est imputée à la compétence de l'individu, qu'elle soit moderne ou traditionnelle. Considérant l'être traditionnel privilégiant les relations interpersonnelles, la traditionalité devrait avoir énormément d'atouts pour entretenir une clientèle. La longue tradition commerciale offre une certaine crédibilité à cette qualité. Mais dans notre analyse, c'est au niveau de la production qu'il lui arrive de pécher énormément.

Le cas du véhicule *clando* du chef-lieu de Ndiaganiao qui, en pleine production – transporte sa clientèle – tombe en panne de carburant sur son trajet habituel qui pourtant n'est pas bien long, et le cas du bailleur immobilier de Colobane à Dakar qui loue sa maison en la laissant sans entretien attendant uniquement de recevoir sa paye à la fin du mois, sont des cas illustratifs que l'on rencontre en *paracapalism*e et qui s'inscrivent en faux contre les exigences capitalistes. Les plaintes de la clientèle ont toujours dénoncé une incompétence, à la limite un manque de respect à leur égard de la part de l'entrepreneur, étant donné que ses services ne sont point gratuits.

La compétence renvoie certes au savoir et à la volonté, mais aussi à la rigueur voire la rationalité, c'est-à-dire à l'organisation à travers laquelle le profit doit être poursuivi et extrait. Il faut que l'agent dispose d'une rationalité adéquate à la poursuite de la fin qu'il s'est assignée. Cela est le résultat de l'objectivation capitaliste. Même en dépit de la poussée du système économique moderne, il y a des exigences universelles qui s'imposent sur la tenue des relations économiques, de quelque bord qu'elles soient.

En effet, nous attestons que les sanctions capitalistes trouvent parfois leur équivalent dans la traditionalité locale. L'expression « *baadola ga rek* » ou « *baadola la rek* », qui prend l'équivalent en français de « pauvre type » que certains individus ont lancé pour exprimer leur mécontentement sur un bien ou service acheté et que nous relevons souvent au courant d'âpres échanges d'incivilités entre producteur et client, est révélatrice de la double nature – traditionnelle et moderne – de la sanction de l'incompétence.

- Le sens de la sanction de l'incompétence dans l'extraction du profit à travers la socialité du baadola

Le *baadola* vient de la caste traditionnelle wolof et est désigné parmi les *geers*, qui sont des agriculteurs non castés. Il atteste la distinction entre familles aristocratiques et hommes libres (*jambur*) notamment les gens du peuple, c'est-à-dire les pasteurs, les paysans, les sujets. Il est libre, mais dispose d'un pouvoir économique modeste. Par conséquent, le *baadola* est lié à une socialité économique modeste. Il est considéré en traditionalité comme étant dépourvu, au-delà du pouvoir économique, de beaucoup de qualités sociales indispensables notamment le savoir-faire technique relatif à la maîtrise d'un art et surtout du *savoir-vivre* voire de la manière d'être, collectivement voulue et perfectible en société.

De nos jours, l'expression de *baadola*, comme nous l'avons déjà dit, est encore très souvent convoquée pour qualifier l'incompétence des individus. Toute production est fondée ou débouche sur une relation sociale. Ici, l'incompétence prend la forme d'un signe d'irrespect. Étant donné qu'il y a incompétence et sentiment d'irrespect, la conscience qui sanctionne l'entrepreneur réduit l'état de celui-ci qu'elle juge déviant à une ignorance des valeurs supérieures fondant la vie en société voire en communauté.

Le *baadola* est le qualificatif social d'un être libre dont la méconnaissance des valeurs essentielles provoque sa déconsidération au regard des autres mieux pourvus en qualités sociales. Il est relatif à la hiérarchisation des valeurs en traditionalité surtout en société wolof pour faire ressortir le caractère inférieur d'un individu.

Le terme est encore utilisé dans le langage courant. Mais le recours à cette expression est symbolique et va dans le sens d'un sursaut de domination d'inspiration traditionnelle. Du fait de la discrimination sociale dont le *baadola* fit l'objet en société traditionnelle, un comportement qui se confond à cet état marginal est encore aujourd'hui déploré. À cause de ses insuffisances, cette personnalité pouvait se voir confisquer le droit à la parole dans la traditionalité wolof.

En usant du terme *baadola* pour sanctionner une incompétence, on peut faire référence à deux niveaux : l'ignorance et le dominé.

- La référence à l'ignorance s'applique au savoir-vivre et au savoir-faire. L'ignorance des valeurs de gratitude, de courtoisie, bref de respect des autres, est étiquetée au statut de *baadola* qui, du point de vue traditionnel, a certainement été vu en marge de la société en parfaite ignorance de certaines valeurs et règles de vie commune.

Cette ignorance des hautes valeurs de société mieux provoquée par l'incapacité économique induit par conséquent un état de dominé traditionnel parmi les gens libres que d'aucuns chercheraient à reproduire aujourd'hui dans un rapport social – de service marchand et non marchand ou de travail – pour apprécier de haut un acte d'incompétence.

- Il s'agit d'une tentative symbolique de domination puisque la conscience des castes est moins coercitive de nos jours. En effet, c'est une domination en valeur dans la société *paracapitaliste* qui ne repose pas cette fois sur le capital-argent, mais sur une disposition cognitive notamment la compétence et le respect qui renvoient respectivement au savoir-faire et au savoir-vivre. Dans les rapports d'aujourd'hui, il est utilisé comme une plaisanterie, mais porteuse de sens. Une plaisanterie dont l'essence repose sur des institutions traditionnelles. Le terme *baadola* n'est aucunement gratifiant. Il est réducteur et porteur d'une tentative de domination culturelle qui peut être qualifiée de passive puisqu'elle repose de nos jours sur des survivances. Il prend aujourd'hui la forme d'une sanction. Autrement dit, il est perçu comme une insulte.

Ablation sociale de la perte et de la destruction au profit de la compensation communautaire

Nous avons montré plus haut que le risque est ablati par la foi en Dieu ou aux esprits. Par conséquent, s'il y a perte, Dieu ou les esprits en seront responsabilisés. Ainsi, nous pouvons nous interroger sur le degré d'endossement de cette responsabilité par les entités invisibles.

À propos de l'homme traditionnel, le déterminisme est total. Par contre, l'*homo senegalensis* qui évolue dans le *paracapitalisme* relativise son échec et s'octroie également une part de responsabilité. Nous voulons ainsi attirer l'attention sur la manière dont l'*homo senegalensis* arrive à ablatir la perte dans sa socialité *paracapitaliste.* Dans toutes les consciences modernes comme traditionnelles, la perte est représentée comme l'équivalent de la destruction. Un bien ou un service perdu est supposé détruit. Dans le *paracapitalisme*, l'esprit de perte n'existe pas. Par conséquent, il y a un refus de destruction du bien. La communauté justifie, à travers son rôle coercitif, l'utilité sociale d'un bien destructible en lui donnant sens. De ce point de vue, il n'est point détruit, ni perdu, car réhabilité à chaque fois qu'on peut en faire usage. Autrement dit, il est toujours récupéré.

Les survivances de l'économie de subsistance et du paraître au détriment du profit

« Jaay Fondé[473] amul pertement, kusi amul sa ap benefice am si sa ap wang… » est une assertion populaire wolof qui veut dire que la vente de la bouillie rapporte des rondeurs à la commerçante à défaut de lui rapporter en profit, car il est permis de consommer l'invendu. Précisons que la bouillie au Sénégal est souvent vendue par les femmes. Cette façon de voir est exprimée dans ce petit air chantonné par les jeunes femmes sénégalaises. Le message qu'il véhicule est fort rempli de sens sur les rapports socioéconomiques au profit, à la subsistance et au paraître.

Ce message indique que la perte n'est pas bien coercitive parce que tout produit qui ne se vend pas peut être consommé par son vendeur. Ailleurs, dans une société capitaliste, les invendus sont détruits. Dans le *paracapitalisme*, la destruction est un vilain geste. Le bien est toujours rapporté au travail humain ou au bien-être des membres de la collectivité. Cette façon de sentir est un héritage de la traditionalité. Il y a toujours le fond mythique pour amener à voir dans la destruction un mal. La place du religieux dans le rapport aux ressources a encore son importance.

Photo 4 : Vendeuses de légumes sur un marché urbain : CA de Castor

Photo : Pascal Oudiane.

[473] « Commerce de la bouillie de mil », un plat local fait à base de mil, la première denrée alimentaire des peuples du Sénégal. Il est rappelé aussi qu'au Sénégal la restauration est bien prisée et monopolisée par les femmes qui, installées dans des gargotes, tiennent leur commerce.

La consommation a aussi pour fonction d'éviter la destruction des biens agricoles ou industriels et d'effacer l'idée d'une perte voire l'affront d'une mévente. Par conséquent, elle renvoie non seulement à un besoin « féminin » qui nous renverrait aux tenants de cet « air » ludique précité, mais à un « paraître » socialement partagé. Cette chanson, même si elle est frivole, traduit parfaitement la socialité locale.

Photo 5 : Vendeuse d'eau ambulante dans les artères urbaines

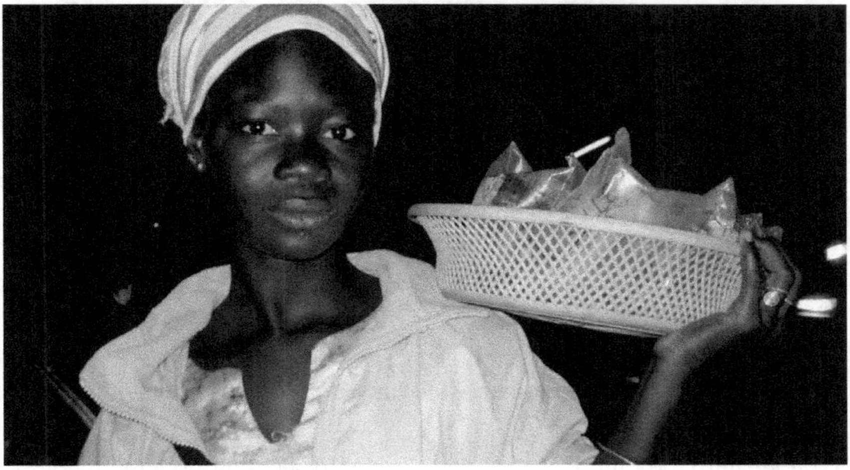

Photo : Pascal Oudiane.

Les populations ont besoin de bien paraître. Par conséquent, elles doivent consommer. Les invendus de l'entreprise sont détournés vers la consommation et non vers une destruction. De cette manière, il n'y a point de sentiment de perte qui survient. C'est la destruction qui est une perte. La consommation n'est point une perte puisqu'elle intègre une utilité et un besoin satisfait, lesquels ont une incidence humaine et sociale. Ainsi, à défaut de satisfaire au capitalisme moderne, on satisfait les institutions traditionnelles et on s'ôte de la conscience tout état de perte en faveur d'un sentiment d'accomplissement social voire de *sutura social.*

L'importance locale et l'utilité sociale de l'économie de la récupération : le refus de la poubelle

L'importance de l'économie de la récupération dans l'économie *paracapitaliste* s'expliquerait par le refus de l'esprit traditionnel de la poubelle, laquelle est perçue comme un moyen par l'esprit moderne d'évacuation de l'inutile. La vulgarisation de la poubelle, occidentalement formulée, bute sur la reproduction coercitive de la socialité agraire dans un cadre social en modernisation comme c'est le cas pour le Sénégal d'aujourd'hui.

Photo 6 : Stock urbain de marchandises de récupération : CA Plateau

Photo : Pascal Oudiane.

La réflexion de départ pour expliquer ce fait doit s'attarder sur le sens social de l'utile dans la socialité traditionnelle. Plus précisément, comment perçoit-elle au quotidien l'utile et l'inutile ?

La nourriture, produit de l'agriculture, est associée à un principe sacralisé. Il y a une sanction pour la personne qui ne la respecte pas.

Autour du bol, lors d'un repas familial, on tolère moins les pépins de riz que quelqu'un fait tomber par terre en se restaurant. En effet, la socialité traditionnelle a prévu une socialisation sur l'art de partager un repas en groupe autour d'un bol à l'intérieur de l'enceinte familiale ou à un niveau communautaire.

Du traitement social de la nourriture résultent deux sanctions possibles. La première s'abat sur la maladresse de tout individu conscient qui la « gâcherait » pour reprendre les termes justificatifs de la traditionalité et la seconde concerne sa mise en poubelle, comme il est fréquent de le constater chez la conscience moderne. Objectivement pour celle-ci, les choses y compris la nourriture dont on a plus besoin ou qui ne sont plus utiles devraient être destinées à la poubelle.

La rationalité traditionnelle ne partage pas ce dernier point de vue qui relève d'un état individualiste, à la limite égoïste selon sa perception. En effet, dans la conscience traditionnelle, ce qui n'est pas utile pour soi peut l'être pour d'autres. Il y a ainsi la coercition communautaire qui influe sur la perception sociale du besoin et de l'utilité. De ce point de vue, si le bien n'est pas ou plus utile pour soi, son utilité est encore saisissable et profitable, dès l'instant que l'on pense qu'il peut l'être pour d'autres. Ce rapport social avec l'utilité s'applique à la nourriture. En effet, l'on ne doit pas la jeter à la poubelle, parce qu'il est prétexté qu'il y a sans nul doute d'autres individus qui n'ont pas à manger et qui sont dans le besoin.

Afin d'éclairer cet acte, nous revenons sur ce que nous avons souligné plus haut à savoir la sacralité de la nourriture, pour faire remarquer que les institutions traditionnelles sont protégées par un fond mythique à tel point qu'elles sont difficilement remises en cause.

Lorsqu'une personne, ayant conscience de son caractère sacré, s'interdit de jeter la nourriture qu'elle tient entre les mains et dont elle n'a pas besoin, alors qu'objectivement elle ne voit personne à qui la donner, elle se justifie par le fait que d'autres peuvent en avoir besoin. Ainsi, elle place son acte dans une dynamique de renonciation à la déviance face à la morale coutumière. Au regret de ne pouvoir encore la garder, pour témoigner de sa « soumission formelle » à la conscience traditionnelle, elle la place quelque part bien en vue dans la nature, ou sur un mur ou dans un coin de maison selon la quantité, mais jamais dans une poubelle. D'aucuns considèrent que c'est une offrande aux animaux. Mais dans tous les cas, il s'agit d'un rejet social de la poubelle comme élément de recueil de ce qui constitue de nourriture aux hommes et qui témoigne de leur peine voire de leur travail. Les individus qui se formalisent et mettent de la nourriture à la poubelle une fois jugée inutilisable le font avec regret s'ils gardent en eux les survivances des perceptions traditionnelles qui sanctionnent le gaspillage des fruits du travail humain toujours reconnu comme doué de peine.

Il ne faudrait pas croire que l'interdiction de jeter de la nourriture dans une poubelle relève des religions révélées. Tout au contraire, elle est d'origine négro-africaine. L'acte d'un individu qui ne jette pas de la nourriture dans une poubelle peut être perçu comme un témoignage à l'esprit transcendant.

Dans la société traditionnelle, la religion est présente au quotidien. Ce n'est pas pour rien que *l'homo senegalensis* est si pieux de nos jours. Étant donné que les relations avec les institutions sont mythifiées, elle est présente à chaque expression coercitive de celles-ci. Le mythe et la religion jouent une fonction de gardiens des institutions. Le mythe a pour fonction de susciter l'adhésion par la croyance – pouvant être magique – qui de manière agrégée constitue la religion, laquelle est « une expérience subjective », mieux encore « un absolutisme d'une conviction subjective ».

Ne pas suivre les préceptes d'une institution sociale, c'est s'attirer en traditionalité la sanction religieuse, qu'elle relève de la magie ou de l'animisme. Dès l'instant où le culte religieux est associé à la sanction sociale, l'individu en cause peut subir la maladie (folie ou paralysie) ou la mort. En général, la sanction est organisée en société. Mais il peut y arriver – surtout dans les sociétés du sud du Sénégal – qu'un individu mal intentionné dans l'anonymat, non satisfait du traitement d'un accusé, se saisisse de l'occasion pour commettre un forfait maléfique ou pour satisfaire à un règlement de comptes et mettre la mort ou la maladie de l'individu qu'il aura provoquée sur le compte du mécontentement des ancêtres ou des divinités.

La sacralité de la nourriture vient de l'organisation sociale développée autour de l'agriculture. La socialité traditionnelle développe une relation symbolique avec les produits de la terre. Nous savons de l'histoire de l'humanité, plus précisément celle des religions, que l'agriculture a influé sur la conscience religieuse au néolithique, période de la révolution agricole (début de la culture et de l'élevage par la domestication d'animaux), période également où l'homme a « construit ses premières maisons, fabriqué de nouveaux outils »[474].

Les efforts pour le travail de la terre étaient incommensurables du fait des techniques primitives si peu performantes pour réaliser de grands rendements. Le rapport avec les caprices naturels était instable parce qu'il n'y avait pas une technique rationalisée de maîtrise de la pluviométrie. En effet, il y a certes des techniques traditionnelles pour empêcher ou retarder la pluie – par exemple l'emploi du charbon que l'on place au-dessus d'un mortier renversé ou le battement de tam-tam –, mais elles servent moins à la provoquer.

Dans la société traditionnelle, l'énergie déployée dans une production est inestimable. Une donne que n'a pas manqué de remarquer les esclavagistes européens qui ont perçu chez le type africain un don naturel à la résistance et une grande force pour le travail. Le colonisateur n'est pas passé outre sans s'arrêter sur ce constat d'une potentielle énergie du travail humain. Par contre, par souci de rendement économique cela ne l'a pas empêché de le substituer à la mécanisation.

Pour expliquer la sacralisation des produits de subsistance, la conscience de **la pénurie** provoquée par la sévérité du climat encore non maîtrisé, est déterminante. Tout ce que l'homme traditionnel ne maîtrise pas est mystifié. En d'autres termes, on en attribue la propriété ou la prérogative aux ancêtres, aux esprits et aux dieux.

Comme nous l'avons noté, le refus de la poubelle par l'esprit traditionnel reposerait sur un conflit culturel entre la vulgarisation de la poubelle occidentalement formulée et la reproduction de la socialité agraire dans un cadre social en modernisation. Il s'agit d'un cadre *paracapitaliste* où le marché et le profit sont mobilisés pour satisfaire à la subsistance et au paraître social qui, tels que vécus, sont des survivances de la société agraire. L'économie nationale est encore dominée par l'agriculture même s'il y a des secteurs modernes en expansion.

Il ne s'agira plus de se limiter aux produits agricoles, mais d'étendre cette considération à d'autres biens produits. Cette pensée peut être résumée de la

[474] Djénane Kareh Tager, « Quand les dieux étaient des déesses, naissance des Dieux », *Le monde des religions*, n° 28, mars-avril 2008 : « Les traces des maisons les plus archaïques ont été retrouvées à Khiam, un village sur les rives de la mer morte, qui a donné son nom à la civilisation dite khiamienne ».

manière suivante : « Tout ce qu'on peut juger inutile ne doit pas être jeté à la poubelle parce que d'autres en ont sans doute besoin ». Dans le *paracapitalisme*, cette pensée est un refus, mais dans le cadre traditionnel, elle n'en est pas un, parce qu'on ne trouve pas d'adversité voire peu de défiance à l'ordre mythique. Il y fait autorité. Le *paracapitalisme* peut être une articulation homogène entre la modernité et la tradionalité, mais peut être aussi un terrain de conflit sociétal.

Le phénomène de la récupération aujourd'hui largement pratiqué participe de ce refus de la poubelle sous prétexte de la considération – par l'homme traditionnel qui pourtant fréquente la modernité – de **la force de travail** fournie à la production, de **la pénurie** dont la traditionalité a conscience et pouvant survenir à tout moment et frapper n'importe qui et enfin de **la pensée communautariste utilitariste**.

La modernité et la traditionalité ont toutes deux conscience qu'elles ne sont pas à l'abri du besoin. La première a plus confiance en elle-même et réduit au mieux ou tout au moins totalement son vécu avec Dieu tandis que la seconde pose ses actes en renouvelant à chaque fois sa confiance au déterminisme divin.

De nos jours dans notre pays, l'économie de la friperie et de la ferraille, entre autres, qui font objet de production de récupération sont révélatrices. L'économie de récupération associe la catégorie des collecteurs péjorativement nommés en langue wolof *Bujuman* qui travaillent dans les décharges, visitent les dépôts sauvages et les poubelles domestiques en attente sur les rues du passage des éboueurs que l'on nomme aussi dans le jargon administratif des techniciens de surface. Le projet moderniste d'alternative à la décharge à ciel ouvert qui va relier la déchèterie à l'enfouissement - pour la préservation environnementale et pour des questions de santé publique – va bouleverser le marché de ce type de récupération et l'équilibre des ménages qui s'y activent.

En somme ce dont les autres n'ont pas besoin, des entrepreneurs locaux trouvent le moyen d'en faire des affaires et d'en vivre. Certains biens sont collectés depuis les pays occidentaux mieux développés et importés pour servir à un commerce. D'autres produits sont localement issus de la récupération de biens destinés au départ à la destruction. Si la modernité rejette ce dont elle n'a plus besoin, la socialité traditionnelle et *paracapitaliste* le récupère.

La récupération doit être considérée comme une intelligence de la socialité traditionnelle et non comme une tare. Elle rend utile ce que la modernité pense ne pas être utile grâce à sa conscience communautaire et productive, qui dans son ensemble renferme une portée humaine. Et cela au moment où la modernité se déshumanise au profit de l'effectivité. La modernité a peu le sens de la communauté. Elle est individualiste et fournit moins d'énergie physique dans la production. Elle utilise la machine pour concevoir et produire. Elle s'empresse – par la vitesse qui la détermine – de substituer un bien à un autre, puisqu'elle ne lie aucune affectivité à la « chose » (elle chosifie son objet) qu'elle appréhende et fabrique pour accroître l'économie de consommation sur laquelle elle se fonde. Elle reproduit l'économie de marché. La vitesse qui s'impose sous le seau de la concurrence détermine le remplacement des biens par extension la présence de l'offre. Cela accentue chez elle la nécessité de la destruction, laquelle est par contre productive ; c'est-à-dire la machine capitaliste ne cesse de reproduire ce qu'elle a détruit voire même mieux par le canal de l'innovation.

L'importance des professions intermédiaires

Les professions intermédiaires comprennent, entre autres, les rabatteurs, les courtiers, les marchands ambulants. Elles sont présentes dans le commerce de marchandises, dans les services de transport et de l'immobilier. Elles sont quasiment dans tous les secteurs où l'opportunité de gain et de profit se présente. Elles ont aussi, comme on pouvait s'y attendre, des antécédents historiques.

Photo 7 : Rabatteurs urbains dans le secteur du transport : CA Colobane-Fass-Gueule Tapée

Photo : Pascal Oudiane.

Dans le Sénégal colonial, les traitants étaient considérés comme des intermédiaires entre les négociants et la clientèle, c'est-à-dire le peuple. Ils étaient appelés commerçants parce qu'ils ne payaient pas de patentes et n'achetaient pas de marchandises. Ils en recevaient simplement du négociant qui les mandatait afin de pouvoir vendre ses produits.

Le choix des commerçants européens d'exploiter les vendeurs autochtones était expliqué par le fait que ceux-ci permettaient aux marchandises d'accéder aux zones dont l'accès leur était quasiment impossible. Les autochtones maîtrisaient la région mieux qu'eux, étrangers. La mobilité de la vente était donc effective. De ce point de vue, la vente ambulante empiriquement observée de nos jours peut s'expliquer.

Aujourd'hui, on voit encore la vente ambulante surtout dans la ville de Dakar devant les boutiques des Libano-Syriens ou de celles des grossistes autochtones.

Avec le développement de secteurs d'exploitation modernes, les opportunités traditionnelles resurgissent.

L'activité professionnelle intermédiaire est une reproduction traditionnelle. Elle concernait jadis les autochtones du Sénégal en quête de monnaie et de collaboration avec les maisons de commerce des négociants européens. De nos jours, la conscience sociale des plus démunis recourt à cette pratique. Elle reproduit de cette manière une forme parfois traditionnelle qui est la vente au détail. Cette technique est encore effective en zone rurale comme urbaine. Elle favorise le modeste pouvoir d'achat et répond parfaitement bien au niveau socioéconomique du pays.

CHAPITRE 5

LA RATIONALITÉ CAPITALISTE ET SA PÉNÉTRATION AU SÉNÉGAL

I. L'INVESTISSEMENT EN SOCIALITÉ MODERNE : DE LA COERCITION INSTITUTIONNELLE AU SENS DE L'INVESTISSEMENT EN CAPITALISME

1. Les institutions coercitives dans la socialité modernisante : les exigences du capitalisme et de la société formelle et utilitariste

La coercition capitaliste

Le capitalisme, tel qu'il est pratiqué aujourd'hui, de même que l'urbanité, telle qu'elle est vécue, ne sont pas une invention des populations africaines encore moins sénégalaises. Il s'agit d'un « fait historique » qui est aussi une « manifestation civilisatrice » [475] imposant une coercition culturelle sur l'économie moderne. Il constitue l'expression la plus caractéristique de l'esprit européen, d'après W.Sombart. C'est un « individu »[476]. Il est lié à la civilisation urbaine qui, rompant avec la ruralité, fief de la traditionalité, est « caractérisée par une crise de la personnalité individuelle résultant d'un excès des stimulations auxquelles sont soumis les individus ; ceux-ci se protègent en limitant leur engagement dans leurs différents rôles sociaux »[477]. La ville intensifie les échanges et instaure l'économie de marché. Le sens de la critique, ceux de l'organisation et du calcul se sont mieux développés en ville qu'ailleurs. Les cités ont existé en Afrique de l'Ouest, mais n'étaient pas du même niveau que les cités occidentales dont les traits et caractères nous ont été apportés.

Les déterminants de l'investissement capitaliste

Les déterminants de l'investissement capitaliste favorisent des relations impersonnelles. Le capitalisme a déshumanisé le fondement entrepreneurial. Seules les relations professionnelles sont privilégiées en affaires. Seule compte la poursuite de l'intérêt. Les relations sont caractérisées par l'application constante de l'effectivité.

L'administration publique

L'État libéral privilégie la promotion de l'individualisme en termes de droits et libertés individuelles. Les aspirations populaires ne s'écartent pas non plus de la dynamique citoyenne. Elles sont portées en effet vers le bien-être du citoyen.

---

[475] Werner Sombart, *L'apogée du capitalisme*, Paris, Payot, Tome II, 1932, p. 524-525.

[476] *Ibid.*

[477] Danielle Bleitrach et Georges Granai, dans « Psychosociologie de la ville », *Encyclopaedia Universalis*, 2009.

Toutefois, pour le Sénégal qui a hérité son État de l'administration coloniale, cette orientation sociale n'est pas le fruit de la volonté populaire, mais l'œuvre du colonialisme qui l'a introduit dans les sociétés traditionnelles provoquant en conséquence un bouleversement structurel. Depuis lors, l'État sénégalais s'inscrit dans l'ordre capitaliste, lequel institutionnalise les idéaux de liberté et de réglementation.

- ***L'idéologie de la liberté et du libéralisme***

En capitalisme, l'action est rapportée à la liberté. Tous les actes du capitalisme renvoient au désir de retrouver la liberté au prix de s'isoler des autres comme qui dirait de la société. D'aucuns prétendent qu'il s'agit là d'une utopie, car il est impossible d'être en société et de s'en isoler sans épouser la déviance ou la marginalité. De ce point de vue, vivre en société suppose de supporter la rigueur de la détermination.

Paul Ricœur nous oriente en nous faisant remarquer que dans « liberté », on rencontre les mots « norme », « loi », « institution », « pouvoir politique ». Pour lui, la question ontologique sur l'être de la liberté que soulève la philosophie fondamentale place le mot « liberté » dans un autre champ de notions, où l'on rencontre des expressions telles que « causalité », « nécessité », « déterminisme », etc., lesquelles concernent toutes des modes d'être.

À notre sens, le fait de poursuivre la liberté rend moins libre. On devient esclave de soi-même, de ses idées que l'on croit pourtant développer de soi-même, mais que l'on reçoit à travers les institutions.

Le « second discours » sur l'action libre d'Emmanuel Kant contredit l'action libre en elle-même en affirmant qu'elle n'en est pas une, en réalité. Pour lui, les notions de devoir et de loi déterminent ce qu'il appelle la volonté objective. La volonté subjective est conditionnée certes encore par le devoir, mais par le désir et non la loi, cette fois.

Le désir d'humaniser et de protéger l'individu procède d'une réglementation des rapports économiques surtout des marchés notamment du travail, des marchandises et des capitaux. L'administration publique favorise la liberté d'acquisition, d'héritage, de droit d'usage, de conservation du patrimoine, de poursuite d'une activité lucrative ou professionnelle, de collaborer par contrat, de contracter des dettes, etc.

- ***La réglementation***

L'organisation et la protection de la vie économique impliquent la mise en place d'un système rationnel monétaire et d'émission de billet de banque, mais aussi législatif pour arbitrer les divergences d'intérêt et décourager un certain lot d'opportunismes.

La recherche d'un marché libre et concurrentiel et la liberté que détient l'agent économique remet sur la table la question de l'interventionnisme de l'État. La récente crise de 2009, partie des *subprimes* aux USA, a favorisé des mesures importantes de relance économique de la part des États. L'État du

Sénégal ne s'est jamais privé d'intervenir sur le marché. Il est présent en entreprise, garde son statut public et influe sur le vécu économique des ménages par le biais des politiques sectorielles relatives au développement du secteur privé. La promotion des marchés de capitaux, en l'occurrence, le micro-crédit, est fort révélatrice de la détermination qu'exerce le capitalisme sur les ménages et les pousse à investir. La perceptibilité des avantages les incite à l'investissement.

L'entreprise et le ménage sous la contrainte capitaliste

La gouvernance de l'État connaît un impact avéré sur l'entreprenariat de l'entreprise et du ménage par la réglementation de la vie économique et ses investissements. L'organisation formelle est une expression capitaliste et reste le caractère principal de l'entreprise. Les actes économiques du ménage peuvent être un préalable à cette forme d'entreprise dite rationalisée, comme l'a prétendu Max Weber. Pour cela, il est souvent exigé de lui une déshumanisation de ses relations et procédures et de les porter vers le culte exclusif du profit à partir d'un niveau critique d'organisation et de rationalité relatif à la production et au comportement marchand.

- L'âge

Dans l'entreprise douée d'une personnalité morale, il n'y a pas d'équivoque sur l'imposition de la majorité d'âge pour entrer en production et décider de l'investissement.

L'âge est aussi important chez un entrepreneur que chez un cadre salarié en entreprise. Considéré dans sa floraison, il garantit une certaine maturité relationnelle et affairiste. Dans l'entreprise douée d'une personnalité morale, il faut être majeur pour être admis à la production. En outre, pour créer une entreprise, il est requis un certain âge. La précocité intellectuelle ou technologique portée par le génie humain ne supplante pas la réglementation capitaliste du travail. Le contraire serait en porte à faux avec la loi donc pénalisant. Si l'État légifère sur les conditions du travail, il ne peut le faire sur celles relatives à l'exercice de l'encadrement supérieur qui dépend plus du savoir, du talent et de l'expérience de l'exécutant. Mais par la rationalisation du savoir et du savoir-faire sur la base de la conception d'un curricula transférable par le biais de la formation des individus, il contribue à mettre dans l'espace public une référence sociale dont la non-observance entraîne une sanction sociale qui n'est ni pénale ni civile, pour utiliser le jargon juridique. Elle se manifeste par l'échec économique de l'entreprise et l'échec social de l'entrepreneur – en cas de non-respect des termes de compétence de l'encadrement supérieur – en exercice dans l'entreprise formelle et structurée.

N'est pas *cadre* qui veut. C'est une sphère formelle qui résiste à toute traditionalité. La déshumanisation de l'esprit d'entreprise favorise une culture fondée exclusivement sur la poursuite permanente du profit. Ni la religion ni l'ethnie et encore moins les castes ne sont coercitives dans les mécanismes internes de production capitaliste.

Il y a un rapport certain entre l'âge et la formation dans la production structurée et un tel rapport repose sur une professionnalisation en accord avec le droit du travail et une formation de niveau supérieur garantie par l'État pour le statut de cadre.

La majorité est atteinte en poursuivant un cursus de formation supérieure, ticket pour les fonctions d'encadrement supérieur en entreprise. On retrouve les cadres chez les individus de [25 ans et + [. La pratique de l'entreprise au sens capitaliste impose un certain niveau d'instruction pour faciliter chez l'entrepreneur l'exercice de la gouvernance scientifique de l'entreprise. À défaut de formation, beaucoup d'entrepreneurs au Sénégal recourent aux services salariés de cadres pour assurer à leur profit la direction totale ou partielle de leurs entreprises[478].

- L'instruction

L'entreprise a besoin d'un savoir-faire pour se projeter vers le marché. De ce point de vue, il faut organiser le savoir et promouvoir l'instruction par la formation. Elles épousent les contours structurels et temporels. Ce qui leur donne une forme particulière en modernité.

Graphique 10 : Répartition des individus actifs en ménage à Dakar en fonction de leur niveau d'instruction

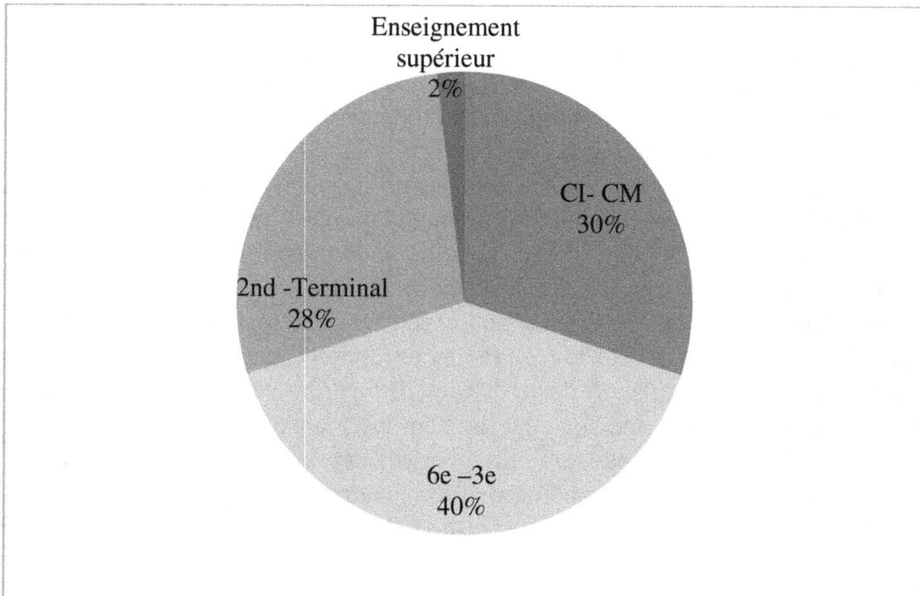

Enquête personnelle en milieu urbain.

[478] Les exemples des entrepreneurs non diplômés Serigne Mboup PDG de CCBM et Youssou Ndour PDG du Groupe Futur Média, entre autres, sont révélateurs de ce constat.

Les citadins sont mieux portés vers l'instruction occidentalo-méthodique que les villageois qui accèdent moins – depuis leur résidence – à un enseignement de qualité. Par contre, même en milieu urbain, l'effectif des instruits du supérieur est faible chez les petits entrepreneurs qui utilisent les revenus de leur ménage. Le niveau économique du pays et le rôle de la traditionalité expliquent cet état de fait.

- L'économie du marché et l'attachement à l'exploitation du capital

Au-delà de l'âge et de l'instruction, l'économie du marché et l'attachement à l'exploitation du capital sont déterminants dans l'entreprise capitaliste.

Dans l'économie du marché, l'entrepreneur est déterminé par ces quatre facteurs que l'on appelle la concurrence[479], la rentabilité financière[480], le contrat[481] et la contrainte des prix[482].

Le capitalisme impose une grande dépendance au Capital (argent, patrimoine et ressources humaines) qui est la clé de l'accumulation économique. Le travail est mobilisé pour former, reproduire et accumuler du capital.

Dans cette perspective d'exploitation du capital, la scientificité et la technicité se sont grandement développées et déterminent le procès capitaliste. De ce point de vue, la calculabilité qui est un « enregistrement systématique numérique » et la prévisibilité se sont développées entraînant une élévation du rythme et du volume de production. Le temps à travers la détermination de la vitesse impacte le comportement capitaliste.

Ces déterminants du procès capitaliste s'accentuent dans l'espace urbain – si l'on considère l'histoire du capitalisme occidental – et orientent présentement le sens de l'investissement en capitalisme.

En récapitulatif, la concurrence, la rentabilité financière, le contrat, la contrainte des prix, le travail, la scientificité et la technicité, le temps et la ville participent de l'efficience de l'économie du marché et de l'exploitation du capital.

---

479 « En ville tout le monde est commerçant et calculateur. Chaque agent pensant se défendre de l'opportunisme de l'autre, renforce ses moyens et maximise ses chances de succès en cherchant l'exclusivité de la meilleure offre en marchandise ou en service et la meilleure technique de marketing ».

480 « L'importance de l'argent dans la société capitaliste crée une hantise chez l'individu de la pauvreté ou de la perte de richesses. Ainsi, toute entreprise initiée par le ménage ou par une entreprise cherche la rentabilité qui est la matérialité du succès. Selon Madeleine Grawitz la rentabilité monétaire « n'exige pas forcément une production maximum. Une grande marge de profit sur la vente de quelques produits chers, peut assurer une meilleure rentabilité, que de faibles marges sur de nombreux produits peu coûteux ».

481 Si l'on en croit Sombart, les affaires se négociaient verbalement « les yeux dans les yeux et main dans la main ». C'est avec la montée du capitalisme que le contrat a été institué pour dépersonnaliser les rapports d'affaires surtout de négociation. Dépersonnaliser le contrat règle les relations de travail, de crédit, des marchandises et services.

482 Dans l'histoire économique de l'Europe, c'est le commerce de distance au XIXe siècle qui impose la fixation des prix.

2. Le sens de l'investissement dans l'activité capitaliste

a. L'espace urbain : une socialité modernisante

Révolution industrielle, villes industrielles[483], rupture avec le monde villageois, modification des conditions de travail sont autant de faits qui ont contribué à justifier l'apparition de la sociologie[484]. D'autres y rajoutent même le colonialisme comme autre motif[485]. Dans la modernité, selon la pensée wébérienne, les actions sont porteuses de sens. Elles se rapportent à un but, à des valeurs, à des passions…[486].

Constatons qu'en zone urbaine, les entrepreneurs, *managers ou propriétaires* enquêtés au sein de leur entreprise d'exercice ont tous insisté sur la valeur du profit, c'est-à-dire l'importance du désir d'acquisition de la richesse à travers les investissements réalisés. En entreprise, tout le monde convient que « plus on investit, mieux on a des chances de s'enrichir ». À l'unanimité, le comportement d'investissement est synonyme de réussite. Les agents de l'administration enquêtés en milieu urbain sont également à 100 % pour le profit lorsqu'ils veulent donner un justificatif idéologique à leur investissement. Quant aux ménages interviewés dans cette zone, ils ne se limitent pas seulement au profit à acquérir pour justifier leur investissement. Ils parlent de « réussite sociale » et le sens qu'ils donnent à leur propos dépasse le profit en tant que tel. Ce qui par conséquent rend les choses plus complexes à leur niveau, mais aussi plus intéressantes pour notre étude et pour laquelle nous pouvons présentement souligner que l'importance du profit est présente en priorité dans toutes les unités de production visitées en territoire urbain.

Remarquons aussi que les agents investissent, outre les coûts de production, en fonction des opportunités. Autrement dit, il faut déceler un besoin pour qu'un investissement puisse être envisagé. Le besoin conscient peut être autonome[487], hétéronome[488], rationnel,[489] mais aussi collectif[490], massif[491] et spéculatif[492].

---

[483] Dans les sociétés industrielles, l'essaimage des villes sur des territoires de plus en plus vastes (conurbations) et la généralisation des modes de vie urbains ont rendu synonymes les deux expressions de « civilisation industrielle » et de « civilisation urbaine » selon Danielle Bleitrach et Georges Granai dans « Psychosociologie de la ville », *Encyclopaedia Unversalis*, 2009.

[484] Robert A. Nisbet (1984), cité par Natalie Rigaux, *Introduction à la sociologie par sept grands auteurs*, Bruxelles, De boeck, 2008, p. 113.

[485] Natalie Rigaux, *ibid.*

[486] Max Weber, *ibid.*

[487] Le besoin est autonome lorsque la personne intéressée impose elle-même les limites quantitatives et qualitatives, selon Werner Sombart, *op. cit.*, p. 16.

[488] Le besoin est hétéronome quand les limites quantitatives et qualitatives sont imposées à la personne intéressée par une autre personne, selon Werner Sombart, *ibid.*

[489] Un besoin est rationnel lorsque par sa quantité et sa qualité, il est conforme à une fin déterminée. La finalité peut être seulement subjective ; dans ce cas, le besoin correspond à un plan. Il est objectif lorsqu'il correspond à une fin extérieure. *Cf.* Werner Sombart, *ibid.*

[490] Besoin d'un groupe social. *Cf.* Werner Sombart, *ibid.* p. 18.

Ferdinand Tonnies (1885-1936), en convoquant le concept de société (Gesellschaft) pour désigner la modernité en son temps comme une chose nouvelle[493], avance qu'elle est une association volontaire de commerçants, c'est-à-dire que « chacun est commerçant »[494].

Les moyens dominent sur les finalités et les valeurs. C'est « l'éclipse des fins » pour parodier Charles Taylor[495]. L'efficacité de l'action est constamment cherchée dans la modernité. C'est le primat du bien matériel sur toutes autres formes de valeurs et de finalité.

Karl Marx parle de domination rationnelle légale[496] qui s'appuie sur l'administration bureaucratique[497], qui est aussi le domaine d'application des fonctionnaires. Nisbet parle de raison organisationnelle. L'*homo modernus* sépare l'économique du social[498].

Les individus sont indépendants les uns vis-à-vis des autres et poursuivent constamment leurs intérêts qui souvent sont différents. « Personne ne fera quelque chose pour les autres, personne ne voudra accorder ou donner quelque chose à un autre, si ce n'est en échange d'un service ou d'un don estimé au moins équivalent au sien. Il est même nécessaire que don ou service lui soient plus utiles... »[499] Avec la modernité, l'individu perd sa vie, son monde et se perd lui-même.

---

491 Existe à chaque fois qu'un grand nombre d'hommes éprouvent le besoin de certaines catégories de biens. *Cf.* Werner Sombart, *ibid.*, p. 19.

492 Besoin dont l'emploi n'existe pas encore. *Cf.* Werner Sombart, *ibid.*, p. 20.

493 Ferdinand Tonnies, *Communauté et société*, Paris, 1977, p. 49.

494 Adam Smith, cité par F. Tonnies, *ibid.*, p. 92.

495 Charles Taylor, *Malaise de la modernité,* Paris, Éd. Cerf, « coll. Humanité », 2002, 125 p.

496 C'est une forme de domination impersonnelle basée sur des règles qui imposent l'égalité à tous et le contrôle du pouvoir du chef, mais aussi l'autorité, la hiérarchie et l'obéissance découlant de la raison organisationnelle pour parodier Nisbet (p. 181).

497 En rapport avec la division du travail, elle repose sur :

- *la spécialisation des fonctions. Parce que l'organisation impose la coopération entre les individus. Dès lors, le savoir devient un impératif. C'est à travers les diplômes que l'on domine.*
- *La dépersonnalisation du pouvoir. Ne jamais s'engager personnellement dans les affaires que l'on traite, reste la vertu. L'individu est appelé à exécuter sa fonction et non ses souhaits.*
- *La formalisation du pouvoir. Elle vise une libre circulation de l'information, une hiérarchie professionnelle, les recrutements sur concours et les avancements.*

498 Latour (1991), cité par Henry Alain, « Entreprises modernes, entreprises métisses », dans *Entreprise et entrepreneurs africains*, sous la direction de Stephen Ellis et Yves A. Fauré, Karthala-Orstom, 1995, p.184.

499 Ferdinand Tonnies, *op. cit.*, p. 81, cité par Natalie Rigaux, *Introduction à la sociologie par sept grands auteurs*, Bruxelles, De boeck, 2008, p. 122.

b. Les raisons subjectives à la construction de l'investissement capitaliste : la maximisation utilitariste comme toile de fond

Le profit constitue la raison d'être des entreprises modernes. La société est arrivée au stade où le profit est érigé en valeur essentielle[500]. Nous pouvons même parler de la civilisation du profit.

Les exigences subjectives inhérentes au culte du profit et ses corollaires

La logique de « maximisation des profits et de minimisation des coûts »[501] a fait prévaloir le désir d'acquérir et de dominer, l'espace de la ville et l'individualisme – facteur participant de la personnalité urbaine de même que l'agressivité et le peu de participation à la vie sociale – le renforcement de l'aspect concurrentiel des rapports entre individus[502], le primat du temps et le diktat de la vitesse[503].

- ***Le bien-être ou le mieux-être***

L'individu cherche une performance dans son être intérieur (psychique et biologique) et extérieur (social). Le bien-être est une maximisation des sentiments de satisfaction en termes de besoins, lesquels sont orientés dans un contexte de modernisation vers la sophistication. Le bien-être est par conséquent quantitativement représenté par le mieux-être.

La pensée économique développe et distingue le bien-être individuel du bien-être collectif. Le dernier se soldant dans la vision mercantiliste par l'agrégation du bien-être de chaque individu.

Outre le profit, l'entrepreneur peut rechercher l'accès au pouvoir économique dans le cadre du marché ou l'utilité générale, s'il se place dans une posture collectiviste notamment d'État.

Par la recherche de la propriété économique et de son accumulation, l'administration publique et les agents en ménage suscitent un intérêt pour le bien-être, synonyme supposé de bonheur. La première s'en est fait un devoir

---

500 Les travaux de Weber nous apprennent beaucoup à partir de la rationalisation culturelle de la dépersonnalisation qui aboutit à une rationalisation sociale. L'intérêt de la référence à l'affinité élective est qu'avec le temps l'esprit capitaliste se désolidarise de l'éthique protestante pour s'allier à l'utilitarisme. Ce qui révèle des interactions durables qui se sont établies à la fin du XVIIe siècle entre la sphère économique qui polarise le culte de l'intérêt et la sphère religieuse pourvoyeuse d'idées et de morale.

501 Ahmadou Lô Guèye, « L'économie est-elle redevable de la sociologie ? », dans *Revue sénégalaise de Sociologie*, n°[s] 4-5, janvier 2000-2001, p. 28-29.

502 L. Wirth, "Urbanism as a way of life", *in American Journal of Sociology*, vol. XLIV, juillet 1938, cité par Danielle Bleitrach et Georges Granai, « Psychosociologie de la ville », dans *Encyclopédia Universalis*, 2009.

503 La vie s'est accélérée. Tout doit être rapide même la blanchisserie, la photographie et les services de restaurant. Les individus marchent rapidement. L'avènement de la machine y aide énormément pour satisfaire à la rapidité : la voiture, le train et les avions pour le transport, l'industrie pour la production, la télégraphie et la sténographie pour assurer une rapidité dans la communication, dans Werner Sombart, *op. cit.*

vis-à-vis des citoyens, tandis que les seconds le placent au sommet de la réussite sociale.

Le bien est une précondition à l'existence en société moderne. Autrement dit, pour exister, il faut acquérir un bien. Il faut passer par le marché pour vivre en société. Tout est à vendre parce que « chacun est commerçant » pour Adam Smith. Par ailleurs, le rapport à l'objet permet le progrès matériel. Les échanges portent sur « les objets visibles et matériels »[504]. La dimension morale concerne l'individu humain et l'objet qu'il vise dans la recherche du Bonheur[505].

Les entrepreneurs ou managers rencontrés lors de nos enquêtes déclarent se concentrer sur l'accumulation *économique* dans la mesure où l'existence de leur entreprise est justifiée par l'acquisition d'argent. Les aspects utilitaires sont à adjoindre aux actes individuels ou collectifs destinés à procurer du bien-être. L'investissement est source de *richesses économiques*. Mais sur la base de la culture individualiste et du calcul, le *bien-être économique* est repris en société capitaliste pour traduire le *bien-être social.*

Dans nos enquêtes, nous avons aussi côtoyé des ménages qui posaient des investissements pour exclusivement poursuivre le profit, avec lequel ils pensent réussir leur vie. Nous pensons qu'il s'agit d'un état socioéconomique qui motive puisque le capital économique est transformé en capital social. Néanmoins, les acteurs restent bien nuancés sur le sens à assigner au concept de réussite sociale. Les ménages à l'unanimité déclarent que le comportement d'investissement est synonyme de réussite sociale. Les agents en ménage octroient à celle-ci un sens particulier qui ne se limite pas seulement à l'accès au profit. La réussite est l'équivalent de la réalisation sociale chez les individus. Le profit n'est qu'un moyen à ladite réalisation qui peut paraître fort complexe.

*

C'est par le condensé des notions de liberté et d'action que l'investissement capitaliste retrouve une certaine plénitude. En modernité, l'action qui le supporte paraît plus libre que déterminée. Elle se veut « intentionnelle », « motivée », « projetée », « décidée », « imputable à quelqu'un »[506].

Nous pouvons conclure que l'investissement capitaliste est donc une action librement consentie motivée par le profit ou le bien-être économique. Il se veut anticipatoire de l'avenir afin de garantir un équilibre des affaires ou même parfois existentiel. Il se décide en fonction des informations que l'on peut obtenir tout en sachant qu'elles peuvent conduire, du fait de leur insuffisance, à une rationalité limitée. Enfin il responsabilise l'agent économique. Ainsi constaté, il couvre les dimensions subjective et objective.

---

[504] M. Grawitz, *Lexique des sciences sociales*, Paris, Dalloz, 8e édition, 2004, p. 94.

[505] François Bourricaud, Rapport entre l'autonomie et le bonheur aristotélicien, dans « Le contrat social, l'autonomie », *Encyclopaedia Universalis*, 2009.

[506] Paul Ricœur, *op. cit.*

c. Les moyens objectifs à l'investissement capitaliste

Le premier moyen objectif d'investissement est la liberté de l'agent qui doit faire face à des motifs qui lui sont propres et à des contraintes qui lui sont extérieures. Effectivement, « il n'y a des projets que parce qu'il y a des motifs et il n'y a des décisions que parce qu'il y a des calculs »[507]. Rappelons que les calculs se font en fonction des moyens et des fins. En outre, toute décision a un motif. De ce point de vue, « on décide quelque chose, mais on le décide en raison de… »[508].

Ensuite, il importe de prêter une attention au procès d'objectivation du profit à travers l'applicabilité de l'effectivité. L'objectivation relève du calcul qui se fait en adéquation avec la compatibilité entre les motifs et l'objet. Chez l'agent économique, il est appliqué la logique de « la maximisation des profits et de la minimisation des coûts »[509]. Il s'agit de rationalisme.

- Le rationalisme

Le rationalisme a été à l'origine de l'intensification de la volonté d'entreprise voire de la libération de l'énergie économique chez les individus tel que l'ont reconnu beaucoup d'intellectuels. Sombart parle d'objectivation du désir du gain pour faire allusion à la médiatisation de la fin subjective de l'entrepreneur capitaliste dans l'entreprise capitaliste[510].

La manière de concevoir et de poursuivre les fins est soumise à une certaine rigueur voire une logique formelle qui suppose un agencement régulier des opérations intellectuelles. Autrement dit, toute action est soumise à une organisation. Les connaissances acquises du mode organisationnel construisent et renforcent le statut professionnel de l'agent. Si le capitalisme s'est répandu dans le monde, c'est grâce à l'objectivation du rationalisme économique qui lui permet d'être transmissible en tant que savoir. Les méthodes rationnelles destinées à assurer le rendement maximal sont mues en un système qui repose sur des règles de conduite rationnelle. En somme, les méthodes rationnelles font désormais système et sont devenues transmissibles. C'est ainsi que « l'entrepreneur achète ce rationalisme économique et l'installe dans son entreprise comme un mécanisme d'horlogerie »[511]. Ce même rationalisme est séparé du propriétaire-entrepreneur ou du gestionnaire. Ils ne font pas corps. Le second s'en approprie gérer son entreprise.

- *La monétarisation des relations sociales*

La monétarisation des relations sociales, en particulier économique, est un fait de l'esprit formel, calculateur et utilitariste. Si la liberté individuelle

---

507 *Ibid.*
508 *Ibid.*
509 Ahmadou Lô Guèye, « L'économie est-elle redevable de sociologie ? », *op. cit.*
510 Werner Sombart, *L'apogée du capitalisme*, Tome I, *op. cit.*, p. 56.
511 Werner Sombart, *ibid.*, p. 57.

comporte une dépersonnalisation des relations, la monnaie est personnalisée[512]. Ce qui lui donne des fonctions officielles. Nous sommes en effet en présence d'une économie monétaire.

Au-delà du rationalisme et de la monnaie, il y a comme moyen objectif à l'investissement capitaliste *l'urbanité*[513], *la bureaucratie* et le *management scientifique de l'entreprise*[514] – répondant de l'avènement de la machine[515], des industries mécaniques[516], et chimiques[517] – qui participent aussi de l'objectivation du but capitaliste.

Les moyens de l'esprit individuel : le secteur privé

Les postulats instrumentaux contributifs au sens de l'entreprise

- La liberté de choix et l'engagement

La liberté permet la réalisation de soi voire *l'authenticité*[518]. Il est rapporté, même si nous ne sommes pas tout à fait d'accord, que les individus libres sont hors de la société et de « l'univers marchand »[519]. Mais le plus fondamental dans la liberté en question, c'est d'assumer ses engagements. C'est une façon par conséquent de se rapporter aux autres et à soi-même. L'engagement a un caractère anticipateur. Il intègre la structure de la temporalité et celle de la liberté. Il se place au centre de l'investissement et traduit à la fois l'implication[520], la responsabilité[521] et le rapport à l'avenir[522].

---

512 Viviana Zelizer, *La Signification sociale de l'argent*, 2005, cité par Frédéric Lebaron, « Nature et définition de la sociologie économique », *Encyclopédia Universalis*, 2009.

513 Werner Sombart, *ibid.* : « La ville a permis aux technocrates de produire. L'intellectualisme, en plus du rationalisme et des habitudes du calcul, s'est développé dans les villes. Elle (la ville) a favorisé la production et le commerce à grande échelle notamment avec le développement de l'industrie et de la communication notamment en Occident dans la télégraphie, le chemin de fer, le transport en bateau, etc. ». La ville est un grand marché parce qu'elle centralise les plus grands besoins et d'ailleurs les plus sophistiqués.

514 Werner Sombart, *ibid.* : « Les valeurs sont objectivées, chosifiées, dépersonnalisées et s'appuient sur le rendement de *l'individu* qui émerge et fait preuve de son ingéniosité scientifique, de sa déshumanisation et de son utilitarisme prononcé ».

515 Werner Sombart, *ibid.* : « Le processus économique est devenu une machine qui fonctionne de manière indépendante, capable de fournir le rendement le plus élevé, ne tenant aucun compte des limites imposées par le temps et l'espace, par le pouvoir et le vouloir individuel. Chacun, y compris l'entrepreneur, s'y trouve incorporé, malgré lui. La terre entière est recouverte d'innombrables usines, organisées d'après un système identique et poursuivant tout un but identique : la réalisation de bénéfices. Tout hasard, toute variété individuelle et nationale sont éliminés. Dans le monde des chiffres règnent l'uniformité, la nécessité, l'unité ».

516 L 'Angleterre exploite la mécanique dans les entreprises agricoles dès le XVIIIe siècle. Elle est la première dans le domaine, selon Sombart.

517 Le premier pays à la pratiquer est l'Allemagne.

518 Natalie Rigaux, *op. cit.*

519 Arrow-Debreu, dans Nicolas Postel, *op. cit.*

520 M. Grawitz *op. cit.* p. 218., fait savoir qu'en latin, implication vient de « *plicare* », c'est-à-dire plier et « *in* », c'est-à-dire « dans ». L'implication suppose une acceptation des

La vertu de l'engagement est « d'empêcher un enfermement de l'existence dans un cercle de fatalité », de prendre conscience des menaces permanentes et « de maintenir en somme l'existence ouverte sur son avenir ». C'est dans ce sens que nous avons soutenu plus haut qu'investir, c'est vivre, mais aussi, c'est être en société.

Ainsi, nous disons qu'une société sans idéaux, sans valeur n'aura jamais par conséquent d'engagement et donc d'investissement. Il n'est plus besoin de rappeler que les valeurs socialement poursuivies sont des produits institutionnels. L'intérêt pour la réussite socioéconomique et celui en faveur de l'accumulation de capital des ménages et des entreprises en ville répondent d'un principe structurel.

- ***L'instrumentalisation rationnelle de la réussite et des qualités individuelles***

Tableau 36 : Le sens objectif donné à la réussite chez les ménages urbains

Code	Réussite	Valeur absolue	Valeur relative
1	Accumulation du profit	8	3
2	Accumulation du consentement social	13	5
3	Intérêt pour le profit et le consentement social	247	92
	TOTAL	268	100 %

Source : Données enquête personnelle tirée de l'unité d'échantillon de la « commune de Dakar ».

autres ou d'une condition voire même d'une tâche. D'aucuns pensent que l'implication entraîne une fédération de plusieurs existences : « celui qui s'engage accepte de faire passer dans son existence d'autres existences, en assumant leur passé et en se proposant de préparer avec elles leur avenir ». En rapport avec les autres l'individu multiplie ses chances sur son avenir. L'implication est une forme de prise de responsabilité. S'impliquer dans un investissement, c'est en porter les responsabilités relativement aux autres existences interpellées et aux résultats.

521 « Celui qui s'engage se considère responsable de ce qui se passe. Il s'impose effectivement et objectivement. Être responsable d'une chose, c'est en répondre, en paraître comme la cause et en revendiquer cette qualité. Le responsable endosse les conséquences de l'initiative. Il se fait cause de ce dont il n'est pas cause. Il est montré à travers la responsabilité qu'une existence peut en assumer d'autres. En sociologie, c'est une notion qui est liée à la liberté, selon Madeleine Grawitz. L'engagé portant une responsabilité assume même des faits indépendants de sa volonté *que cela soit pour le passé comme pour l'avenir*. L'engagé ne fait qu'assumer. »

522 « L'engagé est dans un réseau complexe interactif. Le sens même de l'engagement, c'est l'avenir. Il considère le passé. En effet, l'action trouve un sens dès l'instant qu'elle est « le moyen grâce auquel l'existence peut s'ouvrir à sa signification et tenter de se donner le contenu qu'elle juge le plus conforme à ses exigences profondes. L'action ne part jamais de rien. Elle part de quelque chose, de ce qui a déjà été fait et ouvre des situations nouvelles. Elle permet à la vie du sens de se reproduire. »

Tableau 37 : Le sens objectif donné à la réussite par l'entreprise en milieu urbain

Code	Réussite	Valeur absolue	Valeur relative
1	Accumulation du profit	24	89
2	Accumulation du consentement social	0	0
3	Intérêt pour le profit et le consentement social	3	11
	TOTAL	27	100 %

Source : Données enquête personnelle tirée de l'unité d'échantillon « commune de Dakar ».

Les ménages entrepreneurs en urbanité sont autant intéressés par le profit que par le consentement social. Ils sont encore déterminés par l'environnement culturel local. Quant aux entrepreneurs et aux cadres, ils sont plus préoccupés par le profit que par le consentement social, même s'ils conviennent que ce dernier est aussi important en mesurant la responsabilité sociale de l'entreprise (RSE).

Pour réussir en capitalisme, il est cité parmi les déterminants de l'individu le don de l'entreprise. Le nouvel entrepreneur de type occidental dispose du sens du devoir[523], du relationnel [524]et de la créativité[525]. Dans l'histoire du capitalisme, l'aisance d'entreprise des races nordiques (européo-américain), précisément des races germaniques[526] et juives[527] a été mise en exergue[528].

[523] Le sens du devoir permanent à l'accomplissement des tâches affairant à l'investissement posé, peu importe sa finalité à savoir économique ou religieuse pourvu qu'il soit porté en faveur du travail et du profit impacte la réussite de l'entreprise.

[524] Le discours et le sens du contact sont importants pour disposer du sens du relationnel. Il y a des gens qui sont naturellement de grands orateurs ou qui ont une facilité à tisser des relations. Dit-on qu'il faut avoir un bon commerce pour réussir en affaires. Ceci est valable dans le cadre du marché avec l'établissement de la relation clientèle.

[525] Le sens de la créativité peut être source d'innovation. Il permet de rompre avec la concurrence et de redynamiser les transactions économiques à son profit. L'individu qui est porté à la création provoque une rupture à chacune de ses œuvres par rapport à ce qui se fait ou qui se faisait.

[526] Pour Sombart qui est Allemand : « la race germanique avait un mépris des obstacles, une opiniâtre endurance « faustique », des dispositions constructives « architectoniques ».

[527] Sombart soutient encore que les Juifs étaient forts dans l'industrie. Ils avaient une grande capacité spéculative, un esprit calculateur, une faculté d'intuition et un amour pour le progrès.

[528] Werner Sombart, *op. cit.*

L'instruction, la formation et l'expérience sont requises, comme nous l'avons déjà montré, dans l'activité capitaliste fortement marquée par le management scientifique qui inclut bureaucratie et calcul.

La qualité d'entreprise observée à travers l'histoire du capitalisme chez le nouveau type d'entrepreneur au service de l'économie s'articule autour du peu de scrupule, de l'attachement aux affaires, du refus de la jouissance et des liens familiaux et communautaires, de la rupture avec la religion et aussi s'attache à l'esprit de compétition permanent.

Les moyens objectifs du procès décisionnel de l'investissement capitaliste

La décision d'investissement renferme un projet de sécurisation de l'avenir, mais aussi engage l'anticipation dans la logique du profit et de la maximisation du capital. Ainsi, l'agent dépend de *l'information* qu'il reçoit et se réajuste en fonction des *risques* voire des incertitudes qui se mobilisent contre son engagement entrepreneurial.

Hormis la dépendance à l'information, les *anticipations fréquentes* et les prises de risques, il y a la *concurrence* et *l'innovation* qui sont aussi importantes, car la routine ne favorise ni la concurrence, ni la croissance économique.

L'importance de la masse critique de travail « humain » est également à souligner[529]. Dans l'histoire du capitalisme, la limitation appliquée au travail des femmes et des enfants, la diminution de la journée de travail et l'amélioration des conditions de travail ont favorisé l'entreprenariat et soutenu la productivité.

Si le travail est aussi important dans les procédures d'investissement, l'accroissement démographique du point de vue historique est compté parmi les obstacles positifs qui ont rendu service à l'entrepreneur et qui par extension a favorisé le capitalisme. Mieux le travail est valorisé, plus cela fait les affaires de l'entrepreneur[530].

Les découvertes techniques aussi stimulent l'esprit d'entreprise. Dans l'histoire, elles ont favorisé l'industrialisation. Les inventions obéissent à la systématisation d'un savoir technique transmissible, à la nécessité d'inventer pour enrichir la culture matérielle et à la reconnaissance officielle par les autres qui peuvent y déceler un intérêt. Une invention doit être utile. Elle doit permettre à l'entrepreneur de faire des bénéfices.

L'organisation capitaliste impose à l'entrepreneur des efforts constants. Le volume croissant des unités économiques, les impératifs de projection, le renouvellement fréquent du capital contraignent l'entrepreneur à plus d'effort.

[529] Elle repose sur une forte main-d'œuvre qui crée des mouvements ouvriers et des syndicats et sur une réglementation du travail ouvrier.

[530] En effet, mieux les individus font des enfants, mieux ils déploient toute leur énergie pour gagner de l'argent. Sachant que les chances de donner à leurs enfants une existence paisible, du fait de leur grand nombre, sont réduites, les parents, dans l'histoire du capitalisme occidental, ont misé sur leur éveil dans le travail dont il leur est révélé comme étant la seule voie de l'existence. *Cf.* W. Sombart, *op. cit.*

Par conséquent, ses efforts vont permettre de créer et d'augmenter ses richesses. Une fois celles-ci effectives, il se manifeste ce fameux désir d'augmentation croissante des richesses acquises.

Les ménages ne peuvent être écartés de cette poussée entrepreneuriale. Ils sont en effet invités à se mettre sous la coercition de la logique d'entreprise précitée. Dans l'investissement des ménages, les femmes autant que les hommes participent à la production et à la recherche du profit. Bien qu'étant une entité privée qui fait référence à une initiative libre et rationnelle, elle est soumise à la conformité sociale.

Les moyens de l'esprit collectif : le secteur public

▪ ***D'abord, il faut faire mention de la morale sociale qui est une institution non codifiée à valeur d'utilité sociale. La morale articule les conflits d'intérêt et l'instauration de la loi sur l'égalité des chances.***

La rationalité collective est une solution « rationnelle » aux conflits d'intérêt privés. Nous avons cité plus haut W. Sombart, lorsqu'il affirme que les nouveaux entrepreneurs du capitalisme avancé[531] n'ont pas eu de scrupule. Les investissements vont être de ce point de vue non seulement éthicisés mais objectivement réglementés. La morale devient rationnelle[532]. Mais aussi la rationalité se moralise à partir de modèles en intégrant une loi. Ce processus peut être compris comme une tentative d'objectivation rationnelle de la morale.

Par rapport à cette réglementation comme moyen objectif pour l'épanouissement du capitalisme, le problème de son adaptation se pose aux aspirations individuelles et collectives. La loi, à défaut de s'adapter, est piégée, si elle s'applique, avec toute sa rigidité, sa rationalité, c'est-à-dire sa méthode de penser au peuple duquel elle n'émane pas.

L'égalité des chances au devenir entrepreneur est importante en capitalisme. Les droits et libertés économiques des citoyens doivent être respectés. À la suite de la rationalisation de la vie économique, posséder de l'argent ne suffit plus pour être entrepreneur. Dans le capitalisme moderne dit *avancé*, la chance est donnée à ceux qui n'en disposent pas et qui ont la volonté et les compétences de l'entreprise. De droit, il n'y a pas de discrimination sexuelle en entreprise. La chance est objectivée à travers la promotion des droits et libertés individuels.

▪ ***Ensuite, il faut considérer, comme second moyen de l'esprit collectif, la bureaucratie qui est un système organisant en faveur d'une efficience dans la poursuite du profit.***

L'organisation est un moyen instrumental de la rationalité. L'individu se dote des moyens d'entrer en société ou de façon plus audacieuse de créer la société.

---

[531] Werner Sombart situe ce capitalisme qui est parti pour être *le système économique dominant* dans la septième décade du XVIIIe siècle à partir des découvertes techniques d'application métallurgiques du coke.

[532] Emmanuel Kant, *Critique de la raison pratique*, V, 30, 2, p. 643, cité par Gilles Gaston Granger, dans « Le rationalisme », *Encyclopaedia Universalis*, 2009.

Comme le souligne Weber, « la bureaucratie est avantageuse du point de vue technique ; elle favorise la démocratie. Mais elle se compromet par contre en tendant à faire de tous les problèmes, des problèmes techniques du seul ressort de l'expertise ».

▪ ***La monnaie est à considérer comme troisième moyen de l'esprit collectif.***

La monnaie est une institution. Elle est autant le produit des hommes qu'un déterminant du fonctionnement social. L'argent est, du point de vue de ses origines et de ses implications sociales, le fondement de la société moderne[533].

« Les valeurs monétaires expriment une dimension (travail incorporé et utilité) qui serait la qualité commune et mesurable de tous les biens économiques. Si la monnaie n'existait pas, ni une valeur-travail et ni une valeur-utilité ne seraient objectivement mesurables… »[534]. Les Occidentaux ont utilisé du bois, du cuir, du métal et du papier pour représenter à une certaine époque la monnaie.

Une de ses fonctions économiques est de servir pour les comptes, pour le paiement ou pour constituer les réserves. Elle a une condition culturelle qui est à son tour soutenue par des facteurs institutionnels. Il s'agit de la confiance.

L'argent a un sens dans les relations sociales et dans les styles de vie dès lors qu'il peut respectivement les renforcer et les améliorer. Selon Simmel, il permet de modifier les rapports sociaux tant dans la sphère de l'échange que dans celle de la production. De ce point de vue, il peut favoriser la croissance de la liberté individuelle.

Viviana Selizer confirme que l'argent subit une détermination symbolique aux États-Unis entre 1870 et 1930[535]. Les avantages sociaux que peut donner la possession d'argent permirent à des étrangers et des groupes socialement exclus (les étrangers et les Juifs, les moriscos en Espagne, les parias en Inde, les quakers en Angleterre) de réussir et de préparer l'avènement du capitalisme.[536]

▪ ***Comme quatrième moyen collectif, il y a le marché qui est une mécanique sociale qui permet le profit.***

Le marché est l'atelier du capitalisme, le lieu où il se reproduit. Il s'agit d'un espace organisé où s'échangent des valeurs individuelles. Les marchés de capitaux, du travail et de marchandises déterminent l'unité des valeurs négociables. Les relations marchandes sont rationalisées. Les acteurs se réfèrent aux dispositions extérieures à toute personne et objectivement définies pour négocier, contracter ou pour échanger.

---

[533] Goerg Simmel, *La philosophie de l'argent*, *op. cit.*

[534] Bernard Schmitt, Michel Brugrière et Émile James, « La monnaie », *Encyclopaedia Universalis*, 2009.

[535] Viviana Zelizer, *La Signification sociale de l'argent*, 2005, dans Frédéric Lebaron, « Nature et définition de la sociologie économique », *Encyclopaedia Universalis*, 2009.

[536] Goerg Simmel, *op. cit.*

L'esprit collectif capitaliste s'incarne dans l'administration publique, ses entreprises et celles du secteur privé douées d'une personnalité morale. L'entreprise publique porte la moralité capitaliste et privilégie des relations impersonnelles. Pour maximiser sa productivité, elle établit des rapports rationnels de spécialisation et de combinaison entre les divers facteurs de production[537]. Les entreprises publiques du Sénégal sont peu compétitives et deviennent davantage privatisées afin de leur appliquer au mieux le formalisme capitaliste.

Taylor cité et commenté par Sombart écrit : « Jusqu'à présent, c'était la personnalité qui occupait le premier plan, *désormais le premier plan restera à l'organisation et au système* »[538]. Comme nous l'avons déjà vu, le système est pluriel et administratif, c'est-à-dire bureaucratique, comptable et productif[539].

Ford, dans sa biographie, cité par Sombart, mentionne :

> *« Pour travailler côte à côte, on n'a pas besoin d'aimer [...] Il n'existe pas chez nous de rapports fondés sur des sentiments personnels. Les gens s'acquittent de leur travail et rentrent chez eux. Après tout, une usine n'est pas un salon [...] Dans l'histoire il n'y a pas de place pour le patriarcalisme [...]. Nous ne faisons pas grand cas [...] de la sympathie personnelle ou de l'élément humain dans la vie professionnelle. Il est trop tard pour qu'il en soit autrement ».*[540]

La conflictualité est souvent mise en avant dans l'entreprise capitaliste parce qu'elle met en situation des individus ayant des intérêts divergents et qui sont soumis à une relation de collaboration. La volonté objective – affectée par les normes – peut s'opposer à la volonté subjective, c'est-à-dire celle qui est affectée par le désir[541]. Le primat de l'effectivité sur l'affectivité ne peut induire qu'une incompatibilité voire un conflit.

Si le capitalisme fait du travail une marchandise, il n'est pas étonnant que la machine fasse irruption d'abord dans les procès de production, précisément dans la manufacture[542], et ensuite dans les usines[543]. Le souci de la rapidité a été

---

537 Il y a une grandeur maximum absolue qui tient compte de la quantité des produits à fabriquer et une grandeur maximum relative qui produit une marchandise donnée dans les conditions les plus favorables, en rapport avec l'état de la technique. Voir W. Sombart, *op. cit.*

538 Taylor-Roesler, p. 4, cité par Werner Sombart, *op. cit.*, Tome II, p. 410.

539 Pour plus de détail se référer aux travaux de Sombart sur le système administratif, le système de calcul, le système d'instrument, de machine, *ibid.*, Tome II, p. 410-423.

540 *Ibid.*, p. 409.

541 Emmanuel Kant, *Critique de la raison pratique* (*Kritik der praktischenVernunft*, 1788) Livre I, chap. i, § 1, trad. F. Picavet, introd. F. Alquié, Paris, PUF, 1967, cité par P. Ricœur, « La liberté », *Encyclopaedia Universalis*, 2009. Il reconnaît que « dans la volonté, affectée *pathologiquement*, d'un être raisonnable, qu'il peut y avoir conflit entre les maximes et les lois pratiques reconnues par l'être lui-même ».

542 Généralement la manufacture est une forme particulière de grande exploitation industrielle, selon Sombart.

ponctué par les impératifs d'efficacité des efforts scientifiques et techniques qui ont abouti en effet à l'avènement de la machine. Le marché a aussi joué un rôle dans l'émergence de cet outil, car l'entreprise, à un moment donné, s'est lancée dans la production à grande échelle.

L'administration publique n'est pas exemptée de la détermination du profit. L'État, tel qu'on le conçoit de nos jours, est au-dessus de tout. Il a changé de visage du fait de l'importance que prend le profit dans les relations sociales pour devenir, selon Sombart dans sa structure interne individualiste[544], atomique[545] et nominaliste[546].

Les États occidentaux déterminés par le capitalisme, à un moment donné, se sont émancipés des liens économiques et politiques de la ruralité pour promouvoir l'individu, rien que lui dans sa liberté contre les contraintes traditionnelles et dans sa citoyenneté au sens plein du terme.

Dans ses relations avec l'extérieur, l'État ne se fie qu'aux intérêts du pays. On dit souvent que les États non pas d'amis, ils n'ont que des intérêts. C'est dans cette perspective qu'il faut comprendre l'instauration du libre-échange, du mercantilisme dans toutes ses formes et de l'impérialisme depuis ses expressions coloniales à ses formes actuelles.

Au Sénégal, les relations sociales entrent en anomie parce que la *pauvreté*, en termes d'absence de ressources, est une réalité. De ce point de vue, c'est la capacité d'optimisation voire de calcul entre les finalités et les moyens de l'État qu'il importe d'interroger. En d'autres termes, est-ce que la rationalité de l'État du Sénégal lui permet d'accéder aux intérêts qu'il poursuit ? Est-ce que l'objectivation de ses raisons subjectives se fait de manière convenable en accord avec les faisabilités ? Comment les moyens destinés à contourner les contraintes structurelles sont produits ?

Derrière cette pauvreté contre laquelle l'État et les partenaires au développement luttent sans cesse depuis les indépendances, il y a la coercition de la *traditionalité* face au capitalisme tel qu'importé par la colonisation et son intensification d'aujourd'hui sous le poids de la mondialisation. Pour expliquer les mécanismes économiques actuels dans le pays, il est bon, après avoir pris connaissance des jeux empiriques et de l'esprit capitaliste occidental, de visiter

543 L'Angleterre fut la pionnière dans la mécanisation du travail agricole en 1838. Elle est suivie par les États-Unis qui montrent leur savoir-faire en 1851 à l'exposition de Londres et en 1855 à celle de Paris.

544 L'individu est un citoyen libre, qui vit en toute indépendance et qui satisfait à ses devoirs d'électeurs.

545 Les liens de solidarité et de communauté disparaissent. Chacun vit pour ses propres intérêts. Les relations sont désormais contractuelles. Les intérêts donc caractérisent les relations sociales.

546 En cas de lutte d'intérêt, les plus forts accèdent à la direction de l'État au détriment des plus faibles. L'idéal de l'État est donc de chercher l'équilibre entre les intérêts des groupes en conflit ; ce en faveur du bien-être collectif.

les origines de son implantation structurelle dans le vécu économique des populations.

II. L'ENTREPRISE DEPUIS LA PRÉSENCE DE L'EUROPE « 1445/1446-1960 » : UNE DÉMARCHE DE RUPTURE CONTRE LA TRADITIONALITÉ DES SOCIÉTÉS PRÉSENTES SUR LE TERRITOIRE DU SÉNÉGAL ACTUEL

Arrivée par la mer, c'est d'abord sur les côtes que l'Europe s'est installée. Le Sénégal étant situé à l'ouest par l'Atlantique.

Selon le vice-amiral Sol, depuis l'Antiquité les côtes occidentales de l'Afrique ont été visitées par des navigateurs européens. 600 ans avant J. C., il a été témoigné des relations de voyage sur ces côtes. Les visites des navigateurs se sont accentuées au Moyen Âge sur les côtes[547]. « En 1364, deux navigateurs de Dieppe atteignent Rufisque. En 1366, des caravelles de Dieppois se rendent au Cap-Vert pour charger de l'or et des épices »[548].

La priorité commerciale, prétexte premier de la pénétration européenne

Dès le XVe siècle, les Européens prennent position sur le littoral africain. Les Portugais arrivent les premiers sur l'embouchure du fleuve Sénégal en 1445[549]. Le commerce leur a servi de prétexte pour avancer à l'intérieur du continent et participer à la vie économique des royaumes à travers des échanges. Leur présence a favorisé une concurrence avec la caravane. Le commerce atlantique et celui transsaharien allaient s'affronter sous le rapport de « la caravelle contre la caravane ». Les produits européens étaient de plus en plus appréciés surtout des chefs locaux. Pour affaiblir la caravane par exemple, les Portugais en 1445 ont supprimé l'intermédiation des chameliers nomades[550] à Arguin. Dans cette période d'installation progressive occidentale, la défaite de la caravane a bouleversé bon nombre de royaumes puisque la plupart tirait leurs richesses des échanges transsahariens. Avec cela, la présence européenne a suscité indirectement des conflits entre royaumes. Ils ont introduit des produits occidentaux et commandé leur approvisionnement en esclaves auprès des chefs locaux ou de traitants indépendants. Ils ont développé des stratégies politiques qui ont entremêlé les chefs locaux qui n'avaient à l'époque autre souci que la puissance militaire et économique.

Boubacar Barry, pour montrer que les royaumes se sont élevés les uns contre les autres du fait de l'implication économique des Occidentaux dans leurs rapports politiques et économiques, écrit :

---

547 Le vice-amiral Sol fait état du fait qu'au Moyen Âge la navigation long cours s'est mieux développée.

548 Vice-Amiral SOL, « Dakar base stratégique », dans *Afrique-Occidentale Française*, Guernier Eugène, *Encyclopédie coloniale et maritime*, Guernier Eugène et Froment-Guieysse G., 1949, p. 315.

549 Michel Coquet, *op. cit.*

550 Assuraient le commerce transsaharien par le désert avec une traversée pénible.

> *« D'ailleurs les auteurs les Portugais ont signalé la fragilité du pouvoir centre du Buur Ba Djolof sur les États vassaux. Ainsi vers le milieu du XVe siècle, l'autorité du roi du Djolof sur les États vassaux semble être des plus précaires [...]. Cette indépendance des royaumes vassaux ne fit que s'accentuer jusqu'à la rupture complète vers le milieu du XVIe siècle, en liaison avec le commerce atlantique. Entre 1446 et 1448, le Waalo et le Kadjoor s'étaient déjà ouverts au commerce portugais. Ce bouleversement des voies commerciales traditionnelles, du Maghreb vers l'Afrique au profit de la voie atlantique [...] Durant des siècles le commerce transsaharien avait constitué la seule forme d'échange entre ce bassin du fleuve et l'extérieur notamment avec le Maroc. La formation de l'empire almoravide avait noué entre le Sénégal et le Maghreb Alaksa de nouveaux liens avec l'Adrar mauritanien comme relais, par la voie du Sahara atlantique »*[551].

De ce sursaut guerrier sont entrés en déclin beaucoup de royaumes favorisant ainsi, les plus faibles d'entre eux jusque-là annexés par d'autres à prendre leur indépendance. Les Portugais étaient impliqués dans le commerce qui se faisait par le fleuve Sénégal et ont été, selon Félix Brigaux, à l'origine de la dislocation de l'empire du Djolof. Une désagrégation accentuée par les attaques peules menées par Koli Tengala et la révolte de royaumes vassaux, notamment le Kadjoor et le Waalo.

Barry rapporte que :

> *« Le Kadjoor qui bénéficie plus facilement des avantages du commerce atlantique, par sa position géographique sur la côte se rendit indépendant après la bataille de Danki [...] Yoro Dyaw situe cette indépendance en 1549 [...]. Le Kadjoor s'affirma comme le plus puissant des États wolofs et l'un des plus puissants de la Sénégambie (J.Boulegue, p 207) [...]. Le Waalo prit quelques années après son indépendance dont on ne peut préciser avec exactitude la date dans la mesure où il fut aussitôt l'objet de convoitise du Kadjoor et surtout de celle de l'empire Denyanké en pleine expansion »*[552].

Avec la caravelle, le fleuve allait être exploité, selon Barry, comme « voie naturelle de pénétration dans l'intérieur pour l'expansion du commerce pour le cuir, l'ivoire, la gomme, la cire, de l'ambre (esclaves) ». Autrement dit, le fleuve a très tôt été un point stratégique pour l'activité marchande.

> *« Dans ce fleuve, il y a de nombreuses années que Français, Anglais et Hollandais traitent une grande quantité de cuir, d'ivoire et de cire ; leurs navires y séjournent en grande sécurité, ils ont des rapports amicaux avec les*

---

551 Boubacar Barry, *Le royaume du Waalo, le Sénégal avant la conquête*, (Préface de Samir Amin, Paris, François Maspéro, 1972), Paris, Karthala, 1985, p.47.

552 *Ibid*, p. 50. « Un manuscrit espagnol, anonyme, mis en lumière par Jean Boulègue donne une extension du Waalo au royaume Fulo en 1600. [...]Jannequin de Rochefort, en 1638, confirmera la domination du Fuuta sur le Waalo. La crise du Kadjoor – Bawol favorisa à la fin du XVIe siècle début XVIIe siècle, la montée de la puissance du royaume peul dans la Sénégambie. C'est à cette période que la grande partie du Waalo passa sous la suzeraineté du Fuuta en raison de l'importance économique prise par la côte ». *Ibid*, p.51.

Noirs qui, à cause de ces échanges continuels, vont en France et parlent français, il y en a de mariés avec des Françaises »[553].

Selon F. Brigaux et Jean Vast[554], les Dieppois fréquentaient le fleuve depuis 1558. Ils s'installèrent dans l'Ile Bocos. Les Français y implantèrent leur première compagnie de commerce, précisément à Saint louis en 1659. Ils venaient tirer leur profit de la politique de la dépendance enclenchée avant eux par les Portugais. En effet, toutes les puissances arrivées par la mer avaient pour stratégie d'imposer des produits dont ils avaient le monopole. C'était le cas avec le monopole du sucre – par les Français, Anglais et Hollandais – qui remplace le poivre issu de la traite transsaharienne. Les compagnies constituaient une gêne pour les traitants autochtones, car elles détenaient beaucoup plus de moyens voire de capitaux pour exercer dans le commerce. Le sucre étant devenu indispensable au *Waalo-waalo*, la culture de la canne à sucre allait devenir encore un prétexte suffisant pour profiter de l'économie des royaumes et à l'extraction humaine parce que, comme nous le rappelle B. Barry, la culture de la canne à sucre « a engendré la traite négrière du fait de l'exigence de la main-d'œuvre ». Pour encore illustrer l'opportunité d'affaires dont il était question à cette époque, remarquons ensemble, d'après les écrits de F. Brigaux, qu'en 1779 sur 3018 habitants, il y avait 1858 esclaves[555].

En définitive, trois aspects essentiels sont à retenir dans l'installation progressive de l'Europe par le biais du commerce voire de la traite. Il s'agit de l'adhésion des autochtones aux nouveaux produits commerciaux ou de traite, de la quête d'affiliation au mouvement atlantique afin de s'imposer aux autres royaumes ou de résister aux attaques de certains voisins en situation de conquête ou de défense et enfin concernant les puissances étrangères, de la grande opportunité d'exploitation commerciale et humaine. Étant au fait de l'instabilité interne des royaumes locaux, causée par les exactions guerrières, de leur structure sociale discriminatoire voire inégalitaire[556]et de leur dépendance aux produits de commerce européen, les conquérants commerciaux ont sans doute compris que la mise en exploitation des ressources humaines et naturelles autochtones ne pouvait trouver meilleur alibi.

L'enclenchement du processus de colonisation **:** ***de la colonie de peuplement à celui d'encadrement***

L'engagement dans un processus de colonisation à travers une installation impérialiste s'est fait entre 1779 et 1809. Ensuite, il a été initié un projet d'implantation d'une colonie de « peuplement » qui a accueilli la première

553 Lavanha, 1600 cité par Jean Boulegue 1967, p.499, dans Boubacar Barry, *Ibid,* p.51.

554 Félix Brigaux et Jean Vast, *Saint-Louis, ville aux mille visages*, Éditions Clairafrique, Dakar, 1987, cité par SY (A.), *L'imaginaire saint-louisien (domou ndar) à l'épreuve du temps*, Fama édition, 91 pages.

555 Cheikhou Diouf, *Saint-Louis, une métropole islamique (le patrimoine culturel et architectural)*, Presses universitaires de Saint-Louis, 2008, cité par SY (A.), *ibid.*, p. 20.

556 Les sociétés inégalitaires ont été les plus présentes dans la traite de l'esclavage.

initiative agricole entre 1816 et 1854, laquelle plus tard a échoué entraînant avec elle l'échec[557] du plan d'administration. Ainsi, il a fallu à l'époque pour la France de réagir automatiquement et de créer un sursaut commercial.

Les années 1900, qui sont celles de *l'Afrique-Occidentale française*, allaient voir l'entrée en vigueur d'un système politique[558] contraignant notamment celle de « l'encadrement » de la colonie. Le gouvernement de Faidherbe a été décisif dans ce projet. Toutefois, au-delà de la coercition administrative sur les autochtones, la crise de 1921 et celle des années 1929 impactent les rapports entrepreneuriaux locaux entre d'une part, des entrepreneurs européens ou immigrés libanais avantagés par leur capital financier et d'autre part, des entrepreneurs autochtones qui se spécialisent de plus en plus dans l'économie du détail.

La force productive[559] et les moyens de production et de commerce étaient exploités. Les Sénégalais, pressés par le régime colonial, assistent à cette époque à la mise en vigueur d'équipements, à une modernisation progressive entraînée par la crise économique des années 30 en Occident et aussi à une urbanisation qui allait complètement bouleverser les habitudes traditionnelles notamment sur la tenure foncière, la monétarisation des rapports productifs et marchands, l'adhésion aux cultures spéculatives dont l'arachide au détriment des cultures vivrières notamment le mil, la dépendance à la consommation du riz comme produit énergisant et décisif dans la réalisation des grands travaux de l'AOF.

Les premiers investissements coloniaux ont porté sur l'agriculture et l'exploitation des voies fluviales pour le transport. La crise de 1929 a incité à la modernisation coloniale de l'activité commerciale et le développement de villes[560]. Les moyens mobilisés ont été des subventions, des équipements industriels et le développement des infrastructures.

À la suite de cette volonté de développement industriel et urbain, il est remarqué l'accentuation du travail migrant sous la poussée du *navétanat* et la surcharge de la main-d'œuvre urbaine[561], non sans oublier l'écart économique

557 Monique Lakroum, « Le Sénégal-Soudan (Mali) deux États pour un empire » dans Catherine Coquery et Odile Goerg, *op. cit.* p.163. L'échec a été causé par une insuffisance dans l'élaboration politique et une méconnaissance du milieu agricole dénoncé par Jean Adam dans (AOF 1949 : 13). Ce qui a entraîné un manque d'implication des populations de la métropole qui ont été pourtant invitées à investir et celles autochtones.

558 *Cf* Claudine Cotte, « Géopolitique de la colonisation » dans Catherine Coquery et Odile Goerg, *ibid.* p. 83.

559 L'introduction du « travail forcé et au temps, du salariat, de la fiscalité » des travaux publics, des cultures obligatoires et de l'effort de guerre dans les conflits internationaux, allaient bouleverser le monde paysan. *Ibid.*

560 Saint-Louis, L'île de Gorée, Dakar, Rufisque, Kaolack, Thiès, Ziguinchor et Tambacounda constituaient les principales villes coloniales.

561 Avec le navétanat, les populations quittaient leurs villages pour aller trouver un emploi temporaire en ville durant la période de soudure. La baisse des cours de l'arachide et la baisse des tarifs de transport déteignent sur les comportements des populations.

qui s'est imposé entre les chiffres d'affaires des firmes coloniales et la faible rémunération des pénibles travaux. Face à cette effervescence, Jean Adam fait remarquer que les mœurs se sont modifiées, que les jeunes n'en font qu'à leur tête dans leurs rapports avec les anciens et que l'autorité des chefs est remise en cause. La terre est de plus de plus abandonnée. Un prolétariat urbain s'est développé. Henry Labouret ajoute que « l'Afrique isolée, sauvage d'autrefois, se civilise avec une étonnante rapidité, empruntant à l'Europe et annexant à son profit les découvertes, les progrès de l'agriculture et de l'industrie, la législation, le syndicalisme, et même le droit de grève »[562].

À notre avis, le processus de transformation structurelle a été si intense que le colonisateur en a eu à regretter le déclin de certaines institutions qu'il lui plaisait d'exploiter, afin d'arriver à ses fins capitalistes. Nous pouvons citer à ce propos la famille élargie ou étendue qu'il comparait à « des ébauches de coopératives de production et de consommation et au sein desquelles la sécurité sociale était assurée »[563] et qu'il concevait comme une opportunité de coopération et de mutualisation. Nous pouvons affirmer de cette période que l'individualisme a envahi le vécu social de l'indigène.

Au moment où la modernisation productive était la priorité du colon, l'entreprise locale, monopolisée par les Européens et les Libano-Syriens, se libérait et s'agrandissait de jour en jour. De maisons de commerce, on passa aux firmes. L'économie du détail subsistait chez les indigènes du fait de leur pauvreté.

Le colon a développé beaucoup de préconçus au sujet des capacités productives de l'Africain en général. Ces idées ont justifié l'exploitation des populations autochtones.

La critique coloniale des capacités productives traditionnelles

- *Le regard du colon sur le profil humain*

Jean Adam écrit :

> *« L'Africain se plie mal à la discipline du travail à la journée, à des heures régulières. Il aime travailler quand il lui plaît, et en particulier, pour les travaux des champs, s'il n'est pas un salarié astreint à certaines obligations, diverses considérations entrent en jeu pour faire varier ses heures de travail, trop souvent au gré de sa fantaisie [...]. Ayant, en outre, des besoins réduits, et sans soucis d'épargne, la stimulation au travail est au ralenti. Le rendement de la main-d'œuvre noire est, à part quelques rares exceptions, plus faible que celui de la main-d'œuvre blanche pour les travaux que celle-ci peut faire dans les pays chauds ; mais le climat restreint son emploi. Il faut*

---

562 Henry Labouret, *Paysans d'Afrique occidentale*, Paris, Gallimard, 1941. Voir aussi du même auteur : *Histoire des noirs d'Afrique*, PUF, coll. « Que sais je ? ».

563 Jean Adam, « Le milieu agricole ouest-africain et les méthodes de culture », dans *Afrique occidentale française*, dirigé par Eugène Guernier, 1949, p. 11.

> *aussi tenir compte, quand on fait appel à la première, des négligences pouvant avoir des répercussions fâcheuses »*[564].

L'esprit colonial français s'est assigné la mission de civiliser et d'assimiler les populations ouest-africaines qualifiées d'arriérées au nom d'une prétendue civilisation supérieure occidentale. Ce principe de la politique d'orientation n'était pas partagé par tout le monde en métropole et aussi chez quelques cadres de l'administration coloniale. Un ancien inspecteur général honoraire de l'Agriculture aux colonies à l'époque critiquait les vues de l'esprit colonial et pensait qu'il fallait simplement améliorer l'existence des paysans ouest-africains en mettant en valeur les ressources agricoles au lieu de les qualifier d'arriérés et de leur imposer de nouvelles institutions[565].

Ceci résume, sans prétention d'exhaustivité, l'état d'esprit du colon qui parfois est réducteur, mais aussi peut être valorisant des modes d'existence plus précisément productifs et marchands des autochtones du Sénégal.

- ***Regard du colon sur les moyens techniques d'exploitation traditionnelle***

Prenons l'exemple des Casamançais qui cultivent le riz. Ils usent, d'après le regard colonial, de « méthodes traditionnelles qui exigent beaucoup d'effort, une connaissance parfaite du milieu et une compétence professionnelle... » Les récoltes de riz sont stockées et consommées jusqu'à deux ou trois ans plus tard. Ils ont trois types de rizières : les rizières de ruissellement d'eau de pluie recueillie dans des diguettes basses, les rizières de résurgence avec l'usage d'eau trouble voire saumâtre et les rizières de la zone basse à palétuviers. Dans les trois cas, le riz est soumis au repiquage. Le rendement moyen est de 1300 kg à l'hectare.

Jean Adam fait état du gaspillage de la main-d'œuvre qui a fait l'objet de critique du colon lorsque celui-ci a remarqué que c'est avec les bras que l'on effectue toutes les opérations culturales et que les femmes avec « leurs mains écrasent les graines de mil, décortiquent le paddy, extraient la matière grasse des fruits du palmier à huile, du karité et autres oléagineux »[566].

Cet ancien inspecteur général de l'Agriculture aux colonies ne se gêne pas d'écrire certainement au bénéfice de la France puissance colonisatrice que l'agriculture indigène – qu'il distingue de celle européenne aux méthodes et techniques suffisamment perfectionnées – est « destructrice des ressources naturelles du sol ». Il fait allusion à la pratique de la « culture à jachère arbustive, reconstitutive de la fertilité ». C'est-à-dire d'après ses termes, aucune restitution des matières fertilisantes enlevées par les récoltes n'est faite par le cultivateur indigène. C'est à la nature, écrit-il, qu'est laissé le soin de les reconstituer.

---

[564] *Ibid.*
[565] Jean Adam, *op., cit..*, p. 13.
[566] *Ibid.*, p. 11.

En revanche, cet auteur qualifie en toute objectivité la dégradation des sols par exercice cultural de mal universel[567]. Il évoque à ce propos dans l'époque antique la Chine, les vallées du Tigre et de l'Euphrate et les régions méditerranéennes. Il attire aussi l'attention, à une époque récente, sur le cas du Brésil avec la culture du café, et celui des États-Unis qui ont connu d'après l'auteur une perte végétale de 3 milliards de tonnes par an à force de vouloir imposer un résultat immédiat au sol.

Des techniques d'amélioration de l'élevage ont été proposées pour accéder à des objectifs d'exploitation. En effet, le mode d'élevage a été indexé au départ surtout pour ce qui concerne l'alimentation et la tendance aux croisements. Le regard colonial a surtout critiqué la mauvaise qualité du lait consommé, perçu comme une source de maladies dues « aux paratyphiques, au colibacille, à l'amibe dysentérique et au bacille tuberculeux ». Celles-ci sont causées par la souillure constatée à la traite, à la manipulation et par l'incapacité de parer aux effets de la chaleur[568]. Il faut donc pour le colon éduquer l'éleveur surtout face à l'exigence d'un grand rendement en lait.

1. L'entreprise productive sous la colonisation française

Dans le cadre de la mise en valeur de la colonie, il s'est agi de mieux exploiter la main- d'œuvre sous prétexte qu'elle est mal utilisée. Il importe de préciser qu'il ne s'est pas agi pour l'administration de balayer d'un revers de main tous les moyens et techniques d'exploitation agricole ou pastorale trouvés sur place, mais de les améliorer, au mieux de les moderniser avec l'introduction d'un outillage plus sophistiqué. Il faut rappeler au passage que tout ce qui a été trouvé relève de la propriété technique des sociétés traditionnelles et de leur contact avec la civilisation arabe ou avec d'autres peuples d'Afrique, bien avant l'arrivée de l'Europe sur les terres sénégalaises actuelles. À ce niveau, il est possible de relever une incompatibilité entre les techniques et les compétences d'exploitation en jeu, lesquelles ont très certainement tourné à l'avantage de la puissance coloniale et au détriment des moyens autochtones. En revanche, il est possible de remarquer jusqu'à nos jours que les instruments et les techniques autochtones n'ont point disparu. L'encadrement s'attellera à rendre plus efficaces les moyens de production. À défaut d'être améliorés, ils sont moins mobilisés pour les productions à grandes échelles.

L'action occidentale supposée encadrer l'exploitation traditionnelle l'a désorientée et transformée. Face à l'exigence de la reproduction de la force de travail, elle fait la promotion du riz faiblement cultivé au détriment du mil mieux connu. Elle introduit la culture de l'arachide et veille à son développement en organisant la production.

---

[567] *Ibid.*, p. 14-15.

[568] Georges, Curasson, « L'élevage », dans *Afrique Occidentale Française*, dirigé par Eugène Guernier, Tome I, 1949, p.367-368.

La période 1930-1950 a correspondu à une volonté de modernisation de l'économie coloniale. L'enclenchement des moyens de modernisation s'est accru quasiment à la veille de la fin de la colonisation. Le colon a voulu instaurer une dynamique économique modernisante qui devait réorienter les ressorts de l'impérialisme français au lendemain de la crise des années 1930 (1928-1935)[569]. Les fondamentaux de la colonisation ont été bouleversés. Il fallait procéder à une réforme au moment où le commerce de l'AOF atteint son apogée (1925-1926). On chercha ainsi à améliorer l'économie de traite traditionnelle. Les cultures d'exportation et l'outillage d'infrastructure prirent de l'importance pour l'État. Par conséquent, il fallait accorder de l'importance à la planification pour garantir les politiques de modernisation et d'équipement.

Il faut retenir en définitive que l'entreprise productive était composée de l'exploitation traditionnelle portée par le paysan, le pasteur et le pêcheur et d'une autre forme mécanique et industrielle de type occidental qui amorçait la modernisation technologique.

➢ ***L'introduction de la technique et de la mécanique occidentale***

- La production vivrière et végétale

La nouveauté dans la pratique des cultures traditionnelles reste l'arrivée de l'arachide et l'extension dans la vallée de la culture du riz jadis pratiquée en exclusivité en Casamance. Il y a aussi la culture du coton et des fruits. Le mil (petit et gros) au départ était le plus cultivé et constituait l'aliment essentiel des populations. Le maïs et le riz occupaient des surfaces restreintes.

L'arachide va être au centre des étapes de modernisation du pays. L'administration en fonction de ses objectifs d'exploitation coloniale a compartimenté les types de cultures en fonction de leur utilité (cultures vivrières, cultures d'exportation) et a adjoint des industries de transformation et des infrastructures (chemin de fer, ports et routes) en faveur d'un plus facile déplacement des biens et des personnes.

Derrière ces cultures, il y a eu un cumul de l'action occidentale qui a provoqué selon les termes du colon une « évolution du droit foncier »[570]. Elle a cherché à lutter aussi contre la dégradation des sols causée autant par la sévérité climatique que par l'action humaine notamment les feux de brousse[571], le

---

[569] Cathérine Coquery-Vidrovitch, « La politique économique coloniale » dans Catherine Coquery et Odile Goerg, *L'Afrique occidentale au temps des français : colonisateurs et colonisés, c. 1860-1960*, Paris, La Découverte, p.125. Voir aussi Monique Lakroum, « Le Sénégal et le Soudan (Mali) deux États pour un empire » *dans* Catherine Coquery et Odile Goerg, *Ibid.*, p.181-182.

[570] Jean Adam, *ibid.*, p. 11.

[571] Au début de la saison sèche les pasteurs, pour renouveler l'herbe des pâturages, brûlent les chaumes desséchés des graminées pour permettre des repousses. À la fin de la saison sèche les cultivateurs peuvent brûler les végétations gênantes pour préparer la terre. Les feux sont aussi provoqués par des imprudences. *Cf.* J. Adam, p. 16.

nomadisme pastoral[572], l'exagération des cultures[573]. La dégradation des sols tant décriée par le regard colonial s'est accentuée, à notre avis, avec l'arrivée de la culture de l'arachide qui était motivée par des fins commerciales.

> *« L'arachide, autour de laquelle gravite toute la vie de la colonie du Sénégal fait, telle qu'elle est actuellement cultivée, le désert derrière elle. Dans le cercle de Louga, région de vieille culture, le sable stérile couvre des étendues de plus en plus grandes. Des stations de chemin de fer, jadis très fréquentées en période de traite, ont vu leur activité commerciale s'anémier progressivement jusqu'à être actuellement presque nulle. Le centre de cette culture s'est déplacé. Du Diambour et du Cayor, il a passé dans le Baol et le Saloum et gagne vers l'Est. Dans la vallée du fleuve Sénégal des déboisements abusifs ont eu pour conséquences des crues beaucoup plus violentes et plus courtes, ravinant les terres et, en ne les imbibant pas suffisamment, restreignant les surfaces cultivées »*[574].

Contrairement aux déclarations des sources arabes, le sol trouvé sur place n'était pas si fertile au regard de l'administration coloniale qui a cherché à améliorer les méthodes de culture par la « fumure organique et l'emploi des engrais minéraux pour éviter les feux de brousse, la dénudation ou la disparition de l'humus et permettre une régénération des sols ». Mais outre l'usage des engrais, le colon a aussi privilégié l'éducation du paysan, l'usage de petits moyens mécaniques et la sélection des graines. La volonté de la mécanisation de la culture se reflétait par les recherches techniques faites à la station de Bambey, au bloc expérimental de Kaffrine et à la CGOT (Compagnie générale des oléagineux tropicaux) spécialisée dans la mise en place des plans de production qui avait de bonnes perspectives d'installation en Casamance, précisément dans les régions de Sédhiou et Kolda[575]. Sur cette lancée, l'administration coloniale a procédé à la détermination des surfaces à octroyer à la forêt et aux cultures. Elle a aménagé des cultures sur des terres favorables et des terres de culture. Les terres de savane, peu favorables – et non affectées à des réserves forestières – ont été réservées pour le bétail. La Société de prévoyance indigène (SPI) distribuait des crédits, encadrait l'épargne paysanne, construisait des puits sur les terres neuves spécialisées dans la culture de l'arachide, aménageait des pistes pour l'acheminement du bétail et le desservissement de certaines localités. L'élevage et les techniques culturales contribuaient à assurer la fertilité du sol.

---

572 Les bergers abattent les arbres pour nourrir leurs animaux. *Cf. Ibid.*

573 Il est reconnu que les surfaces boisées ne doivent pas être en deçà de 40 % – exigence à observer dans les pays à facteurs météorologiques extrêmes – au profit de l'extension des cultures qui occupent de plus grandes surfaces.

574 Jean Adam, *op. cit.*

575 Maurice Guernier, « Plan de modernisation et d'équipement », dans *Afrique-Occidentale française*, 1949, p. 311.

En retour, au bénéfice de l'élevage, les cultures et les pâturages ont été exploités pour la production de fourrages animaliers[576]. Les produits exploités ont été la paille de riz, le fonio, les fanes d'arachide, d'haricot et de dolique, les tiges et tourteaux d'arachide, les tubercules de manioc, les fruits de béref, le melon d'eau, les graines de céréales et de légumineuses, le mil, le maïs en grain et le son (résidu de la préparation de farine de céréales)[577].

- *L'entreprise des produits de l'élevage*

Il était exploité l'élevage bovine, ovine, caprine, porcine et celui des oiseaux de basse-cour[578]. L'entreprise de l'élevage a concerné la boucherie, la production laitière et la production du cuir et des peaux de bovins, d'ovins et de caprins. Les produits laitiers notamment le lait, le beurre, le fromage et les peaux ont amené le colon à relever des insuffisances relatives à l'alimentation des bêtes, aux difficultés de croisement. Par contre, il introduit en faveur de la production d'un lait sain, la réfrigération, la stérilisation et veille à une meilleure distribution. Il recommande plus la surveillance du lait que son mélange tel pratiqué par les pasteurs producteurs. L'empreinte occidentale est présente dans le cheptel. Outre l'influence sémitique et berbère, l'impact européen sur les animaux d'élevage découle des réseaux maritimes dégagés par les premiers voyageurs qui ont foulé le sol ouest-africain.

Le cheptel est un substitut du portage, une source pour les nomades d'apport en viande, en lait, en peaux, une garantie pour payer l'impôt et exécuter les autres dépenses du ménage surtout lors des périodes de pénurie. Les travaux de Curasson nous apprennent que le colon n'omet pas de souligner l'importance de la superstition chez les éleveurs qui réfutaient le comptage de leurs bêtes par crainte de les voir périr ou de les perdre. Chez les sédentaires, le cheptel n'est pas très abondant. Il est surtout dominé par les nomades notamment les Peuls, lesquels sous l'influence occidentale se fixent de plus en plus et s'attachent à la terre. Les Maures utilisaient souvent leurs bœufs pour le transport commercial.

Tableau 38 : Répartition du type de bétail existant au Sénégal en 1947

Colonie	Bovins	Moutons et chèvres	Chevaux	Ânes	Porcs	Chameaux
Sénégal	450 000	700 000	45 000	60 000	1500	--

Source : Recensement du bétail par territoire, 1947 cité par G. Curasson, p. 356.

[576] Les pâturages naturels de saison sèche ou d'hivernage « formés par des plantes herbacées ou par des plantes arbustives ou arborescentes », dans Jean Adam, « Pâturages et cultures fourragères », dans *Afrique-Occidentale française*, p. 135-136.

[577] « Sous-produits des cultures et des industries agricoles », dans Jean Adam, « Pâturages et cultures fourragères », dans *Afrique-Occidentale française*, p. 135-136.

[578] G.Curasson, *op., cit.* p. 355-370.

Nous remarquons une absence notoire du chameau. Les Kel-air disent que « le chameau ne vit pas où pousse le mil ». La progression arabe, d'après certaines sources, a été limitée vers le sud de l'Afrique par les mouches. Curasson parle de « la barrière des mouches » nuisible aussi au chameau. D'ailleurs, les chameaux de la Mauritanie ont formé dans le Gandiol un petit groupe fortement arpenté, musclé et massif utilisé pour le transport.

Pour l'élevage bovin[579], il s'agit au Sénégal du « Bos indicus » (avec bosse), c'est-à-dire le sang zébu de l'espèce gobra qui est de grand format, à bosse bien développée et bien meilleur pour la boucherie parmi les bovins à bosse. On en élève dans le Djolof. Ils dominent aussi dans le Sine Saloum. Il y a des variétés qui découlent du croisement entre zébu et bovin sans bosse. Des croisements avec la race « Ndama » ont donné des métis bien favorables à la boucherie. D'après Curasson, leur apparence est liée aussi aux milieux et aux modes de vie, selon que le peuple éleveur est dans des zones où le pâturage est favorable ou pas. La transhumance ou la fixation des peuples éleveurs est déterminante dans la morphologie du cheptel bovin. En saison des pluies, les troupeaux sont mieux nourris en zone sahélienne. Ils sont élevés sur le mode extensif. Les sédentaires laissent leurs troupeaux partir le matin et rentrer le soir. Les femelles sont conservées. Le veau est très tôt acheminé au pâturage occasionnant, selon Curasson, une importante mortalité. Il rapporte encore que le colon recommandait les mesures suivantes pour améliorer la qualité laitière : la lutte contre la sous-alimentation, la prévention de l'équipement pastoral, une meilleure utilisation et amélioration des pâturages, une politique suivie d'hydraulique pastorale, une meilleure considération des règles et méthodes zootechniques et hygiéniques dont les sujets peuvent être les races locales ou importées avec des possibilités d'essais de croisement possibles, mais seulement dans les établissements d'élevage et chez les éleveurs évolués, selon Curasson.

Concernant les moutons[580] pour le Sénégal, il y en a de grande taille et à poils que détiennent les pasteurs nomades de la zone sahélienne et subsaharienne. On y retrouve aussi la variété maure à poils ras (au nord du Sénégal). Ils sont utilisés comme des « moutons de case » et ils sont bons pour la boucherie. Il y a aussi dans le bassin du Sénégal les moutons peuls de grande taille, plus musclés et bons également pour la boucherie. Mais avec le commerce surtout à la préparation des fêtes traditionnelles, on retrouve plusieurs variétés en fonction de la provenance des conteneurs de moutons : moutons maures à poils longs, moutons touaregs en provenance du Soudan, moutons peuls du Soudan, etc. Les transhumances sont déterminées par la recherche de points d'eau et d'espaces verts ou secs. Ces animaux vivent de la broussaille (herbes et arbustes). La castration est pratiquée.

[579] *Ibid,* p. 359-361.
[580] G.Curasson, *op., cit.*, p. 361-362.

Concernant les chèvres[581], il en existe une variété maure de grande taille et peu musclée qui vit dans le Sahel et les petites chèvres musclées du Sud. Les premières sont bonnes laitières et les secondes le sont moins. Il est aussi rapporté que le croisement avec la race alpine pour améliorer la qualité laitière n'a jamais été un succès.

Relativement au plan de modernisation, l'équipement pastoral est encore timide. Mais avec les recherches, il a été découvert à l'époque :

> *« Une nappe d'eau inépuisable à 180 mètres sous le désert du Ferlo et il est évident qu'une ligne de puits dans cette région en ferait une zone d'élevage par excellence puisqu'elle est couverte de hauts pâturages pendant les pluies. Le cheptel serait nourri, en saison sèche, par des pailles d'arachides provenant des cultures mécaniques et des tourteaux issus des huileries de Dakar et de Kaolack »*[582].

Au Sénégal, on élève aussi des chevaux de petite taille. On les considère comme les descendants des chevaux autochtones[583]. D'après Curasson, les noirs aiment les chevaux, mais très peu d'entre eux (nomades ou sédentaires) leur donnent le soin nécessaire et surtout lorsqu'il s'agit de chevaux de course. Il soutient que « les divers essais de haras, dépôts d'étalons tentés par l'administration dès 1890 au Soudan et au Sénégal ont donné des résultats décevants ». À partir de 1936, le colon était convaincu que l'amélioration viendrait de l'établissement de dépôts d'étalons de type local correspondant au goût de l'indigène selon l'importance de l'élevage de la région[584].

Pour l'âne[585], il était d'origine mauritanienne avec une taille plus petite que les ânes du Gourma et Mossi. Selon le colon, l'âne est maltraité et sans soin chez les indigènes. Jusque-là ce sont des essais limités qui ont été tentés pour améliorer son format. Il est jugé moins capable que le cheval.

Quant au porc africain[586], il est bon pour la boucherie. Il fut introduit par les Portugais, selon Curasson. Ce sont les populations non musulmanes qui s'adonnent à son élevage sur un mode extensif. Ils ramassent les restes de riz, de mil, manioc, arachide, du poisson, etc. Dans certaines parties du Sénégal, ils sont élevés et se montrent résistants à la trypanosomiase. Il y a aussi des croisements du porc africain avec l'espèce européenne assez précoce.

---

581 *Ibid.* p.363.

582 Maurice Guernier, « Plan de modernisation et d'équipement » dans *Afrique-Occidentale française*, 1949, p. 312.

583 G. Curasson, *op., cit.* p. 364. « Les chevaux du Sénégal proviennent des apports maures et des importations par mer de sujets andalous. On distingue le foutanké, cheval du fleuve, à ascendance barbe amené par les maures, le M'bayar (1m 33 à 1 m 38, rustique, sobre et endurant, selle convenant et trait léger) et le M'par ou le cheval du Cayor (1m 25 à 1m 33, rustique et endurant) ».

584 *Ibid.* p. 364.

585 *Ibid.*

586 *Ibid.* p. 365-366.

Quant aux oiseaux de la basse-cour[587], on retrouve la poule, le canard de barbarie, la pintade (plus important au Soudan) et le pigeon. Malgré l'introduction des races de poule européenne, les résultats sont médiocres du fait des maladies locales notamment la *spirochétose*. D'après Curasson, les indigènes soumettent au même régime alimentaire et hygiénique les poules importées. Il précise qu'il faut d'abord que l'indigène s'habitue aux mesures d'hygiène avant de penser au croisement avec les espèces européennes ou même à élever des oiseaux de basse-cour.

- *L'entreprise de la pêche et du transport maritime*

La pêche est une ressource proverbiale, selon Théodore Monod, qui complète sans la concurrencer la production agricole[588]. Elle est soutenue par les quartiers traditionnels de pêcheurs qui constituaient les centres de pêche de renommée. Il s'agit, entre autres, de Guet Ndar, Cayar, Yoff, Ngor, Dakar, Thiaroye, Mbao, Rufisque, Mbour, Joal. Une exploitation se tient aussi, selon T.Monod sur les « rivières du Sud basses, vaseuses et parcourues de mangroves suivant les dispositions des populations en faveur des côtes et ou dans les bras de mer ou des lacs ». À Saint-Louis, la pêche en mer se fait à la ligne, c'est-à-dire à la main et le rendement est faible. Au sud de Dakar, dit-il, les Lébous pratiquent en plus de pêche à la ligne la pêche à la senne de plage, à l'épervier et aux filets droits maillants. Ils savaient poser sur les côtes des barrages, des pièges et des nasses. Des filets de marée étaient également utilisés[589].

Pour le colon, il y a une variété et une ingéniosité de procédés indigènes de capture. Mais il est déploré l'existence d'îlots de pêcheurs professionnels.

La pêche artisanale[590] constituait, jusque-là, la base la plus importante en contribution halieutique. Elle se pratique sur les côtes comme sur les grands fleuves. Elle fait vivre les entreprises de séchage, de fumage et les conserveries qui ont vu le jour plus tard avec la mise en œuvre d'une industrialisation par le colonisateur. Dans le même prolongement industriel, nous pouvons noter l'introduction de bateaux à moteur pour le remorquage ou le ramassage du poisson. Le besoin d'améliorer les moyens traditionnels a même fait naître des propositions venant du colon sur « la modification de la forme ou le gréement traditionnel des pirogues qui variait de 4 à 12 mètres »[591]. Rappelons que la pêche artisanale est encadrée par « l'administration et le technicien ». Toutefois, selon Monod, il reste sans conséquence sur le cadre traditionnel, social, familial, psychologique ou religieux.

---

[587] *Ibid.* p 366. Selon Curasson, la poule est bonne couveuse, sans aliments spéciaux la chair est médiocre avec une ponte annuelle estimée aux environs de 100 œufs.

[588] Théodore Monod, « La pêche », dans *Afrique-Occidentale française*, *Encyclopédie coloniale et maritime*, dirigé par Eugène Guernier, 1949, p. 177.

[589] *Ibid.* p. 179

[590] *Ibid.* p. 180.

[591] A la conférence de la pêche maritime de Dakar, janvier 1948. Il a été proposé un modèle de pirogue métallique, à dérive escamotable et gouvernail. *Cf :* T.Monod. *Ibid.* p. 182.

Des projets – notamment le projet Augier – étaient également prévus pour mettre en valeur la vallée du Sénégal. Il y avait une volonté de l'administration en effet de développer le trafic fluvial[592]. Le fleuve Sénégal est navigable de juillet à octobre sur un parcours de 900 km. La Société des messageries du Sénégal[593] « assure des lignes régulières » entre Saint-Louis-Podor[594], Podor-Matam[595], Saint-Louis-Podor, Saint-Louis-Kayes[596]. Selon Georges Larche, l'importance annuelle du trafic pouvait être estimée à 50 000 tonnes, dont une tonne coûte des milliers de francs et 30 000 passagers. Le trafic soudanais également transitait par le fleuve avant la mise en route du réseau Thiès-Kayes. L'avènement du chemin de fer n'a pas fait les affaires du fleuve. Le Saloum et la Casamance appartiennent autant au trafic maritime de cabotage que fluvial[597].

- Les organisations de soutien agricole et halieutique

- Les sociétés indigènes de prévoyance, de secours et de prêts mutuels agricoles[598]

Les sociétés indigènes de prévoyance, de secours et de prêts mutuels agricoles lancées en 1910 étaient aussi appelées SPI (Société privée de personnalité civile) [599]. Elles contribuent – par une aide technique, des conseils, des octrois de primes, la tenue de foire, des encouragements – à l'amélioration et à l'intensification de la production agricole et de l'élevage. Précisément, elles avaient pour rôle :

> *de prendre toutes les mesures contribuant au développement de l'agriculture, de l'élevage, de la pêche et de la cueillette, ainsi qu'à l'amélioration des conditions dans lesquelles s'effectuent la récolte, la préparation, la circulation, la conservation et la vente des produits et celui des adhérents ;*

---

[592] Georges Larché, « Les voies fluviales », dans *Afrique-Occidentale française, Encyclopédie coloniale et maritime*, dirigé par Eugène Guernier, 1949, p 231-233.

[593] *Ibid.* p. 232. La Société de messagerie du Sénégal dispose de chalands à marchandises (50 à 300 tonnes) et à passagers (sabran) et de remorqueurs modernes (les Boufflers).

[594] G. Larché, *op. cit.* Saint-Louis-Podor en raison de deux voyages par mois de la société des messageries (le 5 et le 20).

[595] *Ibid.* Podor-Matam en raison de huit mois par an.

[596] *Ibid.* Saint-Louis-Kayes en raison de quatre mois par an.

[597] *Ibid.* p. 229-234. Étude produite à l'aide du service de l'inspection générale des travaux publics, ministère de la France d'Outre-mer. Larché est un ancien directeur des Messageries africaines du Sénégal.

[598] Direction des services économiques de l'AOF, « Société indigène de prévoyance, de secours et de prêts mutuels agricoles » dans *Afrique occidentale française, Encyclopédie coloniale et maritime*, dirigé par Eugène Guernier, 1949, p. 321-325.

[599] *Ibid.* Les SPI, d'après la direction des services économiques de l'AOF, avaient une organisation administrative, financière et bien évidemment un statut juridique. Ses ressources financières étaient basées sur les cotisations des membres de la société, les emprunts aux autres sociétés ou aux caisses de Crédit Agricole, les recettes provenant des ventes de graines remboursées par les sociétaires et à d'autres ressources comme la location de matériel appartenant à la SPI aux membres, l'intérêt des prêts, des fonds déposés à la Caisse d'épargne et du portefeuille p. 322-323.

de venir en aide, par des secours temporaires ou des prêts, aux adhérents nécessiteux ;
de permettre aux sociétaires, par des prêts en nature ou en argent, de maintenir et de développer leurs cultures et d'améliorer leur exploitation, leur outillage et leur cheptel[600]*.*

Comme autre organisation de soutien agricole, il y avait aussi ***le Crédit Agricole mutuel***[601]**.** Sa législation était calquée sur le modèle de la métropole. Son fonctionnement reposait sur trois niveaux.

Graphique 11 : Structure du Crédit Mutuel agricole de l'AOF de 1931

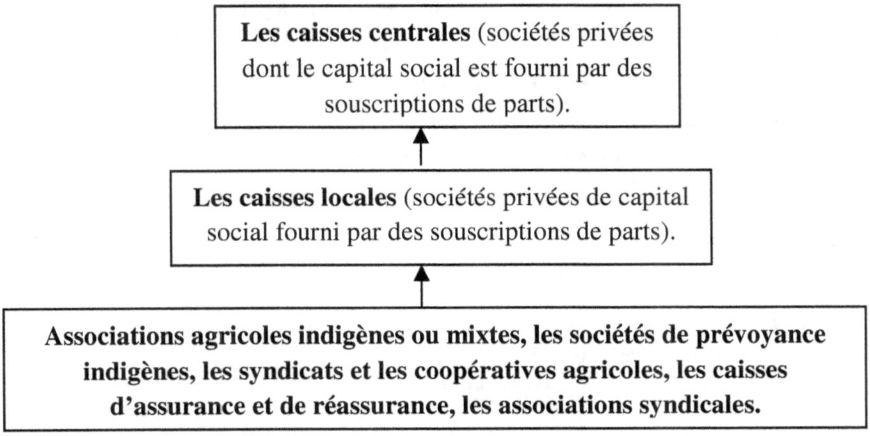

Les caisses locales et les caisses centrales pouvaient recevoir de manière limitée des avances du gouvernement général (pour les demandes de prêts à

600 *Ibid.* « Elles disposent de matériel et de machine agricoles (houe, charrue, rapeuses à main, égreneuses, moto-concasseurs, moto-presses, dépulpeuses, décortiqueuses, etc., des engrais, du matériel de transport. Les matériels ou produits sont loués ou cédés aux sociétaires à crédit ou au comptant. Elles distribuent gratuitement ou avec remboursement en nature à la récolte des semences et des plants (pour accroître la production, créer des variétés plus robustes ou introduire des cultures nouvelles). Elles exécutent des travaux agricoles d'intérêt collectif (barrages, puits, canaux d'irrigation), procèdent à des essais d'élevage, de cultures, de traitement de produits. Elles luttent contre la sous-alimentation chronique ou accidentelle des indigènes par l'amélioration et l'intensification des cultures vivrières, l'organisation et l'entretien des réserves de semences en vue de remédier à l'imprévoyance des cultivateurs indigènes et en cas de nécessité, par des distributions gratuites ou remboursables de vivres. Elles achètent les produits de leurs adhérents pour la sélection des semences, le traitement et la transformation de ces produits. Elles organisent la vente groupée des produits confiés par les adhérents afin de régulariser les cours. Elles consentent des crédits : prêts annuels en nature (semence remboursable en nature à la récolte), prêts exceptionnels en espèce (accident, maladie, urgence) et des prêts mutuels agricoles. ». p. 321-322.

601 Direction des services économiques de l'AOF, « Le Crédit agricole mutuel » dans *Afrique occidentale française*, *Encyclopédie coloniale et maritime*, dirigé par Eugène Guernier, 1949, p. 315-320. Le crédit agricole était régi en AOF par *le décret du 23 mai 1926 et réglementé dans ses dispositions essentielles par le décret du 26 juin 1931 et par l'arrêté du gouverneur général du 30 septembre 1931 fixant les conditions d'application.*

court terme, elles recevaient quatre fois plus le capital déposé. Si c'est pour le moyen terme, elles recevaient six fois plus).

Plus tard, sous une nouvelle réglementation les caisses locales ne conditionnaient plus la distribution du crédit. Mais elles pouvaient se former partout où le profil social le permettait. Elles étaient indigènes ou européennes. Si elles n'existaient pas, les caisses centrales, devenues des établissements publics, dispensaient tous les types de prêts, c'est-à-dire à *court terme*[602], à *moyen terme*[603] et *à long terme pour un individuel ordinaire*[604], *à long terme collectif*[605] et *à long terme spécial*[606]. Les caisses centrales s'émancipaient ainsi de la limitation des avances du gouvernement général et pouvaient profiter de la caisse de réserve de la colonie.

Il était prévu que le commandant de cercle devait présider le conseil d'administration des caisses locales indigènes et non les caisses locales de statut européen. Les caisses locales indigènes étaient prévues par les textes, mais elles n'ont pas pu voir le jour.

---

[602] *Ibid. Concernant le crédit à court terme,* il s'est agi d'un crédit de campagne. « Il avait pour objet des achats de semences d'engrais et de produits nécessaires à l'industrie agricole, le paiement des salaires des ouvriers, des frais de préparation de la récolte, bref des dépenses courantes ». p. 318.

[603] *Ibid. Concernant le prêt à moyen terme* : il s'est agi de prêts individuels ou collectifs « destinés à l'achat de matériel ou de bétail, la mise en valeur ou l'amélioration des exploitations agricoles, l'achat ou l'utilisation en commun de matériel, d'animaux ou de produits utiles aux exploitations agricoles, l'exécution de travaux collectifs présentant un caractère agricole. Ces prêts sont remboursables par annuités dans un délai maximum de huit ans. Les caisses font signer à leurs clients des engagements. Ces prêts comportent des garanties particulières. On peut citer, entre autres, la caution solidaire, le nantissement, les hypothèques, les assurances sur la vie, les justifications des dépenses. Les taux de prêts sont fixés par le gouverneur général de chaque colonie » p.318.

[604] Direction des services économiques de l'AOF, « Le Crédit agricole mutuel » dans *Afrique-Occidentale française, op., cit.* Le prêt à long terme pour un individuel ordinaire est « destiné à faciliter l'acquisition, la constitution ou la mise en exploitation d'un domaine familial, la construction de bâtiment d'exploitation et d'habitation, l'exécution d'amélioration foncière nécessitant une immobilisation de capitaux pour une certaine durée. Le taux d'intérêt fixé par le gouverneur ne doit jamais être en dessous de 3 %. Il était de 4 % à l'époque » p. 319.

[605] *Ibid.* « Ce type de prêt profitait aux sociétés coopératives agricoles, aux sociétés indigènes de prévoyance agricole et aux associations agricoles d'intérêt général organisées et fonctionnant conformément aux dispositions réglementaires. La durée de ces prêts est de 15 ans, mais peut être portée à 30 ans dans le cas de prêt ayant pour objet le reboisement. Il faut préciser qu'à l'époque ces prêts sont accordés par la caisse à la suite d'un avis favorable du gouverneur » p. 319.

[606] *Ibid.* « Ces prêts sont accordés aux anciens combattants et aux indigènes qui justifient avoir suivi régulièrement les cours d'une école d'agriculture ou d'une école de labourage. Le taux d'intérêt est de 2 %. Les militaires libérés par la loi du 31 mars 1928 sur le recrutement de l'armée ont reçu des avantages, c'est-à-dire une bonification de 20 % de la prime, si elle est affectée à l'acquisition d'un bien rural. Les attributions dévolues aux caisses régionales métropolitaines ont été étendues par décret aux caisses centrales » p. 319.

> *« Les conditions d'évolution sociale en AOF n'étant pas favorables à la constitution du capital des caisses de Crédit Agricole par souscription, l'État a été amené à se substituer à l'initiative privée. Le financement des caisses peut être assuré par les fonds de dotation du Crédit Agricole répartis entre des ressources exceptionnelles et des ressources périodiques, la caisse nationale de Crédit Agricole, la caisse de réserve, les dépôts à vue, le bénéfice des caisses, l'escompte »*[607].

Il est aussi rapporté que les bénéficiaires des prêts étaient les SIP et les fonds communs de ces sociétés, les associations agricoles indigènes[608], les associations agricoles de colons de statut métropolitain ou assimilées[609], les sociétés coopératives agricoles, les associations d'intérêt général agricole, les sociétés d'assurance et de réassurance mutuelles agricoles.

Il y a dans l'ensemble une faible activité du Crédit Agricole entre 1940 et 1944. Ceci est dû à l'état de guerre et à l'instabilité climatique. C'est au cours de l'exercice 1946 que l'activité de cette institution a atteint son niveau le plus bas. Sa création coïncidant avec la crise économique, ses prêts (accordés entre 1932 et 1933) ont aidé de nombreux colons et d'importantes sociétés à passer le cap des mauvaises années pendant lesquelles les cours des produits coloniaux avaient chuté en deçà des prévisions les plus pessimistes. Pour se développer, le crédit a investi dans le futur sur l'amélioration des transports, l'accroissement des importations de matériel agricole, la reprise des exportations, l'évolution culturelle des populations autochtones, le développement d'un mouvement coopératif chez les indigènes qui, par les principes de solidarité et de mutualité, vont adhérer au Crédit Agricole[610].

---

[607] *Ibid.*, p. 319.

[608] Les agriculteurs indigènes étaient membres d'une collectivité et détenteurs de biens immatriculés ou individualisés.

[609] Les agriculteurs français de statut métropolitain ou assimilé et les sociétés françaises se livrant à l'agriculture ou à l'élevage, étant membres de l'une des collectivités.

[610] Direction des services économiques de l'AOF, « Le Crédit agricole mutuel » dans *Afrique-Occidentale française*, Tome I, *op., cit,* p. 320.

- Les stations agricoles et la recherche scientifique

Comme troisième organisation de soutien à la production agricole, nous pouvons citer les *stations agricoles et la recherche scientifique.* Face au manque de personnel et de crédit, il fallait donc insister sur la recherche agronomique et les moyens pour améliorer l'économie.

On peut citer dix stations parmi celles existantes :
Bambey : station expérimentale de l'arachide et du mil. Elle préconise la sélection des variétés d'arachides favorable à la culture mécanique et la mise au point de techniques innovantes. Elle met en œuvre un projet de mise en culture de 200 000 ha à Kolda, Kaffrine, Koungheul et Nioro ;
Sor : jardin d'essai et de multiplication d'agrumes ;
M'Boro : production maraîchère et de fruits ;
Louga : école d'agriculture où l'on fit des Essais régionaux pour l'arachide ;
Sinthiou-Malème (près de Tambacunda) : essais régionaux pour l'arachide ;
Nioro du Rip (près de Kaolack) : essais régionaux pour l'arachide ;
Guerina (près de Bignona) : essais régionaux pour l'arachide.
Richard-Toll et projet de mise en valeur de rizière au lac de Guiers avec 6000 ha : Riz.
Djibelor (casamance) : Riz et fruits.
Kaffrine : Bloc expérimental de culture mécanique de l'arachide sur 10 000 ha.
Source : Arséne Renard, « les stations agricoles » dans Afrique occidentale française dirigé par Eugene GUERNIER 1949, p.334-336 .

En plus des stations il y avait :
- le service antiacridien à Dakar qui constituait le point focal pour toute l'AOF, lequel avait pour charge de dépister, détruire et d'anéantir les vols depuis leur nid ;
- la direction de l'Inspection générale de l'agriculture, basée également à Dakar, s'occupait de la défense du sol ;
- une inspection du conditionnement des produits dans la colonie ;
- un collège technique à Louga, avec un niveau de certificat d'études ;
- une mission d'aménagement du fleuve Sénégal (MAS) était basée à Richard-Toll. Il constituait aussi un casier rizicole exploitant 6000 hectares en ***culture mécanique.*** L'exploitation de la mécanique rencontrait des difficultés de livraison pour les pays exportateurs.

Source. Arséne Renard, « les stations agricoles » dans Afrique occidentale française dirigé par Eugene GUERNIER 1949, p.345

Selon Arsène Renard, ancien ingénieur principal des services de l'agriculture, l'Inspection générale de l'agriculture créée en 1941, sous les difficultés de la distribution des semences et de la formation des paysans, était rattachée à la Direction générale des services économiques qui commença à fonctionner réellement en 1942 et à la Direction de l'agriculture, de l'élevage et des forêts créée en 1944. Elles étaient aussi toutes arrimées sur les actions des stations agricoles afin d'assurer une coordination de la politique d'exploitation scientifique de l'agriculture.

Pour *la recherche scientifique et technique,* elle était destinée à contribuer à la compréhension du milieu physique des Africains et à fournir le matériau de transformation. Elle fut d'abord désordonnée. Elle se basait sur l'expérience des médecins, administrateurs, enseignants, entre autres, qui avaient fait le terrain. C'est à cet effet que furent développés des instituts de recherche, mais aussi des missions temporaires[611].

Pour les instituts :
Le premier centre organisé fut le laboratoire de microbiologie de Saint-Louis créé en 1896 et qui allait devenir en 1913, à la suite de son transfert à Dakar, l'institut Pasteur.
Du point de vue agronomique, il y avait le centre de Bambey.
Il y avait aussi un laboratoire vétérinaire à Dakar.
Concernant l'océanographie, il y avait un laboratoire scientifique et technique des pêches à Dakar créé par arrêté du 17 novembre 1941.
Pour les sciences humaines, il y avait à l'époque l'IFAN (Institut français d'Afrique noire) fondé en 1938 par le gouvernement de l'AOF.
L'institut de recherche pour le coton et le textile (créé en 1947) et celui des huiles de palme (créé en 1942). Ils concernaient la colonie du Sénégal, mais ils étaient basés à Paris.
Source : Professeur Combes, « Offices et Instituts de recherche scientifique », dans *Afrique-Occidentale française* (dir.) Eugène Guernier, 1949, p.326-332.

Grâce au congrès de 1937 sur la recherche scientifique des territoires d'outre-mer, on commence à octroyer des bourses à des chercheurs afin de les amener à continuer leurs travaux en métropole. Selon le professeur Combes, on recrute des chercheurs que l'on forme en deux ans et qu'on envoie dans les colonies. Ainsi, il y avait des pédologues pour étudier les moyens à mettre en œuvre pour, entre autres, protéger les sols, des entomologistes médicaux et vétérinaires, des généticistes, des phytopathologistes, des océanographes, des géophysiciens, des hydrologues, des spécialistes des sciences humaines. Beaucoup de services ont été créés et basés en France pour réfléchir sur les

611 Pour les missions, il y eut en AOF la mission d'étude de l'élevage et de la transhumance, la mission phytogéographique pour la végétation et une mission, notamment celle du Dr Lasnet tenue entre 1899 et 1900.

conditions de transformation des colonies. Il a été question d'un service de détermination d'insectes, d'un service de géographie coloniale, d'un service d'étude de la production de la pâte à papier à partir de plantes coloniales et d'un service d'étude de la protection des bois contre les termites d'après le rapport du Pr. Combes.

b. La modernisation de l'entreprise

L'entreprise moderne fonctionne sur la base de la mécanisation et de l'industrialisation[612]. Nous pouvons d'emblée noter que la présence dans la colonie de nouveaux outils n'a pas profité à tous les exploitants voire à toutes les cellules familiales en production. Il s'est plus agi d'industries d'exportation installées par le colon pour satisfaire à sa politique d'exploitation au profit de la métropole et au détriment du pouvoir économique local.

1. Les Industries d'économie intérieure[613]

Les Industries d'économie intérieure sont liées au pouvoir d'achat des populations. La nourriture, l'habitation et la vêture sont les trois principaux besoins de la collectivité à l'époque. Elles favorisent la mise sur pied d'industries de fabrication alimentaire, de filature et de tissage, de fabrique de couvertures, de sandalettes et de chaussures, l'installation de carrière de cimenteries-tuileries.

Il y a eu aussi des Industries de sacheries et de corderies, des garages et ateliers mécaniques, des chantiers de construction et de réparation de chalands et de vedettes, de fabriques de boissons et de fabriques de meubles.

Une autre catégorie d'industries a concerné les verreries, les fabriques de cigares et cigarettes, les ateliers de confection et les fabriques de pneus.

2- Les entreprises industrielles locales

Les entreprises industrielles locales énumérées ci-dessous suivant les secteurs d'exploitation étaient capables de prendre en charge les besoins intérieurs et de se projeter vers l'exportation.

- ***Les industries dérivées des oléagineux*** notamment les huileries d'arachide[614] ;

- ***L'industrialisation de la pêche et ses industries dérivées***[615] ont concerné la capture[616] et le traitement ;

---

[612] André Mercier, « Les industries » dans *Afrique-Occidentale française, Encyclopédie coloniale et maritime* (dir.) par Eugène Guernier, Tome II, 1949, p. 161-176.

[613] *Ibid.* p. 163.

[614] *Ibid.* p. 164-167.

[615] *Ibid.* p. 170-171. Voir aussi Théodore Monod, « La pêche », op. cit., p. 180-184.

[616] *Ibid.* Concernant la capture, « l'emploi de la senne coulissante et celui du filet à requins (depuis 1940) qui étaient bien développés. Quant à la pratique du chalutage, elle était moins avancée du fait de l'environnement (insuffisance des fonds et installations à terre) ». p. 170-171. Voir aussi T.Monod, *op. cit.* p 177-184.

- ***Les Industries dérivées de l'élevage***, avec une activité d'exportation de peaux à l'état brut et de tannerie pour la fabrique de chaussures ou autres articles en cuir et moins pour l'exportation. Il est à noter la société BATAT créée à Rufisque en 1940 et qui avait 40 succursales de diffusion en Afrique[617].

- ***Les Industries alimentaires***[618] concernaient les industries de décorticage d'arachide, des moulins à mil, de maïs (Dakar), des féculeries de manioc (Dakar). Il y avait également à Dakar des biscuiteries et plusieurs confiseries et chocolateries (150 t) dont SIPA, des fabriques de beurre d'arachide. Il faut mentionner l'industrie de brasseries, la SOBOA (Société des brasseries de l'ouest-africain)[619]de Dakar. Pour la glace alimentaire, Dakar dispose durant la période coloniale d'un frigorifique de pêche en construction et de deux entrepôts frigorifiques notamment Maurel et Prom, mais aussi Casel.

- **Parmi *les industries de matériaux de construction*,** il y avait les fours à chaux hydrauliques de Dakar à partir de 1945, une grande cimenterie[620] sur le gisement calcaire de Rufisque-Bargny, une petite fabrique de carreaux indispensable à la fabrication de liants à Bargny. Il y avait aussi des entreprises (para-industrielles) qui utilisaient des éléments préfabriqués pour effectuer des montages[621].

- ***L'exploitation des Minerais et des Métaux par les ateliers mécaniques*** [622] était plus assurée à travers les phosphates de Thiès. Les phosphates de chaux sont ciblés entre Keur Mamour, Lam-lam et Guéoul[623]. Les phosphates alumineux « au nord de Thiès entre Tivaouane et Mont Rolland ». Sur Dakar, on a découvert des silex et un peu de pétrole brun visqueux[624]. Selon Maurice Guernier – ancien administrateur et directeur général de la compagnie générale des oléagineux tropicaux – qui s'est intéressé à la question, un bureau minier à l'époque est aménagé pour s'occuper exclusivement des sites susceptibles de fournir annuellement 10 000 tonnes. Pour le zircon et le titan, les gisements exploités sont ceux de la petite côte, de Rufisque à Joal et de la Casamance.

---

617 André Mercier, *op. cit.* p.172.

618 *Ibid.* p.172-173.

619 *Ibid.* La société dispose de 20 Européens et 300 Africains.

620 *Ibid.* La cimenterie fonctionnelle en 1948 compte en son personnel 12 Européens et 225 Africains.

621 *Ibid.* p. 173-174.

622 *Ibid.* p. 174-175.

623 R. Murard, « Les Mines », dans *Afrique-Occidentale française*, 1949, p. 156.

624 D'après H. Murard, ancien ingénieur du corps des Mines et ancien directeur des Mines de l'AOF « la position "stratigraphique" est inconnue […]. La stratigraphie du Sénégal présente encore trop de lacunes pour que la possibilité de l'existence de pétrole soit écartée définitivement ».

- ***Les industries chimiques ou pharmaceutiques*** ont vu le jour à Rufisque (pastille Valda)[625], dans le Sine Saloum[626] et aussi à Thiès[627]. Il faut souligner qu'il y avait déjà des tentatives de réalisation de carburants locaux à partir de plantes[628].

- ***Les Industries du tabac[629] et de l'imprimerie[630].***

**

L'exploitation productive est restée à dominante domestique relativement aux unités de production actives. Les procédés traditionnels sont reproduits. Les Français ont pensé que l'industrie se pliait mieux à leurs idées directrices que l'agriculture parce que celle-ci, rapporte Jean Adam, « est plus qu'un métier, c'est un mode de vie »[631]. La nouveauté est que les paysans, pasteurs, pêcheurs ou artisans sont encadrés et orientés dans le sens d'une modernisation. En voulant améliorer l'économie de traite traditionnelle, les cultures d'exportation comme l'arachide et l'outillage d'infrastructure prirent de l'importance pour l'administration coloniale.

L'industrialisation a accompagné des initiatives privées dont certaines étaient dominées par les Européens grâce à leurs capitaux plus robustes et à la libéralisation de l'économie coloniale. Nous estimons en effet que l'entreprise de production, qu'elle soit dans la transformation, dans la confection, l'exploitation minière ou énergétique, est le résultat de la politique coloniale. À voir ses capacités productives, nous pouvons croire à l'importance qu'elle incarne à l'époque. L'industrie dépend, à propos de ses matières premières ou de son objet de transformation, de la production traditionnelle et de la main-d'œuvre autochtone.

C'est dans cette logique que l'administration coloniale, sous le diktat de la métropole, a introduit l'industrialisation et supporté le financement des infrastructures portuaires[632], ferroviaires[633] et routières.

---

625 André Mercier, *op. cit.* Il rapporte qu'il y avait une usine de 2000 m² qui fabrique des pastilles, du sirop, de la pommade antiseptique et de la quinine, la gomme provenant du Sénégal et du Soudan.

626 *Ibid.* Les salines du Sine Saloum préparant le sel avec une extraction de 16 000 t/an qui pouvait aussi passer à 60 000 t/an. L'exportation était fort possible.

627 *Ibid.* Pour les engrais, Mercier souligne que l'exploitation des gisements de Thiès à raison de 150 000 t/an était prévue. Ils devaient être exploités par la compagnie Ales Froges et Camargue.

628 *Ibid.*, p. 175.

629 *Ibid.* À Dakar, il était noté « deux manufactures : l'une filiale de "job" employant 4 Européens, 50 Africains et produisant 400 t/an de cigarettes (elles s'approvisionnent en Guinée et au Dahomey) et l'autre filiale de "Bastos", mise en route en 1944 avec 5 Européens et 100 Africains pouvant fabriquer 2 t de cigarettes par jour… », p. 175 – 176.

630 *Ibid.* « Dakar dispose d'une imprimerie privée de 1000 m², avec une centaine d'employés, capable d'imprimer 300t/an de journaux et divers ». p. 176.

631 Jean Adam, « Le milieu agricole ouest-africain et les méthodes de culture », *op. cit.* p. 21.

632 Dakar (1910), Kaolack, Casamance.

Ce qui est intéressant aussi pour l'entreprise locale, c'est l'exploitation commerciale des produits agricoles et d'élevage. Après que le bétail a été introduit dans l'économie de marché, il a été par la suite énormément favorisé par l'aménagement d'abattoirs dotés de frigorifiques et de produits de transformation dirigés pour la plupart vers l'exportation. Seule l'industrie d'économie intérieure ravitaillait la colonie.

2. L'entreprise marchande

- *L'économie de traite*

C'est un commerce moyen qui s'approvisionnait auprès des maisons de commerce et était lié à un système de crédit à court terme que nous avons déjà évoqué.

Dans l'économie de traite, on peut relever d'une part, l'exploitation commerciale des produits agricoles (l'arachide, la gomme contre du mil, du sel, des armes et du riz)[634] et d'autre part, l'exploitation des produits de l'élevage avec le commerce des bêtes (dans le Ferlo, à Bakel et à Louga), la boucherie, les peaux locales et les produits laitiers.

L'AOF était « une zone d'échanges commerciaux »[635] où l'initiative privée était valorisée et la liberté de concurrence était cautionnée. L'économie locale était dominée par les négociants européens, les traitants et intermédiaires autochtones, les traitants libano-syriens, tous déterminés par la culture de l'arachide qui faisait la richesse de la colonie du Sénégal. La ville est venue se joindre à l'avènement de la traite. Elle mobilise des masses humaines[636] en même temps que des capitaux financiers.

Les négociants[637] qui constituaient un *monopole européen* se regroupaient dans un secteur privé de loin plus robuste en capitaux sur le marché. D'abord installés en maison de commerce, ils se sont développés en taille par la suite grâce à la spéculation des firmes[638].

---

633 Dakar-Saint-Louis, 1855. *« Entre 1902 et 1910 interviennent les principaux travaux ferroviaires, entre autres, la voie Sénégal-Niger (achevée en 1905) ». Le réseau ferré Thiès-Kayes qui favorisa l'exploitation des terres neuves du Sine Saloum.*

634 Dans cette exploitation des produits agricoles, il faut noter aussi l'implication des khalifes Mourides pour l'arachide et la communauté bambaras pour le maraîchage à Saint-Louis.

635 Cathérine Coquery Vidrovitch, « La politique économique coloniale » dans Catherine Coquery et Odile Goerg, *op. cit.* p. 105.

636 Commerçants en quête d'affaires, les cultivateurs en quête d'un meilleur prix pour leur récolte et les manœuvres qui fréquentaient les ports de Rufisque, Dakar et Kaolack et les gares pour le déchargement ou l'embarquement des sacs de graines.

637 Les négociants sont principalement les Européens – Marseillais et Bordelais – en situation d'affaires dans la colonie.

638 À l'origine, les maisons ou firmes d'import-export qui monopolisent la traite étaient désignées par le vocable de négociants. C'était le monopole des Européens. Ils pouvaient avoir la qualité de traitant indépendant, de surcroît avec emprise sur les importations et exportations.

Le monopole du commerce de la viande était représenté « dès 1850, par M. Hérissé, qui était le principal fournisseur de l'administration à l'époque »[639]. Les maisons de commerce, en l'occurrence Maurel, Prom, CFAO, entre autres, ont servi d'intermédiaires aux transactions du riz en provenance du Soudan pour le Sénégal. Elles étaient aidées par les traitants autochtones qui pouvaient entrer en contact direct avec les producteurs. La CFAO et la SCOA détenaient une position dominante sur le marché. VEZIA et PEYRISSAC étaient en relation de troc durant la traite avec les paysans sur la côte le long des voies fluviales ou ferrées[640].

Il est rapporté que les profits relevaient davantage des marges bénéficiaires que du volume des échanges[641] et les entreprises coloniales étaient réputées rapporter beaucoup. Le monopole des Européens sur le commerce a été favorisé par la libéralisation du marché étant donné qu'ils bénéficiaient des plus grands capitaux. Cela est arrivé dans la seconde moitié du XIXe siècle[642]. Mor Ndao justifie cet état de fait par la crise du commerce de la gomme et l'endettement des traitants. Les Européens ont eu le monopole des produits locaux comme le mil et le riz de même que les produits d'importation, par exemple la farine et le riz étranger. Parmi eux, Pasquier cite les Valentins dont l'émergence commerciale est liée aux affaires qu'ils entretenaient *directement avec la métropole*[643].

Les maisons de commerce contrôlaient le crédit dont sont devenus fortement dépendants les agriculteurs autochtones. C'est une raison supplémentaire de leur enrichissement.

- Le monopole du secteur privé et ses rapports avec les traitants autochtones

Le secteur privé était monopolisé par les Européens, mais aussi par les Libano-Syriens arrivés un peu plus tard. Il s'appuyait sur les autochtones qui

---

[639] R. Pasquier, « Un aspect de l'histoire des villes du Sénégal : les problèmes de ravitaillement au XIXe siècle », *Cahiers du CRA*, n° 6, 1987, p. 177-213, dans Mor Ndao, *Le ravitaillement de Dakar de 1914 à 1945*, L'Harmattan, 2009, p.73.

[640] C.Coquery-Vidrovitch, « La politique économique coloniale » dans Catherine Coquery et Odile Goerg, *op. cit.* . Elle rapporte que les produits des grandes firmes étaient des objets manufacturés de médiocre qualité, offerts pour la consommation immédiate et courante (tissu, pacotille, etc.), p. 111.

[641] *Ibid*, p. 112. « Le contrôle des deux extrémités d'une seule et même filière de production et de commercialisation [...]. De ce point de vue, *les activités de transformation, de décorticage, de fabrication d'huile, s'opéraient en métropole et concernaient d'autres réseaux d'affaires.* ».

[642] R. Pasquier, « Les traitants du Sénégal au XIXe siècle », dans *Entreprises et entrepreneurs en Afrique XIX-XXe siècle*, Tome I, Paris, L'Harmattan, 1983, cité par M.Ndao, p. 70. Voir aussi M.Ndao, *Ibid*, p. 78.

[643] M. Ndao, *Ibid*, p. 70. Voir aussi R. Pasquier, « Un aspect de l'histoire des villes du Sénégal : les problèmes de ravitaillement au XIXe siècle », *Cahiers du CRA*, n° 6, p. 177-213, 1987, cité par M. Ndao, *Ibid*, p. 70-71..

pouvaient servir de lien entre le négociant (commerçant isolé ou maison de commerce) et le producteur resté dans son fief.

Les autochtones étaient dépendants des maisons de commerce par le biais de la SPI (Société de prévoyance indigène) d'où ils recevaient des crédits. C'est l'endettement des autochtones qui a permis aux entreprises européennes de gagner en croissance.

- ***Les rapports entre traitants et intermédiaires***

Les traitants désignaient les mandataires des différents négociants « qui étaient en contact avec le producteur ou des intermédiaires africains ». Plus tard, le terme de traitant était pris pour désigner les commerçants qui singulièrement étaient considérés comme ceux qui s'acquittaient de la patente et revendaient les marchandises qu'ils se procuraient auprès des négociants[644]. On pouvait remarquer parmi les traitants trois types notamment le traitant indépendant, le petit traitant et le traitant mandataire[645].

Les intermédiaires, parmi lesquels l'on retrouvait la communauté libanaise, servaient le plus souvent de trait d'union entre producteurs et traitants.

- ***La source de l'émergence libano-syrienne au détriment de celle autochtone***

Au courant des années 20, des négociants libanais étaient déjà installés dans la colonie. Cette communauté s'est singularisée à partir du 20e siècle.

Leur ascension a été provoquée non seulement par les excellents liens clientèles qu'ils avaient avec les Européens, mais également par le fait que durant les périodes de conjonctures économiques et de guerre, ils n'ont cessé de jouer un rôle considérable dans l'intermédiation entre les maisons de commerce européen et les paysans autochtones. Plus précisément, l'effort de guerre qui a été à l'origine de « la mobilisation de commerçants français et autochtones »[646] a permis aux immigrants libanais d'occuper le marché. Leur émergence survient effectivement pendant la Seconde Guerre mondiale.

- ***Le monopole autochtone : le commerce de détail***

C'est un commerce traditionnel qui exploite les produits manufacturés et industriels importés ou localement fabriqués. C'est l'objet quotidien du

---

644 Laurence Marfaing, *L'évolution du commerce au Sénégal, 1820-1930*, Paris, L'Harmattan, 1991, p. 17.

645 M. Ndao, *op. cit.*, ***Les traitants indépendants*** : ce sont les grands traitants disposant d'un capital financier. Ils agissaient pour leur propre compte et pouvaient diversifier leurs produits de commerce.

Les petits traitants : pourvus de faibles capitaux financiers, ils dépendaient d'autres commerçants auprès desquels ils contractaient des prêts.

Les traitants mandataires : ils sont à la solde d'autres commerçants ou maison de commerce. Selon Ndao, ils sont originaires de grandes familles goréennes et saint-louisiennes. Et leurs ancêtres étaient d'anciens militaires ou employés de grande maison de commerce, selon Mor Ndao, p. 69.

646 Ibrahima Thioub (1989) cité par M. Ndao, *ibid.* p.82.

commerçant autochtone. On retrouve aussi la vente au détail sur les marchés hebdomadaires.

Cette forme de vente peut être fixe comme ambulante. C'est le cas du commerce de boutique, du commerce ambulant – *bitigu mbagg*[647] – et du commerce d'étal installé en général devant la demeure familiale ou au coin de rue. Les deux premiers sont dominés par les hommes. Le second est plus accessible aux femmes. Ces dernières sont plus promptes à vendre des légumes, des condiments, des arachides, des beignets ou des gâteaux traditionnellement préparés.

Les hommes qui pratiquent les étals vendent parfois des plants médicinaux et des accessoires domestiques ou de travail champêtre. D'autres, pour la plupart issus de l'immigration guinéenne, vendent des fruits.

Les boutiquiers disposant de plus de moyens assurent un service continu. En effet,

> *La vente au détail d'objets courants de première nécessité notamment les denrées liées au ménage (riz, sucre, sel, tomate, poivre, savon, huile, etc.) se caractérisait par la vente au tout petit détail (1/8 de litre, tranche de pain, grammes de sel) et sa proximité*[648].

Quant aux commerçants ambulants, ils font la vente à la sauvette, du colportage ou la vente de « casse-croûte ». Le colportage s'associe aux migrations saisonnières et la vente se pratique de porte-à-porte[649]. C'est donc au vendeur d'aller trouver le client. C'est tout le contraire des boutiquiers et des étals. D'ailleurs, aux étalages de marchands, on interpelle souvent et invite la clientèle à prêter attention aux produits exposés. Le cas des vendeurs de poisson est révélateur de ce point de vue. Il suffit simplement de nos jours de fréquenter un marché à poisson pour s'en apercevoir.

**

Ainsi, nous pouvons considérer que le Sénégal colonial était entré en plein capitalisme par le fait européen particulièrement français, sans provoquer l'émergence d'une quelconque individualité économique indigène, et ce, autant dans l'entreprise marchande que dans la production, excepté le cas de deux traitants locaux qui ont tiré à l'époque leur épingle du jeu. Il s'est agi de Wagane Diouf (spécialisé dans le commerce du grain) et d'Amadou Assane Ndoye[650].

---

647 Terme wolof pour désigner une boutique mobile portée par-dessus les épaules par le vendeur en mouvement continu dans l'espace public ou qui fait du porte-à-porte.

648 M. Ndao, *op. cit.*, p. 83

649 *Ibid.* p. 82

650 *Ibid*, p.83.

CHAPITRE 6

L'HISTOIRE DE L'ÉCONOMIE TRADITIONNELLE, SES INSTITUTIONS COERCITIVES ET SA CHARGE COGNITIVE

Au cœur de la société rurale...

I. SOCIALITÉ ET RAPPORTS SOCIOÉCONOMIQUES PRÉSENTS EN TRADITIONALITÉ[651] : DE L'HISTOIRE ANCIENNE À LA PRÉSENCE EUROPÉENNE

Dans l'histoire ancienne, les populations sur lesquelles nous faisons présentement cette étude ont connu l'économie de ponction ou la « civilisation de l'arc »[652] en pratiquant la chasse, la cueillette et la pêche[653] en amont de l'avènement de l'agriculture et de l'industrie de la pierre taillée. Les travaux de Jacques Giri[654] ont montré que dans le Sahel en l'an 8000 avant Jésus Christ, des hommes noirs y vivaient et se déplaçaient au gré des variations climatiques, lesquelles déterminaient leur exploitation économique. Selon cet auteur, il y avait la présence de la mer, des rivières et des lacs et vers l'an 7000 avant J. C., il y eut la production d'outils, d'armes et de récipients. Les travaux de Théodore Monod[655] attestent la découverte – à l'époque du néolithique en Mauritanie, au Sénégal, au Soudan et au Niger – de débris de cuisine, d'ossements de poissons, de coquillages, d'hameçons et de harpons en os[656].

J. Giri inscrit la révolution agricole du Sénégal et de la moyenne vallée du Niger au cours du 11e millénaire avant notre ère, parallèlement à Catherine Coquery[657] qui inscrit la révolution générale du néolithique – passage qui a permis la domestication d'animaux et le début de l'agriculture – à la fin du 1er millénaire. Le Sénégal et la moyenne vallée du Niger sont un des berceaux de

---

[651] Les sociétés traditionnelles savaient mettre en place une organisation politique en termes de chefferie, de royaume ou d'empire grâce à la puissance militaire, démographique et économique.

[652] Jacques Maquet, *Africanité traditionnelle et moderne*, Paris, Présence africaine, 180 p.

[653] Sauer (1969) et Rivière (1974) : *Le premier voit dans la pêche une forme préalable à l'agriculture*, dans Claude Meillassoux, *Femmes, greniers et capitaux*, Paris, François Maspéro, 1977, p. 31.

[654] Jacques Giri, *Histoire économique du Sahel*, Paris, Karthala, 1994, 256 p.

[655] Il était Professeur au Muséum et ancien directeur de l'Institut français d'Afrique noire, basé à Dakar, ancienne capitale de l'AOF.

[656] Théodore Monod, « La pêche », dans *op. cit.*, p. 177.

[657] Cathérine Coquery-Vidrovitch, « Le pays, son passé, ses cultures » Catherine Coquery et Odile Goerg, *op., cit.*, p. 17.

l'agriculture particulièrement pour le blé qu'ils partagent avec le Moyen-Orient[658]. Quant à l'artisanat, il est encore plus ancien. Il était déjà, pour J. Giri, assez diversifié, dès le 1er siècle avant notre ère. En effet, l'expertise pastorale[659] et artisanale avec le travail de la pierre et de la céramique dans la zone était déjà avérée. Il aura fallu l'installation définitive du désert dans le Sahel entre 2000 et 1500 avant J. C. pour provoquer la division des hommes qui y vivaient. Certains sont allés au nord, d'autres au sud en emportant tout leur savoir-faire[660]. Le retour de la saison sèche en l'an 3300 avant J. C. avait déjà fait disparaître les pâturages et les lacs[661]. Elle installe le désert et décourage les prémisses de la culture de céréale.

Avec l'enjeu agricole, pour les régions humainement occupées et favorables, des unités productives vont émerger s'appropriant de la terre et des zones de pêche. Les regroupements familiaux et ethniques en seront les premiers signes. Les cellules qui auront plus de réserve seront perçues comme les plus riches ou les plus puissantes. Il ne faut pas perdre de vue que l'emprise sur la nourriture débouche souvent sur un contrôle sur les hommes, sur une organisation politique, économique et sociale[662]. Ainsi, les communautés agricoles ont érigé des organisations politiques[663]. Nous sommes alors en présence des caractéristiques de la civilisation du grenier[664] dans laquelle l'enjeu de la nourriture, considérée comme une ressource, entraîne des organisations politiques.

Le rôle du culte animiste voire du naturisme est aussi important à souligner dans l'exploitation économique de la société traditionnelle. En effet, c'est dans le paléolithique, avec les derniers peuples de chasseurs cueilleurs, que les communications avec les esprits – « des arbres, du vent, des animaux et des monts ou montagnes » à travers des peintures et des dessins au sein des grottes » – se sont développées. Depuis lors, l'homme négocie avec les esprits même après qu'il a dominé la nature. Ce rapport ne s'est pas fait sans le développement de l'agriculture[665]. Il y a donc un lien sociohistorique entre le fait religieux et l'agriculture.

---

658 L'Extrême-Orient est selon l'auteur le berceau du riz et le nouveau monde pour le maïs.

659 Jacques Giri, *Histoire économique du Sahel*, *op. cit.* « Les tribus d'éleveurs ressemblant aux actuels bergers peuls qui ont eu à domestiquer le bœuf face aux chasseurs, cueilleurs et pêcheurs qui habitaient déjà la région », p. 15.

660 *Ibid.*. p. 16-17.

661 *Ibid.* Le « lac Tichitt », p.16.

662 Jacques Maquet, « Civilisation des greniers », *op. cit.*

663 Claude Meillassoux, *op. cit.*, p.57.

664 Jacques Maquet, « Civilisation des greniers », *ibid.*

665 Jacques Cauvin, *Naissance des divinités, naissance de l'agriculture*, Paris, Flammarion, 1997, cité par Djénane KarehTager, dans « Quand les dieux étaient des déesses », dans *Dossier Naissance des DIEUX, Magazine Le monde des religions*, n° 28, mars-avril 2008.

Il faut aussi noter que le néolithique, hormis le fait qu'il ait porté la révolution agricole, a inscrit à sa suite un bouleversement religieux[666]. L'invocation de la permission et de la protection des esprits ou des divinités permet d'éviter la mort ou l'échec de l'entreprise. Cette tradition se perpétuait dans les sociétés qui ont traversé cette époque. Et ce pour montrer, à en croire Karl Jaspers (1883-1969)[667], qu'avant la période axiale[668]de l'histoire universelle, chaque communauté humaine était dépendante de son passé mythique. Il s'agit d'un passé profond, sacré et inaccessible.

Outre l'activité agricole avec ses relents familiaux, communautaires, politiques et religieux, l'activité commerciale ne peut être occultée dans la traditionalité négro-africaine, en l'occurrence, celle concernant le Sénégal. La présence arabe a donné un accent particulier au commerce négro-africain traditionnel. L'activité arabe est souvent assimilée au commerce transsaharien et à l'islam. La contribution arabe se décline sur trois axes à savoir les sources écrites, le commerce[669] avec le trafic transsaharien et la religion islamique[670], qui a d'abord été une pratique exclusive de la cour des seigneurs avant de gagner la grande masse paysanne[671] du pays.

Il est rapporté que « les marchands arabes traversaient le sable chaud et mortel du Sahara en deux mois à dos de chameaux. En atteignant le Ghana, ils rencontraient leurs agents à qui ils racontaient leurs marches pendant plus de 20 jours, et après cela ils devaient atteindre le fleuve Sénégal ». Les pistes ou itinéraires des caravanes localement connus, à en croire Djibril Tamsir Niane, partaient du sud Maghreb ou de l'Égypte jusqu'aux rives du Sénégal et du Niger[672]. Michel Coquet également confirme que pour gagner le continent africain, les caravaniers utilisaient des routes qui reliaient les rives des fleuves Sénégal et Niger (le cœur de l'Afrique occidental) au Maghreb et à l'Égypte[673].

---

666 Djénane Kareh Tager, *ibid.*

667 Médecin psychiatre, Professeur de philosophie et penseur de l'existence.

668 Période commune à toute l'humanité qui vit les changements en Europe et en Asie au cours des 7 ou 8e siècle qui précèdent le début de notre ère dans Karl Jaspers, *Origine et sens de l'histoire* (VomUrsprungundZiel der Geschichte, 1949), Paris, 1954, 359 p.

669 La présence arabe a eu un impact sur le développement des villes des grands empires à l'époque nommés les ports du désert. Il s'agit de Tombouctou, Djenné, Oualata Gao. Ces empires développaient de grandes exploitations aurifères, agropastorales et esclavagistes. On pouvait y remarquer des caravanes *de cuivre de sel, d'or et d'étoffes.* Il était échangé « du cuivre, du sel, des chevaux, du brocart, des vases, des coquillages, des livres, des miroirs, des vêtements, des figues et des dates » contre « de l'or, des esclaves, du miel, des arachides, des grondins, des plumes d'autruche, du coton », des céréales, des métaux et des tissus surtout dans la vallée du fleuve Sénégal.

670 Cette présence islamique est déjà effective au Tékrour – le premier royaume de la vallée du Sénégal – au IXe siècle.

671 Michel Coquet, *Les arts d'Afrique de l'Ouest*, dans « Afrique noire : Arts-Aires et styles », *Encyclopaedia Universalis*, 2009.

672 Djibril Tamsir Niane, *Le Soudan occidental au temps des grands empires XI-XVIe siècle*, Paris, Présence Africaine, 1975, 263 p.

673 Michel Coquet, *op. cit.*

La vallée du Sénégal a représenté entre le IXe et le XIIIe siècle un axe de migration favorable au commerce transsaharien. En effet, « le Tékrour a été sous domination (du Ghana), de l'empire du Mali dont il s'est libéré au XVIe siècle avant de tomber encore au XVIe siècle sous le contrôle de Gao, c'est-à-dire du Songhaï »[674]. D'autres comme Pierre Fougeyrollas[675] ont reconnu la participation du territoire du Sénégal au « semi-légendaire et semi-historique empire du Ghana » ensuite à celui du Mali et enfin à celui du Songhaï.

D. T. Niane soutient qu'à côté du Djolof, il y avait une province malienne entre la Gambie et la Casamance. Il s'agirait du Gabou. Les Malinkés sur la côte atlantique constituaient l'aristocratie guerrière et marchande[676]. L'influence malienne était grande à travers la province mandingue de la Casamance qui, toujours selon Niane, était un mélange de races spécialisées dans la riziculture, jusqu'au Rio Grandé ou Rio Cacheu en guinée où les Bagnoun étaient la tribu la plus importante et cohabitaient avec les petits peuples Brama et Manjaque qui pratiquaient l'artisanat et l'agriculture de manière prospère sous l'influence du commerce malien[677].

Parallèlement aux royaumes hiérarchisés du Cayor, du Walo, du Djolof et du Sine, la Casamance a gardé des sociétés égalitaires[678], même sous l'influence mandé, décourageant ainsi, d'après Endré Sick, l'étatisation[679] de ces dernières.

Les rapports agropastoraux, artisanaux et commerciaux

➢ ***L'état de la production dans le Sénégal traditionnel***

« Dans l'histoire de l'Afrique de l'Ouest, la constante sociale est que la très grande majorité de la population était rurale [...] visant quasi exclusivement la subsistance du groupe »[680]. Tout le monde est d'avis que la technologie était rudimentaire. Mais l'entreprise productive était basée sur la maîtrise de la technique et le culte prononcé du travail. Pour Mamadou Dia, la société africaine augmente son travail en demandant à l'homme d'augmenter sa production ou c'est de la terre qu'on exigera l'augmentation de rendement.

---

674 Djibril Tamsir Niane, *ibid.*

675 Pierre Fougeyrollas, *Modernisation des hommes. L'exemple du Sénégal*, Paris, Flammarion, 1967, 226 p.

676 Ils sont de bons hommes d'affaires.

677 Djibril Tamsir Niane, *ibid.*

678 Pierre Fougeyrollas, *Ibid.*

679 Endre Sick, « Budapest », 1965, dans Jean Pierre Chrétien. Voir aussi Joseph Ki-Zerbo, *Histoire de l'Afrique noire*, *Annales Économies, Sociétés, Civilisations*, vol. 29, n° 2, 1974, p. 288-289.

680 Cathérine Coquery-Vidrovitch, « Le pays, son passé, ses cultures » dans Catherine Coquery-Vidrovitch et Odile Goerg, *op. cit.* p. 18.

L'esprit et l'effort d'initiative et d'adaptation de la société agropastorale

L'effort d'adaptation a existé nonobstant la rudesse du climat. Cela a favorisé chez le paysan des qualités d'initiative. Ce fait détient, comme le remarque Labouret, « les influences les plus heureuses sur les destinées du continent ».

R. Molard, parlant de l'homme noir, soutient que celui-ci est contraint « à coloniser la terre d'Afrique sous le joug des facteurs naturels hostiles » et que « les civilisations mêmes s'y adaptent ».

Partageant la pensée de Cheikh Anta Diop, d'abbé Boilat et de Jean Boulègue, Seck Ndiaye écrit dans ses travaux que les habitants en « un mois de travail continu et actif » dans les champs produisaient ce qui était indispensable à leur existence pendant toute l'année. Le mil était la nourriture de base. La société wolof nourrissait assez facilement ses membres, argumente-t-il [681]. Mais cela n'était possible qu'à partir d'une certaine forme d'organisation. Car, dit-il, « sous la supervision des sages, la récolte, faite en commun, était partagée en proportion des familles en fonction des besoins ou gardée dans des greniers, c'est-à-dire *des cases en banco élevées sur des pieux* hors du village. Le collectivisme rendait inutiles l'accumulation, l'usure et la thésaurisation[682] ».

Dans le Cayor du XIXe siècle[683], la propriété de la terre était collective. Une pluralité d'espèces (le petit et le gros mil, le niébé, les patates, l'igname, [...] les palmiers à huile, les fruits de la forêt) y était cultivée. La migration des paysans était remarquable. En effet, ils pouvaient aller exercer leur compétence dans d'autres zones.

Il était connu les techniques d'assolement, de la brûlure des champs et d'irrigation en saison sèche surtout chez les peuples du sud du pays. En effet, il était maîtrisé la culture du riz[684]. Un chercheur du nom de Jean Dresh a suscité la considération de l'hypothèse selon laquelle « les Africains ont pu aménager et cultiver, sans recours extérieurs, les vasières des rivières du Sud », car reste-t-il convaincu que ce produit (le riz) ne viendrait pas d'Égypte. En dehors de l'irrigation, il y a la culture sèche en montagne, la culture par submersion dans les vallées inondées ou en période pluviale. La perspicacité du paysan surtout en

---

681 Abbé Boilat, *Esquisses sénégalaises*, Paris, Bertrand, p. 279 et 305 ; Cheikh Anta Diop, *L'Afrique noire précoloniale*, p. 98, 115 et 119 et Jean Boulègue, *Le grand Djolof*, p. 78, cité par Seck Ndiaye, *Islam : hiérarchie, famille et alliance dans la société wolof du Sénégal. Approche historique, islamologique et sociologique des structures primaires et secondaires de la société wolof*, Tomes I et II, doctorat D'État, Université Gaston Berger de Saint-Louis-CIERVAL, 2004-2007, 990 p.

682 *Ibid.*

683 Mamadou Diouf, *Le Kajoor au XIXe siècle*, p. 23-27, cité par Seck Ndiaye, *ibid.*

684 M. Dresch, « Riziculture en Afrique occidentale », *Annales de géographie*, n° 312, 1949, p.295-312. Il montre que le riz, loin d'être une nouveauté, a été connu et répandu dans la vallée du Niger (dans le delta en aval vers Goundam et Tombouctou) pendant la période des grands empires soudanais, du Mali, du Songhaï, du Gao de même que dans la zone humide des rivières du Sud.

culture de décrue est indéniable. Cette qualité a été déterminante dans l'expansion de la culture de l'arachide.

D'après M. Dia, l'Afrique a toujours été marquée d'un instinct de perfectionnement qui s'est manifesté par des adaptations heureuses, tenant compte de l'équilibre des facteurs en présence. La nécessité de maintenir cet équilibre est à l'origine d'un effort d'amélioration technique. Par exemple, les peuples à forte densité démographique sont passés de la culture en jachère à la technique d'assolement complet.

En l'absence de la charrue, l'Africain utilise depuis la découverte de la maîtrise du fer la houe, quoique archaïque qu'elle puisse paraître. Il utilise la fumure végétale et animale pour accroître sa production.

Charles Roquebain, géographe, écrit : « la série des cultures apparaît réglée pour profiter au mieux […] de toute la fertilité du sol et même pour l'épuiser […]. On compte, précise-t-il, sur la végétation spontanée pour reconstituer le sol ».

Henry Labouret, à propos des paysans de l'Afrique occidentale, écrit : « les indigènes de ces différentes régions se sont montrés attentifs à cultiver leurs champs, à leur faire produire un rendement maximum, avec les moyens dont ils disposaient […]. » Pour M. Dubois, le paysan de la vallée du Sénégal est loin d'être paresseux, car il se bat contre la sévérité de la saison sèche et les crues fréquentes du fleuve pour avoir des terrains cultivables.

M. Dia s'élève contre la conclusion hâtive d'une absence d'imagination créatrice. Au contraire, mentionne-t-il, c'est l'esprit d'adaptation et d'application correcte d'une connaissance profonde qui est la routine. Nous nous plaisons encore à citer ses propos qui sont les suivants :

> *S'il est vrai qu'au sud de l'Orbus Romanus, l'énergie humaine se perd dans des perspectives de démesure (ce qui rend infiniment moins efficace l'effort d'invention et de maîtrise), il n'en demeure pas moins que la nécessité de cet effort s'est toujours imposée, car si l'homme n'est la mesure de rien devant l'immensité de la brousse et de la sylve, la société incontestablement est la mesure de tout .*

L'élevage et la pêche

Beaucoup d'animaux d'élevage sont issus du contact avec les Arabes (les invasions sémitiques puis berbères)[685]. Par contre, il n'y a pas de trace d'élevage du chameau dans le Sénégal précolonial. L'initiative de la domestication du chameau est survenue à partir du IIe siècle de notre ère face aux difficiles conditions de vie dans le Sahara, « terre de l'or »[686], asséché. Les populations noires entrèrent en contact avec les Berbères nomades du désert vers la fin du VIIIe siècle après J. C., c'est-à-dire au début de l'islam maghrébin.

[685] G. Curasson, « L'élevage », dans *op. cit.*, p.355 – 370.
[686] Cathérine Coquery-Vidrovitch, *op. cit.*, p. 17-18.

L'élevage est pratiqué, selon G. Curasson[687], ancien directeur des services de l'élevage, par les pasteurs qui sont exclusivement éleveurs et les sédentaires (agriculteurs éleveurs) qui font de l'élevage une spéculation accessoire. L'élevage des oiseaux de la basse-cour est aussi pratiqué.

Les Sérères essentiellement cultivateurs possèdent des troupeaux. Les Peuls nomades sont plus spécialisés dans l'élevage de bœufs tandis que les Maures préfèrent les moutons qu'ils utilisent souvent pour la boucherie. Les Peuls vendent rarement leur bétail. Le nombre de têtes est important. Dans la société wolof, l'élevage des bovins complétait la production céréalière. Ici, on affectionne les ovins du fait de l'influence arabe.

À propos de l'élevage de chevaux, l'on remarque chez les Haalpulaaren la race *foutanké* et chez les Wolofs du Cayor la race *m'par* ou bien encore, chez les gens du Djolof en général la race *m'bayar*. On retrouve au Sénégal le cheval du Sahel chez lequel le sang arabe[688] marque son influence par un profil rectiligne. Au Ferlo, on rencontre des chevaux de taille plus réduite que ceux des cultivateurs soninkés.

En matière de transport, les sociétés traditionnelles utilisaient les ânes et les dromadaires à défaut des chevaux. Les femmes avaient également l'habitude d'entretenir un petit élevage de volailles.

La pêche est pratiquée le plus souvent de manière collective avec une distribution minutieuse des tâches surtout chez les *Ganjol-ganjols*[689]. Elle se faisait à la mer et dans les marigots. Les pêcheurs utilisaient des pirogues en *bois de fromager* qui pouvaient atteindre des tailles impressionnantes. Le poisson se consomme frais. Les techniques traditionnelles en produisent séché ou fumé et prêt à la consommation. Ce produit fait aussi l'objet de commerce.[690]

De l'artisanat à l'industrialisation

Au même moment où l'on pratiquait la cueillette et la chasse pour la survie, la pierre était aussi taillée pour fabriquer des armes et des récipients.

Il y a eu dans les sociétés agricoles traditionnelles un héritage du *late stone Age*- caractérisé par « l'essor d'un outillage peu diversifié et où apparaît, vers le IIIe millénaire avant J. C., des outils de pierre polie qui correspondent à l'époque des migrations subsahariennes »[691].

---

687 Docteur et ancien membre correspondant de l'Académie d'agriculture, de l'Académie vétérinaire et de l'Académie des sciences coloniales.

688 G. Curasson, *op. cit.,* Il importe de souligner, à l'instar de Curasson, que les races arabes, se sont mélangées aux races barbe et mongolique, sans règle déterminée au gré des tribulations des propriétaires. [...] Certains chevaux qu'on y élève viendraient de mouvements de populations des régions méditerranéennes ou de la Haute-Égypte et d'autres de la voie maritime par le biais de la caravelle européenne, p. 363-364

689 Ganjol est une zone située dans le Waalo. Les *Ganjol-ganjols* sont des *Waalo-waalo*.

690 Mamadou Diouf, *Le Kajoor au XIXe siécle*, p. 23-27, cité par Seck Ndiaye, *op. cit.*

691 Cathérine Coquery Vidrovitch dans Catherine Coquery-Vidrovitch et Odile Goerg, *op. cit.,* p. 17.

Au-delà de la pierre, il y avait une maîtrise de la technologie du fer[692]. Dans les différentes sociétés traditionnelles, le fer était présent. Il faisait même office de monnaie. Ce qui lui donnait un rôle social. Le fer était exploité dans la fabrication d'outils de travail.

Plus tard, nous remarquerons que l'artisanat est devenu fortement dépendant de l'organisation sociale où il est question d'une rigoureuse division du travail. On ne choisit pas son métier. De naissance, l'individu subit l'obligation de le pratiquer.

Jean Boulègue, faisant état de l'activité artisanale dans le Djolof, soutient que

> *l'artisanat, mis au service de l'agriculture, était marqué par le travail très ancien du fer. Le fer, généralement fourni par « les villages métallurgiques » dans les fourneaux proches de la vallée du fleuve Sénégal, ou importé de l'empire du Mali, était déjà connu chez les Jaa Ogo du Fuuta. Le cuivre venait de la Mauritanie dès le VIe siècle avant J. C. L'or était employé en Gambie et le tissage est pratiqué dès le XIe siècle dans la vallée du fleuve*[693].

Les individus qui pratiquaient le fer, le bois et le cuir étaient mus dans des castes. Ainsi, nous pouvons imaginer que c'est à partir de la division du travail que les castes ont été instituées tout en renforçant une hiérarchisation des compétences mettant en rapport le travail dit *salissant* et *la contrainte du sang*.

Au-delà de la métallurgie, les populations pratiquaient la bijouterie. La fabrication du charbon, le travail sur le cuir et sur le *bois*[694] étaient aussi maîtrisés. Il y avait encore la pratique du tannage de peaux, de la teinture, de la vannerie et de la céramique.

Concernant le textile, à en croire Jacques Maquet, le coton, la laine, la soie sauvage, le rafia, le liber et l'acaba sont autant de fibres produites et travaillées traditionnellement en Afrique de l'Ouest. Pour Michel Coquet, un chercheur qui s'intéresse aux Sahéliens, les gens affectionnaient la vêture avec les *cotonnades à grand métrage, les larges pantalons bouffants, la grande tunique, turbans et bonnets, ornés de broderies colorées.* Et précise-t-il :

> *Ces bouleversements vestimentaires permirent le développement local des arts du tissage, de la teinture et de la broderie. L'Afrique sahélienne et soudanaise contemporaine a hérité de ces usages où l'ampleur du vêtement,*

[692] *Ibid.* D'après Coquery-Vidrovitch, l'usage du fer est attesté par des fouilles dans la vallée du Niger au IIe siècle avant J. C. Il fut peu introduit sous l'influence de Carthage, par la piste des Garamentes (du Fezzan à la boucle du Niger), plus au Sud, il se développa – peut-être de façon autonome neutre – -500 et +200 autour de Nok (au Nigéria, entre Niger et Benoué, civilisation qui nous a aussi laissé de superbes têtes cuites, etc. Voir aussi J.Giri, *op., cit.* p.30.

[693] Jean Boulègue, *Le grand Djolof XIIIe et XIVe* siècle, Paris, Karthala, 1987, 207 p.

[694] Techniques empruntées aux Soninkés, aux Maures et aux Bambaras.

> *le mariage des coloris, la qualité du tissu expriment toujours la fortune sociale et économique de son porteur*[695].

Nous en profitons pour révéler la faiblesse de l'artisanat d'art causée par la présence arabe avec l'hostilité du culte islamique. On ne retrouve la reproduction de cette pratique que chez les sociétés restées manifestement animistes comme les Sérères et les sociétés de la Casamance.

M. Dia reconnaît en définitive une qualité industrielle aux peuples africains. Toutefois, il ne désigne pas, en termes clairs, parmi ceux-ci, une société sénégalaise qui la porterait. Aussi le docteur Lasnet, médecin des colonies dans sa mission entre 1899 et 1900 au Sénégal, ne parle-t-il pas d'industrie pour se référer aux techniques d'exploitation. Cela est fort possible considérant que certaines ethnies ont une maîtrise technologique parfaite dont elles détiennent exclusivement les qualités. Par exemple, l'architecture diola, la fabrication des boissons traditionnelles, les techniques de conservation de certains aliments, la fabrique des métaux, etc.

Jean Adam[696] reconnaît également une industrie pour l'Afrique occidentale. En revanche, il lui donne une connotation artisanale à partir des observations faites dans les villages autour des « tisserands, teintures, forgerons, orfèvres, potiers, vanniers et ouvriers du cuir »[697].

Cependant, l'artisanat était dominé dans le Sénégal traditionnel par l'agriculture. Autrement dit, artisans « castés » ou non, tout le monde quasiment pratiquait l'agriculture. On peut citer, entre autres, l'exception des forgerons chez qui, faute de temps, la culture des champs n'était pas accentuée.

*

L'entreprise productive est encadrée par un système social fondé autour de la coercition de la famille et de la collectivité. Car l'organisation communautaire de la production était fondée sur une division sexuelle ou de caste. La finalité de la production de même que la propriété étaient toutes déterminées par les institutions familiales et politiques.

En définitive, il faut retenir en termes d'intelligence productive de la société traditionnelle les points saillants que sont : la capacité de développement de techniques culturales pastorales, artisanales et industrielles, la pratique de la pêche, la stratégie de mobilité spatiale sous l'effet des conditions climatiques et naturelles, le déterminisme du naturisme animiste, le rôle central de la famille dans l'économie agricole, la hiérarchisation et la division sociale des tâches productives sous l'effet de la communauté agricole, la collectivisation et la location rentable de la terre par les familles propriétaires douées d'un pouvoir

---

695 Michel Coquet, *op. cit.*

696 Ancien inspecteur général honoraire de l'agriculture aux colonies et Professeur à l'École supérieure d'application d'agriculture tropicale.

697 Jean Adam, « Le milieu agricole ouest-africain et les méthodes de culture », dans *op. cit.*,, p.3.

lignager et gardées par le lamanat en société wolof. Dans d'autres sociétés locales, cette fonction attribuable au type de famille précité est confiée aux prérogatives royales. Cela témoigne d'un caractère associatif et coopératif de l'exploitation agricole.

➢ ***Les rapports marchands***

Dans l'économie marchande, tout produit de valeur était introduit dans des rapports contractuels symboliques. Il y avait un accord, au mieux une confiance telle que l'on peut la percevoir en société de nos jours entre les valeurs à échanger. Bref, il y avait le sens du marché. Par exemple,

> *Il n'existait pas dans les royautés wolofs de grands centres commerciaux, mais de marchés locaux (luuma) à dates fixes (lundi/vendredi) où l'on trouvait des produits agricoles, artisanaux et locaux. Le commerce local tout comme le grand commerce était le troc dans le cadre du village entre agriculteurs et artisans. La monnaie n'était pas utilisée. Les objets étaient juste commandés ou échangés contre d'autres produits*[698].

Les rapports marchands ont subi la contrainte de la division du travail à travers la coercition des castes. Certes, tout homme libre pouvait pratiquer le commerce ; mais d'après l'imaginaire collectif, en société castée, on n'échange pas avec n'importe qui. Il est difficile de voir dans la société wolof un « noble » et un « *badoolo* » tenir des échanges[699]. Le premier, ayant des dispositions économiques plus importantes, est mieux valorisé contrairement au second, comme son nom l'indique, qui est dépourvu de pouvoir économique et de prestige. Le statut économique, acquis par le marché d'abord caractérisé par le troc, était soumis à des règles particulières. En effet,

> *Le partenaire de la caste supérieure ne pouvait exploiter le neeno sans déchoir aux yeux de la population et même dans sa conscience. [...] L'inégalité est économiquement au profit de l'artisan (neeno) et socialement à l'avantage du geer (paysan). La survaleur du prestige lui garantit la supériorité. Chaque geer tenait à donner à son neeno plus qu'il n'avait reçu pour consolider son statut social*[700].

La pratique d'une spécialité productive n'entraîne pas forcément l'abandon des activités agricoles. Mais si cela arrive, c'est parce que la subsistance du groupe spécialisé est assurée par les autres.[701] Il y a l'exemple des forgerons, que nous avons déjà cités, lesquels en raison de leur occupation ne peuvent s'adonner au quotidien à l'agriculture. Mais ils recevaient pour cela en échange de leur produit ce qu'on appelle dans la culture wolof le « *njagal* ».

---

698 Mamadou Diouf, *Le Kayor au XIXe siècle*, p. 29, cité par Seck Ndiaye, *op. cit.*

699 Il importe de comprendre que l'appellation *badoolo* fait référence en premier, dans l'entendement wolof, au statut économique.

700 Seck Ndiaye, *ibid.*

701 Claude Meillassoux, *op. cit.*

- Les rapports de troc

Le troc consiste en un échange, en nature de produits, sans l'usage de la monnaie. Entre membres de la même communauté, il est acceptable d'échanger des biens ou services similaires. Mais ce qui fonde ces échanges, c'est l'équivalence ou l'obligation de rendre comme dans la logique du don, lequel doit être donné, reçu et rendu. De ce point de vue, dans les rapports de troc, l'individu peut se voir être plus « obligé » que « négociant ». C'est la personne libre qui négocie afin d'acquérir une valeur ou la refuser, alors que lorsqu'elle est déterminée, elle est obligée de donner (céder), de recevoir ou de rendre, selon le cas, dans lequel elle se trouve.

Le village organise les échanges entre paysans et artisans[702]. Par exemple, le cas des Laobés est illustratif, car « ils se procuraient eux-mêmes le matériel, travaillaient rarement sur commande et échangeaient leurs objets contre des céréales, du bétail et des habits »[703]. Les griots[704] aussi étaient concernés par cette particularité du troc. Chaque griotte qui tresse sa « *geer* » recevait des présents « *may u baax* » (dons traditionnels). Leurs femmes ont la spécialité de la préparation des repas communautaires, des coiffures et des tatouages (« *jam* »). Quant aux hommes, ils se chargent de dépecer les animaux lors d'événements festifs ou malheureux. Les forgerons, hormis le travail du fer, produisent des services et se font payer en recevant des dons après chaque service. Également, ils circoncisent et se donnent la vocation de thérapeutes.

Le troc pouvait établir entre les familles « *neeno* » et « *geer* » des relations de clientèle et de dépendance socioéconomiques qui se maintenaient à travers plusieurs générations. Les prestations de services se faisaient sous des rapports libres et résiliables à souhait[705].

- La structure sociale d'un système marchand fermé

Bien que la famille produise pour l'autosubsistance, il lui arrivera plus tard de « produire pour échanger ou pour vendre et acheter sur le marché ». Dès l'instant où la famille est arrivée à échanger avec d'autres personnes étrangères au lignage, on a été en présence dans cette époque précoloniale d'un véritable commerce, d'après les déductions de Jacques Giri.

Un capitalisme commercial a existé, contrairement à ce que l'on pourrait penser, et a mobilisé un secteur public et privé. Pour Hopkins[706], il y avait une entreprise privée et une autre publique en quête d'innovation, de profit et d'efficacité. Il rapporte qu'un profit privé a été obtenu à coût social dans le

---

[702] Jacques Giri, *op. cit.*

[703] Seck Ndiaye, *op. cit.*

[704] Les griots, appelés *Sab-lekk*, dont le moyen de travail est la parole étaient gardiens des traditions.

[705] Seck Ndiaye, *ibid.*

[706] Antony Hopkins, « les entrepreneurs africains et le développement de l'Afrique, une perspective historique » dans Stephen Ellis et Yves-A.fauré, *op, cit.*p.37-51.

commerce des esclaves (Miller, 1988) dans la traite transsaharienne et puis atlantique. La politique et l'économie étant aussi liées dans la société traditionnelle[707], il ajoute que les voies du progrès étaient bloquées à l'époque par des seigneurs de la guerre ou par des hommes politiques motivés par des intérêts personnels.

Pour le secteur privé, Hopkins a relevé à la suite de ces travaux des activités novatrices autant chez les gros que chez les petits commerçants. Ainsi, conclut-il : « Quoi qu'il en soit, les innovations avaient trait principalement à l'organisation et touchaient tous les niveaux d'activités ». Les commerçants locaux ont conçu un système de rotation de marchés périodiques adaptés aux modèles d'habitat de certaines régions de l'Afrique (Hoder, 1971). Ils ont inventé un système efficace de marchés dits « nid d'abeille » (honeycomb), qui se tenaient à l'intérieur d'enceintes dans certaines régions musulmanes, afin de concilier la vie retirée des femmes avec le besoin d'échanges commerciaux (Hill, 1972 : 268-269.)[708].

L'entreprenariat était effectif, bien qu'il comportait des limites.

> *Les gros commerçants organisaient des réseaux complexes de caravanes, de crédit et d'agents, souvent en relation avec leur diaspora ethnique, qui leur permettaient de franchir les régions et les frontières politiques (Meillassoux et Forde, 1971/Arhin, 1979)*[709].

Pour Hopkins,

> *Les sociétés indigènes possédaient un sens commercial et la capacité de le rendre opérationnel [...] la recherche historique a discrédité la thèse selon laquelle, les économies africaines étaient orientées uniquement vers les activités de subsistance et manquaient d'éthos capitaliste (Hopkins, 1973, 1988 : 8-77)*[710].

De très nombreuses sociétés africaines ont accepté et recherché activement les possibilités de faire du profit. Il est rapporté que l'offre d'entrepreneurs était en général élastique, mais des contraintes ont limité la demande effective en biens et services entrepreneuriaux[711].

Par ailleurs, J. Giri note trois types de commerce à l'intérieur du Sahel liés les uns aux autres. Il s'agit du commerce local, du commerce à moyenne distance entre les villages et les villes et du commerce à longue distance. Il s'agit, rapporte-t-il, respectivement de « celui du sel[712], des produits

[707] Antony Hopkins, p. 42.
[708] *Ibid.* p. 41.
[709] *Ibid.*
[710] *Ibid.* p. 40.
[711] *Ibid.*
[712] Jacques Giri, *Histoire économique du Sahel, op. cit.* : « Le commerce intra-sahélien à longue distance ne comportait que sur de faibles quantités. Au Sahel, comme en Europe à la même époque, chaque terroir [...] devait être à peu près autosuffisant et les échanges

manufacturés et de la kola[713] qui viendront satisfaire la demande locale face au commerce de l'or et des esclaves qui iront alimenter le commerce transsaharien ».

Effectivement, le commerce transsaharien avait une incidence sur les peuples traditionnels du Sénégal. Si le Soudan était lié au Maghreb[714], les peuples du Sénégal traditionnel ont profité en conséquence des retombées de cette relation. Les routes mêmes de ce commerce qui passaient par le Sénégal ont été divulguées, entre autres, à travers les travaux de Djibril Tamsir Niane, faisant preuve de leur existence.

Les relations étaient culturelles et économiques. J. Giri affirme que les négociants sahéliens se convertirent à l'islam grâce à leurs homologues du nord. La confraternité religieuse en islam contribua à la solidarité dans les réseaux commerciaux entre sédentaires et ambulants.

D. T. Niane[715] ajoute que c'était le monopole des populations nomades, lesquelles étaient à l'origine de l'instabilité dans certains royaumes. Les gens voyageaient « à pied, à dos de chameau, d'âne, à cheval ou en pirogue ».

Giri décrit le type de transport qui était un transport humain par voie de tête, lequel pour lui a limité les quantités à échanger. En revanche, précise-t-il :

> *Les seuls axes sur lesquels un transport plus massif est possible sont les fleuves et ce n'est évidemment pas un hasard si les grandes villes commerciales sont concentrées sur les bords du Niger et dans une moindre mesure sur les bords du fleuve Sénégal. Un transport plus intense se fait dans les rivières au sud : Gambie, Casamance, les nombreuses rivières de la Guinée Bissau et de la Guinée grâce aux almadies, ces grands canots…*[716].

Il fait une remarque intéressante, en ce sens qu'il prétend que le commerce côtier ne donne pas lieu à la création de centres commerciaux importants, ni de port maritime, encore moins de désert. Les Peuls, dont l'entité haalpulaar est manifeste au Sénégal, seront le point de contact entre les Sahéliens et les autres peuples.

---

lointains ne portaient que sur quelques produits, des produits nécessaires comme le sel », p. 70.

713 Jacques Giri, *ibid.* : « Il n'y a pas de cérémonies ou de négociation dans le Sahel sans offrande et consommation de noix de kola. C'est le "café des nègres" diront les voyageurs européens au XIXe siècle. Elle provient de la zone forestière, elle était déjà connue au temps des empires et on sait qu'elle donnait lieu à un commerce important à la veille de la colonisation. Ce commerce traverse les temps coloniaux et le temps des indépendances », p.70.

714 Le Soudan comprend le Sénégal dans la mesure où il s'étend au sud du Sahara, de la mer rouge à l'océan atlantique et que la boucle du Sénégal et celle de Niger étaient les limites méridionales rarement dépassées par les chameliers arabes et berbères.

715 Djibril Tamsir Niane, *op. cit.*

716 J.Giri, *Ibid.*, p.70.

Toutefois, si l'on persiste à mettre l'accent sur l'introversion des comportements commerciaux ou productifs, c'est parce que parmi les Sahéliens ou peuples de la savane annoncés par Jacques Giri et Djibril Tamsir Niane, il n'est pas fait mention des ethnies du Sénégal actuel. Cela prouve, à notre avis, que ce sont les autres peuples qui se déplaçaient vers le Sénégal pour commercer et non l'inverse.

Il faut noter aussi, excepté le Tékrour – jadis cité par les sources arabes comme une ville – qu'il n'y avait pas de ville traditionnelle économiquement connue dont une ethnie quelconque du Sénégal actuel en serait l'instigatrice ou la principale population active.

Précisons encore que le marché wolof, ethnie dominante du Sénégal, était pauvre. Cela peut être expliqué à notre sens par une faiblesse de l'implication commerciale active portée vers l'extériorité de la société wolof. Pourvus d'une influence face à l'ensemble politique traditionnel wolof et mandingue, car disposant à l'époque précoloniale de royaumes forts et connus, les Sérères n'étaient pas plus avantagés du point de vue entrepreneurial, puisqu'ils avaient un instinct de protection culturelle et de méfiance contre l'étranger.

Par contre, les populations du sud moins en contact avec l'islam – Arabes et peuples islamisés du nord Sahel – souffraient beaucoup plus de l'inertie économique et du manque d'ethos capitaliste du fait du « nivellement social par le haut ».

- La forme du marché et la monnaie dans le Sahel rural

Le marché local qui se tenait « à intervalle régulier (tous les 3 ou 8 jours) en un lieu fixe » déterminait les commerces.

Cada Mosto, en décrivant un marché sénégalais, écrit :

> *Il se tient deux fois par semaine, attire les hommes et les femmes dans un rayon de 4 à 5 mille et on y troque des produits alimentaires (mil, légumes, huile), des produits manufacturés – filets et tissus de coton, des nattes de palmier, récipients en bois, armes et de l'or en fort petite quantité.* [717]

De Giri, nous apprenons que des marchés locaux partaient beaucoup de graines et on y recevait du sel (du Sahara ou des salines côtières), de la kola (du sud), de l'or (des provinces aurifères) qu'on transformait en bijoux et de quelques autres produits manufacturés fabriqués dans des ateliers d'artisans de la ville.

Pour la monnaie, les marchandises, largement répandues, étaient utilisées à la fois comme monnaie de compte ou comme monnaie de règlement. Il s'est agi du tissu, du cuir, des barres de sel, des barres de fer, du cuivre selon les milieux. La poudre d'or aussi a servi à payer les achats importants[718].

717 Jacques Giri, *op. cit.* p.68.

718 Giri fait remarquer que les marchands se déplaçaient avec une petite balance portative, p.71

Selon Almeida, les Arabes comme les Wolofs utilisent les cauris comme parure et comme monnaie d'échange. Il y en a peu toutefois en Sénégambie, zone où étoffe et barre de fer sont les monnaies les plus utilisées. L'or déterminait la valeur des cauris. Tous les deux, constituaient des monnaies voire des instruments de paiement et remplissaient pleinement leur rôle social notamment celui relatif à la confiance et à la cohésion sociale.

*

Pour une systématisation de l'esprit d'entreprise dans le Sénégal traditionnel, il faut faire référence au rôle de l'économie aristocratique, des hiérarchies sociales et de l'esprit guerrier dans les rapports productifs et marchands, à la responsabilité de l'immobilisme social dans les rapports productifs et marchands, au rôle de l'africanité – bien représentée dans les travaux de Maquet – au manque d'ouverture fondé sur une unité religieuse et ethnique, et enfin à la responsabilité sociale de la guerre, de l'esclavage et des castes.

« Exagérément razziés au plus fort de la traite, les paysans du Soudan occidental devinrent au XIXe siècle la proie d'un système esclavagiste intérieur »[719]. Face au déclin de la traite négrière, la seule alternative possible était l'activité agricole productive, fondée sur le travail des paysans. Mais l'esclavage ne disparaîtra pas, car sa forme locale a persisté dans les pays du Soudan jusqu'à la veille de la conquête coloniale. Les captifs servaient dans les armées[720]. « Le malaise social ambiant » causé par les faits précités poussa les populations à la forte adhésion à l'islam, fait aristocratique urbain et savant[721].

La crise sociale était un fait. Il y avait des conflits internes entre « Musulmans et Animistes, entre éleveurs nomades et agriculteurs sédentaires. [sic] Des ruptures sociales entre nobles, guerriers, paysans libres et une masse croissante d'esclaves [sic] prévalaient[722]. De ces inégalités sociales, de ces rivalités politiques et de ces incertitudes idéologiques et religieuses, les nouveaux conquérants européens en particulier français vont évidemment tirer avantage »[723], car pratiquement tout l'ensemble ouest-africain à cette époque était instable.

---

[719] Cathérine Coquery-Vidrovitch, *op. cit.* p.21.

[720] Lat Dior, résistant du Sénégal traditionnel, s'est opposé à la libération des esclaves dans sa lutte armée contre les colons français puisqu'ils constituaient l'ossature de ses armées ; un aspect qui a d'ailleurs contribué à sa défaite de 1886 à Dekhlé.

[721] Cathérine Coquery-Vidrovitch, *Ibid.* El Hadj Oumar (aristocrate, résistant cultuel et guerrier contre la présence occidentale) et ses successeurs étaient continuellement aux prises avec les révoltes de peuples animistes qu'il contraignait à épouser l'islam, p.21-22.

[722] Il y avait encore environ l'équivalence du quart de la population totale à la veille de la conquête coloniale.

[723] Cathérine Coquery-Vidrovitch, *Ibid.* p.22.

II. L'INVESTISSEMENT EN TRADITIONALITÉ : DE LA COERCITION INSTITUTIONNELLE AU SENS DE L'INVESTISSEMENT EN TRADITIONALISME

1. Les institutions déterminantes de l'investissement en traditionalisme économique

L'esprit d'entreprise existe bel et bien en traditionalité sénégalaise. Aujourd'hui, il a encore du mal à se séparer de l'influence de la famille, de la religion et de la communauté. Il y épouse en effet les contours structurels qui reçoivent une détermination des sphères traditionnelles.

a. La coercition familiale dans l'engagement à l'investissement

L'institution familiale part de l'union maritale entre deux individus. La particularité de la dynamique traditionnelle est qu'elle impose le mariage en société, lequel encore n'est accepté qu'entre sexes opposés[724]. Elle exige la fertilité à la femme. Les principes modernes orientés par le respect des droits humains n'imposent pas l'obligation d'avoir des enfants à un couple, ni le mariage comme obligation. En modernité avancée, le concubinage est mieux pratiqué.

La famille implique des charges. Les parents doivent non seulement s'assumer, mais nourrir, protéger et éduquer leur progéniture. En général, ce sont eux qui posent des actes d'investissement pour les raisons précitées. Ils sont mus, dans le cadre familial, par un devoir que leur impose certes leur humanité, mais aussi la communauté par une conscience sociale.

Il s'agit d'une moralité sociale qui détermine les parents de l'extérieur des limites familiales.

Si la progéniture devient majeure et productive, les parents économiquement non actifs ou pris par le poids de l'âge partagent avec elle ses richesses. L'arbitrage à cet effet de la communauté contribue chez chacun des individus concernés à l'acceptation de sa position familiale selon son âge et de son devoir.

La responsabilité parentale ou filiale est un des fondamentaux des principes de la socialisation traditionnelle. Arrivés au stade de mariage, les jeunes dépendant moins de leurs parents deviennent plus proches de la communauté et s'imprègnent mieux des contours de la coercition communautaire qui les oblige à poursuivre le revenu.

b. La coercition communautaire dans l'engagement à l'investissement

La communauté a un droit de regard sur le vécu familial notamment sur le respect des institutions qui la fondent. Le devoir des époux, le statut et le rôle de chaque membre sont susceptibles d'être appréciés par un regard extérieur. De cette manière, la famille, telle qu'une unité sociale, s'ouvre à d'autres individus

[724] Certains pays modernes favorisent l'union homosexuelle, c'est-à-dire une union faite entre individus de sexes identiques.

qui peuvent être des tantes ou oncles ou liés par le cousinage ou le voisinage. Pour assurer leur devoir familial et l'éducation des enfants, les parents acceptent l'implication de la grande famille et parfois de la grande communauté.

La communautarisation touche à la fois la famille en l'élargissant au maximum au voisinage en général ethniquement constitué[725], aux groupes d'âge et de sexe.

Le communautarisme professionnel est suivi à un degré moindre dans les villages d'aujourd'hui. Il n'y a pas une grande diversité des activités économiques. Les individus économiquement actifs sont agriculteurs – allient culture des champs et élevage en période de soudure – artisans ou commerçants. Ils présentent souvent les mêmes intérêts. Le regroupement solidaire est beaucoup plus remarqué à travers les castes. Cette dernière donne est prise en compte par la variable ethnique, une fois que les individus se mettent en situation productive ou marchande.

La communauté familiale

Dans le cadre agricole, les familles collaborent pour assurer la subsistance. Aujourd'hui encore, dans le monde rural, la solidarité entre parents de même famille est grandement pratiquée. Au-delà de sa progéniture, un exploitant peut bénéficier du soutien des membres de sa grande famille.

La communauté familiale est largement vécue. Ainsi, les appellations en termes de cousin, oncle et tante sont moins valorisées. Seules la fraternité, la paternité et la maternité font autorité. Autrement dit, entre membres d'une famille élargie, on s'interpelle en frère, père ou mère.

Que cela soit dans le cadre de l'économie agricole ou d'une production artisanale ou laudative interpellant la caste familiale, le regroupement à finalité productive est fréquent parce qu'étant d'ordre coutumier et par voie de conséquence reste recommandé.

Les membres de la communauté familiale peuvent manger, dormir, se laver où bon leur semble dans une cellule ou concession familiale voisine ou quelconque relevant de la lignée d'appartenance.

Il est généralement observable, selon les propos des enquêtés, que les gens après avoir unis leurs efforts pour supporter ou aider un membre de la famille élargie – dans une production ou un commerce – demandent rarement à être payés. En revanche, en fonction des familles et de la nature du labeur communautairement effectué, il n'est pas à écarter l'éventualité de partage d'avantages ou de récompenses en valeur monétaire.

Les moyens de production peuvent être de propriété familiale nucléaire ou extensible vers la communauté familiale[726]. Dans cet esprit, les moyens de

---

[725] Mais cela peut ne pas être le cas. Le brassage ethnique se remarque de plus en plus dans les villages. Un phénomène fort heureux à notre sens qui est accentué par le rapport privilégié, voire tolérant vis-à-vis de « l'étranger ».

production peuvent être prêtés à qui de besoin dans la grande famille. Encore mieux, la communauté familiale se mobilise lorsqu'au sein d'une unité domestique (un ménage), il y a une situation de production ou simplement d'épreuve face à un besoin socioéconomique.

Mais la situation diffère si toutes les familles de la communauté décident d'unir leurs efforts devant un besoin de survie commune. Dans ce cas, les retombées de l'investissement sont équitablement partagées.

Dans les périodes d'abondance post-récolte, la communautarisation se développe mieux. Cette fois, elle peut avoir pour prétexte la consolidation des liens lignagers par la tenue de rencontres sociales fréquentes. Celles-ci visent précisément à rapprocher les membres qui doivent se connaître et se familiariser les uns aux autres. Il est aussi probable qu'il soit visé dans ce processus la constitution d'une épargne financière *Tontine* ou *Natt*, acquise sous forme de cotisation par famille et destinée à répondre aux besoins éventuels de chaque ménage, allant des baptêmes aux décès en passant par les autres fêtes religieuses. À défaut d'une caisse, les cotisations se font de manière spontanée à la survenue d'un événement douloureux en vue d'aider la famille en difficulté ou éplorée.

Considérant la présence communautaire dans le vécu familial rural, il est offert peu de marge de manœuvre à toute individualité d'initier seule une entreprise. La plupart des cas, selon les enquêtés, échouent. Ce qui fait remarquer à beaucoup d'observateurs à tort que l'esprit d'entreprise n'existe pas en traditionalité. Les sollicitations familiales – lesquelles n'attendront pas que l'investissement entre dans ses fonds – et le besoin personnel de « végéter » et de paraître font que les entreprises localement initiées périclitent. Cet état de fait décourage l'entreprise capitaliste rurale.

En définitive, la communauté familiale supporte l'entreprise collective, mais décourage l'individuation de l'investissement. Ceci doit être collectivement réalisé pour espérer bénéficier d'une chance de succès.

La communauté agricole ou villageoise

Les villages peuvent se fonder par la volonté d'un individu, qui leur donne généralement leur nom comme c'est le cas pour de nombreux villages au Sénégal (par exemple Keur Madiabel, Keur Massar, Keur Moussa, etc.). Ils peuvent se fonder à la suite d'un intérêt agricole. Le cas de Ndiaganiao est révélateur de ce dernier point de vue dans la mesure où le nom de cette localité fait référence à un potentiel de haricots. Il y a souvent un intérêt économique, lié à la survie ou à l'équilibre du groupe, dans la dynamique de constitution communautaire.

Les villages sont organisés à partir d'un ordre politique avec à la tête un chef et des dignitaires. *L'arbre à palabres* joue un rôle décisif dans l'organisation

[726] La communauté familiale est l'équivalente de la famille élargie.

sociale voire la destinée des villageois. Toutefois, contrairement à ce que l'on pense, il n'est pas dans tous les cas un symbole de la démocratie autochtone. La vie publique et productive des communautés intrinsèquement inégalitaires – notamment wolof et haalpulaar, entre autres – peuvent attester nos propos. Ces dernières ont soit pratiqué l'esclavage soit supporté les castes nonobstant l'existence en leur sein de cette institution culturelle qu'est *l'arbre à palabres*. De ce point de vue, la démocratie est seulement l'affaire d'une élite sociale qui détient le monopole de la production. Elle se construit et se perpétue en fonction de la rationalité sociale du groupe.

Il est important de souligner par ailleurs que bien avant l'intérêt économique et social qui porte la communauté agricole, la formation et la consolidation du village, il y a la communauté de l'ancêtre constituant la première source d'affinité et de regroupement. Ensuite, il faut noter que l'enjeu porté par la poursuite des ressources vitales et rares pousse les individualités à recréer des relations pour assurer leur survie ou à renoncer au regroupement pour poursuivre d'autres horizons plus généreux.

Les rapports de filiation – matrilinéaires et patrilinéaires – peuvent être déterminants dans les échanges de biens et dans la production[727].

La variable ethnique est déterminante dans la constitution du village. Une donnée qui conforte l'idée de la parenté dans l'institution du village et dans la construction sociale et culturelle de ce dernier. Toutefois, de nos jours il est remarqué que le même caractère ethnique est réparti dans plusieurs villages. La diversité comme le brassage ethnique constant est un fait dans les villages, jadis fondé sur la communauté de l'ancêtre. Par exemple, Ndiaganiao, fief de l'ethnie sérère, connaît aujourd'hui des contrées fortement habitées par des Peuls ou des Wolofs.

La communauté ethnique

Le communautarisme ethnique est favorisé par l'unicité de la langue et de la pratique coutumière. L'ethnie a naturellement un contenu sociologique et psychologique[728]. Différentes façons d'aborder le fait ethnique révèlent de façon indéniable la conscience communautaire comme un fondement identitaire.

---

[727] Par exemple, Claude Meillassoux révèle que les communautés qui pratiquent la patrilinéarité produisent en général des céréales et que celles qui sont déterminées par la matrilinéarité excellent dans la plantation. Les peuples du Sénégal patrilinéaire développent bien la culture des céréales.

[728] Madeleine Grawitz, *Lexique des sciences sociales*, 8e édition, Paris, Dalloz, 2004. Elle y définit que l'ethnie est un « groupement naturel caractérisé par des traits communs somatiques, linguistiques ou culturels et le sentiment d'appartenance de ses membres ». Il est révélé que c'est un terme qui date du congrès d'anthropologie d'Amsterdam de 1927 avec le docteur F. Regnault.

Tableau 39 : Répartition de l'ethnie de tous les individus enquêtés en milieu rural

Code	Ethnie	Valeur absolue	Valeur relative
1	Sérère	307	66
2	Peule	48	10
3	Wolof	110	24
TOTAL		465	100 %

Source : Enquête personnelle dans la communauté rurale de Ndiaganiao.

Les ethnies fondent leur existence et leur reproduction sur des us et coutumes qui constituent pour elles un fondement culturel et d'identification.

Les us et coutumes ont un fondement communautaire et religieux. Ils peuvent impacter à la fois la division sociale du travail et le rapport à l'avenir. Quant à la division traditionnelle du travail, elle est incarnée par les castes. Mais la fonction sociale et économique des groupes, qui a l'avantage d'être transmissible, est maintenue et gardée.

La spécialisation sexuelle dans l'économie traditionnelle privilégie l'homme au détriment de la femme. Même à l'intérieur des castes la division sexuelle du travail est un fait. Cette répartition devient coutume.

Graphique 12 : Répartition des femmes actrices en fonction de leur caste au sein du groupe ethnique

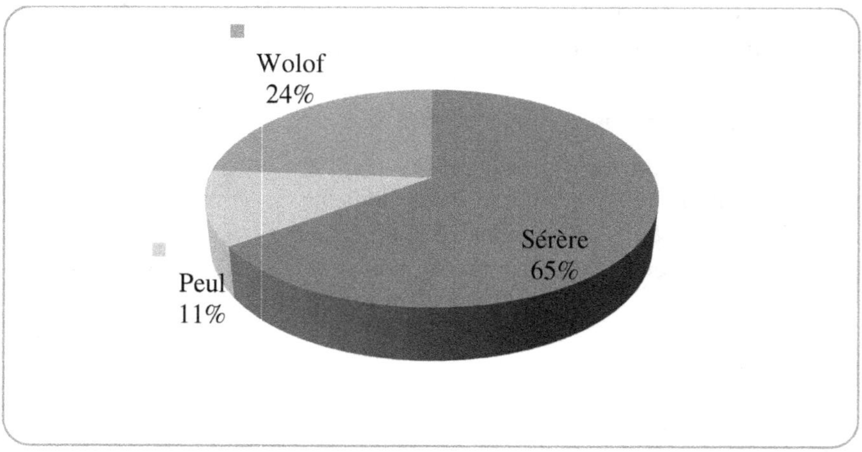

Source : Enquête personnelle en milieu rural.

Graphique 13 : Répartition des hommes acteurs en fonction de leur caste au sein du groupe ethnique

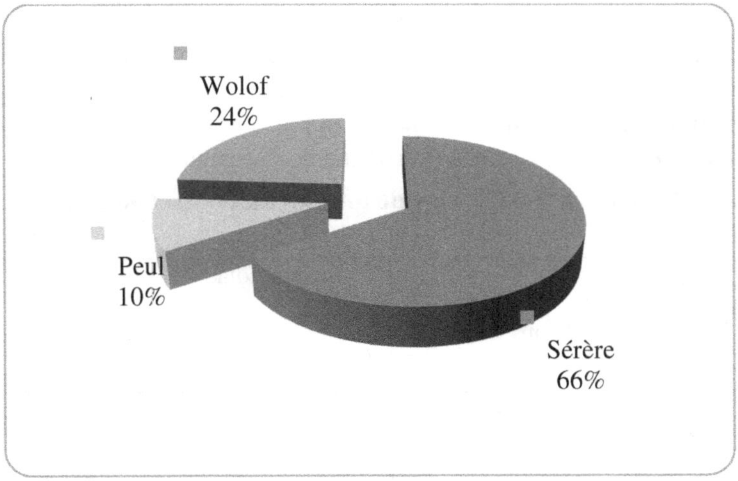

Source : Enquête personnelle en milieu rural.

Notre échantillon a fait ressortir une dominante numérique sérère, du fait de la majorité de ladite ethnie dans la zone rurale d'enquête. Elle cohabite comme nous l'avons déjà dit avec les Wolofs et les Peuls.

Cela étant, il importe de souligner que les coutumes sont des valeurs instituées dans le vécu ethnique. Il faut en conséquence s'y socialiser pour ne pas dire s'y formaliser. Il est alors prévu un concours communautaire à titre contributif dans la socialisation et le contrôle.

La socialisation communautaire

Tous les actes s'inscrivant dans le procès entrepreneurial subissent le fait communautaire. Il s'agit, entre autres, du rapport au travail, à l'argent et au crédit.

La communautarisation a une finalité économique – productive ou marchande –, mais aussi éducative et d'intensification des liens familiaux, de voisinage ou ethnique. Les groupes d'âge et de sexe participent aussi de cette dynamique sociale. Ils constituent des instances d'apprentissage et d'orientation.

La communauté d'âge

Le travail est un impératif en traditionalité. Les individus n'attendent pas d'atteindre la majorité pour s'y engager pleinement. Pour l'esprit moderne, voire formel, le travail des individus n'ayant pas la majorité est un acte à ne pas encourager. Mais pour l'esprit traditionnel, le travail est une valeur à inculquer très tôt à l'enfant.

Traditionnellement et ce chez tous les peuples du Soudan, selon certains observateurs, avant l'âge de 20 ans l'enfant devenait un homme. La société le prépare à le devenir à partir de rites d'initiation qu'il subit.

L'enfant est soumis à des épreuves d'endurance. Il est initié au métier de son père. Mais aussi, il doit supporter l'ultime épreuve de la circoncision qui fait de lui un homme au sens plein du terme. Toutefois, l'enfant n'évolue pas seul. Il est inséré dans des groupes constitués de camarades de même classe d'âge.

Tableau 40 : Répartition de l'âge de tous les individus enquêtés en milieu rural

Code	Âge	Valeur absolue	Valeur relative
1	-20 ans	26	6
2	20-25 ans	19	4
3	25-30 ans	44	9
4	30-35 ans	48	10
5	35-40 ans	75	16
6	40-45 ans	69	15
7	45-50 ans	84	18
8	50 ans et +	100	22
TOTAL		465	100 %

Source : Enquête personnelle dans la communauté rurale de Ndiaganiao.

La camaraderie d'âge décourage l'individualisme. Supporter des épreuves en groupe renforce l'esprit de solidarité. Ainsi, l'individu va non seulement vouer une affinité et une solidarité à son camarade, mais il s'applique à tout service en faveur de la famille et des parents de ce dernier.

Le communautarisme féminin

La traditionalité donne à la femme une position sociale moins virile et la cantonne plus aux besoins et charges domestiques. Mais étant donné que la production traditionnelle a une connotation plus domestique qu'une telle autre, les femmes y jouent un rôle essentiel. Le communautarisme féminin occupe ainsi une place bien importante dans l'organisation socioéconomique traditionnelle.

Tableau 41 : Répartition du sexe des individus enquêtés en milieu rural

Code	Sexe	Valeur absolue	Valeur relative
1	Féminin	239	51
2	Masculin	226	49
TOTAL		465	100 %

Source : Enquête personnelle dans la communauté rurale de Ndiaganiao, 2009.

On voit nettement dans ce tableau que les femmes dépassent en nombre les hommes. Ce qui démontre toute la détermination féminine au travail.

Au-delà de la préparation des mets et autres tâches ménagères, la femme aide son mari au champ ou s'engage dans l'entretien d'un maraîchage. Elle tient aussi un petit commerce basé sur une partie de ses produits maraîchers ou d'élevage de volaille ou – chez les femmes haalpulaaren – sur du lait tiré des troupeaux de leur mari. Ce dernier produit est souvent vendu sur les marchés périodiques ou en circulant chaque jour autant que possible dans les quartiers.

La communauté des femmes a pour rôle de renforcer les capacités socioéconomiques familiales. Elle a surtout pour rôle de soutenir les époux dans la gestion familiale des besoins. Elle peut aussi avoir une fonction d'orientation et de renforcement socioculturel notamment dans les relations conjugales entre une femme et son époux.

Que le but visé soit socioéconomique ou socioculturel, tout débouche sur une stabilité socioéconomique de la cellule familiale. En effet, il faut qu'il y ait une entente et une stabilité interne entre les époux pour espérer atteindre l'épanouissement familial. Une famille épanouie est celle qui arrive à satisfaire ses besoins. Pour cela, il faut qu'elle dispose d'un pouvoir d'achat. L'activité économique de la femme à côté de celle de l'homme est pour y contribuer.

Ainsi, face à ses exigences familiales, la femme a tendance à aller vers les autres femmes pour se faire conseiller et pour la plupart des cas s'associer aux initiatives économiques, c'est-à-dire s'inscrire dans les coopératives ou groupements économiques comme on en rencontre souvent aujourd'hui.

En définitive, les femmes s'organisent dans le village et les hommes y souscrivent à partir de leur *arbre à palabres*. Les oppositions à la participation sociale des femmes à ces regroupements sont souvent le fait de maris isolés qui n'agréent pas que leurs épouses mettent trop souvent « le pied dehors », c'est-à-dire hors du foyer pour se retrouver avec leurs voisines ou consœurs.

Cette considération réductrice de la femme n'est pas l'exclusivité des pays africains ou des pays du Sud en général, mais a concerné à une certaine époque l'Occident. Par exemple, c'est seulement en 1965 que la femme en France peut travailler sans avoir l'autorisation de son mari.

Le communautarisme religieux dans l'engagement à l'investissement

La communauté religieuse dépasse le cadre ethnique. Depuis l'arrivée des religions révélées dans les sociétés négro-africaines, des individus d'ethnie différente adhèrent à la même confession, outre l'animisme qui est un culte commun. La communauté religieuse se manifeste par la confrérie, donnée que l'on retrouve dans les différentes expressions islamiques du pays. Elle peut aussi prendre la forme de groupe de prière notamment le *dahira* pour les musulmans ou les communautés ecclésiales de base auxquelles vinrent se joindre les groupes charismatiques récemment apparus dans les milieux catholiques au Sénégal. Les mouvements de jeunesse également participent de ce communautarisme catholique ou musulman. Les scouts catholiques, les éclaireurs et la croix rouge laïques et musulmans sont révélateurs d'un tel phénomène.

*

En définitive, la coercition communautaire sanctionne autant les manquements aux devoirs familiaux notamment l'abandon de la famille, le défaut d'assurer la subsistance familiale, que le non-respect de l'esprit de groupe ou de l'esprit communautaire qu'il soit relatif à l'âge, au sexe, à l'ethnie ou à la religion.

c. La coercition religieuse dans l'engagement à l'investissement

Du fait de l'étroitesse de la fourchette religieuse au Sénégal, il y a trois voies confessionnelles possibles en ruralité sénégalaise. Il s'agit de l'animisme, du christianisme et de l'islam. Étant donné que l'animisme est très développé en milieu rural, la majorité des individus enquêtés pratiquent un syncrétisme religieux.

Tableau 42 : Répartition de la religion chez tous les individus enquêtés en milieu rural

Code	Religion	Valeur absolue	Valeur relative
1	Musulmane	0	0
2	Musulmane-Animiste	237	51
3	Chrétienne	0	0
4	Chrétienne-Animiste	70	15
5	Animiste	158	34
TOTAL		465	100 %

Source : Enquête personnelle dans la communauté rurale de Ndiaganiao, 2009.

La ruralité est réputée traditionnellement pratiquer l'animisme, mais avec l'arrivée des religions révélées, c'est le syncrétisme qui est plus usuel.

Il faut aussi mentionner qu'en plus du syncrétisme religieux, les individus qui se sont déclarés musulmans appartiennent en totalité à des confraternités religieuses localement connues au Sénégal telles que la tidjaniya, la mouridiya, la khadriya, la moustarchidiya, celles renvoyant aux layènes, aux niassènes, entre autres.

Dans l'histoire économique, « les tékrouriens n'entreprenaient rien sans avoir au préalable consulté un serigne »[729]. Ceci relève du fondement historique que constitue le recours fréquent au marabout. Mais, il nous a été révélé par D.T.

[729] Djibril Tamsir Niane, *op.,cit.*

Niane et Valentin Fernandez[730] que les premiers serignes étaient des Berbères qu'ils venaient de Fez ou Marrakech et pratiquaient en même temps les amulettes que le commerce des chevaux. Il est donc fait à tort ou à raison un lien entre l'animisme et l'islam.

L'usage des amulettes est encore d'actualité. Il suffit d'observer les dessous du gestuel des opérateurs économiques et les rites et costumes des lutteurs, qui font aujourd'hui l'attraction sociale notamment sportive, pour s'en apercevoir.

Le culte traditionnel

Le fond mythique est le magma[731] de la société traditionnelle à l'instar de la loi pour la société moderne. Les instances secrètes sont sacralisées et les chefs traditionnels ont toujours un pouvoir mystique en leur possession, qui les protège et qu'ils font profiter aux autres dans certaines sociétés. Dans celles du sud notamment en Casamance des rois ou chefs traditionnels sont souvent des guérisseurs. Le cas du président gambien[732], *doctor* Yaya Jammeh, qui cumule des fonctions modernes et traditionnels – étant également guérisseur traditionnel, fonction dont il tient son titre de docteur – est bien révélateur de nos propos.

Dans les sociétés égalitaires vivant au sud du Sénégal particulièrement dans celle des Diolas, les rois jadis y étaient nommés et régnaient grâce à leur pouvoir. Dans les communautés wolof, haalpulaar, sérère, le gardien du culte des ancêtres a un statut social très important. Ils étaient soit *serignes*, soit *lamanes* et n'occupaient pas un statut de roi. Les rois y étaient d'abord des guerriers satisfaisants au culte traditionnel, car pouvant consulter les devins ou se faire transmettre leurs visions avant d'engager une guerre ou une bataille. La révolution *torodo* menée par Thierno Souleymane Baal s'est faite par les armes et a conduit la noblesse de robe au pouvoir. Ce qui montre encore un lien entre le chef traditionnel, la religion et les implications guerrières.

Il est en traditionalisme un culte du mysticisme, c'est-à-dire de l'inconnu. On ne tente pas de comprendre et d'avoir une maîtrise sur l'inconnu. On cherche seulement à cohabiter avec lui par des offrandes, des prières et la mortification.

---

[730] Valentin Fernandez, (1506-1510) *Description de la côte occidentale d'Afrique Sénégal au cap de Monte*, Archipels, édité par Th. Monod, A. Texeira Da mota et R. Mauny), Description de côte occidentale d'Afrique, Bissau, Centro dos estudos da guinée portuguesa, mémoire n° 11, 1951.

[731] Le magma participe de l'équilibre de la terre.

[732] La République gambienne se situe au cœur de la République du Sénégal et était une partie du royaume traditionnel du Gabu. En Gambie vivent les mêmes ethnies de la Casamance. D'ailleurs le président Yaya Jammeh est de l'ethnie Joola. Les rois de cette ethnie, à l'instar des autres ethnies, étaient doués de pouvoir mystique et cela était même une condition de leur accession au trône. Ainsi, le président Jammeh reproduit un statut traditionnel.

- L'instrumentalisation de l'animisme au profit de l'entreprise économique

Les populations qui subissent encore la coercition animiste se scindent en deux groupes. D'abord, il y a les individus qui n'observent que le culte animiste et ceux qui associent l'animisme à une autre religion parmi celles révélées dans le cadre d'un syncrétisme religieux. La pratique animiste est sollicitée dans la création de richesses. Elle produit souvent des résultats immédiats selon la nature ponctuelle des besoins. Toutefois, ses résultats ne sont pas réguliers. Néanmoins, cela ne contribue pas à la décrédibiliser. Sa valeur fondamentale et sa survie reposent sur la croyance de ses fidèles. En effet, dans l'animisme, l'individu croit d'abord avant d'expérimenter à tel point qu'en cas d'échec dans sa tentative, il se condamne lui-même et non le culte en tant que tel. Il cherche les causes de son échec chez lui-même et poursuit, à la suite de ses résultats catastrophiques, à reproduire le culte au mieux de ses aptitudes pour accentuer dans l'avenir ses chances de succès.

En définitive, la coercition animiste est un fait, qui ne cesse de se reproduire surtout pour soutenir l'entreprise économique.

Le culte révélé : islam et christianisme

En butant sur la coutume, l'islam a subi une tropicalisation chez les peuples traditionnels du Sénégal actuel. Il fallait donc reproduire, par-dessus la présence islamique, le culte magique et animiste entre un prêtre officiant et un fidèle en quête d'équilibre biologique et social.

Le rôle du marabout

L'arrivée du culte maraboutique bouleverse le culte religieux et provoque une grande adhésion des masses populaires confrontées à l'époque à l'esclavage et à la contrainte de caste. Il faut distinguer les marabouts, élite officiante de la confrérie et les marabouts isolés, qui procèdent de l'animisme.

Tableau 43 : Répartition des agents présents selon l'affiliation au marabout

	Valeur absolue	Valeur relative
Musulman avec marabout	**92**	39
Musulman sans marabout	**145**	61
TOTAL	**237**	100 %

Source : Enquête personnelle.

Les individus qui développent et subissent le rapport marabout-talibé dans le cadre de la confrérie sont plus prompts à l'investissement que ceux qui ne sont pas impliqués notamment les musulmans sans guide religieux ou les chrétiens[733].

Par sa piété et sa sagesse, le marabout de la confrérie est supposé être plus disposé à entrer dans les grâces du seigneur et obtenir satisfaction grâce à ses prières sollicitées par tout talibé en quête. Il y a une attraction au miracle, à la prompte réalisation des prières et des souhaits. Ainsi, les individus sollicitent selon leur foi et leur motivation les prières du marabout de la confrérie ou le culte animiste[734]. La dernière institution citée procède par des prières aux esprits et par talismans qui ont pour finalité d'impacter la vie de l'individu notamment en guérison à la suite des maladies causées par des actes maléfiques reçus et en stimulation de la réussite sociale ou économique.

Il est socialement répandu l'idée de retrouver chez le marabout de la confrérie nourriture, abri, sécurité et grâces. De ce point de vue, hormis le fait d'être un capital spirituel de référence, le marabout peut être considéré comme un capital social et économique. À travers la personne de ce dernier, on peut profiter d'un réseau relationnel et bénéficier de soutiens de toutes sortes, en particulier celui allant dans le sens d'un financement pour un éventuel investissement.

Au Sénégal, à certaines périodes différentes de l'évolution de l'économie nationale les marabouts se sont spécialisés dans l'exploitation de l'arachide puis dans l'émigration[735] avec comme leitmotiv l'élargissement de la communauté confrérique. Mais il faut souligner que la poursuite de l'intérêt économique est restée une constante à toutes les périodes.

Le marabout reçoit le « *hadiya* » sous forme d'argent tiré de gain ou de profit d'une entreprise ou d'un effort de travail. Les fidèles se livrent au don à leur guide religieux, certes pour sacrifier à un devoir musulman, mais concrètement au plan local, c'est pour bénéficier des prières et largesses du guide spirituel. Ils font, en quelque sorte, indirectement un investissement social et métaphysique. En effet, ils sont agréés socialement par leur engagement auprès du marabout, anticipent mystiquement sur leur avenir social et préparent leur vie dans l'au-delà où le marabout pour certains groupes (Baye Fall) jouera un rôle selon la croyance confrérique en question.

La coercition islamique

Il serait une erreur de ne considérer que le christianisme précisément le protestantisme, à l'image de Weber ou à sa suite, comme influant dans la pratique économique. Contrairement à ce que l'on pourrait penser, l'idéologie

733 Sur 465 agents religieusement affiliés, 70 sont chrétiens et ne connaissent pas de marabouts et 237 sont musulmans dont 92 sont soumis à un marabout.

734 *Lato sensu*, les religions révélées, chrétienne ou musulmane, ont la même structure que l'expression de la magie. Elles gardent encore des survivances de certains actes magiques en termes de rites.

735 Amady Ali Dieng, « Enseignement de sociologie économique », UCAD, 1999-2000.

islamique a une incidence sur le comportement économique. À l'instar des autres religions, elle peut stimuler le comportement économique comme *a contrario* elle peut s'opposer au capitalisme selon la forme de rationalité vulgarisée de ce dernier.

En effet, sa priorité est d'instituer « une communauté au service de Dieu sans chercher à modifier les habitudes économiques »[736]. Mais il faut noter que le monde arabe d'où vient l'islam a une longue tradition commerciale. C'est l'influence de la traite transsaharienne qui a contribué au développement du culte islamique dans les royaumes traditionnels locaux. Cette religion est arrivée dans le Tékrour au IXe siècle.

La religion islamique vise l'équilibre social pour ne pas dire la justice sociale. Elle recommande une certaine conception de la solidarité qui repose sur la *zakaat*[737] et que l'on peut consommer ou investir[738]. Elle développe aussi des entreprises[739] en fonction de ses soucis[740] de justice sociale. « La philosophie économique et islamique compense l'égoïsme par le sentiment de solidarité, l'avarice par la taxe légale et l'intérêt personnel par la foi en Dieu »[741].

Par exemple, pour le *tidjanisme*, à croire les propos de son précurseur local Aladji Malick Sy, « le musulman et surtout le disciple tidjane doit aider son frère avec le surplus de ses biens [...] ne pas lui imposer des tâches au-dessus de ses moyens et ne pas abuser de sa force et de ses biens »[742].

Concernant le *mouridisme* qui est une adaptation locale des « principes islamiques »[743], Donald Cruise O'Brien rappelle qu'en « voulant en 1963 associer la morale économique des mourides et la politique économique de l'État en faveur d'un développement économique et social, Senghor (Léopold

---

736 Maxime Rodinson, *Islam et capitalisme*, p. 196-198 ; 225 et 232-233, cité par Seck Ndiaye, *Islam hiérarchie, famille et alliance dans la société wolof du Sénégal, op. cit.*

737 Seck Ndiaye, *op. cit.*

738 *Ibid.*

739 Seck Ndiaye, *op.,cit.* Abubaker Djaber El Djazairi, *Minhagul-Muslim (La voie du musulman)*, (bilingue français/arabe), trad. de l'arabe par Moctar Chakroun, Paris, Alism, 1987, Tome III, p. 39-62, cité par Seck Ndiaye, *ibid.* L'auteur y relève *les types de sociétés : « **la société de cogestion limitée** (safikatu-l -« inan) **elle peut être illimitée** (sarikatu-l-mufawada) si chaque participant donne à son associé la liberté d'agir au nom de la société sans autorisation préalable. **La société au capital d'effort physique** (sarikatu-l -« abdan), **« la société en commandite »** (muaaraba).*

740 *Ibid. « D'abord l'organisation de l'économie est une délégation conditionnelle. Le 2nd principe donne à tout homme le droit à la propriété individuelle. Le 3e principe établit et cherche à concilier l'intérêt individuel et l'intérêt général et à l'éloigner de la luxure et du gaspillage. Le 4e principe fait de la solidarité la règle d'or de l'islam ».*

741 *Ibid.*

742 *Ibid.* EL Hadj Rawane Mbaye, *La pensée et l'action d'El hadj Malick Sy, un pôle d'attraction entre la sharia et la tariqa*, Thèse de doctorat d'État es lettres et sciences humaines, sous la direction de Mohamed Arkoun, année universitaire 1991-1992, Tome I, p. 533, cité par Seck Ndiaye.

743 *Ibid.* Madické Wade, *Destinée du mouridisme*, Dkr, côte west informatique, 1991, p. 160, *cf.* la sourate « La vache » (II), cité par seck Ndiaye.

Sédar, premier président du Sénégal) définit le socialisme comme un système économique qui privilégie le travail. Il désigne à l'époque comme exemple de ce socialisme Ahmadou Bamba et sa confrérie »[744]. Abdoulaye Wade, troisième président de la République du pays, précise que « le socialisme égalitaire des mourides est un socialisme de répartition [...] les sommes d'argent remises sont transférées aux autres sans contrepartie de prestation par le canal du marabout »[745]. La connaissance, la prière et le travail respectivement en wolof *xam-xam, julli* et *liggeey* constituent la vocation mouride. Il est clair que pour vivre comme Calvin et espérer des grâces, « il faut vivre un ascétisme moral comportant plusieurs obligations : notamment le travail continu... »[746] Fernand Dumont cite les propos de Léopold Sédar Senghor alors en exercice : « Ce qu'Ahmadou Bamba a voulu, c'est enraciner l'islam en terre noir. Il a voulu l'adapter à notre situation de pays sous-développé. D'où le trait de génie qui fait du travail, singulièrement du travail de la terre, la forme fonctionnelle de la prière »[747]. Des « entreprises communautaires agricoles » organisées autour des chefs de confréries – mouride ou tijane – exploitaient de grands domaines et offraient, en même temps, aux gens qui les aidaient, un cadre nouveau et une idéologie « sécurisante »[748].

L'islam ne proscrit nullement l'investissement si l'on en juge l'utilité de la « *zakaat* ». Il incite à l'engagement dans le travail, c'est-à-dire dans l'entreprise en fonction des critères d'exploitation qu'il a lui-même définis.

La coercition chrétienne

L'influence de la chrétienté sur la pratique économique n'est plus à discuter. Max Weber en a fait un travail remarquable à partir de l'éthique protestante plus précisément le calvinisme, lequel a influencé à sa suite toutes les autres approches religieuses de l'économie dans les sciences humaines et sociales.

---

744 *Ibid.*D.C. Obrien, p. 98 cité par Seck Ndiaye.

745 *Ibid.* Abdoulaye Wade, *La doctrine économique du mouridisme*, Dkr, Interafricaine d'éd., coll. « Culture et développement », 1970, p. 24 ; voir aussi note 58, p. 20, cité par Seck Ndiaye.

746 *Ibid.* Djiby Diakhaté, *Mouridisme, marché hebdomadaire et société rurale seereer : Étude des transformations socioculturelles et économiques de Touba Toul*, Thèse de doctorat de IIIe cycle, sous la direction de Gora Mbodj, UGB de Saint-Louis, janvier 2000, cité par Seck Ndiaye.

747 Fernant Dumont, « Le mouridisme sénégalais », *Revue française d'Études politiques*, Politique Agora ; XVe siècle, Paris, nov.-déc., 1972, janv. 1952, cité par Seck Ndiaye, *ibid.*

748 Cheikh Anta Diop, *L'Afrique noire précoloniale*, *op. cit.*, p. 130 ; Mamadou Diouf, *Le Kajoor au XIXe siècle*, p. 286 ; Vincent Monteil, *L'islam noir : une religion à la conquête de l'Afrique*, Paris, Seuil, 1980, p. 367-376 ; Amar Samb, *Islam et histoire du Sénégal*, p. 496 et Joseph Ki-Zerbo, *Histoire de l'Afrique noire*, p. 429-435, cités par Seck Ndiaye, *ibid.*

Mais ses travaux[749] concernent l'Occident et non l'Afrique, encore moins le Sénégal où domine le catholicisme à la place du protestantisme.

Nos résultats d'enquête de terrain ont montré que les chrétiens sont rares dans l'investissement comparativement aux musulmans. Cela s'explique par leur minorité numérique. Cependant, la détermination religieuse chez les chrétiens est effective. Au niveau local, la désolidarisation avec l'institution religieuse à l'instar de la démarche calviniste n'a pas encore été atteinte. La communauté protestante est encore minoritaire. L'Église catholique constitue le socle traditionnel de la chrétienté et se rapporte à la détermination papale. L'évêché local qui est le prolongement de l'autorité du Vatican dirige la communauté catholique sénégalaise.

Déterminés par les valeurs de l'Église, les chrétiens voire les catholiques n'ont pas encore réalisé une poussée économique qui pourrait être expliquée du point de vue sociologique notamment dans la majorité de leur ethnie d'appartenance par essence égalitaire. Au contraire, c'est leur réserve voire leur mutisme continu qui constitue un fait social et qui s'explique par leur observance particulière des valeurs religieuses en porte-à-faux avec l'utilitarisme prononcé. C'est ce cordon ombilical auquel se cramponne le catholicisme qu'a rompu à l'époque en Europe l'esprit moderne à travers une « affinité élective » pour privilégier, comme nous le savons, l'accumulation de capitaux.

*

En conclusion, nous pouvons considérer que ce ne sont pas exclusivement les valeurs religieuses qui déterminent l'investissement en accentuant le comportement économique, mais il y a les valeurs familiales et communautaires. Le fait d'être au service de sa famille, ou de remplir un devoir moral vis-à-vis d'elle et aussi de poursuivre le consentement social par la quête du « paraître » incite forcément à l'investissement. Les valeurs religieuses sont aussi coercitives puisqu'il faut les observer pour entretenir sa vie spirituelle et préparer au mieux sa vie dans l'au-delà.

Mais aussi ces institutions, de même qu'elles incitent à l'investissement, récupèrent leur dû. Avec audace, nous pouvons souligner que ce ne sont pas les individus qui investissent, mais ce sont les institutions qui le font à leur place et qui en profitent. Autrement dit, les profits et, parfois même, le gain tiré de l'investissement sont utilisés pour assurer un devoir moral vis-à-vis de la famille, afin de bénéficier d'un prestige et d'un grand respect au sein de la communauté et d'entretenir son marabout par la *hadiya* ou par exemple la construction d'une mosquée dans le but de bénéficier de la prière et des grâces divines de ce dernier.

Chez les chrétiens, il est observé par ordre de convenance l'aumône, le denier de culte et la dîme, mais leur investissement n'en souffre pas. Ce qui

[749] Max Weber, *L'Éthique protestante et l'esprit du capitalisme*, Paris, Gallimard (1re éd., 1904-1905 et 1964), 2003.

handicape leur entreprise, c'est leur environnement traditionnel qui confond des valeurs catholiques, mais s'inscrit en faux contre la déshumanisation des relations sociales voire d'entreprise. La coercition du nivellement par là-haut est plus perceptible chez les catholiques et impacte leur entreprise. Le vécu communautaire par le partage est un devoir moral. En faire abstraction c'est porter atteinte à cette moralité précitée.

L'existence du marabout en dehors de l'imam et du prêtre, de l'évêque est déterminante dans le modèle religieux sénégalais.

2. Le sens de l'investissement en traditionalisme économique : une rationalité portée sur la subsistance et le paraître

a. La construction de la raison subjective liée à l'investissement

La réussite par la subsistance et le paraître : les valeurs de la rationalité à finalité

C'est en interrogeant des ruraux que nous nous sommes rendu compte d'une unanimité sur la raison explicative de l'acte d'investissement. Une raison clairement exposée ci-dessous et qui traduit assurément la fin de leur préoccupation.

La réussite sociale ou le sutura

L'investissement est un gage de réussite. 100 % des personnes interrogées dans les principaux villages de Ndiaganiao croient que l'investissement crée la réussite[750]. Cette conviction est si grande qu'il est développé, d'après nos constats de terrain, une opinion sexuelle des responsabilités du foyer pour ce qui est de l'activité d'investissement. En effet, les hommes prétendent disposer de la prérogative d'entretenir le foyer et par conséquent s'approprient le devoir d'être entreprenant. Les femmes soutiennent qu'elles sont le moteur du foyer, sans elles rien ne marche et qu'elles sont obligées de s'activer de jour comme parfois de nuit, si c'est nécessaire, pour soutenir leur mari dans la gestion de la subsistance familiale. La réussite de ce point de vue est conçue comme une finalité voire la capacité de mettre sa famille à l'abri du besoin.

L'accès à cette finalité requiert un engagement qui comporte, comme nous l'avons déjà mentionné, une entière implication et une parfaite conscience de la responsabilité. À l'unanimité les individus interrogés ont fait part de l'importance de la dimension sociale dans la perception qu'ils ont de la réussite. Autrement dit, la réussite d'une personne doit être accompagnée du regard consentant des autres, de leur acceptation à être sensible, à s'étonner, à glorifier ou à envier et à bénéficier des largesses de la personne qui a réussi. À défaut d'une reconnaissance sociale à l'égard de la personne ayant réussi, le statut ainsi acquis perd tout son sens car inutile.

[750] Il s'agit de 159 individus économiquement actifs présents dans notre échantillon pour l'enquête en milieu rural.

Ainsi, l'éducation voire la socialisation participe du sens qu'on se fait de la réussite. Nous pouvons noter que le *sutura*[751] est l'équivalent de la réussite traditionnelle. Par conséquent, l'agent économique traditionnel poursuit le *sutura*.

- *Le sutura*

Même si ce mot signifie étymologiquement discrétion, il ne le traduit pas exclusivement. Le *sutura* doit être compris ici comme un état conditionnel à l'acceptation sociale. Le *sutura* n'est pas matériel. C'est un fait social. Il existe dans les consciences individuelles et collectives. Il est aussi significatif.

Les relations interpersonnelles sont très importantes et les populations rurales les reproduisent. Elles représentent un fondement pour le *sutura*. Les populations rurales sont bien portées au respect, au prestige, à la sympathie pour les autres et pour elles-mêmes.

Le *sutura* exige de l'individu son immersion dans sa communauté d'appartenance, mais aussi exige de lui une certaine discrétion. Autrement dit, l'individu doit entretenir de bonnes relations interpersonnelles tout en se devant d'être le plus discret possible à propos de ses relations avec les autres ou de son capital économique. Il est socialisé en fonction de ces exigences sociales.

La quête du *sutura* incite l'individu à l'investissement autant pour la poursuite du profit personnel que pour l'entretien des relations interpersonnelles institutionnellement fondées sur la discrétion, loin du regard des autres.

L'élément fédérateur entre l'obligation de se révéler aux autres et celle d'être discret est l'appréciation communautaire. C'est à la communauté de sanctionner de manière gratifiante ou punitive le comportement de l'individu. C'est grâce à la communauté que l'accès au *sutura* voire au consentement social, nécessaire pour vivre en société, est possible.

La réussite prenant la forme du *sutura* est une finalité de l'action économique traditionnelle qui se mesure en traditionalité à travers l'activité agricole, artisanale et commerciale.

La réussite tant recherchée est non seulement la résultante de l'effort individuel, mais aussi de la complicité sociale entre les membres de la communauté. En effet, la réussite est atteinte du point de vue subjectif par la réaction contre la « hantise universelle » que développe l'être humain par rapport à l'inexistence autant pour les « autres » – c'est-à-dire les membres de sa communauté – que pour lui-même. Exister ou paraître, c'est donner sens à son vécu social. La contrainte de la subsistance et la nécessité de paraître se constituent en une gamme de valeur collectivement instituée.

[751] Le *sutura* est un terme de la langue wolof. Il est ici employé parce que le fait wolof est aussi présent en traditionalité même dans l'échantillon sérère interrogé. Autrement dit, la plupart des groupes peul ou sérère comprennent ou parlent la langue wolof.

La « subsistance » et le « paraître » sont des valeurs incitatives au comportement utilitariste. Certes de telles valeurs poussent l'individu à s'engager dans un investissement, mais elles aident à récupérer les retombées de l'investissement en termes de gain ou de profit pour se reproduire et se maintenir. Ici, on investit parce qu'on doit *subsister* et *paraître* convenablement et on consomme parce qu'on doit aussi *subsister* et bien *paraître*. Bref, on doit « être » dans la société. Le désir d'être est avant et après l'investissement. C'est en observant ce principe que l'on accède à la réussite sociale et que l'on atteigne forcément le *sutura*.

La subsistance et l'être

- La subsistance

Les sociétés dites « primitives » et ayant des dimensions assez réduites sont qualifiées de sociétés d'autosubsistance par l'esprit formaliste. Le fait explicatif est que le groupe social produit essentiellement pour se nourrir. Elles seraient irrationnelles, dit-on[752]. À notre sens, la civilisation des greniers infirme l'étiquette irrationnelle apposée à la société traditionnelle. Le sens de l'épargne de la société traditionnelle y trouve une bonne source de compréhension[753].

C'est une honte de ne pas avoir de quoi se nourrir ou pour un chef de famille de faillir à son devoir vis-à-vis de sa famille. Ici, il y a la sanction de la communauté qui s'impose en cas de faillibilité au devoir familial. La stratégie développée pour éviter la sanction de la communauté se résume à une poursuite individuelle du *sutura*.

- L'être ou l'existence

Parler de l'impératif « d'être » chez l'esprit traditionnel nous renvoie à un léger détour à la philosophie, science qui s'est largement penchée sur cette question. Sans doute, c'est un risque d'utiliser les résultats de « l'esprit formaliste » pour comprendre cet impératif d'exister que développe l'esprit traditionnel, vu leur opposition. L'idéal aurait été d'avoir le témoignage traditionnel pour s'en inspirer dans l'analyse de la socialité correspondante. Mais il faut savoir que tout témoignage représentatif de l'existence de l'être traditionnel venant de lui-même est essentiellement religieux. Ce qui explique le rapport assez prononcé dans la vie quotidienne avec les esprits, les ancêtres et DIEU.

Sans être influencé par les religions révélées, l'esprit traditionnel est conscient d'une entité suprême ou d'un Dieu suprême. On ne retrouve pas une expression qui exprime cette considération dans la langue wolof très tôt

---

752 Gérard Destranne De Bernis, « L'économie de subsistance », *Encyclopaedia Universalis*, 2009. Il est Professeur à la faculté de sciences économiques de Grenoble et président de l'Institut de sciences mathématiques et économiques appliquées (ISMEA) de Paris.

753 « La production à consommer est stockée dans les greniers. Le surplus fait office de semence ou de réserve en cas de pénurie. Il servirait même pour l'élargissement du groupe, car faisant l'objet de consommation collective ou individuelle », dans Gérard Destranne De Bernis, *ibid.*

corrompue par l'Orient. Le nom de *Allah* dit *Yalla* fait autorité. Chez les Diolas[754], on fait allusion à *Atemit*. Chez les Sérères[755], il s'agit de *Rogsen*. Chez les Mancagnes[756], on parle de *Nachir bati* « le Roi des cieux ».

Par ailleurs, en interrogeant l'approche formaliste, nous pouvons citer en guise d'illustration divers travaux philosophiques incontournables pour comprendre le sens de l'être[757].

Gulio Giorello pose la question de savoir si l'être est une « chose », un « étant », bref une « chose d'étant ». Il cite Platon qui note qu'une chose est, parce qu'elle participe à l'idée de l'être[758]. Pour lui, Aristote qui a réfléchi sur « les déterminations des acceptions de l'être »[759] appréhende les choses premières de l'être en tant qu'être[760]. L'acception fondamentale de l'être est déterminée par la substance douée de quatre significations principales : l'essence, l'universel, le genre et le substrat, c'est-à-dire le sujet[761].

Pour Leibniz, en vertu du principe de la raison suffisante qui est pour lui, la raison subjective, il y a une raison pour que quelque chose existe plutôt que rien. Pour Emmanuel Kant, juger d'une existence, c'est appréhender une chose. On se rappelle qu'Émile Durkheim, père officiel de la sociologie française définit le fait social comme une chose, en insistant sur son caractère empirique, donc sur son existence réelle.

La problématique de l'être est présente également chez les philosophes existentialistes[762], en l'occurrence, Jean Paul Sartre[763], Martin Heidegger[764], Descartes et Socrate[765].

---

754 Jean Toulouse, « Les Diolas derniers témoins d'un passé fabuleux », dans *Sciences et Vie*, n° 541, octobre 1962, p. 73-75 et 128.

755 Henry Gravrand, *La civilisation sereer*, Dakar, Nouvelles éditions africaines, 1983.

756 Albert Kalyet Justin Boissy. *Us et Coutumes*, Dir. Frère Ange, Marie, père abbé de Keur Moussa, Dakar, L'Harmattan, 2011, 110 p.

757 Il s'agit de ceux de Gulio Giorello – Professeur de philosophie à l'université de Milan – qui ont exposé « les déterminations des acceptions de l'être » soulignées par Aristote et « les conditions de la prédication de l'existence » en référence à Emmanuel Kant (1724-1804) et Gottlob Frège (1848-1925), philosophe et mathématicien, fondateur de la logique moderne ou logique mathématique, enseignant à l'université d'Iéna. Ces travaux sont aussi liés à « l'histoire de la philosophie » que d'aucuns confondent selon l'auteur à l'histoire du sens de l'être.

758 Gulio Giorello, « Être », *Encyclopaedia Universalis*, 2009.

759 Aristote, *Métaphysique*, IV, 2, 1003a, contre Parmenide l'être dépend de plusieurs acceptions dont chacune repose sur un principe unique, dans Aristote, 1003b contre Parmenide :

- des déterminations de la substance ;
- un acheminement vers la substance ;
- des corruptions de la substance ;
- des causes génératrices ou relativement nommées à une substance
  des négations de la substance.

760 Aristote, 1003 a, 25-30, cité par Gulio Giorello, *op. cit.*

761 Aristote, *Métaphysique*, VII, 3, les catégories, 1028 b, 32-38, cité par Gulio Giorello, *ibid.*

762 Jean Wahl, « Les philosophies de l'existence », *Encyclopaedia Universalis*, 2009.

Ces formes de pensée de la science formelle et formaliste sur l'être, à notre sens, effleurent la ligne religieuse telle que le fait toujours l'esprit traditionnel. Par exemple, il est clair chez Descartes, lorsqu'il reconnaît qu'il s'épanouissait dans l'existence de son « être pensant » et qu'après avoir rencontré Dieu, il a dénaturé sa réflexion et désormais imaginé son être comme une union de « l'âme et du corps ».

Ce que nous pouvons ajouter personnellement, c'est que l'être traditionnel a besoin d'exister biologiquement, spirituellement et socialement, c'est-à-dire en fonction des autres. En dehors de ses besoins végétatifs, son but majeur est d'exister en société et par conséquent il porte le désir de paraître aux yeux des autres. Autrement dit, il s'agit pour l'*homo traditionalis* d'attacher une grande importance à la construction de sa réputation, pour ne pas dire de son *sutura*.

Le paraître

La recherche du prestige et du respect au sein de la communauté passe par une démonstration à travers le culte du paraître. L'individu est jugé en fonction de ce que les autres membres de la communauté voient en lui. Il est important de sacrifier à l'esprit communautaire et de participer à la vie collective. Pour Karl Jaspers – philosophe existentialiste – « le risque d'être est tourné vers la communication ». Il faut communiquer, en effet, pour exister, se faire apprécier ou déprécier à son juste statut social.

Le paraître est caractérisé par un état et un comportement. Il comprend l'esthétique, la santé, la richesse matérielle, la richesse spirituelle qui mène à la sagesse – qualité valorisée en traditionalité – et le courage dans le cadre des périodes guerrières.

L'habillement et les bijoux occupent une place importante autant chez les femmes que chez les hommes. La santé est entretenue par la qualité de la subsistance. Il faut bien manger pour contribuer à son élégance physique. La maladie, bien entendu, n'est pas un état préférable en société. Dans cette perspective, la médecine traditionnelle s'est fortement développée.

La richesse procure une élégance sociale en passant par une esthétique individuelle articulée par une bonne apparence physique, de beaux habits et des bijoux attractifs. La course aux richesses par conséquent est un fait important. Certes l'absence d'individualisme décourage la grande accumulation, mais celle-ci subsiste à travers des cas isolés. Ainsi, la petite accumulation est présente. Elle permet surtout aux femmes de rivaliser sur le plan de la vêture lors des cérémonies. Parmi les hommes, celui qui émerge, c'est par exemple celui qui participe régulièrement ou qui dépense le mieux dans une rencontre

[763] Jean Paul Sartre montre que l'existence précède l'essence.

[764] Martin Heidegger critiquant la phrase de Sartre, mentionne que : « L'homme est l'être dont l'essence est d'exister ».

[765] Quant à Descartes et Socrate, il leur est respectivement connu les assertions selon lesquelles « je pense, donc je suis » et « connais-toi, toi-même ».

familiale ou communautaire et qui crée des complexes de jalousie ou d'infériorité autour de lui. Ils seront, selon les humeurs et la rationalité des autres, bien ou mal vus.

La richesse en traditionalité équivaut à être propriétaire (sur le plan qualitatif et quantitatif) de terres, de champs, de troupeaux ou de commerces. Les riches sont ennoblis. D'ailleurs, dans un régime monarchique et dans les sociétés inégalitaires les richesses sont monopolisées par les nobles. Avant l'arrivée du capitalisme, les riches voire les nobles possédaient des esclaves domestiques et des griots. Des survivances de l'affiliation du griot à la famille sont encore notées hors de la traditionalité exclusive notamment dans la société actuelle.

L'esprit traditionnel attache une importance à la propriété foncière particulièrement à la maison, car cette dernière assure la sécurité sociale. Disposer d'un grand espace foncier ou construire une très belle maison accentue le respect des autres sur soi. En somme, la propriété n'est importante que dans la visibilité et la considération sociale.

Les sages ou les docteurs traditionnels occupent aussi une place privilégiée dans la société. Autrement dit, le savoir force le respect social. L'exemple du statut du lamane en société wolof est révélateur, dès lors que celui-ci gère les domaines fonciers et dispose d'un pouvoir mystique.

Les stratèges dans une économie guerrière sont également fort bien respectés. Ils constituent le conseil politique royal. Ils allient intelligence mystique, organisationnelle et guerrière.

À défaut d'être un sage, la force et le courage physiques sont valorisés par la communauté. Pour justifier ce fait, notons que beaucoup d'esclaves qui ont été les fers de lance de l'armée traditionnelle, dans les royaumes ayant traversé les ères guerrières, ont accédé à des statuts sociaux de référence. Autrement dit, ils ont intégré la noblesse. Même en période de paix, la force est valorisée. Nous en voulons pour exemple la lutte sportive – qui fait l'apologie de la force physique humaine – largement partagée dans toutes les communautés traditionnelles du Sénégal. Les vainqueurs bénéficient de largesses de la part de la communauté.

*

La finalité de l'activité rurale notamment agricole et artisanale est la réussite sociale à travers le *sutura* qui suppose la satisfaction de la *subsistance* et du *paraître*. En définitive, étant donné que l'individu voire l'agent économique investit en fonction d'une finalité, l'esprit traditionnel épris d'une socialité rurale investit sur l'homme. Cet investissement consiste en une manipulation des relations interpersonnelles par le canal de l'affectivité ou de la désaffectivité. Ainsi, c'est de l'homme que l'individu ou l'agent économique tire son profit que symbolise le *sutura* en société sénégalaise.

b. La construction de la raison objective liée à l'investissement : l'esprit de la rationalité instrumentale

Les moyens de l'esprit individuel : un secteur privé ?

L'utilitarisme est une réalité en traditionalité. Mais l'individualisme n'y est pas institué. Cela ne signifie pas qu'il n'existe pas de stratégies individuelles. Les personnes sont libres d'actions et d'initiatives dès l'instant où elles ne vont pas à l'encontre des règles collectives. Autant dans les sociétés égalitaristes où il existe peu de cas de réussite économique que dans les sociétés inégalitaristes qui favorisent des cas de réussite économique par le seul prétexte de la discrimination de la culture des castes, il est suspecté un nivellement social par le haut qui ne privilégie pas des individualités de réussite isolées. Mais ceci n'y est pas une règle instituée. C'est l'effet objectif d'un manque d'affectivité et de confiance autour d'une relation amicale, parentale, de voisinage ou communautaire compromise par une non-observance des règles de participation communautaire, de redevabilité sociale et économique vis-à-vis des parents, de partage et de solidarité avec les liens amicaux et les instances communautaires. Ce qui veut dire que les talents individuels peuvent émerger dès l'instant qu'ils se développent en fonction et en accord avec les expressions coercitives de la communauté d'appartenance. On se protège ainsi d'une sanction communautaire, derrière laquelle pourraient se cacher bien entendu des sentiments de jalousie et de convoitise agissants, tous proscrits dans les usages sociaux traditionnels. Le prétexte de la sanction est le désaccord noté avec les règles de fonctionnement de la communauté d'appartenance. Rappelons que la communauté a souvent un regard de contrôle sur le vécu familial des individus en termes de respect du rôle que ces derniers doivent respectivement jouer dans leur propre cellule et sanctionne en conséquence. Pour les cas économiques, la sanction est sournoise, car elle n'émane pas d'un conseil de sages du village statuant au su de tous comme dans les cas de vol, d'homicide, de conflits entre familles, etc. Elle est symbolique et instaure des rapports froids et distants avec le concerné qui devient l'objet de commérages et de messes basses dans le village. La forme symbolique de la sanction, du fait qu'elle ne peut s'extérioriser formellement, témoigne de la présence de la masse de liberté dévolue à chaque individu malgré son appartenance à la communauté. La sanction ici est comme celle qui arrive au cours d'un partage de repas en famille, soit autour du bol, soit à table, et qui s'abat sur l'individu qui ne se confond pas à la manière de manger connue du groupe. Elle crée une gêne qui peut se matérialiser par un silence, preuve de distanciation, à défaut de pouvoir par des liens de proximité le réorienter pour l'assimiler aux habitudes du groupe.

Les sanctions communautaires symboliques sont une porte ouverte, surtout dans la traditionalité des communautés du sud du Sénégal, à des initiatives mystiques et maléfiques souvent isolées d'individus ou de petits groupes clandestins, agissant dans le secret à l'insu du conseil du village et pouvant frapper inopinément l'individu interpellé, par leur mécontentement, de maladie ou de mort. Cet acte serait légitimement perçu comme un crime, car perpétré sur une personne libre de jouir de ses biens et irréprochable de fautes objectives. La sanction communautaire a existé en réalité sans que personne ni aucune instance n'ait pu assumer publiquement l'accusation et la condamnation du concerné. Des institutions peuvent être saisies en revanche pour dénoncer et venger ce crime notamment les cérémonies interrogatoires sur la dépouille du défunt disparu afin de s'informer sur les causes de la mort de celui-ci. Mais souvent la tolérance est prônée par les sages du village, mais leur recommandation peut souvent être boycottée au profit d'actes de vengeance isolés qui engagent à la longue des conflits entre familles.

Il faut donc comprendre que dans la traditionalité, il est des règles objectives dont l'inobservance crée le crime susceptible d'être sanctionné par un conseil. Il est aussi des usages sociaux coercitifs qui conduisent à une sanction symbolique ne créant pas une situation de crime, mais compromet le maintien de l'individu dans des relations actives avec l'ensemble du groupe.

L'espace symbolique des relations en traditionalité, appuyé du caractère secret et discret de certaines institutions, contribue à entretenir à raison le fait du *nivellement par le haut,* mais ne nie pas jusque-là la liberté qui revient à chaque individu de réussir économiquement. La mécanique de la réussite individuelle, voire privée en traditionalité, est pareille au mécanisme de *la main invisible*[766] sur le marché capitaliste à travers lequel les rapports et les hiérarchies de monopole sont supposés se faire naturellement selon la force et la faiblesse des agents en présence. En sociologie, il ne s'agit pas d'un phénomène naturel, mais culturel.

La culture du capitalisme est portée par la science économique, la politique libérale garantit la poursuite des intérêts et le culte traditionnel légitime le respect des dynamiques communautaires. Il est recommandé de cautionner le culte coercitif selon que l'on est d'un bord ou d'un autre pour ne pas être laissé au bord de la route ou être en marge du soutien communautaire.

Les stratégies objectives mobilisées par l'individu vont consister d'abord à faire un choix entre la réussite économique et la réussite communautaire, à pratiquer le commerce, à mobiliser l'institution familiale, à se mobiliser dans l'espace si c'est nécessaire et à recourir à l'appropriation du savoir et du savoir-faire.

[766] Adam Smith, *op. cit.*

Objectivation de la réussite

Tableau 44 : Le sens donné à la réussite chez les enquêtés ruraux

Code	Réussite	Valeur absolue	Valeur relative
1	Accumulation du profit	2	1
2	Accumulation du consentement social	47	30
3	Intérêt pour le profit et le consentement social	110	69
	TOTAL	159	100 %

Source : Enquête personnelle unité de l'échantillon : communauté rurale de Ndiaganiao, 2009.

Peu d'individus sont attirés exclusivement par le profit monétaire. Ils ne veulent pas d'une accumulation de richesses qui risquerait de menacer leur acceptabilité sociale.

Par contre, d'autres disent préférer le consentement social au profit monétaire. Car, soutiennent-ils, c'est le seul but nécessaire et c'est ce que Dieu veut. En adéquation avec la tradition, ils suivent les enseignements de leurs ancêtres religieusement déterminés.

Toutefois, à la question *préférez-vous accumuler à la fois le profit et le consentement social ?* Ils répondent à l'unanimité par l'affirmative. Ils estiment que cela participerait à leur mieux- être, c'est-à-dire à leur épanouissement. Il faut donc les associer. Que l'un ne parte pas sans l'autre.

En somme, nous en concluons que les individus qui optent pour le consentement social ne sont pas indifférents au profit. Ils s'en servent pour accéder au consentement social. D'autres par contre insistent sur le fait que le culte de l'argent est mauvais puisqu'ils se représentent l'argent comme étant l'incarnation du mal. Ces derniers par conséquent préfèrent privilégier les relations humaines, lesquelles sont pour eux des moyens de réussite.

Pour atteindre le « *sutura* » pour ne pas dire la réussite sociale, les stratégies individuelles hors de toute influence collective s'expriment mieux à travers le recours utilitariste au commerce et à la famille. Il y a aussi comme moyen de réussite l'héritage par voie de sang, la mobilité spatiale et l'appropriation du savoir et du savoir-faire.

Le commerce

Le troc, moyen d'échange initial, est individualisé. Le commerce se fait plus en détail et se tient de manière journalière et hebdomadaire dans les villages. Sa tenue et son affluence dépendaient de la disponibilité de l'offre souvent très faible. Le commerce est compté parmi les stratégies de réussite individuelle. Nous avons déjà donné l'exemple du marché wolof qui était bien perçu par des voyageurs comme étant pauvre. Les marchés hebdomadaires se tiennent dans les zones à meilleur potentiel et devaient permettre aux zones moins desservies de se ravitailler.

Le commerce se fait souvent de manière ambulante. Ce qui peut être bien significatif dans l'esprit d'entreprise traditionnel. Les acteurs circulent à pied ou usent de la charrette tirée par un âne. Il se fait aussi en étal qui est la forme de fixité commerciale la plus généralisée. Ce dernier type de commerce était présent sur les marchés, aux coins des voies sablonneuses, devant la concession ou à l'intérieur de celle-ci. Les femmes monopolisent ce commerce de maison. Les hommes se déplacent très souvent ou s'installent au marché. Toutefois, ils sont concurrencés par les femmes autant dans la mobilité par l'engagement des femmes peules que dans la fixité au marché.

Seul le commerce de longue distance faisait défaut dans l'histoire des peuples qui composent aujourd'hui la nation sénégalaise. Ils n'en prenaient pas l'initiative. Les ethnies qui ont eu à être très tôt en contact avec les commerçants étrangers (Arabes, Dioulas et Européens) ne faisaient qu'agréer les échanges avec des populations étrangères en les recevant pour la circonstance sur leur terre.

Outre le fait qu'il soit un canal d'accès certain à des biens de consommation ou de richesses dans l'économie de troc, le commerce est un moyen de réussite économique. L'élite traditionnelle a le plus profité de la traite transsaharienne. En dépit de la pauvreté des marchés traditionnels locaux et de la discrimination de l'administration coloniale française au bénéfice des commerçants européens et libano-syriens, les Sénégalais les plus riches étaient des commerçants de graines.

La famille

Le recours à la famille est utilisé pour assurer *l'autosuffisance* qui participe des formes de réussite communautaire achevée en traditionalité. Cette institution a été revalorisée grâce à l'économie agricole plus précisément au début de la pratique culturale et de l'élevage. Sa taille, dans une considération utilitariste, est corrélée au nombre de bras issus de la famille pour les travaux champêtres. Elle a aussi une fonction reproductrice des conduites et de protection de ses membres.

La terre avant l'implication occidentale était une propriété collective. La famille de nos jours est souvent propriétaire de son exploitation agricole en zone rurale. Au cas contraire, la solidarité sociale lui permet d'en bénéficier pour produire sa subsistance et honorer ses membres. L'honneur ici s'assimile au *sutura*. Si ce ne sont pas des terres, c'est le bétail qui représente la propriété familiale la plus significative. Le capital familial participe objectivement de la réussite de l'individu.

L'héritage familial aussi contribue au *sutura* de l'individu. Il peut aider à enrichir quelques membres de la famille élargie, étant donné que la famille subit aussi la coercition communautaire. La famille est bien un moyen de réussite individuelle.

- ***La capitalisation par voie de sang ou d'héritage***

Dans les sociétés monarchiques, on peut accéder aux honneurs économiques et sociaux sans passer par le travail. Le legs par voie d'héritage favorise ce fait. Le statut de naissance est une condition suffisante pour recevoir les avantages sociaux que certains normalement acquièrent à la suite d'intenses efforts. Les héritiers de la noblesse traditionnelle, dans les sociétés hiérarchisées locales, peuvent être assimilés à des patrons qui n'ont jamais travaillé de leur vie. De fait historique, ils se servent et se nourrissent des richesses de leur territoire et des honneurs économiques que leur font leurs sujets ou les membres de castes inférieures.

La mobilité spatiale

Le déplacement dans l'espace est un moyen objectif fort exploité dans la quête de ressources vitales ou plus précisément de réussite chez un individu de socialité traditionnelle. Il peut y avoir certes d'autres raisons, entre autres, le bannissement pour expliquer la mobilité individuelle, mais en général, c'est la terre et les pâturages qui guident les déplacements des individus. Les villages se créent à travers ce processus.

Néanmoins, il faut souligner qu'à l'avènement de la modernisation et l'émergence des villes, la plupart des déplacements utilitaristes sont qualifiés d'exode rural. Il s'agit de mouvements saisonniers qui peuvent être aussi définitifs.

Le rapport au savoir

En traditionalité, le savoir est très important. Il s'articule autour de technique productive orientée en agriculture, en artisanat ou en art commercial, thérapeutique, laudatif, musical, culinaire, de coiffure, etc. Le savoir se transmet à l'intérieur des castes. Il se transmet d'une part, entre père et fils et d'autre part, entre mère et fille. Dans les métiers des artisans et des arts, il incarne la spécialité familiale, laquelle est reconnue au sein de la communauté et sert la famille dans un rapport utilitariste de troc. En somme, pour réussir en société, l'individu a besoin d'intérioriser un savoir et de maîtriser un savoir-faire qu'il acquiert auprès de sa famille, mais aussi de sa communauté. En effet, une forme collective de transmission du savoir est de rigueur dans la société traditionnelle. Par exemple, l'histoire est monopolisée par les griots qui contribuent à restaurer et à divulguer le capital savoir de la famille ou de la communauté.

Les instances d'initiation à la vie de l'homme sont aussi importantes. Elles sont pratiquées dans les communautés sérère, diola, mancagne, bassari[767], wolof

[767] Monique De Lestrange, *Les Cognagui et les Bassaris*, Paris, PUF, 1955, 84 p.

et haalpulaar. Elles sont focalisées sur la circoncision, mais aussi sur une initiation à la responsabilité dans la vie adulte et à la sagesse protectrice en société. Il y a ainsi dans ces initiations secrètes un souci d'éduquer à la réussite sociale des jeunes membres de la société. Elles sont des moments d'endurance, de formation du caractère et d'apprentissage. En général, cette expérience est vécue au jeune âge. Mais tant que l'individu n'a pas subi ce passage, il est considéré comme jeune qu'importe son âge. L'initiation constitue un moyen de réussite de l'individu.

Les moyens de l'esprit collectif dans le traditionalisme économique

Nous présentons ici dix variables que nous avons relevées et qui nous paraissent essentielles parmi les moyens que mobilise l'esprit collectif voire les institutions traditionnelles pour favoriser la poursuite de la réussite socioéconomique.

La centralité significative de la communauté villageoise

Nous relevons sept significatifs axes possibles découlant de la communauté villageoise. Le premier acte important exploitable est que le *fondement ethnique et agricole du village*. Un tel acte influe sur le second collectivement significatif et qui est l'émergence de la coercition *des groupes sociaux* notamment celui des femmes et des classes d'âge, entre autres. Ces regroupements sont importants dans la protection et la pérennisation de l'individu, lequel cherche son être de la manière la plus simple par l'autosubsistance, qu'il n'est pas supposé atteindre en étant isolé considérant les obstacles naturels peu cléments et les matériaux d'exploitation rudimentaire utilisés.

Le troisième acte significatif de référence est que le *village est l'espace traditionnel d'expression collectiviste par essence*. L'enjeu communautaire relève du rôle que la communauté est appelée à jouer dans les relations sociales. L'institution communautaire détermine, à travers la production de valeurs, les stratégies individuelles. Celles-ci sont développées et orientées en faveur de sa propre reproduction.

Le quatrième acte de référence mobilisable est *le fond mythique et mystique* qui est tenu par des maîtres du culte. Il a pour rôle de sécuriser les valeurs traditionnelles par la dissuasion de certains comportements hostiles à l'intégrité de la communauté.

Le cinquième acte significatif auquel on peut faire recours pour la poursuite d'intérêts économiques reste *les valeurs guerrières*. Elles ont, pour la plupart dans l'histoire des sociétés traditionnelles, consolidé une économie guerrière qui initiait des batailles stratégiques de conquête ou de monopole sur certaines ressources foncières, fluviales, aurifères, et esclavagistes afin d'assurer la production et le commerce, sources de richesse pour le royaume. Certaines sociétés ont pratiqué ou subi à l'époque précapitaliste la razzia économique et humaine bien développée chez les Maures Trarza. Le *moyal*, une forme de pillage ludique des commerces de gens libres, était aussi pratiqué en interne dans le Waalo par des *Waalo-waalo*, c'est-à-dire les habitants du royaume.

Le sixième acte significatif pouvant être mobilisé demeure les *valeurs morales*. Elles régulent les rapports sociaux et produisent un contrôle social fort. La moralité sociale peut varier d'une société à l'autre. Les valeurs des uns ne sont pas forcément celles des autres. Autant il y a eu des sociétés égalitaristes en traditionalité sociale, autant il a existé en même temps des sociétés reposant sur l'inégalitarisme comme institution sociale interne, synonyme de domination sociale des uns sur les autres. Il y a eu aussi des stratégies utilitaristes visant une capitalisation sociale.

Le septième acte significatif mobilisable est *la proximité* entre les individus en société traditionnelle. Elle permet de maintenir l'intégrité de la communauté par extension des traditions. Outre les rapports affectifs, il est aménagé des plateformes de rapprochement mutuel dans l'espace public. La communication traditionnelle par exemple s'y fait par des causeries depuis *l'arbre à palabres* sous lequel s'installent les sages, mais aussi par des tam-tams pour les besoins de sensibilisation sur des événements heureux comme malheureux.

Les leviers de l'institutionnalisation des référents collectifs

La communauté ethnique et villageoise, la famille et l'ancêtre sont des référents collectifs incontournables. Il est recommandé de s'y conformer et de les reproduire autant que possible.

La sagesse occupe aussi une place importante en traditionalité. Le pouvoir des sages ou des docteurs était lié à la maîtrise de la religion autant négro-africaine que révélée. *La religion* est également un référent collectif ; elle est source de richesse et de prestige. Nous remarquons qu'à partir de l'esprit de certaines institutions, d'autres peuvent émerger sous la garantie des référents d'origine.

La consommation comme moyen collectif d'acceptation mutuelle

On a recours à la consommation pour subsister et aussi bien paraître au regard des autres membres de la communauté. Il s'agit de préoccupations relatives à la *subsistance* et à la *jouissance*. La production est orientée en priorité en vue de satisfaire la consommation portant sur les besoins primaires allant de la subsistance à la vêture en passant par les bijoux et autres accessoires ou moyens utilisés afin de séduire ou encore mieux de se faire accepter des autres.

Le gain et le profit obtenus dans le cadre d'un commerce subissent plus la tentation de *la consommation destructrice* qu'une consommation productrice. La richesse doit servir à son propriétaire qui la consomme.

Les rondeurs physiques chez l'individu sont appréciées comme un signe de richesse. Autrement dit, celui-ci aurait profité convenablement par la consommation des produits de son activité productrice ou commerçante. Un physique attrayant, rond de préférence, « *plus ou moins obèse* » est, comme nous l'avons montré, perçu comme un signe de bien-être voire d'épanouissement. Ainsi, l'existence est assimilée à la consommation et au paraître.

Il importe de faire remarquer que *la consommation est positivement sanctionnée lorsqu'elle se fait en relation avec la famille, la communauté ou dans un cadre religieux*. Par devoir moral, la famille est appelée à profiter des richesses acquises. La production se fait en général en famille. En effet, dans l'exploitation agricole, l'appui de tous les membres de la famille est important. Pour l'exploitation artisanale, la caste fait autorité dans l'espace traditionnel.

La consommation dépend du travail. C'est à la sueur de leur front que les personnes se nourrissent en zone rurale. Les acquis de capitaux y sont portés en faveur de la subsistance et du paraître. Autrement dit, les fruits du travail sont consommés pour servir d'instrument d'accès aux deux finalités précitées. C'est un honneur et une fierté de ne pas en manquer. Au cas contraire, une sanction communautaire visant l'absence de dévouement au travail viendrait s'imposer et gêner le vécu social de l'individu.

Le rapport au travail

Objectivement, le travail est un moyen pour assurer les besoins de *subsistance* et de *paraître*. L'activité de travail se manifeste à travers la chasse, la cueillette, la culture, l'élevage, la pêche, l'artisanat, les arts et les services (transport en portage sur la tête[768], par cheval ou à dos d'âne, etc.). Au-delà de la production, le travail est commercial.

Le travail est obligatoire en monde rural où le contrôle social est prégnant. La tricherie relative au refus de travail est sanctionnée. Par contre, à notre sens, la réticence au travail n'existe pas. Elle n'est ni instituée, ni largement suivie. Elle relève du simple caprice. Par conséquent, elle ne peut être élevée en fait social.

C'est l'expression communautaire qui crée l'illusion du phénoménal refus de travailler. En effet, c'est l'obligation de la solidarité au village qui entretient ce cliché résultant d'observation de cas isolés. La solidarité s'applique à tout le monde sans exception aucune, dès que la possibilité se présente. Toutefois, étant donné que la sanction sociale est effective, l'insensibilité au travail entraîne le discrédit social et compromet le droit pour l'individu de bénéficier de la solidarité de la communauté d'appartenance.

L'intérêt que l'on poursuit par le biais du travail est déterminé par un système de normes morales. La moralité est liée à la famille, à la communauté et à la religion. En effet, « un homme qui travaille produit, en sa capacité de personne sociale, en tant que mari et père, frère et compagnon de lignage,

[768] Ce moyen de travail a été fortement exploité dans le cadre des grands travaux par l'administration coloniale avant l'introduction du camion.

membre d'un clan, d'un village, etc. L'homme appartient ainsi à sa communauté et son travail a d'abord le sens d'une action familiale »[769].

Les métiers traditionnels sont manuels. Ils sont jugés par l'observateur colonial comme éprouvants et pouvant se perdre dans la démesure. Ils exigent un effort physique parfois incommensurable et intellectuel. Au cultivateur, à l'artisan, au pasteur et au pêcheur, il leur est exigé un fort investissement en force de travail.

Le commerce impliquant la constitution et la gestion de stocks de marchandises exige du temps pour la vente ; d'où la nécessité d'une spécialisation. Beaucoup de commerçants, à partir de leur socialité traditionnelle, considèrent le commerce comme un travail. Ce qui est acceptable dans les limites de la conceptualisation du travail.

Les meilleurs travailleurs en termes d'engagement bénéficient de prestige, de respect et constituent des exemples pour les autres membres de leur famille ou de leur communauté.

La contribution religieuse à la coutume négro-africaine sur le sens du travail est significative. La Bible de même que le Coran glorifient le culte du travail. Les singularités locales, pour ne citer que le mouridisme, valorisent aussi l'idéologie du travail, lequel est représenté comme une forme de prière et de dévouement à Dieu. Par conséquent, il est une source de satisfaction à la fois intemporelle et temporelle.

Nous pouvons signaler que le travail est synonyme de responsabilité. Il procure les ressources qui permettent de vivre en toute indépendance, mais aussi de nourrir la famille.

Le travail est un gage de discrétion dans une société où le communautarisme est de rigueur. L'absence de travail est perçue comme un risque de vulnérabilité face aux besoins primaires à satisfaire et au regard social.

En cas d'impossibilité d'autosuffisance et d'auto-prise en charge sociale, il est d'usage pour les individus de recourir à la solidarité familiale ou communautaire. Solliciter l'aide ou le soutien matériel des autres est significatif dans la perception sociale. Pour les cas circonstanciels, voire accidentels, la tolérance est de mise et la solidarité suit automatiquement. Autrement dit la requête de soutien se voit être satisfaite. Mais pour des individus coutumiers des faits, le parasitisme est convoqué pour les désigner et les qualifier de répulsifs sans toujours accéder à leur demande.

---

[769] M. Sahlin (1976) et Karl Polanyi (1984), cités par Joseph Tsika, « Entre l'enclume étatique et le milieu familial : l'impossible envol des entrepreneurs au Congo », dans *Entreprise et entrepreneurs africains*, sous la direction de Stephen Ellis et Yves A. Fauré, Karthala-Orstom, 1995, p. 259.

Le travail des griots offrant des services laudatifs et de restitution des faits historiques est socialement considéré en terrain traditionnel. Le griot est honoré de cadeaux à chacune de ses sorties.

Il faut dire que les travaux de la terre et de l'artisanat – même jugés salissants – sont mieux valorisés et demeurent les plus représentatifs sur le plan économique et social traditionnel. L'accès à la terre et aux semences constitue un fort enjeu dans les relations sociales en ruralité. Quant au travail artisanal, il est caractérisé par la coercition des castes en faveur de la répartition des tâches sociales et de leur complémentarité.

L'organisation collective de l'initiative

L'organisation collective de l'initiative, dans le cadre du travail, consiste à la production de techniques monopolisées par les castes qui ont pour fonction de prendre en charge toute la production de la communauté dans ses diverses formes d'exploitation possible. Ces castes reposent sur la technicité des familles spécialisées. L'implication familiale dans les métiers de la conception et de la confection est sélective en fonction de la spécialisation de la caste.

Contrairement aux métiers des arts et des habilités pour faire référence à l'artisanat, les familles s'engagent unanimement dans les métiers agricoles. S'adressant aux paysans africains de la période de l'AOF, l'assertion de Jean Adam selon laquelle « l'agriculture n'est pas un métier, mais un mode de vie »[770] traduit le mieux en traditionalité cette unanimité communautaire et une constance quotidienne dans la pratique agricole. Il y a également une organisation de la pratique champêtre et l'exploitation des récoltes. Les enfants sont chargés de veiller à la sécurité des champs – contre l'agression des oiseaux et des singes – et au ramassage des produits. Les adultes hommes se chargent des tâches viriles. En dehors de leurs obligations domestiques, les femmes font du ramassage et surtout du portage par la tête à défaut d'avoir un animal de transport. Elles peuvent labourer la terre, semer et récolter en même temps que les hommes en cas d'insuffisance de bras capables. Elles dominent dans les petites cultures de rente auxquelles elles consacrent beaucoup de temps autant précisément dans l'exploitation de la petite parcelle domestique de terre cultivable que dans la commercialisation des produits de la cueillette ou de la récolte au marché. Les grandes cultures de rente comme l'arachide sont dominées par les hommes. Nous pouvons en déduire que les gros enjeux de richesse notamment agricole pour la famille sont du ressort de l'époux. Ils sont réservés aux épouses, lorsqu'ils sont minimes. Mais il faut noter que les petites accumulations sous-estimées par les hommes finissent par enrichir les femmes qui s'y engagent. Ces capitaux acquis en petites portions au quotidien nourrissent le ménage.

[770] Jean Adam, *op. cit.*

Les institutions comme « la circoncision » ou « l'enclos d'initiation », *Ndut ne* en société sérère[771] porte une importance dans *l'association villageoise*, c'est-à-dire le « *Mal né* ». Ce sont des preuves du sens organisationnel en traditionalité.

À côté des procédés de culture connus[772], l'usage d'instrument aratoire comme la houe ou le hilaire sont jusqu'à ce jour utilisé. Il y avait à l'époque précoloniale une organisation autour de la conservation de la terre à travers le lamanat.

L'épargne individuelle, voire familiale, vulgarisée à travers le grenier et le bétail était incontournable. Les ressources individuelles sont identifiées comme étant une possession familiale, puisque celle-ci en bénéficie ou au pire en hérite à la mort de l'entrepreneur membre de la famille.

Concernant l'élevage, nous pouvons noter la stratégie du nomadisme pastoral. Quant à la maîtrise de l'art de la pêche et de la fabrication de pirogue, nous pouvons citer l'expertise organisationnelle de la caste des *cuballo* chez les Wolofs et les Haalpulaaren ou la caste des *niominka* chez les Sérères.

Les initiatives industrielles traditionnelles peuvent être lues à travers le travail du fer chez les « *teug* » (wolof), la poterie et la céramique haalpulaar faite par les femmes de forgerons ou celle faite par les femmes chez les Diolas, le tannage de peaux chez les Maures ou les populations wolofs du Kajoor de descendance maure, la teinture, la vannerie, l'architecture de l'habitat assez développée chez les Diolas, la boisson fermentée chez les communautés de la Casamance (*kaju*, vin de palme, *bounkaîb…*), la maîtrise du bois par les *laobés* – caste haalpulaar – la fabrication du charbon, les tisserands (travail du coton, de la laine, de la soie sauvage, du rafia, du liber, et de l'acaba, autant de fibres produites et travaillées traditionnellement en Afrique de l'Ouest) et le travail du cuir chez les Haal-pulaaren et chez les Wolofs, la pratique de l'art où l'on note beaucoup plus en traditionalité les griots en termes de laudateurs, musiciens, bouchers, et les griottes en termes de cuisinières et coiffeuses. Certains arts sont mieux représentés dans la pratique artisanale.

---

771 Moustapha Ka et Saliou Sambou, *La civilisation sérère, d'hier à demain, Actes du colloque des journées culturelles du Sine*, Fatick, 10-12 mai, *Éthiopiques*, 1991, 254 p.

772 Parmi les exemples de pratiques culturales, nous pouvons rappeler, entre autres, la culture sèche de montagne, la culture sur brûlis ou le fumage des champs, la culture par assolement, le repiquage du riz avec la culture de submersion chez les communautés de la Casamance et la diversité des rizières en usage (les rizières de ruissellement d'eau de pluie avec la culture irriguée, les rizières de résurgence avec l'usage d'eau trouble et les rizières à palétuviers).

La communauté et le rapport à l'argent et au crédit dans l'engagement à l'investissement

La communauté et le rapport à l'argent

L'argent, tel qu'il est conçu en monnaie métallique frappée ou fiduciaire de nos jours, n'existait pas dans la société traditionnelle. À l'époque du troc, les biens rares faisaient office de monnaie pour mesurer la valeur des produits échangeables et garantir les échanges. Rappelons que l'or était exploité à cet effet, que les marchés wolofs réputés pauvres utilisaient également les cauris qui faisaient office de monnaie et qu'enfin, de l'actuelle Gambie à la Casamance, en d'autres termes, dans l'ancien royaume du Gabu, il s'est agi des barres de fer. Ainsi, la monnaie qu'on nomme de nos jours « argent » n'est qu'une valeur de confiance dans les transactions de marché dont le rôle, en accord avec l'évolution des sociétés, n'a jamais changé.

La thésaurisation monétaire est un fait du traditionalisme économique[773]. De nos jours, l'expression traditionnelle : « *Ya gi lekk sa xalis* »[774], de plus en plus associée aux salutations et qui fait référence à un habitus traditionnel, met en rapport l'argent avec la consommation.

L'individu est amené à consommer pour favoriser le consentement social. Il doit bien paraître aux yeux des autres. Le regard social pèse sur l'individu qui est dépourvu d'argent et qui est en situation de responsabilité sociale nonobstant les automatismes de solidarité bien denses en traditionalité dont il peut bénéficier. Il peut souffrir de désintéressement venant des autres. Disposer d'argent libère de la honte et attire l'intérêt sur soi. C'est le risque de la sanction sociale qui renforce l'attachement à la possession de l'argent. L'argent est devenu un moyen de participation sociale, car il est la clé d'accès aux ressources de consommation nécessaires à la vie individuelle et familiale. Encore une fois, selon le regard social, mieux on grossit, mieux on plaît et mieux on donne l'air d'être en bonne santé, de bien manger et d'être à l'abri du besoin grâce à l'argent détenu. Si l'obésité est recherchée, être chétif est peu recommandé parce que constitue un état physique considéré comme un signe de pathologie et de pauvreté. Il arrive d'en rire en société.

La communauté et le crédit

La société traditionnelle connaît le rapport au crédit et à l'emprunt. Le triptyque établi par Marcel Mauss rassure à ce propos, car s'articulant autour des *obligations de donner, de recevoir et de rendre*[775]. Ce fait caractérise les

[773] L'habitus qui consiste à épargner des produits (troupeaux ou greniers) est à l'origine de la thésaurisation de la monnaie lorsque celle-ci s'est substituée au troc dans les échanges économiques.

[774] Traduction littérale : « Tu manges ton argent ». Ce qui signifie jouir de ses revenus.

[775] Marcel Mauss, *Essai sur le don* (*Revue l'année sociologique*, 1923 et 1924), et réédité dans Sociologie et anthropologie, PUF, coll. « Quadrige », 2001.

rapports de solidarité en voisinage et entre parents. Il ne faut pas perdre de vue que le don en traditionalité peut aussi être utilitariste.

Lors de nos investigations de terrain, les populations rurales ont encore du mal à fréquenter le crédit. Selon le gérant du CMS de la communauté rurale de Ndiaganiao, il y a des gens qui ne veulent pas partager des informations sur leurs richesses. Ainsi, nous pensons que leur fréquentation du crédit leur ferait perdre leur *sutura*, employé ici en termes de discrétion, de secret. Les « mauvaises langues » et le « mauvais œil », dit-on, sont nocifs pour l'intégrité physique d'une personne et aurait, semble-t-il, les mêmes effets sur une entreprise pour ne pas dire un investissement.

De ce point de vue, la traditionalité impose la discrétion pour toute entreprise qui ambitionne de réussir. Il est impératif de se tenir loin des regards indiscrets pour protéger ses richesses et son avenir. En effet, l'investissement est un acte qui interpelle l'avenir et à travers lequel, il est escompté un profit. Par conséquent, ne maîtrisant pas l'avenir pour pouvoir assurer des gains et profits à travers leurs initiatives économiques et leur destinée, les individus acceptent le déterminisme surnaturel.

Le rapport à l'avenir : La coercition d'un domaine divin et la riscophilie

La divinisation de l'avenir

Nous savons que l'information, les anticipations et les techniques de gestion participent des processus d'investissement et se rapportent à l'avenir. Mais dans la conscience traditionnelle, l'avenir est un monopole des divinités. Ici, la superstition est de mise dans l'activité économique. On accède à l'avenir par les divinités, les esprits, les défunts ancêtres, la magie et le songe. Il faut être pourvu d'un don pour pouvoir entrer en communion avec l'autre monde supposé être plus proche de l'avenir.

C'est ce rapport distant et instable vis-à-vis de l'avenir qui empêche l'homme traditionnel de projeter ses ambitions dans le temps. Les individualités ne sont pas si expressives du fait de la barrière que constitue l'avenir. L'individu embrigadé par ses croyances subit l'avenir qu'il contrôle difficilement par le biais d'une science aux résultats irréguliers. Il vit au jour le jour, prévoit des réserves sur un futur proche et assure sa subsistance. Il invoque toutefois les dieux détenteurs de l'avenir de bénir son activité et de lui assurer une bonne récolte ou l'intégrité du bétail.

L'homme traditionnel n'a pas tenté une lutte avec les dieux. Il a veillé au contraire à s'assurer une bonne cohabitation avec eux. Le fait que les esprits soient derrière chaque matière, explique la coercition quotidienne de l'animisme et de l'acceptation de la grandeur environnementale voire de la domination de la nature sur lui-même.

C'est parce que les croyances individuelles éprouvent le désir de s'identifier à une expression communautaire que la religion devient un fait social. Ainsi, les religions sont le fait des hommes. Les divinités du polythéisme ont constitué dans leur actualité sociale un consensus social.

Le rapport au risque

Pour introduire la compréhension du risque en traditionalité, il faut partir des deux formes que prend la poursuite du *sutura*. L'une incite à l'action pour l'appropriation d'objets matériels et l'autre au recroquevillement personnel qui crée une mythification de soi au regard des autres.

Il est avéré que l'inactivité n'induit point la prise de risque. C'est l'individu en situation d'action qui se confronte à une éventualité pareille. Le *sutura* est dynamique à notre sens lorsqu'il suppose une activité et incite à la production. Autrement dit, le fait de vouloir bien paraître en société et y être accepté incite à la prise d'initiative. Mais dans ce processus, l'éventualité de l'échec est bien posée avant l'engagement. Ce qui signifie que l'individu pense à cette probabilité avant de s'engager. Par conséquent, il prend conscience du risque.

Il y a une peur de l'échec qui est une source de perte du *sutura*, motif d'existence sociale dans l'espace traditionnel. Cette peur de l'échec est liée à l'avenir, à l'inconnu et à la divinité. La perte du *sutura* décourage l'engagement économique. Toutefois, l'échec en traditionalité ne décourage pas l'action. On l'y apprécie en fonction de la responsabilité de la divinité. Telle est la volonté de Dieu et des esprits, dit-on, lorsqu'il se présente. C'est le fait de vouloir exister en société par le paraître et la croyance en la coercition divine qui permettent la reproduction de l'action voire de l'engagement. La responsabilité divine détruit les sentiments de honte que peut avoir un individu en échec social, c'est-à-dire en perte de *sutura*. On ne se détourne pas du culte divin en cas d'échec. Le plus important et qui exclut toute éventualité de sanction sociale, c'est de continuer de reproduire son activité voire le travail. On s'applique toujours mieux lorsqu'on se remobilise pour s'engager à nouveau non sans formuler des prières pour le succès de la nouvelle entreprise.

En traditionalité, les individus hésitent avant de s'engager dans une activité économique, parce qu'ils prennent le temps de mesurer les éventualités d'échec. Mais aussi ils investissent, du fait de leur devoir social, de leurs richesses acquises dans la pratique agricole, artisanale ou commerciale et confient leur engagement utilitariste à la volonté divine, laquelle sera responsable, à tous les coups, du succès ou de l'échec de l'entreprise.

À notre sens, le risque est un état psychologique émanant d'un contexte social caractérisé par une incertitude subie de l'avenir et une éventualité d'échec voire de non-accès à la finalité poursuivie. Si l'avenir est ainsi maîtrisé par la croyance en la transcendance divine ou en celle des esprits qui prennent sous leur responsabilité l'échec, alors de ce point de vue le risque n'existe plus. C'est le schéma le plus récurrent en traditionalité. C'est moins la maîtrise ou l'ignorance de l'information qui pousse un individu à investir son bien ou sa force de travail que sa croyance.

Très souvent les analyses privilégient le manque de rationalité pour expliquer les échecs d'investissements en oubliant de faire référence à la croyance. Ce qui est une erreur. Dans les sociétés modernes comme précoloniales, les agents investisseurs n'ignorent pas l'existence du risque, mais leur engagement économique est simplement porté par leur croyance, qui est une alternative à la peur du risque. Les kamikazes japonais de la Deuxième Guerre mondiale (en mission-suicide dans la guerre du pacifique) et les terroristes islamistes assimilés aux mêmes *kamikazes* nippons entrent dans cette même catégorie de faits en relation avec le risque. C'est la croyance qui permet l'engagement face à l'existence du risque d'échec assimilable au risque de destruction et de perte.

L'acquisition

Les biens sont acquis par le travail, le troc et plus tard par le commerce, tel que nous l'entendons aujourd'hui. Ils sont aussi acquis par voie d'héritage. Le bien le mieux convoité est la terre, étant donné que la société traditionnelle est foncièrement agro-pastorale.

La propriété est collective. Les membres de la société n'avaient qu'un rôle d'usufruitier excepté les souverains, les *serigne lamb* « lamanes » et les *serigne factal*, bien connus dans le cap vert en terroir lébou[776].

Dans la société traditionnelle, il n'y a pas que la terre et le bétail qui constituent les grands capitaux, preuve de richesses. Le sens et la valeur de l'acquisition sont définis en fonction de leur finalité. La convoitise de la richesse entraîne la possession, une opportunité à l'enrichissement à la suite d'accumulation de capitaux.

L'épargne

Les ménages traditionnels connaissent et pratiquent l'épargne. Le grenier et le bétail domestiqué font office d'épargne à la suite du développement de l'agriculture et de la domestication en tant que substituts de l'économie de ponction.

Il est connu dans l'histoire des peuples du Sénégal, la manipulation de la poudre d'or, de cauris, du fer comme objets de monnaie traditionnel. L'usage de ces outils a plus produit des situations de thésaurisation et de spéculation. Le monde rural actuel est caractérisé par une économie très faible. Ce qui impacte la capacité d'épargne.

Avec l'introduction de la monnaie moderne et d'autres petits objets manufacturés, il y a eu un bouleversement dans les habitudes accentuées par une attraction à la consommation. Il faut souligner aussi que l'arrivée de nouveaux besoins dans les ménages a été déterminante. Le déficit d'épargne constaté par

[776] Il est connu qu'avec Faidherbe, il y a eu la première tentative de reconnaissance de la propriété individuelle du sol au Sénégal qui échoua du fait de la politique foncière de l'époque.

le colon français[777] est révélateur du bouleversement culturel dont il a été question.

Le lien social et l'individualité économique

Il est acceptable de faire remarquer que les membres de la société traditionnelle sont à l'origine, dans le cadre de la production, de leurs institutions sociales. Il y a donc des individualités possibles.

Le lien social qui détermine l'individu en situation de production reste, comme nous l'avons déjà montré, familial et communautaire. L'autonomie que peut avoir l'individu surgit lorsque celui-ci parvient à agir en fonction de ses propres lois[778].

La désobéissance y est faible face aux interdits. Ceci prouve en réalité que dans ces sociétés, les volontés individuelles sont homogènes. « La contrainte ne vaut que lorsqu'elle est impersonnelle, mais si elle est personnalisée, c'est-à-dire qu'elle reflète la volonté d'un homme, elle doit être vue moins comme une contrainte, mais l'expression d'un individualisme »[779].

Ici, l'individualisme ne s'écarte pas des liens sociaux qui le déterminent. Et pourtant cet état de fait ne gêne pas son autonomie. Il y a lieu de revoir la notion d'autonomie face à la loi voire aux règles collectives. Dans la traditionalité, le talent – en habilité et en savoir – le sens de la responsabilité et la volonté d'action produisent des individualités qui se distinguent du groupe sans qu'elles dérogent aux règles de vie commune. Elles sont simplement menacées par les éventualités de jalousie,[780] mais pas sanctionnées, car elles iraient à l'encontre des lois de la communauté.

Si les individualités se distinguent à la suite de leur productivité et, en d'autres termes, de leur créativité, la liberté de choix et d'expression intellectuelle et technique existe dans la société traditionnelle. Certes, on connaît dans la société traditionnelle un *nivellement par le haut* et une réglementation de la prise de parole réservée aux plus sages et aux initiés.

Les individualités économiques sont plus perçantes dans le domaine artisanal qu'agricole. Dans le cadre agricole, toute la famille participe et se partage la récolte. Encore une fois, les hommes, les femmes et les enfants disposent chacun de sa spécialité dans l'exploitation. Dans l'élevage aussi, les rôles sont distribués au sein de la famille. Les hommes sont pasteurs et les femmes vendeuses de lait. Dans le cadre de l'artisanat le principe est le même avec les castes puisque toute la famille exploite la même matière sous la direction du père, détenteur et donneur du savoir.

---

[777] Jean Adam, « Le milieu agricole ouest-africain et les méthodes de culture », *op., cit.* p. 11.

[778] François Bourricaud, « Le contrat social. L'autonomie » , *Encyclopaedia Universalis*, 2009.

[779] François Bourricaud, *op. cit.*

[780] La jalousie est un fait récurrent dans la communauté traditionnelle et trahit l'aspiration sociale à l'égalitarisme.

Le fait du marchandage

Le marchandage est lié à l'investissement dès l'instant qu'il engage une dépense ou un achat productif.

À l'ère du troc, les prix n'existaient pas, en ce sens qu'ils n'étaient pas fixes. Cette absence de fixité de la valeur rendait les rapports marchands interactifs. Il fallait donc négocier en fonction de l'ambition de l'autre. Chacun estimait la valeur qu'il proposait en fonction de ses préférences. Le marchandage permettait de trouver un terrain d'entente, c'est-à-dire d'établir la confiance et d'avancer sur un accord d'échange. Autrement dit, on discute d'abord et on s'entend sur un prix.

Il faut signaler qu'avec le troc, l'objectivité rationnelle a institué une mesure d'équivalence pour régler les valeurs à échanger. Mais toujours avec la coercition des relations interpersonnelles, l'équivalence de mesure n'était pas suivie. Les liens interpersonnels sont privilégiés. La richesse en capital social notamment en hommes voire en consentement social est mieux poursuivie que la richesse en matériel.

L'effectivité d'une technicité de gestion

Il est difficile de nier une technicité aux sociétés traditionnelles qui, comme toujours, est le fait de pionniers pour ne pas dire d'individualités.

À l'instar des intellectuels qui l'ont fait avant nous, nous soutenons l'idée que la rudesse du milieu physique était ponctuée par la sévérité climatique qui ne gratifiait l'homme traditionnel que de trois mois de pluie. Nonobstant une telle réalité, ce dernier – qu'il soit du Sahel ou précisément du territoire actuel du Sénégal – grâce à ses moyens techniques, réussit à y vivre et à y reproduire la vie jusqu'à l'arrivée des Arabes et des Européens. En statuant sur une imprévoyance, il vit alors sa technicité remise en cause par ces nouveaux arrivants.

La comptabilité telle qu'on la conçoit aujourd'hui ne pouvait exister, étant donné que les sociétés traditionnelles développaient une civilisation orale. Mais les individus arrivaient à compter, à répartir et à prendre connaissance de l'état numérique de leurs biens.

Dans le rapport au troc, il y avait la conscience de l'égalité voire de l'équilibre dans l'échange. Il était échangé un produit contre un autre de nature différente, mais on pouvait mesurer la valeur d'un produit en fonction du besoin exprimé par l'individu et de la rareté du produit en question. On sait que la rareté suscite l'intérêt. Ainsi, l'ampleur du besoin va influencer l'estimation de la valeur. La monnaie autochtone a été instituée sous des formes que nous avons déjà déclinées. L'introduction de la monnaie occidentale va orienter les énergies individuelles vers l'acquisition et l'attachement à l'argent.

La technicité relative à la gestion des capitaux dans une situation de production n'est pas le monopole du formalisme occidental. En effet, en fonction des intérêts qui se limitaient aux besoins primaires, les ressources naturelles étaient administrées et gérées en adéquation avec une équivalence monétaire. En guise d'exemple, l'on a noté l'ampleur des taxes dans la société traditionnelle sur la tenure foncière (location des terres), la gestion des usages maritimes (l'usage du fleuve Sénégal par les Européens durant la période précoloniale moyennant des taxes au Brak du royaume du Waalo) et l'exploitation des opportunités politiques entre royaumes vassaux et empires dépassant d'ailleurs le cadre des paiements de taxes et privilégiant des relations de mariage et des transferts de technologie. Nous décelons là des stratégies de gestion des ressources physiques, monétaires et symboliques.

Le sage comme individualité productive prédéfinie

Hormis les individualités anonymes susceptibles d'action et à la limite d'exploit, le sage dans le type social traditionnel en constitue une par lui-même et dont la prolixité productive prédéfinie en matière d'idées est souvent à l'origine d'actes destinés à être suivis.

Les propositions des sages sont des actes isolés qui sont formulés en fonction de leur objectivité personnelle. Ces actes prennent en compte l'intérêt de la communauté. La pensée du sage est à l'origine de l'opinion populaire. Certes, il est des cas où le sage peut avoir une opinion qui est en porte-à-faux avec la masse. Mais, il est souvent remarqué l'existence de sages devins n'étant pas titulaires de leurs actes et paroles, car orientés par les dieux à travers leurs communions spirituelles avec ces derniers.

Le sage dans la traditionalité est une opportunité à l'innovation et au changement social puisque capable d'idées novatrices, voire réformistes.

Les liens interpersonnels et la réussite sociale

L'incidence productive des valeurs familiales et communautaires

Les castes sont un moyen de réussite socioéconomique, car elles donnent une opportunité de travail à l'individu. Ses responsabilités familiales, son obligation de préserver la renommée de sa famille d'appartenance, son degré d'engagement dans sa communauté notamment sa disponibilité et son talent mis au service des autres voisins, amis de classe d'âge, maîtres de formation artisanale ou religieuse, commanditaires d'ouvrages, collègues de travail, son assiduité à la participation aux cérémonies familiales funéraires ou de baptêmes, ses relations avec les autres membres de castes inférieures ou supérieures vont contribuer à sa productivité. La cellule familiale a une incidence sur la productivité. Outre la taille de la famille, les terres, pouvant être acquises ou attribuées en location, disposent – de par leur capacité à être transformées en marchandise et leurs opportunités plurielles comme objets de solidarité sociale – d'une capacité d'impact sur l'activité agricole.

Dans cette perspective, les femmes, comme il est de coutume, constituent une force productive essentielle. Contrairement à ce que l'on pourrait penser, le statut de chef de famille chez les femmes ne constitue aucunement un handicap à la production. D'ailleurs, c'est un fait rare de remarquer des femmes qui se complaisent dans le célibat en traditionalité. Cet état social chez les femmes n'est pas encouragé dans la société traditionnelle. Même si le veuvage en constitue la raison, les femmes se remarient dès que possible ou sont confiées à un homme appelé à devenir leur chef de famille. Voilà donc survolées à la fois quelques valeurs communautaires et d'autres familiales capables d'incidence sur la production de l'individu entrepreneur.

La reproduction de l'état de domination socioéconomique par le talent et par le sang

Il est certain de retrouver parmi les sociétés traditionnelles, les caractères inégalitaristes et égalitaristes, selon que l'on se trouve en présence d'une forte coercition de castes. La hiérarchisation existe en traditionalité sociale. C'est la division des tâches qui favorise la distinction sociale. La capacité individuelle est exploitée et exprimée différemment d'un individu à un autre. Dans cette perspective, on pense au talent, une forme individualiste que nous avons déjà évoquée et qui est capable de création et d'appropriation de richesses économiques.

Il est également à noter que dans les sociétés traditionnelles, le privilège du sang est plus déterminant que le talent. C'est de cette manière que la monarchie se reproduit.

L'initiative économique se soumet à la reproduction des différences sociales entre les membres du village. Chacun conserve et reproduit son rôle social. La réussite socioéconomique est calquée sur ce dernier modèle social.

Hormis quelques cas, il est rare de relever des types de parcours économiques exceptionnels – répondant d'une espèce de réussite particulière – issus des couches pauvres et pouvant accéder en haut de l'échelle sociale dans une société inégalitaire.

Les exceptions au schéma socialement discriminant viendraient de fait d'individualités qui, malgré les liens conventionnels leur étant imposés, soulignés plus haut, parviennent à s'échapper grâce à un talent socialement crédité. Le regard social dont il est ici question est défavorable à un dysfonctionnement qu'apporterait toute individualité qui ne tire sa légitimité d'aucune institution. C'est pour cette raison que ce type d'émergence pourrait être impossible en terrain économique traditionnel puisque l'accumulation économique ne se fait qu'avec la confiance des autres, donc avec le social. L'ensemble social ne cautionne pas une coopération économique non légitime. De ce point de vue, le passage d'une classe à une autre pourrait être compromis à moins d'une intervention de l'autorité royale, qui centralise dans ses cours[781] le

[781] Selon Chambonneau, les chevaux comptaient plus cher du fait de leur rareté. Il affirme qu'un cheval équivaut à 10 ou 15 captifs. Barbot fit remarquer en 1681 dans son voyage à Gorée l'importance de la cavalerie du Brak. Le roi maintenait 5 à 6000 chevaux pour ses excursions dans les royaumes de ses voisins. Le Royaume du Maroc avait besoin d'esclaves noirs pour sa garde royale ; ce qui maintenait en longévité ce type de trafic

plus de richesses du royaume, souvent produit de conquêtes chez les voisins ou de la traite transsaharienne.

Dans cette éventualité d'intervention royale, les exceptions connues relèvent du domaine militaire. Rappelons que les valeurs guerrières ont une grande utilité publique. C'est le cas de l'esclave courageux lors des batailles et stratège populaire dans les rangs des armées du royaume qui finit par être élevé en noble ou au grade de général desdites armées du roi. Précisons que dans les royaumes traditionnels hiérarchisés qui ont cautionné et reproduit l'esclavage – dont le royaume wolof du Kajoor d'où est issu le héros national de la résistance à l'invasion coloniale – les hommes de troupe étaient constitués par les esclaves et les membres de castes inférieures.

En définitive, la domination socioéconomique apparaît dès lors que la société est hiérarchisée et que le privilège du sang et du talent est coercitif.

La solidarité et la réussite sociale

La solidarité est une qualité largement partagée dans les sociétés traditionnelles. Elle est le fait d'individu, de famille ou de la communauté elle-même. Elle s'applique dans les cas de pénurie surtout en période de sécheresse, de guerre, ou de défaillance des récoltes. Elle s'applique également à des individus affectés de handicap physique ne pouvant point voire difficilement fournir des efforts pour produire du travail. Rappelons au passage que les métiers de la société traditionnelle bien que virils et manuels sont aussi intellectuels, c'est-à-dire qu'ils exigent un certain savoir et savoir-faire.

La solidarité implique le don qui est un échange différé entre obligés[782]. Il faut donner pour espérer recevoir dans l'avenir.

Au-delà de la solidarité, le don implique par essence un rapport inégalitaire foncièrement différent des rapports de principe de marché. De la sagesse traditionnelle, nous retenons qu'il est souvent dit que la main qui reçoit est toujours inférieure à celle qui donne. La volonté de paraître supérieur qui peut motiver l'engagement dans le don peut amener à penser le don de manière utilitariste. En effet, derrière le don, il est recherché le prestige et le respect social lesquels sont des gages de *sutura* voire de réussite sociale.

La conception du don dans une vision mercantiliste privilégie l'aspect utilitariste[783]. Au-delà de l'approche anthropologique[784], la science

commercial qui consistait à « la vente des chevaux contre des esclaves », *cf.* Boubacar Barry, *op. cit.*

782 À l'image du potlatch théorisé par Marcel Mauss, c'est un contrat entre le donneur et le receveur. Il y a donc une obligation de donner, de recevoir et de rendre.

783 Caillé, membre fondateur du M.A.U.S.S. Elle se fonde sur les intérêts calculés, plus ou moins individuels, sophistiqués, matériels, conscients comme source du don. Il est un moyen d'accumulation de richesses, de prestige et de pouvoir.

784 Au-delà de la vision mercantiliste, il y a une vision inexistentialiste développée par Caillé consistant en une pensée négationniste – qui nie même l'existence du don. Testart, un des tenants de cette forme de pensée, soutient que le don n'existe pas ; même pas dans

philosophique[785] cautionne le don utilitariste. La pensée de Mauss Marcel, à travers l'ouvrage« *Essai sur le don*»[786], a représenté la dimension cognitive de la société qu'il appelle archaïque.

En nous conformant à l'individualisme méthodologique, le recours au don est un choix individuel, calculé et intéressé. Toutefois, hormis l'utilitarisme pouvant motiver le don en termes de prestige social, nous ne pouvons appréhender le don en traditionalité hors des dynamiques affectives qui le portent. De ce point de vue, le don régule les relations interpersonnelles et permet la proximité entre les individus. Cela permet du point de vue public pour ne pas dire politique le maintien et la reproduction de la communauté.

certaines sociétés archaïques. On retrouve la même idée concernant le sacrifice chez l'anthropologue Girard et la dette ou encore les structures fondamentales de l'échange par exemple chez Lévi-Strauss – pour ce dernier dans « sociologie et anthropologie », le don s'inscrit dans un système d'échange généralisé de biens et implique la réciprocité. Ces derniers soutiennent alors que le don n'est que de surface ; un sentiment nous pousse à obéir à la loi de l'échange. Les chercheurs du M.A.U.S.S. considèrent que le don peut bien remplir de nombreuses fonctions (économiques, sociales, politiques, etc.) s'il n'est pas rattaché à autre chose.

785 Nous pouvons citer les travaux de Derrida à travers lesquels il affirme que le don n'existe pas. Pour lui, il n'existerait « qu'à la condition où il n'existe pas comme un don ni pour le donataire, ni pour le donateur. Car si jamais le don devait leur apparaître comme tel, alors la connaissance de la possibilité du retour entacherait le don d'intérêt, si bien que ce ne serait plus véritablement un don ». En définitive, pour cet auteur le don sans intérêt n'existe pas. Et dès l'instant qu'on associe l'intérêt au don, il est dénaturé. Par voie de conséquence, il n'y a plus de don.

786 Marcel Mauss, *Essai sur le don*, *op.cit.* On peut noter que Marcel Mauss analyse le don, le contre don et « les phénomènes d'échanges et de contrat avant l'institution des marchands et de la monnaie ». Les cadeaux qu'il étudie, selon lui, sont « un ensemble de prestations, au premier abord libres et gratuites, mais qui en réalité sont contraignantes et intéressées ». Dans les sociétés archaïques, ce ne sont pas des personnes qui échangent, mais plutôt des collectivités. Ces derniers ne se limitent pas à l'échange de biens et de richesses, leur entente est essentiellement basée sur l'échange de politesse, des festins, de femmes, etc. Ces prestations et contre-prestations s'engagent par des présents qui peuvent paraître volontaires, mais qui en réalité sont obligatoires sous peine de guerres privées ou publiques. En effet, le don est libre. La liberté est obligée. Par conséquent, le don est *obligé. Il s'agit d'une implication morale, ainsi selon Mauss, il y a du don dans tout contrat. En acceptant ou en refusant* le don on décide du sort du collectif. Mauss nomme cet échange « système de prestation totale ». Il définit ainsi le don comme un « *phénomène social total* ».

Si l'action est le principe du dynamisme donc l'action utilitariste a pour répondant le besoin qui est capable d'évolution donc doué également d'une nature dynamique selon l'évolution des sociétés. Le besoin est certes senti, mais peut être créé et aussi sophistiqué dans le temps et l'espace. Cette capacité d'évolution que nous mentionnons ici et que les humains peuvent provoquer en fait un objet singulier et important de l'hétérogénéité structurelle. La notion d'utilité est liée à celle d'intérêt, mais aussi à celle de rationalité si l'on y associe le calcul et la stratégie comme moyen de production de l'utile. Également, le concept de besoin implique la question des ressources qui constituent dans l'entendement de la langue française la richesse. Utilitariste, l'investissement repose sur un dynamisme intelligent au mieux une organisation telle que l'entreprise, laquelle en est devenue par l'histoire spécialiste[787]. Sans se départir de son sens étymologique lié à la gestion de la maison, l'économie est un ensemble d'actions utilitaristes. Elle n'est pas seulement richesses, mais stratégie de préservation et d'exploitation de ressources caractérisées par leur « susceptibilité » de rareté et d'épuisement. Nous ne décrivons pas la science de l'économie qui définit ses activités comme une adaptation des besoins illimités aux ressources rares, mais une activité humaine qui implique un amas de relations reproductibles, preuve de son caractère social. L'investissement est une qualité de la rationalité acquisitive qui a aussi subi le développement historique des sociétés. En effet, il est un moyen d'accès à la propriété, mais n'en est pas exclusif. Loin d'être un investissement, l'héritage permet aussi l'acquisition.

L'économie est une activité sociale reproductible donc culturelle. En fonction des types de socialité productive, l'individu investit son énergie ou sa force de travail, ses biens matériels ou immatériels (capitaux monétaires et sociaux impliquant les dimensions humaine, symbolique et culturelle). La nature de son profit est déterminée par les institutions de la société dans laquelle il évolue. Il se met ainsi dans une posture psychosociologique. Son attente est expliquée par la nécessité d'un retour sur investissement qui se résume en profit monétaire, lui donnant la possibilité d'assurer sa subsistance ou de disposer de bien immatériel, voire symbolique, ou encore d'accroître davantage son capital social d'entreprise. Tout acte qui se fait de manière intéressée est un investissement. C'est la stratégie et l'organisation le portant qui diffèrent d'un agent à un autre. Ce qui importe, c'est la manière dont le profit (but capitaliste de l'investissement) est poursuivi, la signification qu'on lui donne, la nature et la

787 L'entreprise est spécialiste et non la spécialiste, car elle n'est pas la seule capable d'investissement.

forme dans lesquelles on le conçoit. Dans les sociétés traditionnelles, les agents (cultivateurs, éleveurs, commerçants) ont réalisé des profits ; une façon de montrer qu'ils ne se sont pas seulement limités au gain. C'est l'accumulation du profit, en revanche, qui y est rare. De ces points de vue précités, l'investissement est structurellement déterminé par rapport au sens qu'il peut avoir en dehors de sa nature universellement partagée. Ainsi, la finalité recherchée de l'acte d'investissement est fonction des stratégies individuelles et des institutions socioculturelles qui lui sont coercitives. L'investissement est un acte porté par une croyance structurellement ancrée qui suppose un retour de valeur sociale et économique à la suite de l'engagement d'un capital quelconque[788] dans une relation d'échange marchand ou non marchand. Ceci pour souligner que l'investissement n'est pas forcément exclusivement économique. C'est un fait significatif, preuve qu'il est construit à partir d'une certaine rationalité, qui survit grâce à la croyance structurelle. Il est déterminé par la coercition institutionnelle du ménage ou de la famille, de l'entreprise, de l'administration publique, du marché par le biais de la demande, de la religion et de la communauté.

La rationalité est limitée du fait de l'asymétrie de l'information même si par exemple l'entrepreneur demeure en constance au fait des opportunités et de l'état du marché. Elle est comblée de ce point de vue par la croyance dont la forme locale s'énonce en deux aspects : d'abord, une réussite économique et sociale (personnelle, collective, sociale) qui passe par l'investissement (économique, humain, etc.) et l'accumulation de profit, ensuite, une réussite socioculturelle par accumulation symbolique possible grâce à la *soumission formelle* à but reproductif aux institutions traditionnelles ou semi-traditionnelles souvent en porte à faux avec le capitalisme formel.

Par stratégie, les entrepreneurs peuvent choisir de monnayer leur réussite, c'est-à-dire leur *sutura*, leur acceptation sociale en partant de la poursuite et l'accumulation du profit à travers le marché. Ils peuvent aussi partir d'une accumulation symbolique et sociale et recevoir de par leur comportement une sanction gratifiante voire une récompense de nature socioéconomique notamment en travail ou en masse monétaire. Le recrutement par considération affective et la survivance du don expliquent cet état de fait. Dans le premier cas, le *sutura* est acheté en reproduisant les institutions coercitives par la capacité financière de l'entrepreneur ou du manager, tirée de son entreprise. Dans le second cas, on ne l'achète pas, car on le reçoit en échange d'un comportement social positivement sanctionné. Dans les deux cas, les variables les plus mobilisées pour aider à la réussite en fonction de la finalité sociale structurelle de l'investissement sont le travail et l'argent. Ainsi, l'utilitarisme est présent et se reflète dans l'échange entre l'individu entrepreneur et son environnement social. L'individu voulant réussir investit soit son capital économique, soit son capital social, ou les deux. Mais dans tous les cas, il y a une centralité

[788] Un capital qui peut être économique, social, culturel, technique, etc.

socioéconomique constituée par l'argent, manifeste en amont, pendant et en aval de la construction de l'investissement. Selon le modèle local, pour avoir de l'argent ou le conserver voire le fructifier, il faut passer par les autres, c'est-à-dire le social. Le social (économique et culturel) sénégalais s'articule autour du *sutura* désigné comme un état conditionnel de l'acceptation sociale s'exprimant par l'idéal type du paraître. « L'argent et le paraître » voire respectivement « le marché et la coercition communautaire » constituent la structure du modèle socioéconomique type de l'*homo senegalensis*.

Les objectifs des investissements des entrepreneurs diffèrent. Les auteurs à travers les ménages cherchent à réussir pour eux-mêmes plus précisément pour leur famille. Les auteurs et managers en entreprise cherchent à réussir pour la personne morale qu'est l'entreprise pour laquelle ils produisent. Les élus et hauts fonctionnaires en Administration publique y cherchent à réussir pour la collectivité dont ils ont la charge de la destinée.

À ce stade, il est indéniable de récuser l'existence d'une éthique[789] de l'investissement, comme il existerait une éthique en affaires, puisque nous acceptons l'existence du sujet actant. En revanche, nous reconnaissons que celui-ci reste, dans sa rationalité, orienté, voire déterminé. Pour apprécier la normalité comme la marginalité du comportement de l'investissement, il faut mettre en accord la moralité et la rationalité. L'investissement n'est pas une expression directe de la morale, mais une expression rationnelle dont la construction subit le fait social qui s'impose comme une croyance. Ainsi, c'est à partir de cette détermination que l'impact d'une moralité prend effet puisque l'acte d'investissement se conforme à l'orientation structurelle, voire socioculturelle, se concevant toujours en fonction de la moralité sociale du cadre d'exercice ou d'appartenance. Tout cela se fait sous le contrôle de la morale ayant droit de regard sur la rationalité mobilisée. L'éthique de l'investissement est justifiée dès lors que l'entrepreneur actant individualiste intériorise et accepte les contraintes extérieures notamment la morale sociale et fait ses choix rationnellement en toute autonomie et conscience d'esprit.

L'investissement est une construction puisqu'il est une articulation entre acte et conduite, lesquels sont les piliers qui structurent l'engagement. C'est dans ce sens qu'il devient organisation voire entreprise ou firme. L'entreprise est une objectivation de l'investissement. La rationalisation de l'entreprise suppose une mobilisation de moyens objectifs de capitaux financiers, sociaux, humains, culturels et technologiques reposant sur un savoir et un savoir-faire destinés à la fabrication d'outils ou à l'organisation des actes, en vue d'un rendement partant du plus simple au plus complexe. Il est production et commerce et concerne des

[789] Grawitz, *op. cit.*, L'éthique est un « ensemble de normes acceptées par le groupe social. Ne sont pas écrites et sont seulement sanctionnées par la réprobation sociale. Pourtant généralement observées du fait de la pression qu'exerce celle-ci dans les sociétés évoluées ». Mais cet ensemble de normes n'a pas forcément de lien avec l'approche philosophique de l'éthique qui insiste sur la moralité. p. 158.

états traditionnels et modernes dans lesquels le besoin de rentabilité est à l'origine de la sophistication et de l'innovation portées sur l'organisation technique et le produit marchand.

En effet, les espaces, en l'occurrence, géo-sociaux influent sur la formation des rationalités qui peuvent prendre appui sur les référents socioculturels du monde urbain, creuset de la modernité, ou sur ceux ruraux, terrain des coutumes négro-africaines.

L'initiative entrepreneuriale est un fait dans la traditionalité locale. Elle est présente dans les trois phases historiques notamment la période marquée par la révolution agricole survenue dans la vallée du fleuve Sénégal et du Niger au XIe millénaire avant notre ère, l'Antiquité en présence arabe et durant la politique coloniale française.

À notre sens, il n'est pas convenable d'évoquer le Sénégal post-capitaliste puisque le capitalisme en tant que tel n'y trouve pas son achèvement. C'est moins pour cause d'incapacité de l'esprit local que pour celle d'une divergence d'intérêts avec le capitalisme formel. Il est plus adéquat de ce point de vue de mentionner un *capitalisme communautarisant* pour le Sénégal. Ceci est plus précisément le produit de la rationalité instrumentale individuelle qui articule le pouvoir coercitif de la modernité et celui de la structure traditionnelle. C'est la poursuite individuelle du *sutura* économique et social favorisant un statut social positivement sanctionné par la communauté, à l'origine de l'émergence de ce « paracapitalisme ». Aujourd'hui, celui-ci est un monopole du secteur privé. Il est moins coercitif en revanche dans « la rationalité collective » qu'incarne le secteur public, car il y est perçu comme une forme non institutionnelle incompatible avec la déontologie moderne des politiques publiques d'investissement. Pour l'esprit formel, il y est perçu comme informel, népotique, antibureaucratique, entre autres, et pouvant y frôler le crime.

La pérennité du modèle sénégalais se reproduit sur la base d'un double conditionnement culturel[790]. Il s'agit d'une société de consommation de la culture industrielle et non un modèle de production de la société industrielle. On y consomme la bureaucratie, les technologies, mais on peine et sans succès à créer des espaces d'amélioration et d'innovation des produits dont nous dépendons et que nous recevons des usines occidentales qui fabriquent des produits culturels. Ce contexte nous a poussé à convoquer un regard anthropologique et ethnologique pour cantonner son espace d'investigation doué d'une industrialité culturelle particulière. La structure sociale locale répond d'un faible niveau de capitalisation économique occasionné par une forte culture d'autosubsistance et mieux encore de consommation que nous pouvons accepter comme « destructrice » dès l'instant qu'elle déborde ou complexifie les besoins vitaux s'articulant autour du végétatif, de la vêture et de l'habitat avec un grand

[790] C'est une spécificité culturelle partagée dans l'ensemble africain, mais ce qui est sûr, c'est que le Sénégal répond parfaitement à ce modèle.

attrait pour l'ostentatoire[791]. La poursuite du gain et l'usage du profit sont à la faveur de la reproduction des liens interpersonnels que produisent les instances d'orientation que sont la famille, la communauté ou les instances religieuses. Celles-ci produisent le *sutura*[792], la forme de réussite sociale totale locale. Il est incitatif pour l'investissement, mais détient un coût social, c'est-à-dire économique et symbolique que doit assumer l'entrepreneur en quête de réussite socioéconomique. La réussite exclusivement économique, possible que sur fond d'individualisme exclusif, est sanctionnée par les formes de communautarisme en vigueur notamment parentale, amicale, ethnique, de voisinage et religieuse, entre autres. Bref, la socialité traditionnelle cherche à reproduire son caractère collectif, alors que le capitalisme occidental et moderne se préoccupe du *surtravail* et de la *survaleur* afin de reproduire son mécanisme sous le sceau de la continuité et de la maximisation.

Les institutions socioculturelles déterminantes de la production ou du commerce ont subi la coercition temporelle comme le fait remarquer Karl Marx qui, dans sa classification[793] ignore malheureusement les rôles du mythe, de la caste et de l'opportunisme traditionnel, capables de se reproduire aux dépens de l'économie moderne.

Le *capitalisme communautarisant*, une articulation entre modernité et traditionalité et convenable à l'*homo senegalensis*, doit être inscrit parmi les tendances historiques productives. C'est un fait social qui n'est pas à son terme, mais plutôt à son début. Il n'est donc pas prêt à disparaître. Sa morphologie repose sur une « soumission formelle », d'une part, au procès productif et marchand dû à la coercition de la famille, aux référents communautaires de la religiosité associant négro-africanité et culte abramique et, d'autre part, au profit tiré du *sutura* social, l'équivalent du consentement social[794].

En guise de critique constructive, nous renvoyons ci-dessous au résultat d'une projection d'application de la classification marxiste des modes de production au modèle *de* l'*homo senegalensis.*

---

791 Pour l'économie, il s'agit d'une consommation destructrice puisqu'elle n'est pas productive dans le cadre de l'investissement. Toutefois, la destruction n'existe pas dans la conscience traditionnelle dans la mesure où le gaspillage y est proscrit pour respecter le produit de l'effort humain et de la générosité de Dieu. Elle fait allusion à la nourriture.

792 Le *masla* est compris dans le *sutura* qui en effet peut prendre plusieurs sens, mais se systématise en deux pôles : « indépendance pour assumer ses besoins végétatifs, de vêture et sociaux » et « bonne socialisation selon les normes sociales ».

793 La classification marxiste des modes de production ne prend pas en compte le modèle négro-africain. Elle s'intéresse plus à l'Occident.

794 En prenant en compte l'encastrement social et culturel de l'action économique, l'acte d'investissement est significativement conditionné par la recherche du consentement social.

Tableau 60 : Résultat d'une projection d'application de la classification marxiste des modes de production au Sénégal

TYPE DE PRODUCTION	TYPE ORGANISATIONNEL (articulant moyens et forces de production)
Antique	Mythico-esclavagiste
Féodale	Casto-esclavagiste et servage
Capitalisme et paracapitalisme	Salariat (travailleurs) et profit (entrepreneurs) communautarisant

Source : Pascal Oudiane, composition personnelle.

Dans l'Antiquité, les sociétés d'Afrique noire ont usé des mythes pour conserver et protéger leur organisation sociale. Elles n'étaient pas essentiellement esclavagistes comme le furent les sociétés occidentales à la même époque.

La période féodale est caractérisée par les castes qui ont autant servi aux conquêtes guerrières qu'à l'esclavage local. La traite esclavagiste de longue distance a encore persisté durant cette période. La terre n'a appartenu à personne si elle n'a été une propriété collective à l'exception de royaumes où la noblesse d'épée et celle de robe étaient seigneurs et propriétaires terriens. Des esclaves et des hommes libres, qui ont hérité leur condition de la division sociale en castes, se chargeaient de l'exploitation de la terre au profit de la noblesse.

Le profit des entrepreneurs (économie de marché) et le salariat du capitalisme (économie salariale) appliqué aux travailleurs en indigénat durant la période coloniale[795] et en citoyenneté en période post-coloniale subissent effectivement la coercition communautaire. L'économie *paracapitaliste* est mieux reproduite que l'économie capitaliste à partir de l'usage populaire du revenu. Autrement dit, tout ce que l'on gagne comme revenu ou que l'on accumule comme capital financier est orienté vers le consentement communautaire. Il permet de reproduire les relations interpersonnelles traditionnellement ancrées. Le profit comme le salaire reproduit le *sutura* voire le paraître.

L'état économique et social quasi statique du Sénégal caractérisé simultanément par la faiblesse de l'accumulation capitaliste est expliqué par la gêne mutuelle qui s'observe entre la poursuite formaliste du profit et celle du *sutura* social. Le capitalisme se sert des liens communautaires pour se reproduire et tenter de s'étendre. Le sens inverse est également noté. Mais il est constaté qu'en majorité, les investissements sont construits au sein de l'entité familiale avant d'être exportés dans le champ social. Les entreprises, qu'elles soient des propriétés individuelles ou des monopoles d'État, ont du mal à se détacher de la vie de famille qui impose une contrainte aux entrepreneurs ou aux

---

795 Marx Weber classe la colonisation parmi les types de capitalisme qui ont précédé le XVIe siècle.

managers. Ce qui importe de retenir est qu'agir sous l'empire de la raison n'équivaut pas à se libérer du déterminisme « glolocal » (fait associant la réalité mondiale et nationale) ou strictement local. L'entrepreneur, en phase avec les normes sociales, intériorise l'incidence structurelle et socioculturelle.

Que les individus soient poussés à l'investissement par leur foi en eux, dès lors qu'ils se sentent autonomes[796] ou par leur foi en Dieu en valorisant le culte du travail[797], ils y sont également poussés par la coercition de leur cellule familiale ou de leur communauté d'appartenance. Dieu n'attend pas en retour sa part sur les retombées de l'investissement, mais l'organisation religieuse – « l'Église » (participation paroissiale à travers le denier de culte ou la dîme) ou la « confrérie » (*hadiya* au marabout, *zâkat* pour le nécessiteux et cotisations pour le *dahira*) – exige sa part à l'instar de la famille et de la communauté.

Investir, c'est entrer en société, accumuler du relationnel, mais aussi chercher les moyens pour acheter sa participation sociale. De là, le sens de l'investissement est perceptible, car il subit la coercition institutionnelle locale. Le fait d'enquêter au Sénégal à partir d'échantillons urbains et ruraux nous a conduit à croire que l'*homo senegalensis* qui constitue le modèle structurel est un fait culturel, car c'est un construit. Dans cette perspective, comprendre le sens de l'investissement, c'est le résumer à la finalité de son entreprise locale, qui y est arrimée sur les stratégies individuelles et sur la coercition institutionnelle.

Nous admettons que ***l'individualisme est une socialité particulière*** *et que* l'individualité reste ancrée dans les dispositions sociales. Le sujet n'est jamais hors de la société. Il agit en fonction des institutions qui le modèlent. Il peut en être l'origine à partir de ses capacités d'innovation, mais il ne peut pas s'y soustraire même s'il est d'emblée libre de le faire au risque d'en supporter la sanction sociale. Il en est conscient et ses actes sont volontaires. C'est ainsi qu'il s'emprisonne dans une relation interactive avec les institutions qu'il crée en s'imposant une acceptation de la dynamique collective qu'il peut rationnellement critiquer et remettre en cause. Néanmoins, toutes les conventions collectives sont sélectives et ne fédèrent pas toutes les aspirations individuelles possibles[798]. Il est encore plus compliqué si les institutions organisent les initiatives et découragent les opportunismes en porte-à-faux avec l'intérêt général. La perspective des individualités ne partageant pas la dynamique culturelle dominante est de s'adapter ou de résister, mais cela n'enlève en rien l'orientation punitive sociale qui existe de manière codifiée et non codifiée. « L'informel » catégorisé comme le secteur économique populaire, le « patrimonialisme » ou le « néopatrimonialisme », le « népotisme » qui

[796] Pour l'économie, l'individu est « l'ultima ratio » ; par conséquent, il est autonome. *Cf.* Philippe Steiner, *La « Science nouvelle » de l'économie politique*, Paris, PUF, 1998.

[797] Max Weber, *Éthique protestante et esprit du capitalisme* ; voir aussi Malick Ndiaye, *op. cit.* ; Abdoulaye Wade, *op. cit.* et Djiby Diakhaté, *op. cit.*

[798] Thèse de l'impossibilité de Arrow Debreu, dans Nicolas Postel, *op. cit.*

s'observent dans la bureaucratie, le détournement de fonds publics à des fins privées dont souffre le « management » sont autant de faits de résistance de nature individualiste ou communautariste qui impactent la décision et la construction de l'investissement privé et public.

L'individualité est importante dans un procès d'investissement puisqu'elle en constitue un fondement stratégique. C'est encore elle qui est au cœur des investissements collectifs, voire voulus et concertés notamment ceux des groupements ou associations, des entreprises, des ménages ou de l'administration publique. Nous avons remarqué que l'investissement est synonyme de réussite sociale. On réussit pour entretenir ses parents, être en harmonie à la fois avec la société en acquérant le *sutura* social et avec DIEU. Il y a un désir de capitalisation humaine et sociale permanente à partir de l'investissement financier. Celui-ci doit être perçu comme un moyen et non une finalité. Il ne faudrait donc pas s'étonner que certains agents rechignent à investir des capitaux financiers s'ils peuvent atteindre leur finalité humaine et sociale par d'autres moyens.

Si dans le modèle occidental, l'esprit du protestantisme est à l'origine du capitalisme[799], dans le modèle sénégalais, c'est la coercition du *sutura* social qui porte et incite à l'investissement, au travail voire à la poursuite de richesses, etc. L'individu a adopté une stratégie d'articulation entre deux cultures distinctes qui s'imposent à lui afin de surmonter l'anomie. C'est dans ce double conditionnement structurel qu'est née la stratégie rationnelle du capitalisme communautarisant. *L'homo sociologicus* a permis à l'*homo economicus* local d'émerger. Ceci corrobore la thèse durkheimienne selon laquelle l'économie naîtrait de la société. Autrement dit, c'est la coercition sociale qui favorise autant la rationalité que le fait économique en tant que tel. L'agent économique subit une rationalité déterminée qui prend en compte sa rationalité limitée. Il n'y a pas que l'information et le marché qui sont déterminants dans l'agir économique, il existe d'autres facteurs institutionnels coercitifs d'ordre socioculturel, que nous avons évoqués tout au long de notre travail, qui entrent en jeu.

La société *paracapitaliste* poursuit le « bien-être »[800] et le « paraître »[801] et use de « l'utilitarisme » comme « moyen objectif ». Le paraître est le besoin complexe et superflu de la socialité traditionnelle. C'est parce que l'on arrive à subsister que l'on tend par la suite vers le paraître. L'individu existe d'abord avant de paraître.

Dès lors que le paraître est une finalité, il est senti à travers son expression une passivité. Nous pensons que toute finalité est un état passif, car elle témoigne de l'atteinte de l'objectif visé. Quant à l'utilitarisme, qui n'est qu'un

799 Max Weber, *op. cit.*
800 Avec la tendance maximisatrice du capitalisme, les individus tendent vers le mieux-être.
801 Il peut être perçu comme une valeur universelle.

moyen, il incarne un dynamisme opportuniste, car il s'inscrit toujours dans une quête continue et maximisatrice.

Le capitalisme n'arrive pas à atteindre sa finalité en termes de bien-être individuel et collectif. C'est la raison pour laquelle la mesure du développement économique et social reste encore une question étriquée et problématique. En revanche, dans le traditionalisme économique, les agents parviennent à atteindre leur finalité économique et sociale, en l'occurrence, le *sutura* social, c'est-à-dire le consentement social. Ainsi, nous sommes en présence d'un schéma où le capitalisme continue de poursuivre un but qu'il n'atteint jamais, alors que le traditionalisme se suffit à lui-même et arrête sa dynamique progressiste et utilitariste dès lors qu'il accède à son but. Ce fait psychosociologique peut être un élément explicatif de l'engagement individuel et collectif (national) actuel à la production.

La question de la rationalité collective supposée porter l'ordre dominant n'est pas encore réglée[802], car le capitalisme peut paraître marginal dans les stratégies individuelles du fait du *capitalisme communautarisant* en vigueur et qui est structurellement identifiable. « L'informel » dans son sens apparaît plus pour être une sanction à la suite d'une absence de forme pressentie ou mieux d'une structure non maîtrisée par l'esprit formel qu'un modèle. De considération empirique et théorique justifiée, *c'est une expression subjective qui ne tient aucunement compte des principes de la neutralité axiologique*[803] *et des valeurs empiriques*[804].

Dans le milieu rural, il y a un attrait certain pour la modernité qui y est perçue par les avantages technologiques connus et venant du monde occidental. De faits empiriques, les agents ruraux se lancent dans la modernisation surtout chez les plus jeunes qui *ont recours au modèle citadin*. Par contre, l'exode rural est encore un pont d'entrée peu performant de la modernité au village du fait de la faible accumulation de capital en ville et de l'inexploitation de ce canal par les pouvoirs publics. Le modernisme est gêné par les institutions traditionnelles.

---

802 Si l'on considère la thèse d'impossibilité de Arrow Debreu, la rationalité collective fondée à partir de l'agrégation des rationalités individuelles est impossible à avoir. Pour ce faire, il faut aller vers les coutumes ou la morale ou la convention ; ce qui dénaturerait la rationalité individuelle parce que *l'homo economicus* ne serait plus libre. Ainsi, il abdique dans son projet. Samuelson qui s'est inspiré de Arrow va plus loin en insistant sur l'institutionnalisation de règles coercitives dont nous avons déjà défini le rôle dans la rationalité collective évoquée dans ce travail. Lewis insiste, lui aussi, sur la nécessité d'une convention dont l'adhésion et les choix se feront sans coercition et de manière arbitraire.

803 Elle s'inscrit dans le prolongement des thèses superficielles discriminatoires, réductrices, simplistes et lapidaires qui font table rase des référents sociologiques d'où partent les processus coercitifs s'imposant constamment sur l'action économique.

804 En recourant à la réalité empirique, il est facilement observable que l'informel est une construction subjective au profit de l'ordre moderne.

Dans l'environnement rural, les résistances sont moins une stratégie volontaire et opportuniste. Le problème dans ce milieu n'est pas une résistance opportuniste, mais un déficit informationnel relatif aux capacités productives chez les populations. Il est par conséquent inapproprié de parler d'informel en ruralité où la constante est la tradition et la dynamique possible y est le formalisme. L'informel n'y trouve pas de place. En perspective, l'action publique doit accentuer les efforts de capacitation et moins camper sur des clichés « informélisant ». Il est non objectif d'aborder la question de l'informel en désignant des individus insuffisamment informés et formés puis technologiquement mal outillés et exerçant dans des zones en déficit sévère d'infrastructures.

Nous avons aussi décelé à l'opposé notamment en urbanité une tendance économique et sociale allant du modernisme au traditionalisme. Il faut préciser que la constante en urbanité est le formalisme et que la variable dynamique rationnelle y est représentée par le traditionalisme. Ici, les ménages sont libres et livrés à eux-mêmes. Cela accentue leur stratégie de débrouille. Il ne faut pas perdre de vue que l'individualisme à partir de ses stratégies adaptées au contexte socioéconomique de la ville repousse la présence de l'administration publique. Le libéralisme n'agrée pas l'interventionnisme public afin de libérer les talents privés. Le fait que les agents soient productivement livrés à eux-mêmes dans une économie pauvre installe et accentue l'informel. En effet, les agents sont portés par un grand opportunisme pour la survie. La ville est un espace où l'information circule dans le sens formaliste puisque celui-ci y est la constante. La résistance de l'individu découlerait, du fait de l'abstraction qui est faite du capital cognitif moderne existant[805] de la reproduction stratégique de la traditionalité. Par exemple, même si l'analphabétisme est socialement sanctionné en ville, l'opportunisme urbain permet à tous les agents de se doter des prérogatives pour poursuivre le gain et le profit. En urbanité, c'est l'opportunisme qui est le fondement de l'informel et moins les capacités productives contrairement au monde rural.

Il est une erreur de prétendre « moderniser l'informel ». Vu les rapports empiriques interactifs entre les deux socialités économiques, moderniser l'informel revient à éliminer tôt ou tard totalement les valeurs traditionnelles en circulation. Éradiquer le *paracapitalisme* local, c'est chercher inconsciemment à éliminer *l'homo senegalensis* dans sa façon de penser, de sentir et d'agir, bref dans son expression. Ce projet compromet les possibilités d'épanouissement citoyen et les perspectives de développement économique et social orientées vers le bien-être individuel et collectif.

La modernisation ne doit plus être une rupture avec le mode traditionnel, mais une articulation avec lui. Il faut se placer de part et d'autre des cultures

[805] Il s'agit des règles d'affaires, de la nomenclature de production, des opportunités d'investissement, des établissements financiers, des règles de recrutement, etc.

occidentale et traditionnelle pour activer le levier du développement. Faire autrement serait synonyme d'immobilisme pour nos économies. W. Sombart dans sa vision a entrevu un capitalisme des races de couleur en se fondant sur une augmentation de l'économie agricole qui maintiendrait la subsistance des régions de la planète les plus peuplées. Ce capitalisme s'inspire, souligne-t-il, de l'Europe, mais diverge dans sa forme voire sa constitution. Tout entrepreneur investit pour capitaliser. On part d'un capital donné pour un autre capital. De ce point de vue, il importe de partir du concept de capital pour caractériser la nature de l'investissement et de spécifier la forme de la capitalisation. Voilà une raison supplémentaire pour préférer le concept de *capitalisme communautarisant* à celui d'informel.

À notre sens, il faut pour nos pays une grande incitation aux affaires voire une politique d'accompagnement à l'investissement chez les agents, qu'ils soient en ménage, en entreprise ou en administration publique. Cela reste aussi une prérogative de la recherche scientifique et une invite à l'application des résultats de cette dernière par les pouvoirs publics. Il est un avantage d'après nos résultats que les institutions socioculturelles non capitalistes incitent à l'investissement. Mais l'enjeu – concernant la préoccupation normative qui boucle nos travaux sur l'investissement – doit être axé sur une nouvelle exploitation du capitalisme. Autrement dit, il s'agit de trouver le juste milieu concernant les liens sociologiques et économiques devant permettre au profit de l'investissement d'entretenir les sphères traditionnelles qui produisent les liens sociaux coercitifs et de reproduire en même temps l'entreprise capitaliste. Le capitalisme structurellement ancré doit pouvoir être, en termes d'innovation sociale, mieux appréhendé et valorisé en encadrant sa légitimité sociale, c'est-à-dire en dressant une bonne politique de proximité effective et légale qui encourage l'engagement économique des liens familiaux et communautaires. De ce point de vue, le *paracapitalisme* institué légal est capable de définir non seulement le champ économique, mais aussi celui du politique et du culturel local, lesquels sont également capables d'impacter naturellement, par un biais systémique que nous connaissons, les investissements privés ou publics de même que les organisations économiques y répondant. Aujourd'hui, il faudrait surmonter le rapport dyadique capitalisme dominant et économie parallèle marginale nommée *paracapitalisme* au bénéfice d'un seul capitalisme nouveau et communautarisant adapté aux exigences « glolocales ». Cela est possible en privilégiant moins le concept de la modernisation[806] et davantage celui de l'innovation structurelle, laquelle doit porter en son sein une solidarité productive.

Il reste encore à surmonter le problème de la fréquence des investissements et de l'innovation pour assurer la croissance des entreprises surtout les MPME et

[806] Nous concevons la modernisation comme un processus structurel de destruction de la traditionalité.

PMI, lesquelles connaissent encore de courtes durées de vie pour la plupart et jamais de croissance pour les survivantes. En outre, les porteurs de projets d'entreprise peinent à trouver des financements. Il est encore plus difficile pour eux d'en trouver s'ils prétendent à une innovation. La riscophilie est à son tour très faible dans l'écosystème financier local et national. Il y a une nécessité de prendre des initiatives et de poursuivre les efforts qui se font dans ce sens. L'initiative de l'incubation d'entreprises est à saluer, à cultiver et à soutenir. Celle du MEDES dans la Zone Franche et celle de l'université Cheikh Anta Diop (École supérieure polytechnique) communiquent peu et trahissent un manque de dynamisme et de résultats probants. Par contre, le CTIC, en tant que premier incubateur de PME TIC du Sénégal et de l'Afrique de l'Ouest, lancé en avril 2011 et installé dans le quartier Plateau de la ville de Dakar, est dans une phase ascendante. En 2011, il accompagne 5 entreprises en incubation et 14 porteurs de projet en pré incubation[807]. En 2012, 11 entreprises sont incubées, plus de 300 jeunes entrepreneurs sont coachés et plus de 150 emplois sont créés[808]. Cet incubateur connaît une viabilité financière de 44 % et une croissance de plus de 85 % en 2012 par rapport en 2011[809]. L'initiative du CTIC commence à être soutenue par le gouvernement et par des organismes de développement. Par conséquent, elle est devenue un succès puisque parmi les incubés de l'année 2012, 33 % sont arrivés à augmenter considérablement leur chiffre d'affaires, 11 % sont satisfaits dans l'ensemble, 11 % de ces mêmes PME TIC ont souffert de l'accès au financement, aux marchés et aux hébergements de sites web et enfin 45 % sont satisfaits et pensent pouvoir améliorer leurs affaires[810]. Il faut reproduire et multiplier cet exemple à grande échelle dans tous les secteurs économiques du pays et lancer aux Sénégalais et aux Africains en général le message suivant : « entreprenez » pour parodier Philippe Hayat dont l'ouvrage en porte l'invite : « Entreprenez »[811]. Également, en France le phénomène des entreprises qui ne grandissent pas est observé. Et ce dernier auteur cité dénonce à ce propos une détermination culturelle s'imposant aux politiques françaises qui tardent à se pencher sur les investissements de soutien à la croissance des entreprises. La culture de l'investissement, la détermination structurelle et le mode de création d'emploi et d'absorption du chômage s'inscrivent dans une seule problématique accessible à la sociologie économique et qui reste à traiter impérativement.

Nos sociétés ont intérêt à se saisir de la forme jusque-là rejetée par le formalisme occidental pour mondialiser au mieux le schéma capitaliste. Les sociétés, grandes capitalistes, souffrent de la tyrannie du « revenant », cette

---

807 CTIC Accompagnateur de croissance TIC, *Rapport d'activité 2010-2011, Fondation des incubateurs des TIC au Sénégal*, p. 7-10.

808 CTIC, *ibid.*, p. 19.

809 *Ibid.*

810 *Ibid.*, p. 22.

811 Philippe Hayat, *Entreprenez ! À l'indignation préférez l'action*, Éditions Archipel, coll. « Politique, Idée, Société », 2012, 32 p.

« cyclicité des crises permanentes » qu'évoque Pierre Dockes. Nous comprenons les grincements de dents des uns et la provocation des autres à l'instar de Alain Touraine qui décrète « la fin des sociétés ». Toutefois, à notre sens, celles-ci ne meurent pas. Elles épousent le penchant de l'activité sociale dominante. C'est la raison pour laquelle elles sont trop politiques comme le regrette A.Touraine ou trop économiques comme le dénonce Jean Pierre Dupuy. Il faut les considérer comme des traits de culture qui sont possibles d'avènement et de changement. Il serait préférable qu'ils passent par une construction de l'habitus capable de relance sociale que par des révolutions politiques contre le capitalisme économique ou par des choix délibérés d'abandon de « gens au bord de la route ». Créons des gens regardables autour de nous si être regardé est signe de richesse[812]. L'ultime richesse dans nos sociétés est sociale et non économique. L'investissement obéit à cette orientation dans les modèles sociétaux qui introduisent dans leur vécu économique des référents non capitalistes. Pour affiner ce point de vue et sans conforter l'économystification que regrette J.P.Dupuy, le social devrait être aménagé comme un marché ou revêtir une qualité de marchandise et l'économie monétaire dans sa fonction de régulation paraître comme le moyen de paiement. C'est ce qu'on prétend faire peut-être sans y arriver en capitalisme avancé. Mais c'est ce qui se fait par force sociologique dans nos pays doublement conditionnés par le capitalisme et un traditionalisme économique. Taux de croissance n'est pas bien-être social. Alors pour les PVD ou PMA surtout africains sur lesquels il est mis beaucoup d'espoir pour l'économie de demain, il doit être fait en permanence le lien entre la pensée sociale des spécificités géographiques, l'aménagement organisationnel capitaliste et le vécu social de la mondialisation. Une déharmonie est un moyen de paupérisation et de sa reproduction. La manifestation de la pauvreté a toujours été le motif de réforme, expressément ignoré, de la gouvernance scientifique de l'économie. Nos sociétés doivent dans leur capitalisme exploiter les déterminants d'investissement jusqu'ici productifs d'affectivité pour asseoir une effectivité durable, notamment un développement durable. Les économies africaines doivent trouver leurs intérêts dans la responsabilisation du ménage.

Le consentement social détermine les déterminants d'investissement : le ménage est sous coercition totale, l'administration publique associe la contrainte politique à son engagement et l'entreprise bien qu'elle vise en finalité le consentement social s'invite en dehors de cet état dès lors que sa capitalisation de richesses ne reproduit plus la morale sociale du groupe duquel elle tire son profit.

[812] J'ai pu surprendre des économistes, d'ailleurs à ma grande surprise moi aussi, soutenir que la richesse c'est ce qui attire le regard des autres parce qu'ils le désirent et s'ils le désirent c'est pour être regardé. Par contre, pour la pauvreté ils disent que c'est la preuve de l'indigence matérielle qui fait que personne ne fait attention à l'individu ou à l'entité qui en est frappée.

À côté de la subsistance et du profit, il faut prendre en compte le paraître comme nouvelle variable d'analyse, de compréhension et de mesure de la portée cognitive de l'investissement. C'est l'objet de nos prochains travaux.

En définitive, il n'est pas évident que la sociologie permette de traiter de l'investissement en termes de fait économique, mais l'intérêt pour celui-ci permet d'avoir recours à la sociologie, c'est-à-dire de convoquer des faits sociaux et de les mettre en relation interactive dans un souci explicatif et compréhensif. Si on peut évoquer la sociologie sans faire allusion à l'investissement, l'inverse s'avère impossible, car l'investissement est indissociable de la sociologie.

BIBLIOGRAPHIE, WEBOGRAPHIE ET FILMOGRAPHIE

BIBLIOGRAPHIE

Ouvrages et articles

ANFREVILLE DE LA SALLE (Dr Léon), *Notre vieux Sénégal, son histoire, son état actuel, ce qu'il peut devenir*, Paris, A. Challamel, 1909, 298 p.

AMIN (Samir), *Le monde des affaires sénégalais*, Paris, Éditions Minuit, 1969, 208 p.

BALANS (Jean Louis), COULON (Christian) et GASTELLU (Jean Marc), *Autonomie locale et intégration nationale au Sénégal*, Série Afrique noire « 5 », Institut d'étude politique de Bordeaux, Centre d'étude d'Afrique noire (étude réalisée entre 1970 et 1973), Paris, Éd. Pedone, 1975, 178 p.

BARRY (Boubacar), *Le royaume du Waalo, le Sénégal avant la conquête* (Préface de Samir Amin, François Maspéro, Paris, 1972), Paris, Karthala, 1985, 421 p.

BAYART (Jean François), *L'État en Afrique. La politique du ventre*, Paris, Fayard, 1989, 439 p.

BERTAUX (Daniel), *La mobilité sociale*, Profil (économie et sociologie) Société, Paris, Hatier, juillet 1985, 79 p.

BIRNBAUM (Pierre) et LECA (Jean), (sous la direction de) *Recueil d'études sur l'individualisme* : *Théories et Méthodes*, Paris, Presses de la fondation nationale des sciences politiques, 1986, 379 p.

BOILAT (Abbé P. D.), *Esquisses sénégalaises*, Atlas, Paris, Bertrand, 1853, 534 p.

BONAVALET (Cathérine) et LELIÈVRE (Éva), « Du concept de ménage à celui d'entourage : une redéfinition de l'espace familial », *Sociologie et sociétés*, vol. 27, n° 2, 1995, p. 177-190.

BOUCHE (P. Ouahigouya) et MAUNY (R.), « Les sources écrites relatives à l'histoire des Peuls et Toucouleurs des origines à 1800 », *Notes Africaines*, n° 31, IFAN, janvier 1946, p. 7-9.

BOUDON (Raymond) et BOURRICAUD (Français), *Dictionnaire critique de la sociologie*, 7e édition, Paris, PUF, coll. « Quadrige », septembre 2004, 714 p.

BOUGLE (Célestin), *Essai sur le régime des castes*, Paris, Alcan (3e éd., 1935), réédition 1968, 216 p.

BOULÈGUE (Jean), *Le grand Djolof XIIIe et XIVe siècle*, Paris, Karthala, 1987, 207 p.

BOURDIEU (Pierre), *Les structures sociales de l'économie*, Paris, Seuil, coll. « Libe », 2000, 289 p.

BOURDIEU (Pierre), « Le capital social, notes provisoires », *Actes de la recherche en science sociale*, vol. 31, Paris, 1980, p. 2-3.

BRIGAUD (Félix), *Histoire moderne et contemporaine du Sénégal, Études sénégalaises*, n° 9, Connaissance du Sénégal Saint-Louis du Sénégal, CRDS-Sénégal, 1966, 148 p.

BRUKNER (Pascal), *Misère de la prospérité : la religion marchande et ses ennemis*, Paris, Grasset, 2002, 242 p.

CHANLAT (Jean François), *L'individu dans l'organisation* : les dimensions oubliées, Les presses de l'université, Laval, Éditions ESKA, 1990, n° 8, 2007, 844 p.

COQUERY-VIDROVITCH (Catherine) et GOERG (Odile), « La politique économique coloniale », *dans L'Afrique occidentale au temps des Français : colonisateurs et colonisés, 1860-1960*, Paris, La Découverte, 1992, 464 p.

COPANS (Jean), *Les marabouts de l'arachide*, Paris, Éditions Le Sycomore, 1980, 259 p.

CROZIER (Michel), *Le Phénomène bureaucratique*, Paris, 1963, Seuil (1965), 413 p.

DANGEVILLE (Roger), *Karl Marx. Un chapitre inédit du Capital*, Paris, Éd. U.G.E., 1971, 319 p.

DAPPER (Olfried), *Description de l'Afrique*, Amsterdam, 1680, 534 p.

DE LESTRANGE (Monique), *Les Cognagui et les Bassari*, Presses universitaires de France, 1955, 84 p.

DIA (Mamadou), *Réflexion sur l'économie de l'Afrique Noire*, Paris, Présence Africaine, 1960, 210 p.

DIAGNE (Pathé), *Contribution à l'analyse des régimes et systèmes politiques traditionnels en Afrique de l'Ouest*, dans *Bulletin IFAN*, Tome XXXII, série B, n° 3, 1970, p. 845-887.

DIENG (Amady Ali), « Les chercheurs africains et la sociologie allemande », *dans Société en devenir, mélanges offerts à Boubakar Ly*, Presses universitaires de Dakar, 2006, p. 63-85.

DIOP (Abdoulaye Bara), *Société wolof, tradition et changement, le système d'inégalité et de domination*, Paris, Karthala, 1981, 355 p.

DIOP (Abdoulaye Bara), *Parenté et famille wolof en milieu rural*, dans *Bulletin IFAN*, Tome XXXII, série B, n° 1, 1970, p. 216-229.

DIOP (Cheikh Anta), *Nations nègres et culture*, Paris, Éditions Africaines, 1955, 390 p.

DIOP (Cheikh Anta), *L'Afrique noire précoloniale*, Paris, Présence Africaine, 1960, 213 p.

DIOP (Cheikh Anta), « Sociologie africaine et méthodes de recherche », *Revue Présence Africaine*, n° 48, 4e trimestre, 1963, p. 180-186.

DIOP (Majmouth), *Histoire des classes sociales en Afrique occidentale*, Tome I : Le Mali (1971, 272 p.), Tome II : Le Sénégal (1972, 288 p.), Paris, Maspéro, Réédition Fascicule L'Harmattan, 1985, Tome I : Le Mali, 260 p., Tome II : Le Sénégal, 277 p.

DUPUY (Jean Pierre), *Avenir de l'économie : Sortir de l'économystification*, Paris, Ed. Flammarion, 2012, 290 p.

DURKHEIM (Émile), *Les règles de la méthode sociologique* (Alcan, 1895), (Paris, PUF, coll. « Quadrige », 1987), (Paris, Flammarion, coll. « Champs », 1988). Paris, PUF, coll. « Quadrige », 10e édition, septembre 1999, 149 p.

FERNANDEZ (Valentin), (1505-1507) *Description de la côte d'Afrique de Ceuca au Sénégal*, Paris, Maison Larose, édité par MONOD (Th.) et de CENIVAL (P.), 214 p.

FOUCAULT (Michel), *Le souci de soi*, Paris, Gallimard, coll. « TEL », 1984, 284 p.

FOUGEYROLLAS (Pierre), *Modernisation des hommes. L'exemple du Sénégal*, Paris, Flammarion, 1967, 226 p.

FOUQUET (Joseph), *La traite de l'arachide dans le pays de Kaolack et ses conséquences économiques, sociales* et *juridiques*, IFAN, Saint-Louis, 1958, 263 p.

GASCONI (Alfred), *La propriété au Sénégal*, Paris, Imprimerie du Moniteur Des Colonies, 1884, 24 p.

GIRI (Jacques), *Histoire économique du sahel*, Paris, Karthala, 1994, 256 p.

GRAVAND (Henry), *La civilisation sereer*, Dakar, vol. Cosaan, Nouvelles Éditions Africaines, 1983, 361 p.

GRAVRAND (Henry), « Dynamisme sérère dans le Sénégal moderne », *Afrique-documents*, n° S, 105/106, 1960, p. 291-319,

GUÈYE (Ahmadou Lô), « L'économie est-elle redevable de sociologie ? », *Revue sénégalaise de Sociologie*, nos 4-5, janvier 2000-2001, p. 9-45.

GUÈYE (Sémou Pathé), *Faillibilisme épistémologique et réformisme libéral*, Presses universitaires de Dakar, 2000, 108 p.

HAYAT (Philippe), *Entreprenez ! À l'indignation préférez l'action*, Éditions Archipel, coll. « Politique, Idée, Société », 2012, 32 p.

HART (Keith), « L'entreprise africaine et l'économie informelle. Réflexions autobiographiques », dans *Entreprises et entrepreneurs africains*, sous la direction de ELLIS (S.) et FAURÉ (Y.-A.), Karthala-Orstom, 1995, p. 115-124.

HENRY (Alain), « Entreprises modernes, entreprises métisses », dans *Entreprise et entrepreneurs africains*, sous la direction de ELLIS (S.) et FAURÉ (Y.-A.), Karthala-Orstom, 1995, p. 175-186.

HIRSCHMAN (Albert), *Défection et prise de parole*, Paris, Fayard, Coll. « L'espace du politique », 1995, 216 p.

HUGO (Victor), *Les Misérables,* Livre 7, *Patron-Minette*, Chap. 1, *Les mines et les mineurs*, (Éd. Libre et universelle, Claude Gohin, 2011), Tome III, 1862, 2216 p.

JASPERS (Karl), *Origine et sens de l'histoire* (Vom Ursprung und Ziel der Geschichte,1949), dans 8-iv- Paris, Plon, 1954, 359 p.

KABOU (Axelle), *Et si l'Afrique refusait le développement,* Paris, L'Harmattan, 1991, 208 p.

KALINOWSKI (Isabelle), *Leçons wébériennes sur la science et la propagande,* Agone, coll. « Banc d'essais », 2005, 300 p.

KALY (Albert) et BOISSY (Justin), *Us et Coutumes*, Dir. Frère Ange, Marie, Père Abbé de Keur Moussa, Dakar, L'Harmattan, 2011, 110 p.

KEYNES (John Meynard), *Théorie générale de l'emploi, de l'intérêt et de la monnaie* (trad. J. de Largentaye), Paris, Bibliothèque scientifique Payot, 1963, 384 p.

LABOURET (Henry), *Paysans d'Afrique occidentale,* Paris, Gallimard, 8e édition, 1941, 306 p.

LABOURET (Henry), *Histoire des noirs d'Afrique*. Presses universitaires de France, coll. « Que sais-je ? », 1946, 127 p.

LAKROUM (Monique), « Le Sénégal et le Soudan (Mali) deux États pour un empire », dans *L'Afrique occidentale au temps des Français : colonisateurs et colonisés, c. 1860-1960*, Paris, La Découverte, p. 157-189.

LAKROUM (Monique), *Le travail inégal. Paysans et salariés sénégalais face à la crise des années trente*, Paris, L'Harmattan, 1983, 188 p.

LASNET (Dr.), « Les races du Sénégal », dans *Une mission au Sénégal*, Paris, Challamel, 1900, 348 p.

LAZUECH (Gilles) et RIMBERT (Franck), *Initiation à la science économique. Théories, enjeux, débats*, Paris, coll. « Guide », Éditions Vuibert, 2e édition, septembre 2005, 217 p.

LEBARON (Frédéric), *Croyance économique : les économistes entre science et politique*, Paris, Seuil, 2000, 260 p.

LEBRIS (E.), LEROY (E.) et LEIMDORFER (F.), *Enjeux fonciers en Afrique noire*, Paris, Karthala, 1983, 432 p.

MAQUET (Jacques), *Africanité traditionnelle et moderne*, Paris, Présence africaine, 180 p.

MARFAING (Lawrence), *L'évolution du commerce au Sénégal, 1820-1930*, Paris, L'Harmattan, 1991, 320 p.

MARFAING (Laurence) et SOW (Mariam), *Les opérateurs économiques au Sénégal, entre formel et informel 1930-1996*, Paris, Karthala, coll. « Hommes et sociétés », 1999, 290 p.

MARTIN (Victor) et BECKER (Charles), « Notes sur les traditions orales et les sources écrites concernant le royaume du Sine », *Bulletin IFAN*, série B, 534, n° 4, 1972, p. 727-729.

MARX (Karl) et FRIEDRIC (Engel), *Manifeste du parti communiste,* (1848), Traduction française Laura Lafargue, Paris, Librairie du parti socialiste, 1912, 45 p.

MARX (Karl), *Le Capital*, Livres I, II, III, Préface de F. Engels, Paris, Éditions sociales, 8 vol., (1946-1957), 1977.

MARTIN (V.), *Études socio démographique de la ville de Dakar*, ministère du Plan, Direction de la statistique, 1962, 143 p.

MASLOW (Abraham), *Motivation and Personality*, New York, Harper and Row, 1959, 411 p.

MAUSS (Marcel), *Essai sur le don* (*Revue l'année sociologique*, 1923 et 1924), Sociologie et anthropologie, PUF, coll. « Quadrige », (2001), 2003, 482 p.

M'BAYA (Kankwenda), « Crise économique, ajustement et démocratie en Afrique » dans *Processus de démocratisation en Afrique. Problèmes et perspectives*, sous la (dir.) de CHOLE Eshetu et IBRAHIM Jibrin. Codesria, Paris, Khartala, 1995, 150 p.

MBODJ (Gora), « Domaines et dimensions de la crise sociale de la jeunesse au Sénégal », *Université de recherche et Développement URED*, n° 2, 1993, p. 37-50.

MÉDARD (Jean François), *L'État sous-développé en Afrique noire : clientélisme politique et néopatrimonialisme,* Travaux et documents CEAN, n° 1, Bordeaux, 1982, 36 p.

MEILLASSOUX (Claude), *Femmes, greniers et capitaux,* Paris, Éditions François Maspéro, 1977, 219 p.

MISHKIN (Frédéric), *Monnaie, Banque et Marchés financiers,* Paris, Nouveaux horizons, 8e édition, 2008, 928 p.

MONTOUSSE (Marc), *Théories économiques*, Bréal, 3e édition, novembre 2003, 254 p.

NDAO (Mor), *Le ravitaillement de Dakar de 1914 à 1945*, Paris, L'Harmattan, 2009, 288 p.

NDOUR (Birné Brigitte), « Ndiaganiao : une entité socio culturelle dans le Diegueme », dans *La civilisation sérère, d'hier à demain, Actes du colloque des journées culturelles du Sine*, Fatick, 10-12 mai, édité par KA (M.) et SAMBOU (S.), *Éthiopiques*, 1991.

NIANE (Djibril Tamsir), *Le Soudan occidental au temps des grands empires XIe et XVIe siècles*, Paris, Présence Africaine, 1975, 263 p.

NIANG (Abdoulaye), « Le secteur informel, une réalité à réexplorer : ses rapports avec les institutions et ses capacités développantes », *Africa Development,* vol. XXI, n° 1, 1996, p. 57-80.

NIANG (Abdoulaye), « Le secteur informel en milieu urbain, un recours à la crise de l'emploi », dans *Ajustement structurel et emploi,* sous la direction de TALL (A.), Dakar, Codesria, p. 29-55.

NIANG (Abdoulaye), « Les associations en milieu urbain dakarois : classifications et capacités développantes », *Africa Development,* vol. XXV, n°s 1 et 2, 2000, p. 99-159.

NIANG (Mamadou), « La notion de parenté chez les Wolofs du Sénégal », *Bulletin IFAN,* Tome XXXIV, série B, n° 4, octobre 1972, p. 802-825.

PASQUIER (Roger), « Les traitants du Sénégal au XIXe siècle », dans *Entreprises et entrepreneurs en Afrique XIX-XXe siècle, Actes de colloque,* Tome I, Paris, L'Harmattan, 1983.

PÉLISSIER (Paul), *Paysan du Sénégal, les civilisations agraires du Cayor à la Casamance*, Saint Yriex, 1966, 483 p.

POLANYI (Karl), *La grande transformation. Aux origines politiques et économiques de notre temps*. Éd. originale, 1944, Trad. française, Paris, Gallimard, 1983, 420 p.

POSTEL (Nicolas), *Les règles de la pensée économique contemporaine*, Paris, Éditions Cnrs-Économie, 2003, 259 p.

REY (Philippe), « Auto organisation de quartiers 'irréguliers' de Dakar-Pikine (Sénégal) et Remise en cause du concept de secteur informel », *Tiers Monde*, vol. 36, n° 141, 1995, p. 223-230.

RIGAUX (Natalie), *Introduction à la sociologie par sept grands auteurs*, De boeck, 2008, 294 p.

ROSTOW (Walt Witman), *Les étapes de la croissance économique*, Paris, Seuil, coll. « Point », (1960 et 1963), 1999, 305 p.

SABOURIN (Paul), *Critique du capitalisme avancé,* Le Cahier de l'ACSALF, vol. 4, n° 1, avril 2007, 7 p.

SAHLINS (Marshall), *Stone Age Economics*, Paris, Gallimard, 1972, 348 p.

SAHLINS (Marshall), *Âge de pierre, âge d'abondance*, Paris, Gallimard, 1976, 411 p.

SAHLINS (Marshall), *Culture and Practical Reason*, Paris, Gallimard, 1976, 259 p.

SAHLINS (Marshall), *La fonction symbolique*, Paris, Gallimard, 1979, 352 p.

SAHLINS (Marshall), *Au cœur des sociétés : raison utilitaire et raison culturelle*, Paris, Gallimard, 1980, 1998, 303 p.

SAINVILLE (Léonard), *Histoire du Sénégal, depuis l'arrivée des Européens jusqu'à 1850*, *Études Sénégalaises*, n° 9, Connaissance du Sénégal, fascicule 12, 87 p.

SCHUMPETER (Aloys Joseph), *Théorie de l'évolution économique* : *recherche sur le profit, le crédit, l'intérêt et le cycle de la conjoncture*, Genève, Dalloz, 1999, 371 p.

SCHNAPPER (Bernard), « La fin du régime de l'exclusif : le commerce étranger dans les possessions françaises d'Afrique tropicale (1817-1870) », *Annales Africaines*, Dakar, 1959, p. 149-201.

SICHERE (Bernard), *ARISTOTE, Métaphysique*, Livres A à E traduits, Paris, Pocket Agora, vol. 1, 2007, 256 p. et Livres N à Z traduits, Paris, Pocket Agora, vol. 2, 2010, 302 p.

SYLLA (Ousmane), « Quelques particularités de la société sénégalaise », *Notes Africaines*, n° 122, 1969, p. 36-41.

SIMMEL (Goerg), *La philosophie de l'argent*, Paris, PUF, coll. « Quadrige », 1999, 672 p.

SOMBART (Werner), *L'apogée du capitalisme*, Paris, Payot, Tome I, 1932, 570 p. et Tome II, 1932, 533 p.

SMITH (Adam), *Théorie des sentiments moraux*, [1759], Paris, PUF, coll. « Léviathan », 1999, 480 p.

SMITH (Adam), *Richesse des Nations*, Livre IV, chap. 2, 1776, Garnier Germain, Blanqui Adolphe-Jérome, vol. 2, d'après la réédition, Paris, Flammarion, 1991, 1168 p.

STEINER (Philippe), *La 'Science nouvelle' de l'économie politique*, Paris, PUF, 1998, 127 p.

STEINER (Philippe), « Le fait social économique chez Durkheim », *Revue française de sociologie*, vol. XXXIII, 1992, p. 641-661.

SWEDBERG (Richard), *Histoire de la sociologie économique* (Édition originale Current sociology, Londres, 1987), Paris, Desclée de Brouwer, 1994, 225 p.

SY (Alpha), *L'imaginaire saint-louisien (Domou ndar) à l'épreuve du temps*, Dakar, Fama éditions, 2011, 91 p.

TALL (Madina Ly), *Quelques précisions sur les relations entre l'empire du Mali et le Gabou, Éthiopiques*, n° 28, numéro spécial, octobre 1981, p. 124-127.

TAYLOR (Charles), *Malaise de la modernité*, Éd. Cerf, coll. « Humanité », 2002, 125 p.

THILMAN (Guy.), « Le Sénégal dans l'œuvre de Dapper », *Bulletin IFAN,* Tome XXXIII, série B, n° 3, 1971, p. 508-563.

TONNIES (Ferdinand), *Communauté et société*, Paris, PUF, 1977 (*Gemeinschaft und Gesellschaft*, Leipzig, 1887), 286 p.

TOULOUSE (Jean), « Les Diolas derniers témoins d'un passé fabuleux », *Sciences et Vie*, n° 541, octobre 1962, p. 73-75 et 128.

TOURAINE (Alain), *La fin des sociétés*, Seuil, 2012, 656 p.

TRIFKOVIC (Mirjana), *Le Mancagne. Étude phonologique et morphologique, Initiations et Études Africaines*, n° XXVI, Dakar, IFAN, 1969, 128 p.

TRIGILIA (Carlo), *Sociologie économique. État, marché et société dans le capitalisme moderne,* Paris, Armand Colin, 2002, 252 p.

TSIKA (Joseph), « Entre l'enclume étatique et le milieu familial : l'impossible envol des entrepreneurs au Congo », dans *Entreprise et entrepreneurs africains*, sous la direction de ELLIS (S.) et FAURÉ (Y.-A.), Karthala-Orstom, 1995, p. 251-265.

VANDENBERGHE (Frédérich), *Une histoire critique de la sociologie allemande. Aliénation et réification : Marx, Simmel, Weber, Lukacs*, Tome I, Paris, La Découverte, coll. « Recherches », Série Bibliothèque du M.A.U.S.S., 1997, 296 p.

VATIN (François), *Le travail, la servitude et la vie : Rossi, Buret, Marx, Polanyi (1840-1944)*, Extrait de texte, 45 p.

VILLARD (André), *Histoire du Sénégal*, Dakar, M. Viale, 1943, 264 p.

WALLERSTEIN (Immanuel), *Le Capitalisme historique*, Paris, La Découverte, (1re éd., 1983), 1985, 124 p.

WEBER (Max), *Essais sur la théorie de la science*, Paris, Plon, 1965, 537 p.

WEBER (Max), *Le savant et le politique*, Paris, Plon, 1919, 1959, 231 p.

WEBER (Max), *Économie et société* (Wirtschaft und Gesellschaft, 1922), T. I, trad. J. Freund, J. Chavy *et al.*, Paris, Plon, 1971, 650 p.

WEBER (Max), *L'Éthique protestante et l'esprit du capitalisme*, édité par GROSSEIN (J.-P.) en collaboration avec CAMBON (F.), Paris, Gallimard, (1re éd., 1904-1905 et 1964), 2003, 608 p.

WILLARD (Jean Charles), « L'économie souterraine dans les comptes nationaux », *Économie et Statistique*, INSEE, Paris, vol. 226, novembre 1989, p. 35-51.

Les articles et citations des Encyclopédies et Annales

ADAM (Jean), « Le milieu agricole ouest africain et les méthodes de cultures », dans *Afrique-Occidentale française*, dirigé par GUERNIER (E.), *Encyclopédie coloniale et maritime*, Tome II, 1949, p. 3-22.

ADAM (Jean), « Pâturages et cultures fourragères », dans *Afrique-Occidentale française*, dirigé par GUERNIER (E.), *Encyclopédie coloniale et maritime*, 1949, p. 135-142.

BABE (Martine), « Société d'investissement », *Encyclopaedia Universalis,* 2009.

BALIBAR (Étienne) et MARCHERY (Pierre), « Marx et le marxisme », *Encyclopaedia Universalis*, 2009.

BARTHÉLÉMY (Paul), « Économie souterraine », *Encyclopaedia Universalis*, 2009.

BLEITRACH (Danielle) et GRANAI (Georges), « Psychosociologie de la ville », *Encyclopaedia Universalis*, 2009.

BOURRICAUD (François), « L'autonomie, Contrat social de Rousseau Jean Jacques », *Encyclopaedia Universalis*, 2009.

BROCHIER (Hubert), « La rationalité économique », *Encyclopaedia Universalis*, 2009.

CADILLAT (R.-M.) « Les cultures fruitières », dans *Afrique-Occidentale française*, dirigé par GUERNIER (E.), *Encyclopédie coloniale et maritime*, Tome II, 1949, p. 119-134.

CLERC (Denis), « Le salariat », *Encyclopaedia Universalis,* 2009.

COQUET (Michel), « Les arts d'Afrique de l'ouest, Afrique noire Arts-Aires et styles », *Encyclopaedia Universalis,* 2009.

CURASSON (Georges), « L'élevage », dans *Afrique-Occidentale française,* dirigé par GUERNIER (E.), *Encyclopédie coloniale et maritime*, Tome I, 1949, p. 355-370.

DELAFOSSE (Maurice), *Les Noirs d'Afrique,* Paris, Payot, 1922, cité par HEDUE (Joseph), « Régime domanial et foncier », dans *Afrique-Occidentale française*, dirigé par GUERNIER (E.), *Encyclopédie coloniale et maritime*, Tome I, 1949, p. 299-301.

DESTANNE DE BERNIS (Gérard), « L'économie de subsistance », *Encyclopaedia Universalis*, 2009.

DRESH (Jean), « Riziculture en Afrique occidentale », *Annales de géographie*, n° 312, LVIIIe année, 1949, p. 295-312.

DUBAR (Claude), « Les grands courants de la sociologie contemporaine », *Encyclopaedia Universalis*, 2009.

DUBY (Goerges), « Féodalité », *Encyclopaedia Universalis*, 2009.

DUHAUTOIS (Richard), « Investissement », *Encyclopaedia universalis*, 2009.

DURAND (Oswald), « Avant la conquête, organisation administrative », dans *Afrique-Occidentale française,* dirigé par GUERNIER (E.), *Encyclopédie coloniale et maritime*, Tome I, 1949, p. 243-252.

FAVIER (Jean), « Liberté Urbaine », *Encyclopaedia Universalis*, 2009.

GRANGER (Gilles Gaston), « Le rationalisme », *Encyclopaedia Universalis*, 2009.

GUERNIER (Maurice), « Le plan de modernisation et d'équipement », dans *Afrique-Occidentale française* dirigé par GUERNIER (E.), *Encyclopédie coloniale et maritime*, Tome II, 1949, p. 309-314.

GIORELLO (Gulio), « *Être* », *Encyclopaedia Universalis*, 2009.

HEDUE (Joseph), « Régime domanial et foncier », dans *Afrique-Occidentale française*, dirigé par GUERNIER (E.), *Encyclopédie coloniale et maritime*, Tome I, 1949, p. 299-308.

JARRE (Charles), « Commerce et douanes, l'organisation commerciale », dans *Afrique-Occidentale française* dirigé par GUERNIER (E.), 1949, p. 185-198.

LADRIÈRE (Jean), LECARME (Jacques) et MOATTI (Christiane), « L'Engagement », *Encyclopaedia Universalis*, 2009.

LALLEMENT (Michel), « Capitalisme, histoire », *Encyclopaedia Universalis*, 2009.

LANTENOIS (Roger), « Urbanisme en AOF. Villes et urbanisme », dans *Afrique-Occidentale française*, dirigé par GUERNIER (E.), *Encyclopédie coloniale et maritime*, 1949, p. 273 -278.

LARCHE (Georges), « Les voies fluviales », dans *Afrique-Occidentale française*, dirigé par GUERNIER (E.), *Encyclopédie coloniale et maritime*, 1949, p. 229 – 234.

LEBARON (Frédéric), « Nature et définition de la sociologie économique », *Encyclopaedia Universalis*, 2009.

LUXEMBOURG (Rosa), 1913, *Encyclopaedia Universalis*, 2009.

MAQUET (Jacques), « Afrique noire-culture et société-civilisations traditionnelles », *Encyclopaedia Universalis*, 2009.

MAUGER (Gérard), « Penser les classes sociales », *Encyclopaedia Universalis*, 2009.

MERCIER (André), « L'industrie », dans *Afrique-Occidentale française*, dirigé par GUERNIER (E.), *Encyclopédie coloniale et maritime*, 1949, p. 161-176.

MONOD (Théodore), « La pêche », dans *Afrique-Occidentale française*, dirigé par GUERNIER (E.), *Encyclopédie coloniale et maritime*, 1949, p.177- 184.

MORIN (Jean Michel), « Entreprise-sociologie de l'entreprise », *Encyclopaedia Universalis*, 2009.

MURARD (Robert), « Les Mines », dans *Afrique-Occidentale française*, dirigé par GUERNIER (E.), *Encyclopédie coloniale et maritime*, Tome II, 1949, p.143-160.

PELISSON (Pierre), « Problème du travail », dans *Afrique-Occidentale française* dirigé par GUERNIER (E.), *Encyclopédie coloniale et maritime*, Tome I, 1941, p. 309 -314.

PILHON (Dominique), « Le capitalisme », *Encyclopaedia Universalis,* 2009.

RENARD (Arsène), « Les stations agricoles », dans *Afrique-Occidentale française*, dirigé par GUERNIER (E.), *Encyclopédie coloniale et maritime*, Tome II, 1949, p. 333-337.

REBUFFAT (François), « Débuts du monnayage romain (-300) », *Encyclopaedia Universalis,* 2009.

RICŒUR (Paul), « La liberté », *Encyclopaedia Universalis*, 2009.

SAGOT (G.), « Cultures vivrières », dans *Afrique-Occidentale française*, dirigé par GUERNIER (E.), 1949, p. 28-40.

SCHMITT (Bernard), BRUGRIÈRE (Michel) et JAMES (Émile), « La monnaie », *Encyclopaedia Universalis*, 2009.

SOL (Vice-Amiral), « Dakar, base stratégique », dans *Afrique-Occidentale française*, GUERNIER (E.), *Encyclopédie coloniale et maritime*, GUERNIER (E.) et FROMENT-GUIEYSSE (G.), 1949, p. 315-316.

WAHL (Jean), « Les philosophies de l'existence », *Encyclopaedia Universalis*, 2009.

WEBER (Max), *Histoire économique. Esquisse d'une histoire universelle de l'économie et de la société*, Paris, Gallimard (1re éd., 1923), 1991, cité par LALLEMENT (Michel), « capitalisme, histoire », *Encyclopaedia Universalis*, 2009.

Ouvrages de Méthodes et techniques et dictionnaires

BOUDON (Raymond) et BOURRICAUD (François), *Dictionnaire de la sociologie*, Paris, PUF, 1982, 3e édition, septembre 2004, 714 p.

DUBOIS (Jean Luc) et BLAIZEAU (Didier), *Connaître les conditions de vie des ménages dans les pays en développement*, ministère de la Coopération et du Développement, Toulouse, juin 1989, 1990. La Documentation française, Paris, Tome I : *Concevoir l'enquête*, 165 p., Tome II : *Collecter les informations*, 312 p., Tome III : *Analyser les résultats*, 175 p.

GRAWITZ (Madeleine), *Méthodes des sciences sociales*, Paris, Dalloz, n° 11, 2001, 1019 p.

GRAWITZ (M.), *Lexique des sciences sociales*, Paris, Dalloz, 8e édition, 2004, p. 421.

QUIVY (Raymond) et VAN CAMPEMENT (Luc), *Manuel de recherche en sciences sociales*. Paris, Dunod, 2e édition, 1995, 287 p.

SELLTIZ (C.), WRITGHTMAN (I. S.) et COOK (W.), *Méthodes de recherche en sciences sociales.* Traduit par Bélanger, Montréal, Éditions HRW, 606 p.

Mémoires et thèses

BEAULIEU (Elsa), *Solidarités et stratégies économiques des femmes urbaines au Sénégal : le cas des « groupements d'intérêt économique » de la région de Dakar*, Mémoire de maîtrise. Université du Québec à Chicoutimi, 2003, 224 p.

FALL (Abdoulaye), *Financement intérieur des investissements et mouvement de capitaux : le cas du Sénégal,* Mémoire de fin de stage, COFEB, BCEAO, Promotion 1985-1987, 27 p.

MARCHAND (Geneviève), *Synthèse d'études significatives de l'économie informelle en Afrique,* Mémoire de maîtrise, Faculté des sciences sociales, Université Laval, Quebec, avril 2005, 130 p.

NIANG (Abdoulaye), *Le secteur informel de production de biens et de services modernes au Sénégal : un exemple de l'articulation entre les structures socio-économiques traditionnelles et le système de production capitaliste,* Thèse de doctorat nouveau régime, Paris VIII, 1988, 532 p.

NDIAYE (Seck), *Islam : hiérarchie, famille et alliance dans la société wolof du Sénégal. Approche historique, islamologique et sociologique des structures primaires et secondaires de la société wolof,* Tome I et II, doctorat d'État, Université Gaston Berger de Saint-Louis, CIERVAL 2004-2005, (2006-2007), 990 p.

SARR (Fatou), Marginalité urbaine et développement, une contradiction auto gérée par les femmes. L'expérience d'une banlieue urbaine de Dakar, Thèse de doctorat, Université Paris 8, juin 1991.

Rapports d'études d'organismes

ANSD (Agence nationale de la statistique et de la démographie), *ESAM II,* 2005.

ANSD (Agence nationale de la statistique et de la démographie), *Enquête 1-2-3,* 2003.

ANSD (Agence nationale de la statistique et de la démographie), *Situation économique et sociale,* 2007, 2008, 2009, 2010, 2011.

BANQUE MONDIALE, *Indicateurs du développement dans le monde*, 2005.

CEALC, *Le développement productif dans les économies ouvertes,* 2004.

CEALC, *Changing Production Pattern with social Equity*, 1990.

CFAI jeunes, *Guide pour l'élaboration des projets*, mars 2005.

CNUCED, *Rapport 2006 sur les pays les moins avancés : déveloper les capacités productives*, Nations unies, New York et Genève, 2006.

CNUCED. *Rapport 2007 sur les pays les moins avancés : savoir, apprentissage technologique et innovation pour le développement*, Nations unies, New York et Genève, 2007.

CONSEIL INTERNATIONAL SUR LES MARCHÉS DE LA CAPITALE, *Audits urbains de Dakar, Pikine, Guédiawaye, Rufisque,* MUAT/DAU, janvier 2001.

CONSEILS SCIENTIFIQUES D'ATTAC, Allemagne et France, sur la crise financière et les scandales d'évasion fiscale. *Le feu à la poudrière néolibérale*, Éditorial n° 12, article, 5 mars 2008.

CTIC (Accompagnateur de croissance TIC), *Rapport d'activité 2010-2011,* Fondation des incubateurs des TIC au Sénégal, 20 p.

CTIC (Accompagnateur de croissance TIC), *Rapport d'activité 2012*, Fondation des incubateurs des TIC au Sénégal, 44 p.

COMMISSION POUR L'AFRIQUE, *Notre intérêt commun*, Penguin Books, New York, 2005, 443 p.

DAT, *Rapport 1992.*

DIOU (Christian), « Redonner une dynamique à la décentralisation », Magazine *Les Échos de la Banque mondiale,* n° 6, décembre 2006.

DRAMANI (Latif) et LÈYE (Omar), *Les déterminants de l'investissement privé au Sénégal : une approche VAR structurelle,* Direction des statistiques économiques et de la comptabilité nationale, Division de la comptabilité nationale, des synthèses et études analytiques. Bureau des synthèses et études analytiques. Dakar, août 2008. 80 p.

DSRP 1 (2003-2005) et 2 (2006-2010), *Analyse de la pauvreté au Sénégal*, ministère de l'Économie et des Finances (MEF), Unité de coordination et de suivi de la politique économique (UCSPE).

EUROPEAN RESEARCH OFFICE, (2004), p. 1.

KANTÉ (Soulèye), *Le secteur informel en Afrique subsaharienne francophone : vers la promotion d'un travail décent.* Document de travail sur l'économie informelle, Bureau international du travail à Genève, Secteur de l'emploi, 2002.

NATIONS UNIES, (2001), p. 31.

ONUDI, (Rapport 2003), p. 4.

ONUDI, (Rapport 2004), encadré 1.

ONUDI, (Rapport 2005).

OMC, (2004), p. 2-3.

PLD, *CR de Ndiaganiao*, septembre 2002.

PNUD, *Fukuda-Parr et al., 1977*, 2002.

RECENSEMENT, *Population et habitat Sénégal*, 2000.

THIAM (Moctar), DIOUF (Ibou) et DRAMÉ (Sagar), « Les infrastructures de transport : un pari pour le développement au Sénégal », Extrait du magazine, *Les Échos de la Banque mondiale,* n° 4, avril 2006.

TRANSPARENCY INTERNATIONAL, *Indice de perception de la corruption*, 2010 et 2012.

Documents et Archives

ANNALES COLONIALES, *Les auxiliaires indigènes*, n° 83, 15 juillet 1921.

ANNUAIRES STATISTIQUES DE L'AOF, *Les bulletins généraux sur le commerce des colonies françaises*, éd. par le gouvernement général de l'AOF, Les documents de l'agence française d'Outre-mer.

ANSD (Agence nationale de la statistique et de la démographie), *Projection du tableau de bord, Tableau A 0105 : Population et Taille des ménages selon la zone de résidence de 1970 à 2006,* Banque de données des indicateurs sociaux du Sénégal (BADIS), Édition 2005-2006.

ANSD (Agence nationale de la statistique et de la démographie), *Nomenclature des entités administratives du Sénégal (nouvel découpage)*, 2009.

ANSD (Agence nationale de la statistique et de la démographie), *Répertoire des entreprises*, 2009.

ANSD (Agence nationale de la statistique et de la démographie), « Enquête ESPS », Tableau A-01-04, dans BADIS, 2005.

BIBLE DE JÉRUSALEM, *Évangile selon Saint*-Jean, chap. 20. versets 25-26, Paris, Malesherbes-artesgraficascarasa, (1973) 1991.

BOAD (Banque ouest-africaine de développement), *GARI*, Plaquette, Forum, Dakar, 2007.

BULLETIN D'INFORMATION, *Les Ressources génétiques animales* (FAO/PNUE), n° 20, 1996.

CODE GÉNÉRAL DES IMPÔTS, Circulaire ministérielle 0006779/MEF/DGID/BLEC, Direction générale des impôts et domaines, août 2004, 741 p.

DISCOURS DU MINISTRE DES COLONIES, *Au commissaire général du Congo (AEF), 14 mai 1901*, Section Outre-mer (SOM), Archives nationales, concession XIV-B (2).

DIRECTION GÉNÉRALE DES SERVICES ÉCONOMIQUES DE L'AFRIQUE-OCCIDENTALE FRANÇAISE, « Les sociétés indigènes de prévoyance », dans *Afrique occidentale française*, GUERNIER, Eugène, Tome I, 1949.

DIRECTION DES DOUANES DE L'AOF, dans *Afrique-Occidentale française,* Encyclopédie, 1949.

GOANA (Grande offensive agricole pour la nourriture et l'abondance), *La révolution agricole*, présidence de la République du Sénégal, Dakar, 2009.

HUMAN RIGHTS WATCH, *Sur le dos des enfants : mendicité forcée et autres mauvais traitements à l'encontre des talibés au Sénégal*, Avril 2010, 126 p.

D'ESTAING, (Edmond Giscard), *Au ministre des colonies, mission en AOF*, 1931-1932, Section Outre-mer des Archives nationales, Affaires politiques, Rapport de l'inspecteur des finances, 539, 80 p.

RAPPORT DE PRÉSENTATION (2006), Recensement général de la population et de l'habitat, 2002, 125 p.

RÉPERTOIRE DES VILLAGES, *Populations autochtones*, IFAN, 1er janvier 1958.

Les articles de presse

BA (Malick Rokhy), « Pourquoi les Sénégalais célèbrent toutes les fêtes ? », dans *Sud quotidien* (quotidien Sénégal), 12/06/1999.

CAUVIN (Jacques), *Naissance des divinités, naissance de l'agriculture*, Flammarion, 1997 dans *Dossier pressse* « Naissance des DIEUX », *Le monde des religions* (magazine France), mars-avril 2008, n° 28.

ÉDITORIAL (n° 12), « Le feu à la poudrière néolibérale », Analyse d'économistes et de sociologues des Conseils scientifiques d'Attac Allemagne et d'Attac France sur la crise financière et les scandales d'évasion fiscale, article du 5 mars 2008.

IMBERT (Claude), « L'horreur, et après ? », Éditorial, *Journal le point*, 2009.

L'OBSERVATEUR (quotidien Sénégal), « Saisonniers et journaliers sur le chemin du maquis si… », n° 1655, mars 2009.

L'OBSERVATEUR (quotidien Sénégal), « L'État sommé de payer les 14 milliards des hôpitaux », n° 1657, 2 avril 2009.

L'OBSERVATEUR (quotidien Sénégal), « Pilotage de la vente des actions et fixation des prix, Comment France Télécom a profité de la faim de l'État, Évolution de la société, L'étonnante Baraka de France Télécom », n° 1676 ISSN, n° 0854-786 X, avril 2009.

L'OBSERVATEUR (quotidien Sénégal), « Faire de la fiscalité à visage humain », Interview de Hamid Fall, Inspecteur des impôts et domaines réalisé par Ndèye Fatou Seck, n° 2933, lundi 1er juillet 2013.

LY (Boubacar), « Une étude d'Abdoulaye Bara Diop, inégalité et domination et société wolof », *Le soleil,* Dakar, Arts et Lettres, 19 mars 1982.

MARIANNE, n° 837, 4-10 mai 2013, Samsung Galaxy Note.

OXOBY (Jean), « Dakar métropole », *Le petit Sénégalais*, 20 avril 1913.

Relance du système financier américain, *Le point*, septembre 2008.

SARKOZY (Nicolas), « Déclaration du 28 mars 2008 », *L'express*, janvier 2009.

SARR (Ibrahima), « Débat sur le désengagement de l'État de la Sénélec », *Walfradjri* (quotidien Sénégal), novembre 2001.

TAGER (Djénane Kareh), « Quand les dieux étaient des déesses » *dans Naissance des DIEUX*, *Le monde des religions* (magazine France), mars-avril 2008, n° 28.

WADE (Abdoulaye), « Discours de la 63e assemblée générale des Nations unies », *Le soleil*, vendredi 26 septembre 2008.

WEBOGRAPHIE

ASSOCIATION DE SOLIDARITÉ ET DE COOPÉRATION INTERNATIONALE, *Exploitation des travaux* www.gret.org.

BANQUE MONDIALE, web.worldbank.org.

CENTRALE DES ÉTATS DE L'AFRIQUE DE L'OUEST (DSFD/BCEAO), wwwsenegal-entreprises.net.

CISSÉ (Papa), soninkara.com.

DIAGNE (Abdoulaye), BOCCANFUSO (Dorothée) et BARRY (Djibril Gassama), *La rentabilité de l'investissement dans l'éducation au Sénégal*, CIRPEE (Centre interuniversitaire sur le risque les politiques économiques et emploi), p. 3-45, décembre 2003, www.idea.repec.org.

DEJOURS (Christophe), http : //www.revue-interrogations.org/article.

DICTIONNAIRE DE L'ACADÉMIE FRANÇAISE, Édition n° 8, 1932-1935 atilf.fr/académie 8.

DICTIONNAIRE LIBRE, wikipédia.com.

http : //www.dico-definitions.com/

DRAMÉ (Mamadou), *Origine et Organisation*, Université Médine, Thèse de doctorat, soninkara.org

DUPERRAIN (Bertrand), *Ma définition de l'entreprise*, Bloc notes, www.duperrin.com, juillet 2007.

FAO, (2007), w.w.w. Ikagel.com/ pêche-senegal.php.

Http : //www.refer.sn/ethiopiques

KANE (Bocar Alpha), *Dégradation du climat des affaires fraudes dérapages budgétaires, La grosse peur des investisseurs français,* observateur.sn, Paris, 22 janvier 2009.

KÉBÉ (Mababou) et CHARBIT (Yves), *Genre et vulnérabilité au Sénégal : les femmes chefs de ménage ; Migrations internationales et vulnérabilités,* dans remi revues.org, vol. 23, n° 3, 2007.

KERNAGHAN (Kenneth), Administration publique, http://www.thecanadianencyclopedia.com.

LA DOCUMENTATION FRANÇAISE, http : //www.vie-publique.fr/decouverte-institutions/comment-definir-administration.html.

LAVILE (Jean-Louis), *Vers une théorie de l'économie plurielle, Weber, Mauss et Polanyi,* n° 21, http : //www.cairn.info, 2003/1 Cairn.

LE FIGARO, http : //www.lefigaro.fr/ 2009.

LE POINT, http : //www.lepoint.fr/actualites-chroniques.

MLIKA (Hamdi), *Triade interprétative et action chez Charles S. Pierce*, mlikahamdi.unblog.fr, juin 2011.

NDIAYE (Lamine), « L'émigration clandestine au Sénégal ». *Éthiopiques*, Revue négro-africaine de littérature et de philosophie, n° 80, la littérature, la philosophie, l'art et le local, 1er trimestre 2008, http://ethiopiques.refer.sn/spip.php?article1596.

OBSERVATOIRE DE L'INDUTRIE DU SÉNÉGAL, *Environnement industriel du Sénégal, Synthèse des politiques industrielle au Sénégal (1962-1992),* ministère des Mines de l'Industrie, de l'Agro-industrie et des PME, http://www.obs-industrie.sn.

OXFORD BUSINESS GROUP (OBG), *The Report* : Senegal, 2008, http://www.oxfordbusinessgroup.com/product/report-senegal-2008.

Senegalie.wifeo.com/communauté-rurale.php.

SUNUEOR, www.sunueor.sn.

Http : //fr.wiktionary.org/wiki/informel.

FILMOGRAPHIE

WADE (Abdoulaye), *Rencontre d'Évian*, France, Archives RTS (Radiotélévision sénégalaise), octobre 2008.

Les tableaux

Les graphiques

Les diagrammes

Les cartes

Les photos

L'Harmattan, Italia
Via Degli Artisti 15 ; 10124 Torino

L'Harmattan Hongrie
Könyvesbolt ; Kossuth L. u. 14-16
1053 Budapest

L'Harmattan Burkina Faso
Rue 15.167 Route du Pô Patte d'oie
12 BP 226 Ouagadougou 12
(00226) 76 59 79 86

Espace L'Harmattan Kinshasa
Faculté des Sciences Sociales, Politiques et Administratives
BP243, KIN XI ; Université de Kinshasa

L'Harmattan Guinée
Almamya Rue KA 028 en face du restaurant le cèdre
OKB agency BP 3470 Conakry
(00224) 60 20 85 08
harmattanguinee@yahoo.fr

L'Harmattan Côte d'Ivoire
M. Etien N'dah Ahmon
Résidence Karl / cité des arts, Abidjan-Cocody 03
BP 1588 Abidjan 03
(00225) 05 77 87 31

L'Harmattan Mauritanie
Espace El Kettab du livre francophone
N° 472 avenue Palais des Congrès, BP 316 Nouakchott
(00222) 63 25 980

L'Harmattan Cameroun
Immeuble Olympia face à la Camair
BP 11486 Yaoundé (237) 458.67.00/976.61.66
harmattancam@yahoo.fr

L'Harmattan Sénégal
« Villa Rose », rue de Diourbel X G, Point E
BP 45034 Dakar FANN
(00221) 33 825 98 58 / 77 242 25 08 / 33 860 98 58
senharmattan@gmail.com / senlibrairie@gmail.com

L'Harmattan Mali
Rue de Leipzig, face au Palais de la culture,
Porte 203, Badalabougou, Bamako
00 223 20 22 57 24 / 00 223 76 37 80 82
pp.harmattan@gmail.com

Achevé d'imprimer par Corlet Numérique - 14110 Condé-sur-Noireau
N° d'Imprimeur : 110336 - Dépôt légal : juillet 2014 - *Imprimé en France*

www.ingramcontent.com/pod-product-compliance
Lightning Source LLC
LaVergne TN
LVHW021144061026
849535LV00002B/357
* 9 7 8 2 2 9 6 9 9 8 7 7 3 *